Colección Támesis

SERIE A: MONOGRAFÍAS, 365

EL IMPERIO DE LA VIRTUD

Tamesis

JORGE L. TERUKINA YAMAUCHI

EL IMPERIO DE LA VIRTUD

GRANDEZA MEXICANA (1604) DE BERNARDO DE BALBUENA Y EL DISCURSO CRIOLLO NOVOHISPANO

TAMESIS

First published 2017
Tamesis, Woodbridge

ISBN 978 1 85566 311 4

Tamesis is an imprint of Boydell & Brewer Ltd
PO Box 9, Woodbridge, Suffolk IP12 3DF, UK
and of Boydell & Brewer Inc.
668 Mt. Hope Avenue, Rochester NY 14620–2731, USA
website: www.boydellandbrewer.com

The publisher has no responsibility for the continued existence or accuracy of URLs for
external or third-party internet websites referred to in this book, and does not guarantee
that any content on such websites is, or will remain, accurate or appropriate

A CIP record for this title is available
from the British Library

Typeset by
www.thewordservice.com

Índice

Lista de ilustraciones

El autor y los editores agradecen a todas las instituciones y personas mencionadas el permiso de reproducción de los materiales de los que son titulares. Se ha hecho todo lo posible por contactar con dichas instituciones y personas; no obstante, quisiera expresar mis disculpas por cualquier omisión. La editorial las enmendará gustosamente en las siguientes ediciones, si las hubiere.

Introducción

El 20 de febrero de 1583, desde la Nueva Galicia, Bernardo de Balbuena el viejo le envía una carta a su hijo homónimo, residente en Valdepeñas, La Mancha, solicitándole que se traslade al Nuevo Mundo y enviándole dinero para tal efecto.[1] Por las mismas fechas, el regidor de Valdepeñas, Bernardino de Cantos, recibe también una misiva en la que Balbuena el viejo le explica los planes que ha diseñado para su hijo y le explica que un tal Bachiller Balbuena, vecino del Viso del Marqués (al sur de Valdepeñas) y acaso familiar cercano, debe proveer lo que el joven requiera para realizar el viaje transatlántico. Un año después, en abril de 1584, el futuro autor de *Grandeza mexicana* (1604), *Siglo de Oro en las selvas de Erífile* (1608) y *El Bernardo o victoria de Roncesvalles* (1624), un joven de mediana estatura y soltero de veintiún años de edad, solicita en Valdepeñas la licencia necesaria para pasar a la Nueva Galicia.[2] A pesar de que

---

1   Para la breve biografía de Balbuena en las páginas que siguen me he valido del indispensable estudio de José Toribio Medina (*Escritores* 49–80), la segunda edición del magnífico libro de John van Horne (9–131), la segunda edición (corregida) del estudio de José Rojas Garcidueñas (3–59), y tanto del artículo de Matías Barchino Pérez ("Balbuena" 259–80) como de la introducción a su edición de la obra lírica de Balbuena (*Poesía lírica* 9–33). He tenido a la vista también las biografías preparadas por Muñoz Fillol y por Sylvia Wynter. Cuando me ha sido posible, he consultado algunos de los documentos del Archivo General de Indias citados por Medina (*Biblioteca, Escritores*) y van Horne (*Documentos, Biografía*), corrigiendo algún equívoco y añadiendo algún documento cuya existencia se desconocía hasta hoy. En este sentido, deseo agradecer muy especialmente a Katherine L. Brown, mi asistente de investigación en The College of William & Mary, por sus diligencias para obtener el legajo México 296, una de las fuentes principales utilizadas por Medina y Van Horne. Las siguientes páginas no aplacan, sin embargo, la urgente necesidad de una biografía actualizada de Balbuena.

2   Guillermo Porras Muñoz y Jorge Ignacio Rubio Mañé dieron noticia de esta licencia (AGI, Indiferente general, 2061, N.153) en publicaciones independientes de 1950 y 1960 respectivamente. Gracias a ellos se desacredita la extendida creencia según la cual Balbuena pasó a la Nueva España acompañando a su padre en 1564, como sugiriera inicialmente John van Horne en la primera edición de su estudio sobre Balbuena, de 1940; esta sugerencia será dada por válida por José Rojas Garcidueñas en su estudio de 1958 (Van Horne, "[Review]" 487–8, donde van Horne alude al artículo de Porras Muñoz), pero la corregirá en la segunda (y menos consultada) edición de su estudio, de 1982. En la información que acompaña la solicitud de Balbuena, los testigos ofrecen ciertos detalles en torno al viaje. El licenciado Bivero, clérigo presbítero, afirma que "ha visto carta del dicho Bernardo de Balbuena que envía a dicho Bernardo de Balbuena su hijo, su fecha de veinte de febrero del año pasado de quinientos y ochenta y tres años, por la cual envía a mandar al dicho Bernardo de Balbuena su hijo que se embarque y pase

su padre había partido de la península ibérica en 1564, cuando el joven Balbuena tenía apenas dos o tres años de nacido, éste decide acudir a su llamado y dirigirse al Nuevo Mundo.

Mucho se desconoce de los primeros años de vida del joven Balbuena. Se sabe que nació en Valdepeñas[3] hacia 1562, "hijo natural [...] y no legítimo ni legitimado por subsecuente matrimonio" (van Horne *Biografía* 69) de Bernardo de Balbuena y Francisca Sánchez de Velasco.[4] Por esos años (1560–1564), su padre se hallaba temporalmente en la península ibérica tratando de defenderse de las múltiples acusaciones que el licenciado Pedro Morones había vertido sobre sus actividades como secretario de la Audiencia de Compostela, en la Nueva Galicia.[5] Aparentemente, el joven Balbuena pasa gran parte de su vida

a donde está". En la misma información, el regidor de la villa de Valdepeñas, Bernardino de Cantos, afirma que el padre de Balbuena "le ha escrito a este testigo y al dicho Bernardo de Balbuena y le envía la orden que a de tener en el viaje que para él les ha de hacer y al Bachiller Balbuena, vecino del Viso, le envía decir que le provea de lo necesario para su camino; y le ha enviado dineros" (s.f.).

3   Así lo afirma Gil González Dávila (292) en el siglo XVII, dato que siguen José Toribio Medina (*Escritores* 50) y John van Horne (*Biografía* 24). La información que Balbuena adjunta a la solicitud de licencia para pasar a la Nueva España no deja lugar a dudas sobre su lugar de nacimiento y sugiere que Balbuena pasó su juventud en Valdepeñas. Uno de los testigos, el licenciado Bivero, clérigo presbítero, afirma que Balbuena es "natural de la villa de Valdepeñas y nació y se crió en ella"; otro testigo, Bernardino de Cantos, afirma que Balbuena es "nacido y criado en ella [i.e. la villa de Valdepeñas] porque le conoce de veinte y un años a esta parte, poco más o menos, que ha que nació el dicho Bernardo de Balbuena" (AGI, Indiferente general, 2061, N.153). Como nos recuerda Matías Barchino Pérez, los autores de los poemas laudatorios en los preliminares del *Siglo de Oro* hacen referencias ingeniosas a Valdepeñas en sus composiciones ("Balbuena" 263).

4   Los nombres de los progenitores de Balbuena aparecen en Gil González Dávila (292), a quien siguen Medina (*Escritores* 50) y van Horne (*Biografía* 24). La ilegitimidad de Balbuena es mencionada por van Horne (*Biografía* 69), quien reproduce una carta despachada por Pedro Cosidas, emisario español en Roma, el 20 de agosto de 1608, mientras se realizaban las diligencias para obtener las bulas papales de que Balbuena requería para ocupar la abadía de Jamaica. Sorprendentemente, su bastardía no le impedirá a Balbuena ocupar el puesto pues, continúa Cosidas, "siendo ilegítimo ha menester dispensación, [la] cual concederá su Santidad". Van Horne (*Biografía* 69–70) afirma que esta carta se encuentra en el legajo 53,2,10 del AGI, pero que consultó el documento por copia que obraba en la biblioteca del Institute of Jamaica, en Kingston.

5   Nada se sabe de la madre de Balbuena, a quien, según Barchino Pérez ("Balbuena" 265) y Sylvia Wynter (20), parece dedicar unos versos de *El Bernardo*: "Del noble valle destas limpias flores,/ con rosicleres de Velasco ardientes / si bien ya de encubiertos resplandores" (xix 374a). Nacido en Valdepeñas hacia 1522, el padre de Balbuena se desempeñó inicialmente como secretario de la Audiencia de Compostela desde su instalación en 1549. Un juicio de residencia ejecutado por Pedro Morones a los oidores de la Audiencia en 1557 halló culpable a Balbuena el viejo de una veintena de cargos, entre ellos la falta de honradez en la administración, el maltrato y explotación de indígenas, la falta de castidad y la afición por los juegos de azar. Se afirma, además, que buscó minas en Compostela por cinco años y medio. Balbuena, junto con los oidores, fue hallado culpable y, en representación de los afectados, viaja a la península ibérica en 1560 para defenderse de dichos cargos. Parte de vuelta a la Nueva España en 1564 (van Horne *Biografía* 16–21). No es de extrañar que el poeta Balbuena intente ensalzar las actividades burocráticas de

en Valdepeñas. A pesar de que no se declara bachiller en la solicitud de 1584, es muy probable que haya cursado estudios iniciales en algún colegio mayor, o que incluso haya sido educado por el misterioso Bachiller Balbuena,[6] pues ya en 1585, en México, obtendrá su primer premio poético, y porque en repetidas ocasiones afirmará haber estudiado retórica y poética durante su niñez.[7] Del mismo modo, la circunstancia de hallarse en el reino de Castilla durante sus años de formación personal le permitió ser testigo de los años de mayor expansión territorial del imperio español. Amén del asentamiento de españoles en gran parte del llamado Nuevo Mundo, el joven Balbuena observa cómo el reino de Portugal y sus numerosas colonias se anexaban al imperio español tras la unión de las coronas (1580–1640). De este modo, y como hará años más tarde en *Grandeza mexicana*, desde España, su "patria dulce",[8] Balbuena celebra la inigualable extensión de un imperio que incluye, entre otros, los reinos de la península ibérica, diversos reinos de la península itálica, Flandes, la Nueva España y la Nueva Castilla, Brasil, Filipinas, y territorios como Cabo Verde, Madagascar y São Tomé e Príncipe en África; y Nagasaki, las Molucas, Tidoro, Timor y Goa en Asia.[9]

No menos importante es el hecho de que el joven Balbuena sería consciente de la expansión, pero también de los peligros que constantemente enfrenta la Corona española como escenario de la Contrarreforma católica y como cabeza de la *oikoumenē* cristiana.[10] Por un lado, ante la creciente amenaza de una alianza entre los moriscos de Granada y el Imperio otomano que controlaba el Mediterráneo, Balbuena habría recibido nuevas del sofocamiento de la Segunda rebelión de las Alpujarras y la posterior victoria de la Liga Católica en la Batalla

---

su padre y que silencie los problemas legales que enfrentó. En *El Bernardo*, Balbuena incluso transforma a su padre en fundador de la Audiencia: "Otro, adonde se haga el sol dorado / cuando en la tierra ya no reverbera, / del gran sello imperial con la potencia / a Jalisco a fundar irá una audiencia" (xix 347a).

6   Es sugerencia de Rojas Garcidueñas (14), de la que se hace eco Barchino Pérez ("Balbuena" 265).

7   En el "Compendio apologético en alabanza de la poesía", adjunto de *Grandeza mexicana* (1604), Balbuena afirma que "cuando pequeño pasé por los principios de retórica y llegué a los umbrales de la poesía" (146–7). Más tarde, en el "Prólogo" de *El Bernardo* (1624), afirma que la poética y la retórica son clases "por donde todos en la niñez pasamos" (140).

8   Al referirse a España, Balbuena usa la frase "patria dulce" al final de *Grandeza mexicana*: "el mundo que gobiernas y autorizas / te alabe, patria dulce, y a tus playas / mi humilde cuerpo vuelva, o sus cenizas" (IX.367–369; 124). En el "Prólogo" de *El Bernardo*, afirma que su gran poema épico fue motivado por el deseo de ensalzar al héroe nacional de España, "mi patria", pues quiso "celebrar en un poema heroyco, las grandezas y antigüedades de mi patria, en el sujeto de alguno de sus famosos héroes" (140).

9   Como se recuerda, muchos de estos territorios son mencionados explícitamente en *Grandeza mexicana* como lugares con los que la capital novohispana tiene lazos comerciales.

10   Para más detalles sobre el contexto histórico en general, puede consultarse el clásico estudio de John H. Elliot, *Imperial Spain*.

de Lepanto, en 1571, pues, como afirmará en *Grandeza mexicana*, a España "[le] huye un príncipe otomano; / allí rinde su armada a la vislumbre / de la desnuda espada de tu mano" (IX.361–3; 124). Del mismo modo, Balbuena habría observado con recelo las insurrecciones calvinistas en los Países Bajos durante las primeras décadas de la llamada Guerra de los ochenta años (1568–1648), pero representará dichos territorios como pertenecientes a la Corona española en su elogio de la Ciudad de México dando la bienvenida al "flamenco rubio" (IV.2; 80) que trabaja mejor en el virreinato que en la fría Europa septentrional. Finalmente, apenas en la ladera opuesta de los Pirineos, Balbuena habría concebido Francia como una amenaza constante, sea como competidor por el dominio de los reinos en la península itálica durante las llamadas Guerras italianas (1494–1559), sea como escenario de las Guerras de religión en las que Felipe II se ve obligado a apoyar a los católicos en contra de las fuerzas protestantes (1580–1598). Acaso por ello, en *Grandeza mexicana* afirmará que España trae "a Francia presa" (IX.358; 124).[11] Incluso, ya para 1584, el joven Balbuena habría empezado a imaginar una narración bélica alegórica en que el pueblo español demuestra su superioridad sobre los franceses a través de la victoria de Bernardo del Carpio sobre el paladín Roldán, y que no publicará hasta poco antes de su muerte.[12]

---

[11] Más explícita es la octava inicial de *El Bernardo*, en la cual Balbuena invoca a las musas para narrar la victoria de Bernardo del Carpio sobre "la enemiga Francia" (142a). Como señala acertadamente Elena Calderón de Cuervo, el beligerante epíteto aparece ya en la segunda parte (1578) de *La Araucana* (canto XVII, est. 55; 514) cuando Alonso de Ercilla equipara el asalto al fuerte de Concepción con la batalla de San Quintín (10 de agosto de 1557), en la cual Felipe II derrota a un Enrique II que había ocupado territorio español en Flandes y que había intentado invadir el reino de Nápoles. De hecho, los cantos XVII y XVIII (513–28) hacen referencia a la enemistad con Francia a causa de las Guerras italianas y las Guerras de religión. Estas tensiones franco-hispánicas explicarían la popularidad de las hazañas de Bernardo del Carpio y de Roncesvalles durante durante los siglos XVI y XVII en la literatura española y portuguesa, pues sobre dicho tema escriben Juan de la Cueva, Agustín Alonso, Lope de Vega y Cubillo de Aragón, y Cervantes habría planeado escribir una novela histórica sobre Bernardo (Calderón de Cuervo 21, n.6). El antigalicismo de *El Bernardo* habría motivado la segunda edición, de 1808 en la imprenta de Sancha, que habría servido, como afirma Beristain, "para encender el entusiasmo español contra las agresiones de los franceses" (1: 123) durante los primeros meses de la Guerra de la independencia española (1808–1814).

[12] Recuérdese que en el "Prólogo" de *El Bernardo*, Balbuena afirma que este monumental poema épico es uno de "los primeros trabajos de mi juventud" (140). Barchino Pérez ("Balbuena" 274, *Poesía lírica* 18) y Wynter ("Balbuena Part 2" 20) sugieren que el interés de Balbuena por este personaje radica en la homonimia y en el rasgo común de ser ilegítimos. Durante los siglos XVI y XVII la maleabilidad de los nombres permite usarlos como instrumento de lo que Stephen Greenblatt denomina 'auto-figuración' o *self-fashioning*. Recuérdense los conocidos casos de Góngora, quien invierte el orden de sus apellidos, Lope de Vega (magníficamente estudiado por Aurora Egido "La Fénix y el Fénix"), Gómez Suárez de Figueroa o Inca Garcilaso de la Vega (analizado por Roberto González Echevarría "Garcilaso"), y Silvestre de Balboa y Troya de Quesada (González Echevarría "Reflexiones" 572).

Después de serle concedida la licencia, el joven Balbuena emprende el largo viaje al Virreinato de la Nueva España, donde se reencuentra con su padre y conoce a un medio hermano, Francisco de Balbuena Estrada. Se presume, como afirma en uno de los documentos adjuntos de *Grandeza mexicana*, que inmediatamente se matricularía en uno de los colegios mayores de la Ciudad de México, pues como colegiado es premiado en tres justas poéticas: en 1585, con ocasión de la celebración del Corpus Christi y en presencia del Concilio provincial presidido por don Pedro Moya de Contreras; acaso al año siguiente, el día de la Asunción de María (15 de agosto) y en presencia del virrey marqués de Villamanrique, quien había arribado a México en octubre de 1585; y doblemente en 1590, acaso en una justa convocada por el arribo del virrey Luis de Velasco.[13]

Los estudios que Balbuena lleva a cabo le permiten recibir el grado de bachiller en artes y en teología por la Universidad de México hacia 1590,[14] y se ordena y ejerce como capellán de la Audiencia de Guadalajara hasta 1592, en que es nombrado cura y beneficiado de las minas del Espíritu Santo y partido de San Pedro de Lagunilla, cerca de Compostela (van Horne *Biografía* 36). Ese mismo año de 1592, y supuestamente a pedido de su padre, nuestro poeta Balbuena recaba información para preparar una relación de méritos y servicios que incluya las labores burocráticas de su padre en el virreinato novohispano, su propia suficiencia moral como agente eclesiástico y sus credenciales académicas. Con ello, Balbuena pretende solicitar ante el Consejo de Indias una dignidad o prebenda en la Ciudad de México o en alguna otra región del virreinato novohispano. Su padre fallece al año siguiente de la preparación de este

---

[13] En la carta al Arcediano de la Nueva Galicia, en *Grandeza Mexicana*, Balbuena incluye "como de paso tres cartas que siendo colegial de uno de sus colegios me premiaron, todas en primer lugar, en tres justas literarias que hubo durante el tiempo de mis estudios" (36). A ellas añadirá "la exposición de una impresa de tres diademas y siete letras sobre ellas que decían Alegría" (42), la cual también fue premiada en primer lugar en la justa de 1590.

[14] Balbuena se gradúa de bachiller antes de 1592, pues de dicha fecha es el memorial cuya novena pregunta para los testigos reza: "Ítem—si saben que el bachiller Bernardo de Balbuena su hijo es clérigo presbítero y que antes que se ordenase había estudiado artes y teología y dado en sus estudios buena cuenta" (s.f.). Este memorial es parte de AGI Mexico 296. En su edición de la obra de Balbuena, Francisco Monterde (xxvi) asegura no haber hallado rastro de Balbuena en los archivos de la Universidad de México ni en el Archivo General de la Nación. Sin embargo, Rubio Mañé (98–9) reproduce un documento de la Universidad de Sigüenza donde se afirma que, al solicitar matrícula para su graduación, Balbuena "exhibió una carta de Bachiller en Teología, firmada del Bachiller Cristóbal de la Plaza, Secretario de la Universidad de México" (98), tras lo cual fue admitido. Vicente Andrade (12) y José Sanz y Díaz (63) sugieren, sin mayor respaldo documental, que en México fue educado por un supuesto tío don Diego de Balbuena, canónigo de la catedral, dato que no ha sido corroborado ni ha gozado del apoyo de otros críticos.

documento,[15] el cual llega al Consejo de Indias en 1594,[16] mas no depara ningún beneficio para Balbuena.

Como sugiere Rojas Garcidueñas (21–4), el aparente silencio de la siguiente década, durante la cual Balbuena parece ausentarse con frecuencia de su puesto en San Pedro, pues figura como vecino de Guadalajara en un documento de 1596 (van Horne *Biografía* 38), coincide con las fechas en que habría culminado el manuscrito de su gran poema épico ensalzando su patria y denostando a los franceses, *El Bernardo o victoria de Roncesvalles* (c. 1595).[17] Es de suponer que trabajaría también en otras obras, incluyendo su *Siglo de Oro en las selvas de Erífile*.[18] Es posible especular, además, que por estos años Balbuena entraría en contacto con su primo, el humanista manchego Miguel Sánchez Cejudo del Olmo (1578-c. 1652). Éste ya habría trabado amistad con Félix Lope de Vega Carpio (1562–1635), quien, a su vez, serviría brevemente como secretario de Pedro Fernández de Castro y Andrade, marqués de Sarria y futuro conde de Lemos (1576–1622),[19] entre 1598 y 1600.

[15] Medina (*Biblioteca* 2:226; *Escritores* 58) afirma que Balbuena el viejo muere en 1596. Sin embargo, van Horne (*Biografía* 57–8) da noticia de documentos en Guadalajara que permiten fechar su deceso entre abril y julio de 1593.

[16] Así se afirma en el segundo documento del expediente México 296, fechado en Madrid el 8 de febrero de 1607.

[17] Se deduce por afirmaciones contenidas en el "Prólogo" de *El Bernardo*. En él, Balbuena afirma que "de diez [años] que se le concedieron de privilegio [al libro], son ya pasados más de los seis, y poco menos de veinte que se acabó, aunque no de perficionar, que esto es inacabable" (140). Si el privilegio original fue concedido el 11 de julio de 1609, como se afirma en otro lugar de los preliminares (s.f.), Balbuena escribe este prólogo seis años después, hacia 1615. De ello se sigue que, veinte años antes de 1615, hacia 1595, habría terminado *El Bernardo*.

[18] En la dedicatoria al conde de Lemos en el *Siglo de Oro*, Balbuena afirma que dicho libro es un conjunto de "ensayos del furor poético que, en el verano de mi niñez, a vueltas de su nuevo mundo, fueron naciendo" (s.f.). En un soneto laudatorio en los preliminares de *Grandeza mexicana*, el Licenciado Miguel de Zaldierna de Mariaca le atribuye a Balbuena una "universal cosmografía", un "Cristiados" una "Laura" y un "arte nuevo de poesía" (10). Es necesario tener cuidado con la información provista en estos poemas laudatorios de *Grandeza mexicana*, pues Balbuena parece haber modificado a su beneficio dichos materiales. Al menos así lo afirma Sebastián Gutiérrez Rangel, quien, en su *Arco triumphal* [...] *al excellentisimo señor D. Rodrigo Pacheco Ossorio* (México: Diego Garrido, 1625) acusa a Balbuena de haber cambiado gran parte del soneto que le dedicó (van Horne ed. *Grandeza* 32).

[19] Van Horne (*Biografía* 64–5) y, especialmente, Barchino Pérez (*Poesía lírica* 28), han subrayado acertadamente la importancia del parentesco entre Balbuena y el poco conocido Sánchez Cejudo, cuyos datos bio-bibliográficos pueden verse en los indispensables artículos de Juan Manuel Rozas, Manuel Fernández Nieto y Kenji Inamoto, que superan lo dicho por José Sanz y Díaz (75–77) en su clásico estudio sobre letrados manchegos. La amistad entre Cejudo y Lope de Vega queda atestiguada ampliamente en los preliminares de las obras de Lope, incluyendo la *Dragontea* (1598), donde aparecen un poema en latín y otro en castellano de Cejudo, la *Arcadia* (1598), el *Isidro* (1599), *Pastores de Belén* (1612) y la *Dorotea* (1632). Además, Lope alaba a Cejudo en diversas obras, incluyendo la *Jerusalén conquistada* (1609) y el *Laurel de Apolo* (1630). Al atacar a Lope de Vega, el autor de la *Spongia* le critica depender de Cejudo en el manejo del latín (véase *Laurel de Apolo*, silva I, vv. 589–607; 174–5, y la amplia nota

La referencia al futuro conde de Lemos, conocido mecenas literario y protector de personajes de la talla de Lope de Vega, Miguel de Cervantes y los hermanos Argensola, no es baladí, pues lazos de parentesco le unen a uno de los personajes más importantes de *Grandeza mexicana*, doña Isabel de Tobar y Guzmán. Se ha afirmado que Balbuena conoce a doña Isabel, vecina de San Miguel de Culiacán, hacia 1600 ó 1602 cuando, viuda y con un hijo que estudia con los jesuitas, se dirige al monasterio jerónimo de San Lorenzo en Ciudad de México (56; VIII.112–123; 109) que fundara su prima, Marina de Mendoza, en 1598. Lo cierto es que la familia de doña Isabel, la de su esposo Luis de los Ríos Proaño y la del propio Balbuena se encuentran entre los primeros vecinos de la Nueva Galicia.[20] Más importante aún, sin embargo, es el hecho de que en la breve "Introducción" de *Grandeza mexicana*, Balbuena dedica numerosas líneas a describir el linaje de doña Isabel, a quien desea "obedecer y servir" (56), resaltando el hecho de que es "parienta muy conocida y cercana del gran duque de Lerma don Francisco Gómez de Sandoval, que hoy es la persona más propincua a la de nuestro glorioso y católico monarca Filipo III" (57). Francisco Gómez de Sandoval y Rojas (1553–1625), I duque de Lerma desde 1599 y valido de Felipe III durante su reinado (1598–1621), era tío y suegro del futuro conde de Lemos.[21]

Este ímpetu por "obedecer y servir" es lo que lleva a Balbuena a satisfacer el supuesto deseo de doña Isabel y componer un largo encomio de la capital novohispana: "Al fin, un perfectísimo retrato / pides de la grandeza mexicana, / ahora cueste caro, ahora barato" (I.61–62; 63). Balbuena confecciona, pues, una "carta" de casi 2.000 versos dividos en ocho *capitoli* y un epílogo que, siglos después, gozará de un lugar inestimable en la historia literaria y en el imaginario cultural mexicanos. En la actualidad, el poema "Grandeza mexicana"

---

correspondiente). Por su parte, Lope funge brevemente de secretario del entonces marqués de Sarria entre 1598 y 1600, declarándose tal en las portadas de la *Arcadia* (1598), el *Isidro* (1599) y las *Fiestas de Denia* (1599). Este último libro es la relación que Lope prepara de las fiestas organizadas por el duque de Lerma para el nuevo rey Felipe III en Valencia, adonde Lope se traslada con el marqués de Sarria. Además, en los preliminares del *Isidro*, precediendo los versos laudatorios de Cejudo, aparecen dos redondillas del marqués de Sarria (s.p.). A pesar del breve tiempo que Lope sirve al futuro conde de Lemos, mantuvieron una estrecha relación y Lope siempre le dedicó amables palabras de profunda gratitud. En carta de 1620, Lope le recuerda: "Ya sabéis cuánto os amo y reverencio, y que he dormido a vuestros pies como un perro" (cit. Castro y Rennert 110, n. 79). Al año siguiente, Lope le dedica la epístola quinta de *La Filomena* (154r-159v), en la que le agradece su patrocinio llamándolo Mecenas y afirmando "[q]ue siendo vos quien sois no está sujeta / mi vida a envidia, a tiempo ni a fortuna, / pidiéndole licencia al ser poeta" (155v). Para los detalles de la relación entre Lope y el futuro conde de Lemos, véanse el estudio de Alfonso Pardo (21–30) y la clásica biografía de Américo Castro y Hugo Rennert (110, 138–40, 248–9).

[20] La biografía de Isabel de Tobar, así como la historia del convento de San Jerónimo, ha empezado a dilucidarse gracias a los estudios de Alicia Bazarte Martínez et al.

[21] Tenía el duque de Lerma, hermano de la madre del marqués de Sarria, una hija, Catalina de la Cerda y Sandoval. Ella y el futuro conde de Lemos celebran nupcias en 1598 (Pardo 24–5).

es uno de los textos fundacionales de la tradición nacional mexicana: prolifera en manuales y antologías literarias, y es lectura obligatoria en instituciones de educación superior en México.

A pesar de la destacada preeminencia que el poema de Balbuena posee en la historia literaria mexicana, el paso del poema manuscrito del valdepeñero al libro homónimo no fue tan sencillo como parecería hoy en día. En una discusión que ha sido olvidada por muchas décadas, los críticos y bibliófilos más destacados de fines del siglo XIX e inicios del XX se enfrentaron al desconcertante hecho de que el poema existiera materialmente en dos emisiones[22] distintas, ambas diseñadas en México en 1604 en imprentas diferentes y dirigidas a *dedicatees* diferentes. Críticos como Joaquín García de Icazbalceta, José Toribio Medina y John van Horne procuraron dilucidar las razones que habrían llevado a Balbuena a dedicar la emisión impresa con Melchor Ocharte al nuevo arzobispo de México, fray García de Santa María Mendoza y Zúñiga, pero dirigir la impresa con Diego López Dávalos al nuevo presidente del Real Consejo de Indias, Pedro Fernández de Castro y Andrade, marqués de Sarria y conde de Lemos. De manera creativa pero aventurada, Icazbalceta sugirió la preeminencia de la emisión de Ocharte y que, a la muerte del arzobispo, en 1606, Balbuena decidió buscar el patrocinio del conde de Lemos, por lo que imprimió nuevos preliminares con López Dávalos y fraguó una portada falsa fechada en 1604 ("Grandeza mexicana" 193–5). Medina, en cambio, defendió la veracidad de las fechas de impresión y propuso que Balbuena planeó ambas emisiones casi simultáneamente con el objetivo de hacerlas circular en la Nueva España (Ocharte) y en la península ibérica (López Dávalos) (*Escritores* 73). En su edición de *Grandeza mexicana*, van Horne cita a ambos bibliófilos, pero admite su incapacidad para aclarar el asunto (12–3). En realidad, a juzgar por las fechas de las dedicatorias en prosa, se sabe que ambas emisiones fueron impresas en 1604, primero la de Ocharte, cuya dedicatoria al arzobispo está fechada el 15 de septiembre de 1603, y luego la de López Dávalos, cuya dedicatoria al conde de Lemos es del 24 de abril de 1604,[23] cada una dirigida a cumplir funciones diferentes.

---

[22] Sigo en esto la terminología propuesta por Jaime Moll, quien define la emisión como un "conjunto de ejemplares, parte de una edición, que forma una unidad intencionadamente planeada. Las emisiones, derivando de una composición tipográfica esencialmente única, se originan por variaciones producidas antes de su puesta en venta o con posterioridad a la misma" (59). Como se verá a continuación, las emisiones de Ocharte y López Dávalos proceden de una única edición, conformando dos emisiones que se diferencian en algunos elementos de los preliminares.

[23] Ni Icazbalceta ni van Horne lograron ver la dedicatoria en prosa el conde de Lemos, pues falta en el ejemplar de la emisión de López Dávalos que custodia la John Carter Brown Library (Providence, Rhode Island, EE.UU.), signatura [R] B604.V139g. En cambio, Medina utiliza un ejemplar que sí trae la dedicatoria en prosa (*Imprenta* 1:14–5; *Escritores* 70–3), acaso el ejemplar que obra actualmente en la Biblioteca Nacional de España (signatura R/6322).

Antes de definir estas distintas funciones, sin embargo, conviene destacar que estos insignes críticos pasan por alto el hecho de que ninguna de estas emisiones de *Grandeza mexicana* corresponde al libro que originalmente había concebido Balbuena. En la carta al arcediano de la Nueva Galicia, Balbuena admite explícitamente que la entrada en la capital novohispana del nuevo arzobispo, el 13 de octubre de 1602,[24] le obliga a "suspender" la impresión de un libro que contenía el poema "Grandeza mexicana", pues afirma: "he suspendido la impresión de los tercetos" (13). Lamentablemente, el verbo "suspender" no nos permite inferir con certeza si Balbuena decide posponer un proceso de impresión aún no iniciado, o si decide interrumpir el proceso cuando el libro se encuentra ya en la imprenta. Las palabras de Balbuena al final de la misma carta al arcediano, reflexionando sobre los costos de impresión de lo que será *Grandeza mexicana*, tampoco permiten dirimir claramente esta cuestión: "Estas apuntaciones [i.e., la carta al arcediano] me parece que bastan por no dilatar más el discurso y que se pueda imprimir con los otros sin crecer demasiado el volumen y costa, que es grande la que aquí se hace en esto" (54). Lo que parece cierto es que el plan original de Balbuena no comportaba dedicar el libro al arzobispo de México. Dada la extrema importancia que tenía la elección de un *dedicatee* poderoso que pudiera amparar y proteger al autor durante la temprana modernidad, ello determinaría hasta cierto punto el contenido de un libro. En estas circunstancias, el anómalo elogio que Balbuena ofrece a don Francisco Gómez de Sandoval y Rojas, primer duque de Lerma, en el poema mismo, en el cual lo describe como un personaje "que hoy sirve de coluna / al gran peso del mundo y su concierto" (I.26–7; 62), adquiere especial relevancia. Es plausible especular que el fracaso de Balbuena por obtener las mercedes que solicitara al Consejo de Indias en el memorial que preparara con su padre en 1592 y su infructuosa esperanza por recibir una de las tres canonjías que estaban vacantes en Guadalajara a fines del XVI (van Horne *Biografía* 53–4) lo impulsaran a aprovechar la genealogía de Isabel de Tobar para hacer hincapié en su parentesco con el duque de Lerma. Esto explicaría la necesidad de una "Introducción" enfocada en la genealogía de doña Isabel y en subrayar el hecho de que es "parienta muy conocida y cercana del gran duque de Lerma don Francisco Gómez de Sandoval, que hoy es la persona más propincua a la de nuestro glorioso y católico monarca Filipo III" (57). Dado que Balbuena declara explícitamente que imprime un libro para satisfacer una petición de doña Isabel, a quien fervientemente desea "obedecer y servir", cabe deducir que Balbuena usaría el libro para obtener la simpatía y el favor del duque de Lerma en sus esfuerzos

---

[24] Los anales de Chimalpahin (75) consignan dicha fecha. Oscar Mazín Gómez et al., en su estudio del archivo del cabildo catedralicio de México, son menos precisos, pero afirman que la entrada en la capital se llevó a cabo entre el 12 y el 14 de octubre (2:1062, n.14).

por ascender en la escala eclesiástica. De estas ansiedades de Balbuena, es posible especular que originalmente el poema "Grandeza mexicana" estaría listo para la imprenta (o incluso ya en prensas) en octubre de 1602, y que acaso contendría la "Introducción" que conocemos hoy en día.[25] En esta hipotética impresión abortada, el poema y la "Introducción" serían parte de un libro dedicado al duque de Lerma con la esperanza de obtener los beneficios socioeconómicos a que Balbuena aspira desde hacía una década.[26]

Sea cual fuere su objetivo inicial, Balbuena abandona su plan original porque ve en el ingreso del nuevo arzobispo a la capital novohispana una magnífica oportunidad para solucionar un *impasse* sobre el cual apenas tenemos noticia.[27] Acaso el hecho de que el nuevo arzobispo fuera la cabeza espiritual y autoridad eclesiástica máxima del virreinato, o acaso porque, al haber sido nombrado por Felipe II prior del convento de San Lorenzo del Escorial por seis años, gozara de la estima de la Corona (González Dávila 42), Balbuena decide procurar su simpatía y favor en un "caso" que el valdepeñero tiene pendiente. Dada la escasez de datos fehacientes de que disponemos, sólo podemos preguntarnos si este "caso" se relaciona con la solicitud presentada precisamente por doña Isabel de Tobar para administrar por sí misma una parte de la dote con que ingresó al

---

[25]   Esta hipotética versión original del libro de Balbuena carecería de la dedicatoria al arzobispo y de la larga carta al arcediano de la Nueva Galicia (que conserva una elogiosa canción dedicada al arzobispo). Es difícil inferir si el "Compendio apologético" habría sido incluido en este hipotético libro, pues contiene al final una referencia al arzobispo: "[...] un heroico y santo Prelado que, dejando por ahora otras partes de valor, santidad y nobleza más proprias suyas que del Sol la luz con que resplandece, es dignísimo arzobispo y cabeza espiritual della" (146).

[26]   Quizás a mediados de 1602 Balbuena ya tiene en mente elevar un nuevo memorial al Consejo de Indias ampliando el memorial preparado en 1592 con su padre. Esto explicaría por qué en 1604 un desconocido Diego Sáez de San Martín se encuentra en Valladolid recopilando testimonios sobre la virtud y los servicios eclesiásticos de Balbuena posteriores a 1592, pues el 8 de abril presenta una petición "en n[o]mbre del d[i]cho bernardo de balbuena residente en la provincia de la nueva galicia en yndias [...] para presentar a Su M. el Rey n[uest]ro s[eñ]or en su real consejo de las yndias el d[ic]ho en parte tiene necesidad de hazer ynformacion de cómo desde el año de noventa y dos a esta parte [h]a servido de cura y beneficiado en las minas del espiritu s[anto]. y ansi mismo de beneficiado en pueblos de yndios en el partido de San pedro de la lagunilla. y de cómo es muy buen predicador y lo [h]a exercido en aquellas partes con mucha aprobacion y en mucho aprovechamiento de los d[ic]hos yndios" (s.f.). Este desconocido Diego Sáez de San Martín podría también haber llevado consigo el manuscrito del *Siglo de Oro en las selvas de Erífile*, pues el manuscrito ya se encontraba en España antes de que se publicara *Grandeza mexicana*, y la aprobación y la suma del privilegio del libro están firmadas precisamente en Valladolid en agosto del mismo año, 1604.

[27]   Así lo sugiere Balbuena al inicio de la epístola al Arcediano de la Nueva Galicia: "[...] he suspendido la impresión de los tercetos, y por probar con ellos ventura, y ver si la mía será tal que admita el S. arzobispo a servicio el deseo de hacerle alguno en dedicarle las grandezas desta ciudad, y pasar por ellas los ojos antes de ponerlas en los del vulgo. Y como estos primeros días de su entrada han sido tan llenos de ocupación, alboroto y concurso de gente, no le ha llegado la sazón a la quietud que *mi caso* pide, y así me estoy detenido aunque no ocioso..." (13; énfasis añadido).

convento jerónimo de San Lorenzo, la cual fue aprobada en julio de 1603 por el mismo arzobispo de México.[28] Sea cual fuere la exacta naturaleza del "caso", al elegir al arzobispo como *dedicatee*, Balbuena restringe notablemente sus aspiraciones a la solución de este *impasse* y aplaza sus aspiraciones políticas mayores a la impresión de sus otras obras y al establecimiento de relaciones de mecenazgo en la península ibérica (54).[29] Tras expedirse las licencias el 14 de julio y el 14 de septiembre de 1603, Balbuena inmediatamente firma la dedicatoria al arzobispo de México, fechada el 15 de septiembre del mismo año,[30] y procede a entregar su manuscrito a la imprenta de un Melchor Ocharte que pronto abandonará el oficio.[31] La primera emisión de *Grandeza mexicana* sale finalmente a la luz en 1604.

Una vez terminada la impresión de esta primera emisión, sin embargo, arribaría a la Nueva España la noticia del nombramiento de Pedro Fernández de Castro y Andrade, marqués de Sarria y conde de Lemos, como presidente del Real Consejo de Indias.[32] La nueva representa una oportunidad única para Balbuena, pues le permite aprovechar el libro que acaba de imprimir para intentar obtener el favor del personaje clave en las aspiraciones eclesiásticas en las Indias que el

---

[28] Esta dote provenía del censo sobre las casas que Balbuena poseía en la calle del Águila, en la capital novohispana, y que serían finalmente compradas por el convento en 1610 (Bazarte Martínez et al. *Convento* 307–10). Ciertamente, el extenso elogio de doña Isabel en el libro *Grandeza mexicana* ayudaría a persuadir al arzobispo a aceptar dicha solicitud.

[29] Aunque la dedicatoria al arzobispo privilegia la circulación local del libro, "sin esperanza de gozar el fruto della más que este estrecho y pequeño mundo de por acá" (54), Balbuena no renuncia completamente a entablar alguna relación de mecenazgo en la península ibérica utilizando su obra impresa, por lo que planea en el futuro publicar sus obras "gozando de las comodidades de España, enviándolos allá o disponiéndome yo a llevarlos" (54). De hecho, cuando *Grandeza mexicana* sale de las prensas de Ocharte, el soneto laudatorio de Miguel de Zaldierna de Mariaca afirma que el manuscrito del *Siglo de Oro* se encuentra ya en la península ibérica (10), acaso gracias al desconocido Diego Sáez de San Martín (véase n. 27 supra).

[30] En un inusual error, Medina afirma que la dedicatoria está fechada un año después, el 15 de septiembre de 1604 (*Escritores* 69, 72–3). El error es importante, pues le lleva a especular equivocadamente que la emisión de López Dávalos, con la dedicatoria al conde de Lemos fechada el 23 de abril de 1604, precede cronológicamente a la de Ocharte (*Escritores* 73).

[31] Melchor Ocharte parece haber trabajado en la imprenta que fuera de su padre desde 1597. Para 1601, sin embargo, sus clientes no están satisfechos con la calidad de su trabajo y, después de la primera emisión de *Grandeza mexicana*, publica el *Ramillete de flores divinas* de Bernardo de la Vega en 1605, su último volumen. Curiosamente, Ocharte sólo publica las primeras dos hojas del libro, pues el tercer pliego es trabajo de Diego López Dávalos. Esto lleva a Alexandre Stols (22) a suponer que Ocharte vendió su imprenta a López Dávalos hacia 1605. Cabe preguntarse, sin embargo, si esta hipotética venta habría ocurrido en 1604, siendo esta la razón por la cual la segunda emisión de *Grandeza mexicana* lleva el colofón de López Dávalos. Lamentablemente, esta posibilidad no es considerada por José Toribio Medina (*Imprenta* 1: cviii-cix), Alexandre Stols (22), Hensley C. Woodbridge & Lawrence S. Thompson (23–6), ni María Isabel Grañén Porrúa (58).

[32] Su antecesor en tan crucial cargo, Pablo de Laguna, fue presentado al obispado de Córdoba en abril de 1603, y llegó a dicha ciudad en noviembre.

valdepeñero alberga desde, por lo menos, 1592. Por un lado, Balbuena consideraría ganarse la simpatía del conde de Lemos acudiendo a su primo Miguel Sánchez Cejudo para que convenza a Lope de Vega, gran amigo de Sánchez Cejudo y antiguo secretario del conde, de que interceda por Balbuena. Por otro, al ser sobrino y yerno del duque de Lerma, el conde de Lemos es también pariente de Isabel de Tobar, por lo que la favorable representación que Balbuena hace de doña Isabel y del valido en el libro podría generar la simpatía del conde de Lemos. Balbuena concibe entonces un plan a través del cual aprovecha y reutiliza gran parte de la primera emisión de *Grandeza mexicana* para preparar una segunda emisión dedicada al conde de Lemos, quien, como nuevo presidente del Consejo de Indias, podría concederle la dignidad eclesiástica que le es tan esquiva. Así, Balbuena toma diversos ejemplares de su libro y elimina manualmente la portada y la dedicatoria al arzobispo de México, así como el folio que contiene su retrato. En reemplazo de estos elementos, Balbuena procura alabar decididamente al conde de Lemos y tentar su patrocinio concibiendo una elogiosa dedicatoria en prosa al conde (que firma el 24 de abril de 1604) y una larga canción en elogio de su futuro mecenas.[33] En la dedicatoria en prosa, Balbuena aspira explícitamente a obtener el mecenazgo del conde y a que sus obras gocen de "el amparo de tã grã principe", que sus "trauajos [sean] premiados" y que se le conceda "el deffeo de emplearme todo en feruicio de V. EX." (s.f.).[34] Del mismo modo, en el elogio en verso, Balbuena no duda en dirigirse al conde como "Nueuo Meçenas" (s.f.), prometiéndole cantarle "celebrando afombros, y portentos, / Y a ti por mi Mecenas, / En Aulas de oro y de Carbuncos llenas, / Defte arbol hallaras los fundamentos, / Y arrimada ya en el mi vmilde rama, / Mio fera el pregon, tuya la fama" (s.f.). Una vez concebidos estos halagüeños materiales preliminares, Balbuena contrata con el impresor Diego López Dávalos para imprimir estos nuevos materiales y añadirlos manualmente a los ejemplares de la primera emisión.[35] Con esta segunda emisión de *Grandeza mexicana*, Balbuena acaso vuelve al plan original que tenía

---

[33]   Además de estas adiciones, Balbuena incluirá también una portada apropiada a las circunstancias, una hoja con su retrato y un blasón con un poema en latín a Luis del Riego y Mendoza.

[34]   Cito por el ejemplar que obra en la Biblioteca Nacional de España (R/6322). Las ediciones preparadas por Van Horne y Saad Maura consultan la emisión impresa por López Dávalos a través del ejemplar custodiado en la John Carter Brown Library, el cual carece de la dedicatoria en prosa, como queda indicado en la n. 24 supra. En su reciente edición, Luis Íñigo Madrigal subsana esta omisión, pues utiliza el ejemplar de la BNE y reproduce la dedicatoria en los apéndices (314).

[35]   Un rápido examen de la tipografía y las signaturas usadas por Ocharte y López Dávalos permite distinguir con certeza las adiciones impresas por este último. Para el caso del retrato de Balbuena, que debe imprimirse nuevamente en la segunda emisión, aunque esta vez en el vuelto de la portada, cabe preguntarse si Balbuena habría conservado la xilografía original preparada por Ocharte (que es más probable), o si esta habría sido incluida entre los materiales supuestamente vendidos por Ocharte a López Dávalos. Los detalles técnicos de este y otros retratos que circulaban impresos en la Nueva España hacia 1600 se discuten en el último capítulo de este estudio, "'Pensamiento medido con arte': las virtudes de Balbuena".

en 1602 y ve con renovada esperanza la posibilidad de ascender en la escala eclesiástica y tentar, quizá, una encomienda.

Inmediatamente después de publicar la segunda emisión de *Grandeza mexicana*, y tras de contribuir con un soneto para la *Primera parte de la política de escrituras* (México: Diego López Dávalos, 1605) de Yrolo Calar, Balbuena planea cuidadosamente su viaje a la península ibérica para presentar personalmente su petición ante el Consejo de Indias con renovadas esperanzas de obtener alguna dignidad más provechosa o prestigiosa. Para ello, en abril de 1606, Balbuena solicita documentos del cabildo civil y eclesiástico de Guadalajara que resalten nuevamente su trayectoria y su conducta virtuosa, los cuales añadiría a la nueva información recogida en Valladolid por el misterioso Diego Sáez de San Martín y a la solicitud de 1592. Aunque Balbuena tiene en mente un puesto más elevado en la Ciudad de México o Tlaxcala, los declarantes sugerirán alternativas más modestas ubicadas en Guadalajara o Michoacán.

Balbuena parte a la península a mediados de 1606.[36] Con celeridad obtiene una licenciatura y un doctorado en Teología por la Universidad de Sigüenza.[37] Es de suponer que también se valdría de la estrecha amistad de su primo, el humanista Miguel Sánchez Cejudo, de la Orden de Calatrava, con Lope de Vega, antiguo secretario del conde de Lemos, para persuadir a éste a satisfacer la merced que Balbuena solicita[38] y para ofrecerle un ejemplar de la segunda emisión de *Grandeza mexicana*. Su primo también le habría permitido acercarse a un selecto grupo literario relacionado con la corte, pues el mismo Lope de Vega, su amigo Baltasar Elisio de Medinilla (1585–1620),[39] Francisco de Quevedo (1580–1645) y Antonio Mira de Amescua (c. 1578-c. 1636) le ofrecen palabras laudatorias para acompañar la publicación del *Siglo de Oro*.[40] A pesar de las

[36] La licencia es otorgada en mayo de 1606, y Balbuena desembarca en el puerto de Bonanza (San Lúcar de Barrameda, Cádiz) el 16 de octubre (AGI Contratación 5319).

[37] Balbuena obtiene la licenciatura y el doctorado en enero de 1607, como se deduce de la matrícula hallada en el Archivo Histórico Nacional (Universidades, Libro 1260, f. 230v), y reproducida por Rubio Mañé (98–99). En la solicitud al Consejo de Indias, fechada el 8 de febrero de 1607, se afirma que es "graduado de bachiller en artes y teología por [la Universidad de] México, y de licenciado y doctor en las mismas facultades" (México 296, s.f.). Queda por explicar, sin embargo, la razón por la cual Balbuena se denomina a sí mismo licenciado en el poema ofrecido para el libro de Yrolo Calar, impreso en México en 1605.

[38] Desde 1605, Lope funge de secretario del duque de Sessa y en 1607–8 hace viajes frecuentes entre Toledo y Madrid (Castro & Rennert 160). Sin embargo, habría mantenido contacto con el marqués de Sarria y conde de Lemos, como queda dicho en la nota 20 supra.

[39] Lope confiaba en Medinilla en grado tal que este, en 1608, corrigió las pruebas de imprenta de la *Jerusalén conquistada* (Castro & Rennert 169).

[40] Además del propio Miguel Cejudo, que ofrece un soneto laudatorio, y los ya mencionados Lope, Quevedo, Medinilla y Amescua, los preliminares ofrecen composiciones elogiosas de personajes menos conocidos como Felipe de Albornoz, Francisco de Angulo, Francisco de Lugo y Dávila, y Dionisio de Vila y Lugo.

aprobaciones fechadas en 1604, la novela pastoril que Balbuena quizás daba ya por perdida[41] permanecía aún inédita, por lo que en septiembre de 1607 contrata con el librero Alonso Pérez cediéndole el privilegio del libro a cambio de ciento cincuenta ejemplares a ser entregados en el plazo de dos meses,[42] y en octubre del mismo año firma la dedicatoria al conde de Lemos. Alguno de dichos ejemplares llegaría a manos del mecenas a fines de 1607 o inicios de 1608, quien leería en dicha dedicatoria la promesa de Balbuena de ofrecerle también *El Bernardo o victoria de Roncesvalles*.[43]

Los esfuerzos de Balbuena rendirán fruto, aunque no lo llevarán de vuelta a la Nueva España como deseaba. La abadía de Jamaica se encontraba vacante desde 1606 por la muerte de su ocupante, Francisco Márquez Villalobos. En una lista de ocho personas recomendadas para la dignidad, preparada hacia 1606–7, no aparece el nombre de Balbuena (van Horne *Biografía* 65–6). A pesar de ello, el 29 de abril de 1608, después de presentar su petición al Consejo de Indias, de halagar al conde de Lemos con las dedicatorias de sus dos libros y de prometerle la dedicatoria de *El Bernardo*, Balbuena es elegido abad de Jamaica.[44] Como acertadamente sugiere van Horne (*Biografía* 66), es de suponer que el conde de Lemos interviniera para que se favoreciera al autor de *Grandeza mexicana*.

Hacia 1609 Balbuena procura imprimir *El Bernardo* con la prometida dedicatoria al conde de Lemos,[45] pero fracasa,[46] acaso por dificultades financieras,

---

[41]   En la dedicatoria al conde de Lemos, como parte de la *captatio benevolentiae*, afirma: "[e]stos acometimientos de mi pluma [...] no sé si diga que me pesó hallarlos ahora en España, cuando yo del todo los tenía perdidos; solo pudo templar el miedo de verlos salir a luz hallar a V.E. puesto por su defensor y amparo" (s.f.).

[42]   El contrato firmado ante notario es reproducido por Cristóbal Pérez Pastor (131–2) y Medina (*Escritores* 75–6).

[43]   En la dedicatoria del *Siglo de Oro*, fechada el 31 de octubre de 1607, se hace explícita referencia a ello: "Suplico a V. E. se digne de aceptar este servicio, y favorecer los principios en que se cortó la pluma para el famoso Bernardo que, ufano de haber llegado a los pies de V.E. piensa asombrar el mundo con tal grandeza" (s.f.).

[44]   El dato proviene de González Dávila (292), a quien siguen Medina (*Escritores* 60) y van Horne (*Biografía* 65).

[45]   Mira de Amescua recibe el texto, presumiblemente manuscrito, el 31 de enero de 1609, y el 9 de febrero emite su aprobación. Los preliminares indican también que el privilegio original para su impresión fue expedido por un lapso de diez años el 11 de julio de 1609. Recientemente se ha anunciado en España el hallazgo, gracias al crítico Matías Barchino Pérez, de lo que sería el manuscrito de *El Bernardo* en su estado de 1609 (pues la primera redacción sería de 1595, como se explica líneas arriba), el cual contendría variantes en relación con el texto impreso en 1624. Es de esperar que las ediciones que planean realizar la Fundación Menéndez Pidal (Madrid), donde se halla depositado el manuscrito, y la Academia Mexicana de la Lengua (México, D. F.) contribuyan a esclarecer el proceso de redacción y los diferentes estados y variantes de lo que hoy conocemos como *El Bernardo* (Laderas).

[46]   Balbuena hará un nuevo intento hacia 1615, y, finalmente, en 1624. Estos dos intentos posteriores podrían explicar parcialmente las diferencias tipográficas de *El Bernardo* halladas por Margaret Kidder, discípula de John van Horne (van Horne *Biografía* 67, n.12). Tras la muerte

y tarda en obtener la licencia que le permitirá tomar posesión de su cargo en Jamaica.[47] De hecho, en abril y mayo de 1609, Balbuena suplica que, mientras intenta obtener las bulas papales necesarias para tomar posesión de la abadía, se le permita gozar de la renta de su iglesia o incluso se le permita viajar a Jamaica. Es posible que esta demora haya sido causada porque, al ser hijo natural y al haber nacido fuera del yugo matrimonial, Balbuena requería, además de las bulas correspondientes, de la dispensación del Papa (van Horne *Biografía* 69). Probablemente pasa 1609 en Madrid resolviendo estos asuntos, pero ya a principios de 1610, en Sevilla, el abad recibe la licencia para embarcarse a Jamaica, recibe las tan esperadas bulas y, tras esperar por las licencias de salida de sus criados, zarpa a mediados de 1610.

Una vez en Jamaica, acaso a fines de 1610, a Balbuena le habría decepcionado profundamente la pobreza material de la isla. Según van Horne, Balbuena escribe cartas describiendo incluso la imposibilidad de celebrar misa cuando llueve debido a las diversas goteras en el techo de la iglesia. En una carta de 1612 llega a solicitar la importación de 2.000 ducados en vellón dada su notable escasez en la isla, amén del cambio de régimen eclesiástico de Jamaica: ora su transformación de abadía en obispado, ora la anulación de la abadía y su incorporación al obispado de Cuba (van Horne *Biografía* 82). De 1612 es también un largo memorial en que, además de recoger información de sus virtudes morales e intelectuales y de subrayar la pobreza material en que se encuentra, solicita se le aumente la renta o le sea otorgada una dignidad en México, Tlaxcala o Lima (van Horne *Biografía* 94). Mientras espera una respuesta del Consejo de Indias, que no revisará el documento hasta 1618, Balbuena procura por segunda vez publicar *El Bernardo*. Aprovechando la licencia de diez años que le fuere concedida, en 1615 inicia, muy probablemente, la impresión del libro, que deberá suspender.[48]

En enero de 1618 por fin se revisa la solicitud de Balbuena y el 31 de agosto del año siguiente se le nombra obispo de Puerto Rico. Acaso para paliar sus

---

del conde de Lemos en 1622, Balbuena prepara una segunda dedicatoria hacia 1623 dirigida a su hermano, don Francisco Fernández de Castro, afirmando que "[e]ste poema heroico, del famoso Bernardo del Carpio, en que se describe la esclarecida descendencia de la excelentísima Casa de Castro, ha mas de catorce años [i.e., c. 1609] que se le [sic] dedicó su autor en esa Corte al gran Mecenas de todas las buenas letras y habilidades de España, el Excelentísimo don Pedro Fernández de Castro, que está en el cielo, hermano de V. Excelencia", quien, además, habría revisado rápidamente el texto, pues "no se desdeñó de honrar la obra pasando sus ojos por ella" y "debajo de la aprobación de su clarísimo ingenio se ganó privilegio para imprimirla" (139).

[47] Para la biografía de Balbuena entre 1609 y 1627 a continuación, me guío principalmente por la magnífica biografía de van Horne e indico en las notas correspondientes las fuentes alternativas que utilizo.

[48] Acaso esto explica por qué la portada de *El Bernardo* describe a Balbuena como abad de Jamaica, a pesar de que en 1624, cuando finalmente se imprime el libro, Balbuena ya es obispo de Puerto Rico.

necesidades financieras, Balbuena solicitará casi inmediatamente mercedes que le permitirían ampliar su hacienda. Así, en febrero de 1621 recibió autorización para cobrar "en encomienda" la producción indígena de la Isla Margarita y de la provincia de Cumaná, a lo que se añadirá cuatro años más tarde los frutos de la ciudad de Santo Tomé (Guyana) y de la Isla Trinidad.[49] Tras una breve estancia en Santo Domingo entre 1622 y 1623, Balbuena llega finalmente a Puerto Rico. Pronto habría de continuar buscando el ascenso a una dignidad más beneficiosa, pues en marzo de 1625 su nombre aparece entre los candidatos propuestos para el obispado de la Ciudad de Panamá.[50] Sin embargo, pasados ya los sesenta años de edad, poco le quedaba a Balbuena por ambicionar: el obispado y la encomienda representaban, quizás, la cota más alta que podía alcanzar. Treinta años atrás, mientras notaba el ímpetu de los criollos novohispanos por alcanzar altos puestos burocráticos y la perpetuidad de las encomiendas en razón de los méritos militares de sus antepasados, un inmigrante peninsular, hijo ilegítimo de un cuestionado burócrata de la Nueva Galicia, debía invocar sus virtudes morales e intelectuales para lograr ascender socialmente. El estatus socioeconómico que alcanzó sólo después de obtener el obispado de Puerto Rico[51] fue tal que, a pesar del ataque

---

[49]   Van Horne afirma, aunque sin mencionar la palabra "encomienda", que Balbuena recibió esta licencia en 1624. Sin embargo, una Cédula real de 1633, que trata principalmente del sucesor de Balbuena en el obispado, el doctor Juan López Sagunto, indica que la fecha inicial de esta encomienda es 1621: "Por quanto por cédula mía de nueve de hebrero del año pasado de seiscientos y veinte y uno, tubo por bien el Rey mi señor y Padre que es en gloria de mandar a los Ofic[iale]s de su R[eal] Haz[ien]da de la Isla de S. Juan de Puerto Rico, Isla Margarita y Cumaná que por tiempo de quatro años no pusiesen ympedimento al Doctor Bernardo de Balbuena, Ob[is]po de la d[ic]ha Isla de Puerto Rico en la cobranza de los fructos tocante a la Isla Margarita y Provincia de Cumaná, que les estaban dados por cercanía en encomienda, sino que ellos dejasen cobrar como se havía hecho con sus antecesores. [...] Y por otra mi cédula de treinta de henero de seiscientos y veinte y cinco tuve por bien de adjudicarle a el d[ic]ho Ob[is]po de Puerto Rico, la Ciu[da]d de Sto Thome, de la Goayana por el mismo tiempo, y en la forma que le estava adjudicada, la Isla de la Trinidad y que pudiese goçar de los fructos de la d[ic]ha Ci[da]d de Sto Thome de la Goayana, sin que en su cobrança se lepusiese ympedimento alguno" (31r-v.). Esta cédula obra en la Biblioteca Real de Palacio, Madrid, en un expediente de cédulas y expedientes variados, signatura MF/291.

[50]   Hasta donde he podido comprobar, este documento (AGI, Panamá 1, N.340) no ha sido citado por los estudiosos de Balbuena, por lo que me permito ofrecer más detalles. Se trata de una lista que incluye a veinte candidatos, de los cuales Balbuena no es uno de los menos respaldados. Siete votos respaldan a fray Benito de Baltodano, obispo de Nicaragua; cuatro votos reciben Leonel de Cervantes, obispo de Santa Marta, y Melchor Prieto; con tres votos figuran Luis de Cañizares, obispo de Cáceres (Filipinas), Alonso de Baldo, obispo de Honduras, Antonio de Hinojosa, Pedro Manrique y Bernardo de Balbuena. El documento describe a Balbuena como "Obispo de Puerto Rico, que por sus buenas partes, letras, opinión y púlpito y aprobación que hizo dellas el Audiencia Real de Guadalajara, fue presentado por abad de Jamaica, cuya dignidad sirvió con mucha satisfacción y, por la que se tuvo de su persona, le promovió el Rey N[uest]ro S[eñor] que esté en gloria el año de [1]619 al d[ic]ho obispado donde reside al presente" [3r].

[51]   En su biografía de Balbuena, Sylvia Wynter llega a afirmar que en 1627, el año de su muerte, Lope de Vega escribe una carta certificando haber recibido 800 reales de Balbuena a

sufrido por naves holandesas en 1625, su herencia fue objeto de intensos pleitos a su muerte el 11 de octubre de 1627.[52]

* * * * *

El deceso de Balbuena no lo relegaría al olvido. Sin embargo, su presencia en historias literarias hispánicas hoy en día se fundamenta en proyectos políticos de identidad comunitaria (ora nacionales [i.e., México], ora locales [i.e., Valdepeñas]) que no comulgan con los elogios que recibiera su obra en el siglo XVII. Recuérdese que Cervantes y Lope de Vega celebran las obras de Balbuena que pertenecen a los géneros que gozaban de mayor capital simbólico durante la temprana modernidad por su posición en la *rota Vergilii*: el pastoril *Siglo de Oro* y el épico *El Bernardo*[53]. Paradójicamente, sin embargo, ni el *Viaje del Parnaso* (1614)[54] ni el *Laurel de Apolo* (1630)[55] hacen referencia alguna a *Grandeza mexicana*, la obra más conocida de Balbuena hoy en día en el mundo hispánico.

Es indiscutible que *Grandeza mexicana* goza en la actualidad de un lugar privilegiado en la historia literaria mexicana y en el imaginario cultural nacional, y que Bernardo de Balbuena pertenece al panteón de figuras culturales de la nación mexicana. El valor simbólico que el libro posee es evidenciado por el hecho de que en 1927 la Sociedad Mexicana de Bibliófilos realiza una edición facsimilar de la emisión de Ocharte dentro de una colección que incluye obras fundacionales del México colonial, como el volumen dedicado al sabio y polígrafo Carlos de Sigüenza y Góngora (1645–1700). Posteriormente, desde mediados

---

través de su agente en Sevilla (20). Este dato no aparece en ningún otro estudio de Balbuena y, en general, la biografía en cuatro partes de Wynter no aporta mayores novedades. El epistolario conservado de Lope no menciona a Balbuena, como se puede comprobar en el índice preparado por Laura Calvo Valdivielso y Juan Sánchez Giménez.

52   La fecha es consignada por Juan Díez de la Calle (19r), a quien sigue Medina (*Escritores* 64). Van Horne, por su parte, cita un documento del AGI, Santo Domingo 174 (*Biografía* 128–30).

53   Como se sabe, la *rota Vergilii* es una construcción que representa la trayectoria literaria ideal siguiendo el modelo de Virgilio, quien empezó con el humilde estilo bucólico, pasó posteriormente al estilo medio de las geórgicas y terminó finalmente en el alto estilo propio de la épica. El hecho de que el valdepeñero parezca adherirse a la *rota Vergilii* ha permitido recientemente la sugerencia de Rodrigo Cacho Casal ("American Georgic") de considerar *Grandeza mexicana* un intento de formular una geórgica que complete la hipotética *rota* que formaría con el bucólico *Siglo de Oro* y el épico *El Bernardo*.

54   Cervantes alaba a Balbuena por su novela pastoril de 1608: "Este es aquel poeta memorando / que mostró de su ingenio la agudeza, / en las selvas de Erífile, cantando" (II, vv. 205–7; 74).

55   Lope hace referencia a Balbuena como autor del *Siglo de Oro* y *El Bernardo*: "Y siempre dulce tu memoria sea, / generoso prelado, / doctísimo Bernardo de Balbuena. / Tenías tú el cayado / de Puerto Rico, cuando el fiero Enrique, / holandés rebelado, robó tu librería, / pero tu ingenio no, que no podía, / aunque las fuerzas del olvido aplique. / ¡Qué bien cantaste al español *Bernardo*! / ¡Qué bien al *Siglo de Oro*! / Tú fuiste su prelado y su tesoro, / y tesoro tan rico en Puerto Rico, / que nunca Puerto Rico fue tan rico" (II, vv. 111–124; 192–3).

del siglo XX, *Grandeza mexicana* será diseminada más ampliamente a través de la edición que Francisco Monterde publica por la Universidad Nacional Autónoma de México, y de la que prepara Luis Adolfo Domínguez para la popular colección Porrúa.[56] En la actualidad, el poema "Grandeza mexicana" es uno de los textos fundacionales de la tradición nacional: prolifera en manuales y antologías de literatura mexicana, y es lectura obligatoria en instituciones de educación superior. Menéndez Pelayo no dudó en referirse a Balbuena como el "primer poeta genuinamente americano" (1:46), mientras que Ángel Rama fechó el inicio del manierismo literario hispanoamericano en la publicación de "Grandeza mexicana". A nivel simbólico, y acaso inspirándose en el *capitolo* IV del poema, titulado "Primavera inmortal y sus indicios", una zona de la Ciudad de México, originalmente llamada "llanos de Balbuena", fue urbanizada y rebautizada como "Jardín Balbuena" a mediados del siglo XX para compartir un lugar, literal pero no menos fundacional, al lado de otros nombres igualmente significativos para la identidad mexicana, como el del colindante barrio o colonia Moctezuma (1466–1520), la avenida Fray Servando Teresa de Mier (1763–1827), y las calles nombradas en memoria del filólogo e investigador de la lengua náhuatl Cecilio Robelo (1839–1916) y del español afincado en México y numerario de la Academia Mexicana de la Lengua Anselmo de la Portilla (1816–1879).

El privilegiado lugar que ocupan Balbuena y su libro *Grandeza mexicana* dentro del imaginario cultural mexicano no es de extrañar, pues el poema elogia detallada y demoradamente diversos aspectos de la ilustre Ciudad de México al filo de 1600, desde sus magníficos edificios y sus bellos paisajes, hasta sus instituciones administrativas y sus comunidades religiosas. El elogio se extiende también a sus excelsos habitantes, quienes brillan en campos tan diversos como la pintura, la medicina, la joyería y el comercio, y que ejemplifican una conducta plenamente virtuosa e incluso hablan el castellano con el acento más hermoso. Si, como nos recuerda Benedict Anderson (5), las naciones son comunidades imaginadas que procuran dotarse a sí mismas de densidad histórica e intentan patrimonializar un pasado que precede la creación del estado, la excelsa y magnífica imagen de la capital novohispana que ofrece Balbuena, en la que la Ciudad de México es "centro de perfección, del mundo el quicio" (I.57; 62), es particularmente idónea para su apropiación por parte de la nación mexicana y para la fundación de una tradición literaria nacional.

La nacionalización retrospectiva de que es objeto *Grandeza mexicana* es legitimada por una tradición crítica que ha interpretado este desorbitado elogio de la Ciudad de México como una clara muestra del orgullo local o proto-nacional de los criollos novohispanos, y como evidencia de sus aspiraciones políticas en

---

[56]   Esta edición reproduce también la emisión de Ocharte.

el gobierno virreinal. Por su hiperbólica glorificación de la capital novohispana a inicios del XVII, acaso apoyada por la errónea sugerencia de que Balbuena arribó a la Nueva España en 1564 con apenas dos años de edad, se suele considerar *Grandeza mexicana* como el espontáneo y sincero elogio concebido por un peninsular fuertemente acriollado que dota a la Ciudad de México de un espacio y unas características jerárquicamente superiores a la península ibérica y, por tanto, como una imagen que representa la Nueva España como un nuevo 'centro' del mundo, creado y habitado por unos encomiables criollos (o futuros mexicanos). A esta lectura han contribuido de manera crucial también los criollos novohispanos del XVII, quienes no dudan en neutralizar o incluso apropiarse de *Grandeza mexicana* para sustentar su propia agenda. Aunque se trate de un documento privado, la *Sumaria relación de las cosas de la Nueva España* (c. 1604) de Dorantes de Carranza decididamente cita *Grandeza mexicana* para utilizar la obra de Balbuena como complemento de su propio argumento.[57] De manera similar, a fines del siglo XVII, el gran polígrafo criollo Carlos de Sigüenza y Góngora no duda en utilizar el libro de Balbuena como evidencia de la grandeza de la capital novohispana y de la calidad intelectual de la Universidad de México, incorporando así a Balbuena al archivo criollo.[58] Dadas las constantes pugnas en que criollos e inmigrantes peninsulares participan a fines del siglo XVI por puestos burocráticos en el ámbito civil y eclesiástico, y por las tan codiciadas encomiendas (o goce de mano de obra indígena), *Grandeza mexicana* ha sido entendido como un elogio de los criollos, como un respaldo de sus aspiraciones políticas y económicas, y como prueba de su superioridad moral [*mores*] sobre los peninsulares y sobre el centro del poder imperial.

La recepción de *Grandeza mexicana* y su autor en la historia cultural mexicana contrasta notablemente con la dimensión principalmente local que Balbuena posee dentro del imaginario cultural en la península ibérica. El nombre de nuestro clérigo y poeta adorna el escenario urbano actual de su lugar de nacimiento, Valdepeñas, en Castilla-La Mancha, donde hallamos un Instituto de Estudios Secundarios, una calle e incluso una plaza que exhiben orgullosas el nombre de Balbuena. En años recientes, el Paseo de la Estación exhibe también una escultura de nuestro personaje debida al artista Máximo González Navarro [Fig. 1]. Aunque a esta apropiación local de Balbuena le ha seguido la importante

---

57 Esta apropiación se estudia detenidamente en los capítulos "La geopolítica de la templanza" y "La 'economía' de la justicia y las virtudes intelectuales".

58 El cosmógrafo cita a Balbuena al lado de dos peninsulares que apoyan la causa criolla, Arias de Villalobos y Diego Cisneros, en su descripción de la imagen de Acamapich en el arco erigido para la entrada del nuevo virrey de la Nueva España, Tomás de la Cerda y Aragón, conde de Paredes y marqués de la Laguna, en 1680 ("Teatro" 203). Del mismo modo, tres años después, en su *Triunfo parténico* (1683), Sigüenza y Góngora acude nuevamente a *Grandeza mexicana* para sustentar la antigua grandeza de la Universidad de México (*Triunfo* 4v-5r; véase More 57–67).

Fig. 1. Monumento a Bernardo de Balbuena

Escultura de Máximo González Navarro (2011). Paseo de la estación, Valdepeñas, España.
Cortesía de Lisette V. Balabarca-Fataccioli

edición de su poesía lírica (publicada por la Diputación Provincial de Ciudad Real) y los estudios de Matías Barchino Pérez, la presencia de Balbuena en el canon literario español es, cuando menos, discreta.[59]

La sostenida y dispar fortuna de que ha gozado Balbuena a ambos lados del Atlántico ha contribuido notablemente a fortalecer la interpretación proto-nacionalista según la cual Balbuena es portavoz de las aspiraciones de los criollos novohispanos y *Grandeza mexicana* es una pieza clave en el desarrollo de una conciencia nacional mexicana. Esta lectura criolla ha sido tan estable que probablemente sea responsable del 'agotamiento' crítico o el "critical neglect" y la "difficulty of knowing what to say about the poem" que advirtiera Kathleen Ross en los albores de este siglo. Desde entonces, sin embargo, el interés de los críticos hacia *Grandeza mexicana* se ha visto notablemente renovado. En los últimos años, y desde variadas perspectivas, los estudios de John Beverley, Osvaldo Pardo, Serge Gruzinski, Bárbara Fuchs y Yolanda Martínez San Miguel, Stephanie Merrim, Ivonne del Valle, María José Rodilla León, Rodrigo Cacho Casal y Jacques Joset, entre otros, así como las ediciones preparadas por Matías Barchino Pérez, Asima Saad Maura y Luis Íñigo Madrigal, han nutrido y revitalizado el análisis de *Grandeza mexicana*.

A pesar de este renovado interés, los lectores de *Grandeza mexicana* nos enfrentamos aún con notables dificultades para integrar dentro de esta interpretación criollista del texto algunos elementos ambiguos que sugieren que el libro y su autor son menos "criollos" de lo que hemos comprendido hasta el momento. Quizás el más complejo de estos casos sea lo que podemos considerar la oscilante afiliación comunitaria que presenta Balbuena en los documentos adjuntos de *Grandeza mexicana*. En estos documentos liminales, el valdepeñero no duda en alabar a los poetas novohispanos como ingenios de "nuestras letras mexicanas" (22) y de "nuestros occidentales mundos" (141), y se refiere al plátano como válido símbolo heráldico de "nuestras Indias" (53). Al mismo tiempo, sin embargo, Balbuena utiliza también el adjetivo posesivo para describir "nuestra España" como "tierra nobilísima" (52). Esta ambivalente o ambigua afiliación de Balbuena, sin embargo, adquiere mayor relevancia en conjunción con otros elementos que conjugan de manera menos clara con rasgos que los críticos suelen asociar con el discurso pro-criollo, como ha sugerido Asima Saad Maura en su reciente edición (46). Considérese, por ejemplo, el hecho de que, a diferencia de textos como el diálogo latino conocido como *México en 1554* de Francisco Cervantes de Salazar o la *Sumaria relación de las cosas de la Nueva España*

---

[59] El hecho de que las obras que Balbuena logra publicar en Madrid correspondan a géneros como la novela pastoril o la poesía épica, que, aunque ampliamente difundidos durante la temprana modernidad hispánica, no gozan en la actualidad de la misma prominencia o valoración, podría haber contribuido a la marginación de Balbuena del canon nacional español.

(c. 1604) del criollo Baltasar Dorantes de Carranza, Balbuena rehúsa hacer cualquier referencia a la flora y fauna oriundas del Nuevo Mundo, pues todos los ejemplos de flora y fauna que aparecen en *Grandeza mexicana* eran conocidos ya en la península ibérica antes de 1492. A esta negación de la naturaleza americana cabe añadir el desprecio de Balbuena hacia una Tenochtitlán que presenta como un manojo de "chozas humildes, lamas y laguna" (IX.273; 121), y a unos indígenas a los que califica de "naciones fieras" (II.53; 69) y "bárbaras gentes" (IX.333; 123), entre las cuales se encuentran el "indio feo" (IX.374; 124) y el "indio salvaje" de "temerosa imagen y espantosa figura" (55) tan mentado por la crítica. Esta problemática representación de los elementos estrictamente americanos es más sorprendente cuando advertimos diversas instancias, poco discutidas por los críticos, en las que Balbuena, en vez de expresar un orgullo local propiamente novohispano, celebra explícitamente el creciente imperio español de la temprana modernidad. Recuérdese el pasaje en el *capitolo* final o epílogo de *Grandeza mexicana*, en el cual Balbuena elogia al imperio español y su dominio del orbe, exclamando "¡Oh España valerosa, coronada / por monarca del viejo y nuevo mundo, / de aquél temida, déste tributada!" (IX.277–9; 121), y la vindica como agente de restauración de un ideal mundo áureo: "¡Oh España altiva y fiel, siglos dorados / los que a tu monarquía han dado priesa, y a tu triunfo mil reyes destocados!" (IX.355–7; 124). Afín a estas elogiosas exclamaciones sobre el imperio español hallamos también el expreso deseo de Balbuena de celebrar su grandeza y de subordinar a ella la grandeza del virreinato novohispano: "de mi pobre caudal el corto empleo / recibe este amago, do presente / conozcas tu grandeza, o mi deseo / de celebrarla al mundo eternamente" (IX.376–9; 124). No menos importante es el hecho de que, también en el epílogo, Balbuena declara abiertamente su nostalgia por la península ibérica y admite su deseo de volver eventualmente a la que denomina inequívocamente su "patria dulce": "el mundo que gobiernas y autorizas / te alabe, patria dulce, y a tus playas / mi humilde cuerpo vuelva, o sus cenizas" (IX.367–9; 124).

La relevancia de estos problemáticos pasajes no puede soslayarse, pues son relativamente consistentes con respecto a observaciones que aparecen en textos que Balbuena redacta por los mismos años de *Grandeza mexicana*. Considérese que en el prólogo de su monumental *El Bernardo o victoria de Roncesvalles*, dedicado a celebrar las hazañas de Bernardo del Carpio y su victoria sobre Roldán, y cuya primera redacción Balbuena habría terminado hacia 1595, Balbuena afirma que su intención era "celebrar en un poema heroico las grandezas y antigüedades de *mi patria*, en el sujeto de alguno de sus famosos héroes" (140; énfasis añadido). Es también en *El Bernardo* donde Balbuena elogia al imperio español como agente que revive la ideal edad de oro: "y llegará esta edad de oro cargada / el día que España a hierro y fuego meta / la grave carga que ahora le hace guerra / y de una ley y un Dios haga su tierra" (xvi 315a). En marcado contraste con este elogio imperial, el valdepeñero describe las Indias como asiento de "gentes monstruosas" (xvi 315a) y antropófagos que "se suelen comer los hombres vivos" (xvi 336b). De modo similar, poco después de publicar *Grandeza mexicana* Balbuena ofrece un soneto encomiástico para los preliminares de la *Primera parte de la política de las escrituras* (México: López Dávalos, 1605) de Nicolás Yrolo Calar, en el cual celebra inequívocamente la grandeza y expansión del imperio español y su *imperium* sobre la mayor parte del orbe:

> Ya a la invencible Monarquía española,
> para alcanzar de su primor la cumbre,
> solo faltaba el fuego desta lumbre,
> que hoy sus contratos limpia y acrisola.
> Va su Imperio creciendo de ola en ola,
> y el tiempo aun no gastaba esa herrumbre
> faltando la grandeza y muchedumbre
> de sus triunfos y glorias esta sola.
> Mas hoy le dio con que esa nube rompa
> la aguda pluma y el saber de Yrolo
> y a ambos la fama, el lleno de su trompa.
> Porque del nuestro al encubierto polo
> su nombre en esto con eterna pompa
> sea el primero, el único y el solo. (s.f.)

Tomando en cuenta la "difficulty of knowing what to say about the poem" ya señalada por Kathleen Ross, *El imperio de la virtud* adopta estas problemáticas observaciones de Balbuena, normalmente soslayadas por los críticos, como estímulo inicial y punto de partida para desarrollar un contexto interpretativo alternativo que nos permita explorar *Grandeza mexicana* del modo más rico y productivo posible. Por ello, *El imperio de la virtud* es un esfuerzo por interpretar *Grandeza mexicana* como un elogioso canto imperial anti-indígena y anti-criollo que atribuye exclusivamente a inmigrantes peninsulares como el propio Balbuena las virtudes morales e intelectuales necesarias para participar plenamente en el gobierno temporal y espiritual de la Nueva España, y para 'civilizar' a los bárbaros indígenas por medio de la institución de la encomienda. Esta propuesta, que difiere de la lectura 'criolla' que suele servir de base para los estudios sobre *Grandeza mexicana*, conceptualiza el texto de Balbuena como un posicionamiento político dentro del debate que, a lo largo de los siglos XVI y XVII, pretende deslindar qué individuos poseen la mejor disposición moral e intelectual para acceder a los más altos puestos de la administración virreinal y para guiar el proceso de aculturación de los indígenas por medio de las codiciadas encomiendas. Al conceptualizar la producción cultural del Atlántico hispánico de la temprana modernidad como una "polémica por la posesión de las Indias", Rolena Adorno nos invita a interpretar textos como *Grandeza mexicana* desde una perspectiva eminentemente relacional, según la cual su valor político se deduce a partir de su oposición hacia otros textos producidos aproximadamente en las mismas fechas. Este modelo de lectura, de alguna manera análogo a las exigencias interpretativas de la noción de "campo de producción cultural" del sociólogo francés Pierre Bourdieu (29–30), nos permite interpretar *Grandeza mexicana* como una *prise de position* o toma de posición dentro de un corpus mucho más amplio que se articula alrededor de las preguntas básicas de esta polémica: ¿Quién posee el derecho de gobernar los virreinatos americanos?; ¿Quién posee la mejor disposición para hacerlo; ¿Quién posee las virtudes necesarias para ello? En palabras de Rolena Adorno:

> Who owned the lands opened out to the question of who had the right to rule them. Who had the right to rule was answered, for some, by who was fit to rule. Here the question devolved onto that of the possession of virtues needed for self-governance: the exercise of prudence over oneself, one's household, the wider social and political order, that is, the categories defined by sixteenth-century interpretations of the political philosophy of Aristotle. (12)

El imperio de la virtud es un estudio de *Grandeza mexicana qua* posicionamiento político por parte de Balbuena en favor de inmigrantes peninsulares como él mismo y su derecho 'natural' a administrar la Nueva España temporal y espiritualmente, y de guiar la supuesta conversión de los indígenas a través de la institución de la encomienda. Para ello, el objetivo principal de Balbuena es dotar a dichos inmigrantes de la mejor disposición para el ejercicio de las virtudes morales e intelectuales que son necesarias para el gobierno del virreinato. Dado que el polivalente término 'imperio' deriva etimológicamente del latín *imperare*, 'ordenar', 'comandar' (Pagden *Lords of all the World* 12–20, Muldoon 18–9),[60] y que las virtudes cardinales identificadas por el pensamiento griego clásico y las autoridades cristianas medievales (valentía [*andreia*], templanza [*sōphrosunē*], justicia [*dikaiosunē*], prudencia [*phronēsis*]) son piedra de toque del pensamiento político y de los *speculum principis* o tratados de educación de príncipes de la temprana modernidad hispánica (Truman 12–31, Galino Carrillo 160–280), *El imperio de la virtud* presenta *Grandeza mexicana* como un texto extremadamente complejo a través del cual nuestro clérigo y poeta

---

[60]   Como indica Anthony Pagden, "[t]he root sense of the word [*imperium*] is 'order' or 'command'" (14), y el término se utilizó inicialmente para denotar "the sphere of executive authority possessed by the Roman magistrates" (12). James Muldoon nos recuerda que en la Roma imperial, *imperium* "meant power, specifically 'the legal power to enforce the law'" (18).

procura atribuir a inmigrantes peninsulares como él mismo el ejercicio de las virtudes morales de *andreia*, *sōphrosunē* y *dikaiosunē*, así como la práctica de las virtudes intelectuales o *dianoētika* (entre las cuales se incluyen las *technē* o 'artes', las *epistēmē* o 'ciencias' y, especialmente, la *phronēsis* o prudencia). Al despojar a los criollos novohispanos de estas virtudes y atribuírselas a los inmigrantes peninsulares, Balbuena participa decididamente en la polémica por la posesión de las Indias defendiendo la virtud de éstos últimos como los individuos con la mejor disposición para el autocontrol individual y, por tanto, para el gobierno político de una comunidad por medio de puestos burocráticos en los ámbitos temporal y espiritual, y a través de las encomiendas.

Como nos recuerda Rolena Adorno, esta polémica que domina la producción cultural de la temprana modernidad hispánica ciertamente contempla instancias formales y explícitas, tales como el debate celebrado en Valladolid en 1550–1551 entre Juan Ginés de Sepúlveda (1489–1573) y Bartolomé de Las Casas (c. 1484–1566), pero también alegatos y declaraciones más sutiles insertas en "the supposedly expository narration of history or the anecdotal content of a sermon, a moralizing parable or tale, or an epic poem" (13). Este último es el caso de *Grandeza mexicana*, que entreteje dentro de su explícito elogio de la capital novohispana un consistente posicionamiento en contra de los criollos novohispanos. Piezas fundamentales de esta toma de posición de Balbuena son las explícitas referencias a las virtudes morales e intelectuales que, como bien señala Adorno, permiten el autogobierno de cada individuo en particular y la autonomía política de una comunidad. A lo largo de *Grandeza mexicana*, Balbuena constantemente dota a los inmigrantes peninsulares de dichas virtudes, posicionándose en contra de textos pro-criollos que procuran atribuir a los descendientes de los conquistadores las virtudes necesarias para el gobierno del virreinato.

La confección de este 'campo' como parte de la más amplia polémica por la posesión de las Indias obedece necesariamente a las tensiones entre criollos y peninsulares que, según historiadores como David A. Brading o Anthony Pagden, alcanzan un punto álgido precisamente a fines del XVI e inicios del XVII. En su clásico estudio *The First America*, Brading nos recuerda que durante la última década del XVI la avalancha de peticiones para la tenencia de encomiendas por una cuarta vida presentadas al Consejo de Indias es evidencia de la creación de una conciencia o identidad criolla, diferenciada de aquella de los inmigrantes peninsulares (293). Esta tensión es consecuencia del secuencial y progresivo traslado de peninsulares a las Indias, inicialmente como grupos de oficiales de la Corona, luego como nuevos conquistadores, como nuevos colonizadores y, finalmente, por oleadas de individuos que procuran hacerse ricos a través de la minería o el comercio, quienes serán tachados con el mote de "gachupines" (Pagden "Identity" 58–9). Una vez llegado el cambio de siglo, tanto criollos como inmigrantes peninsulares se encuentran en pugna por las mismas mercedes y los mismos beneficios socioeconómicos: puestos burocráticos y encomiendas. Como nos recuerda una carta fechada en Guadalajara en 1606, el ámbito eclesiástico no es ajeno a esta pugna, pues en ella se afirma que en todas las órdenes religiosas "sin exceptuar ninguna se an introducido dos bandos, vno de los nacidos en Castilla, y otro de los nacidos en las indias, y el que prevalece excluie a los del otro de officios y prelacios" (van Horne "Algunos documentos" 324). Esta simple pero tensa dicotomía entre criollos y peninsulares es referida explícitamente por varios de los textos que incluimos en esta 'polémica por la posesión' de la Nueva España. Recuérdense las agrias y harto conocidas palabras que Baltasar Dorantes de Carranza dirige a una Nueva España que prefiere ser "madre de extraños, abrigo de forajidos y delincuentes, patria común a los innaturales, dulce beso y paz a los recienvenidos", pero apenas "madrastra de vuestros hijos y destierro de vuestros naturales", a quienes apenas ofrece "vuestra behetría y tráfago, ruido y poca verdad" (105). Del mismo modo, en su memorial de 1599 dirigido al oidor del Real Consejo de Indias Eugenio Salazar, el criollo Gonzalo Gómez de Cervantes establece un claro contraste entre unos inmigrantes peninsulares, "los que ayer vinieron" (89, 126), que "ayer estaban en tiendas y tabernas y en otros ejercicios viles" (94), y los descendientes de los conquistadores, que se encuentran "pobres, abatidos, desfavorecidos y arrinconados" (94). Para Bernardo de Balbuena, cuya familia parece haber estado estrechamente relacionada con poderosas familias criollas de la Nueva Galicia con fuertes lazos nobiliarios en la península ibérica, esta dicotomía no se restringe a distinguir entre dos grupos de dispares lugares de nacimiento. Antes bien, Balbuena conceptualiza esta división como una pugna entre criollos carentes de linajes nobles, por un lado, y criollos nobles e inmigrantes peninsulares en general (entre los que se encuentra el propio Balbuena) por el otro. Esto explicaría su aparente amistad con el criollo Antonio de Saavedra Guzmán, autor de *El peregrino indiano* (1599) y descendiente de los condes de Castellar, como afirma explícitamente en su poema,[61] quien ofrece a Balbuena un soneto laudatorio para los preliminares de *Grandeza mexicana*, y a lo cual responde el valdepeñero mencionándolo en el "Compendio apologético" entre los ingenios que habitan en "nuestros occidentales mundos" (141–2). Este respeto hacia familias criollas de probado linaje noble en la península explicaría también, al menos parcialmente, la afición de Balbuena hacia Isabel de Tobar y Guzmán, emparentada, como explica detalladamente en la "Introducción" de

---

[61] "Y no solo, Señor, os han servido / en toda aquella tierra [de la Nueva España] mis passados, / que en vuestra antigua España es muy sabido / que han hecho lo que a vos son obligados, / condes de Castellar fueron y han sido, / por línea recta hasta mí, engendrados / del gran infante don Manuel, por madre, / y de reyna Loba, por su padre" (xv.7; 267–8).

Grandeza mexicana (55–7) con el conde de Lemos, y con el tío y suegro de éste, el duque de Lerma, valido de Felipe III.[62] Después de todo, como afirmara José Antonio Mazzotti, el concepto de criollo "se refiere más bien a un fundamento social y legal, antes que estrictamente biológico" ("Introducción" 11).

En el contexto de esta pugna, y de manera consistente, *Grandeza mexicana* demuestra un profundo conocimiento y una decidida oposición a los más variados textos que apoyan la causa criolla, incluyendo textos épicos pertenecientes al llamado 'ciclo cortesiano', tratados 'científicos' de astrología o de historia natural, y memoriales de tema 'económico'. A lo largo de este estudio, *Grandeza mexicana* es confrontado con textos tan variados como el incompleto *Nuevo Mundo y Conquista* de Francisco de Terrazas; la *Primera parte de los problemas y secretos maravillosos de Indias* (1592) del *físico* Juan de Cárdenas; el memorial de 1599, publicado bajo el título de *La vida económica y social de Nueva España al finalizar el siglo XVI*, de Gonzalo Gómez de Cervantes; *El peregrino indiano* (1599) de Antonio de Saavedra Guzmán;[63] la *Sumaria relación de las cosas de la Nueva España* (c. 1604) de Baltasar Dorantes de Carranza; el *Reportorio de los tiempos* (1606) del ingeniero y cosmógrafo Heinrich Martin o Enrico Martínez; el hipocrático *Sitio y naturaleza de la Ciudad de México* (1618) del físico Diego Cisneros; y el *Canto intitulado Mercurio* (1604/1623) del jerezano Arias de Villalobos. La extensión de este corpus es ineludible, pues a pesar de su inevitable heterogeneidad, su lectura nos permite deducir los rasgos distintivos del discurso pro-criollo al filo de 1600. Asimismo, la amplitud de este corpus es esencial para nuestro análisis, pues antes que una respuesta a un texto específico, Balbuena concibe *Grandeza mexicana* como una respuesta, una desarticulación y una crítica al discurso pro-criollo en general. A lo largo de las páginas que componen *Grandeza mexicana*, Balbuena exhibe una clara comprensión de los argumentos utilizados por los criollos, y se propone contradecir sus reclamos por puestos burocráticos y encomiendas afirmando que sólo los inmigrantes peninsulares poseen las virtudes necesarias para el *imperium* o ejercicio del poder en el virreinato.

El extenso y heterogéneo corpus pro-criollo que consideramos para este estudio está compuesto por textos que procuran dotar a los descendientes de

---

62   Para una reciente, aunque en ocasiones confusa, biografía de Isabel de Tobar, puede consultarse el estudio de Bazarte Martínez et al. La información que ofrece sobre Bernardo de Balbuena, sin embargo, requiere de correcciones.

63   A pesar de la amistad que une a Saavedra Guzmán con Balbuena, he decidido incluir *El peregrino indiano* como parte del corpus pro-criollo porque, además de presentar su propio caso por la restitución de la gobernación de Zacatecas, Saavedra Guzmán presenta también un caso más general aplicable a todos los criollos por igual. Este segundo aspecto de *El peregrino indiano* ofrece amplias similitudes con los poemas de Terrazas y Villalobos, y es citado por Dorantes de Carranza en la *Sumaria relación*. Por ello, incluyo el texto dentro del corpus pro-criollo, pues ejemplifica las ansiedades de criollos que, a diferencia de Saavedra Guzmán, carecían de probado linaje noble en la península ibérica.

los primeros conquistadores de algunas de las virtudes morales o intelectuales ya mencionadas, o presentar a los inmigrantes peninsulares como viciosos agentes de corrupción moral del virreinato. Así, pues, los textos épicos redactados por Terrazas, Saavedra Guzmán y Villalobos procuran dotar las genealogías criollas novohispanas de la virtud de la valentía, mientras que los tratados científicos de Cárdenas, Martin y Cisneros atribuyen a los criollos la virtud de la templanza, así como las virtudes intelectuales. De modo complementario, los tratados de Gómez de Cervantes y Dorantes de Carranza denuncian el ejercicio del comercio por parte de los inmigrantes peninsulares como ejemplo de codicia y, por tanto, como actividad reñida con la virtud de la justicia y con el bienestar general del virreinato.

En marcado contraste con este corpus pro-criollo, Balbuena diseña *Grandeza mexicana* atendiendo al conjunto de las virtudes cardinales y atribuyéndolas a inmigrantes peninsulares como él mismo. Más importante aún, a Balbuena le interesa sobremanera destacarse a sí mismo como individuo virtuoso para poder obtener los beneficios socioeconómicos a que aspira. En esto, *Grandeza mexicana* se hace eco de las razones que Balbuena ofrece en 1592 y en 1607 en sus propias solicitudes por puestos eclesiásticos en la Ciudad de México, Tlaxcala o incluso Lima, las cuales eleva al Real Consejo de Indias. Estos documentos, que componen lo que van Horne bautizara como el "gran memorial" (AGI México 269), procuran subrayar la buena disposición moral y costumbres [*mores*] y las virtudes intelectuales del valdepeñero porque éste es incapaz de invocar una inexistente nobleza familiar por ser hijo ilegítimo, por un lado, y, por otro, porque sería poco persuasivo solicitar mercedes como recompensa por los servicios administrativos ofrecidos por su padre, un cuestionado burócrata de la Nueva Galicia. Por ello, los documentos que presenta Balbuena, si bien mencionan los servicios de su padre y los suyos propios, prefieren subrayar la conducta virtuosa, las "buenas costumbres" y la "buena vida" del valdepeñero. Así, en el documento preparado por la Audiencia de Guadalajara el 24 de abril de 1592, los firmantes invocan los servicios de Balbuena el viejo, pero también hacen hincapié en el hecho de que "por la *virtud* y habilidad y sufficien[cia] del dicho su hijo/ y buenas partes que tiene[,] q[ue] son muchas[,] qualquiera m[erce]d delas que pide [a] v[uest]ra M[a]g[estad], si hubiere de hacerle[,] la mereze y estara en el muy bien enpleada" (s.f.; enfasis añadido). Del mismo modo, en el cuestionario preparado en 1592, la novena pregunta solicita a los testigos declarar si saben que "al t[iem]po [h]a residido en esta Aud[iencia] se [h]a tenido por hombre recoxido y bien quisto, de buena vida y exemplo" (s.f.). Algunos años más tarde, cuando Balbuena eleva por segunda vez su solicitud al Consejo de Indias en 1607, la acompaña de una declaración de la Audiencia de Guadalajara, firmada el 15 de abril de 1606, en que los firmantes afirman que nuestro personaje "es persona de buena vida y fama y costumbres [*mores*]", que en su predicación en la catedral "[h]a mostrado sus buenas letras y artes y [h]abilidad" (s.f.). Por su parte, el Deán y el cabildo eclesiástico de Guadalajara, en un documento del 10 de abril de 1606, confirman que las diversas labores de Balbuena como capellán de la audiencia, como beneficiado en las minas del Espíritu Santo y como predicador en Guadalajara y en la capital novohispana han gozado de "grande fruto y aceptación de su suficiencia y doctrina" (s.f.). Finalmente, en el resumen que acompaña el memorial de 1607, Balbuena se describe a sí mismo como "muy gran letrado, y muy buen predicador, es hombre muy virtuoso, de buena vida y costumbres y digno que su Magestad le haga merced de alguna dignidad o prebenda por ser muy capaz dello" (s.f.). Carente de nobleza, y carente de los servicios heroicos de que presumen los criollos novohispanos al filo de 1600, Balbuena debe recurrir a sus propios servicios eclesiásticos y, especialmente, a sus virtudes morales e intelectuales para sustentar sus solicitudes ante el Consejo de Indias y para defender a inmigrantes peninsulares como él mismo dentro de la polémica por la posesión de las Indias.

* * * * *

Grandeza mexicana ciertamente hace referencias generales a la conducta virtuosa de la población de la capital novohispana, enalteciéndola como "de virtud la esfera" (II.164; 73) y "de amor el centro" (II.163; 73), y como el escenario donde se exhiben "cuantas / virtudes en el mundo el cielo ha puesto" (IV.243–4; 87). Sin embargo, no es menos claro que Balbuena teje su elogio de la ciudad con referencias específicas a las virtudes morales de *andreia*, *sōphrosunē* y *dikaiosunē*, y a las *dianoētika* o virtudes intelectuales. Para ello, y considerando los términos en que se formula la polémica por la posesión de las Indias, el valdepeñero debe recurrir a campos de conocimiento diversos que, al estar anclados en el pensamiento griego clásico, superan la hiperespecialización y compartamentalización que caracteriza la configuración de las disciplinas académicas de hoy en día. Considerando que Balbuena admite en el "Compendio apologético" que el legítimo poeta debe imbuirse del conocimiento procedente de otras áreas más allá de la retórica y la poética (131), *Grandeza mexicana* revela un profundo conocimiento de campos que corresponderían *grosso modo* a lo que hoy denominamos estudios climáticos, geografía, fisiología, psicología, ética, política y economía. En el pensamiento griego clásico, estos diversos campos se hallan gobernados por una misma *epistēmē* que privilegia un 'centro', 'equilibrio' o 'alternancia' considerado justo y virtuoso por oposición a unos 'extremos' deficientes y viciosos. Esta *epistēmē* permite, a su vez, la formulación de conceptos fundamentales en cada uno de estos campos de conocimiento y genera los dos paradigmas que Balbuena utilizará en su concepción de *Grandeza mexicana*: el modelo retórico del *enkōmion poleōs* o 'encomio de ciudades', fijado en su versión más detallada por el rétor Menandro de Laodicea (siglo III d.C.) y que consolida un cuerpo de conocimiento de siglos previos, y el modelo geopolítico conocido como la 'teoría de las cinco zonas', atribuido inicialmente al filósofo presocrático Parménides de Elea (siglo V a.C.). Ambos paradigmas establecen claramente una correlación entre un lugar específico en el globo terráqueo, su clima, y la naturaleza que alberga. Ésta última incluye las propiedades de la flora y de la fauna que habitan dicho lugar, pero también la fisiología, psicología, disposición ética y, finalmente, la capacidad para la autonomía política de los individuos y las comunidades que viven en dicho lugar. Estos dos modelos privilegian un 'centro' del mundo que corresponde con la latitud de Grecia, el cual goza de un clima templado que genera individuos saludables con la mejor disposición para el ejercicio de la virtud (específicamente, de las virtudes morales de la valentía, la templanza y la justicia, así como de las virtudes intelectuales) y, por tanto, con la capacidad para el autocontrol individual y para el autogobierno colectivo. Como corolario de esta relación causal entre geografía y política, los habitantes del 'centro' del mundo ostentan el derecho 'natural' a gobernar sobre otras poblaciones que, al habitar en los 'extremos' cálidos hacia el trópico o fríos hacia el septentrión, poseen fisiologías desequilibradas, caen en vicios morales y, en consecuencia, deben ser gobernadas por comunidades del privilegiado 'centro' del mundo. El estrecho vínculo entre diversos campos de conocimiento que ambos paradigmas presentan, así como el determinismo inherente a ellos, explican por qué este tipo de razonamiento fue clave en la justificación filosófica para la presencia de los españoles en las Indias y para la subyugación de los indígenas, pues los españoles, procedentes de la templada franja 'central' de la Europa mediterránea, eran idóneos para gobernar sobre comunidades que, al hallarse principalmente en el trópico, poseían costumbres bárbaras y una nula capacidad política para el autogobierno. No es casualidad que este tipo de pensamiento articule en gran medida los términos de la polémica por la posesión de las Indias a lo largo de los siglos XVI y XVII del Atlántico hispánico. Dado el rol absolutamente crucial que este tipo de pensamiento posee tanto en la concepción de *Grandeza mexicana* como en la configuración de la polémica sobre las Indias, la primera parte de *El imperio de la virtud*, "Hacia *Grandeza mexicana*: una epistemología del 'centro'", procura describir el valor político del *enkōmion poleōs* y la teoría de las cinco zonas, explicar la epistemología que los sostiene, y trazar la supervivencia y diseminación de ambos paradigmas durante la temprana modernidad hispánica.

Al participar en el debate sobre quiénes poseen la mejor disposición moral e intelectual para el gobierno de los virreinatos y la administración de las encomiendas, Balbuena se ve obligado a referirse explícitamente a las virtudes cardinales en *Grandeza mexicana* y, así, oponerse al amplio corpus pro-criollo producido por las mismas fechas. Por su incidencia en las virtudes cardinales, el *enkōmion poleōs* y la teoría de las cinco zonas le permiten a Balbuena argüir que la capital novohispana goza del mismo clima templado que la Europa mediterránea, pero que son los inmigrantes peninsulares y no los criollos novohispanos quienes poseen las virtudes necesarias para "poseer" la Nueva España. En este sentido, una de las labores cruciales de Balbuena es desarticular el corpus épico pro-criollo, a través del cual los letrados pro-criollos exigen la tenencia perpetua de encomiendas y el acceso de puestos burocráticos de los criollos como compensación por los servicios marciales de sus antepasados, los primeros conquistadores. Al estar concebidos como casos forenses o judiciales de la retórica clásica, los poemas épicos de Terrazas, Saavedra Guzmán y Villalobos presentan el desamparo en que se encuentran los criollos novohispanos hacia 1600 como un acto completamente injusto dada la valentía exhibida por sus antepasados y que los criollos habrían heredado por medio de su linaje. Esta argumentación gira en torno a la vívida narración de eventos bélicos en los cuales los primeros conquistadores exhiben su valentía en combate con los indígenas americanos. En contra de esta definición marcial, performativa y radicalmente épica de la valentía, Balbuena ofrece una concepción alternativa de la valentía invocando la noción de *andreia*, formulada por Platón y Aristóteles como una capacidad para preservar las convicciones que la razón (a nivel individual) y la clase dirigente (a nivel político) ofrecen al individuo. Dado que esta definición de *andreia* no se limita al escenario bélico, sino que puede aplicarse a escenarios civiles y, en la versión de Santo Tomás de Aquino, a escenarios espirituales en los que las convicciones religiosas son atacadas, Balbuena es capaz de ampliar esta definición para incluir a los "heroicos y eminentes profesores" (IX.117; 116) que procuran instruir a la población en la virtud. Con ello, y en tanto que clérigo y letrado, Balbuena se atribuye a sí mismo la virtud de *andreia*. Como complemento de esta oposición al discurso criollo, Balbuena comprende que las narraciones bélicas de la toma de Tenochtitlán incluidas en los poemas épicos pro-criollos propician la exhibición marcial y performativa de valentía por parte de los primeros conquistadores. Por ello, Balbuena rehúsa explícitamente cantar la historia precortesiana de la Ciudad de México, especialmente la caída de Tenochtitlán. Con ello, Balbuena transgrede deliberadamente el paradigma retórico del *enkōmion poleōs*, según el cual el panegirista debe incluir el *genos* u origen de la ciudad, lo cual habría obligado a Balbuena a explicar el origen de los mexica y, sobre todo, a narrar la conquista de la ciudad por parte de Cortés y sus hombres. Esta omisión de Balbuena, quien decide que "solo diré de lo que soy testigo, / digno de Homero y de la fama espanto" (II.62–3; 70), así como su reformulación de la virtud de *andreia*, corresponde a un explícito posicionamiento anti-criollo que le permite atribuir dicha virtud a inmigrantes peninsulares como él mismo. Esta 'polémica épica' se estudia en detalle en el capítulo "La retórica de la valentía", en la segunda parte de este libro.

A fines del siglo XVI, Balbuena comprende que su alegato pro-peninsular será fácilmente desdeñado si ignora el hecho de que la teoría de las cinco zonas es, quizás, el argumento más socorrido e invocado dentro de la polémica por la posesión de las Indias a lo largo del siglo. Ya durante la junta de 1512 convocada por Fernando de Aragón para dilucidar la legalidad de la presencia de los españoles en las Indias y la subordinación de los indígenas, un desconocido licenciado Bernardo de Mesa invoca la teoría de las cinco zonas para declarar que los indígenas de la llamada zona tórrida son 'esclavos por naturaleza' que requieren del gobierno político de los españoles procedentes de la templada Europa mediterránea. Desde entonces, apólogos de la Corona como Juan Ginés de Sepúlveda y cronistas como Francisco López de Gómara (c. 1511-c. 1566) seguirán sus pasos para argüir la templanza moral [sōphrosunē] de los habitantes de la templada península ibérica y, por oposición, la destemplanza moral y la consecuente incapacidad política de los indígenas del Nuevo Mundo. Sin embargo, Balbuena también debe considerar los argumentos de los físicos y astrólogos pro-criollos radicados en la Nueva España a fines del XVI e inicios del XVII, para quienes el virreinato es, a pesar de su latitud tropical, natural y perfectamente templado, prácticamente edénico, gracias a accidentes locales tales como la altitud de la Ciudad de México, las lluvias, la similar longitud del día y la noche naturales y los favorables vientos. A esta natural templanza del virreinato cabe añadir una segunda estrategia del discurso pro-criollo: lo que Jorge Cañizares-Esguerra ha denominado la "invención de cuerpos separados" ("New World, New Stars" 58). Según este principio, estos científicos novohispanos admiten la existencia de tres fisiologías diferenciadas por composiciones humorales distintas, y las atribuyen a cada una de las tres 'naciones' o comunidades principales que habitan en la Nueva España: la española, la indígena y la africana. Este principio, equivalente a una especie de herencia genética que se conserva y transmite dentro de cada nación, permite a estos científicos declarar que entre las tres naciones, la superior composición humoral de la nación española la transforma en la mejor dotada para el ejercicio de las virtudes morales, especialmente de la virtud de sōphrosunē o templanza. Sin embargo, dentro de esta nación, la superior templanza de la Nueva España hace de los españoles nacidos en el virreinato o 'españoles de Indias' individuos moralmente superiores a los españoles procedentes de la península ibérica. Consciente de estos argumentos, Balbuena introduce una innovación dentro de esta disputa afirmando que, a despecho de su latitud tropical, la Ciudad de México goza de una manufacturada y *artificial* templanza lograda gracias a la arquitectura urbana. Esta profunda innovación en la teoría de las cinco zonas le permite a Balbuena formular su posición anti-indígena y anti-criolla por medio de una tripartición espacial y moral de la Nueva España. Dentro de esta clasificación, Balbuena arguye que existe un espectro climático que incluye la artificialmente templada y productiva capital novohispana, un espacio rural relativamente destemplado y árido, y unos extremos absolutamente destemplados como las cálidas costas y las gélidas cadenas montañosas. Balbuena atribuye a cada uno de estos espacios un conjunto específico de individuos: si dentro de la heterogénea población de la capital novohispana destacan nítidamente los inmigrantes peninsulares, el "campo" está habitado exclusivamente por criollos novohispanos, mientras que los indígenas habitan las áreas liminales del virreinato. Con ello, el valdepeñero contradice decididamente el discurso científico pro-criollo y sugiere que los inmigrantes peninsulares conservan su templanza moral [*sōphrosunē*] y mejor disposición virtuosa gracias a la artificial templanza de la capital novohispana. Del mismo modo, al asignar el "campo" explícitamente a los criollos, Balbuena los transforma en individuos "indianizados" y relativamente destemplados que carecen de virtud y de capacidad para el autogobierno. Finalmente, el clima absolutamente extremo de los límites del virreinato le permite presentar a los indígenas como destemplados 'esclavos por naturaleza' y poseedores de una disposición para el vicio y necesitados del gobierno de los inmigrantes peninsulares. Al haber vivido hasta los veintiún años de edad en la templada península ibérica, Balbuena se posiciona a favor de inmigrantes peninsulares como él mismo, que han logrado preservar la virtud de *sōphrosunē* y su disposición para el ejercicio del autocontrol individual y para el gobierno temporal y espiritual de las Indias. Esta 'polémica científica' por la posesión de la Nueva España se enmarca dentro de un vivo debate que se extiende a las Indias en general con diversas innovaciones a lo largo de los siglos XVI y XVII, cuyas propuestas más representativas son el tema del capítulo "La geopolítica de la templanza".

Además de desarticular la retórica forense que los criollos utilizan para formular sus aspiraciones socioeconómicas en el corpus épico pro-criollo, y además de presentar una innovadora explicación científica para argüir la templanza moral de los inmigrantes peninsulares que habitan la capital novohispana, Balbuena también debe refutar los explícitos ataques en materia 'económica' que los criollos formulan contra los odiados 'gachupines'. Considerando que letrados criollos como Gómez de Cervantes y Dorantes de Carranza afirman que la supuesta inclinación de los inmigrantes peninsulares hacia las actividades comerciales responde a su pobre disposición para el ejercicio de la virtud e ilustra, en realidad, una conducta antinatural y viciosa basada en la codicia y la ociosidad, Balbuena se ve obligado a dedicar gran parte de *Grandeza mexicana* a validar el comercio como actividad perfectamente 'natural' y necesaria para la recta vida política y, por tanto, como exhibición de una rama específica de la virtud de *dikaiosunē* o justicia: la justicia correctiva. Así, en *Grandeza mexicana* Balbuena se apropia de las enseñanzas del 'pensamiento económico' aristotélico-tomista que la Universidad de Salamanca instituye a mediados del siglo XVI para poder legitimar las actividades comerciales como ejercicio de la virtud de *dikaiosunē* propia de los inmigrantes peninsulares, y para afirmar, en cambio, que los criollos que habitan el espacio rural del virreinato son nuevas personificaciones de un rey Midas que, viciosamente, acumula metales preciosos por su inclinación a la avaricia.

Aunque el prestigioso 'pensamiento económico' aristotélico-tomista constituye una rama de la filosofía moral enfocada en la virtud de la justicia que le sirve a Balbuena para legitimar el comercio, no ocurre lo mismo con las actividades profesionales y oficiales que, en general, los inmigrantes peninsulares deben realizar para sobrevivir en la capital novohispana. De hecho, los teólogos-'economistas' salmantinos de la segunda mitad del siglo XVI dedican poco espacio a explicar el rol de la labor y su impacto en la determinación del valor de cambio de los productos. Sin embargo, las labores ejercidas por los inmigrantes peninsulares son especialmente importantes para Balbuena, pues contrastan notablemente con el desprecio que los señoriales criollos novohispanos muestran hacia el trabajo manual, y con la representación edénica que ofrecen de la Nueva España, en la que el trabajo es innecesario, ya que la naturaleza ofrece espontánea y generosamente todos sus frutos. Motivado por estas contradictorias valoraciones de la labor, Balbuena presenta el virreinato no como un edénico paraíso, sino como un árido escenario postlapsario en el cual las profesiones y oficios de los inmigrantes peninsulares no son sólo labores absolutamente indispensables para la vida política, sino también actividades a través de las cuales los inmigrantes exhiben las *dianoētika* o virtudes intelectuales, específicamente *technē* [artes] y *epistēmē* [ciencias]. Para ello, sin embargo, Balbuena debe abandonar el 'pensamiento económico' salmantino y afiliarse a la novel escuela italiana, representada por el *Delle cause della grandezza delle città* (1588) de Giovanni Botero (1544–1617), de amplia circulación en la península ibérica durante la última década del siglo XVI. Gracias al pensamiento de Botero, que privilegia la labor como principal determinante del valor de cambio de los bienes, Balbuena refuta las descripciones edénicas de la Nueva España ofrecidas por los intelectuales y letrados pro-criollos y, en cambio, sugiere que es precisamente a través de la labor profesional y oficial que los inmigrantes peninsulares demuestran sus virtudes intelectuales. Si bien Balbuena admite que los criollos novohispanos poseen el "ingenio" que, según la teoría de las cinco zonas, les corresponde por haber nacido en el tórrido trópico, el valdepeñero utiliza el desdén de los criollos hacia el trabajo manual para afirmar que dicho "ingenio" es sólo una parte de las virtudes intelectuales y que, por tanto, son los inmigrantes peninsulares quienes muestran una mejor disposición intelectual para la vida política en el virreinato. El capítulo "La 'economía' de la justicia y las virtudes intelectuales" desarrolla en detalle esta 'polémica económica' por la posesión de la Nueva España, en la que Balbuena se enfoca en el comercio y el trabajo para atribuir a los inmigrantes peninsulares la virtud moral de la justicia y las virtudes intelectuales.

A través de estas polémicas, que hemos clasificado como 'épica', 'científica' y 'económica', Balbuena desarticula los argumentos presentados por letrados e intelectuales pro-criollos y dota a inmigrantes peninsulares como él mismo de las virtudes morales e intelectuales que el pensamiento político de la temprana modernidad hispánica exigía para una vida política conducente a la "buena vida". Sin embargo, además de reclamar la virtud de los inmigrantes peninsulares a lo largo del poema "Grandeza mexicana", no es menos cierto que Balbuena hace especial hincapié en su propia representación como individuo virtuoso y, sobre todo, como personaje que exhibe *phronēsis*; es decir, la virtud intelectual esencial para el gobierno de una comunidad. Dado que su nacimiento y crianza hasta los veintiún años de edad en la templada península ibérica habrían dotado al valdepeñero de una superior disposición moral e intelectual, su presencia en la artificialmente templada capital novohispana le habría permitido preservar dicha disposición, en contraste con unos ingeniosos pero 'indianizados' criollos novohispanos, y unos indígenas absolutamente destemplados y bárbaros. Certificada esta superior disposición moral e intelectual, a Balbuena sólo le resta completar su propia representación atribuyéndose a sí mismo de manera explícita las virtudes intelectuales; especialmente la *technē* o arte, y la *phronēsis* o prudencia. Si el poema "Grandeza mexicana" constituye el argumento general pro-peninsular, anti-criollo y anti-indígena de Balbuena, los materiales adjuntos que rodean el poema y que aparecen en las dos emisiones del libro *Grandeza mexicana* de 1604 se enfocan en presentar el caso particular de Balbuena y en dotarlo de las virtudes intelectuales necesarias para el gobierno del virreinato. Es en el retrato de Balbuena y en el arte poética "Compendio apologético en alabanza de la poesía" donde el valdepeñero elabora una representación de sí mismo que le permite subrayar la importancia de la virtud como criterio definidor de la nobleza, así como hacer hincapié en que su labor letrada se rige por las reglas del arte poética y retórica, pero también se aboca a generar contenidos que apelen a las partes racionales del alma de los lectores y que estimulen el reconocimiento y el ejercicio de la virtud entre ellos. Acaso por ser hijo ilegítimo y por carecer de las genealogías heroicas de que presumen los criollos novohispanos, el retrato de Balbuena desdeña el rol de la genealogía en el nombramiento de puestos burocráticos y, en cambio, se enfoca en el poeta como profesional que ejerce un arte [*technē*] y cuya labor representacional sólo puede ser compensada adecuadamente a través de una relación de mecenazgo con un personaje político poderoso. El "Compendio apologético", a su vez, define la poesía explícitamente como profesión [*technē*] que exige de un contenido concebido a través del uso de la sabiduría práctica o prudencia [*phronēsis*]. Balbuena utiliza su arte poética para posicionarse en contra de los poetas que, poseídos por una especie de furor platónico, producen "cosas lascivas, torpes y deshonestas" (130) e infaman la profesión, y para recordar a sus lectores que, siguiendo al geógrafo e historiador griego Estrabón (62 a.C.-23 d.C.), Balbuena concibe la poesía como "una admirable filosofía que enseña la razón del vivir, las costumbres y policía y el verdadero gobierno de las cosas" (128). En la autorepresentación de Balbuena, y a despecho de su bastardía, esta exhibición de virtudes intelectuales, acompañadas de las virtudes morales de *andreia*, *sōphrosunē* y *dikaiosunē*, que ostentaría gracias a su nacimiento en la templada Europa mediterránea, garantiza su superior disposición para el gobierno espiritual de la Nueva España y respalda sus aspiraciones a puestos eclesiásticos y una encomienda. Si bien el nuevo arzobispo de México, fray García de Santa María Mendoza y Zúñiga, puede ayudar a Balbuena en solicitudes menores, las aspiraciones socioeconómicas de Balbuena, que incluyen un puesto en una iglesia más rica, como Tlaxcala, México o incluso Lima, requieren del mecenazgo del Presidente del Consejo de Indias, el Conde de Lemos. Teniendo en cuenta a ambos *dedicatees* del libro *Grandeza mexicana*, el capítulo final de este estudio, "'Pensamiento medido con arte': las virtudes de Balbuena", procura explicar su autorrepresentación y la legitimación de sus aspiraciones socioeconómicas.

El imperio de la virtud es un esfuerzo por revisar la biografía de Balbuena y la historia material del libro *Grandeza mexicana*, y un intento de ofrecer un marco interpretativo que, al superar las constricciones y necesidades impuestas por una literatura 'nacional', explore el rico bagaje intelectual detrás de la aparente simplicidad de "Grandeza mexicana". Superando la necesidad de ver en el texto una imagen relativamente fiel de la capital novohispana al filo de 1600, este estudio considera el libro *Grandeza mexicana* como parte de la polémica por la posesión de las Indias y, por tanto, como una *prise de position* en favor de inmigrantes peninsulares como el propio Balbuena, y en contra de criollos e indígenas. Dado que dicha polémica se articula alrededor de la posesión de las virtudes necesarias para gobernar una comunidad, *El imperio de la virtud* procura reconstruir los modelos discursivos a que acude Balbuena para concebir su elogio de la Ciudad de México y dilucidar las implicaciones políticas de dichos paradigmas. Superando también las tajantes divisiones entre disciplinas académicas que articulamos hoy en día, este estudio procura rescatar las estrechas correlaciones entre campos de conocimientos diversos que la temprana modernidad hispánica hereda de la cultura griega clásica. *El imperio de la virtud* propone explorar en profundidad el marco atlántico en que se desarrollan la vida y la obra de Balbuena, y procura devolver a *Grandeza mexicana* la función política que ostenta dentro de la polémica por la posesión de las Indias.

PARTE I

HACIA *GRANDEZA MEXICANA*: UNA
EPISTEMOLOGÍA DEL 'CENTRO'

Introducción

"centro y corazón desta gran bola"

En el canto XVI del largo y poco estudiado poema épico *El Bernardo o victoria de Roncesvalles* (1624) de Bernardo de Balbuena, el mago Malgesí lleva a los lectores en un viaje maravilloso por los aires que le permite observar y describir diferentes secciones del orbe. Durante el viaje, el mago se detiene en detalles sobre la "grandeza" de un "famoso reino" (XVI; 307a) y su ciudad principal, que se ubica "[e]n lo mejor del habitable mundo, / como cabeza dél" (XVI; 307b). Este reino goza de un apacible clima y de "un aire limpio y cielo sano" (XVI; 307b) y de las riquezas y productos que se generan en todo el orbe, incluyendo incienso de Arabia, seda de Catay, piedras de Ormuz, vasos de Corinto (XVI; 307b). Además, la población de la ciudad sobrepasa "en letras, en virtud y entendimientos / cuantos la Grecia y el Egipto encierra" (XVI; 308b). Estos detalles inmediatamente recuerdan a los lectores los versos que utiliza el mismo Balbuena para elogiar la Ciudad de México en su canónica "Grandeza mexicana" (1604).

En su largo encomio, Balbuena no duda en afirmar que la capital novohispana es "centro y corazón desta gran bola" (IX.76; 115) y que goza de un "florido y regalado asiento" (I.73; 63) y se encuentra "[b]añada de un templado y fresco viento" (I.70; 63). Del mismo modo, recordarán los lectores que Balbuena afirma que la Ciudad de México "con todos se contrata y cartea" (III.178; 79), por lo que goza de infinitos productos y mercancías, como "de Cambray telas, de Quinsay rescate, / de Sicilia coral, de Siria nardo, / de Arabia encienso, y de Ormuz granate" (III.112–4; 77). Finalmente, también vendrá a la mente de los lectores la imagen de la capital novohispana como "de virtud la esfera" (II.164; 73) y como centro de grandes intelectuales, pues "ni en Atenas Grecia vio más bachilleres" (IX.112; 116).

Las admirables coincidencias entre la descripción de la Ciudad de México en *Grandeza mexicana* y la que ofrece el mago Malgesí en *El Bernardo* son incluso más llamativas cuando se advierte que en los fragmentos citados del poema épico Balbuena no está alabando la capital novohispana, sino la villa de Madrid:

Y el pueblo humilde a cuyos pies se eriza
de su fresco licor el tumbo hinchado,
que de álamos frondosos se entapiza
sus sombríos sotos y florido prado,
es Madrid, donde a España profetiza
con limpia estrella el favorable hado,
que el tiempo le ha de dar, de su tesoro,
la monarquía del mundo en riendas de oro.
(XVI; 311b)

Diversos críticos han señalado que, en mayor o menor medida, la descripción que ofrece Balbuena en *Grandeza mexicana* es un reflejo de la Ciudad de México tal cual era a inicios del siglo XVII. La semejanza de esta descripción con la de Madrid que aparece en *El Bernardo*, sin embargo, nos obliga a reconsiderar la relación entre la representación que es *Grandeza mexicana* y la capital novohispana. De hecho, las llamativas coincidencias en estas descripciones no se corresponderían necesariamente con hipotéticas similitudes que ambas ciudades habrían compartido a inicios del XVII, sino a la apropiación por parte de Balbuena de dos complejos paradigmas cuyas raíces se encuentran en el pensamiento griego clásico: el modelo retórico del *enkōmion poleōs* o 'elogio de ciudades', codificado en su versión más detallada por el rétor Menando de Laodicea (siglo III d.C.), y el modelo geopolítico y científico conocido como la 'teoría de las cinco zonas', atribuida al filósofo presocrático Parménides de Elea (siglo V a.C.). Mientras que el primero, perteneciente al género epidíctico, ofrece al panegirista una detallada guía para elogiar una ciudad, el segundo es un modelo geopolítico que permitió a los apólogos de la Corona española justificar su presencia en el Nuevo Mundo y su gobierno sobre las supuestamente deficientes y bárbaras poblaciones de indígenas americanos. Ambos paradigmas sintetizan una compleja red de campos de conocimiento variados, desde la geografía y la fisiología hasta la ética y la política, íntimamente ligados entre sí para inferir el aspecto físico, la disposición hacia el ejercicio de las virtudes morales e intelectuales, y la capacidad política de comunidades localizadas en geografías diversas. El entramado 'interdisciplinario' que da pie tanto al *enkōmion poleōs* como a la 'teoría de las cinco zonas' permite concebir cinco franjas latitudinales de clima templado o detemplado. El clima, a su vez, es responsable de la generación de una fauna y flora específicas en cada región del globo y, lo que es más importante, de comunidades humanas con diversos rasgos fisiológicos y variados grados de disposición para el ejercicio de las virtudes morales e intelectuales. El énfasis de estos dos paradigmas en el ejercicio de la virtud es especialmente importante para Balbuena, pues la apropiación de estos modelos le permite al valdepeñero argüir que son los inmigrantes peninsulares como él mismo, y no los criollos novohispanos, quienes, por su origen en la templada Europa mediterránea, poseen una mejor disposición para el ejercicio de *andreia* [valentía], *sōphrosunē* [templanza], *dikaiosunē* [justicia] y *dianoētika* [virtudes intelectuales] y, por tanto, para dirigir la vida espiritual y temporal de la Nueva España.

Un estudio como *El imperio de la virtud* exige un esfuerzo "arqueológico" (Foucault *Order* xxi-xxii) que indague por el conjunto de *a priori* históricos y la compleja epistemología que generan paradigmas como el *enkōmion poleōs* y la 'teoría de las cinco zonas', que Balbuena manipula para concebir *Grandeza mexicana*. Reconstruir estos paradigmas y la epistēmē que los fundamenta implica, por un lado, recordar que los textos literarios previos al Romanticismo poseen una notable estructuración retórica (López Grigera *Retória* 69)[1] y que, como nos recuerda el propio Balbuena, la poesía se nutre de conocimientos procedentes de campos de conocimiento variados ("Compendio" 131–2). Por otro, sin embargo, este esfuerzo arqueológico supone analizar la obra de Balbuena cuestionando su supuesta 'transparencia' y su hipotética correspondencia con la capital novohispana tal cual era al filo de 1600. Esto es particularmente importante, puesto que el carácter 'descriptivo' y referencial de *Grandeza mexicana* ha sido uno de los pilares de la lectura criollista del libro desde, por lo menos, el siglo XVIII. De hecho, catálogos iniciales como la *Bibliotheca mexicana* (1755) de Juan José Eguiara y Eguren, la *Biblioteca hispanoamericana septentrional* (1883) de José Mariano Beristain y Souza, y la *Historia de la poesía hispano-americana* (1911) de Menéndez Pelayo no dudan en elogiar la supuesta maestría descriptiva de Balbuena para capturar la realidad histórica de la capital novohispana, por lo que Menéndez Pelayo lo nombra el "primer poeta genuinamente americano" (1:46).[2] A lo largo de la última centuria, la mayoría de críticos ha mantenido esta supuesta correspondencia entre el poema y la capital novohispana, especialmente en manuales de literatura como el de María del Carmen Millán.[3] Por otro lado, los estudios críticos de Irving A. Leonard (*Baroque Times* 66), Ángel Rama (16),

---

1   Es difícil subrayar la crucial importancia que posee el análisis retórico de obras de la temprana modernidad hispánica. Para el caso de la literatura colonial mexicana, cabe recordar el impacto del clásico estudio que Rosa Perelmuter dedicara a la retórica en la *Respuesta a Sor Filotea* (1691) de Sor Juana Inés de la Cruz.

2   Según Anthony Higgins, Eguiara y Eguren "praises the lucid depiction of the viceregal capital Balbuena presents in *Grandeza mexicana*, and the pleasing style in which the poem is written, noting that it is the work of someone who had taken care and time to observe the city in all its details" (*Constructing* 98). Por su parte, Beristain y Souza explícitamente caracteriza el texto como un "poema descriptivo de México" (1: 123), mientras que Menéndez Pelayo afirma que el texto ofrece un "valor convencional y aproximado" de la capital novohispana (1: 52). A diferencia de estos compiladores y críticos, en su antología *Poesías selectas castellanas* (1807), Juan Manuel Quintana ignora completamente *Grandeza mexicana*, pues no selecciona fragmento alguno del poema (I:LIX-LX).

3   El caso de Millán es particularmente ilustrativo, pues afirma que se trata de un "poema descriptivo" que sigue "un plan lógico" (49). Sin embargo, Millán no explica en qué consiste dicho plan y parece sugerir que es lógicamente deducible a partir del texto.

Trinidad Barrera ("Entre la realidad") y Roberto González ("Colonial Lyric") Echevarría, sin embargo, han procurado matizar este aserto admitiendo cierto grado de exageración o hipérbole en el texto, mas sin negar su parcial correspondencia con la capital novohispana al filo de 1600. En contra de estos acercamientos referenciales, en su reciente edición de *Grandeza mexicana*, y culminando una serie de esfuerzos de críticos previos como Mariano Rodríguez Fernández, Trinidad Barrera ("Entre el viejo" 289, "Bases" 191) y Joaquín Roses, Luis Íñigo Madrigal (*Grandeza* 13–4) resalta la arquitectura retórica del poema, subraya su carácter de artefacto verbal y sugiere precisamente que el *enkōmion poleōs* es el modelo retórico del cual se vale Balbuena para redactar su obra más conocida.[4]

La *epistēmē* que nos concierne, y sobre la cual se construyen los paradigmas retórico y geopolítico de que se apropia Balbuena en la Nueva España de fines del XVI, está estrechamente ligada al advenimiento de la democracia política en la Grecia clásica en el siglo V a.C., pero gobierna campos de conocimiento como la cosmología de Anaximandro (610 a.C.-546 a.C.) y los tratados que combinan la medicina, la geografía y la climatología atribuidos a Hipócrates de Cos (c. 460 a.C.-370 a.C.) y Claudio Galeno de Pérgamo (129 d.C.-200/217 d.C.), los cuales gobernaron la práctica de la medicina en Occidente hasta el siglo XVIII. Por analogía con las consideraciones del corpus hipocrático, en el siglo IV a.C. la misma *epistēmē* articula el pensamiento ético de Platón y Aristóteles, y lo que podría denominarse el 'pensamiento económico' aristotélico. Si, como veremos, tanto el *enkōmion poleōs* como la teoría de las cinco zonas parecen 'idealizar' ciertos lugares que se consideran 'centro del mundo' y donde el clima es templado, hermoso el paisaje y los individuos virtuosos, es precisamente porque todas estas consideraciones provienen de campos de conocimiento gobernados por una misma *epistēmē* que privilegia un *meson* o 'centro' cosmológico, geográfico y climático,

---

[4]   Tanto Rodríguez Fernández (203) como Barrera ("Entre el viejo" 289) recurren principalmente al clásico *European Literature and Latin Middle Ages* de Ernst E. Curtius para explicar que el elogio de ciudades se remonta a la tradición clásica de *laus Italiae* y que "the rules for eulogies of cities were developed in detail by late antiquity" (157). Rodríguez Fernández (203–4) añade una supuesta tradición hispánica que se iniciaría en la *laus Spaniae* de Alfonso X (1221–1284). En un estudio posterior, Barrera ("Bases" 191) recurre a un clásico artículo de Miguel Ángel Pérez Priego (227) sobre los libros de viaje medievales en el que el medievalista se refiere a "los *Excerpta Rhetorica* del siglo IV", que incluían los siguientes elementos en el elogio de ciudades: (1) antigüedad y fundadores, (2) situación y fortificaciones, (3) riqueza de campos y aguas, (4) costumbres de moradores, (5) edificios y monumentos y (6) hombres ilustres (y comparación con otras ciudades). Además de estos estudios estrictamente retóricos, otros críticos han sugerido otros modelos discursivos que habrían servido a Balbuena para diseñar *Grandeza mexicana*. Por un lado, Mariana Calderón de Puelles sugiere que Balbuena se inspira en la descripción de la Sion de los psalmos bíblicos (95). Por otro, Juan Durán Luzio, Daniel Torres y Graciela Maturo sugieren una relación con supuestos ideales humanistas o, más específicamente, con el clásico *Utopia* (1516) de Thomas More. Esta interpretación utópica de *Grandeza mexicana* no sorprende, pues Menandro ha sido sugerido como fuente de More (Logan 105–6, 116 n.12, n.13; Logan & Adams xxiv).

fisiológico y psicológico, ético y político. Todos estos campos de conocimiento se organizan en una *tabula* muy sencilla, compuesta por un 'centro' privilegiado y justo, y unos extremos defectivos y subordinados que, al ser equidistantes del 'centro', se consideran jerárquicamente iguales entre sí. En términos visuales, esta *tabula* puede concebirse como el centro de un círculo, en el cual el punto central corresponde a este 'centro' justo y privilegiado, mientras que la circunferencia está compuesta por un número variable de 'extremos' inferiores, todos ellos situados a una misma distancia del 'centro' [Fig. 2]. Este orden geométrico identifica el 'centro' con la justicia de dos maneras. Por un lado, el 'centro' puede representar la justicia en tanto que lugar en que coexisten los 'extremos'; es decir, el 'centro' es el punto de equilibrio hacia el cual se dirigen las diferentes fuerzas o elementos que componen los 'extremos', o es una mezcla equilibrada que combina armónicamente todos los elementos que se encuentran en los 'extremos'. Por otro, este 'centro' privilegiado puede representar la justicia en tanto que lugar de una alternancia secuencial en el dominio o en el ejercicio de poder de cada uno de los elementos que se encuentran en los 'extremos'.[5]

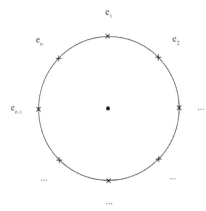

Fig 2. Epistemología del 'centro'.

Representación visual de epistēmē griega que privilegia un 'centro' [*meson*] sobre unos extremos que, al ser equidistantes del 'centro', son iguales entre sí y son incapaces de ejercer poder único y absoluto [*monarchia*]. Esta epistēmē genera paradigmas específicos en los cuales la cantidad de 'extremos' es variable. Realizado por Michael J. Le, College of William & Mary (Williamsburg, Virginia, EE. UU.)

---

5   Esta epistēmē está espléndidamente estudiada en el capítulo sobre Anaximandro de la monografía de Gerard Naddaf y, muy especialmente, en los varios artículos de Gregory Vlastos ("Equality and Justice", "Isonomia", "Theology and Philosophy") y en la tercera parte del libro de Jean Pierre Vernant, *Myth and Thought among the Greeks*, a los cuales remito al lector para mayores detalles. Las siguientes páginas representan mi mejor esfuerzo por sintetizar los diversos estudios de estos investigadores.

Esta epistēmē determina los inicios de la democracia griega. En ella, y en contra de las tiranías de Pisístrato (c. 607 a.C.-527 a.C.) y sus hijos Hipias (m. 490 a.C.) e Hiparco (m. 510 a.C.), que concentraban el poder en un único individuo, la Atenas democrática concibe el ágora como un espacio eminentemente público (por oposición al privado del *oikos*) en el cual los ciudadanos debaten las decisiones de interés común. El ágora, al menos en sus orígenes, es un espacio circular en cuyo centro [*meson*] se debate públicamente aquello que era de interés general para la comunidad, y en el que los ciudadanos, ubicados alrededor de dicho 'centro' en una suerte de circunferencia, son considerados iguales entre sí [*isoi*, *homoioi*] y, alternadamente, se dirigen hacia el centro para tomar la palabra y presentar su punto de vista. En este paradigma democrático, la justicia se ejerce en este 'centro', alrededor del cual se encuentran los ciudadanos, todos ellos a la misma distancia del centro de poder, el cual pueden 'dominar' momentáneamente tomando la palabra y participando en el debate de manera alternada. En contraste con estados tiránicos previos en los que un único individuo concentraba la totalidad del poder político y dominaba sobre los demás, la democracia griega sitúa el poder en un centro en el que los ciudadanos, todos ellos equidistantes de dicho centro, se alternan en el ejercicio de 'dominio' desde el centro. Es esta alternancia la que garantiza la preservación de la justicia.

Poco antes del nacimiento de la democracia ateniense, sin embargo, la misma epistēmē guía una conceptualización del cosmos radicalmente innovadora en los fragmentos conservados de la obra del filósofo presocrático Anaximandro (c. 610 a.C.- 590 a.C.). Hasta Anaximandro, el cosmos se había concebido como una construcción fuertemente jerarquizada en la que el espacio superior correspondía a las divinidades y el espacio inferior a los seres humanos, los cuales hallaban justicia solamente a partir de las decisiones tomadas por un todopoderoso Zeus que ejercía *monarchia* o poder absoluto. De hecho, la diosa Dike (justicia) era hija de Zeus y su poder se subordinaba al de éste. En cambio, Anaximandro ofrece un cosmos que no es dominado por una única y omnipotente divinidad, sino que constituye un equilibrio autoregulado en el que la justicia es producto de las relaciones entre sus diferentes componentes. Según la descripción que ofrece Aristóteles (*De caelo* 295b10–20; 235), para Anaximandro la columna truncada que era la tierra se hallaba en estado de reposo en el centro [*meson*] de una esfera celeste que es perfecta debido a su equilibrio; es decir, debido a que el centro es equidistante a todos los puntos extremos del cosmos [*homoiotes*].[6] Estas relaciones

---

6   Aristóteles explica el modelo de Anaximandro en estos términos: "that which is situated at the centre and is equably related to the extremes has no impulse to move in one direction — either upwards or downwards or sideways— rather than in another; and since it is impossible for it to accomplish movemente in opposite directions at once, it necessarily remains at rest" (*De caelo* ii.xiii 295b10–20; 235).

garantizan la justicia del 'centro', pues éste no se encuentra dominado por ningún otro elemento de los extremos del orbe. Por ello, Anaximandro afirma que la Tierra se encuentra en equilibrio [*isorropia*] y es, por tanto, autónoma.

El equilibrio es un elemento crucial en la tradición hipocrática (siglo V a.C.) y la escuela médica de Empédocles (495 a.C.-435 a.C.), puesto que es en términos de equilibrio que se conceptualiza la salud [*krasis*] del ser humano. Como bien se sabe, el pensamiento científico griego se fundaba en cuatro cualidades básicas –calor y frío, sequedad y humedad–, las cuales se combinaban de diversas maneras para generar los cuatro elementos al centro del universo geocéntrico: tierra (fría y seca), agua (fría y húmeda), aire (húmedo y caliente) y fuego (caliente y seco), pero también para generar minerales, plantas, animales y seres humanos (Lloyd). En el caso específico de los seres humanos, tales cualidades básicas se combinaban entre sí para formar los cuatro humores correspondientes a los cuatro elementos: la bilis negra (fría y seca), la flema (fría y húmeda), la sangre (húmeda y caliente) y la bilis amarilla (caliente y seca). En la tradición médica que se remonta a los tratados hipocráticos, el equilibrio o desequilibrio, la mezcla en medidas iguales o desiguales de estos humores determina la relativa salud o enfermedad del cuerpo humano. El estado privilegiado de la salud [*krasis*] es, pues, una mezcla equitativa y 'justa' en la que ninguno de los cuatro humores gobierna o tiene *monarchia* o poder absoluto sobre el resto. Por oposición, las enfermedades se conceptualizan como estados de desequilibrio en los que uno o una combinación de humores predomina de manera 'injusta':

> The body of man has in itself blood, phlegm, yellow bile and black bile; these make up the nature of his body, and through these he feels pain or enjoys health. Now he enjoys the most perfect health when these elements are duly proportioned to one another in respect to compounding, power and bulk, and when they are perfectly mingled. Pain is felt when one of these elements is in defect or excess, or is isolated in the body without being compounded with all the others. (Hippocrates, *The Nature of Man* IV; 11–13)

Estrechamente relacionadas con la salud y la enfermedad en el corpus hipocrático están las consideraciones sobre los elementos 'no-naturales' que pueden afectar la combinación de los humores en el cuerpo humano (Nutton). Uno de los más importantes es el clima, definido *grosso modo* ora como templanza, ora como exceso de frío o calor según la latitud en la que se encuentra una región. Sin embargo, accidentes locales como el relieve del terreno, la humedad o sequedad del lugar, la dirección de los vientos, la calidad de las aguas, entre otros accidentes orográficos, poseen también un impacto directo en el necesario equilibrio de humores en el ser humano (Hipócrates, *Regimen* ii.xxxvii; 299–301; *Peri aeron* xxiv, 105–9, 133–7; Galeno, *Quod animi mores* viii; 66–7;

Ptolomeo, *Tetrabiblos* 2.2).[7] En términos climáticos, un clima templado es considerado equilibrado y, por tanto, un 'centro' que combina de manera justa los diferentes elementos que componen el clima sin permitir el exceso de poder de ninguno de ellos. Al considerar el paso de las estaciones, sin embargo, dicho equilibrio es producto de la secuencial alternancia de preeminencia o poder de cada una de ellas: el equilibrio templado es posible en la medida en que la estaciones posean aproximadamente la misma duración y 'gobiernen' de manera alternada en una secuencia fija, aunque la primavera y, en menor medida, el otoño, son las estaciones privilegiadas precisamente por considerarse templadas.

Para comprender *Grandeza mexicana* como una toma de posición dentro de la polémica por la posesión de la Nueva España, sin embargo, es importante advertir que esta *tabula* reguladora de las posibilidades de conocimiento que se impone en la Grecia del siglo IV a.C. juega un papel crucial no sólo en consideraciones cosmológicas y climáticas, sino también morales y, ante todo, políticas. De hecho, esta misma epistēmē consistente de un 'centro' privilegiado y unos 'extremos' defectivos y subordinados gobierna la concepción de las virtudes morales, acaso por analogía con la medicina hipocrática. Platón y, más explícitamente, Aristóteles recurren a la definición de la salud como *krasis* o combinación equilibrada de los humores corporales para concebir la virtud.[8]

---

[7]   En el *Peri aeron*, Hipócrates afirma que "[a] city that lies exposed to the hot winds—these are those between the winter rising of the sun and its winter setting [i.e. the hot southern winds]—when subject to these and sheltered from the north winds" produce individuos flemáticos de físico feble y de mujeres con muchos problemas de salud. En contraste, las ciudades "facing the cold winds that blow from between the summer setting and the summer rising of the sun", es decir, los fríos vientos del norte, produce individuos biliosos con tendencia a laceraciones internas, que se vuelven fieros con la edad. Si la ciudad se encuentra expuesta a los vientos que se originan "between the summer and winter risings of the sun", es decir, los templados vientos del este, crean una situación en la que "the heat and the cold are more moderate", "just like spring", con enfermedades de menor frecuencia y fuerza. Si bien Hipócrates no se refiere explícitamente a vientos de occidente, sí afirma que una ciudad "sheltered from the east winds, while the hot winds and the cold north winds blow past them—these cities must have a most unhealthy situation" (iii-viii; 75–83). Las ciudades que reciben vientos del sur tienen aguas que emanan cerca de la superficie y son "hot in summer and cold in winter", lo cual no permite equilibrar los humores a los que beban de dichas aguas; las ciudades que reciben los vientos árticos del norte poseen aguas frías; las aguas cuyo origen está en el templado este son "clear, sweet-smelling, soft and delightful"; si la ciudad está expuesta a los vientos fríos y cálidos, pero no a los templados del este, tienen aguas que "are not clear" (*Peri aeron* iii-viii).

[8]   En su clásico estudio *Paideia*, Werner Jaeger es explícito al respecto: "But [Aristotle] also uses medicine to show how the individual man can find the right standard for his own conduct: for medicine shows that correct moral conduct, like healthy physical diet, consists in preserving the mean between excess and deficiency. We can understand this expression better if we recollect that, according to Aristotle, morality is concerned with the regulation of our instincts—desire and aversion. Plato, before him, had used the medical concepts of filling and emptying in discussing the theory of lust, and had concluded that lust was one of the spheres in which there could be 'a More or a Less' needing regulation. Aristotle says that the standard is

A lo largo de diversos tratados, ambos filósofos invocan frecuentemente analogías médicas para definir la virtud [*areté*] como un 'centro' o 'justo medio' alejado de unos 'extremos' viciosos que representan el exceso o la deficiencia en relación con el 'centro'. En la *República*, Platón sigue claramente esta misma epistēmē: "Virtue [*areté*] [...] would be a kind of health [*ygeía*] and beauty [*kallos*] and good condition of the soul, and vice [*kakia*] would be disease, ugliness, and weakness" (iv.xviii.444e; 419). Dada su crucial relevancia en este estudio, sin embargo, conviene recordar la famosa definición de la virtud moral por parte de Aristóteles, que explícitamente articula una definición de virtud como 'centro' por oposición a 'extremos' defectuosos:

Virtue [*areté*] [...] is a mean state [*mesotēs*] in the sense that it is able to hit the mean [*meson*]. [...] Virtue then is a settled disposition of the mind determining the choice of actions and emotions, consisting essentially in the observance of the mean relative to us, this being determined by principle, that is, as the prudent man would determine it. And it is a mean state between two vices, one of excess and one of defect. Furthermore, it is a mean state in that whereas the vices either fall short of or exceed what is right in feelings and actions, virtue ascertains and adopts the mean. (*NE* ii.vi.13–17; 1107a; 95)

Estas analogías médicas en la definición de la virtud moral no sorprenden, pues se consideraba que existía una correlación directa entre la geografía y el clima, por un lado, y, por otro, entre la salud corporal y la disposición moral de un individuo (Glacken, Dueck 84–90). Es por ello que Hipócrates cierra su *Peri aeron* afirmando que, tanto a nivel fisiológico como moral, "[t]he things [...] that grow in the earth all assimilate themselves to the earth" (xxix, 137); de manera similar, recuérdese que Galeno dedica un tratado completo, el *Quod animi mores corporis temperamenta sequantur*, a demostrar que el alma humana es afectada por los mismos factores que causan la salud y la enfermedad en el cuerpo (D.S. Hutchinson 18–9). Por un lado, esta correlación posiblemente hace eco de un antiguo mito creacionista según el cual la tierra habría sido la

---

the mean—not, however, a rigidly fixed mathematical point between the extremes, not the absolute middle of the scale, but the right mean for the individual concerned. Hence, ethical conduct consists in 'aiming' at the mean between excess and deficiency which is right for us. In this connection every word used by Aristotle—*excess, deficiency, the mean* and *the right proportion, aiming,* and *perception*—as well as his denial that an absolute rule exists and his assertion that a standard appropriate to the nature of the individual must be found: all this is borrowed directly from medicine, and his discussion of the matter is actually modeled on the treatise *On ancient medicine*" (3:25). Gary B. Ferngren y Darrel W. Amundsen también llaman la atención sobre estas analogías médicas en la discusión sobre la virtud. Para una discusión de esta analogía médica en Platón y Aristóteles que considera el contexto más amplio sobre las profesiones en el siglo IV a.C., véase el estudio de D.S. Hutchinson.

literal generadora de los seres humanos en una época remota.[9] Sin embargo, para los pensadores griegos del siglo V a.C., esta correlación se destaca más nítidamente al contrastar comunidades que habitan en lugares de climas extremos o destemplados, pues la influencia del medio ambiente haría más pronunciados (es decir, más 'excesivos' o 'deficientes') los rasgos fisiológicos y morales de sus habitantes, mientras que los climas templados generarían individuos saludables y de buena disposición moral.[10] Los *Problemata* del Pseudo-Aristóteles no dudan en afirmar que un clima de excesivo calor o frío genera individuos con desequilibrio humoral (es decir, 'enfermos') y de temperamento igualmente destemplado: "Why are those living in conditions of excessive cold or heat beastlike with respect to character and appearance? Is it for the same reason (in both cases)? For the best climate-mix benefits thought, but the excesses disturb it, and just as they distort the body, so too do they affect the temperament of thought" (xiv.1.909a; 439). El clima puede afectar la natural temperatura de un cuerpo en tanto que afecta la cerrazón o apertura de los poros que se encuentran en la piel y, por tanto, contribuye a la conservación o a la pérdida del calor interior innato del ser humano. Así, un clima frío provoca la cerrazón de los poros de la piel y, en consecuencia, contribuye a preservar el calor interior del cuerpo, mientras que vivir en un clima caluroso supone poseer poros más abiertos, lo cual contribuye a enfriar el cuerpo y a reducir el calor interno. Estas diferencias físicas, a su vez, generan disposiciones morales y de temperamento en los individuos, pues el grado de calor interno de un individuo determina, por ejemplo, su disposición hacia el ejercicio de la virtud de la valentía [*andreia*] o hacia el vicio de la cobardía:

> Now those who are naturally hot are courageous, while those who have been cooled are cowardly. Of course, it happens that those living in hot regions are cooled (for as their bodies are porous, the heat escapes to the

---

[9] Este mito es ilustrado por Platón en el *Timeo*: "In our study of the world order we have traced all our discoveries, including prophecy and health-restoring medicine, from those divine realities to human levels, and we also acquired all the other related disciplines. This is in fact nothing less than the very same system of social order that the goddess [Athena] first devised for you when she founded your city, which she did once she had chosen the region in which your people were born, and had discerned that the temperate climate in it throughout the seasons would bring forth men of surpassing wisdom. And, being a lover of both war and wisdom, the goddess chose the region that was likely to bring forth men most like herself, and founded it first" (24cd; 1231–2). Para más detalles, véase el estudio de Nicole Loraux.

[10] El clima necesariamente afecta también la flora y la fauna de una localidad, como destaca Aristóteles: "In general the animals differ according to localities. For just as in some places certain animals do not occur at all, so in certain places they do occur but are smaller and short-lived and do not thrive. [...] In many places the climate too is a cause, for example in Illyria and Thrace and Epirus the donkeys are small, while in Scythia and the Celtic country they do not occur at all, for the animals winter badly." (*Historia animalium* viii. xxviii; 195, 201).

outside), but those living in cold regions have been heated naturally, because the flesh is thickened by the external cold, and when it has thickened the heat is collected within. (xiv.16.910a-b; 449)[11]

Estas mismas diferencias térmicas explican las variadas inclinaciones hacia el ejercicio de las virtudes intelectuales [*dianoētika*], pues el exceso de calor interior de los individuos que viven en regiones frías explica que parezcan "drunken people [...] not inquisitive", mientras que aquéllos que habitan regiones más cálidas "are sober because they are cool" (xiv.15; 910a; 449).

La *tabula* o epistēmē asociada con el nacimiento de la democracia ateniense y que ordena el mundo en un 'centro' ubicado a igual distancia de todos los 'extremos' que lo rodean cual circunferencia, genera paradigmas específicos en los órdenes cósmico, geográfico, climático, fisiológico, moral y, finalmente, político. Todos ellos se componen de un 'centro' que es justo precisamente porque se encuentra a igual distancia de los 'extremos' (como el sistema geocéntrico según el cual la Tierra se encuentra en reposo en el 'centro' del cosmos; o el 'justo medio' que es la virtud en relación con los vicios), porque en él se combinan en la misma proporción todos los elementos de los 'extremos' (como la salud o *krasis* en tanto que mezcla equilibrada de los humores), o porque en él los 'extremos' se alternan en el ejercicio de poder (como los ciudadanos que debaten en el ágora o las estaciones del año). Dado que existe una clara relación causal entre un clima templado y la generación de individuos saludables y de una mejor disposición hacia el ejercicio de las virtudes, esta serie de paradigmas sugiere la existencia de un 'centro' del mundo que goza de un clima templado y donde sus habitantes viven con justicia, con salud y de manera democrática. Dicho lugar ha de ser la Atenas democrática. En contra de situaciones de 'tiranía' en las que uno de los elementos de los 'extremos' ejerce el poder permanentemente, aparece esta epistēmē 'democrática' generando no sólo un nuevo modelo político, sino también una nueva manera de comprender y concebir el cosmos, la naturaleza y al ser humano.

Esta epistēmē marcadamente 'democrática', sin embargo, no debe entenderse como una nivelación en la cual todos los elementos de un sistema poseen el mismo valor. De hecho, se observa claramente que, dentro de esta epistēmē, el 'centro' es un lugar privilegiado y jerárquicamente superior a unos 'extremos' definidos como 'excesivos' o 'defectivos' y, por tanto, subordinados a dicho 'centro'. Esta epistēmē, paradójicamente 'democrática' y jerarquizante, ofrece la base ideológica para la teoría de las cinco zonas y para el modelo retórico del *enkōmion poleōs*, pues permite concebir la esfera terráquea como poseedora

---

11   Véase una formulación similar en los mismos *Problemata* (xiv.8; 909b; 443).

de un 'centro' climático del mundo dentro del cual se localizan comunidades fuertemente jerarquizadas en las cuales sólo los individuos con la mejor disposición moral (i.e., virtuosa) gobiernan sobre el resto de su propia comunidad. Al mismo tiempo, y por extensión, este 'centro' climático del mundo alberga comunidades que, en términos generales, poseen una mejor disposición moral que comunidades que habitan en los 'extremos' climáticos del mundo y, en consecuencia, poseen el derecho 'natural' a gobernar sobre éstas.

Esta versión jerarquizada de la naturaleza es particularmente notable en la concepción del alma humana y, por analogía, en la concepción de la *polis* o comunidad política. Tanto Platón (*Timeo* 44a-45b, 69b-71e, 89d-90d; 1247–8, 1270–2, 1288–9; *República* iv.xii-xv.436a-441c; 381–405) como Aristóteles (*De anima* ii.iii 414a29-b7, 81; iii.ix 432a22-b7, 183) conciben el alma como una unidad básicamente tripartita con una dinámica específica: la parte o potencia racional enfocada en el intelecto recibe la ayuda de la parte emocional o potencia sensitiva (donde se encuentra el *thumos* u órgano de las emociones) para controlar la parte apetitiva, la cual se orienta hacia la nutrición, el sustento de la vida y la actividad sexual. La dinámica entre estas tres partes del alma con el cuerpo humano revela claramente su organización vertical y su valoración jerárquica, pues se alojan respectivamente en la cabeza, el tórax y el vientre, privilegiándose la razón y considerando los apetitos como la sección más vil del alma humana. Esta jerarquía, con dicha dinámica interna, es considerada 'justa'.

La jerárquica tripartición del alma humana se proyecta a nivel comunitario para concebir una polis griega igualmente tripartita y vertical. Para Platón está claro que las tres partes del alma humana se corresponden con las tres clases sociales de la ciudad-estado: el consejo, equivalente a la razón individual, que gobierna la polis; los guardianes o ayudantes, equivalentes a la parte emocional, que se alían con el consejo para mantener el orden social y llevar a cabo sus mandatos; los comerciantes, equivalentes a la parte apetitiva, que representan las pulsiones y los deseos que deben ser moderados, guiados o incluso reprimidos por el consejo y los ayudantes (*República* iv.xv.440a-441c; 401–405). Aunque Aristóteles considera esta tripartición insuficiente, en la *Política* propone la existencia de seis clases sociales que cumplen propósitos análogos a los señalados por Platón: los agricultores y oficiales o artesanos; una clase militar y un grupo de ricos que provean dinero al estado "in order that they may have enough both for their internal needs and for requirements of war" (vii.vii.4; 1328b; 573); y religiosos y jueces "to decide questions of necessity and of interests" (vii.vii.5; 1328b; 573). El orden, la autosuficiencia [*autarkeia*] y la justicia [*dikē*] de la comunidad política dependen precisamente de la preservación de esta estricta jerarquía social, en la cual cada clase cumple la función que le corresponde.

La aplicación de una misma epistēmē, cuya *tabula* contempla un 'centro' privilegiado y unos 'extremos' subordinados, a campos tan diversos como la cosmología, la climatología, la geografía, la medicina, la ética y la política propicia la concepción de un universo geocéntrico, y de un 'centro' del globo terráqueo que, gracias a una localización y clima privilegiados, genera individuos con la mejor disposición para el ejercicio de las virtudes necesarias para la vida política. Esto significa que en el pensamiento griego clásico solamente los helenos, que habitan el 'centro del mundo', son capaces de una vida ordenada orientada hacia la autosuficiencia, la justicia y el bienestar general, mientras que comunidades localizadas en los 'extremos' destemplados del mundo son incapaces de autonomía política y, por tanto, deben ser subyugadas por los griegos. Estas consideraciones generan el paradigma retórico del *enkōmion poleōs* y el modelo geopolítico conocido como la teoría de las cinco zonas, ya que ambos, originados en el mundo griego, establecen claramente una correlación entre localización, clima, *mores* y autonomía política; consideraciones que serán invocadas explícitamente durante la temprana modernidad hispánica para debatir quiénes detentan el derecho a poseer las Indias y quiénes poseen las virtudes necesarias (*andreia, sōphrosunē, dikaiosunē, dianoētika*) para gobernarlas adecuadamente. Comprender la epistemología que articula el *enkōmion poleōs* y la teoría de las cinco zonas, así como el rol de la virtud dentro de estas correlaciones, es crucial para interpretar *Grandeza mexicana* como un esfuerzo de Balbuena por participar en la polémica por la posesión de las Indias y reclamar la mejor disposición moral e intelectual de los inmigrantes peninsulares.

1

El paradigma retórico del *enkōmion poleōs*

El modelo retórico que Balbuena utiliza para diseñar su elogio de la capital novohispana germina durante una época que algunos críticos han denominado "a new golden age of eloquence" (Viljamaa 8): la época de la Segunda sofística (siglos II-V d.C.). Durante estos siglos, en los cuales las ciudades-estado griegas se someten al creciente imperio romano, observamos un contexto sociopolítico favorable para el desarrollo del género demostrativo o epidíctico en general, en contraste con el retroceso que sufrieron los géneros judicial y deliberativo (Viljamaa 8; Ponce 413). Si las múltiples ramificaciones de la burocracia imperial romana produjeron una cantidad ilimitada de personajes poderosos que podían ser objeto de elogios personales (Viljamaa 9), la vida social en la Grecia dominada por Roma ofrecía las circunstancias sociales propicias para la creación de "encomios al emperador, al gobernador, a Roma, a los dioses, a la ciudad, a la fiesta" (Ponce 414). La prevalencia del género epidíctico fue tal que su normativa afectó la creación poética en un grado mucho mayor que las ramas judicial y deliberativa (Burgess 167), por lo que se ha solido denominar "rhetorical poetry" (Viljamaa 13).

Más importante aún es el hecho de que el modelo retórico del *enkōmion poleōs*, desarrollado independientemente de la tradición retórica latina de Cicerón y Quintiliano, y por tanto poco conocido en la Europa latina de la Edad Media, halla su eclosión en el contexto de una Grecia colonizada por el imperio romano. Este contexto colonial, hasta cierto punto homologable al que encuentra Balbuena en la Nueva España hacia 1600, supone que el elogio desorbitado de una ciudad colonizada o periférica no comporta en modo alguno un desafío o crítica de la Roma hegemónica. Como se recuerda, uno de los fundamentos principales de las lecturas 'criollistas' de *Grandeza mexicana* es, precisamente, el evidente carácter de elogio de la obra de Balbuena. Esto nos obliga a considerar que, si en su contexto original el *enkōmion poleōs* no comporta en absoluto una crítica que hoy consideraríamos anti-colonial o acaso post-colonial, la apropiación de este paradigma retórico por parte de Balbuena no implica necesariamente un desafío a la relación jerárquica entre una península ibérica superior y un subordinado virreinato novohispano. En otras palabras, el contexto histórico en que se concibe y practica el *enkōmion poleōs* sugiere que los hiperbólicos elogios a ciudades más bien periféricas dentro del imperio romano no cuestionan la jerarquía política dentro del imperio. Esta aparente paradoja del modelo retórico nos obliga, a su vez, a considerar que el elogio de la capital novohispana en *Grandeza mexicana* como "centro y corazón desta gran bola" (IX.73; 115) no representa ni automática ni necesariamente la inversión de la jerarquía entre el centro imperial y la periférica Nueva España, ni la *translatio imperii* que las lectura pro-criollas nos han ofrecido. Considérese que, sin intención de criticar el dominio romano, el famoso orador Dio Crisóstomo (c. 40 d.C.-c. 120 d.C.) es capaz de elogiar Alejandría como una ciudad "vastly superior in point of size and situation" que es "admittedly ranked second among all cities beneath the sun" (xxxii.36; 3:205) y que domina el comercio marítimo porque "Alexandria is situated, as it were, at the crossroads of the whole world" (xxxxii.36; 3:207), aunque recalca que sus habitantes son moralmente destemplados, cobardes y perezosos (xxxii.43; 3:213). Adviértase también que el mismo orador es capaz de laudar la ciudad de Tarso (actual Cilicia, en Turquía) como "a great city [on] a fertile land" (xxx.17; 3:289), aunque se encuentre llena de individuos destemplados, perezosos o frívolos. Recuérdese el caso, más dramático aún, de Aelio Arístides (117 d.C.-181 d.C.), quien, sin ánimo de decretar su superioridad sobre la capital del imperio romano, se permite elogiar Atenas explícitamente como 'centro' del mundo que goza de un perfecto clima templado y que genera los individuos más virtuosos del orbe. Para ello, el orador no duda en otorgar a Atenas una hiperbólica quíntuple 'centralidad' dentro del mundo conocido:

> The city occupies the same position in its territory as its territory does in Greece; for it lies in the very center of a central land, inclining only so far to the sea that the harbors show clearly whose they are. And as a third centrality after these, there rises clear aloft through the midst of the city, what was the old city and is now the present Acropolis, like a mountain peak [...], where the high and central point coincide, an adornment in the midst of all and the final boundary marker of the good position of the land. For as if on a shield layers have been set on one another, in fifth place, the fairest among all fills the area up to the boss; if Greece is in the center of the whole earth, and Attica in the center of Greece, and the city in the center of its territory, and again its namesake in the city center. (1:16)

Es esta posición absolutamente 'central' la que le permite gozar de "the best climate" (1:19), y Arístides, en un gesto que recuerda *Grandeza mexicana*, resalta la inconmensurabilidad de esta perfección: "[i]t has been alloted the atmosphere overhead and the blending of the seasons in such a perfect measure, that could it be described within measure, it would be a thing to be prayed for" (1:18). Como consecuencia de ello, Atenas genera los individuos con mejor disposición moral, pues "it bore men who were the best in every way and who

advanced the farthest in proper virtue, since its crop was native and not imported"
(1:25). Sin embargo, este elogio de la 'centralidad' de Atenas, como los encomios
de Alejandría o Tarso por Dio Crisóstomo, no sugieren una inversión de la
jerarquía política entre la capital imperial y la ciudad elogiada, mucho menos
una *translatio imperii*. Por ello, cuando a inicios del XVII Balbuena adopta el
enkōmion poleōs, el valdepeñero sigue la normativa de localizar la capital
novohispana en el 'centro' del mundo y de elogiarla, mas este encomio no exige
automática ni necesariamente una inversión en la jerarquía de poder entre la
península ibérica y la liminal y marginal capital novohispana. De hecho, el
contexto colonial original en que se desarrolla el *enkōmion poleōs* nos permite
comprender y conciliar la supuesta paradoja que hallamos en *Grandeza mexicana*,
en la que el innegable y desorbitado elogio de la capital novohispana no le
impide a Balbuena alabar también la península ibérica como su "patria dulce"
(IX.268; 124) y elogiarla como "monarca del viejo y nuevo mundo, / de aquél
temida, déste tributada" (IX. 278–9; 121) y como agente restaurador de los
"siglos dorados" (IX.355; 124).

El *enkōmion poleōs* es fijado normativamente por el rétor Menandro (s. III
d.C.), originario de Laodicea (Asia menor), recogiendo una tradición teórica
ejemplificada por los *progymnasmata* o manuales de retórica atribudos a Theón
de Alejandría (siglos I-II d.C. aproximadamente), pero también aprovechando
las altamente valoradas alocuciones de ilustres oradores como los ya mencionados
Dio Crisóstomo y Aelio Arístides.[12] Para loar la ciudad elegida, el *enkōmion*

---

12   Se ha cuestionado la autoría de Menandro en ambos tratados; algunos críticos deducen,
por diferencias de doctrina, vocabulario, estilo y otros, que no pueden ser obra de la misma
persona. Lo que sí es cierto es que ambos tratados muestran posturas distintas, e incluso
contradictorias, con respecto del elogio de ciudades. El primer tratado, titulado *Menandrou
rhetoros + genethlion + diairesis ton epideiktikon*, consiste de tres libros dedicados a la redacción
de himnos o elogios a los dioses, de elogios de un país o región, y de elogios de ciudades. Una
hipotética cuarta parte, perdida, correspondería al elogio de seres vivos y de objetos inanimados.
El segundo tratado, *Menandrou rhetoros peri epideiktikon*, contiene instrucciones para la
composición de dieciséis tipos de discurso: *basilikos logos* (discurso imperial), *epibatērios*
(discurso de llegada), *lalia* (charla), *propentikes* (charla de despedida), *epithalamios, kateunastikos*
(discurso del lecho nupcial), *genethliakos* (de cumpleaños), *paramuthētikos* (de consolación),
prosphōnētikos (de salutación), *epitaphios, stephanōtikos* (discurso de coronación), *presbeutikos*
(discurso del embajador), *klētikos* (de invitación), *suntaktikos* (de partida), *monōdia*, y *sminthiakos*
(discurso esmintíaco).
     Conviene destacar que, aunque el *enkōmion poleōs* se concibe como un discurso autónomo,
puede incorporarse también a otras piezas oratorias como el discurso de llegada (*epibatērios*),
la charla de despedida (*propentikes*), el discurso del embajador (*presbeutikos*), el discurso de
invitación (*klētikos*) o el discurso de despedida (*suntaktikos*).
     Se sabe que Laodicea fue una ciudad floreciente en Asia menor. La enciclopedia bizantina
Suda atribuye a Menandro un comentario a Hermógenes y a los *progymnasmata* de Minuciano,
mas no menciona los dos tratados de retórica epidíctica que aquí analizamos, los únicos conservados.
Por evidencia interna, en el segundo tratado se deduce que Menandro fue maestro en Atenas

poleōs se enfoca, en términos generales, en dos labores cruciales que Balbuena cumple a cabalidad en *Grandeza mexicana*: probar que la ciudad goza de un clima templado y aducir la consecuente virtud y excelencia de los inmigrantes peninsulares que habitan en ella. El énfasis en estos dos aspectos deriva directamente de la compleja epistemología griega según la cual la localización de una región o de una ciudad en el 'centro' o *meson* del mundo garantiza no sólo un hábitat templado sino también, y como consecuencia de dicho clima, la generación de habitantes físicamente saludables, moralmente templados y, por tanto, naturalmente inclinados al ejercicio de la virtud. En cierto sentido, como afirma Laurent Pernot, "la position centrale est l'emblème de qualités morales" ('la posición central es emblema de cualidades morales' 1:205), pues es precisamente la posición 'central' de una ciudad la que determina la disposición moral de sus habitantes. En consecuencia, el *enkōmion poleōs* aspira, en primer lugar, a establecer la templanza climática de la ciudad elogiada localizándola explícitamente en el 'centro' del mundo y certificando la existencia de accidentes locales que no perturben o que incluso preserven o magnifiquen dicha templanza. En segundo lugar, y como consecuencia de dicha templanza climática, este modelo procura subrayar el ejercicio de la virtud por parte de los habitantes de la ciudad elogiada, especialmente de las virtudes cardinales de la valentía, la templanza, la justicia y la prudencia (Pernot 1:212), pues la disposición al ejercicio de la virtud es, precisamente, consecuencia del clima templado.

Este doble objetivo no sorprende, pues, como ya han comentado María Jesús Ponce (416–17) y Fernando Gascó (55, n. 222), ambos objetivos explican el origen de las diferentes secciones del elogio de ciudades. El *enkōmion poleōs* es un modelo que combina apartados procedentes de otros dos tipos de elogios ya que, como afirma el propio Menandro, "[p]raises of cities, then, are combinations of the headings discussed in connection with countries and those

---

(Heath 125; Russell & Wilson xi; Gascó 10). Una carta en papiro, fechable hacia fines del s. V, refleja la ansiedad de un tal Víctor por recuperar, entre otros, una *technē* de Menandro (Μενάνδρου τέχνην) de manos de su hermano Teognosto (Maehler; Heath 125; Russell & Wilson xxxiv-xxxv; Gascó 16–17; Romero Cruz 17). Posteriormente, hacia el siglo XI, tanto John Doxapatres en su comentario a los *progymnasmata* de Aphtonio como el anónimo comentarista de *On the Four Parts of the Complete Speech* animan al lector a consultar los escritos de Menandro sobre la epidíctica (Heath 126; Russell & Wilson xxxvi-xxxvii; Gascó 17–19; Romero Cruz 17). El impacto de Menandro en la Europa de la temprana modernidad es tal que Victoria Pineda sugiere que influyó en la redacción de los cuestionarios de Indias de Felipe II, mientras que López Grigera especula que podría haber tenido una fuerte influencia en la oratoria sacra (*Retórica* 148–50). A pesar de su probada diseminación e impacto durante la temprana modernidad hispánica, no ha sido sino hasta fechas relativamente recientes que los hispanistas han empezado a estudiar a Menandro. Esto podría deberse al hecho de que los tratados de Menandro sólo circularon modernamente en la edición decimonónica de Leonhard von Spengel en el original griego, hasta que Russell y Wilson publican su traducción al inglés en 1981; las posteriores traducciones al español de Romero Cruz y de Gascó fueron publicadas en 1989 y 1996 respectivamente.

which relate to individuals. Thus we should select 'position' from the topics relating to countries, and 'origins, actions, accomplishments' from those relating to individuals. These form the basis of encomia of cities" (346.26–347.1).[13] Por un lado, la privilegiada posición 'central' y el clima templado de la ciudad elogiada se establecen a partir de elementos tomados del elogio de regiones: la *thesis* o localización dentro del mundo conocido, y la *phusis* o naturaleza y accidentes geográficos del lugar. Por otro, la virtud de los ciudadanos se formula a partir de elementos tomados del elogio de personas: el *genos* o linaje, las *epitēdeumata* o 'actividades profesionales', y el ejercicio de prácticas o *praxei* que denoten virtud o *aretē*.

Para poder cumplir su primer objetivo y afirmar que la ciudad elogiada ofrece un clima templado gracias a su posición 'central' en el mundo, un panegirista como Balbuena debe hacer referencias explícitas a los dos elementos que el *enkōmion poleōs* toma del elogio de regiones: la *thesis* o localización de la ciudad (en términos actuales, su latitud) y la *phusis* o naturaleza y accidentes geográficos del lugar. La *thesis* o localización de la ciudad se conceptualiza no en términos absolutos sino relativos a un 'centro' [*meson*] privilegiado y a unos extremos o espacios liminales inferiores y subordinados, y es esencial que el panegirista conceptualice la localización de la ciudad como 'central' haciendo referencia a la posición de la ciudad con relación a las estrellas, al clima, a la salubridad del medio ambiente, a los océanos y las masas continentales y a los territorios circundantes. En todos estos casos, el panegirista debe privilegiar la supuesta localización 'central' de la ciudad, que corresponde aproximadamente con el lugar de enunciación de este modelo: la templada Europa mediterránea: "[if] it [s location] is central—which is what they say of Attica and of Greece—then 'the whole earth revolves around it, and it is temperate in climate'" (345). Considérese que al hablar propiamente de la *thesis* Menandro insiste en incluir el 'centro' privilegiado como una de las opciones que el panegirista puede usar para localizar la ciudad. Así, el panegirista puede afirmar que la ciudad "is [...] in the west, east, south, or north, or in the center" (344), en donde el 'centro' corresponde con la templada franja de la Europa mediterránea. El resto de las

---

[13]   Cito la traducción al inglés pero indicando la numeracíon de la edición de von Spengel para facilitar la consulta de cualquier edición. Cabe destacar, sin embargo, que al proponer una biografía colectiva para la ciudad por analogía a la individual, se debe sortear diferencias ineludibles entre ambas, principalmente porque es más fácil presentar coherentemente una vida individual que la trayectoria de una ciudad, "dont l'histoire présente des zones d'ombre et de lumière, des lacunes, des hauts faits, des ruptures, des reculs" ('cuya historia presenta zonas de luz y sombra, lagunas, altos hechos, rupturas, retrocesos'; Pernot 1:190). En consecuencia, "l'orateur sera souvent amené à sélectionner et à taire" ('el orador tenderá a seleccionar y a silenciar'; Pernot 1:190) diversos elementos en su representación de la ciudad elogiada. En estas páginas me refiero siempre al estudio en francés de Pernot; su reciente publicación en inglés ofrece una breve sección dedicada al elogio de ciudades (*Epideictic* 42–44).

opciones no corresponden a nuestras nociones actuales, pues son relativas a
este 'centro': así, el 'sur' es tal en relación con la Europa mediterránea, mientras
que el 'norte' correspondería a la Europa septentrional. Es a partir de este
'centro' de privilegiado clima templado que se definen las regiones frías hacia
el norte y las regiones calurosas hacia el sur (pero siempre dentro del hemisferio
boreal): "we shall find [the city] to be either in a cold region or in a hot one or
in one of temperate climate" (347). Del mismo modo, al presentar las posibles
localizaciones en relación con la masa continental y los océanos y mares, es
plausible que Menandro tenga en mente, principalmente, la distancia de la
ciudad con relación a la templada franja de la Europa mediterránea y, por tanto,
ofrece tres posibilidades: "is it an inland country, more or less remote from the
sea, or by the sea and on the coast?" (344), donde la costa y el mar referidos
corresponderían al Mediterráneo. Para subrayar esta posición 'central' de la
ciudad elogiada, así como su consecuente clima templado, el panegirista puede
afirmar que ella goza también de unas estaciones templadas (especialmente la
primavera) de mayor duración, mientras que las estaciones de temperaturas
extremas (verano, invierno) son más breves (348). Adviértase, finalmente, que
al proveer las posibles localizaciones en relación con otros territorios, Menandro
se pregunta "whether the city is at the beginning of it, or in the middle [*meson*]
or at the far end" (349).

El segundo elemento del *enkōmion poleōs* que determina el clima de un lugar,
la *phusis* o naturaleza y accidentes geográficos de la ciudad ('local situation'),
incluye fenómenos que pueden contradecir el clima que una ciudad tendría según
su *thesis* o localización en el mundo conocido. Por ello, el panegirista debe subrayar
la existencia de accidentes locales que pueden preservar y garantizar el privilegiado
clima templado, incluyendo observaciones sobre el terreno de la ciudad (llano o
abrupto), la existencia de fuentes de agua, o su posición relativa a otras ciudades
o regiones cercanas. Implícitamente, Menandro aboga por representar la ciudad
elogiada con adecuadas fuentes de agua y en un terreno que ofrezca las mejores
condiciones para su templanza. Al relacionar la *phusis* de la ciudad elogiada a su
posición relativa a otras ciudades o regiones, Menandro ofrece explícitamente
unas posibilidades jerárquicas que privilegian el centro [*meson*] sobre los extremos,
incluyendo consideraciones prácticas: "we ask whether our city is at the beginning,
at the end, or right in the center [*meson*]" (350); "If the city lies at the centre of
many countries and great cities, one says that it is fenced about on all sides by
gates for its adornment and ring-walls for its security" (350).

Una vez explicados los elementos que permitirán al panegirista dotar a la
ciudad elogiada de una posición 'central', de un clima templado y de unas
condiciones locales propicias para el mantenimiento de dicha templanza,
Menandro delinea con detalle los elementos que, tomados del elogio de personas,
se enfocan en la principal consecuencia de dicho clima privilegiado: la excelencia

y virtud de los ciudadanos. Este aspecto del *enkōmion poleōs* es crucial para Balbuena: después de dotar la capital novohispana de un clima templado, el valdepeñero tiene la posibilidad de atribuir a los inmigrantes peninsulares que la pueblan una mejor disposición hacia la práctica de las virtudes morales e intelectuales. En otras palabras, Balbuena deliberadamente selecciona el modelo retórico del *enkōmion poleōs* para participar en la polémica por la posesión de las Indias y para formular *Grandeza mexicana* como una toma de posición a favor de unos inmigrantes peninsulares que, habiendo nacido en el 'centro' del mundo (i.e., en la templada franja de la Europa mediterránea), logran preservar su mejor disposición hacia el ejercicio de la virtud gracias al clima templado que Balbuena atribuye a la capital novohispana.

La mera declaración de la virtud de los ciudadanos es, evidentemente, insuficiente, por lo que el orador debe explotar las posibilidades que le ofrecen los elementos que el *enkōmion poleōs* adopta del elogio de personas, pues éstos tienen por objetivo precisamente el elogio de la virtud individual. Un panegirista como Balbuena encuentra en el *genos* u origen de la ciudad, en las *epitēdeumata* o 'actividades profesionales' de sus habitantes y, muy especialmente, en las *praxei* o prácticas de los ciudadanos diversas posibilidades para sugerir que son los inmigrantes peninsulares que habitan la Ciudad de México quienes exhiben una mejor disposición hacia el ejercicio de la virtud. Así, en relación con el *genos* u origen de la ciudad elogiada, aunque incluye consideraciones sobre los fundadores, los habitantes, la época de fundación, los cambios experimentados por la ciudad (colonización, mudanza, etc.) y las causas de su fundación ("founders, settlers, date, changes, causes of foundation" [353]),[14] privilegia los detalles que pueden ser usados por el orador para subrayar la virtud de los ciudadanos. Dado que el elogio de ciudades privilegia la representación de una ciudad como 'central' y, como consecuencia de ello, virtuosa, conviene destacar los apartados dedicados a la fecha de fundación y a los habitantes, pues establecen jerarquías basadas en la 'centralidad' [*meso*] cronológica y en el ejercicio de la virtud. Para el caso de la época de fundación, Menandro nuevamente privilegia la ciudad que aparece durante la época intermedia [*mesos*] del florecimiento de la comunidad helénica, por encima de la edad antigua y por encima de la más reciente, que corresponde a la subyugación de Grecia por la Roma imperial. Con relación a los habitantes, una ciudad poblada por "civilizados" y virtuosos helenos será más digna de elogio que una compuesta de extranjeros o bárbaros [*barbaroi*]. Dentro de estos dos tipos de comunidades, sin embargo, existen también jerarquías que el panegirista debe observar. Entre los bárbaros, las razas más antiguas, más virtuosas y las mejor

---

[14] Laurent Pernot advierte, sin embargo, que en la práctica de la oratoria helénica se suele privilegiar al fundador y, en menor medida, el proceso de población de la ciudad (1:209).

dispuestas a aceptar el imperio incrementan el elogio de la ciudad: "it is necessary to demonstrate that the races which settled the barbarian city you are praising are either the oldest or the wisest or the most imperial or, in general, possess one excellence [*aretē*, 'virtud'] or more, or all to the highest degree" (354). Del mismo modo, entre los grupos helénicos, las tres razas primigenias (dorios, eolios y jonios) son las más loables en tanto que representan la fortaleza física o el poder [*isjus*], la virtud de la valentía [*andreia*] y la capacidad de razonamiento o *logos* [*ellogimos*] (354).[15]

La virtud de los habitantes de la ciudad elogiada modela más claramente sus 'actividades profesionales' o *epitēdeumata*,[16] por lo que el orador debe subrayar la excelencia alcanzada en estas actividades, pero también en el elevado número de excelsos profesionales que habitan la ciudad elogiada. Para ello, Menandro exige al orador enfocarse principalmente en el sistema político de la ciudad y en el ejercicio de 'artes' [*technē*] y 'ciencias' [*epistēmē*]. Si bien el sistema político comprende una tríada legítima (monarquía, aristocracia y democracia), así como sus correspondientes sistemas defectivos (tiranía, oligarquía o plutocracia y laocracia), los primeros son claramente superiores sobre los segundos, y el panegirista debe subrayar la afiliación (o similitud) de la ciudad a uno de los sistemas legítimos, a despecho de su realidad política. Sobre las 'actividades profesionales' correspondientes a diversos campos de conocimiento [*technē*, *epistēmē*], el panegirista debe aspirar a subrayar la excelencia alcanzada por los ciudadanos en las actividades que se conocerán posteriormente como "artes mecánicas" (orfebrería, herrería, carpintería, etc.) y "liberales" (retórica, astrología, geometría, música, gramática, etc.), aunque pueden incluirse también actividades que escapan a esta división, como el atletismo.

Finalmente, con mayor claridad aún que las *epitēdeumata* o 'actividades profesionales', la disposición de los ciudadanos hacia la conducta virtuosa se

---

[15]   Para el resto de apartados (i.e., fundadores y causas de fundación) Menandro ofrece un orden jerárquico tripartito que privilegia lo divino sobre lo heroico y lo humano. Así, dentro de los fundadores, los dioses magnificarán más el elogio de la ciudad que un héroe o un hombre. Del mismo modo, las causas divinas de fundación de la ciudad son superiores a las causas heroicas y las humanas. La excepción es el apartado sobre los cambios de las ciudades, para el cual Menandro no ofrece jerarquía alguna.

[16]   *Epitēdeumata* es un término de difícil traducción. Angela Hobbs explica que el término suele traducirse como "'pursuits, business, custom'—something that may be performed every day" y que "may have become 'second nature'" (192). La traducción al inglés de Russell y Wilson ofrece el equívoco "accomplishments", mientras que las traducciones al español de Gascó y Romero Cruz utilizan "aptitudes". Más recientemente, Alfonso Moreno y Rosalind Thomas han ofrecido diversos valores semánticos para el término, recordando que normalmente se traduce al inglés como "practices" (1), pero que Platón privilegia un significado "akin to profession or professional practices" (5). Dado que se trata de prácticas cotidianas y que Menandro incluye en este apartado el sistema político y el ejercicio de "artes" [*technē*] y "ciencias" [*epistēmē*], me inclino por la traducción "actividades profesionales".

evidencia en las *praxei* ('acciones' o 'prácticas'). Son estas prácticas las que ofrecen el escenario privilegiado para la exhibición de las cuatro virtudes cardinales, una tétrada que se yergue como "l'architecture de topos" ('la arquitectura del topos', Pernot 1:212): las virtudes morales de la valentía [*andreia*], la templanza [*sōphrosunē*] y la justicia [*dikaiosunē*], y las virtudes intelectuales [*dianoētika*], entre las que destacan las artes [*technē*], las ciencias [*epistēmē*] y, especialmente, la sabiduría práctica o prudencia [*phronēsis*]. De este modo, Menandro urge al panegirista a presentar los actos piadosos, las festividades públicas, el cumplimiento de las leyes y las prácticas fúnebres como ejemplos de exhibición de justicia o *dikaiosunē*; la valentía o *andreia* puede inferirse a partir de hechos de armas, pero también de la manera en que la ciudad confronta adversidades como terremotos, hambre o epidemias; la correcta educación de los jóvenes y la ausencia de delitos como el adulterio pueden presentarse como ejemplos de la virtud de la templanza o *sōphrosunē*; las virtudes intelectuales pueden inferirse a partir de actos públicos como la administración de justicia, pero también a través de prácticas en el espacio privado como el ejercicio profesional de "many famous rhetors, sophists, geometers, and representatives of other sciences which depend on wisdom" (364).

Dada la compleja red de consideraciones éticas y políticas en que se basa el *enkōmion poleōs*, importa subrayar que la tarea del encomiasta no consiste en describir la ciudad elegida tal cual es, sino en procurar que su elogio la represente de la manera más halagüeña posible. Esto comporta confeccionar el elogio dotando la ciudad de los rasgos jerárquicamente privilegiados: una localización 'central', un clima templado, una naturaleza generosa y pródiga, una población que practica las virtudes cardinales y una amplia cantidad de excelsos profesionales. En este sentido, y a diferencia de la *ekphrasis*,[17] el *enkōmion poleōs* de Menandro ofrece una serie de estrategias que permiten elogiar la ciudad, incluyendo no sólo el énfasis de los aspectos positivos de la ciudad, sino también la omisión de los defectivos, la resemantización de los elementos negativos para presentarlos como positivos, y la comparación enaltecedora con otras ciudades.

---

17 La *ekphrasis*, como el *enkōmion*, era uno de los ejercicios incluidos en los *progymnasmata* de Theón, Hermógenes, Aphtonio y Nicolaus. Sin embargo, Hermógenes señala la existencia de cierta confusión en torno a la distinción entre ambos tipos de discurso: "You should know that some of the more exact teachers do not make ecphrasis an exercise, on the ground that it has already been included in fable and narrative and common-place and encomion; for there too, they say, we describe places and rives and actions and persons. Nevertheless, since some writers of no small authority number ecphrasis among the exercises, we have followed them to avoid any criticism of carelessness" (Kennedy 86). En todo caso, en los tratados de Menandro es evidente que el *enkōmion* incorpora estrategias de legitimación y de dotación de distinción que no pueden asociarse con la *ekphrasis*.

Considérese que, al hablar de la localización de la ciudad, Menandro sugiere al panegirista representarla como ubicada en el lugar ideal ('central') aunque no lo estuviere: "If we can show that the city which is the subject of our encomium is well situated in all these respects [las estrellas, el clima, la temperatura, las estaciones], this is a wonderful state of affairs, and there are many possible starting-points" (347). Esta necesidad de representar la ciudad elogiada lo más cercana posible al modelo privilegiado puede llevar al panegirista a mentir. Así, pues, al considerar el sistema político de la ciudad como parte de las *epitēdeumata*, Menandro sugiere que "if you are praising a city and it is a tyranny, you must represent it as a kingdom, as Isocrates did in *Nicoles*; if it is a laocracy, represent is as a democracy, as Isocrates did in the *Panathenaicus* and Plato in his *Funeral Speech*" (360). Adviértase también que Menandro sugiere sin reparos omitir los aspectos defectivos de la ciudad elogiada. Al considerar diversos aspectos de la *phusis* o naturaleza y accidentes geográficos, el rétor de Laodicea recomienda omitir referencias al clima frío y las nieblas que experimentaría la ciudad asentada en terreno montañoso ("One must therefore prove that these features are either absent or not present to any great degree" [351]), así como evitar mencionar o minimizar las sequías, el exceso de calor y la indefensión que sufriría la ciudad situada en un terreno llano ("One must therefore prove that these features are either not presente or present only in the smallest possible degree [351]).

Además de ofrecer estas estrategias de énfasis de los aspectos positivos y omisión de los defectivos, Menandro contempla la posibilidad de combinarlas: al describir una fortaleza de la ciudad, el encomiasta debe "demonstrate the presence of all advantages, and the absence of all disadvantages, or at least [...] show that the advantages outnumber the disadvantages" (353), y al explicar las causas de la fundación de la ciudad, "[o]ne should dwell at greater length on the more glorious, less on the others" (359). Además, Menandro sugiere al encomiasta resemantizar los elementos negativos de la ciudad y presentarlos como positivos. El rétor ofrece como ejemplo específico el pueblo infértil y poco agradable de Ascra, cuna de Hesíodo (c. 750 a.C.-c. 650 a.C.). Aunque el autor de *Trabajos y días* lo critica como una villa miserable, intolerable tanto en verano como en invierno (vv. 639–40; 119), Menandro exige que el panegirista transforme estas condiciones adversas en rasgos positivos: "if people lived in Ascra, one would have to make this a cause of praise [if it is barren and less fertile, one would have to make this a cause of praise] because the inhabitants must perforce be philosophical and enduring" (347). Considérese, finalmente, que la labor del panegirista incluye referencias a otras ciudades o regiones que, en forma de invectivas o comparaciones, redunden en el halago de la ciudad que es materia de elogio. De este modo, advierte Menandro que "if the place is hot, one should enumerate the evils of cold places, and if it is cold, the evils of hot places" (347), o que, al representar una ciudad demasiado alejada del mar, el encomiasta debe "adduce those opinions of philosophers which commend continental settlements and those most distant from the sea. You will also enumerate the evils of the contrary situation" (348). El *enkōmion poleōs* no consiste sólo en comprender los rasgos que caracterizan una ciudad ética, moral y políticamente templada, sino también en representar la ciudad elogiada como poseedora de dichos rasgos a través de un cuidadoso proceso de selección, omisión y resemantización de sus características reales.

Como será evidente a lo largo de los siguientes capítulos, el modelo del *enkōmion poleōs* le ofrece a Balbuena un detallado plan a partir del cual el valdepeñero es capaz de representar la capital novohispana como un espacio templado y a los inmigrantes peninsulares que la habitan como seres moralmente templados. Este modelo retórico ofrece a Balbuena ejemplos concretos del *genos* de la ciudad, de las *epitēdeumata* o 'actividades profesionales' y de las prácticas o *praxei* que le permiten diseñar *Grandeza mexicana* como una toma de posición en contra de los criollos novohispanos y atribuir a inmigrantes peninsulares como él mismo la posesión de las virtudes cardinales y, por tanto, de la mejor disposición moral e intelectual para el gobierno del virreinato novohispano y la administración de encomiendas. La instrumentalización del *enkōmion poleōs* por parte de Balbuena descansa en gran medida en el hecho de que este modelo retórico sintetiza un complejo entramado de campos de conocimiento diversos que transforman la ciudad elogiada en una comunidad ética, moral y políticamente competente y virtuosa. Por ello, si Menandro exige al panegirista demostrar que la ciudad elogiada se encuentra en el 'centro' del mundo ["is it in the west, east, south, or north, or in the center?" (374)], es porque tanto la localización de una ciudad [*thesis*] como los accidentes geográficos locales (vientos, aguas, terreno) [*phusis*] sobre los que se erige determinan las cualidades de la flora, fauna y, lo que es más importante, de los seres humanos que la habitan. La posición [*thesis*] y la naturaleza [*phusis*] de un lugar tienen un impacto directo sobre el clima y las variaciones térmicas a que se enfrenta una ciudad. Estos fenómenos, a su vez, afectan directamente el equilibrio humoral y la salud de los individuos y, por tanto, su constitución física y su disposición hacia la conducta virtuosa, específicamente hacia el ejercicio de las cuatro virtudes cardinales. El modelo del *enkōmion poleōs*, construido sobre conocimientos cosmológicos, geográficos, médicos, éticos y políticos que privilegian un 'centro' equilibrado, permite a Balbuena atribuir a los inmigrantes peninsulares afincados en la capital novohispana una conducta virtuosa gracias a que el clima supuestamente templado de la ciudad garantiza la preservación de una templanza moral que habrían adquirido gracias a su nacimiento en el 'centro' del mundo, la península ibérica.

Aunque, como bien afirma Luisa López Grigera, es urgente recordar "la intrínseca relación de la vieja disciplina sofística con las obras de literatura anteriores al romanticismo" (*Retórica* 69), son pocos los estudios que contemplan el impacto de los tratados del rétor de Laodicea en la producción cultural de la temprana modernidad hispánica.[18] Si a esto se aúna el hecho de que los tratados de Menandro no circularon durante la Edad Media de la Europa latina, urge indagar en las posibles vías a través de las cuales Balbuena podría haber accedido a la obra del rétor. Cabe destacar, además, que esta indagación debe considerar la diseminación del modelo de Menandro en la península ibérica durante el siglo XVI, pues Balbuena asegura insistentemente que llevó a cabo sus estudios de retórica a temprana edad, presumiblemente antes de 1584, cuando viaja a la Nueva España, ya que afirma en el "Compendio apologético" que "cuando pequeño pasé por los principios de retórica y llegué a los umbrales de la poesía" (146–7), y más tarde, en el "Prólogo" de *El Bernardo*, que la retórica y la poética son clases "por donde todos en la niñez pasamos" (140). Si bien Balbuena recibe el Bachillerato en Teología por la Universidad de México (Porras Muñoz 98), la materia de retórica era estudiada en los colegios de humanidades, y dichos estudios "los han hecho todos los que tenían una educación media en esas épocas, aun sin necesidad de pasar por la universidad" (López Grigera *Retórica* 26).[19] De hecho, el estudio de latín en los colegios o en las escuelas de gramática en la España de la temprana modernidad podía iniciarse a los ocho o nueve años de edad. El ejemplo de la Universidad de Alcalá de Henares es elocuente: hacia 1550, la edad media de los colegiales de primer año era de diecisiete (Kagan *Students* 31–2).

Aunque, como bien afirma Luis Íñigo Madrigal, "[n]o se puede asegurar que el autor de *Grandeza mexicana* [conociera los tratados de Menandro] de primera mano (aunque no es improbable)" ("Introducción" 14), la segunda mitad del siglo XVI ofrecía a Balbuena la posibilidad de acceder al modelo del *enkōmion poleōs* a través de recientes traducciones latinas de los tratados

---

[18]   No ha sido sino desde fechas muy recientes que algunos hispanistas han empezado a analizar el impacto de los tratados epidícticos de Menandro. Mis esfuerzos sólo me han permitido hallar casos aislados. Soledad Pérez-Abadín Barro estudia la *ode* X del poeta Francisco de Medrano confrontándolo con el modelo retórico que ofrece Menandro para el *propentikes* o "charla de despedida". En un estudio retórico extremadamente importante, Victoria Pineda analiza el impacto de la obra de Menandro en los cuestionarios utilizados por Juan López de Velasco a fines del XVI para compilar sus famosas relaciones geográficas de Indias. Más recientemente, Luis Sánchez Laílla procura reconstruir el modelo del elogio de ciudades, aunque apenas entra en detalle sobre la obra de Menandro. El fundacional y socorrido estudio de Richard Kagan (*Urban Images*) ignora el uso de modelos retóricos como el de Menandro en la descripción de las ciudades del mundo hispánico de la temprana modernidad.

[19]   Esto representa un notable contraste con la universidad medieval, en la cual la retórica era parte del programa correspondiente al segundo año de estudios.

de Menandro, a través de versiones sintentizadas que circularon en numerosos *progymnasmata*, y a través de la versión ofrecida en el célebre *Poetices, libri septem* (1561, 1581) de Giulio Cesare della Scala (1484–1558), más conocido como Julio César Escalígero.

A pesar de su fama como rétor, dado que los tratados de Menandro corresponden a una tradición retórica griega post-aristotélica (helenística y bizantina) cultivada en el Imperio Romano de oriente, la tradición latina de la Europa Occidental (basada en Quintiliano y Cicerón, principalmente) prácticamente desconoce a Menandro. No es hasta el siglo XIV que esta tradición griega ingresa a Occidente, aunque su mayor eclosión data del siglo XVI gracias, entre otras razones, al traslado de varios rétores bizantinos a Italia y, muy especialmente, a la publicación del famoso *Rhetores graeci* (1508–9) de Aldo Manuzio (1449–1515), que reúne las retóricas y poéticas griegas debidas a Aristóteles, Hermógenes de Tarso (c. 160 d.C.-c. 225 d.C.), Dionisio de Halicarnaso (c. 60 a.C.-c. 7 a.C.) y Menandro. En el caso específico de Menandro, sus editores modernos (Gascó, Romero Cruz, Russell y Wilson) y, muy especialmente, Pernille Harsting han desenterrado la hasta hace poco desconocida circulación de Menandro en la Italia renacentista, la cual se inicia en 1423 con una traducción manuscrita parcial del tratado II, pasa por la fundamental *editio princeps* en el *Rhetores graeci* (1508–9) de Aldo Manuzio, y llega hasta 1558, año en que Natale Conti (1520–1582), traductor de los *progymnasmata* de Hermógenes y Aphtonio (1550), publica la primera traducción completa al latín de ambos tratados de Menandro.[20] En la península ibérica, Felipe Hernández Muñoz identifica dos transcripciones manuscritas completas de ambos tratados de Menandro en griego, fechadas hacia 1500, que obran en archivos españoles ("Sobre un manuscrito" 228; "Variantes textuales" 653–5). La fehaciente diseminación de Menandro en la Europa occidental de la temprana modernidad

---

[20]   Para una mejor comprensión del progresivo impacto de Menandro en Italia conviene resumir los datos principales proporcionados por Harsting en diversos artículos ("Poliziano's Transcription", "On the Monody", "Discovery of Late-Classical Epideictic Theory", "Golden Method", "Work of Menander Rhetor"): 1423, traducción al latín del capítulo del Tratado II de Menandro dedicado a la *monodia*; 1480-1: Angelo Poliziano, para su curso en el *Studio Florentino* (Universidad de Florencia), utiliza el capítulo del Tratado II de Menandro dedicado al *epithalamio*; se conservan las notas, incluyendo una transcripción en griego de dicho capítulo; 1485: traducción latina, en manuscrito, del capítulo del Tratado II dedicado a la *monodia*; 1508–09: edición completa de ambos tratados en el segundo volumen de *Rhetores Graeci*, editado por Demetrios Doukas, impresa por Aldo Manuzio; 1553: traducción al italiano del capítulo dedicado al discurso imperial (*basilikos logos*) debida a Andrea Londado; 1558: publicación de una traducción completa al latín de ambos tratados a cargo de Natale Conti. A estos reveladores datos cabría añadir la posible, y aún más temprana, influencia de los tratados de Menandro en la composición de la *Laudatio florentine urbis* (c. 1403–4) del humanista y canciller de Florencia Leonardo Bruni (c. 1369–1444), tal como discute Baldassarri en su edición del texto (xvi-xvii, xx-xxi, 13, 14, 20), aunque el modelo directo seguido por Bruni sea el *Panathenaicus* de Aelio Arístides.

nos obliga a comprender, como advierte Harsting, que estos datos muestran
"an actual, and not just potential, influence of the late classical epideictic treatises
on Renaissance occasional poetry and oratory" ("Golden Method" 151), y que
tales documentos muestran el rol fundamental de Menandro en "the foundation
and codification of Renaissance epideictics" ("Work of Menander Rhetor" 73).

Aunque sin la clara articulación que ofrece Menandro en sus tratados, las
diferentes partes del *enkōmion poleōs* se conocieron en la Europa de la temprana
modernidad gracias al célebre tratado *Poetices, libri septem* (Lyon 1561, Leiden
1581) del humanista y fisiólogo italiano Giulio Cesare della Scala o Julio César
Escalígero. Dado que el elogio de ciudades se concibe como un modelo derivado
que combina elementos procedentes del elogio de regiones y del elogio de
personas, Escalígero contempla los diferentes elementos prescritos por Menandro
para el *enkōmion poleōs* en los capítulos dedicados al elogio de personas (*Persona*,
cap. CXIX, 165b), al elogio de regiones o países (*Locus*, cap. CXX, 165b-166b)
y, específicamente, al elogio de ciudades (*Urbs*, cap. CXXI, 166b-167b) del libro
tercero de los *Poetices*, y ofrece algunas estrategias para magnificar el elogio
de la ciudad.[21] Este influyente tratado, de probada circulación tanto en la península
ibérica[22] como en los virreinatos americanos,[23] sintetiza los elementos esenciales
del *enkōmion poleōs* siguiendo los tratados de Menandro, aunque sin mencionarlo
en absoluto, ora a través de la edición aldina de 1508–9 (Cairns, "A Note" 139,
"The *Poetices*" 49–50; Harsting "Work of Menander Rhetor" 70),[24] ora a través
de alguna tradición manuscrita desconocida hoy en día.

Si el primer objetivo del *enkōmion poleōs* consiste en atribuir una 'centralidad'
geográfica y una privilegiada templanza climática a la ciudad elogiada, Escalígero
incluye los tópicos de la localización [*thesis* (griego); *situs* (latín)] y de la naturaleza
y accidentes locales [*phusis*; *natura*] del elogio de ciudades en el capítulo CXX
dedicado al elogio de regiones. Así, la localización [*thesis*; *situs*] se determina

---

[21]   En el momento de escribir estas líneas, y hasta donde alcanzan mis esfuerzos, sólo existe
una traducción parcial del *Poetices* al alemán, la cual no incluye estos capítulos. Por lo tanto,
todas las traducciones del texto de Escalígero son mías.

[22]   Se ha analizado la influencia de Escalígero en la *Philosophia antigua poética* (1596) del
Pinciano (Shepard); en el caso de las citas y los aparentes plagios de *Poetices* que aparecen en
las *Anotaciones* (1580) de Herrera, analizados por Pring-Mill, López Grigera sugiere que, dada
la "fuerte influencia" de los tratadistas bizantinos en la península ibérica, podría tratarse no de
plagios, sino de coincidencias en el uso de fuentes comunes (*Retórica* 83).

[23]   El registro de un envío de libros a la Nueva España, firmado en Sevilla el 5 de julio de
1600, incluye un ejemplar de los *Poetices* de Escalígero, valorado en cuatro reales (Leonard
Books 373).

[24]   El hecho de que Escalígero no mencione a Menandro no significa que no aproveche sus
tratados, pues "Scaliger does not always cite an author, even if he uses him" (Sellin 77). De
hecho, Victoria Pineda (155, n.17) afirma que Escalígero llega a copiar secciones íntegras de
Menandro. De modo similar, en su estudio sobre las fuentes del *Poetices*, Luc Deitz asevera que
Menandro es la fuente principal de los capítulos CIII al CXXIII del libro III.

según la longitud [*parallelos*; *segmenta*] y, muy especialmente, la latitud [*climata*; *inclinationes*], pues esta última determina el clima frío hacia el "norte" [*Arcto*] o el cálido hacia el "sur" del hemisferio boreal [*Aethiopas*] con relación a la latitud privilegiada y 'central' de la Europa mediterránea (Grecia, Italia). Además, dicha templanza debe ser preservada por la naturaleza y accidentes locales [*phusis*; *natura*] que rodean la ciudad elogiada. En este apartado, como Menandro, Escalígero incluye ítems como la fertilidad o infertilidad de la tierra [*pinguis aut tenuis, fertilis aut sterilis*], su carácter montañoso o plano [*montana, campi*], su relación con los mares [*si maris vicina; si procul a maris*] y la existencia de fuentes de agua dulce [*fontes, lacus, flumina*].

Para el elogio de los habitantes de la ciudad y su representación como individuos con la mejor disposición hacia el ejercicio de la virtud debemos recurrir, principalmente, al capítulo CXXI que Escalígero dedica específicamente a la *laus urbis*, pero también al capítulo que analiza el elogio de personas (CXIX). En el primero de ellos, Escalígero se enfoca en los elementos que denotan la virtud de los ciudadanos, demandando al encomiasta elogiar la ciudad según su *genos* considerando al fundador [*conditor*], la época [*tempus*] de su fundación, sus cambios [*mutatio*] y las causas de su fundación [*causas*]. Escalígero incluye también las *epitēdeumata* ([s]*tudia sunt, sciēntiae et artes*), ejemplificadas a través de obras [*opus, opera*] de arquitectura urbana y del sistema político, y las *praxei* [*facta*] que revelan la predisposición de la población hacia la excelencia y la conducta virtuosa. Finalmente, el capítulo dedicado específicamente al elogio de personas (CXIX) desarrolla la definición de *epitēdeumata* e incluye como ejemplos la profesión religiosa, la militar, las letras, la agricultura y el comercio (*A studiis populorū, religione, armis, literis, agricultura, mercatura*).

Además de coincidir en el énfasis de la 'centralidad' y templanza de la ciudad elegida, y en subrayar la virtud de los ciudadanos, Escalígero, como Menandro, recuerda al panegirista la necesidad de manipular la información factual sobre la ciudad elogiada para representarla como la ciudad ideal. Así, pues, es esencial que el encomiasta subraye los aspectos positivos de circunstancias como la posición relativa al mar: *Addes alias circunstantias. Si mari vicina, opes ex commoditate. Si procul a mari, procul a periculis, procul a vitiis* ('You will also take into consideration other circumstances. If near the sea, abundances derive from this advantage. If far from the sea, far from dangers, far from vices' 166b). Del mismo modo, Escalígero exhorta al panegirista a omitir cualquier rasgo negativo en el elogio de la ciudad, como en el caso de los cambios experimentados por la ciudad: *Fit & alio modo mutation aut imperii, aut promoeriorum, quae si sunt promota. Exhibebunt argumenta multa: sin angustiora, silentio praeterunda* ('Change also happens in a different way: either of authority or of the lands beyond the city walls, which, if extended, will offer many subjects; if scarcer, however, they are to be omitted with silence'

167a). En resumen, el elogio debe dirigirse a representar la ciudad como si gozara del ocio, la paz, la opulencia y la seguridad que se asocia con la Edad de Oro: *Ex otio et pace, opulentiam, securitatem, seculum illud aureū proferemus* ('On account of leisure and peace, we will bring forth opulence, security, that famous Golden Age' 165b). En otras palabras, como el *enkōmion poleōs* de Menandro, el modelo de la *laus urbis* de Escalígero recuerda al panegirista que debe representar la ciudad elegida siguiendo los patrones de la mítica Edad de Oro y, en consecuencia, localizarla en una zona templada que albergue ciudadanos mejor dispuestos a la práctica de las virtudes cardinales.

Además de una lectura de los tratados de Menandro o Escalígero, para el diseño de su elogio de la capital novohispana Balbuena puede también haber acudido a las versiones sintéticas (y algo deficientes) del *enkōmion poleōs* contenidas en *progymnasmata* o manuales de ejercicios retóricos, algunos de los cuales sirvieron de fuente o se compusieron durante la misma época que los tratados epidícticos de Menandro, durante la Segunda sofística. Estos *progymnasmata* circularon en Europa durante la Edad Media y la temprana modernidad, y desde el siglo XVI se constituyeron en "the common basis for teaching composition in Western Europe for several centuries" (Kennedy ix).[25]

Del amplio corpus de *progymnasmata* los cuatro principales son los atribuidos a Theón de Alejandría (siglo I-II d.C., aprox.),[26] Hermógenes de Tarso (siglo II d.C.), Aphtonio (segunda mitad del siglo IV d.C.) y Nicolás de Mira (siglo V d.C.). Sin embargo, debido a su condición de ejercicios preparatorios, estos modelos carecen de la normativa sobre la localización de la ciudad elogiada en el 'centro' del mundo [*thesis*] y sobre los accidentes locales que pueden afectar el clima de la ciudad [*phusis*], elementos que Menandro toma del elogio de regiones. Recuérdese que estos manuales, como indica el propio Theón de Alejandría al inicio del suyo, son concebidos como instrucciones para aquéllos que carecen de *enkyklia mathēmata*; es decir, de una educación universitaria equivalente al *trivium* y *quadrivium*. Ya hacia el siglo II d.C., Theón de Alejandría se queja de que, a diferencia de los oradores del pasado, sus contemporáneos, "sin tener la menor instrucción en los llamados 'estudios liberales', se lanzan a pronunciar discursos, y de la manera más tosca de todas" (52). En otras palabras, los lectores originales de los *progymnasmata* griegos eran oradores

---

[25] Donald Clark explica que el éxito de los *progymnasmata* hasta el siglo XVII radica en el hecho de que presentaban "a graded series of exercises in writing and speaking themes which proceed from the easy to the more difficult; they build each exercise on what the boys have learned from previous exercises; they repeat something from the previous exercise, yet each exercise adds something new" (260).

[26] El manuscrito más antiguo de sus ejercicios que se conserva, *Laurentianus plut.* 55.10, data del siglo XIII. Este libro de ejercicios tuvo un auge muy breve durante la temprana modernidad. De 1541 data una traducción al latín hecha por Camerarius, con ejemplos de Libanio (Clark 261).

carentes de conocimientos de retórica y, en general, ignorantes de la compleja epistemología presupuesta en el *enkōmion poleōs* y de sus correlaciones en diversos campos de conocimiento. La eminente finalidad práctica de estos *progymnasmata*, aunado al escaso bagaje intelectual de su público lector, obliga a especialistas como Theón a simplificar notablemente los ejercicios preparatorios sobre el encomio, pero también a confesar que "al mismo tiempo dejé para el lugar oportuno la exposición exacta de las reglas del encomio y ahora he hecho más sencilla su enseñanza" (55).

Además de su condición de ejercicios preparatorios dirigidos al público más amplio posible, la simpleza de los *progymnasmata* y la ausencia de normas específicas sobre la localización de la ciudad elogiada en el 'centro' del mundo pueden obedecer también al hecho de que originalmente estos tratados fueron concebidos durante los primeros siglos de la era cristiana, precisamente cuando toda ciudad elogiable se encontraría en o próxima al 'centro' del mundo conocido que era la Europa mediterránea. Cabe recordar que durante la Segunda sofística los territorios del imperio romano se concentraban precisamente alrededor del 'centro' climático del mundo: el Mediterráneo, especialmente la costa europea del Mediterráneo. Por ello, es plausible suponer que cualquier ciudad que requiriese un elogio se localizaría necesariamente en o cerca del 'centro' del mundo, por lo que la especificación de este punto, que sí aparece explícitamente en Menandro, parecería menos importante en tratados simplificados dedicados a un público amplio y sin mayores conocimientos científicos como lo eran los *progymnasmata*. En contextos posteriores, durante la Edad Media o la temprana modernidad europeas, cabe suponer que serían los maestros de retórica en los colegios de humanidades o en las universidades quienes suplementarían estos *progymnasmata* con observaciones relacionadas con el elogio de la región sobre la que se yergue la ciudad elegida para el encomio. En todo caso, al igual que Balbuena, estos maestros de retórica de la temprana modernidad sí encontrarían en los *progymnasmata* una sección dedicada al encomio de las virtudes [*aretē*] de los habitantes de una ciudad, en donde verían repetidos los elementos mencionados por Menandro en sus dos tratados epidícticos.[27] Quizás sea Hermógenes quien resuma más claramente los elementos referidos por el rétor Menandro:

---

27   El de Aphtonio parece haber sido uno de los manuales más populares durante el Renacimiento, pues entre 1507 y 1680 hubo al menos diez traducciones al latín para un total de 114 impresiones. La versión más popular, *Aphtonii progymnasmata*, publicada por primera vez en 1542, estaba acompañada de comentarios de Rodolfo Agrícola (que los tradujo al latín en 1532) y José María Cataneo (quien publicó su propia traducción latina en 1507); fue impresa no menos de 73 veces entre 1546 y 1689 (Clark 261; Kennedy 89–90, López Grigera *Retórica* 26; Theón, Hermógenes y Aphtonio 214–16). De hecho, hubo edición salmantina de la traducción de Rodolfo Agrícola en 1550; el Brocense tiene una edición anotada; Francisco Escobar publica una edición en latín, ampliada, en Barcelona, 1558 (López Grigera *Retórica* 55, 144 n.112).

Igualmente, a partir de esos aspectos [del encomio de personas] también podrías emprender sin dificultad el de una ciudad. Dirás, en efecto, con respecto a su *origen*, que sus habitantes son autóctonos; con respecto a su crianza, que por dioses fueron criados y, con respecto a su *educación*, que por dioses fueron educados. Examinarás, como si de un hombre se tratase, qué tal es la ciudad en sus *costumbres*, qué tal es su *constitución*, qué *ocupaciones* practicó y qué *empresas* llevó a cabo. (191; énfasis añadido)

La estrecha relación entre la producción poética y los recursos retóricos del género demostrativo o epidíctico durante los primeros siglos de la era cristiana se mantiene hasta la temprana modernidad. De hecho, los *progymnasmata* circularon ampliamente en la Europa de la temprana modernidad. En el caso de la península ibérica, los más utilizados fueron los manuales atribuidos a Aphtonio y Hermógenes, que se tradujeron al latín y se comentaron durante los primeros dos tercios del siglo XVI "y se adaptaron y glosaron en tratados mixtos teorico-prácticos tanto en lengua latina como en castellano, a partir del último tercio del siglo [XVI] y en los primeros años del siguiente" (López Grigera *Retórica* 144). En el caso específico del manual de Hermógenes, fechado hacia los siglos III o IV d.C., su circulación durante la temprana modernidad europea fue posible gracias a la traducción al latín hecha por Prisciano en el siglo V, *Prisciani Grammatici Caesariensis de Praeexercitamentis Rhetoricae ex Hermogene Liber*, el cual "was very popular in the Latin-speaking West and appears regularly among the *Opera* of Priscian in the Middle Ages and Renaissance" (Clark 259). Aunque no parece haber gozado de ediciones independientes en la península ibérica antes del último cuarto del siglo XVI, el tratado de Hermógenes circuló en conjunto con el de Aphtonio desde mediados del XVI.[28] Es en este contexto que Balbuena podría haber entrado en contacto con el modelo del *enkōmion pōleôs* incluso antes de 1584, cuando se traslada al virreinato novohispano.[29]

---

[28] López Grigera (*Retórica* 144, n.13) proporciona una elocuente lista de ejemplos que atestiguan su impacto en la península ibérica: Antonio Lull, *Progymnasmata Rhetorica* (Basilea, 1550, 1572); Lorenzo Palmireno, *Aphtonii... Progymnasmata* (Valencia, 1553); Pedro Juan Núñez, *Institutiones Rhetoricae ex Progymnasmatis potissimum Aphtonis atque Hermonis Arte dictatae* (Barcelona, 1578; con nuevas ediciones revisada en 1585 y 1593); Juan de Guzmán, *Primera parte de la Rhetórica* (Alcalá, 1589); Pedro Juan Núñez, *Progymnasmata* (Zaragoza, 1596), Bartolomé Bravo, *De Arte oratoria* (Medina, 1596).

[29] Cuando estas páginas se encuentran en prensa, recibo noticia del estudio de Jeffrey S. Ruth sobre el elogio de ciudades en la España de la temprana modernidad. Me es imposible comentar el libro en esta apretada nota.

2

El paradigma geopolítico de la 'teoría de las cinco zonas'

Mejor estudiada que el modelo del *enkōmion poleōs*, la llamada 'teoría de las cinco zonas' cristaliza más sistemática y explícitamente la correlación entre una localidad o región y su clima, el hábitat natural (incluyendo flora y fauna) y la fisiología y disposición moral de sus habitantes. Si el *enkōmion poleōs* se fundamenta en un conocimiento implícito del impacto que una localidad y su clima pueden tener en la naturaleza y los individuos que alberga, el modelo geopolítico que es la 'teoría de las cinco zonas' utiliza los mismos principios pero, en vez de enfocarse en ciudades específicas, propone una clasificación del orbe en diferentes zonas climáticas, en cada una de las cuales es posible formular una "correlation between the situation of certain groups of people and their political, economic and even ethical behaviour" (Dueck 84). En consecuencia, este paradigma geopolítico, atribuido a Parménides de Elea (siglo V a.C.), establece que la localización de una comunidad en el globo terráqueo (es decir, la latitud aproximada en la que se encuentra) permite prever no sólo el clima que alberga, sino también la fisiología, la disposición moral y la capacidad de autogobierno político de sus habitantes. Al proponer la existencia de un 'centro' (latitudinal) del mundo que corresponde a la franja de la Europa mediterránea (Grecia, Italia, España), este modelo subraya la mejor disposición de sus habitantes para el ejercicio de la virtud y, por tanto, su idoneidad para el autogobierno y la autonomía política, pero también para gobernar sobre poblaciones ubicadas fuera de dicho 'centro'. La autoridad y la amplia diseminación de este paradigma permitirá que apólogos del imperio romano y, posteriormente, del imperio español de la temprana modernidad, se apropien de él y sugieran una suerte de *translatio imperii* gracias a la cual, eventualmente, la Corona española detenta el derecho natural a dominar sobre comunidades destempladas localizadas en la zona tórrida americana. No es gratuito que la teoría de las cinco zonas sea invocada explícitamente por el teólogo e intelectual Juan Ginés de Sepúlveda (1489–1573) para defender los derechos de los españoles a ocupar las Indias y a declarar justa la guerra contra los indígenas, y que sea una pieza fundamental dentro de la polémica por la posesión de las Indias. De hecho, su rol en la justificación filosófica para la presencia de los españoles en las Indias es tal que diversos intelectuales y letrados como Balbuena se ven obligados a referir, manipular, sustituir o suplementar la teoría de las cinco zonas para poder participar en la polémica por la posesión de las Indias.

Como explica el crítico e historiador Nicolás Wey Gómez (*Tropics* 73–4), la llamada 'teoría de las cinco zonas' es un modelo que divide tanto la bóveda celeste como el globo terráqueo del universo geocéntrico griego en cinco franjas latitudinales determinadas por el recorrido del sol a lo largo del círculo oblicuo del zodiaco. Estas franjas son aproximadamente las cinco bandas que podemos observar incluso hoy en día en un atlas cualquiera, donde el globo terráqueo se divide, de norte a sur, en un círculo polar ártico cuyo límite es el paralelo 66° N; una zona intermedia que se extiende entre los paralelos 66° N y 23 °N; el trópico, entre el Trópico de Cáncer (23° N) y el de Capricornio (23° S); una segunda zona intermedia; y el círculo polar antártico que se inicia en el paralelo 66° S. Dentro de este modelo, la franja o banda latitudinal entre los Trópicos de Cáncer y Capricornio, conocida como la 'zona tórrida', era considerada mayormente inhóspita dado el relativo exceso de calor causado por la relativa perpendicularidad con que los rayos solares alcanzan esta zona de la superficie terrestre al mediodía. Las dos bandas extremas situadas más allá de los círculos polares, conocidas como 'zonas frígidas', eran también mayormente inhóspitas dada la relativa ausencia de calor solar (es decir, dada la relativa oblicuidad de los rayos solares sobre esta zona). Intercaladas entre estas zonas de calor y frío extremos se encuentran dos zonas supuestamente 'templadas' o 'centrales' y perfectamente habitables, pues el recorrido del sol a lo largo del círculo oblicuo del zodiaco, con su cíclica oscilación hacia el norte y hacia el sur, calentaba y enfriaba alternadamente ambas zonas intermedias. La zona templada del hemisferio boreal, la única conocida durante la Antigüedad griega clásica, y la única conocida por los europeos en vísperas de la exploración portuguesa en el África atlántica, fue considerada ideal para albergar minerales, flora, fauna y la existencia humana. Dentro de esta relativamente amplia franja latitudinal templada y 'central', sin embargo, la latitud 'central' del Mediterráneo europeo (es decir, de Grecia, pero también, como será subrayado en siglos posteriores, la latitud de la península itálica y de la península ibérica) se consideraba la más privilegiada por ser absolutamente templada. En el caso específico de los seres humanos, la localización de una comunidad según estas bandas latitudinales afectaba necesariamente su composición humoral y, por tanto, su fisiología, su disposición para el ejercicio de las virtudes morales e intelectuales, y, lo que es más importante, su capacidad para el autogobierno o la autonomía política. En otras palabras, según la 'teoría de las cinco zonas', la latitud en la que moraba una comunidad o nación determinaba su lugar dentro de la jerarquía política global.

Los griegos de la Antigüedad clásica tenían una concepción geocéntrica del cosmos, en cuyo centro se hallaba el globo terráqueo y, en esferas concéntricas hacia el exterior, los planetas (la luna, el sol, Venus, Mercurio, Marte, Júpiter y Saturno), y una esfera final en la que se hallaban las estrellas fijas. Tanto el globo terráqueo como estas esferas giraban sobre un mismo eje celestial, explicándose así lo que, para un observador en la tierra, parecía ser el tránsito de los planetas a lo largo de la bóveda celeste. Sin embargo, la banda en la que se hallaban los doce grupos o conjuntos de estrellas conocidos como los doce signos del zodiaco poseía un eje de rotación inclinado en relación con el eje de la Tierra y de las otras esferas. Por ello, el zodiaco se concebía como una franja oblicua, ligeramente inclinada con relación al ecuador terrestre y el celestial. Para un observador desde la tierra, en su trayectoria anual por la bóveda celeste, el sol transitaba por un círculo oblicuo conocido como la eclíptica, la cual se hallaba en el centro mismo de la franja del zodiaco. Por ello, el tránsito del sol a lo largo de la eclíptica ofrecía uno de los doce signos zodiacales como trasfondo para el observador terrestre. [Fig. 3]

Dado que, como el zodiaco, la eclíptica o círculo de tránsito del sol describía una trayectoria oblicua en relación con el ecuador celestial, los griegos establecieron una correlación entre la desviación o declinación del sol con relación al ecuador y el clima de un lugar en el globo terráqueo, y se atribuye a Parménides de Elea la primera formulación de un modelo que divide el globo terráqueo en zonas climáticas, el cual se conocerá como la 'teoría de las cinco zonas'. Considerando el tránsito del sol a lo largo de la oblicua eclíptica, el momento de máxima declinación del sol hacia el norte del ecuador (celestial y terráqueo), en el cual los rayos solares caían de manera perpendicular (es decir, formando un ángulo recto, de 90°) en una latitud boreal máxima, corresponde al círculo imaginario del Trópico de Cáncer (23° N aproximadamente). Simétricamente, en su tránsito a lo largo de la eclíptica, el momento de máxima declinación del sol hacia el sur del ecuador, en el cual los rayos solares caen de manera perpendicular en una latitud septentrional máxima, corresponde al círculo imaginario del Trópico de Capricornio (23° S aproximadamente). Los Trópicos de Cáncer y Capricornio constituyen los límites de la amplia franja o banda latitudinal del globo terráqueo que hoy conocemos como el trópico: una banda en la cual, en todo momento del año, siempre habría un punto en el cual los rayos solares caerían perpendicularmente sobre la superficie terrestre. Además, debido al carácter oblicuo de la eclíptica, cualquier punto del globo ubicado entre ambos trópicos recibiría los rayos del sol perpendicularmente dos veces al año (es decir, el sol se hallaría en un ángulo de 90° en relación con la superficie terrestre dos veces al año). Estos fenómenos sugerían a Parménides que el trópico era una zona de relativo exceso de calor y, por tanto, mayormente inhóspita, por lo que se le conocía como la 'zona tórrida'.

Fig. 3. Sistema geocéntrico del universo, mostrando la franja del zodiaco

Ptolomeo, astrónomo griego coronado, y su traductor renacentista, Regiomontano, sentados bajo una esfera armilar y rodeados por un borde decorativo. En: *Epytoma in Almagestum / Regiomontus.* Venice: J. Hamman, 1496; frontispicio. Illus. en Incun. 1496.P8.
Cortesía de la Biblioteca del Congreso de los EE.UU. LC-USZ62–95164. Washington, D.C., EE.UU.
Crowned Greek astronomer Ptolemy and his Renaissance translator Regiomontanus, seated beneath an armillary sphere and surrounded by decorated border. In: *Epytoma in Almagestum / Regiomontus.* Venice: J. Hamman, 1496; frontispiece. Illus. in Incun. 1496.P8.
Courtesy of the Library of Congress, LC-USZ62–95164. Washington, D.C., USA.

Dada la falta de correspondencia entre el eje celestial, por un lado, y, por el otro, el eje del zodiaco y la eclíptica, los griegos dedujeron la existencia de zonas en las que dicha declinación permitía que los rayos solares tuvieran una incidencia extremadamente oblicua, hasta de 180°, sobre la superficie terrestre. Esta declinación del eje del zodiaco en relación con el eje celestial (23° aproximadamente) corresponde a lo que hoy conocemos como los círculos polares ártico y antártico (66° N y 66° S respectivamente). Estos círculos imaginarios delimitan las regiones en las que, en todo momento del año, siempre habría un punto en el cual los rayos solares tendrían una incidencia de 180° sobre la superficie. Esta obliquidad de los rayos solares sugería a los griegos que los círculos polares eran zonas de relativo exceso de frío (o excesiva ausencia del calor transmitido por los rayos solares) y, por ello, mayormente inhabitables. De ahí que se denominaran 'zonas frígidas'.

Intercaladas entre estas zonas de calor y frío extremos se hallaban dos franjas o bandas latitudinales supuestamente templadas y habitables, a las que el sol calentaba y enfriaba cíclicamente durante su tránsito anual a lo largo de la eclíptica. En estas 'zonas templadas', tales cíclicas variaciones térmicas corresponden a las cuatro estaciones que conocemos hoy en día. Mientras que la zona templada del hemisferio meridional o austral era desconocida e inaccesible a los griegos (pues se consideraba que el cuerpo humano no soportaría una trayectoria que exigiera cruzar la inhabitable zona tórrida y soportar su excesivo calor), la zona templada del hemisferio boreal, en cuyo centro se hallaba Grecia, se consideraba el lugar ideal para albergar la fauna y flora más bellas, así como para ofrecer el ambiente más saludable para la existencia humana. La 'teoría de las cinco zonas' obedece claramente a un esquema que privilegia un 'centro' templado o una 'mediocridad' climática que es jerárquicamente superior a unos destemplados extremos climáticos (frígidos, tórrido) liminales y subordinados.[1]

Dado que el corpus atribuido a Hipócrates era conocido cuando Parménides formula la teoría de las cinco zonas, es necesario advertir que este paradigma divide el globo terráqueo en zonas climáticas, pero también determina los rasgos dominantes de la flora, la fauna y, lo que es más importante, de las comunidades humanas que se localizan en cada una de estas zonas. Si, como afirma Hipócrates

---

1   Nótese que esta división del globo mundo en zonas climáticas corresponde aproximadamente a lo que el modelo del *enkōmion poleōs* denomina la posición de una ciudad en relación con el mundo o a las estrellas, o *thesis*. A diferencia del modelo retórico, sin embargo, la teoría atribuida a Parménides no contempla, al menos en su formulación original, el impacto que los accidentes o condiciones locales (*phusis*) tienen sobre el clima y la salubridad de un lugar. Esta omisión de los accidentes locales será explotada posteriormente por intelectuales como Gómez Suárez de Figueroa, el Inca Garcilaso de la Vega, para afirmar que la zona supuestamente tórrida, donde se ubica el Cusco, es muy variada, pero que la capital del Tawantinsuyo goza de un clima templado gracias al accidente geográfico que es la altitud. Esta idea se desarrolla en el capítulo correspondiente a la polémica 'científica' por la posesión de las Indias, "La geopolítica de la templanza".

en el *Peri aeron*, "[t]he things also that grow in the earth all assimilate themselves to the earth" (xxiv, 137),[2] es porque la definición de las zonas climáticas, con su énfasis en las cualidades básicas del calor y del frío, tiene una consecuencia directa en la composición humoral de los integrantes de una comunidad y, por tanto, en su fisiología y en su disposición moral e intelectual. Lo que es más importante, esta clasificación climática del mundo crea una jerarquía política en la cual se privilegia la Grecia virtuosa y poseedora de la mejor disposición para el autogobierno, y se subordina a las comunidades que, al ubicarse en climas relativamente destemplados hacia el norte y hacia el sur del centro (latitudinal) de la zona templada, no sólo presentan fisiologías deficientes o incluso monstruosas, sino que también carecen de la adecuada disposición para el ejercicio de virtudes morales como la valentía [*andreia*], la templanza [*sōphrosunē*] y la justicia [*dikaiosunē*], y de las virtudes intelectuales [*dianoētika*], entre las que se cuentan las 'artes' y 'ciencias' [*technē, epistēmē*], así como la prudencia [*phronēsis*], todas las cuales son esenciales para el autogobierno y la autonomía política de una comunidad. Esta correlación entre clima, geografía, ética y política será cristalizada explícitamente por Platón en la *República* (iv.xi.435e-436a; 381) y, más elocuentemente, por Aristóteles en un pasaje de la *Política* que jugará un rol crucial en los argumentos presentados por apólogos de la Corona española como Juan Ginés de Sepúlveda, quienes procuran legitimar la presencia de los cristianos en las Indias y la subordinación y subyugación de los indígenas:

> About the citizen population, we said before what is its proper limit of numbers. Let us now speak of what ought to be the citizen's natural character. Now this one might almost discern by looking at the famous cities of Greece and by observing how the whole inhabited world is divided up among the nations. The nations inhabiting the cold places and those of Europe are full of spirit [*thumos*] but somewhat deficient in intelligence [*dianoia*] and skill [*technē*], so that they continue comparatively free, but lacking in political organization and capacity to rule their neighbours. The people of Asia on the other hand are intelligent and skillful in temperament [*dianoētika, technika*], but lack spirit [*athuma*], so that they are in continuous subjection and slavery. But the Greek race participates in both characters, just as it occupies the middle position geographically, for it is both spirited [*enthumon*] and intelligent [*dianoētikon*]; hence it continues to be free and to have very good political institutions, and to be *capable of ruling all mankind* if it attains constitutional unity. (*Pol.* vii.vi; 1327b18–34; 565–7; énfasis añadido)

---

2   Entre los textos hipocrático-galénicos que circulaban en México en los años de la publicación de *Grandeza mexicana* (1604) se cuenta el tratado en español *Sitio y naturaleza de la Ciudad de México* (1618) de Diego Cisneros, médico graduado en Alcalá de Henares y afincado en la capital novohispana. El tratado es, básicamente, una combinación del hipocrático *Peri aeron* y el *Quid animi mores* de Galeno.

Como Platón, Aristóteles hace explícito el aspecto político de la teoría de las cinco zonas al relacionar explícitamente el centro geográfico y climático del mundo (Grecia) con el ejercicio de la valentía o *andreia* (gracias a un bien dispuesto órgano de las emociones, el *thumos*) y las virtudes intelectuales o *dianoētika*. Implícitamente, la templanza climática de este centro genera también una templanza moral [*sōphrosunē*] en el alma humana y, por tanto, individuos capaces de vivir ordenadamente practicando la justicia [*dikaiosunē*] por medio de sus instituciones políticas. Es gracias al ejercicio de estas virtudes morales e intelectuales que, a diferencia de los belicosos pero torpes y a-políticos habitantes de la fría Europa septentrional, y de los cobardes aunque ingeniosos y subyugados habitantes de las zonas cálidas hacia el Trópico de Cáncer, los griegos poseen la disposición adecuada para el autogobierno y, lo que es más importante, para gobernar sobre el resto de la humanidad.

Al privilegiar la latitud de Grecia como el 'centro' del mundo por su templanza climática, la teoría de las cinco zonas será reclamada posteriormente por sucesivos centros imperiales ubicados en la misma latitud, en la Europa mediterránea, por medio de *translatio imperii*. Tal es el caso de la Roma imperial, como se desprende del testimonio del ingeniero y arquitecto romano Marcus Vitruvius Pollio o Marco Vitrubio (80/70 a.C.-15 a.C.), quien no duda en elogiar el naciente imperio y en atribuir a la divinidad esta localización privilegiada; una latitud que dota a los romanos de una idónea disposición para el ejercicio de las virtudes morales e intelectuales y que, por tanto, les permite ostentar el derecho natural a gobernar sobre el resto del mundo:

> For in Italy the inhabitants are exactly tempered in either direction, both in the structure of the body, and by their strength of mind in the matter of endurance and courage. For just as the planet Jupiter is tempered by running in the middle between the heat of Mars and the cold of Saturn, in the same manner Italy presents good qualities which are tempered by admixture from either side both north and south, and are consequently unsurpassed. And so, by its policy, it curbs the courage of the northern barbarians; by its strength, the imaginative south. *Thus the divine mind has allotted to the Roman state an excellent and temperate region in order to rule the world.* (*De architectura* vi.i.11; 2:19; énfasis añadido).

Lejos de representar una olvidada reliquia durante la temprana modernidad europea, como nos recuerda Nicolás Wey Gómez (*Tropics* 50–1, 67–70), la teoría de las cinco zonas fue ampliamente conocida gracias a su pervivencia en las *Geórgicas* (i.231–251; 97–9) de Virgilio (70 a.C.-19 a.C.), las *Metamorfosis* (i.45–51; 1:5–7) de Ovidio (43 a.C.-17 d.C.) y la *De bello civili* de Lucano (39 d.C.-65 d.C.), y, más importante aún, en tratados 'científicos' como la *Naturalis historia* (ii.68–71, 80; 1:100–4, 110–1) de Plinio el Viejo (23 d.C.-79 d.C.) y el *Tetrabiblos* (2.2) de Claudio

Ptolomeo (c. 100–178 d.C.), en tratados y comentarios de Aristóteles preservados en árabe gracias a Albumasar (c. 786 d.C.-886 d.C.), Avicenna (Ībn Sīnā 980–1037) y Averroës (1126–1198), y en tratados escolásticos de la Edad Media, como lo ilustran Alberto Magno (1193/1206–1280) y Pierre D'Ailly (1351–1420), o en tratados políticos como el conocido *De Regimine Principum* (ii.i; 104–5) de Tolomeo de Lucca (c. 1236-c. 1327, aunque atribuido también a Santo Tomás de Aquino). En la península ibérica, uno de los textos que habría propiciado su diseminación habría sido el *Examen de ingenios* (1575) de Juan Huarte de San Juan (1529–1588).[3]

Este modelo geopolítico del mundo gozó también de una difundida iconografía conocida como 'mapas macrobianos' [Fig. 4] debido a su origen en el comentario que Macrobius Ambrosius Theodosius (siglo V d.C.) dedica al *somniun Scipionis* o "sueño de Escipión", una sección del sexto libro de la *República* de Marco Tulio Cicerón (106 a.C.-43 a.C.), en el cual Macrobio explica que

> [t]hat Cicero himself was aware of the connection between the earth's zones and those of the heavens is shown by his words, *You observe that the two [zones] which are farthest apart and lie under the poles of the heavens are stiff with cold.* [...] He also says concerning the torrid middle zone, *The belt in the middle, the greatest one, is scorched with the heat of the sun.* [...] Finally, in this zone which we inhabit [i.e., la zona templada del hemisferio boreal], all of which is spoken of as temperate, there are portions near the torrid zone which are hotter than the rest—Ethiopia, Arabia, Egypt, and Libya, for example. (7.7, 8,19; 209–11; énfasis añadido).

Entre las versiones de este paradigma geopolítico a las que Balbuena podría haber accedido directamente, conviene destacar las ofrecidas por el tratadista y diplomático italiano Giovanni Botero (c. 1544–1617), cuyo pensamiento económico enfocado en el trabajo parece haber sido adoptado por Balbuena, y, más definitivamente, por el más conocido apólogo de la presencia española en el Nuevo Mundo, Juan Ginés de Sepúlveda. Si bien es crucial advertir que, antes de su notable influencia en la llamada Escuela de Toledo (c. 1610–30) la obra de Botero parece haber servido de fuente a Balbuena para proponer una teoría del valor basada en el trabajo, es probable que el valdepeñero haya

---

[3]   En palabras de Huarte: "dice [Galeno] que los que moran debajo el Septentrión todos son faltos de entendimiento; y los que están sitiados entre el Septentrión y la tórrida zona son prudentísimos. La cual postura responde puntualmente a nuestra región, y es cierto así. Porque España, ni es tan fría como los lugares del Norte, ni tan caliente como la tórrida zona. La mesma sentencia trae Aristóteles preguntando por qué los que habitan tierras muy frías son de menos entendimiento que los que nacen en las más calientes; y en la respuesta trata muy mal a los flamencos, alemanes, ingleses y franceses, diciendo que su ingenio es como el de los borrachos, por la cual razón no puede inquirir ni saber la naturaleza de las cosas" (414–5). Observaciones similares en 575–6.

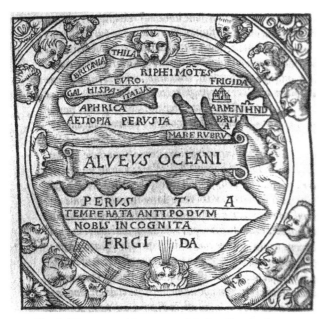

Fig. 4. Mapa macrobiano o zonal de la esfera terráquea

Nótese la división en cinco zonas: una tórrida y supuestamente abrasada [*perusta*], dos excesivamente frías [*frigida*] y dos templadas [*temperata*]. A pesar de que para mediados del siglo XVI, cuando se imprime este libro, expediciones como la circumnavegación de Magallanes y Elcano (1519–22) habían cruzado completamente la zona tórrida hacia el hemisferio austral o sur, el mapa macrobiano persiste en presentar una masa continental hipotética como desconocida [*nobis incognita*].

Macrobius. *Macrobii Aurelii Theodossi viri consularis & illustris: In Somnium Scipionis, lib. II.: Saturnaliorum, lib. VII: ex variis, ac vetustissimis codicibus recogniti, & aucti.* Lugduni: Apud Seb. Gryphium, 1556. fol. 154 [i.e., 144].
Cortesía del Milne Special Collections and Archives Department, Universidad de New Hampshire, Durham, New Hampshire, EE.UU.
Courtesy of the Milne Special Collections and Archives Department, University of New Hampshire Library, Durham, NH, USA.

encontrado también en el *Della ragione di Stato* (1589) una explícita invocación de la teoría de las cinco zonas que, atendiendo a la franja latitudinal de la Europa mediterránea, y en combinación con una suerte de *translatio imperii*, declara explícitamente la 'natural' supremacía política de la Corona española durante la temprana modernidad gracias a su ejercicio de las virtudes cardinales:

It is important to determine whether a site is northerly or southerly, facing east or west, flat or mountainous, protected from the winds or not; for in the universe as in everything the ideal lies between the two extremes. Those people who are placed between the north and the south, between heat and cold, *are better endowed than others with qualities of mind and spirit, and they are most fitted to dominate and to govern*: thus we see that the great empires have been those of such peoples as the Assyrians, the Medes, Persians, Chinese, Turks, Greeks, Romans, French and the Spanish. Those who live in northern countries but not in the extreme north, are bold but lack cunning; southerners on the other hand are cunning but not bold. [...] But those who live between these extremes partake of the qualities of them both, they are temperate and sensible in their ways, prudent without being cunning, strong without being ferocious. (II.5; 38–39; énfasis añadido)[4]

Considerando el objetivo de Balbuena de participar en la polémica por la posesión de las Indias, sin embargo, es más verosímil pensar que el valdepeñero habría estado familiarizado con los argumentos esgrimidos por el afamado teólogo y traductor de Aristóteles, Juan Ginés de Sepúlveda, quien más explícitamente invoca la teoría de las cinco zonas para justificar el derecho supuestamente 'natural' de los españoles de gobernar sobre las Indias gracias a su ejercicio de la virtud. Esta justificación es evidente en el *Democrates secundus, sive de iustis belli causus* o *Demócrates segundo, sobre las justas causas de la guerra contra los indios* (c. 1544), cuya publicación parece haber sido impedida por intervención e influencia de Bartolomé de Las Casas sobre los examinadores del texto:

Por eso, no sólo los filósofos sino también los más eminentes teólogos, no dudan en afirmar que hay algunos pueblos a los que conviene el dominio heril más bien que el regio o el civil, y enseñan que esto sucede por dos razones: o porque son esclavos por naturaleza, como dicen que sucede *en ciertas regiones y climas del mundo*, o porque debido a su depravación de costumbres o a otra causa no pueden ser mantenidos de otro modo en el cumplimento de su deber. (2.8.2; 131; énfasis añadido)[5]

---

4   A partir de su segunda edición, publicada también en 1589, *Della ragion di Stato* se publica conjuntamente con el breve tratado *Delle cause della grandezza delle città* (*princeps* 1588); es este tratado el que podría haber sugerido a Balbuena una teoría del valor económico basada en el trabajo y no, como subrayaban los teólogos de la Escuela de Salamanca, en la demanda. Este tema se analiza en detalle en el capítulo correspondiente. Cabe destacar que la diseminación del *Delle cause* en las Indias ha sido sugerido recientemente por Alejandra Osorio, para quien el *Delle cause*, al alejarse del utopismo de la *Utopia* (1516) de Thomas More, la *Città dei sole* (1623) de Tomasso Campanella o *The New Atlantic* (1627) de Francis Bacon, ofrece un modelo racional y moderno basado en las ciudades-estado italianas, con un especial énfasis en la población y la economía. Para Osorio, estos rasgos hacen que el tratado de Botero sea especialmente útil para las élites del Virreinato del Perú, quienes procuran construir un "edge-of-the-world empire that connected South America and the Pacific Ocean or South Sea in new and irreversible ways" (7).
5   Véanse también 1.9.1–9.2; 64–5; 1.10.1; 65–66; 1.10.2; 67.

Esta correlación entre clima, disposición moral y estatus político aparece también en la versión abreviada del *Democrates secundus*, la conocida *Apologia pro libro de iustis belli causis* o *Apología en favor del libro "Sobre las justas causas de la guerra"* (Roma, 1550), en la que cita el comentario de Santo Tomás de Aquino a la Política de Aristóteles: "Son llamados, pues, simplemente 'bárbaros'—según Santo Tomás, *Sentencia sobre los libros de la Política*, 1,1,15—los que están faltos de razón, *bien por causa del clima*, por el cual se encuentran muy atrofiados, bien por alguna nefasta costumbre por la que los hombres se convierten casi en bestias" (4.2; 197; énfasis añadido). Estas sucintas referencias de Sepúlveda al clima de las Indias como explicación del estatus de los indígenas de 'esclavos por naturaleza' y su incapacidad para el autogobierno político se basan en un claro conocimiento de la teoría de las cinco zonas y de su aplicación a la zona tórrida, que es, precisamente, donde se concentran las expediciones españolas durante el siglo XVI. De hecho, al haber traducido y comentado la *Política* de Aristóteles (1548), Sepúlveda conoce la versión de la teoría de las cinco zonas ofrecida por el Estagirita (216r-218r) y la describe detalladamente en otros tratados. Adviértase, por ejemplo, que ya en el *Dialogus de convenientia militaris disciplinae cum christiana religione* (1535) o *Demócrates primero*, y a pesar de admitir sus limitaciones, el personaje de Alfonso invoca este paradigma mientras dilucida las cualidades del perfecto soldado, quien supuestamente debe nacer en la zona templada. De hecho, el personaje de Demócrates sugiere que ésta es una de la razones por las cuales son precisamente las ciudades situadas en la templada franja de la Europa mediterránea, como Atenas o Roma, las que han sido cabeza de grandes imperios: "Consideran que es importante en qué región haya nacido cada uno, anteponiendo las zonas templadas [*temperatas*] a las demás, tal como dicen que son las que se encuentran en los climas cuarto y quinto. [...] en la zona central nacen hombres medianamente aptos en ambos aspectos, que no flojean ni en ingenio [*intelligentia*] para tomar decisiones ni en denuedo [*animo*] para arrostrar los peligros" (ii.3; 181–2).[6]

<hr/>

6   El texto completo es el siguiente: "Alfonso: Los hombres más prudentes que pusieron por escrito indicaciones sobre la vida militar mandan tener en cuenta muchas cosas al seleccionar a un soldado. Consideran que es importante en qué región haya nacido cada uno, anteponiendo las zonas templadas [*temperatas*] a las demás, tal como dicen que son las que se encuentran en los climas cuarto y quinto. Efectivamente, en las regiones más cercanas al norte surgen ciertamente espíritus más recios y valerosos, pero los talentos son más flojos; en el sur, en cambio, se engendran hombres que descuellan por su ingenio, pero son de ánimo más débil a la hora de arrostrar peligros; en la zona central nacen hombres medianamente aptos en ambos aspectos, que no flojean ni en ingenio [*intelligentia*] para tomar decisiones ni en denuedo [*animo*] para arrostrar los peligros (pues, para hacer la guerra una de estas cosas sin la otra es débil). [...] Demócrates: Estas cosas, Alonso, son señales de un hombre apropiado para las exigencias de la guerra, y no son sin sentido ni despreciables. Pues nadie desconoce que las ciudades que han dominado disfrutan en general un clima templado [*temperato*], como Atenas y Esparta en Grecia, y en Italia Roma, que dispuso el mayor y más dilatado imperio de todos en el mundo" (ii.3; 112–3).

De modo similar, en un tratado más tardío, *De regno et regis officio* o *Acerca de la monarquía* (1571), Sepúlveda invoca la teoría de las cinco zonas para dilucidar las consideraciones que debe tener en cuenta el rey cuando se dispone a fundar una ciudad desde la cual gobernar. Dado que esta es una labor específica del rey, Sepúlveda recuerda la idoneidad de elegir un lugar que goce del clima templado del que Grecia, la península itálica y la península ibérica presumen por su privilegiada latitud y su posición en el 'centro' del mundo; una región

> que ni se hiele por el frío ni sufra las inclemencias del sol, sino que resulte agradable por la suavidad saludable de la temperatura. Y esto será así si se establece en una posición centrada [*medium locorum*], en la cuarta zona del cielo o en la quinta (que en griego se llaman 'climas') [*declinatio, clima*]: en ellas se encuentran, casi por completo, España, Italia y Grecia. Porque los pueblos que habitan territorios fríos, como son los más septentrionales, por ejemplo los escitas y los sármatas, destacan por su vigor físico [*animus*] aunque son más débiles en cuanto a talento [*ingenio*]; en cambio, los que lo hacen en territorios cálidos sobresalen por su talento [*ingenio*] pero son poco vigorosos [*animus*], como sucede a casi todos los asiáticos y los africanos. En cambio, los hombres que habitan las regiones templadas [*temperata regiones*] se caracterizan por el equilibrio de vigor y talento [*hi animi et ingenii temperamento vigent*], y resultan apropiados para tareas propias de ambas formas de ser, ya que por naturaleza se crían manejables y dóciles a toda clase de virtudes, en las que se les debe formar mediante leyes. (iii.23–24; 97–8)

La estrecha correlación que establece la teoría de las cinco zonas entre geografía, clima y disposición moral e intelectual transforma este paradigma geopolítico en pieza fundamental de la polémica por la posesión de las Indias hasta bien entrado el siglo XVII. Esta misma correlación, que gobierna también la normativa del modelo retórico del *enkōmion poleōs*, nos obliga a interpretar *Grandeza mexicana* como una *prise de position* dentro de la ya mencionada polémica y a recuperar las variadas y complejas implicaciones de un texto de compleja arquitectura como el de Balbuena. El valdepeñero mismo nos advierte ya desde el "Argumento" mismo que su elogio de la capital novohispana no es un transparente ni espontáneo encomio de la ciudad, sino un cuidadoso enunciado político anclado en la epistemología griega clásica.

> De la famosa México el asiento,
> origen y grandeza de edificios,
> caballos, calles, tratos, cumplimiento,
> letras, virtudes, variedad de oficios,
> regalos, ocasiones de contento,

primavera inmortal y sus indicios,
gobierno ilustre, religión y Estado,
todo en este discurso está cifrado. (59)

Aunque se suele subrayar que cada verso sirve de título a cada uno de los nueve
capitoli en que se divide el poema "Grandeza mexicana" (a excepción del
séptimo verso, que se bimembra para servir de encabezado a los *capitoli* séptimo
y octavo), no es menos importante destacar que el "Argumento" articula la
misma correlación entre localización, clima y disposición moral e intelectual
que vertebra el *enkōmion poleōs* y la teoría de las cinco zonas. Si en su alabanza
de la Ciudad de México Balbuena es capaz de distinguirla como "centro y
corazón desta gran bola" (IX.76; 155), "de virtud la esfera" (III.164; 62), y el
lugar donde se exhiben "cuantas / virtudes en el mundo el cielo ha puesto"
(IV.243–4; 87), es porque, como anuncia en el "Argumento", su "asiento"
privilegiado la dota del clima privilegiado de una eterna primavera ("primavera
inmortal"). Como consecuencia de estas condiciones 'centrales', la población
de la ciudad presenta una ideal disposición para el ejercicio de las virtudes
morales e intelectuales, lo cual Balbuena planea traer a ojos de los lectores
describiendo las prácticas que supuestamente se llevan a cabo en la capital
novohispana, incluyendo los "tratos, cumplimiento, / letras, virtudes, variedad
de oficios, / [...] / gobierno ilustre, religión y Estado".[7] El "Argumento", además,
hace referencia explícita a otro de los elementos normativos del *enkōmion
poleōs*: el "origen" [*genos*] de la ciudad.[8]

Hacia 1600, mientras Balbuena concibe *Grandeza mexicana*, el *enkōmion
poleōs* y la teoría de las cinco zonas no son oscuras reliquias de la Antigüedad
clásica, sino paradigmas plenamente vigentes y ampliamente conocidos en el
Atlántico hispánico. El valdepeñero se apropia de ambos modelos preservando
su complejidad y sus relaciones con campos de conocimiento diversos para
poder participar en el debate sobre quiénes tienen derecho a poseer y gobernar
la Nueva España. Las implicaciones morales y políticas de ambos paradigmas
le permiten a Balbuena diseñar un texto superficialmente sencillo y espontáneo

---

7   Incluyo en esta lista de prácticas el "gobierno ilustre" y el "Estado" porque, dentro del
enkōmion poleōs, se consideran parte de las *epitēdeumata* o "actividades profesionales". En estos
versos del "Argumento", Balbuena anuncia la inclusión de elementos que pueden considerarse
parte de las *epitēdeumata* o las *praxei* ("letras", "variedad de oficios", "religión").

8   Incluso los "regalos, ocasiones de contento" responden a la normativa del *enkōmion poleōs*
que Balbuena demuestra conocer. Sin embargo, al ser un aspecto secundario de este paradigma
retórico, con escasa incidencia en el argumento político que desarrolla Balbuena en *Grandeza
mexicana*, no recibe mayor atención en nuestro estudio. Los lectores interesados pueden consultar
el tratado de Menandro (386.20–30). Desde una perspectiva muy diferente, el tema de la "diversión"
ha sido recientemente estudiado por Trinidad Barrera ("Diversión y doctrina").

que es, en realidad, un argumento político en favor de los inmigrantes peninsulares y sus aspiraciones socioeconómicas. *Grandeza mexicana*, empero, no es una automática aplicación de estos paradigmas: Balbuena debe manipularlos cuidadosamente para posicionarse en contra de los criollos novohispanos y cuestionar sus reclamos de encomiendas y puestos burocráticos. El valdepeñero, familiarizado con los argumentos pro-criollos encarnados en textos tan variados como el inacabado *Nuevo Mundo y conquista* de Francisco de Terrazas, la *Primera parte de los problemas y secretos maravillosos de Indias* (1592) del físico Juan de Cárdenas, la *Sumaria relación de las cosas de la Nueva España* (c. 1604) del criollo Baltasar Dorantes de Carranza, o el memorial de 1599 de Gonzalo Gómez de Cervantes, conocido hoy en día como *La vida económica y social de la Nueva España al finalizar el siglo XVI*, debe mantener pero también transgredir algunos aspectos del *enkōmion poleōs* y de la teoría de las cinco zonas para poder argüir que son inmigrantes peninsulares como el propio Balbuena quienes poseen la mejor disposición para el ejercicio de la valentía, la templanza, la justicia y las virtudes intelectuales, y que, en consecuencia, deben tener primacía en el gobierno temporal y espiritual de la Nueva España. La segunda parte de *El imperio de la virtud* procura demostrar la medida en que Balbuena manipula y transgrede estos paradigmas para legitimar a los inmigrantes peninsulares que habitan la capital novohispana, y para recibir eventualmente el obispado de Puerto Rico (1618) y una encomienda en Santo Tomé (Guyana) y la Isla Trinidad, Isla Margarita y Cumaná.

PARTE II

GRANDEZA MEXICANA Y LA POLÉMICA POR LA POSESIÓN DE LA NUEVA ESPAÑA

3

La retórica de la valentía:
una polémica épica en una ciudad desmilitarizada

El 3 de febrero de 1618, mientras Bernardo de Balbuena se encuentra en el Caribe esperando ansiosamente la respuesta del Real Consejo de Indias a su solicitud de ser destacado en una dependencia eclesiástica que le depare mayores beneficios que la paupérrima abadía de Jamaica, en la ciudad de Santiago en los australes Reinos de Chile, el poco conocido capitán criollo Jusepe o Joseph de Villegas completa una información de sus méritos, pero especialmente de los servicios realizados por sus antepasados y de la participación de éstos en las guerras de Arauco. Invocando los servicios marciales de su padre, el capitán Juan de Villegas, de su abuelo Alonso de Reinoso y de sus bisabuelos, el maestre de campo Alonso de Reinoso, el adelantado y caballero de la Orden de Santiago Jerónimo de Alderete y Alonso de Mercado, Jusepe de Villegas solicita que la Corona y el Consejo de Indias le ofrezcan apropiada merced por dichos servicios y le otorguen "una renta y situación de tres mil pesos de oro en el reino del Perú, por la pobreza de este de Chile", así como la prolongación de la tenencia por tres vidas más del "repartimiento de indios en que subcedí por fin y muerte en el dicho mi padre en la dicha ciudad de Mendoza, provincia de Cuyo" (Medina "Información" 472). Como es usanza en estas relaciones, Villegas ha seleccionado a un grupo de testigos que puedan dar fe de los servicios principalmente marciales, pero también burocráticos, de sus antepasados, y los somete a un cuestionario cuidadosamente diseñado para ensalzar las virtudes de su linaje. Mucho menos habitual en este tipo de documento es que Villegas prepare su cuestionario utilizando y remitiendo a sus testigos a los dos grandes poemas épicos de la conquista del territorio austral del Nuevo Mundo, dando por sentada la veracidad histórica de ambos: *La Araucana* (1569, 1578, 1589) de Alonso de Ercilla (1533–1594) y el *Arauco domado* (1592) del licenciado Pedro de Oña (1570–1643). Así, la pregunta tercera del cuestionario sobre la labor de su bisabuelo Jerónimo de Alderete como adelantado de Chile termina indicando que lo dicho es verdadero "según lo refiere don Alonso de Ercilla en *La Araucana* que compuso, en el canto décimotercio de el dicho libro, a fojas ciento y sesenta y cuatro" (473). De modo similar, la pregunta octava refiere los servicios marciales que su bisabuelo, el maestre de campo general Alonso de

Reinoso, cumplió junto al mariscal y gobernador de Chile, Francisco de Villagrá (c. 1511–1563), gracias a lo cual recibió de este la encomienda que Villegas pretende conservar por tres vidas más. Para reafirmar la veracidad de estos datos, Villegas invita a sus testigos a corroborarlos considerando que "lo refiere don Alonso de Arcilla [sic] en *La Araucana* que compuso, en los cantos número cinco y veinte y uno, treinta, treinta y dos[,] y treinta y cuatro, y el licenciado Pedro de Oña en la que compuso, en los cantos nueve y diez, a que se remitan los testigos y a la dicha encomienda" (475). Frente a estas preguntas, los testigos no dudan en remitirse a dichos poemas épicos como fuente histórica verídica. Así procede, por ejemplo, la septuagenaria doña Águeda Flores, quien, ante la octava pregunta, responde que "en cuanto a esto y a lo demás que refiere la pregunta se remite a la encomienda y cantos de el *Araucana* o *Araucanas* que expresa, por donde constará de lo en ella contenido" (487–8).

El erudito José Toribio Medina considera que la estrategia de Villegas de invocar poemas épicos como archivos factualmente veraces dentro de una solicitud legal es absolutamente excepcional y que se trata de "un caso único que un libro de verso figure como prueba de las actuaciones judiciales (Medina "Ilustración XIX" 413).[1] A pesar de que la solicitud de Villegas se refiere al virreinato novocastellano, y a falta de solicitudes similares asociadas con el virreinato novohispano, esta información de méritos y servicios sugiere la relevancia que los poemas épicos de la temprana modernidad hispánica podían tener como testimonio o evidencia de los servicios (especialmente marciales) de los primeros conquistadores. Aunque esta pertinencia histórica y jurídica de la poesía épica puede sorprender a lectores modernos, cabe recordar que durante la temprana modernidad hispánica tratados, crónicas y poemas que no se ajustan a los requisitos actuales de la disciplina histórica sí podían cumplir perfectamente dicha función.[2] No menos importante es el hecho de que en dicha época textos y poemas considerados "históricos" podían ser utilizados legítimamente como testimonios en procesos legales.[3] Esta potencial utilidad histórico-legal quizá

---

[1]   Medina también llama la atención sobre la "Probanza de los méritos y servicios" del capitán Gregorio de Rojas en la conquista de la región de Arauco, fechada el 17 de enero de 1594. En el cuestionario de dicha probanza, la séptima pregunta preparada por Rojas remite explícitamente a *La Araucana* como prueba testimonial: "Item, si saben que, hallándose en el presidio de Ongol, salió a correr la tierra el dicho Gregorio de Rojas con el capitán Juan Morán, del que se trata en *La Araucana*, y se halló en Voquilemo en desbaratar mil e quinientos indios" (Medina "Probanza" 403). Cabe preguntarse si existen ejemplos similares del uso de textos épicos en documentos legales referidos al virreinato novohispano. Lamentablemente, desconozco la existencia de estudios de este tipo.

[2]   Para la normativa historiográfica del período, puede consultarse el libro de Luis Cabrera de Córdoba.

[3]   Basta recordar el prólogo que el dominico Bartolomé de Las Casas redacta para su monumental *Historia de las Indias* (c. 1560), donde, siguiendo al historiador judío Flavio Josefo (c. 37 d.C.-c. 101 d.C.), afirma que, amén de otras funciones, los textos de valor histórico "hacen

explique la inversión de tiempo y esfuerzo que diversos letrados hicieron para la confección de poemas épicos sobre la conquista del Nuevo Mundo, aun cuando no fueran explícitamente invocados en probanzas como la de Villegas.

Inevitablemente, los poemas épicos sobre la conquista privilegian la descripción de instancias marciales y de episodios desarrollados en el campo de batalla. Ello conlleva, necesariamente, representar a los protagonistas como valerosos héroes que exhiben sus habilidades bélicas, siempre victoriosos, en diversas luchas contra los indígenas americanos. En otras palabras, estos héroes personifican la virtud de la valentía, específicamente en su versión performativa y marcial, como lo exige el tópico de *sapientia et fortitudo*. Gracias a esta definición de la valentía, los autores de tales poemas épicos presentan a los primeros conquistadores como buenos vasallos que ejercen su servicio a la Corona española combatiendo contra los infieles del Nuevo Mundo. Retratados cual *bellatores* feudales que, al no poder servir a su monarca como consejeros, recurren a las armas para ofrecerle territorios, riquezas y vasallos, estos primeros conquistadores ven sus hazañas marciales inmortalizadas en la poesía épica. Sin embargo, durante la segunda mitad del siglo XVI, y tras la promulgación de las *Leyes Nuevas* (1542) que ordenaban la abolición de la encomienda y el retorno a la Corona de los repartimientos de indígenas a la muerte de sus tenedores, los criollos ven en la redacción de poemas épicos una forma de presentar vívidamente los servicios militares de sus antepasados y, como consecuencia de ello, de solicitar compensaciones apropiadas a tales servicios, sea a través de la restitución de encomiendas a sus familias, sea a través del acceso a los puestos burocráticos y administrativos que, según su perspectiva, iban a dar ineludiblemente a manos de los recientes inmigrantes peninsulares.

En la Nueva España que conoció Balbuena a fines del siglo XVI e inicios del XVII, esta producción épica está caracterizada por lo que los críticos denominan el "ciclo cortesiano", que incluye el hoy perdido *Nuevo Mundo y conquista* de Francisco de Terrazas, los poemas *Cortés valeroso y Mexicana* (1588) y *Mexicana* (1594) del madrileño Gabriel Lobo Lasso de la Vega, *El peregrino indiano* (1599) de Antonio de Saavedra Guzmán, el *Canto intitulado Mercurio* (1604/1623) del jerezano Arias de Villalobos, y la *Historia de la Nueva México* (1610) del capitán criollo Gaspar Pérez de Villagrá. Estos textos no dudan en resaltar la valentía marcial exhibida por los primeros conquistadores durante la conquista del territorio novohispano. El presente estudio, sin embargo, no procura analizar todos los textos pertenecientes al ciclo cortesiano, sino

---

probanza o al menos, adminículo de prueba en juicio" (3: 334) y, por tanto, sirven de testimonio en disputas legales y en la confección o revisión de instrumentos legales. Para un estudio de este prólogo, véanse el artículo de Antonio Cortijo Ocaña ("Creación") y la espléndida sección que le dedica José A. Cárdenas Bunsen (171–87).

aquéllos que se enfocan en la toma de Tenochtitlán y que no pretenden glorificar ni principal ni exclusivamente a Hernán Cortés. Por un lado, analizar los poemas enfocados en la toma del centro de la Triple Alianza permite un marcado contraste con la escueta narración de dicha conquista que presenta Bernardo de Balbuena en su elogio de la capital novohispana, *Grandeza mexicana*. Por otro, el análisis de los poemas que no se enfocan ni primordial ni exclusivamente en loar la figura del Marqués del Valle nos permite privilegiar textos que, como se verá más adelante, procuran hasta cierto punto reflejar los reclamos de los criollos novohispanos en general. De este modo, y aunque algunas de nuestras conclusiones pueden aplicarse parcialmente a ellos, este estudio no discute la *Historia de la Nueva México* de Pérez de Villagrá, que narra la expedición de Juan de Oñate hacia lo que hoy es el estado de Nuevo México, EE.UU., ni los poemas redactados por Lobo Lasso de la Vega, que fueran encargados por la familia Cortés para elogiar precisamente al Marqués del Valle y su linaje.[4] Sin embargo, además de estas restricciones, me ha parecido igualmente relevante incluir en este corpus épico pro-criollo, al lado de los poemas de Terrazas, Saavedra Guzmán y Villalobos, un texto en prosa, conocido bajo el nombre de *Sumaria relación de las cosas de la Nueva España* (c. 1604) del criollo Baltasar Dorantes de Carranza. Gracias a este texto, que Robert Folger (17) ha intentado rebautizar como *Memorias y papeles*, conservamos algunos fragmentos del poema de Francisco de Terrazas. Dorantes de Carranza, cuidadoso lector que alaba también *El peregrino indiano* de Saavedra Guzmán, diseña su larga *Sumaria relación* de manera tal que funciona como una suerte de *amplificatio*, a manera de caja de resonancia, de ambos poemas épicos y, como consecuencia, cumple similares funciones: subrayar la valentía y los servicios marciales de los primeros conquistadores y, a tenor de ello, solicitar compensaciones apropiadas en forma de encomiendas y/o acceso a puestos burocráticos y administrativos. Por tanto, en las siguientes páginas uso el sintagma 'corpus épico pro-criollo' para referirme a los textos de Terrazas, Saavedra Guzmán, Dorantes de Carranza y Villalobos, ya que su estudio en conjunto proporciona una perspectiva relativamente consistente, al menos a efectos de este estudio, de la perspectiva criolla al filo de 1600.[5]

---

[4]   Las obras escritas por Lobo Lasso de la Vega bajo el mecenazgo de la familia Cortés responden a la necesidad de recuperar el buen nombre perdido tras la Conjuración de 1565–66 pero, sobre todo, para recuperar el marquesado y los bienes que les fueron embargados por la Corona. Para mayores detalles, véase el reciente y detallado estudio de Jack Weiner.

[5]   Como comentáramos en la "Introducción", la amistad de Balbuena con Saavedra Guzmán parece basarse en el parentesco de este con el conde de Castelar y en el aprecio que Balbuena demuestra por algunos criollos de probadas genealogías nobles. Conviene recordar que *El peregrino indiano* cumple una función doble. Por un lado, es el medio a través del cual Saavedra Guzmán presenta su propio "caso": la injusta pérdida del corregimiento de Zacatecas, que va a

Dado que este estudio procura poner de relieve la utilidad del corpus épico como testimonio o evidencia de los servicios, especialmente marciales, de los primeros conquistadores, importa conceptualizar estos textos como un conjunto de casos forenses o judiciales que se articulan según el modelo de la retórica clásica, y que dan voz a los reclamos de los criollos novohispanos en general. En estos casos se denuncia el carácter injusto de las *Leyes Nuevas*, de las pérdidas de las encomiendas por parte de los criollos, y de las dificultades que estos experimentan para participar en la administración virreinal. Estos textos procuran dramatizar esta injusticia y apelar a las autoridades correspondientes subrayando el carácter virtuoso no de Cortés, sino de los primeros conquistadores, el cual se extendería hereditariamente a lo largo de sus genealogías hasta los criollos de fines del XVI e inicios del XVII. Esta virtud se basa, principalmente, en una concepción de la valentía que intuitivamente podemos comprender fácilmente incluso hoy en día: como una exhibición marcial e individual en el campo de batalla por parte de los primeros conquistadores. Esta valentía marcial y performativa, así como la magnitud de los servicios militares de los primeros conquistadores, queda subrayada en el corpus épico pro-criollo a través de dos simples estrategias. Por un lado, los indígenas americanos se presentan como individuos relativamente virtuosos y, especialmente, como notables guerreros para así magnificar la valentía marcial de los conquistadores. Por otro, la Tenochtitlán precortesiana aparece como un riquísimo botín que sólo es subordinado a la Corona española gracias a la bravura de los hombres de Cortés. Gracias a la inconmensurable valentía marcial demostrada por cada uno de los conquistadores y al servicio marcial realizado por ellos en nombre de la Corona, los criollos novohispanos, quienes habrían heredado dicha virtud, consideran plenamente justificados sus reclamos de ejercer el gobierno del virreinato novohispano a través de puestos burocráticos y la tutela de indígenas por medio de encomiendas.[6]

dar a manos de inmigrantes peninsulares, y la solicitud de su inmediata restitución. Por otro lado, el poema épico presenta un "caso" general aplicable a todos los criollos despojados injustamente de encomiendas y puestos administrativos. En este segundo "caso", el texto de Saavedra Guzmán presenta notables coincidencias con las estrategias usadas por Terrazas, Dorantes de Carranza y Villalobos, quienes procuran presentar también "casos" generales que representarían el sentir de los criollos en su totalidad. Dadas estas coincidencias, este estudio considera *El peregrino indiano* parte importante del corpus épico pro-criollo.

  6   Conviene traer a colación el curioso caso de Bernardo de Vargas Machuca (c. 1555–1622), conquistador tardío que es testigo del supuesto desamparo de los criollos novocastellanos a fines del XVI, y cuyas observaciones al respecto son muy similares a las que encontraremos en el corpus épico pro-criollo novohispano. Recuérdese que Vargas Machuca lucha en la segunda rebelión de las Alpujarras contra los moriscos granadinos (1569–1571) antes de partir al Nuevo Mundo en 1578 y, después de participar en diversas campañas contra piratas e indígenas americanos en Panamá, Chile y la Nueva Granada, aspira a gobernaciones diversas hasta que finalmente es nombrado Corregidor y Justicia Mayor en la ciudad de Santiago de las Atalayas (Nueva Granada)

Desde su arribo a la Nueva España en 1584, el valdepeñero Bernardo de Balbuena, atento lector de la literatura producida en las penínsulas ibérica e itálica, obtiene diversos premios literarios y observa este interés de los criollos novohispanos por la poesía épica y su potencial instrumentalización para lograr el ascenso social. Atento al campo de producción cultural de "nuestras letras mexicanas" ("Al Arcediano de la Nueva Galicia" 22) y "nuestros occidentales mundos" ("Compendio" 141), en el cual hasta "trescientos aventureros [de] ingenios delicadísimos" ("Al Arcediano" 36) pueden presentarse a una justa poética, Balbuena comprende que letrados criollos como Terrazas, Saavedra Guzmán y Dorantes de Carranza, y peninsulares afiliados a la causa criolla como Villalobos, hallan en la poesía épica un espacio ideal para presentar un reclamo general y común a los criollos de fines del XVI: el injusto desamparo en que se hallan y su remedio por medio de beneficios socioeconómicos que compensen los servicios marciales de los primeros conquistadores.

Balbuena comprende que la funcionalidad de la poesía épica para la causa criolla se sustenta en una definición performativa de la valentía; es decir, en una valentía que puede mostrarse visiblemente en el campo de batalla. Dado que su padre no fue uno de los primeros conquistadores, sino un cuestionado burócrata que ejerció, entre otros, el cargo de secretario de la Audiencia de la Nueva Galicia, Balbuena carece de un linaje poblado de los personajes heroicos y los escenarios bélicos que sirven de ingredientes a poemas épicos como los de Terrazas, Saavedra

y encomendero. Para tentar mejores nombramientos, Vargas Machuca redacta y publica un tratado titulado *Milicia y descripción de las Indias* (1599), que Kris Lane no duda en describir en su edición como "an extended *probanza de méritos y servicios*, a common, stylized boast meant to impress the monarch, or at least the Indies Council (to whose president it is lavishly dedicated). Compensation was expected in the form of an honorable sinecure, at the very least a governorship" (xix). Esta publicación presumiblemente habría ayudado a Vargas Machuca a obtener los puestos de Gobernador de Cumaná, de Portobelo, de la Isla Margarita, y, finalmente, de Antioquía. Recuérdese que la *Milicia* contiene pasajes en que Vargas Machuca defiende explícitamente a los conquistadores y a sus descendientes (i.e., los criollos) como individuos cuyos servicios militares deben ser compensados con puestos burocráticos: "Y si considerásemos con esto el provecho que nos acarrea la milicia Indiana y lo que se le debe, hallaremos que cada año... nos entra por la barra de Sanlúcar en nuestra España muchos millones de dinero, plata y oro; y esta riqueza resulta del trabajo de sus personas y del valor de sus espadas, porque este ha sido y es el principio de todo. Pues estos conquistadores que tanta riqueza adquieren para ilustrar nuestra patria, sus hijos y sucesores, ¿qué diremos se hacen? diránme a mí, que todos mueren, y yo les reconoceré que es verdad. Pues no me negarán que no mueren la mayor parte por los hospitales. Y ya que actualmente no mueren en ellos, mueren en su pobreza, cosa bien lastimosa y digna de remedio, pues quien fue para ganar la tierra, también será para gobernarla tan bien como nosotros y aún mejor, por el mejor derecho, práctica y obligación que para ello tienen, sin les preferir gentes nuevas desnudas de todo mérito en aquellas partes" (i.i.23; 66). Como se verá más adelante, estas exigencias guardan muchas similitudes con aquéllas contenidas en el corpus épico pro-criollo novohispano.

Guzmán o Villalobos.[7] Por ello, Balbuena decide desarticular y desestimar el corpus épico pro-criollo presentando su elogio de la capital novohispana como un poema épico basado en un modelo estrófico alternativo a la octava real pero que, a pesar de ser legitimado por algunos tratadistas del *Cinquecento*, aparentemente no fue utilizado por otros autores en la temprana modernidad hispánica: los tercetos organizados en *capitoli* con que Francesco Petrarca (1307–1374) estructura sus *Triomphi* en el siglo XIV. Además, dada su carencia de antepasados heroicos, Balbuena se apropia de una definición platónico-aristotélico-tomista de la virtud de la valentía o *andreia* que no se exhibe exclusivamente en el campo de batalla y que, al aplicarse también tanto al ámbito religioso como al civil, le permite catalogarse a sí mismo como valeroso a pesar de no haber tomado nunca las armas. A diferencia de la *fortitudo* del corpus épico pro-criollo, Balbuena conceptualiza la virtud de la valentía como la capacidad de preservar convicciones racionales y controlar el pavor aun en situaciones en las que está en juego la vida propia. Esta definición de la valentía, una versión cristianizada de la *andreia* aristotélica, se aplica a "justas guerras" comunitarias como las que las fuerzas españolas mantienen contra los indígenas americanos, pero también a conflictos individuales, ora civiles, como la "justa guerra" que mantiene un juez ante el temor de ser atacado por su fallo judicial, ora espirituales, como la preservación de la fe por parte de un cristiano sometido a torturas y martirios. La valentía *qua andreia* permite a Balbuena tildar de valerosas a las anónimas tropas que invaden el Nuevo Mundo, pero de igual manera a autoridades temporales y espirituales novohispanas, a los cristianos y a los profesores y poetas que instruyen a la población en la esencia de la virtud. Con ello, Balbuena, eclesiástico y poeta preocupado en producir textos moralmente aptos, es capaz de arrogarse la virtud de la valentía y, así, presentarse a sí mismo como individuo virtuoso y mejor dispuesto a la tenencia de encomiendas y al gobierno espiritual que los criollos novohispanos.

Si bien esta definición de valentía *qua andreia* le permite a Balbuena celebrar a las tropas españolas que conquistan el Nuevo Mundo, su presentación de este proceso es diametralmente opuesto a las narraciones del corpus épico pro-criollo. De hecho, Balbuena transgrede el modelo retórico del *enkōmion poleōs* o elogio de las ciudades consciente y explícitamente rehusándose a cantar el *genos* u origen de la ciudad. Este apartado, que prescriptivamente incluye observaciones sobre los pobladores originales de la ciudad, sus fundadores y los cambios experimentados por ella, es, precisamente, el apartado que exige a Balbuena

---

7 Ninguno de los documentos preparados por Balbuena para ser presentados ante el Consejo de Indias contiene datos de antepasados que hayan servido militarmente. Acaso sea ésta la misma razón por la cual el burócrata Mateo Rosas de Oquendo se burle de la poesía épica de tema americano en su conocida *Sátira* (49–50). Es materia que no puedo resolver en este momento.

narrar la toma de Tenochtitlán y describir las heroicas hazañas de los primeros conquistadores. Sin embargo, consciente de la utilidad de este tema en el corpus épico pro-criollo y en los reclamos de los criollos, el valdepeñero decide omitir los "heroicos hechos" (II.5; 68) del "bravo brío español" (II.7; 68) que dan a la Corona española "gentes extrañas / que le obedezcan" (II.22–3; 68) y "una española isla y dos Españas" (II.24; 68). Del mismo modo, Balbuena decide ignorar "el áspero concurso / y oscuro origen de naciones fieras" (II.52–3; 69) como los mexica, aduciendo que al no haber participado en la toma de Tenochtitlán "sólo diré de lo que soy testigo, / digno de Homero y de la fama espanto" (II.62–3; 70). Estas omisiones, como advirtiera agudamente Stephanie Merrim ("*La grandeza*" 88), le habrían deparado a Balbuena la enemistad de los criollos, cuyos reclamos giraban precisamente en torno a la exaltación de la valentía marcial exhibida por sus antepasados durante la toma de Tenochtitlán. A pesar de remitir a los lectores interesados en la conquista de México a sus obras aún inéditas pero ya terminadas, el *Siglo de Oro en las selvas de Erífile* (1608) y *El Bernardo o victoria de Roncesvalles* (1624), los breves pasajes pertinentes en estas dos obras sólo sirven para subrayar la oposición de Balbuena al corpus épico pro-criollo.

Es posible que Balbuena haya accedido a copias manuscritas del poema de Terrazas, o que leyera con atención *El peregrino indiano* de Saavedra Guzmán. Más probable aún es que, como los criollos novohispanos, Balbuena conociera *La Araucana* de Ercilla.[8] Parece evidente que estas lecturas le permiten al valdepeñero advertir el prominente rol que la valentía marcial y la poesía épica juegan en los reclamos de los criollos novohispanos. Acaso tras estas lecturas, Balbuena decide conceptualizar su elogio de la capital novohispana como un poema épico basado en un modelo estrófico alternativo y en una definición no marcial de la valentía para así posicionarse en contra del corpus épico pro-criollo y cuestionar sus reclamos. Más aún, al conceptualizar la valentía como la *andreia* platónico-aristotélico-tomista, Balbuena cuestiona la marcialidad performativa con que Terrazas, Saavedra Guzmán, Dorantes de Carranza y Villalobos retratan a los primeros conquistadores y, en cambio, se legitima a sí mismo como valeroso personaje eclesiástico y poeta preocupado por cultivar la conducta virtuosa en el virreinato novohispano. Al retratarse implícitamente como valeroso, Balbuena sugiere que no son los criollos quienes están mejor dispuestos para el gobierno del virreinato y de los indígenas, pues recientes inmigrantes peninsulares como él mismo, comprometidos con la instrucción de la virtud y encaminados en la senda espiritual, poseen la valentía suficiente para salir airosos en cuanta "justa guerra" encuentren en el virreinato novohispano.

---

[8]   Balbuena menciona a Ercilla en su "Compendio apologético" (141).

A pesar de que ha generado algunas observaciones importantes por parte de los críticos, la relación entre *Grandeza mexicana* y el corpus épico pro-criollo, así como el hecho de que el elogio de la capital novohispana no adopta la octava real (es decir, la estructura estrófica canónica de la poesía épica en la temprana modernidad), amerita comentario. Dado que el propio Balbuena utiliza el adjetivo "heroico" para referirse al poema "Grandeza mexicana", es indispensable desarrollar en profundidad las observaciones de Georgina Sabat de Rivers, quien llamara la atención sobre la octava real que sirve de pórtico y "Argumento" del poema ("Géneros poéticos" 73–4). A partir de esta única octava, Sabat de Rivers sugiere que *Grandeza mexicana* funciona como una especie de canto épico urbano, pues Balbuena "le otorga a la ciudad un rol épico único" (74). Además de la inclusión de dicha octava, sin embargo, el mismo Balbuena califica su largo poema en elogio de la capital novohispana de obra "heroica y grave" y, por lo tanto, la clasifica como poesía épica.[9] En el "Compendio apologético en alabanza de la poesía" afirma Balbuena que, además de dirigirse a un "heroico y santo Prelado", el nuevo Arzobispo de México, su elogio de la capital novohispana está escrita "en estilo heroico y grave [y] trata de la más noble, de la más rica, y populosa ciudad desta nueva América" (146). Con ello, Balbuena procura describir "Grandeza mexicana" como poesía heroica o épica antes que lírica, que es el carácter que se le atribuye normalmente hoy en día. De manera similar, al comentar la canción con que celebra el arribo del nuevo arzobispo de México, fray García de Santa María Mendoza y Zúñiga, y que empieza "Divina garza que a la blanca nieve", afirma que dicha canción es "grave" y "heroica" por su *dedicatee*, pero especialmente por tratar un tema similar a "Grandeza mexicana" (es decir, por ser un elogio de la capital novohispana). Así, "aunque por cantar de un Príncipe que lo es tanto y de una ciudad tan insigne[,] cuanto al sujeto de mi canción ["Divina garza que a la blanca nieve"] y mis tercetos ["Grandeza mexicana"] tengan harto de la majestad heroica, todavía en el modo la canción es lírica y los tercetos no del todo heroicos" (34). Nótese que, a pesar de que este tema ("sujeto") dota ambos textos de una gran "majestad heroica", la estructura estrófica elegida en ambos casos posee implicaciones opuestas. En el caso de la canción, su articulación a través de una combinación de versos endecasílabos y heptasílabos disminuye su carácter épico, por lo que "todavía en el modo la canción es lírica". Al discutir "Grandeza mexicana", sin embargo, Balbuena

---

9   Balbuena utiliza el término "heroico" para referirse claramente a la poesía épica siguiendo la definición de epopeya que ofrece Aristóteles en la *Retórica*. El prólogo de su poema épico *El Bernardo*, que terminara hacia 1595, así lo atestigua: "Digo pues a toda esta objeción, que lo que yo aquí escribo es un *poema heroico*, el cual, según doctrina de Aristóteles, ha de ser imitación de acción humana en alguna persona grave, donde en la palabra imitación se excluye la historia verdadera, que no es sujeto de la poesía" (141; énfasis añadido).

admite que, a pesar de que la estructuración en tercetos no se considera canónicamente épica porque "los tercetos no [son] del todo heroicos", la octava real no sería la única posibilidad estrófica para la poesía épica.

A pesar de la preponderancia de la octava real en la épica culta de la temprana modernidad, tal y como lo demuestran los pro-criollos Terrazas, Saavedra Guzmán y Villalobos, Balbuena deliberadamente estructura "Grandeza mexicana" basándose en un modelo épico alternativo: los *Triomphi* de Francesco Petrarca. Aunque las referencias a Petrarca en *Grandeza mexicana* son escasas, una de ellas refiere explícitamente al italiano como el modelo discursivo emulado por Balbuena para redactar la canción "Divina garza que a la blanca nieve".[10] Dada esta explícita apropiación de Petrarca por parte de Balbuena, cabe recordar que, como los *Triomphi*, "Grandeza mexicana" se estructura en tercetos encadenados o *terza rima*, y las divisiones internas son denominadas *capitoli* o "capítulos", un término notablemente infrecuente dentro de la poesía en lengua castellana de los siglos XVI y XVII. Recuérdese que los *Triomphi* se contaban entre los poemas épicos más valorados por los preceptistas italianos del XVI. El tratadista más elocuente quizás sea Antonio Sebastiano Minturno (1500–1574), quien en su *L'arte poética* (1563) se refiere repetidas veces a los *Triomphi* como poema épico, especialmente en el primer libro, dedicado precisamente a definir este tipo de composición. En el imaginario diálogo entre Vespasiano Gonzaga y el propio Minturno, el primero pregunta si la *Commedia* de Dante y los *Triomphi* de Petrarca pueden considerarse ejemplos de poesía épica a pesar de su estructura en *terza rima*. Minturno responde afirmativamente: "VES[pasiano]. Non è da dubitare, che ueriffimi essempi dell' Epica poesia non fieno i poemi di Virgilio, e d'Homero. Ma del Petrarca i triomphi, e di Dante le terze rime porieno à questa regola riducerfi? M[inturno]. Porieno ageuolmente; qualunque la'ntention loro fi fusse" [Vespasiano: No se puede dudar que los poemas de Virgilio y de Homero son ejemplos muy reales de poesía épica. Pero ¿podremos catalogar los *Triunfos* de Petrarca y la *Divina comedia* de Dante de la misma manera? Minturno: Podremos fácilmente, cualquiera que sea la intención que tengan] (36). Esta explícita declaración del carácter épico de los *Triomphi* no es excepcional en *L'arte poetica*. Considérese,

---

[10]　En la carta al arcediano de la Nueva Galicia, Balbuena le explica que el poema que escribió para celebrar la llegada del nuevo arzobispo de México, fray García de Mendoza y Zúñiga a la Nueva España en 1602 está modelado siguiendo a Petrarca: "Es todo el Elogio 10 canciones del género demostrativo. Y en la cadencia y orden de versos imitan la última del Petrarca" (18). La segunda referencia a Petrarca aparece en el "Compendio apologético" (141), pero se trata simplemente de un pasaje que Balbuena traduce directamente del *discorsi* CLIV "De' poeti in general, et de formatori di pitaffi, e pasquinate in particolare" de su socorrida *Piazza universale* (1588) de Garzoni: "Il Petrarca è laureato in Campidoglio à gli otto d' Aprile del mille trecento quaranta uno dal senato Romano" (927).

por ejemplo, que al describir el elemento de la narración dentro de la poesía, Minturno afirma que la forma mixta (es decir, que combina el discurso de un narrador con el de los personajes), no sólo es propia de la épica, sino remite a los *Triomphi* de Petrarca como ejemplo de ello (18–9). Recuérdese también que al inicio del diálogo Vespasiano pregunta si existe una longitud normativa para la poesía épica, mencionando que no todos poseen la misma longitud, "[d]i che tra gli antichi fede ci fanno i poemi d'Homero, d'Apollonio, di Virgilio, di Statio, d'Italico, di Lucano, e tra nostri i triomphi del Petrarca, e le terze rime di Dante" ["de lo cual dan fe entre los antiguos los poemas de Virgilio, de Estacio, de Itálico, de Lucano, y entre los nuestros, los *Triunfos* de Petrarca y la *Comedia* de Dante"] (11). Para Minturno, los *Triomphi* de Petrarca y la *Commedia* de Dante son, como la *Odisea*, la *Ilíada* o la *Eneida*, ejemplos paradigmáticos de la poesía épica.

Además de la elección de la *terza rima* como estrofa para "Grandeza mexicana", el esfuerzo de Balbuena por apropiarse del modelo de los *Triomphi* es más evidente aún en la inusual adopción del término "capítulo" para las divisiones internas de su poema en alabanza de la capital novohispana. Aunque Sabat de Rivers menciona que Balbuena se habría inspirado en la *Comedia* de Dante o los *Triunfos* de Petrarca para adoptar la división en capítulos ("Géneros poéticos" 74), el término no ha llamado suficientemente la atención de los lectores de "Grandeza mexicana", acaso por su aparente y engañosa cotidianeidad. Sin embargo, dentro del campo de producción cultural hispánico de los siglos XVI y XVII, "capítulo" es un término que aparece en algunas preceptivas, pero que es notablemente infrecuente en la práctica poética. Este término deriva del italiano *capitolo* [*capitulum*] y, a pesar de su oscilación semántica, está fuertemente asociado a, precisamente, los *Triomphi* de Petrarca. A pesar de que, como afirma Valerie Masson Gómez,[11] en la producción poética italiana *capitolo* "meant different things to different poets at different times, although it retained in the majority of instances its basic connection with the terza rima metric scheme" (41), es innegable su asociación con los *Triomphi*, donde Petrarca utiliza el término para las secciones o divisiones interiores de varios de los triunfos. Así lo refieren los preceptistas y tratadistas italianos del XVI, para quienes *capitolo* pasó a designar las diferentes secciones de un largo poema en *terza rima* o, alternativamente, fue utilizado como título de composiciones relativamente breves en *terza rima* (12–3). Además, el *capitolo* italiano, como "Grandeza mexicana", debía a su esquema métrico (es decir, al encadenamiento

---

11   Las siguientes observaciones remiten a la tesis doctoral inédita de Gómez, que presenta un catálogo extremadamente útil sobre el término *capitolo* en las literaturas italiana, española y portuguesa en los siglos XVI y XVII. Lamentablemente, sólo algunas de las observaciones de la autora fueron publicadas en su artículo "The Vicissitudes of the 'Capitolo' in Spain".

de los tercetos a través de la rima) su proclividad a los catálogos o las enumeraciones. En la práctica de los siglos XIV, XV y XVI italianos, sin embargo, el término fue usado para designar diferentes tipos de contenidos expresados en *terza rima*, desde poesía didáctica hasta burlesca.

Inicialmente, el término *capitolo* se utiliza en la península ibérica de manera errática en los "Proverbios del gloriosa dotrina e fructuosa enseñança" (1437) del Marqués de Santillana, en el *Cancionero general* (1514) de Hernando del Castillo o en la *Propalladia* (1517) de Bartolomé de Torres Naharro. No es hasta 1543, con la publicación de las obras de Juan Boscán, profundo conocedor de las letras italianas, que podemos hablar propiamente de un traslado [*translatio*] del término *capitolo* a la práctica poética en castellano. Es en los "capítulos" de Boscán donde vemos "the three essential ingredients of a true *capitolo*: the linked tercet scheme closed with a quatrain, the use of the Italian hendecasyllable, and the identification of the poem as a *capitolo* by the use of the term in the epigraph" (Gómez 127). Adviértase que, salvo la autonomía de la pieza, tales son también los rasgos que caracterizan la "Grandeza mexicana" de Balbuena. Sin embargo, el término "capítulo" no parece arraigar en el campo de producción cultural hispánico, en el cual inmediatamente se ve obligado a competir con términos como "elegía", "epístola" o incluso "canción" (144, 171). A pesar de su limitado uso, Díaz Rengifo en su *Arte poética española* (1592) y el Pinciano en su *Philosophia antigua poética* (1596) dedican breves referencias al "capítulo". Curiosamente, y a pesar de que el término es infrecuente en España después de 1600, es en las colonias americanas donde se puede hallar un claro ejemplo del uso de "capítulo" a la manera de los *Triomphi* de Petrarca: la *Miscelánea austral* (Lima: Antonio Ricardo, 1602) del petrarquista Diego d'Ávalos y Figueroa, quien divide sus largos poemas en terza rima en "capítulos".

Coincidiendo cronológicamente con la publicación de la *Miscelánea austral* en Lima, en México Balbuena firma la dedicatoria de su *Grandeza mexicana*, texto que debe incluirse en este panorama del "capítulo". A diferencia de D'Ávalos y Figueroa, sin embargo, a Balbuena le interesa adoptar la estructura de los *Triomphi* de Petrarca (tercetos, división en "capítulos") por su explícita asociación con la poesía épica entre los preceptistas italianos del *Cinquecento*. No se trata exactamente, pues, de que Balbuena descarte el género épico en su conceptualización de "Grandeza mexicana", como sugiriera Daniel Torres (90). Quizás sea más productivo pensar, con Mazzotti, que "Grandeza mexicana" puede ser una especie de "poema épico o heroico, pero sin argumento o linealidad narrativa alguna" ("De la *urbs*" 141). De hecho, el valdepeñero se apropia de un modelo épico alternativo como los *Triomphi* de Petrarca con un doble propósito. Por un lado, dicha apropiación le permite a Balbuena dotar "Grandeza mexicana" del mismo estatuto épico que la obra de Petrarca. Por otro, si bien esto le permite considerar "Grandeza mexicana" un poema heroico o épico, por tratarse de un paradigma que no contempla el uso de octavas reales, también le permite a Balbuena diferenciarse y oponerse a los poemas épicos pro-criollos diseñados por Terrazas, Saavedra Guzmán o Villalobos. Mientras que éstos, siguiendo acaso el modelo de *La Araucana* (1569, 1578, 1589) de Alonso de Ercilla, utilizan la octava real y (al menos en el caso de *El peregrino indiano*) divisiones en cantos, el profundo conocimiento que Balbuena posee de la producción cultural de la Italia renacentista[12] le permite adoptar un paradigma épico alternativo, basado en los *Triomphi* de Petrarca, para poder posicionarse, al menos formalmente, en oposición al corpus épico pro-criollo novohispano.

Esta oposición formal entre dos modelos de poesía épica tiene su correlato en las divergentes definiciones de la virtud de la valentía que adoptan el corpus épico pro-criollo y Balbuena. Mientras que la primera, cuyas raíces se encuentran en la epopeya homérica del siglo VIII a.C., se basa en emociones descontroladas que devienen acciones marciales individuales en el campo de batalla, la segunda, conceptualizada por Platón y Aristóteles bajo el término de *andreia* y ampliada por Santo Tomás de Aquino, se aplica al campo de batalla, pero también a contextos no bélicos, y exige la subordinación de emociones humanas como el temor a fines justificables a través de la razón. La divergencia entre estas dos definiciones de valentía determina la oposición política que existe entre un corpus épico que sustenta los reclamos criollos y una *Grandeza mexicana* que apoya las aspiraciones socioeconómicas de peninsulares como Balbuena. Definir la valentía en términos estrictamente marciales, performativos e individuales, tal cual ocurre en el corpus épico pro-criollo, supone que sólo los criollos novohispanos heredan la virtud de la valentía de sus antepasados y, por tanto, tendrían una mejor disposición para gobernar el virreinato. *Grandeza mexicana*, sin embargo, sugiere que son los recientes inmigrantes peninsulares quienes, por su origen en la templada franja del Mediterráneo, están mejor dispuestos a controlar sus emociones [*thumos*] a través de la razón y, por tanto, a practicar

---

12 Recuérdese que en el *Siglo de Oro en las selvas de Erífile*, publicado en 1608 pero finalizado hacia 1580–1585, Balbuena declara emular a Teócrito, Virgilio y Sannazaro (antes que a poetas españoles), aunque su modelo principal es Jacopo Sannazaro (1458–1530) y su *Arcadia* (1504). Hace ya años el erudito Joseph Fucilla llamó la atención sobre diversos pasajes que evidenciaban la dependencia del *Siglo de Oro* respecto de la *Arcadia*, además de la similitud estructural, pues ambos textos están organizados en doce églogas y un epílogo. Todo esto lleva a Fucilla a afirmar que "[i]t does, indeed, appear that Balbuena had this work [*Arcadia*] at his elbow during the whole process of its composition" (118). Esta afiliación a Sannazaro es, además, un gesto de distinción por parte de Balbuena, pues significa un rechazo a la literatura pastoril española y una "vuelta" a un "original" italiano. Como afirma Fucilla, "Balbuena… is the first and only one of the Spanish writers to effect a bold break with his native tradition by introducing into his country a well-nigh pure and unadulterated pattern" (118) tomado de Sannazaro. Adviértase que el proceder de Balbuena al elegir la estructura de "Grandeza mexicana" es análoga: apropiarse de un modelo italiano autorizado que le permita competir con otros agentes dentro del campo de producción cultural en castellano que se afilian a otro modelo.

la virtud de la valentía. Muy a pesar de las demostraciones marciales de sus poemas épicos, por haber nacido en la tórrida Nueva España, los criollos no habrían conservado la valentía de sus antepasados y, por tanto, no deberían recibir las encomiendas ni los puestos burocráticos que peninsulares como Balbuena sí merecen.

Los poemas épicos pro-criollos como casos forenses

En la temprana epopeya griega, especialmente en la homérica, *thumos* es un término que aparece frecuentemente para caracterizar a los personajes principales, los cuales ejemplifican al héroe pleno de masculinidad, pero también violento e iracundo, que exhibe su virtud marcialmente (es decir, en combate). La epopeya griega, compuesta aproximadamente hacia el siglo VIII a.C., antes del establecimiento de la democracia en las *polis* griegas, refleja unos ideales más bien aristocráticos en donde la masculinidad y la valentía se definen por el combate individual contra los enemigos. Además de este aspecto claramente performativo, la masculinidad y la valentía se transmitían a través de un linaje de manera hereditaria (Bassi 36, Koziak 38–9, 56–7).

Para explicar la masculinidad [*anēr*] y la valentía de los héroes, la epopeya griega invoca frecuentemente el término *thumos*, que Platón y Aristóteles redefinirán posteriormente. En la epopeya griega en general, *thumos* puede referirse a diversos elementos: el momento en el cual alguien pierde la consciencia o muere, algún aspecto relacionado con las actividades cognitivas o la intelección, el debate interior que precede la toma de una decisión, entre otros. Sin embargo, *thumos* es, principalmente, el órgano físico donde se alberga el amplio espectro de emociones posibles (Caswell 49–50). La epopeya homérica privilegia este último sentido de *thumos* (Hobbs 7–8), por lo que se hace referencia al *thumos* de los héroes homéricos para explicar sus arranques de ira, pero también su aflicción o su pesar, el amor, el dolor, el deseo o la vergüenza.

El *thumos* homérico, concebido como el "neutral bearer of emotion" (Koziak 42), es el órgano que origina y permite la exhibición marcial de los héroes en feroces combates contra sus enemigos. El rol de la exhibición marcial individual, y su relación con la ira, es crucial en la definición de la masculinidad y la valentía épicas en una sociedad que Koziak denomina "heroica" debido a las circunstancias históricas en que se tejen las epopeyas homéricas. La Grecia del siglo VIII a.C. se organiza alrededor de pequeñas aristocracias en donde la estabilidad política dependía notablemente de la inequívoca y enfática exhibición de poder por parte de unos gobernantes que debían recurrir a amenazas, ofrendas o banquetes para mantener dicha estabilidad. La exhibición marcial resultaba particularmente efectiva como medio de intimidación de los enemigos, pero también como amenaza velada para que las partes amigas mantengan su fidelidad. El *thumos* en que se originan estas manifestaciones visibles de habilidad marcial y de masculinidad se transforma, pues, en piedra de toque del orden político. Como afirma Barbara Koziak, "[t]he heroic way of life—its values, ideals, and sentiments— [...] suggests that anger is invaluable" (57).

Esta masculinidad heroica, basada en las emociones [*thumos*] y que se expresa a través de acciones marciales individuales, es la que se privilegia en la producción cultural latina de la Roma imperial y en la poesía épica culta posterior. Mientras que el *thumos* homérico se traslada básicamente como *animus* (McDonnell 60), la masculinidad originada en las emociones sobrevive alternativamente en los vocablos *virtus* y *fortitudo*. Aunque estos dos términos co-existen, dado el carácter claramente militarizado de la sociedad romana, se privilegia el equívoco *virtus* para representar no la virtud en general [*aretē*], sino la bravura y valentía entendidas como exhibiciones marciales. Es así como en su comentario al verso inicial de la *Eneida* de Virgilio, "*Armas virumque cano*", Fulgencio (siglo VI d.C.) afirma que la masculinidad y la valentía marcial [*virtus*] se expresan a través del uso de las armas: *in armis virtutem, in uiro sapientiam demonstrantes* (s.p.). Esta conceptualización dúplice del héroe épico como poseedor de valentía y sabiduría queda fijada en la tradición grecolatina-cristiana como piedra de toque de la poesía épica culta hasta la temprana modernidad europea en el tópico de *sapientia et fortitudo*, quizás fijado gracias a San Isidoro y sus *Etimologías* (1.9–12; 1:352–3).[13]

Esta valentía, entendida como la exhibición marcial de la masculinidad, es la que importa a los autores del corpus épico pro-criollo novohispano a fines del XVI e inicios del XVII. Motivados por la necesidad de establecer el carácter virtuoso de los primeros conquistadores, Terrazas, Dorantes de Carranza, Saavedra Guzmán y Villalobos procuran dotar a los acompañantes de Cortés de una visibilidad de que habían carecido hasta ese momento. La *virtus*/*fortitudo* de los primeros conquistadores, demostrada performativamente a través de su participación en luchas contra los indígenas del valle de México, es una pieza esencial del corpus épico pro-criollo, puesto que sirve como testimonio histórico legítimo del carácter noble y virtuoso de los linajes de los criollos y, en consecuencia, como evidencia que permite reclamar compensaciones en la forma de encomiendas y puestos burocráticos en la administración virreinal. A diferencia de posteriores inmigrantes peninsulares como el propio Bernardo Balbuena, quienes carecen de linajes heroicos que alardean de haber servido marcialmente a la Corona española, a los letrados criollos y pro-criollos les interesa aprovechar esta definición performativa y marcial de la valentía para incorporar a los primeros conquistadores en el corpus épico y así tener evidencia textual de los servicios prestados al monarca. Es gracias a esta evidencia textual

---

13   Sigo en estos detalles el clásico estudio de Ernst R. Curtius (167–76).

de la virtud de los antepasados de los criollos que los textos de Terrazas, Dorantes de Carranza, Saavedra Guzmán y Villalobos pueden proclamar la mejor disposición moral de los criollos y el carácter justo de sus solicitudes para el gobierno de indígenas a través de las tan codiciadas encomiendas y para el gobierno de la capital novohispana a través de puestos burocráticos.

El género forense y la poesía épica

Para comprender mejor la importancia que esta definición de la valentía, basada en la performance marcial e individual, posee en el corpus épico novohispano, es necesario recordar que los textos épicos producidos para favorecer la causa de los criollos son diseñados para cumplir dos objetivos ulteriores. Por un lado, dichos textos funcionan como denuncias de injusticias supuestamente cometidas en contra de los descendientes de los conquistadores; a saber, la pérdida de las tan codiciadas encomiendas por medio de las *Leyes Nuevas* (1542) y las dificultades para acceder a puestos burocráticos en la administración colonial. Por otro, y como consecuencia de lo anterior, este corpus épico exige que dichas injusticias sean reparadas a través de la concesión de encomiendas perpetuas y la restitución o el acceso a tales puestos de gobierno. Dada la virtuosa genealogía de los criollos, quienes supuestamente heredan la virtud de sus antepasados a través del linaje, este corpus épico procura denunciar tales injusticias y exigir una restitución basada en los servicios marciales de los primeros conquistadores.

Como ya han observado diversos críticos, al igual que tratados "históricos" como la harto conocida *Historia verdadera de la conquista de la Nueva España* (1568) de Bernal Díaz del Castillo o el menos estudiado *Tratado del descubrimiento* (1589) del criollo Juan Suárez de Peralta,[14] estas "epopeyas de la conquista escondían una finalidad práctica, que era el cobrar servicios" (Reyes 76), ya que el elogio de las hazañas bélicas de los conquistadores "reafirma una fidelidad regalista al mismo tiempo que denuncia la histórica injusticia cometida" (Mazzotti "Resentimiento" 149).[15] Sin embargo, esta finalidad práctica no habría sido necesariamente tan "escondida" como sugiere Alfonso Reyes. De hecho, los autores de este corpus épico presentan sus textos de manera extremadamente deliberada como "casos" forenses o judiciales, donde se acusa a diversas personalidades y se defienden los intereses político-económicos de los criollos. Recuérdese que en *El peregrino indiano* (1599) Saavedra Guzmán se queja de las injusticias cometidas contra los "muchachos olvidados, / hijos y nietos, todos descendientes / de los conquistadores

---

[14]   El texto ha sido magníficamente estudiado recientemente por González González.
[15]   Pueden hallarse observaciones similares en los estudios de José Amor y Vázquez ("Estudio preliminar" lvii; "Terrazas" 403), Margarita Peña (231) y Raúl Marrero-Fente (160–1).

desdichados, / capitanes y alféreces valientes" que se encuentran "arrinconados, / en lugares humildes diferentes" (xv.9; 268), presentando estas injusticias como un "muy duro y lastimoso caso" (xv.16c; 269). Imprecando explícitamente a Felipe III, el autor solicita "que nos llene o medie el ancho vaso, / que nos debéis, Señor, dar siempre lleno, / porque es muy duro y lastimoso caso / que si algo dél nos dan, sea de veneno" (xvi.16abcd; 269). Más aún, al presentar no el reclamo general de los criollos, sino el suyo propio, consistente en haber sido despojado a través de mentiras y argucias de un corregimiento en Zacatecas, Saavedra Guzmán se queja con léxico claramente judicial y afirma que "me fue quitado el cargo / sin parecer que hay causa en mi descargo" (xi.20gh; 217). Adviértase también que en su incompleto *Nuevo Mundo y Conquista*, Francisco de Terrazas no duda en describir las circunstancias de redacción de su poema épico como "caso" cuando se disculpa explícitamente por no mencionar a todos los oficiales que acompañaron a Cortés al valle de México. Terrazas afirma que el recuerdo de estos hombres perdurará a pesar de que "de todos [yo] no hiciera historia / tan clara como el caso me la pide" (94).[16]

Presentar los textos de este corpus épico como "casos" exige que, en la medida de lo posible, sus autores se apropien de un modelo retórico que les permita articular dichos "casos" de la manera más persuasiva posible y, de ese modo, esperar una adecuada restitución por la injusta situación en que se encuentran los criollos. Como nos recuerda Aristóteles en su *Retórica*, tratado de amplia circulación durante la temprana modernidad hispánica, existen tres tipos de oraciones o discursos en los cuales se aplica el conocimiento de este "arte" o "técnica": el género deliberativo, el judicial o forense y el epidíctico, cada uno definido según el tipo de auditorio al cual se dirige, el tiempo o marco cronológico del contenido del discurso y el objetivo. Al plantear los textos de este corpus épico como "casos", sus autores están explícitamente concibiendo sus escritos como piezas afiliadas al género forense o judicial, el cual prevé como destinatario a un juez que dictamine si un evento del pasado es justo o injusto.[17] En otras palabras, estos textos presentan "casos" dirigidos a las autoridades políticas (ora en la colonia, ora en la península, incluyendo al propio rey) arguyendo que eventos del pasado reciente como la pérdida de las encomiendas gracias a las *Leyes Nuevas* (1542) y la dificultad en el acceso a

---

[16]   Todas las referencias al incompleto y perdido poema de Terrazas remiten a los fragmentos conservados por Dorantes de Carranza en su *Sumaria relación*.

[17]   A diferencia del género forense o judicial, el género deliberativo, que puede ser hortativo o disuasorio, tiene como destinatario a una asamblea o auditorio y debe determinar si algo (una propuesta, una acción, un proyecto, etc.) es beneficioso o dañino; se trata de un género que ofrece consejo sobre acciones futuras. Finalmente, el género epidíctico tiene por objetivo alabar lo honorable o reprochar lo deplorable de una situación visible del presente a un público compuesto de meros espectadores (*Rhetoric* i.iii; 33–5).

puestos burocráticos en la administración virreinal son situaciones injustas dadas las heroicas y virtuosas hazañas de los primeros conquistadores. Dado que estos "casos" tienen por objetivo denunciar tales injusticias, los autores de este corpus épico no dudan en incluir, de manera más o menos explícita, lo que consideran serían restituciones apropiadas para los criollos dada su virtud y nobleza: encomiendas perpetuas, corregimientos y prerrogativas sociales y políticas tales como el acceso a títulos de nobleza o puestos burocráticos.

Lo que para los lectores de hoy en día sería un inverosímil maridaje de poesía, retórica y derecho está perfectamente sancionado por la normativa retórica y poética de la temprana modernidad hispánica. En la doctrina aristotélica que circulaba en los siglos XVI y XVII hispánicos tanto los poemas épicos como las piezas oratorias del género forense o judicial compartían al menos dos elementos claves que apoyaban sus "casos": el *ēthos*, pieza enfocada en resaltar la conducta virtuosa de un personaje, y el *pathos*, elemento que procura afectar las emociones del auditorio o del universo de lectores. Estos dos ingredientes, pertenecientes tanto a poemas épicos como a piezas forenses o judiciales, permitirán a autores como Francisco de Terrazas, Dorantes de Carranza, Antonio de Saavedra Guzmán y Arias de Villalobos tejer un corpus épico que, al mismo tiempo que exalta la *andreia* marcial de los antepasados de los criollos, denuncia las injusticias cometidas contra los conquistadores y sugiere las reparaciones merecidas por sus descendientes, los criollos de fines del XVI. En otras palabras, en la confección de estos "casos" épicos, la exaltación de la virtud marcial de los conquistadores y el patetismo de la situación social de los criollos funcionan como pruebas o evidencias en las quejas sobre la injusta situación de los criollos novohispanos y en las solicitudes de compensaciones adecuadas.

El mismo Aristóteles propone la existencia de una estrecha relación entre poética y retórica, pues el contenido de tragedias y epopeyas debe aprovechar diversas estrategias para afectar a su auditorio; estrategias que, precisamente, se utilizan en la oratoria y se encuentran codificadas en el arte de la retórica (Gill 151–3). Considérese que, poco después de discutir algunos de los componentes esenciales de la trama de la epopeya en la *Poética*, Aristóteles alude brevemente al elemento de las "ideas" o *dianoia*, el cual "covers all the effects which need to be created by speech: their elements are proof, refutation, the conveying of emotions (pity, fear, anger, etc.) as well as enhancement and belittlement" (xix.1456a; 97). Sin embargo, Aristóteles remite al lector precisamente a la *Retórica* para acceder a una discusión más detallada sobre ellos: "The discussion of thought can be left to my dicourses on rhetoric, for it is more integral to that enquiry" (xix.1456a; 97). Esta conexión no debe sorprender puesto que, dentro de la normativa de los tres géneros oratorios, pero especialmente en la oratoria forense o judicial, el *ēthos* y el *pathos*, junto al *logos* o razonamiento lógico, constituyen los tipos principales de pruebas o evidencias que debe utilizar el orador.

En su discusión sobre la epopeya, Aristóteles afirma que el *ēthos* se enfoca en la virtud, especialmente en la *andreia* o valentía y puede, de hecho, ser el énfasis principal de un poema épico. Recuérdese que en la *Poética* Aristóteles afirma que existen cuatro tipos de epopeya: "epic should encompass the same types as tragedy, namely, simple, complex, carachter-based [ēthikē], rich in suffering [*pathētikē*]" (24; 1459a; 119). De estas cuatro importa comprender las dos últimas, pues revelan que la composición épica puede centrarse en el *ēthos* y el *pathos*. Una epopeya centrada en el primero de ellos se enfoca en el carácter moral de los personajes, el cual se deduce a partir del grado de virtud [*arēte*] o vicio [*kakia*] de las acciones [*praxei*] de los personajes (*Poética* 2.1448a; 33; 15.1454a; 79). En otras palabras, el *ēthos* de un personaje épico se define según su afiliación a las virtudes en general, pero especialmente a las virtudes de la justicia, y la valentía: "The greatest virtues are necessarily those which are most useful to others, if virtue is the faculty of conferring benefits. For this reason justice [*dikaiosunē*] and courage [*andreia*] are the most esteemed, the latter being useful to others in war, the former in peace as well" (*Retórica* i.ix.3–10; 1366a-b; 91, 93).[18] Los poetas del corpus épico pro-criollo novohispano de fines del XVI e inicios del XVII, sin embargo, definen la valentía siguiendo la tradición grecolatino cristianizada establecida claramente en las *Etimologías* de San Isidoro. Esta tradición, que se origina en la epopeya griega del siglo VIII a.C. y llega a la épica culta de la temprana modernidad, conceptualiza la valentía, principalmente, como una exhibición marcial e individual de masculinidad, que es, como se verá al tratar la valentía en *Grandeza mexicana*, diametralmente opuesta a la *andreia* de Aristóteles.

En términos retóricos, sin embargo, el *ēthos* corresponde a la presentación de pruebas o evidencia del carácter moral no de los personajes, sino del orador; es decir, de las pruebas ofrecidas por el orador que demuestran su propia conducta virtuosa. El *ēthos* es el principal recurso de persuasión del orador, puesto que su carácter virtuoso le permite predisponer y convencer a su auditorio de aceptar la validez de su caso: "The orator persuades by moral character [*ēthos*] when his speech is delivered in such a manner as to render him worthy of confidence; for we feel confidence in a greater degree and more readily in persons of worth in regard to everything in general; [...] moral character [*ēthos*], so to say, constitutes the most effective means of proof" (i.ii.3–6; 1356a; 17).[19]

---

18   Aunque Platón identifica la justicia y el valor como dos de las cuatro virtudes cardinales junto con la templanza o autocontrol [*sōphrosunē*] y la sabiduría práctica o prudencia [*phronēsis*], Aristóteles identifica nueve, añadiendo a las cuatro ya mencionadas la magnificencia [*megaloprepeia*], la magnanimidad [*megalopsuchia*], la liberalidad [*eleutheriotēs*], la gentileza [*praotēs*] y la sabiduría especulativa [*sophia*] (*Retórica* i.ix.3–10; 1366a-b; 91, 93).

19   Lo mismo afirma Aristóteles para los casos que pertenecen al género epidíctico: "We will next speak of virtue and vice, of the noble and the disgraceful, since they constitute the aim

Mientras que el *ēthos* puede referirse al carácter moral tanto de los personajes como del orador, el *pathos* se dirige a la influencia de las emociones del auditorio. Con respecto al *pathos*, Aristóteles afirma en la *Poética* que se trata de un componente importante tanto de la tragedia como de la epopeya, refiriéndose en el segundo caso a poemas épicos que conmueven y tocan las emociones del auditorio (24.1459a; 119). Para la creación de *pathos*, y aunque se refiere a la confección de tragedias, Aristóteles privilegia las relaciones que existen en el interior de la familia: "cases where the sufferings [*pathos*] occur within relationships, such as a brother and brother, son and father, mother and son, son and mother—when the one kills (or is about to kill) the other, or commits some other such deed" (14.1453b; 75). En la *Retórica*, el *pathos* se conceptualiza como una estrategia de persuasión basada precisamente en la creación de emociones específicas en el auditorio, puesto que es a través de ellas que se puede afectar sus opiniones e inclinaciones hacia los personajes involucrados: "The emotions [*pathos*] are all those affections which cause men to change their opinion in regard to their judgments, and are accompanied by pleasure and pain; such are anger, pity, fear, and all similar emotions and their contraries" (ii.i.8; 1378a; 173). *Ēthos* y *pathos* son, pues, dos elementos constitutivos de la trama tanto de tragedias como de poemas épicos. Sin embargo, no es menos importante advertir que, junto con el *logos*, *ēthos* y *pathos* constituyen los tres tipos de pruebas y evidencias disponibles para el orador en la articulación de casos judiciales.

Al presentar el *ēthos* y el *pathos* como elementos constitutivos tanto de epopeyas como de piezas forenses o judiciales, la autorizada normativa aristotélica permite que los poetas y letrados pro-criollos de fines del XVI e inicios del XVII conceptualicen textos como el *Nuevo Mundo y conquista*, la *Sumaria relación de las cosas de la Nueva España*, *El peregrino indiano* y el *Canto intitulado Mercurio* como textos épicos, pero también como "casos" forenses. Ello significa que los textos de este corpus épico no son un conjunto de desarticuladas narraciones bélicas ni de iterativas quejas y lamentos, sino de "casos" cuidadosamente diseñados para denunciar las injusticias sufridas por los criollos novohispanos y para reclamar adecuadas compensaciones. Mientras que las narraciones marciales de este corpus épico exaltan y sirven de testimonio de las virtudes (especialmente de la valentía) de los conquistadores y de los criollos (transmitida por la sangre), los desgarradores lamentos por la situación de los criollos a fines del XVI e inicios del XVII afectarían el

---

of one who praises and of one who blames; for, when speaking of these, we shall incidentally bring to light the means of making us appear of such and such character [*ēthos*], which, as we have said, is a second method of proof [*pistis*]; for it is by the same means that we shall be able to inspire confidence in ourselves or others in regard to virtue" (i.ix.1–2; 1366a; 91).

estado anímico de los destinatarios y los lectores de este corpus épico, predisponiéndolos o inclinándolos a escuchar las denuncias de los criollos novohispanos y a compensarlos con las encomiendas perpetuas y los puestos burocrácticos a que aspiran.

Dentro de las denuncias presentadas en este corpus épico, quizás una de las más explícitas sea la muy personal queja que Antonio de Saavedra Guzmán incluye en *El peregrino indiano*. Mientras que el resto de los textos de este corpus presenta "casos" más bien generales y aplicables a todos los criollos por igual, Saavedra Guzmán presenta un "caso" general pero también uno extremadamente personal, en el cual reclama la restitución de su corregimiento en Zacatecas. Como señalara José Amor y Vázquez, en 1592 Saavedra Guzmán solicita —y le es concedido— dicho corregimiento invocando los servicios marciales de sus antepasados, Jorge y Pedro de Alvarado.[20] El poeta criollo ejerce dicho cargo "con la fidelidad que fue posible" (xi.19g; 217) y siendo "justo en todo" (xi.20b; 217). A pesar de ello, "se convocó en mi daño cierta gente" (xi.20d; 217) que preparó falsos testimonios y una "relación fingida" (xi.23d; 218) a la administración virreinal e incluso a la Corona, tras de lo cual "me fue quitado el cargo" (xi.20g; 217). Saavedra Guzmán denuncia, pues, una injusticia sufrida en carne propia y exige ser repuesto en su cargo en razón de las virtudes de sus antepasados: "Que no es justo, Señor, que lo padezca / mi honor, mi calidad y mi persona, / [...] / no se hallará quien más que yo merezca, / allá, como la fama lo pregona, / haberlo mis pasados conquistado, / descubierto, regido y gobernado" (xi.22abefgh; 217–8).

A diferencia de este caso individual, en su formulación más general, los "casos" presentados en este corpus épico procuran ser menos específicos y, por ende, aplicables a la mayor cantidad posible de criollos. El mismo Saavedra Guzmán introduce su denuncia general de la injusta situación en que se hallan los descendientes de los conquistadores afirmando que no desea "hablar aquí distintamente, / particularizando" en cada una de las situaciones "de las que soy testigo" (xv.12abc; 268). Estos "casos" generales denuncian tanto la pérdida

---

20   Amor y Vázquez ("*El peregrino indiano*" n.2, 25–6) dio noticia de esta solicitud, que obra en el Archivo General de Indias, legajo 67, doc. R2, presentado por Saavedra Guzmán el 28 de junio de 1592 acompañado de la "Probanza de los méritos y servicios de Jorge de Alvarado en la isla Española y en la de Cuba y uno de los primeros descubridores de N.E. con don Juan de Grijalva y de los conquistadores de México con Hernán Cortés, y de su hermano el Adelantado Pedro de Alvarado que se halló en dcha. conqta., ambos naturales de Badajoz" (México, 10 de septiembre de 1566). A las diligentes pesquisas de Amor y Vázquez me permito añadir noticia del documento que expide el título solicitado por Saavedra Guzmán, "Título de Corregidor de la ciudad de Nra. Sra. de los Zacatecas de la Nueva Galicia para don Antonio de Saavedra Guzmán en lugar de don Diego de Velasco a quien he proveído por gobernador de la Nueva Vizcaya". Este documento (Patronato 293, N.15, R.4) está fechado el 15 de noviembre de 1592, apenas unos meses después de que Saavedra Guzmán presentara su solicitud por dicho corregimiento.

de encomiendas como la falta de privilegios sociopolíticos de los criollos. Con respecto de las encomiendas, las denuncias pueden ser breves y vagas, como la que presenta Arias de Villalobos en el *Canto intitulado Mercurio*, según el cual "vino el invierno y fuése la encomienda", y aquéllos criollos que no previeron estos cambios quedaron lastimados (189; 264).[21] Mucho más desarrollado es el argumento presentado por Dorantes de Carranza, quien revela clara consciencia del impacto de los argumentos lascasianos en la promulgación de las conocidas *Leyes Nuevas* (1542) y se lamenta de que "para el repartimiento y perpetuidad de los indios est[á] la puerta cerrada y la esperanza perdida" (222). A pesar de que, literal y explícitamente, Dorantes de Carranza renuncia a solicitar la reposición de dichas encomiendas a perpetuidad, no es menos cierto que enumera también diversas razones por las cuales dicha reposición sería beneficiosa para los indígenas y que incluso el dominico Bartolomé de Las Casas aprobaría esta acción, y, por tanto, sugiere que las encomiendas permanezcan en manos de los criollos. Éstos, según Dorantes de Carranza, actúan como protectoras figuras paternas de los indígenas, ya que "no hay indios conservados ni bien tratados, amparados y regalados como los de los encomenderos, que en sus trabajos y pleitos les son defensa, y en sus necesidades les son verdaderos padres, y en sus enfermedades sus médicos y enfermeros" (223). Además, el vínculo emocional entre encomendero criollo e indígenas alcanza grado tal que la muerte del encomendero es llorada ampliamente, como en el caso de Andrés de Tapia, uno de los primeros conquistadores de México, quien "fue tan conocido y quisto de los indios, que a su muerte y honras todos los de esta comarca de México se cubrieron a su uso, hombres y mujeres, de luto y le lloraron generalmente" (140). Las bondades de los criollos en esta institución son tan notables que Dorantes de Carranza llega a afirmar que el mismo Las Casas validaría la encomienda si fuera testigo del trato que reciben los indígenas a fines del XVI: "si como el obispo [de Chiapas, Las Casas,] vio aquéllos calamitosos tiempos, alcanzara estos tan dichosos a que jamás él se pudo persuadir, sin duda alegara con otros derechos para que se hiciera el repartimiento en la Nueva España" (223). A pesar de la explícita renuncia a encomiendas y repartimientos de indígenas, Dorantes de Carranza claramente considera injusta su pérdida por parte de los criollos y sugiere que deberían serles restituidas a perpetuidad.

Además de la pérdida de las encomiendas, este corpus épico denuncia también la negación de privilegios sociopolíticos a los criollos, desde tierras y títulos hasta puestos burocráticos. Recuérdese que en su incompleto *Nuevo Mundo y*

---

[21] Cito siempre el poema de Villalobos por la edición de Genaro García indicando la octava, el verso correspondiente (cuando es pertinente) y la página. Así, (189; 264) se refiere a la octava 189, página 264.

conquista, Francisco de Terrazas alude a las incumplidas promesas que Cortés ofreció a sus hombres, "cuando en Cuba al partir les ofreciste / por premio a cada cual un reino entero" (33), indicando que la única reparación digna para los criollos es la encomienda perpetua:

> Ya que no fueron títulos ni estados,
> de que tan dignos sus servicios eran,
> [...]
> siquiera ya que sólo encomendados
> las encomiendas que perpetuas fueran,
> y no que ya las más han fenecido
> y los hijos de hambre perecido. (33)

De manera similar, Dorantes de Carranza afirma que los descendientes de los conquistadores y primeros pobladores debieron haber recibido "muy grandes mercedes", incluyendo "honras, franquezas, libertades, exenciones y privilegios", así como prioridad en los nombramientos de "cargos y aprovechamientos de la tierra [...] alargándoles el tiempo y los salarios" (222). El nulo acceso a dichos nombramientos y cargos es también denunciado por Saavedra Guzmán, especialmente porque los beneficiados de dicha situación son los recientes inmigrantes peninsulares: los criollos "a *los de otras partes* ven juzgando / las provincias más gruesas del estado, / y *al otro que ayer vino* gobernando / donde sangre ni pelo no ha tocado" (xv.10abcd; 268; énfasis añadido). Ante tal injusticia, que ha llevado a los criollos a situaciones "muy lastimosas" (xv.12d; 268) pues "es grande la miseria en que nos vemos" (xv.15d; 269), Saavedra Guzmán exige al rey que "con real mano de clemencia / curéis en lo posible esta dolencia" (xv.14gh; 269) otorgando "los cargos de gobierno y de provecho" (xv.13c; 268) a los criollos o "beneméritos" (xv.13d; 268) como él mismo.

Ya que la retórica aristotélica sanciona que en el género judicial o forense se identifique a posibles culpables y sus posibles motivaciones viciosas, los autores de este corpus épico pro-criollo procuran sugerir diversos responsables por la pobreza y desamparo de los criollos para así protestar por la injusticia de dicha situación y exigir las compensaciones que, por razón natural, les corresponde recibir. Como Terrazas, Dorantes de Carranza no duda en identificar a Hernán Cortés como uno de los responsables principales de esta situación. Para Dorantes, la "astucia" y codicia de Cortés (es decir, sus vicios morales) lo llevan a la hipocresía de prometer premios a sus compañeros, por un lado, y a acapararlos para sí mismo, por otro:

> El que mejor hizo su fallo fue Hernando Cortés, que, como astuto, supo escoger y perpetuar su casa jugando a dos manos: una de cumplimiento con

sus compañeros (y otra) en demostración a su rey, haciéndose dueño de todo lo servido y hecho, con que granjeó él solo la satisfacción, sintiendo que bastaba lo dispuesto con los demás. (204)

Además de Cortés, algunos de los primeros conquistadores, actuando violentamente y movidos por la codicia, también son reconocidos parcialmente como culpables de la injusta situación de los criollos a fines del XVI. Dorantes denuncia explícitamente como erróneos los medios violentos que se utilizaron al inicio de la conquista a pesar de que el objetivo ulterior haya sido la deseable evangelización de los indígenas: "Los efectos buenos fueron de la conversión, mas los medios con que se siguió, [¿]quien los acabara[?] [...] Porque de bienes así adquiridos, todos se deshacen como el humo y como la sal en el agua" (48). La responsabilidad de los conquistadores se extiende para incluir diferentes tipos de codicia, entre los que se incluye la esclavización de los indígenas:

> los medios con que se intentaron fueron hambre de hacer esclavos a los libres, sed de oro, codicia de perlas, ambición hidrópica de mandar, envidia y emulación del prójimo, odio a la mayoría, anhelar por la ventaja con que todos acabaron y los naturales de las indias se destruyeron, y los españoles que las intentaron se perdieron con todas sus riquezas juntadas de sudores y perjuicios ajenos. (51)

Al responsabilizar a los primeros conquistadores del desamparo de sus descendientes, Dorantes presenta dicha pobreza como un castigo divino sobre el linaje y descendencia de los conquistadores, ya que "predicar el evangelio con la espada en la mano y derramando sangre, es cosa temerosa y que parece acá, al juicio humano, que sus descendientes van haciendo penitencia de esta soltura" (28).

Además de Cortés y los primeros conquistadores, los inmigrantes peninsulares ciertamente aparecen como parte culpable en estos casos forenses. Dorantes de Carranza identifica a los peninsulares como injustos destinatarios de beneficios que deberían encontrarse en manos de los criollos, dado que aquéllos no dejan de ser unos criminales y codiciosos "recienvenidos" que desplazan a los 'legítimos' herederos de la tierra: "¡Oh Indias! Madre de extraños, abrigo de forajidos y delincuentes, patria común a los innaturales, dulce beso y paz a los recienvenidos, lisonja de los que se precian, hartura de los hambrientos, paño con que cubrís a los desnudos" (105). Saavedra Guzmán es más específico aún y en *El peregrino indiano* resalta el injusto acceso de los inmigrantes peninsulares a puestos de gobierno, ya que los criollos "a los de otras partes ven juzgando / las provincias más gruesas del estado" (xv.10ab; 268).

Dado el acceso de los inmigrantes peninsulares a las encomiendas y puestos burocráticos que los criollos creen merecer por las virtudes y servicios marciales de sus antepasados, los autores de este corpus épico consideran que la administración colonial, incluyendo al virrey de turno, es también parcialmente culpable de la pobreza de los criollos. Considérese que en su *Sumaria relación* Dorantes de Carranza acusa a los peninsulares de fraguar genealogías nobles, pues "embarcándose para esta tierra: son doña Ángela y doña Alberta, & c., tomando ellos y ellas títulos y dones fingidos, con mil embustes, con que consiguen la grandeza con que crecen en esta tierra, [...] aniquilando a los que lo merecen, por hacerse con mil engaños del polvo de la tierra con frutos ajenos [...] y todo con engaño" (201). La invención de estos mentidos linajes, sin embargo, es eficiente en la medida en que son validados por la Real Audiencia de la capital novohispana y, así, utilizados como instrumento para elegir destinatarios de las mejores encomiendas que previamente habían estado en manos de los criollos. A pesar de los intentos de la Real Audiencia por "restituir haciendas y encomiendas" a los criollos, muchas de ellas fueron asignadas a familias de inmigrantes peninsulares, con el rencor de los "que ganaron esta tierra y sus hijos, pues los que vinieron a la postre después de llano y ganado, se llevaron lo mejor" (203). La administración colonial es también objeto de crítica en el poema de Saavedra Guzmán pues, a pesar de que la Corona siempre ha otorgado "los cargos de gobierno y de provecho" (xv.13c; 268) a los criollos o "beneméritos" (xv.13d; 268), sus ordenanzas no son obedecidas en el virreinato, sugiriendo incluso que en México las cédulas reales son arrojadas a la basura: "No sé si allá [se obedecen las cédulas] con tanto extremo, / o si dan con algunas al carnero" (xv.14ab; 268). Más sorprendente es, quizás, que Saavedra Guzmán llegue incluso a acusar a los virreyes de beneficiar exclusivamente a sus favoritos en el momento de ofrecer puestos en la administración colonial: "que se dé a los demás también queremos, / que no es tan poco justo limitarlo / a quien cualquier virrey quisiere darlo" (xv.15fgh; 269).

Excepcionalmente, los criollos también aparecen como parcialmente culpables de su situación. A pesar de su simpatía por la causa criolla, y acaso por su origen peninsular, Arias de Villalobos es el único autor de este corpus épico que sugiere la responsabilidad de los criollos. Villalobos sugiere que éstos debieron haber adoptado una actitud más previsora durante los tiempos de bonanza (i.e., antes del fin de la tercera vida de sus encomiendas):

> Tarde llegaron los conquistadores
> a aprender de la abeja y la hormiga;
> pues la prosperidad se les fue en flores,
> y aquel que guarda, halla y no mendiga.
> De encomenderos, hay comendadores,

> que éstos guardaron bien granos de espiga;
> mas los que a sus veranos dieron rienda,
> vino el invierno y fuése la encomienda.
> (189; 264)[22]

El grado de persuasión, y por tanto de éxito, de los "casos" forenses presentados en este corpus épico descansa en el efectivo uso de diversas pruebas por parte de los acusadores (es decir, de los poetas). Aristóteles agrupa tales pruebas en dos grupos: las no-artificiales y exclusivas del género forense (leyes, testimonios, contratos, tortura y juramentos) y aquéllas que se aplican en mayor o menor medida indistintamente al género judicial y a los géneros deliberativo y epidíctico también (*logos*, *ēthos*, *pathos*). Del primer tipo de pruebas, los textos épicos novohispanos de fines del XVI e inicios del XVII se enfocan principalmente en dos de estos recursos: los testimonios y las leyes. En el caso específico de los testimonios que respaldan las acusaciones y los reclamos engranados en estos textos pro-criollos, debe recordarse que la normativa retórica contempla tanto testigos contemporáneos o recientes como testigos del pasado. Importa detenernos especialmente en los testigos del pasado, pues entre ellos Aristóteles no duda en incluir a poetas antiguos, cuyos textos pueden servir precisamente de testimonio útil: "By ancient I mean the poets and men of repute whose judgements are known to all; for instance, the Athenians, in the matter of Salamis, appealed to Homer as a witness, and recently the inhabitants of Tenedos to Periander of Corinth against the Sigeans. Cleophon also made use of the elegiacs of Solon against Critias, to prove that his family had long been notorious for licentiousness" (*Retórica* i.xv; 1375b; 155–7). Si, como nos revela el caso del criollo Jusepe o Joseph de Villegas comentado al inicio de este capítulo, en la práctica hubo ocasiones en las que los poemas épicos coloniales fueron invocados como repositorio de verdades históricas en probanzas y relaciones de méritos por los mismos años en que Balbuena publica *Grandeza mexicana*, ello explica la ansiedad de los poetas por declarar la fidelidad histórica de sus composiciones.

Al considerar las protestas de veracidad histórica de este corpus épico pro-criollo, sin embargo, no pretendo seguir a Menéndez Pidal, quien inicialmente declarara el verismo y realismo de la literatura española en general y de la épica en particular (*Epopeya* 36–8). De hecho, los recientes estudios de Elizabeth B. Davis y, muy especialmente, de José Lara Garrido, nos invitan a superar el verismo propuesto por Menéndez Pidal, al igual que la dicotomía que Menéndez

---

[22] Aunque similar, no alude aquí Villalobos a la harto conocida fábula de la hormiga y la cigarra. Sin embargo, parece citar algún tratado, silva o poliantea de literatura sapiencial. Es materia que no puedo resolver en este momento.

Pelayo halla entre una escuela supuestamente histórica y otra supuestamente novelesca o fantástica en la épica hispánica de la temprana modernidad.[23] Como apunta Lara Garrido (33–36, 58–78), la épica hispánica revela un conocimiento de los intensos debates entre los preceptistas italianos del XVI que, basándose en la *Poética* de Aristóteles, discutían en torno a dos temas estrechamente relacionados entre sí y pertinentes a este estudio: la conceptualización de la trama como unitaria o múltiple, y la distinción entre verosimilitud y veracidad, o entre epopeya y crónica histórica. Recuérdese, por un lado, que para Aristóteles la trama debe ser unitaria y completa en sí misma de manera tal que la inclusión y magnitud de cada una de las partes, así como el orden en que se presentan, sean necesarios. Por otro, recuérdese que el Estagirita afirma tajantemente que al concebir una epopeya el rapsoda no debe aspirar a producir una narración histórica y verídica como la de Heródoto de Halicarnaso (484 a.C.-425 a.C.), sino a formular una trama que sea verosímil (*Poética* vii-iv; 1450b21–1452a10; 55–63). Los preceptistas italianos del *Cinquecento*, sin embargo, oscilan entre un aristotelismo rígido que legitima la unidad de la trama y rechaza las influencias del género "multiforme y digresivo" (Lara Garrido 61) del *romanzo*, cuyos episodios no-históricos (especialmente los amorosos) ingresan en los poemas épicos del XVI; y una postura más flexible que, aun fundándose en la obra del Estagirita, procura justificar la introducción de episodios amorosos típicos del *romanzo* como 'variedad' que combate el *taedium*, transformando así la épica en un género de *armi e amori*: es decir, en un género que propone un contenido presuntamente histórico, mas aderezado con episodios amorosos claramente ficcionales. Dado el impacto de este debate en la producción épica hispánica del XVI y XVII,[24] podemos conceptualizar ésta no como una oposición entre una escuela histórica y otra fantástica, como proponía Menéndez Pelayo, sino como un variado espectro entre dos posturas extremas. Por un lado, se hallan poemas épicos que se atribuyen, no sin contradicciones, una supuesta unidad en la trama y fidelidad histórica, entre los cuales quizás sean *La Araucana* (1569, 1578, 1589) de Alonso de Ercilla y las *Guerras civiles de Flandes* (c. 1587–98) de Pedro Alfonso Pimentel los ejemplos más extremos.[25] Por otro,

---

23   Lara Garrido, y en menor medida Davis, ofrece un importante y sintético estado de la cuestión que supera las propuestas de Menéndez Pidal y de Menéndez Pelayo, así como el clásico y enciclopédico recorrido crítico de Frank Pierce.

24   A pesar de que Frank Pierce sugiere que los poetas hispánicos mostraron una general indiferencia "por toda clase de reglas épicas de tema y estructura" (264), sí mostraron conocimiento de este debate y experimentaron con diversas combinaciones del género épico y el *romanzo* italiano. Además del indispensable estudio de Lara Garrido, puede consultarse también el análisis de Michael Murrin (118).

25   Paradójicamente, aunque Ercilla declara explícitamente la historicidad de la trama y su rechazo a incluir digresiones amorosas propias del *romanzo*, son conocidas sus transgresiones y contradicciones. Inicialmente, en el prólogo a la primera parte de *La Araucana*, Ercilla afirma

observamos poemas que justifican la incorporación de los elementos amorosos y panegíricos de los *romanzi* italianos, y que podían ciertamente inspirarse en acontecimientos históricos verdaderos, pero sin pretensión cronística; el ejemplo más palmario que suele invocarse es el monumental *El Bernardo o victoria de Roncesvalles* (1624) de Balbuena.

Más allá de tratarse de una elección estética, al incorporar estas consideraciones a la polémica entre criollos e inmigrantes peninsulares en la Nueva España de fines del XVI e inicios del XVII se observa claramente su valor político. Los autores del corpus épico pro-criollo, siguiendo acaso el modelo de *La Araucana*, y muy a pesar de alejarse de la *Poética* aristotélica, insisten en la veracidad de la trama puesto que, desde una perspectiva retórica, la trama de este corpus sirve como testimonio y evidencia veraces de la valentía y masculinidad de los primeros conquistadores en los "casos" a favor de los criollos. Consciente de las implicaciones legales y, finalmente, políticas, de la tan cacareada veracidad de los poemas épicos pro-criollos, Balbuena se opone simbólicamente a este corpus y, en *El Bernardo*, cuya primera versión finaliza durante la última década del XVI, se afilia a un aristotelismo rígido que, si bien logra justificar la inclusión de episodios maravillosos, rechaza explícitamente los poemas épicos históricos, entronizando en cambio la aristotélica verosimilitud.[26]

que "considerando ser la historia verdadera y de cosas de guerra [...] me he resuelto en imprimirla, ayudando a ello las importunaciones de muchos testigos que en lo más dellos se hallaron, y el agravio que algunos españoles recibirían quedando sus hazañas en perpetuo silencio, faltando quien las escriba" (69). Igualmente, la primera octava anuncia el rechazo de las digresiones del *romanzo*: "No las damas, amor, no gentilezas/ de caballeros canto enamorados,/ ni las muestras, regalos y ternezas/ de amorosos afectos y cuidados" (77). En cambio, en el prólogo de la segunda parte, a pesar de insistir en la veracidad y unidad de la trama, decide incorporar las digresiones a las que antes se mostró reacio: "no contiene sino una mesma cosa, y haber de caminar siempre por el rigor de una verdad y camino tan desierto y estéril, paréceme que no habrá gusto que no se canse de seguirme. Así temeroso desto, quisiera mil veces mezclar algunas cosas diferentes" (463). Menos contradictorio es el caso de Pimentel, quien, según indica Lara Garrido (37), exhibe tal ansiedad por la veracidad de su *Guerras civiles de Flandes* que incorpora en el cuerpo mismo del poema la transcripción (ora literal, ora versificada) de documentos preexistentes como memoriales, cartas, capitulaciones, etc.

[26] Al proclamar su rígida afiliación a la normativa aristotélica en el prólogo de *El Bernardo*, Balbuena no duda en atacar explícitamente a aquéllos que se ufanan de producir poemas épicos veraces: "[...] lo que yo aquí escribo es un poema heroico, el cual, según doctrina de Aristóteles, ha de ser imitación de acción humana en alguna persona grave, donde en la palabra imitación se excluye la historia verdadera, que no es sugeto de la poesía, que ha de ser toda pura imitación y parto feliz de la imaginativa. Donde de paso se verá cuán inadvertidamente hablan los que la principal calidad de sus obras en verso hallan que es el no haberse desviado un punto de la verdad [...] Porque la poesía ha de ser imitación de verdad, pero no la misma verdad, escribiendo las cosas, no como sucedieron, que esa ya no sería imitación, sino como pudieran suceder [...]; que es lo que hace unos poetas mejores que otros" (141). Dado que Balbuena termina una primera versión de este colosal poema épico hacia 1595, es posible que este aristotelismo suponga una oposición al corpus épico pro-criollo.

Al conceptualizarlos como "casos" forenses o judiciales, a los autores del corpus épico pro-criollo les es imperativo, pues, protestar la veracidad, que no la verosimilitud, de sus textos. En consecuencia, las referencias a la veracidad de la trama aparecen en diversos lugares de dicho corpus. Considérese que, como ya señalara acertadamente Raúl Marrero-Fente (158–9), Francisco de Terrazas parece aludir a este debate sobre la normativa épica al inicio de su perdido *Nuevo Mundo y conquista*, donde declara que no dedicará sus versos a narrar los hechos inverosímiles o milagrosos que tuvieron como protagonistas a Cortés y a sus hombres, sino los eventos cuya historicidad es incuestionable: "No de Cortés los milagrosos hechos, / no las victorias inauditas canto / de aquéllos bravos e invencibles pechos / cuyo valor al mundo pone espanto" (92). Sin embargo, quien más explícitamente aduce la veracidad histórica de su obra quizás sea Saavedra Guzmán, a quien Dorantes de Carranza no duda en alabar por la supuesta precisión histórica de *El peregrino indiano*, por lo que "se le debe mucho y el todo por haber sido el primero que ha sacado a luz lo que estaba tan sepultado" (178). Recuérdese que, a pesar de que José Amor y Vázquez ("*El peregrino indiano*") cuestionara eruditamente su reclamo de veracidad histórica, en el prólogo de *El peregrino indiano* Saavedra Guzmán califica su texto de "historia" y "manjar de verdad": "Parecióme tan justo que no quedasen sin memoria los valerosos hecho de Hernando Cortés, Marqués del Valle, y los demás que ganaron la Nueva España, y que, siendo yo nacido en ella, lo fuera también aventurarme, lo he hecho a escribir esta historia [...] sólo ofrezco un manjar de verdad, sazonado en el mayor punto que puede imaginarse" (63).[27] Del mismo modo, al inicio del Canto XV, Saavedra Guzmán interrumpe la narración heroica para presentar el "muy duro y lastimoso caso" (xv.16c; 269) de los criollos y para presentarse como un "testigo" del sufrimiento de los criollos a fines del XVI (xv.12c; 268) y, especialmente, para erigirse en narrador fidedigno de los hechos heroicos y de la *andreia* marcial de los conquistadores

---

27   Al contrastar los eventos narrados en *El peregrino indiano* con pasajes relevantes de la segunda carta de relación de Cortés, la *Historia verdadera* de Bernal Díaz del Castillo y la *Conquista de México* de López de Gómara, Amor y Vázquez halla diversas contradicciones que considera "errores de bulto y distorsiones del hecho histórico" (31). Del largo listado de discrepancias halladas por Amor y Vázquez, son especialmente interesantes para nuestro estudio el ítem 10, a partir del cual se deduce que dichas diferencias van encaminadas a magnificar el rol de los antepasados de Saavedra Guzmán en la conquista de México y, así, legitimar su propia genealogía (33–4); el ítem 11, que concluye que Saavedra Guzmán inserta "una serie de nombres de conquistadores que el autor pretende así afamar" (35) porque las crónicas apenas les dedican "un comentario general en que se elogia colectivamente al grupo español" (37); y el ítem 12, que atañe a las "idealizaciones" de los indígenas (37). Estas discrepancias que presenta el texto de Saavedra Guzmán tienen por objetivo legitimar al autor en particular y a los criollos en general en los "casos" presentados en el corpus épico novohispano de fines del XVI y no son en absoluto exclusivas del *El peregrino indiano*, pues, como se verá más adelante, son rasgos que comparte con el *Nuevo Mundo y conquista* de Terrazas, la *Sumaria relación* de Dorantes de Carranza y el *Mercurio* de Villalobos.

del valle de México que justifican la tenencia de encomiendas y puestos burocráticos para sus descendientes los criollos:

> Y si queréis, Señor, ver si merecen
> premio los que la tierra os han ganado,
> mirad cuánto por vos todos se ofrecen,
> y cómo quedó el campo desdichado;
> y aunque siendo por vos, bien lo padecen,
> considerad, Señor, dónde han llegado,
> con muertes, con trabajos y aflicciones,
> en tantas rigurosas ocasiones. (xv.18; 269)

Logos o las pruebas racionales

Persuadir a los destinatarios y lectores de este corpus épico del carácter injusto de la situación de los criollos a fines del XVI e inicios del XVII exige que estos textos contengan razonamientos y argumentos convincentes que lleven a las autoridades coloniales, al Real Consejo de Indias o incluso al rey a remediar dicha situación. Por ello, los letrados que diseñan este corpus procura convencer racional, lógicamente a las autoridades del carácter justo de sus pedidos recurriendo al *logos*. Sancionado en la retórica clásica como una de las estrategias del género forense o judicial, el *logos* aspira a cambiar la opinión del público a través, principalmente, de silogismos. Dado que, a excepción de la restitución del corregimiento de Zacatecas a Saavedra Guzmán, los casos presentados en este corpus épico procuran ser suficientemente generales para así reflejar la situación de la mayor cantidad posible de criollos, es difícil que estos textos presenten argumentos racionales aplicables a una multitud de casos con características diversas. Sin embargo, Francisco de Terrazas logra hacerlo diseñando un silogismo muy sencillo que, además, tiene el peso argumentativo de invocar el Derecho Natural. En su *Nuevo Mundo y conquista*, Terrazas recuerda que la "razón natural" dicta que por el servicio militar realizado en nombre del rey, sus vasallos deben recibir compensaciones apropiadas en forma de tierras, títulos y privilegios sociales y políticos. A continuación de esta premisa mayor, Terrazas ofrece una premisa menor según la cual la conquista de México fue realizada en favor de la Corona española y para incrementar sus dominios. A partir de estas premisas, la única conclusión lógica posible y necesaria de este silogismo es que los conquistadores y sus descendientes tienen legítimo derecho a recibir y preservar compensaciones y mercedes ofrecidas por la Corona. Sin embargo, la lamentable situación de los criollos a fines del XVI contradice este claro silogismo basado en la "razón natural":

> Hasta los que no guardan ley divina,
> que razón natural sólo rastrean,
> a aquéllos premian y honran más aína
> que en servir a sus reyes más se emplean,
> todo hombre humano a piedad se inclina,
> todos la quieren, aman y desean:
> sólo a ti triste México ha faltado
> lo que a nadie en el mundo le es negado. (30)

Para subrayar la injusticia sufrida por los criollos, Terrazas recurre a ejemplos tanto de la gentilidad (la Roma imperial) como del mundo cristiano (la Reconquista ibérica), en los que las acciones marciales colectivas recibieron justas compensaciones según es "natural". Al preguntar "¿qué premio puede haber en lo terreno / que iguale a tanta sangre derramada?" de los primeros conquistadores (32), Terrazas subraya que es ley natural garantizarles amplias mercedes en la forma de tierras y títulos nobiliarios a los criollos. En el caso de la batalla de Magnesia (189 a.C.), el rey Eumenes II de Pérgamo (197 a.C.-159 a.C.) fue convencido por el senado romano para que les ayudara en su lucha contra Antioco III el grande (c. 214 a.C.-187 a.C.), rey del imperio seléucida del Medio oriente, y como compensación por su victoria el senado le otorgó territorios en Asia menor, y así "cuantas tierras ganó, tantas le dieron" (30), pues según costumbre del imperio romano, "aquéllos famosísimos romanos", "cuando victorias grandes alcanzaban / los premios eran casi sobrehumanos" (29–30). Análogamente, al invocar el ejemplo de la Reconquista de la península ibérica, Terrazas recuerda el ascenso social y los beneficios socioeconómicos obtenidos como recompensa, ya que "los de don Pelayo", quienes "restauraron / la noble España", merecieron un "rico premio que con [Pelayo] ganaron" y así "ocuparon […] los mejores lugares de Castilla" como nobles (30). En patente contraste con estos casos históricos en los que, siguiendo la razón natural, tanto los líderes militares como sus subordinados más altos gozan de considerables compensaciones por su valentía marcial, Terrazas hace evidente la asimetría entre los beneficios obtenidos por Cortés y aquéllos recibidos por los conquistadores, presentándola como "de ingratitud un caso conocido, que se atribuye a vos [i.e., Cortés] alguna culpa, / culpa que ya jamás tendrá disculpa" (29). Así, mientras es sabido que Cortés recibe el marquesado del Valle, Terrazas se pregunta, apelando al tópico del *ubi sunt*, por qué sus acompañantes recibieron sólo cenizas:

> ¿Qué es de aquéllos varones excelentes
> que con su propia sangre te regaron
> cuando ganando nombres permanentes
> en ti la fe con viva fe plantaron?
> […]

¿do están los siglos de oro? ¿qué es del pago,
que sólo veo cenizas de Cartago? (30–1)

La respuesta revela una clara infracción de la razón natural, pues los conquistadores
y sus descendientes yerran "[l]os más por despoblados escondidos, / tan
pobrísimos, solos y apurados / que pueden ser de rotos y abatidos / de entre la
demás gente entresacados" (32). Terrazas no duda en atribuir esta infracción a
un codicioso Cortés que, instruido por el rey para repartir recompensas, decide
romper la promesa que supuestamente hubo ofrecido a sus hombres en Cuba:
"¿Do está la fe de serles que pusiste, / no señor sino padre verdadero, / cuando
en Cuba al partir les ofreciste / por premio a cada cual un reino entero?" (33),
ofreciéndoles solamente daños y desazones.

Ethos o la virtud de la valentía

Además de apelar racionalmente al auditorio a través de silogismos que revelen
la flagrante infracción del derecho natural que conduce a la miseria de los
criollos novohispanos a fines del XVI, Terrazas, Dorantes de Carranza,
Saavedra Guzmán y Villalobos se enfocan principalmente en el *ēthos*: es
decir, en la representación de la virtud de los primeros conquistadores. Más
que resaltar los innúmeros episodios bélicos invocados dentro del corpus
épico pro-criollo que probarían la valentía de los antepasados de los criollos,
importa comprender el marco en el cual se ofrecen estas representaciones
para favorecer las ambiciones de los criollos a fines del XVI. Además de las
referencias o las descripciones de los episodios bélicos, los autores de este
corpus épico arrebatan a Hernán Cortés el exclusivo protagonismo que posee
en sus cartas de relación y, a través de largas listas de nombres propios o de
contabilidades que indican el número de hombres que lo acompañaron,
subrayan el conjunto de individualidades no menos heroicas que auxiliaron
al futuro Marqués del Valle. Al rechazar la anonimia a la que los primeros
conquistadores son sometidos en otros textos, este corpus épico pro-criollo
les devuelve el protagonismo marcial que tuvieron en la toma de Tenochtitlán
y, al hacerlos textualmente "visibles", sirve de evidencia palmaria de su
valentía, virtud y servicio a la Corona. Esta detallada contabilidad de nombres
permitiría, pues, que estos textos épicos fueran citados en probanzas y
solicitudes como las ya referidas del capitán Gregorio de Rojas de 1594 o del
desconocido Jusepe o Joseph de Villegas de 1618, que citan *La Araucana* de
Ercilla y el *Arauco domado* de Pedro de Oña como evidencia histórica de los
servicios de sus antepasados.

Mientras que textos como las cartas de relación de Cortés o el *Cortés valeroso
y Mexicana* (1588) y la versión modificada *Mexicana* (1594) de Gabriel Lobo
Lasso de la Vega se diseñan con el claro objetivo de enaltecer el rol heroico,

protagónico y singular del futuro Marqués del Valle en la toma de Tenochtitlán,[28] este corpus épico pro-criollo acompaña al personaje de Cortés de un nutrido grupo de oficiales, soldados e incluso mujeres de no menor mérito. Como nos recuerda José Antonio Mazzotti, más que la presencia de Cortés como personaje, importa considerar "la manipulación que de su figura hacen algunos descendientes de conquistadores que echan mano del prestigioso género de la épica para ensalzar a sus propios antepasados acompañantes de Cortés y al mismo tiempo infiltrar sus reclamos por los antiguos méritos familiares" ("Resentimiento" 146). Sin omitir las cualidades de Cortés, los textos que conforman este corpus épico subrayan el carácter colectivo de la conquista de México y, así, logran incorporar a los primeros conquistadores como claros protagonistas marciales de dicho proceso histórico.

Considérese que, poco antes de elogiar a Cortés como "el Jerjes nuevo", aludiendo a Jerjes I (c. 519 a.C.-465 a.C.), quien dirigió a los persas en la Segunda guerra médica (480 a.C.-479 a.C.), Francisco de Terrazas hace alusión al grupo que lo acompaña, incluyendo el número preciso de soldados y marineros.

> Por todos son quinientos compañeros,
> [...]
> no se cuentan aquí los marineros
> que con once navíos van cincuenta;
> [...]
> Contad aquí el ejército famoso
> que el Jerjes nuevo al Nuevo mundo lleva,
> con cuánta artillería va espantoso
> a dar de su valor tan clara prueba. (24)

Como ya destacara Marrero-Fente, Terrazas "destaca el papel de la colectividad representada por los soldados españoles" (159). Por ello, el mismo Terrazas declara que su intención es mencionar a la mayor cantidad posible de heroicos conquistadores, y solicita disculpas en caso de cometer alguna omisión, pues "no es justo que se olvide" a aquéllos que "no son dignos de menos honra y gloria" que el Marqués del Valle o que aquéllos cuyos nombres vendrían incluidos en los fragmentos perdidos del poema:

> Tiempo vendrá que haga la memoria
> que ahora por el tiempo se me impide,
> pues no son dignos de menos honra y gloria
> los por nombrar, ni es justo que se olvide.

---

28   Para el caso de la segunda carta de relación de Cortés, puede consultarse el penetrante estudio de Stephanie Merrim ("Ariadne's thread").

> Y si de todos no hiciera historia
> tan clara como el caso me la pide,
> allá los tiene Dios, que no se olvida,
> escritos en el libro de la vida. (93–4)

Mientras que Terrazas se consuela asumiendo que Dios corrige sus omisiones, Dorantes de Carranza conceptualiza su *Sumaria relación*, al menos parcialmente, como remedio que subsana dichas lagunas y que proporciona las cantidades y nombres de los participantes de las campañas militares de Cortés, incluyendo referencias a once mujeres. Recuérdese que, ampliando la información proporcionada por Terrazas, Dorantes especifica "el número de los conquistadores" iniciales: "fueron 1,326 con los primeros que trajo Cortés, que fueron 550 hombres, que los 50 eran marineros" (24). Del mismo modo, mientras que Terrazas sólo menciona las once naves en que viajaban esos cincuenta marineros, Dorantes amplía dicha información proporcionando un listado con los nombres de los capitanes de cada uno de los once navíos (25). Recuérdese también que Dorantes ofrece listados similares de 24 capitanes y generales encargados de conquistar diversas provincias centroamericanas (34) y de los hombres que fueron nombrados capitanes de los trece bergantines construidos expresamente por Cortés para la toma de Tenochtitlán (40). Además, Dorantes también hace referencia a las once mujeres "valerosísimas y que hicieron tan grandes hechos y valentías", que exhibieron tanta *andreia* marcial como los hombres, singularizando a María de Estrada, quien "hizo muy buenos hechos con una espada y una rodela, principalmente [en] la noche triste y el día de la famosa batalla de Otumba" (28). Considérese también que el criollo ofrece una detallada contabilidad de 191 "casas" o genealogías de los conquistadores, insertando ocasionales comentarios sobre sus actividades militares (138–200), y que anexa a la *Sumaria relación* un largo y alfabético "Cuaderno de pobladores: sus servicios y descendencias" (226–69) procurando detallar, como el título anuncia, el *ēthos*, virtud y genealogía de los conquistadores y primeros pobladores, quienes, "entremetiéndose" unos con otros "por casamientos y parentesco", crearon una única comunidad, pues "ya son todos casi unos" (24). La importancia que Dorantes de Carranza otorga al carácter colectivo de la toma de Tenochtitlán queda subrayada en la disculpa que, como Terrazas, ofrece por no haber logrado recabar información de todos los conquistadores. Aunque las "casas y familias que he podido descubrir [...] son 196 conquistadores, en que hay 109 hijos, yernos 65, nietos 479 y bisnietos 85, que todos son 934 personas", Dorantes sospecha que varios más debieron morir en combate, algunos volver a España, y otros desaparecer al perderlo todo cuando las autoridades virreinales empezaron a favorecer injustamente a inmigrantes peninsulares carentes de servicios militares, "dando a los otros que de nuevo venían con sus manos lavadas a comer de los sudores y frutos ajenos" (202–3).

De manera similar a Dorantes de Carranza, el criollo Antonio de Saavedra Guzmán declara en el prólogo de *El peregrino indiano* su intención de devolver a la memoria de las autoridades "los valerosos hechos de Hernando Cortés, y los demás que ganaron la Nueva España" (63). Como consecuencia de ello, las descripciones de estos "valerosos hechos" son acompañados de los nombres de diversos compañeros de Cortés para servir como prueba y evidencia del carácter colectivo de la conquista y de la valentía marcial de los conquistadores. Ya en el primer canto el poeta hace explícito a su destinatario, Felipe III, su propósito de enumerar la mayor cantidad posible de hombres gracias a cuya excelencia militar se conquistó Tenochtitlán: "Justo será, Señor, que se os refiera / el número de gente que venía" (i.51ab; 81). Adviértase que, como Terrazas, Saavedra de Guzmán indica que fueron "quinientos hombres", "trece caballos", "once naos" y cincuenta marineros" (i.52; 81) quienes llegaron con el futuro Marqués del Valle, y ofrece una lista de nombres de los sujetos que partieron de Cuba con Cortés (i.58–70; 82–5). Adviértase también que Saavedra Guzmán ofrece similares listados de extensión variable al narrar las diversas batallas que enfrentaron a los españoles con los indígenas, sea la batalla con los potonchanos (v.13–21; 132–6) o la batalla de Tabasco (vi.48–52; 152); ora la batalla con los tlaxcaltecas (ix.54–63; 189–91), ora la ya comentada batalla de Otumba (xv.48–51; 272–3); también en la batalla de Texcoco (xix.13–15; 318–9) y en la toma final de Tenochtitlán (xx.62–66; 336–7; xx.87–93; 340–1). Estas detalladas listas sirven como evidencia de la valentía de los antepasados de los "muchos olvidados, / hijos y nietos, todos descendientes / de los conquistadores desdichados, / capitanes y alféreces valientes" que a fines del siglo XVI se encuentran "arrinconados, / en lugares humildes diferentes" (xv.9; 268).

Más sintético, el jerezano pro-criollo Arias de Villalobos también subraya el *ēthos* de Cortés al lado del de su compañía y procura mencionar, si no los nombres, por lo menos la "larga cuenta" de hombres que lucharon con Cortés. Con ello, Villalobos señala el lamentable estado de los criollos ante el despojo de las encomiendas que merecían por los hechos heroicos y *ēthos* de sus antepasados. Si bien Villalobos llama al Marqués del Valle el "cortés, aunque iracundo Marte" (33a; 211), no duda también en incluir referencias específicas a algunos de sus compañeros, tales como sus tres capitanes en la recuperación de Tenochtitlán luego de la llamada "noche triste", Cristóbal de Olid, Gonzalo de Sandoval y Pedro de Alvarado:

> De esta calzada, aquí, en el real camino,
> Cortés su cuartel bélico alojaba;
> a Olid la de Tacuba en suerte vino;

a Iztapalapan Sandoval miraba;
al cargo de Alvarado, de contino,
no estar parado, en Tlatelolco estaba.
(137abcdef; 246)

Aunque no ofrece largos listados de nombres más allá de estos prominentes ayudantes de Cortés y el de Cristóbal de Olea, quien salva a Cortés cuando éste es capturado por los mexica, Villalobos sí extiende el *ēthos* heroico al resto de la soldadesca de Cortés indicando, como Terrazas y Dorantes de Carranza, las cantidades de hombres que forman parte de la "escuadra en ordenanza" (111b; 238) de Cortés. Recuérdese que Villalobos indica explícitamente la contabilidad de hombres que acompañaron a Cortés para prender a Pánfilo de Narváez, subrayando que apenas "con lista de doscientos y cincuenta / campo de novecientos volvió en soto" (117cd; 239). Es especialmente claro, sin embargo, el énfasis numérico de Villalobos al describir la segunda captura de Tenochtitlán tras de la llamada "noche triste". Es entonces cuando hace hincapié en la "larga cuenta" (135a; 245) de "dioses Martes" (135g; 246) que luchan por recuperar Tenochtitlán, incluyendo a los "novecientos españoles claros" (132c; 244) que en los bergantines iniciaron el ataque de la ciudad, a los ochenta de a caballo que ofrecieron "no menos importante y fiel socorro" (135b; 245), y a los cuarenta "españoles fuertes" (143c; 248) que fueron tomados por los mexicas y sacrificados a Quetzalcóatl haciendo honor a la idea de que "*un bel morir tutta la vita honora*" (143f; 248).

Además de devolver el protagonismo de la toma de Tenochtitlán a los acompañantes de Cortés a través de explícitos listados de nombres y cantidades, los autores del corpus épico pro-criollo novohispano procuran subrayar la dimensión heroica de sus acciones presentando a los mexica no como simples y cobardes bárbaros carentes de *policía*, cultural material o entendimiento, sino como individuos relativamente virtuosos. Admitir las relativas habilidades de los mexica en el campo de batalla, en el ámbito tecnológico o en el orden político sirve para subrayar la gran valentía de unos conquistadores que debieron exhibirse marcialmente ante un enemigo nada despreciable. Recuérdese, por ejemplo, que Dorantes de Carranza cita largos pasajes del llamado Códice Durán, la *Historia de los indios de Nueva España y tierra firme* (1581), del dominico fray Diego Durán (c. 1537–1588), para enaltecer a los mexica y, así, magnificar la virtud militar de los conquistadores. Al mencionar el origen norteño (Aztlán) de los mexica, Dorantes de Carranza presenta un notable contraste entre éstos y los pobladores originales del valle, los otomíes, los cholultecas y los tlaxcaltecas. Estas comunidades claramente carecían de orden y *policía*, pues "vivían como salvajes, sin comunicarse los unos ni los otros, viviendo en los montes, cuevas y quebradas sin forma de república, ni reconociendo justicia ni capitanes" (17). Además, estas comunidades carecían de conocimientos agrícolas, pues vivían "sin romper la tierra y sin sembrar, ni erar, ni cultivarla, sustentándose de la caza como gente silvestre" (17). En contraste con ellos, Dorantes de Carranza representa a los mexica como agentes que, a pesar de ser "gente idólatra y carnicera", contribuyen al proceso de "civilizar" a las otras comunidades del valle tras asentarse en él hacia 1318 (19), pues "les enseñaron su cultura y a vivir en policía y en comodidad y comunidad de gentes y congregaciones y no como bestias y brutos" (17–8). Dorantes de Carranza no duda en afirmar que la comunidad mexica "era la tribu más ilustre" (18), muy numerosa, poseedora de la "más fuerte y virtuosa natural complexión" (22), y tecnológicamente avanzada, pues para construir Tenochtitlán a lo largo de varios años "fueron terraplenando a mano todo este sitio con gran trabajo a la obra" (23). De modo similar, en su *Canto intitulado Mercurio*, Villalobos introduce la historia precortesiana del Valle de México y le recuerda al virrey marqués de Montesclaros que, aunque "reyes tiranos" (20e; 206), los mexica poseían una tecnología mucho más avanzada que los pobladores originales del valle. De hecho, con los mexicas, la arquitectura urbana pasó de ser un mero conjunto de "albergue[s] de pastores" (21f; 207) a exhibir construcciones "de adobe y piedra" (21h; 207). Finalmente, en *El peregrino indiano*, Antonio de Saavedra Guzmán resalta la virtud marcial de los conquistadores al enaltecer las habilidades militares de los mexica y afirmar explícitamente que "son, sin duda, Señor, bravos guerreros", "grandes hombres de guerra y, por la espada / nación ninguna no les gana nada" (xi.151dgh, 216). La exaltación de los mexica en este corpus épico, sea en términos políticos, tecnológicos o militares, contribuye notablemente a subrayar la magnitud de la empresa comunal que fue la conquista del Valle de México.

Si la parcial virtud de los mexica permite subrayar la superior valentía de los primeros conquistadores, la representación positiva de la Tenochtitlán precortesiana contribuye a subrayar el servicio realizado por los acompañantes de Cortés a la Corona española. Sin la exhibición de valentía marcial e individual de cada uno de los conquistadores, la Corona no habría obtenido tan apreciable y soberbio botín como la riquísima Tenochtitlán. Recuérdese que, además de ser una palmaria evidencia de alta tecnología, para Dorantes de Carranza Tenochtitlán simboliza los "servicios perpetuos en tan grandes riquezas e imperios a la corona de Castilla" (223). De manera similar, Saavedra Guzmán no duda en dotar a la ciudad precortesiana de una "buena" traza y de unas "maravillosas" calles:

> Está todo el lugar y su edificio
> fundado sobre agua en buena traza,
> y atraviesan acequias al servicio
> de la ciudad, hasta la misma plaza.

No hay cosa mal compuesta, ni con vicio,
antes no sólo ocupa ni embaraza,
mas quedan tales calles y anchurosas,
que son, Sacro señor, maravillosas.
(xi.5; 215)

Saavedra Guzmán resalta la magnificencia de la ciudad añadiendo que se encuentra plenamente abastecida, pues "dos mil y más canoas cada día / bastecen el gran pueblo mexicano" (xi.8ab; 216), que estaba muy bien poblada (ix.10; 216), y que poseía diversos templos (xi.11; 216).

Obsérvese, finalmente, que Arias de Villalobos afirma que los mexica poseían tal *policía* que convirtieron Tenochtitlán en "nueva emperatriz del Nuevo Mundo" (22h; 207). No duda Villalobos en representar Tenochtitlán explícitamente como un gran botín, una ciudad llena "de plata y oro, piedras minerales; / drogas, especias, perlas, grana y pluma" (23ef; 208). La riqueza material y la representación positiva de la Tenochtitlán precortesiana incrementan la importancia de la empresa de los conquistadores en la expansión de la Corona española y, por tanto, contribuyen a subrayar la valentía marcial de los acompañantes de Cortés y a fortalecer los "casos" presentados en el corpus épico pro-criollo.

Pathos o el aspecto emocional

Además de recurrir al *ēthos* y proveer evidencia de la valentía marcial y colectiva de los conquistadores, la cual se transmitiría directamente a sus descendientes los criollos de fines del XVI, los autores de este corpus épico procuran predisponer favorablemente a sus destinatarios y lectores manipulando sus emociones. Por ello, no es raro hallar en este corpus épico diversas instancias que recurren también al *pathos* para persuadir a sus lectores y destinatarios de la justicia de sus reclamos. Siguiendo la normativa de Aristóteles, quien en la *Poética* sugiere confeccionar la trama de tragedias y epopeyas incluyendo casos donde el *pathos* involucra a individuos que pertenecen a una misma familia, "when one kills (or is about to kill) the other, or commits some other such deed" (14.1453b; 75), y quien en la *Retórica* recuerda que el *pathos* tiene por objetivo crear "anger, pity, fear, and all similar emotions and their contraries" (ii.i.8; 1378a; 173), los autores de este corpus épico presentan la Nueva España como una madrastra incapaz de proteger y proveer a sus hijos, los criollos, lo cual deviene en las situaciones de desamparo, pobreza, miseria e incluso muerte que enfrentan al filo de 1600.

Acuñando la conocidísima metáfora familiar que los críticos suelen citar, en su *Nuevo Mundo y conquista* Terrazas presenta a los descendientes de los conquistadores como hijos abandonados por una madre convertida en madrastra (la Nueva España) que prefiere a "hijos" provenientes de otras tierras (inmigrantes peninsulares), para así provocar la indignación de los lectores y persuadirlos de la justicia de sus reclamos:

> Madrastra nos has sido rigurosa,
> y dulce madre pía a los extraños;
> con ellos de tus bienes generosa,
> con nosotros repartes de tus daños.
> Ingrata patria, adiós, vive dichosa
> con hijos adoptivos largos años
> […]
> Que de mil trescientos españoles
> que al cerco de tus muros se hallaron,
> […]
> [y] del poder de Satán te liberaron,
> contados hijos, nietos y parientes,
> no quedan hoy trescientos descendientes.
> Los más por despoblados escondidos,
> tan pobrísimos, solos y apurados,
> […]
> cual pequeñuelos pollos esparcidos
> diezmados del milano y acosados,
> sin madre, sin socorro y sin abrigo. (31–2)

Esta misma metáfora será explotada por Dorantes de Carranza para amplificar el patetismo del desamparo en que se encuentran los criollos y para explicar la injusta asimetría en que se encuentran los olvidados criollos y los criminales y codiciosos "recienvenidos": "¡Oh Indias! madre de extraños, abrigo de forajidos y delincuentes, patria común a los innaturales, dulce beso y paz a los recienvenidos, lisonja de los que se precian, hartura de los hambrientos, paño con que cubrís a los desnudos. ¡Oh Indias! madrastra de vuestros hijos y destierro de vuestros naturales" (105). Esta personificación de la Nueva España como mala madrastra que no cuida de su prole posee una fuerza emotiva tal que reaparece una vez más en *El peregrino indiano* de Saavedra Guzmán, quien afirma que

> [los criollos] son los bastardos hijos aburridos,
> de la mala madrastra castigados,
> que son con asperezas impelidos,
> como de pelo ajeno mal colgados.
> O como los que en pueblos no sabidos,
> andan acá y allá descarriados,
> y el madero arrojado es su consuelo,
> y en él albergan su desdicha y duelo.
> (xv.11; 268)

Incluso el jerezano pro-criollo Arias de Villalobos recurre a esta metáfora culpando a una "madre" que prefiere a hijos ajenos antes que a los propios: "Haber que se ganó, ciento y dos años, / y hoy ser Babel y emporio de naciones; / tan madre natural de los extraños, / que echa a los (que) parió, por los rincones" (188abcd; 264).

Recuérdese, además, que los autores de este corpus épico suelen amplificar el *pathos* producido por esta metáfora con diversos reclamos que detallan vívidamente la miseria y el desamparo en que se encuentran los criollos. Dorantes de Carranza, por ejemplo, afirma que los criollos no sólo andan "mendigando y aun por ventura por puertas ajenas" (28), sino que él mismo ha sido testigo de la muerte por inanición de algunos de ellos, quienes no recibieron a tiempo las recompensas debidas: "y vive Dios que es verdad que he visto morir en esta ciudad dos o tres hijos y nietos de conquistadores calificados, de hambre; y los he ayudado a enterrar con esta lástima, porque les dilataron su remedio" (201). Del mismo modo, afirma Saavedra Guzmán que los criollos se encuentran en "muy lastimosas" situaciones (xv.12d; 268), puesto que "es grande la miseria en que nos vemos" (xv.15d; 269).

El patetismo que recorre el corpus épico pro-criollo, al igual que las denuncias de injusticias y los silogismos, es parte de la estructuración de estos textos épicos como casos forenses con los que los criollos novohispanos pretenden obtener o preservar encomiendas y puestos burocráticos. Más importante, sin embargo, es el hecho de que estos poemas procuran magnificar el *ēthos* o carácter moral de los primeros conquistadores presentándolos en el campo de batalla exhibiendo su valentía marcialmente contra los indígenas americanos. La inclusión de los nombres y cantidades de los acompañantes de Cortés los rescata del anonimato y del olvido. La representación relativa o parcialmente positiva de los mexica y las descripciones de la Tenochtitlán precortesiana como rico botín contribuyen notablemente a enaltecer el carácter virtuoso de los primeros conquistadores y los servicios marciales que realizaran para beneficio de la Corona española. La definición marcial de la valentía es la pieza clave que permite que los textos de Terrazas, Saavedra Guzmán y Villalobos contengan personajes heroicos y, por tanto, sean considerados poemas épicos. Sin embargo, la valentía es también el elemento que permite conceptualizar estos textos como casos forenses que resaltan la asimetría entre el virtuoso ejercicio de servicios a la Corona española por parte de los primeros conquistadores, por un lado, y, por otro, el estado de carencia, abandono e indefensión en que se encuentran sus descendientes al filo de 1600. Si el discurso criollo recurre a una definición marcial y performativa de la valentía para solicitar compensaciones socioeconómicas como encomiendas o puestos burocráticos, el valdepeñero Bernardo de Balbuena deduce que las posibilidades de ascenso social de los recientes inmigrantes peninsulares, quienes carecen de antepasados heroicos, exige desarticular el corpus épico pro-criollo proponiendo una definición no bélica de la valentía. Como Juan Ginés de Sepúlveda, el gran apólogo del imperio español, Balbuena hallará en la tradición platónico-aristotélico-tomista una definición de la valentía útil a los templados inmigrantes peninsulares que habitan en la capital novohispana.

Grandeza mexicana y la transgresión del *enkōmion poleōs*

A diferencia de la masculinidad entendida como exhibición marcial individual basada en las emociones (principalmente la ira) del *thumos*, el mundo griego post-homérico acuña el término *andreia* para referirse a la virtud de la valentía (Bassi 32–3). Esta virtud, en su formulación platónico-aristotélica, es la que importa a este estudio, pues, a través de Santo Tomás de Aquino, formará parte del programa imperial propuesto por Juan Ginés de Sepúlveda, y alimentará el programa imperial y anti-criollo de Balbuena al momento de redactar *Grandeza mexicana*. La virtud de *andreia* es, en tanto que virtud, un justo medio entre los extremos deficientes de la osadía o arrojo y el temor o cobardía. Además, en un marcado alejamiento de la emotividad en que se basa la masculinidad de la epopeya griega, *andreia* exige la subordinación del *thumos* donde se generan las emociones a los objetivos decididos por el *logos*/racionalidad del individuo. Por analogía con la ciudad-estado, esto exige que la clase de Auxiliares o Guardianes (es decir, el equivalente político al *thumos* individual) opere siguiendo las directrices de la clase gobernante. Finalmente, y aunque *andreia* se exhibe principalmente en la confrontación con muertes consideradas nobles y justas, el ejercicio de esta virtud es explícitamente ampliado a situaciones metafóricamente marciales que tienen por objetivo el bien común. Estas "justas guerras" incluyen circunstancias tanto civiles como religiosas, tales como los debates filosóficos que procuran identificar la virtud, las disputas forenses en las que un juez debe mantenerse firme en sus decisiones, o el ejercicio y defensa del cristianismo en contextos adversos que pueden conducir a la tortura y el martirio. Es gracias a esta definición platónico-aristotélico-tomista, más ampliamente desarrollada por Sepúlveda, que Balbuena es capaz de oponerse a la definición de masculinidad ofrecida por el corpus épico pro-criollo mitigando el valor marcial de héroes y caballos épicos individuales, y, en cambio, adjudicar la virtud de *andreia* a los personajes 'heroicos' y 'dignos de Homero' que participan en diversas 'justas guerras' en la capital novohispana en escenarios no marciales. Así como las anónimas tropas católicas conquistan a los bárbaros indígenas americanos, las autoridades políticas y judiciales del virreinato, los profesores y poetas debaten y diseminan el conocimiento de las virtudes en la población, y los potenciales mártires cristianos que se hallan entre las autoridades eclesiásticas, las órdenes religiosas o sus mecenas son dotados de la virtud de la valentía en *Grandeza mexicana*. Como uno de los poetas encargados de entrenar a la población en el ejercicio de la virtud, Balbuena se legitima a sí mismo como poseedor de *andreia*.

En su clásica formulación aristotélica, la valentía o *andreia* se conceptualiza como un justo medio alejado de extremos viciosos por su deficiencia (es decir, la cobardía) o por su exceso (el arrojo u osadía) (*NE* ii.vii.2; 99; iii.vi.1–3). Esta valentía se define en relación a diferentes temores, pero especialmente al temor principal del ser humano: el temor a la muerte (*NE* iii.vi.6; 155). En circunstancias en las que el individuo teme por su vida, *andreia* es la virtud que le permite controlar dicho temor y subordinarlo a un legítimo objetivo expuesto por la razón individual y/o por las leyes defendidas por los gobernantes y por la educación recibida por padres o profesores. Por ello, en su formulación abstracta, Platón afirma que *andreia* es:

> "A kind of conservation," I said, "is what I mean by bravery [*andreia*]." "What sort of a conservation?" "The conservation of the conviction which the law has created by education about fearful things—what and what sort of things are to be feared. And by the phrase 'under all conditions' I mean that the brave man preserves it both in pain and pleasures and in desires and fears and does not expel it from his soul." (*República* iv.vii.429c-d; 353)

Para lograr preservar este tipo de convicciones, inculcadas por la legislación y la educación de la *polis*, el individuo que exhibe *andreia* no puede entregarse a las pasiones generadas por un descontrolado *thumos*, como el Aquiles de la epopeya homérica, sino utilizarlo como instrumento subordinado a un *logos* que dotará el esfuerzo de un propósito noble. Después de todo, además de cumplir un rol en la epopeya homérica, la valentía y la masculinidad originadas en el *thumos* se relacionaban, en el siglo V a.C. griego, con el nacimiento de la democracia ateniense. Era esta la valentía asociada con dos acontecimientos clave en la fundación política de Atenas: el asesinato de Hiparco de Atenas en 514 a.C. a manos de los ciudadanos y tiranicidas Harmodio y Aristogitón; y la victoria griega sobre las fuerzas persas en la célebre batalla de Maratón (490 a.C.). Mientras que el primer episodio condujo a la expulsión del tirano hermano de Hiparco, Hipias de Atenas, el segundo representa la derrota de éste comandando las fuerzas medas, y la victoria de la valentía y la democracia sobre la cobardía y la tiranía (Sissa 109, Balot 82–4). Por sus profundas resonancias épicas y por su rol fundacional en el imaginario político griego, tanto a Platón como a Aristóteles les importa apropiarse de y redefinir el término *thumos* para utilizarlo en su conceptualización de la virtud de la valentía [*andreia*].

Las exhibiciones marciales de valentía, como las de un Aquiles dominado por las emociones generadas en el *thumos*, sin embargo, no podían ser paradigma de la vida en la polis griega del siglo V a.C., por lo que Platón y Aristóteles reinterpretan el significado de *thumos*. El *thumos*, lejos de provocar la inmediata reacción marcial, debe ser dominado y guiado por el *logos* (razón) para cumplir una función política. A nivel del individuo, Platón utiliza el término *thumos* o ánimo para referirse a una de las tres partes del alma que es el "principle of high spirit, that with which we feel anger" (*República* iv.439e; 399) y se aloja en el pecho, mientras que las otras dos partes, el *logos* (razón) y la *epithumia* (apetitiva), residen en la cabeza y el vientre, respectivamente. Además, Platón establece una clara relación jerárquica entre las diferentes partes del alma, según la cual la razón o *logos* recibe la ayuda del ánimo/*thumos* para controlar y gobernar sobre los apetitos/*epithumia* (*Timeo* 69c-72e, 1271–3; *República* iv.xvi, 441c-442d, 405–9). Esta jerarquía exige que el *thumos* obedezca las órdenes de la razón; es decir, que acepte lo que la razón define como las razones y los objetos legítimos por los cuales un individuo debe sentir temor. Es precisamente en esta subordinación del *thumos* al *logos* donde reside la valentía o *andreia*, pues permite al individuo conservar, incluso en condiciones adversas, las convicciones dictadas por la razón sobre aquéllo que debe o no debe temerse. Sin importar el grado de placer o temor que un individuo pueda sentir en unas circunstancias específicas, se dice que exhibe *andreia* si demuestra la capacidad de mantener y conservar las convicciones dictadas por la razón, en la forma de leyes o a través de la educación recibida, acerca de lo que puede o no legítimamente temer. De este modo, "[b]rave [*andreios*], too, then, I take it, we call each individual by virtue of this part in him, when, namely, his high spirit [*thumoeides*] preserves in the midst of pains and pleasures the rule handed down by the reason [*logos*] as to what is or is not to be feared" (*República* iv.442c; 409).

Análogamente, la subordinación del *thumos* al *logos* halla un correlato en la estructura de la ciudad-estado, pues la clase conformada por los guardianes o auxiliares debe ayudar a la clase gobernante (es decir, al equivalente de la razón/ *logos* en el alma humana) a mantener el orden interno de la *polis* y a defenderla de ataques externos que comprometan su bien:

> Bravery [*andreia*] too, then, belongs to a city by virtue of a part of itself owing to its possession in that part of a quality that under all conditions will preserve the conviction that things to be feared are precisely those which and such as the lawgiver inculcated in their education. (*Rep.* iv.vii.429b; 353)

De esta manera, los miembros de la clase auxiliar no deben mostrarse temerosos ante la posibilidad de morir en el campo de batalla luchando contra fuerzas externas que amenazan la democracia ateniense. Antes bien, deben mantener la convicción de que, al ser la democracia un bien preciado por la comunidad, deben exhibir *andreia* privilegiando el bien común de la *polis* y controlando o incluso suprimiendo su temor a la muerte en dichas circunstancias.

Como Platón, para Aristóteles la valentía debe estar regida por la razón y no debe dejarse llevar por un *thumos* descontrolado en el campo de batalla. El Estagirita afirma que el hombre valiente es aquel individuo que puede exhibir confianza en sí mismo gracias al conocimiento que posee sobre las legítimas fuentes de temor y sobre las circunstancias en las que es legítimo sentir dicho temor: "The courgeous man then is he that endures or fears the right things and for the right purpose and in the right manner and at the right time, and who shows confidence in a similar way" (*NE* iii.vii.5; 159).[29] Al hacerlo, este individuo se guía por criterios socialmente aceptables que han sido predeterminados por, entre otras cosas, las leyes, la educación y las convenciones sociales, y que llevan a acciones nobles que procuran el bien de la *polis*, tales como la muerte en el campo de batalla combatiendo a un tiránico enemigo externo. Incluso en este caso, sin embargo, Aristóteles está lejos de legitimar la exhibición marcial individual basada en un descontrolado *thumos* homérico.

Tanto Platón como Aristóteles procuran "domesticar" el *thumos* para dotarlo de una función dentro de la *polis* griega. Mientras que el primero conceptualiza el *thumos* como una parte del alma humana, para el Estagirita se trata de una potencia o facultad del alma que, como en el caso homérico, posee la capacidad de albergar todo tipo de sentimiento. En su tratado *De anima*, Aristóteles se aleja de la estructura tripartita del alma humana ofrecida por Platón (*logistikon*, *thumoeides*, *epithumētikon*) y define *thumos* como una de las tres potencias del alma que tiene la capacidad de albergar todo tipo de sentimiento. Aristóteles ofrece una bipartición fundamental de la psique humana consistente de una parte racional y otra irracional. Dentro de cada una de estas partes, sin embargo, se manifiestan tres potencias diferentes: una nutritiva [*threptikon*], una sensitiva [*aisthētikon*] y otra racional [*dianoēthikon*]. La potencia nutritiva, conocida también como alma vegetativa, es la única poseída por las plantas, animales y humanos, y gobierna las funciones de nutrición, sustento de la vida y reproducción. La potencia o alma sensitiva, común a bestias y a seres humanos, incluye tanto las capacidades sensoriales (i.e. referidas a los sentidos físicos) como los apetitos [*orexis*], tales como el deseo [*epithumia*], las aspiraciones [*boulēsis*] y el *thumos*. Finalmente, la potencia racional, o alma intelectiva, es exclusiva de los seres humanos y se enfoca en el intelecto [*nous*] (*De anima* ii.iii 414a29-b7, 81; iii.ix 432a22-b7, 183).

El *thumos*, entendido como parte del alma sensitiva que puede provocar emociones diversas como el placer, el temor, la ira o el dolor, es instrumental en la virtud de *andreia* siempre y cuando se subordine a la razón o alma intelectiva. Afirma Aristóteles que se suele confundir al individuo iracundo

---

[29]   Aristóteles ofrece una formulación similar en la *Retórica*: "Courage [*andreia*] makes men perform noble acts in the midst of dangers according to the dictates of the law and in submission to it; the contrary is cowardice" (i.ix.10; 1366b; 93).

con el valeroso porque "the courageous [*andreios*] also are high-spirited [*thumoeideis*]; for spirit [*thumos*] is vey impetuous in encountering danger" (*NE* iii.viii.10; 167). La diferencia entre ambos, según el Estagirita, consiste en que el individuo valeroso no se guía por una descontrolada ira, sino por un ideal de nobleza asociado con la valentía. Por ello, la marcialidad motivada por la ira, aunque parece ser la más natural, no corresponde a la virtud de la valentía. Aristóteles impugna a aquéllos que luchan dominados por la ira o el deseo de venganza, pues no subordinan racionalmente sus sentimientos a fines nobles. La subordinación del *thumos* al *logos* individual y al bien colectivo de la *polis* es esencial en la conceptualización de la valentía como virtud:

> But the form of courage that is inspired by spirit [*thumos*] seems to be the most natural, and when reinforced by deliberate choice and purpose it appears to be true Courage [*andreia*]. And human beings also feel pain when angry, and take pleasure in revenge. But those who fight for these motives, though valiant fighters, are not courageous; for the motive of their confidence is not honour, nor is it guided by principle [*logos*], but it springs from feeling [*pathos*]. (*NE* iii.viii.12; 169)

A pesar de conceptualizar *thumos* dentro de esquemas psicológicos divergentes, tanto Platón como Aristóteles hacen una clara distinción entre *thumos* y *andreia*, y afirman que esta virtud se vale de un controlado *thumos* que lleva a los individuos a actuar sin perder su confianza y convicción en los designios de la razón. Además, para ambos pensadores, es claro que el campo de batalla es el lugar privilegiado, aunque no exclusivo, para la exhibición de *andreia*. En la *República*, la clase compuesta por los Guardianes o Auxiliares, cual aguerridos canes, requiere de *thumos* precisamente para luchar, especialmente contra las amenazas externas:

> "And it must, further, be brave [*andreion*] if it is to fight well." "Of course." "And will a creature be ready to be brave that is not high-spirited [*thumoeides*], whether a dog or anything else? Have you ever observed what an irresistible and invincible thing is spirit [*thumos*], the presence of which makes every sould in the face of everything fearless and unconquerable?" (ii.xv; 375a-b; 169)

Aristóteles es más explícito e identifica el campo de batalla como el lugar privilegiado para la exhibición de *andreia*, explicando que la muerte ocurrida en combate es la más noble; por lo tanto, el individuo valiente es aquel capaz de controlar sus emociones y preservar la convicción de sus directrices racionales en el campo de batalla:

> What form of death then is a test of courage [*andreia*]? Presumably that which is the noblest. Now the noblest form of death is death in battle, for it is encountered in the midst of the greatest and most noble of dangers. [...] The courageous man, therefore, in the proper sense of the term, will be he who fearlessly confronts a noble death, or some sudden peril that threatens death; and the perils of war answer this description most fully. (*NE* iii.vii.8–10; 157)

A pesar de que el conflicto armado es el escenario privilegiado para la exhibición de *andreia*, por analogía se incluyen otros tipos de confrontación como circunstancias en las que un individuo puede demostrar su valentía. Ya Platón sugería en *Laches* (194a; 679) que el filósofo que debate con experimentados capitanes para definir la valentía exhibe dicha virtud en la razonada confrontación verbal (Bassi 50–2). Más importante, sin embargo, es la notable ampliación de las 'guerras' en que es posible la exhibición de *andreia* durante la Edad Media. En la *Summa Theologiae*, Santo Tomás de Aquino expande las posibles circunstancias que requieren *andreia* a ámbitos civiles y cristianos acudiendo al concepto de la "justa guerra". Ésta, definida como el derecho de los cristianos de tomar las armas contra un enemigo injusto o que debe ser sometido para su propio beneficio (ii.ii. q.40 a.1; 35: 81–3), le permite al aquinate afirmar que existen dos tipos de guerras 'justas' (ii.ii. q.41 a.1; 35: 95–101): aquéllas ejercidas por grupos bajo disciplina militar, y aquéllas ejercidas de manera individual, entre las cuales se incluyen el conflicto entre partes legales o simples individuos sobre cuál es la decisión justa en la resolución de un conflicto y la valentía necesaria para protegerla, el temor que un hombre debe superar en servicio de otros (por ejemplo, el médico que debe superar su temor al contagio o la muerte cuando debe ayudar a los enfermos), y la valentía que exige a los mártires cristianos preservar sus convicciones a pesar de las torturas que sufren y de la posible muerte que enfrentan:

> But there can be two forms of just war. The first is general, as when men fight under military discipline. The second is particular—for example, when a judge or even a private individual refuses to be move from a just decision by fear or a brandished sword or any peril whatsoever, even mortal. [...] But a brave man rightly concerns himself also with the dangers of any other deaths, particularly as he may undergo the peril of any kind of death in the service of virtue. [...] The martyrs endure assaults on their persons for the highest good, which is God. Their courage [*fortitudo*] accordingly wins special praise. (ii.ii, q.123, a.5; 42:19)

Durante la temprana modernidad hispánica, el mayor apólogo del imperio español, Juan Ginés de Sepúlveda, y el valdepeñero Bernardo de Balbuena recogerán este legado platónico-aristotélico-tomista para definir *andreia* en sus respectivas obras y justificar la presencia y el *imperium* de los españoles en el Nuevo Mundo. El profundo conocimiento que Sepúlveda posee de Platón y, especialmente, de Aristóteles, le permite en el *Dialogus de convenientia militaris disciplinae cum christiana religione* (1535), más conocido como *Demócrates primero*, conceptualizar la valentía/*fortitudo* como un justo medio entre dos extremos viciosos (ii.21; 131) y como "la virtud que modera según la razón [*ratione moderantem*] el arrojo y el temor a la hora de enfrentarse y soportar peligros mortales por honor" (ii.20; 130). En su formulación más abstracta, Sepúlveda mantiene la subordinación del *thumos/animus/*ánimo a la razón y mantiene las convicciones dictadas por ésta cuando se enfrenta a la muerte:

> Para establecer un criterio en todos estos casos existe una norma infalible transmitida por los sabios y que nosotros debemos mantener y aplicar atentamente: que debemos afirmar que obra con fortaleza quien, en los peligros de muerte antes mencionados, los soporta y arrostra; o por contra, se precave ante los que conviene y como conviene y a su debido tiempo −y el juicio sobre estas circunstancias ha de proceder de la prudencia−. (ii.21; 131)

Evidentemente, este tipo de *fortitudo* se aplica a la "justa guerra" que las fuerzas católicas deben librar en el Nuevo Mundo y que Sepúlveda defendió y justificó eruditamente (*Apología* 4.4; 197), pero también a otras circunstancias individuales. En el ámbito civil, Sepúlveda adscribe la virtud de la valentía a las autoridades judiciales y políticas, es decir, a "quienes han demostrado un espíritu recio [*robustum animum*] al enfrentarse a la vida social y han rechazado con firmeza los ataques de ciudadanos ásperos, tanto en lo público como en lo privado, y, cuando han estado en tareas de gobierno, han reprimido, sin que temor ninguno les detuviese, la osadía de los insolentes" (ii.18; 128), pero también, como sugiriera Platón, a los filósofos "que no solo cultivaron estas virtudes en sus academias y con la reflexión, sino administrando el Estado y participando en acciones bélicas" (ii.18; 128). Además, siguiendo a Santo Tomás, Sepúlveda nos recuerda que la valentía es también virtud de los cristianos que se transforman en mártires, cuya "fortaleza [*fortitudo*] y [...] gran energía de sus invictos ánimos"[30] les permiten luchar por "no apartarse de la verdad de la fe y del piadoso culto religioso" y valerosamente "no temieron ni rechazaron afrontar los tormentos y la muerte" (ii.15; 125).[31]

---

30   García Pinilla traduce aquí el término *animus* como "espíritu". Para mantener la consistencia de las citas, he decidido utilizar "ánimo".

31   Luna Nájera se encuentra preparando un estudio de la masculinidad en la obra de Sepúlveda, del cual ha publicado un análisis inicial del *Gonzalo, diálogo sobre la apetencia de*

La valentía *qua andreia* en *Grandeza mexicana*

Al considerar la presencia de los españoles en el "Nuevo Mundo" en general, y en el Valle de México en particular, Balbuena, como hiciera Sepúlveda, se apropia de una definición platónico-aristotélico-tomista de *andreia* para subrayar cuidadosamente la valentía de unos hombres dispuestos a mantener la convicción de su rol en la "justa guerra" que la Corona española entabla como agente de cristianización de las bárbaras poblaciones americanas. Con ello, Balbuena logra elogiar a los primeros conquistadores, tal y como lo hacen los autores del corpus épico pro-criollo. A diferencia de éstos, sin embargo, Balbuena subordina las acciones marciales a un exclusivo objetivo espiritual y transforma a los conquistadores en una anónima tropa cuya real valentía no consiste en su individualidad y masculinidad épicas, sino en su participación como brazo armado de la Corona en su "justa guerra" contra los bárbaros amerindios. Dado que estos escuadrones subordinan su temor a la muerte en el campo de batalla a la deseable conversión espiritual de los amerindios que la Corona procura lograr, su participación en esta "justa guerra" es claramente un acto de valentía/ *fortitudo*/ *andreia*. Por ello, Balbuena se pregunta cómo elogiar apropiadamente la valentía de unas "católicas banderas" que luchan para transformar en seres "afables" a las grandes cantidades de "bárbaras gentes, llenas de fierezas" que habitan unos "nuevos mundos espantables" (IX.333–336; 123). Como parte de esta subordinación a la "justa guerra", sin embargo, Balbuena somete a los conquistadores a la anonimia para así resaltar el rol central de la Corona y, al mismo tiempo, para cancelar el valor legal que poseen las detalladas listas de nombres contenidas en el corpus épico pro-criollo. Así, "Grandeza mexicana" es un elogio de una excelsa "España valerosa" y su "heroico brazo sin segundo" (IX.280,277; 121), pero también de los "heroicos hechos" y las "increíbles proezas y hazañas" que sus anónimos y "nunca vencidos escuadrones" (II.5,20,21; 68) llevan a cabo en el Nuevo Mundo como parte de la "justa guerra".

Cabe advertir que esta representación de la valentía de los conquistadores que participan en la "justa guerra" contra los indígenas coincide con la visión que Balbuena ofrece en su carta "Al doctor don Antonio de Ávila y Cadena, Arcediano de la Nueva España" donde, al comentar su canción "Divina garza que a la blanca nieve", afirma que gracias a "el valeroso Hernando Cortés y unos pocos compañeros suyos" (44), el territorio novohispano pasó a engrosar el mundo cristiano. Gracias

---

gloria (1523) en el que, según la autora, Sepúlveda "lays out the moral foundation of the war doctrines that he develops in four later works: *Exhortación a la guerra contra los turcos* [1529], the *Demócrates primero o diálogo sobre la compatibilidad entre la milicia y la religión* [1535], the *Demócrates segundo o de las justas causas de la guerra contra los indios* [c. 1545], and the aforementioned *Apología* [1550]" (392). Es de esperar que el prometido estudio de Nájera permita elucidar con mayor detalle el rol de la valentía en la obra de Sepúlveda.

a la valentía de estos individuos, los indígenas se transformaron en hombres nuevos y la Tenochtitlán precortesiana en una magnífica y ordenada urbe:

> Y habiendo muerto la serpiente de la idolatría de aquéllos mismo dientes que le quitaron, esto es, de sus ritos y fuerzas bárbaras, renacieron hombres nuevos en la fuente del Baptismo, con que quedó mejorada en todo, creciendo después sus edificios y calles tan por orden y compás, que más parecen puestas por concierto y armonía de música que a plomo y máchinas de arquitectos. (44)

Cabe destacar que, además de la anonimia de las colectivas fuerzas españolas en la "justa guerra", "Grandeza mexicana" se opone al corpus épico pro-criollo elidiendo descripciones de eventos marciales e inclusive aseverando que la conquista de los territorios americanos se realizó prácticamente sin necesidad de acudir a las armas. En "Grandeza mexicana", la explícita exhibición marcial de los conquistadores brilla por su ausencia en grado tal que Balbuena afirma que apenas un reducido grupo de hombres *desarmados* es responsable de la conquista del Nuevo Mundo sin los sangrientos enfrentamientos ni las recurrentes exhibiciones bélicas que son piedra de toque del corpus épico pro-criollo:

> Y esto [i.e., la conquista del Nuevo Mundo]
> sin más caudal que atrevimientos
> de ánimo [<*animus*] belicoso, a cuya espada
> por su interés le dará al cielo alientos,
> y así gente sin armas, destrozada,
> que nunca tuvo juntos mil soldados,
> vitoriosa salió con tal jornada.
> (IX.349–354; 123)

La definición platónico-aristotélico-tomista de *andreia* que Sepúlveda adopta en sus tratados políticos explica que Balbuena elogie la valentía de unos anónimos conquistadores que participan en la "justa guerra" de la Corona contra las idólatras poblaciones amerindias prácticamente sin combate alguno. Sin embargo, Balbuena amplía también la definición de "justa guerra" para incorporar circunstancias alternativas en las que otros personajes exhiben valentía en busca del bien común. Si la Ciudad de México al filo de 1600 es una "ciudad desmilitarizada" y "post heroica, ya libre de los estremecimientos de la guerra", como ha sugerido Stephanie Merrim ("*La grandeza mexicana*" 84), el campo de batalla no puede ser el escenario privilegiado en que sus habitantes ejerzan la valentía. El propio Balbuena advierte que la ciudad se encuentra "libre del fiero Marte y sus vaivenes, / en vida de regalo y paz dichosa" (III.181; 79) y "a sólo Marte y su alboroto extraña / en paz (si no son guerras los amores)" (IX.170–1; 118). Por ello, si Balbuena propone, paradójicamente, que la capital

novohispana es "dign[a] de Homero y de la fama espanto" (II.63; 70) y, por
tanto, épica, es porque el valdepeñero tiene en cuenta escenarios alternativos
al campo de batalla, donde los personajes asociados con la vida religiosa en la
ciudad, las autoridades civiles y los educadores que residen en la capital llevan
a cabo sus propias "justas guerras" individuales.

Ampliando sensiblemente la innovación de Aquinas de incluir a los mártires
cristianos como ejemplo de *andreia/fortitudo*, Balbuena elogia la valentía de
los personajes que, guiados por el supremo bien cristiano, están asociados de
manera diversa con la vida espiritual de la capital novohispana. Estos individuos,
desde las autoridades eclesiásticas y las órdenes religiosas hasta los dedicatarios
del poema "Grandeza mexicana", deben controlar sus temores, superar dificultades
y enfrentar sus "justas guerras" individuales teniendo en mente el superior bien
espiritual de la capital novohispana. Considérese que, al enumerar las autoridades
espirituales que ejercen en la Ciudad de México, Balbuena utiliza una metáfora
decididamente marcial para dotar de valentía al Tribunal del Santo oficio de la
Inquisición en el cumplimiento de sus funciones, el cual se yergue como "de
la fe un alcázar artillado, / terror de herejes, inviolable muro, / de atalayas
divinas rodeado" (VII.160–2; 105). Recuérdese, además, que al alabar la
diversidad de órdenes religiosas en la capital novohispana, Balbuena afirma
que dicha variedad, producto del "gran concierto y policía" de la ciudad, es "el
tesoro / de la heroica virtud" (VIII.31–33; 107) que permitirá a los personajes
religiosos invocar la *andreia/fortitudo* cuando las circunstancias les sean adversas
y los llenen de temor, incluyendo potencialmente casos en los cuales sean
sometidos a sufrimientos o incluso la muerte. De manera similar, adviértase
que al elogiar la devoción católica de una población entregada a las obras pías
y las limosnas, y de una ciudad plena de ocasiones para el ejercicio religioso,
desde la participación en misas o romerías hasta la entrega a plegarias o sermones
en alguna de las innúmeras iglesias o conventos (IV.211–244; 86–7), Balbuena
califica tales prácticas de "obras heroicas" (IV.230; 87). Ninguna de estas
actividades e instituciones religiosas sería posible, sin embargo, sin patronos
particularmente devotos que sustenten "[s]us fundaciones, dotación y renta"
(VIII.166; 111), sin protectores cuyos "ánimos [*animus/thumos*], grandezas y
blasones" (VIII.172; 111) tan predispuestos a la valentía le permitan a Balbuena
tildar sus actos de caridad de "[h]azañas dignas del caudal de Homero" (VIII.175;
111) o de acciones que piden "bronce eterno en qué tallarse" (VIII.180; 111). Su
íntima participación en la vida espiritual de la capital novohispana quizás
explique también por qué Balbuena presenta a sus dedicatarios como heroicos
personajes. Si don García de Santa María Mendoza y Zúñiga, nuevo arzobispo
de la Ciudad de México, y doña Isabel de Tobar y Guzmán son presentados
como "un heroico y santo Prelado" (146) y una "heroica beldad" (I.1; 61),
respectivamente, la valentía del primero reside en la convicción de su adhesión

al cristianismo como general electo de la orden de los Jerónimos (1591), prior del convento de San Lorenzo del Real Escorial por seis años (González Dávila 1:41–2) y nuevo "y dignísimo arzobispo y cabeza espiritual" (146) de la capital, mientras que la *andreia* de doña Isabel anticipa su ingreso a uno de los monasterios de la Ciudad de México tras la muerte de su esposo.[32]

Además de esta ampliación de la definición de *andreia/fortitudo* al ámbito religioso, Balbuena aprovecha también su legítima aplicación a las "justas guerras" individuales que ocurren en el ámbito civil, como antes hicieran Platón, Santo Tomás de Aquino y Sepúlveda, para dotar de valentía a las autoridades políticas y a los principales educadores públicos de la capital novohispana. Mientras que los primeros deben enfrentar sus temores ante individuos que, cuestionando su aplicación de la justicia, pueden llegar a amenazar sus vidas, los últimos son quienes garantizan la instrucción de la población de la capital en el ejercicio de la valentía y en torno a los legítimos objetos y circunstancias de temor. Así, Balbuena no duda en calificar al nuevo virrey, Marqués de Montesclaros, de "príncipe heroico" (VII.25; 101), ni en afirmar que la totalidad de la administración colonial, su "ilustre cabildo y regimiento" (VII.110; 103), incluyendo la Audiencia virreinal, el Tribunal del consulado, la Casa del Real tesoro, la Casa de la Moneda y los diversos alcaldes, requieren de "un Virgilio en eminencia y curso" (VII.111; 103) y un poema épico más extenso que narre sus 'justas guerras' individuales, pues es imposible incluir todas sus 'hazañas' en el poema "Grandeza mexicana": "no es posible en tan medido asiento / asentar un valor tan sin medida / menos que en estrechez y encogimiento" (VII.112–114; 103). De hecho, Balbuena afirma que la cantidad de valerosos personajes que deben llevar a cabo 'justas guerras' en el gobierno civil es indeterminable, pues la grandeza de la ciudad se sustenta en "un número que espanta / de heroicos personajes, que al gobierno / velan y asisten de su nueva planta" (IX.214–216; 119).

Dado que, en su formulación platónico-aristotélica-tomista, la virtud de la valentía no supone una reacción irracional del *thumos* sino la subordinación de las emociones humanas a los dictados de la razón, el proceso a través del cual un individuo logra someter el *thumos* requiere de un previo conocimiento de las legítimas causas y circunstancias de temor. Este conocimiento, además del significado de las virtudes en general, se disemina a través de las leyes, las convenciones sociales, pero especialmente a través de la educación, sea pública

---

32   Este heroísmo atribuido a Isabel de Tobar, sin embargo, no puede interpretarse necesariamente como un elogio de la valentía de los criollos, pues es muy probable que el interés de Balbuena por dicha dama se base en su parentesco con el Duque de Lerma, valido de Felipe III. El hecho de que Balbuena explique con detenimiento esta relación familiar en la "Introducción" de *Grandeza mexicana* así lo sugiere. Para más detalles, véase la introducción de este estudio.

o privada. Mientras que Sepúlveda en el *Demócrates* advierte de la importancia de los padres de familia para criar individuos inclinados al ejercicio de la virtud en general, incluyendo la valentía (ii.38; 232), Balbuena califica de heroicos y valerosos a los personajes que, dedicados a la instrucción pública en la capital novohispana, deben librar sus propias 'justas guerras' individuales intentando guiar a la población hacia el ejercicio de la virtud. De ahí que, después de afirmar que "[n]i en Grecia Atenas [se] vio más bachilleres" (IX.112; 116) que en la capital novohispana, Balbuena exalta a los "heroicos y eminentes profesores" (IX.117; 116) que, con su "grande ciencia y graves pareceres" (IX.114; 116), libran sus 'justas guerras' en las aulas para diseminar el conocimiento que los jóvenes requieren para ejercer una conducta virtuosa. La función pedagógica que los poetas realizan en la capital novohispana les hace igualmente merecedores del calificativo de valerosos y heroicos, pues mantienen sus 'justas guerras' procurando educar a la población a través de sus composiciones poéticas. Recuérdese que en el "Compendio apologético en alabanza de la poesía" Balbuena legitima una poesía cívica "de grande utilidad y provecho" (127) que promueva el bienestar de la comunidad y la diseminación de conocimientos apropiados tomados de diversas disciplinas, incluyendo la filosofía moral. Explícitamente crítico con aquéllos poetas dedicados a la composición de meras "coplas de amores", Balbuena valida las "obras graves, enteras, sentenciosas y llenas de moralidad y filosofía" (145) que "discurre[n] por todas las demás ciencias y facultades" (132) para ofrecer un contenido políticamente provechoso y útil. La poesía producida por los "buenos poetas" (145) conlleva una serie de beneficios, pues "concierta el ánimo y le entretiene, compone el espíritu, mitiga la ira, alivia los trabajos, acompaña la soledad y, como dice Macrobio, despierta la *virtud*" (136; énfasis añadido).[33] Dado el eminente rol pedagógico que cumple la poesía, Balbuena no duda en elogiar a aquéllos poetas "tan diestros, tan valientes" (IX.157; 118) que, procurando dotar a sus lectores del conocimiento necesario para el ejercicio de la virtud, deben afrontar 'justas guerras' individuales cuando diseñan sus obras. Dado que "Grandeza mexicana" es un poema que, siguiendo el modelo del *enkōmion poleōs*, resalta la virtud de los habitantes de la capital novohispana, el mismo Balbuena sería uno de tales "buenos poetas" que procuran educar a sus lectores y, por tanto, sería merecedor del calificativo de valeroso. En otras palabras, en la redacción y publicación del libro *Grandeza mexicana* el propio Balbuena exhibe su innegable *andreia*.

La adopción de esta concepción platónico-aristotélica-tomísta de la virtud de la valentía por parte de Balbuena le permite calificar de "heroicos" y valerosos a

---

[33] Esta concepción anti-platónica y aristotélica de la poesía por parte de Balbuena se desarrolla con más detalle en el capítulo final de este estudio, "'Pensamiento medido con 'arte': las virtudes de Balbuena".

una serie de personajes que participan en 'justas guerras' colectivas, como los primeros conquistadores del Nuevo Mundo, pero también en 'conflictos' individuales, caso de las autoridades civiles, los individuos relacionados con el mundo espiritual de la capital novohispana y aquéllos individuos que inculcan la virtud en la población, tales como profesores y poetas. Como parte de este elogio, sin embargo, Balbuena minimiza el rol marcial de los soldados y caballos que habitan la capital novohispana hacia 1600 para explícitamente oponerse a la performativa y marcial masculinidad que sustenta los méritos individuales de los primeros conquistadores en los "casos forenses" que constituyen el corpus épico pro-criollo. Si la Ciudad de México está realmente "libre del fiero Marte y sus vaivenes" (III.181; 79), no existe necesidad de acciones marciales como las que ejecutaron los primeros conquistadores al inicio de la conquista del Nuevo Mundo.

Dado que el campo de batalla no es el escenario privilegiado para la exhibición de *andreia* en la Ciudad de México a inicios del XVII, Balbuena da un paso más y afirma que las acciones marciales en la capital virreinal brillan por su ausencia. Con ello, *Grandeza mexicana* se opone al corpus épico pro-criollo cuestionando la función marcial de los soldados de la capital novohispana, afirmando que no son héroes épicos, sino profesionales de la misma importancia que joyeros, agricultores y libreros, y presentando los caballos no como recursos marciales sino cual bellos ornamentos. Recuérdese que ya en el capítulo inicial de "Grandeza mexicana" Balbuena incluye a los soldados dentro de una lista que detalla la variedad de profesionales de la ciudad, donde se hallan "arrieros, oficiales, contratantes, / cachopines, soldados, mercaderes, / galanes, caballeros, pleiteantes; / clérigos, frailes" (I.118–121; 64). Adviértase, además, que la profesión militar es mencionada en la lista de ocupaciones económicas con que se cierra también el *capitolo* inicial del poema. En dicha lista, Balbuena afirma que el "interés" motiva la actividad profesional del "fiero imitador de Marte airado", quien "al ronco son del atambor se mueve, / y en limpio acero resplandece armado" (I.157, 158–159; 66), del mismo modo en que el "interés" empuja al resto de trabajadores que ejercen sus oficios y profesiones en la capital novohispana, desde mercaderes (I.160; 66) y actores ("farsante" I.163; 66) hasta cronistas (I.177; 66) y juristas (I.178; 66), incluyendo también a labradores (I.154; 65) y canónigos (I.182; 66).

Gracias a una definición de *andreia* que no es exclusivamente marcial, Balbuena no sólo se rehúsa a presentar a los soldados de fines del XVI en acciones bélicas; antes bien, afirma que los caballos, recurso esencial de una clase criolla cuasi-feudal y aristocrática, son meros ornamentos que exhiben la clase social de sus poseedores. Cuando Balbuena recuerda a sus lectores que los variados caballos novohispanos son comparables a "la gran caballeriza del dios Marte" (III.66; 76) y que ninguno de estos famosos caballos míticos y épicos pueden vencerlos en "gallardía, / brío, ferocidad, coraje y gala" (III.19–20; 74), el valdepeñero subraya precisamente el hecho de que "Grandeza mexicana" no ofrece representaciones de dichos caballos en acciones bélicas. Como en el caso de los soldados profesionales, los contextos marciales en que participarían estos caballos brillan por su ausencia.[34] Con ello, Balbuena mina la conceptualización de masculinidad prevalente en el corpus épico pro-criollo, basado en un descontrolado *thumos* y que debe exhibirse en el campo de batalla.

Si en su *Tractado de la caballería de la gineta y brida* (1580) el criollo Juan Suárez de Peralta resalta el valor de los caballos como instrumento marcial y afirma que "del caballo nace el nombre y el valor de los caballeros" (cit. González González 555), Balbuena invierte el valor épico del caballo, convirtiéndolo, principalmente, en una mercancía ornamentada "con jaeces, penachos, bordaduras" (IX.130; 117) y "en seda envuelto y varia plumería" (III.33; 75), o, como explica Merrim, en "the equivalent of mannequins who march [...] parading their owners' wealth in their fine trappings" ("Spectacular Cityscapes" 39). Balbuena no duda en afirmar que estas mercancías equinas criadas en la paz virreinal son jerárquicamente superiores a múltiples caballos bélicos recordados y halagados en proverbios, fuentes clásicas y textos épicos medievales y de la temprana modernidad. Así, pues, estos caballos superan a los criados en Gaete o Gahete (Belalcázar, Andalucía), proverbialmente alabados por su talle y velocidad, que sin embargo pierden rápidamente con los años[35] ("los ligeros potros de Gaete, / que al viento y a los años desafían, / entrando en cinco y no llegando a siete" [III.10; 74]).[36] Del mismo modo, los caballos novohispanos, cuya función no es en absoluto bélica, son superiores a otros ampliamente alabados en textos de la Antigüedad grecolatina, incluyendo a los centauros (III.1; 74), el hipogrifo (III.49; 75), el Bucéfalo de Alejandro Magno ("al que

---

[34] Discrepo, pues, de Bárbara Fuchs y Yolanda Martínez San Miguel, quienes sugieren que a Balbuena le interesa resaltar la diversidad de los caballos novohispanos para, de manera metafórica, tratar "el tema étnico en un contexto imperial" (688).

[35] En su edición de *Grandeza mexicana*, González Boixó afirma que Balbuena se refiere a "Gaeta, ciudad situada en la costa sur del Lacio" (55, n. 24). Sin embargo, un refranero de 1601 recoge el refrán "Cada día más ruin, como los potros de Gaete", el cual indica que, si bien excelsos al nacer, los caballos criados en dicho lugar pierden su agilidad y velocidad a pronta edad: "Potros de Gahete. Dicen: 'Cada día más ruin, como los potros de Gahete'. Dice Ambrosio de Morales, que era un lugar de ruin cría de potros, al qual por esto le fue mudado el nombre, y llamado Benalcázar o Belalcázar" (Rosal 83). Íñigo Madrigal ofrece la variante "Los potros de Gaete / cada feria valen menos", sin indicar la fuente (346).

[36] Probablemente sea proverbial también la fuente que refiere la grandeza de los caballos criados a orillas del Betis, "los que el gran Betis en su arena ensaya" (III.18; 74). Balbuena también se refiere a estos caballos béticos en *El Bernardo*: "En un breve fantástico caballo / de la color y el lustre del armiño, / que Genil vio nacer, Betis criallo" (167b). Quevedo parodia esta idea en el *Poema heroico de las necedades y locuras del Orlando el enamorado*: "Y como si supiera gobernallos, / o tenerse en alguna de las sillas, / siempre tuvo la flor de los caballos / que Betis apacienta en sus orillas, / y ni sabe correllos, ni parallos" (canto II; 247).

labró Alejandro de su mano / sepulcro insigne" [III.46–47; 75]),[37] el Pegaso de Belerofonte ("el que el liceo / monstruo venció, que en fuego y humo ardía" [III.53–54; 75]),[38] los magníficos caballos que el rey Latino ofrece a los troyanos en la *Eneida* ("los que a Eneas le dio su suegro un día / nietos de los del sol" [III.52–53; 75]),[39] los que domara Mesapo, hijo de Neptuno ("ni Mesapo en la brida mar profundo" [III.7; 74]),[40] los que llevan a Faetón sobre los aires ("Si el gran Faetón estos caballos viera / nunca los de su padre cudiciara" [III.37–38; 75]), el de Cástor, conocido por su superior habilidad como jinete en contraste con su hermano gemelo Pólux (III.8–9; 74), y los velocísimos caballos nacidos de yeguas lusitanas que eran preñadas por el Favonio o Céfiro[41] ("ni los que los aires concebían / las lusitanas yeguas" [III.14–15; 74]).[42]

Del mismo modo, los caballos-mercancías novohispanos son superiores a una serie de equinos que pertenecen claramente a textos épicos medievales, como el Babieca del Cid (III.47–49; 75), y muy especialmente a textos épicos del renacimiento italiano, tales como el Baiardo o Bayarte de Reinaldo de

[37]   Cuando Bucéfalo muere a los 30 años de edad, Alejandro Magno construye una ciudad en su memoria, Bucefalia, a orillas del río Hidaspes. Véase Plutarco (1.LXI; 75)

[38]   En su edición, González Boixó afirma que Liceo es sobrenombre de Zeus, quien luchó contra Tifón, un monstruo gigantesco cuyos ojos despedían fuego (57, n. 30). Me parece, sin embargo, que la referencia correcta es a Pegaso, el caballo de Belerofonte. Íóbates (o Yóbates), rey de Licia ("liceo"), solicita a Belerofonte dar muerte a la Quimera, monstruo que vomitaba fuego. Belerofonte, cabalgando a Pegaso, logra destruir a este "liceo monstruo".

[39]   González Boixó (57, n. 29) identifica erróneamente al suegro de Eneas con Príamo, rey de Troya y padre de Héctor. En realidad, se trata del rey Latino, quien le ofrece a Eneas la mano de su hija Latvinia y regala a los troyanos unos espléndidos caballos (*Eneida* 7.249–310; 250–2). Íñigo Madrigal afirma que se trata de caballos que Circe genera cruzando los del Sol con yeguas (348).

[40]   Mesapo es un capitán referido en la *Eneida* como hijo de Neptuno y gran jinete (*Messapus equum domitor, Neptunia proles* [7.691, 9.523, 12.128]). Véase Moskalew (86).

[41]   González Boixó se limita a apuntar que esta "leyenda" se suele atribuir a las yeguas cordobesas, y remite a *Autoridades*: "La ligereza de los caballos es tal, que por esta causa las naciones extranjeras creyeron, los antiguos escritores dijeron, que se engendraban en el viento" (56, n. 25). Íñigo Madrigal (346) ofrece una interpretación similar. Sin embargo, diversos autores clásicos, incluyendo a Plinio, Varrón, Virgilio, Silio Itálico y Justino, atribuyen este rasgo específicamente a los equinos lusitanos (Blázquez Martínez 163–5). La fama de las yeguas lusitanas es tal que influye en la representación de yeguas gallegas en el *Quijote* I.15 (Leahy).

[42]   Es probable que deba incluirse en este grupo a los acarnanios, quienes, aparentemente, eran celebrados por la excelencia de sus caballos: "ni de la alta Acarnania los livianos / mancebos, que primeros en el mundo / al freno dieron industriosas manos" (III.4–6; 74). En este momento no puedo resolver la oscura referencia que hace Balbuena a este grupo helénico.

Montalbán (III.40–42; 75),[43] el Frontino de Rugero (III.43; 75),[44] el Brilladoro de Roldán (III.44; 75),[45] el Rabicano del duque Astolfo (III.44–45; 75).[46] Balbuena insiste en recordar a sus lectores que los caballos novohispanos, a pesar de no ser presentados en acción bélica alguna, son comparables a "la gran caballeriza del dios Marte" (III.66; 76) y que ninguno de estos famosos caballos míticos y épicos pueden vencerlos en "gallardía, / brío, ferocidad, coraje y gala" (III.19–20; 74). Al elogiar el paradójico carácter épico de unos soldados que son "fiero[s] imitador[es] de Marte airado" (I.157; 66) y de unos caballos que conforman "la gran caballeriza del dios Marte" (III.66; 76), pero que carecen de escenarios bélicos en los cuales combatir, Balbuena cuestiona una definición de masculinidad basada en la visible performance marcial que es piedra de toque del corpus épico pro-criollo novohispano.

La omisión del *genos* de la Ciudad de México
Aprovechando el legado platónico-aristotélico-tomista que también recoge Sepúlveda, Balbuena encuentra una definición de la virtud de la valentía/ *andreia* enfocada en la subordinación de las emociones (especialmente de la ira) a un bien u objetivo ulterior, y en la exhibición de dicha virtud en circunstancias que pueden considerarse 'justas guerras' colectivas o individuales. Esta definición alternativa de la valentía adoptada por Balbuena se opone decididamente a aquella resumida en la fórmula *sapientia et fortitudo* que, basada en la exhibición marcial e individual de la masculinidad en el campo de batalla, determina el corpus épico pro-criollo. La oposición de Balbuena al discurso épico pro-criollo, sin embargo, adopta un cariz incluso más explícito y evidente en la transgresión del modelo retórico del *enkōmion poleōs*: la omisión del origen o *genos* de la capital novohispana, donde normativamente se hallarían detalles sobre la población original (es decir, los mexica), los fundadores o los cambios sufridos por la ciudad (tales como la inicial conquista y posterior transformación de Tenochtitlán por los españoles). En otras palabras, el *genos* es el aspecto del *enkōmion poleōs* que obliga a Balbuena a narrar la

---

[43] Bayarte (Baiarde) y Reinaldo de Montalbán aparecen en el *Orlando Innamorato* (1495) de Matteo Maria Boiardo y en el *Orlando furioso* (1516) de Ludovico Ariosto. En el segundo, Baiarde es el objeto de deseo del rey sarraceno Gradasso, por lo que lucha contra Carlomagno y el rey Marsilio. Lo menciona la Dolorida en el *Quijote*, al lado de otros caballos famosos como Pegaso, Bucéfalo, Brilladoro, Frontino y Orelia (II.XL).

[44] Frontino es el caballo que Bradamante le obsequia a su amado Rugero (Ruggero), personaje de Boiardo y Ariosto. Lo menciona la Dolorida en el *Quijote* (II.XL).

[45] Brilladoro es el caballo de Roldán (Orlando) en el *Orlando furioso* de Ariosto. Mencionado en el *Quijote* (I.LII, II.XL). Lo menciona también Balbuena en diversos pasajes de *El Bernardo* (XII.265b; XV.296b; XV.298b; XX.348ab).

[46] Rabicano es el caballo con el cual el conde Astolfo, personaje de Boiardo y Ariosto, viaja a la Luna.

toma de Tenochtitlán que los poemas épicos pro-criollos se encargan de subrayar. Al rehusarse explícitamente a narrar el *genos* de la capital novohispana, Balbuena transgrede deliberadamente el paradigma del *enkōmion poleōs* para así cuestionar las narraciones épicas pro-criollas de la toma de Tenochtitlán y, al mismo tiempo, para desarticular las estrategias utilizadas en dicho corpus épico que subrayan el *ēthos* y la conducta valerosa de los primeros conquistadores. Recuérdese que el corpus épico pro-criollo se detiene largamente en la narración de la conquista del Valle de México y magnifica el valor de los actos marciales de los conquistadores enalteciendo a los mexica y subrayando la magnificencia de Tenochtitlán. En notable contraste con este corpus, *Grandeza mexicana* omite la caída de Tenochtitlán y, en cambio, remite al lector a los ya acabados pero inéditos *Siglo de Oro en las selvas de Erífile* y *El Bernardo o victoria de Roncesvalle*; en ellos, sin embargo, no hallamos una gloriosa y épica conquista de México, sino la historia no-marcial de la liberación del pueblo tlaxcalteca, aderezada con comentarios que menosprecian a los indígenas americanos como meros bárbaros, y con una reducción de la magnífica Tenochtitlán a un mero conjunto de chozas sin valor material alguno. Con esta definición no-marcial de valentía, y a través de esta clara ruptura con el modelo del *enkōmion poleōs*, Balbuena se posiciona en contra del corpus épico pro-criollo y procura desarticular los "casos" forenses y las solicitudes de compensaciones socioeconómicas de los criollos.

Recuérdese que el modelo del *enkōmion poleōs*, formulado por el rétor Menandro de Laodicea en sus dos tratados de retórica epideíctica y diseminado por la Europa de la temprana modernidad, exigía la representación de la ciudad elogiada como poseedora de un clima templado (gracias a su posición central y a accidentes geográficos benignos) que justificara la virtud de los ciudadanos. Dicha virtud ha de observarse en aspectos que incluyen el *genos* u origen de la ciudad, las *epitēdeumata* o la práctica de innúmeras profesiones, y el elogio de las *praxei* o acciones de la comunidad. A pesar de que *Grandeza mexicana* cumple mayormente con la normativa del *enkōmion poleōs*, es evidente y explícita la renuncia de Balbuena a elogiar el origen de la Ciudad de México. Por medio de esta renuncia, ya observada por Saad Maura (24–5)[47] y que Sabat de Rivers ("Barroco de contraconquista" 34) identifica con la figura de *praeteritio* de la retórica clásica,[48] Balbuena explícitamente rehúsa incluir en su elogio de la capital novohispana referencias específicas a los fundadores, la fecha de fundación, los

[47] En su reciente edición, Saad Maura afirma que Balbuena procura "ensalzar esta 'nueva' ciudad que desplaza tanto el legado Azteca (en particular la ciudad de Tenochtitlán) como el de otras ciudades antiguamente respetadas" (24–5), aunque no relaciona esta renuencia con el modelo del *enkōmion poleōs*.

[48] La *praeteritio* es una figura retórica que consiste en la declaración explícita de una omisión (Lausberg §§ 882; 2: 276).

pobladores originales y los cambios sufridos por la ciudad hasta llegar a su presente estado de esplendor. Todos ellos son, cabe destacarlo, elementos privilegiados en un corpus épico pro-criollo preocupado por ofrecer "testimonio verdadero" de la identidad de los acompañantes de Cortés y sus servicios marciales, y de describir a los indígenas y la Tenochtitlán precortesiana positivamente para resaltar el *ēthos* y la marcialidad de los conquistadores.

Aunque Balbuena ensalza a los conquistadores como el brazo armado de la 'justa guerra' contra los indígenas del Nuevo Mundo, la anonimia con que Balbuena presenta a tales "nunca vencidos escuadrones" (II.21; 68) no constituye de ninguna manera una elogiosa presentación de los fundadores de la Ciudad de México. De hecho, Balbuena explícitamente rehúsa ofrecer una narración detallada de la toma de Tenochtitlán y de "añudar un largo hilo" (II.3; 68) que incluya los "heroicos hechos" (II.5; 68) e "increíbles proezas y hazañas" (II.20; 68) de los primeros conquistadores, remitiendo al lector a sus aún inéditos pero ya claramente terminados *Siglo de Oro* y *El Bernardo*, donde promete cantar "en son más grave" (II.35; 69) y "en pompa sonorosa y en voz suave" (II.37; 69) los eventos de la conquista de México. Muy a pesar de esta remisión, el hecho de que Balbuena explícitamente omita la narración de la toma de Tenochtitlán y, así, omita el *genos* en su elogio de la capital novohispana, supone el claro posicionamiento de Balbuena en contra de los criollos de inicios del XVII. Como afirma agudamente Stephanie Merrim, "[e]l no haber incluido este material épico no habría congraciado en absoluto a Balbuena con el ambiente criollo del momento" ("*La grandeza mexicana*" 88).

La remisión de Balbuena a su pastoril *Siglo de Oro* sugiere a su público lector que hallará "en las selvas de mi clara fuente / en humildes llanezas pastoriles" todos los "milagros" "a que la brevedad echó hoy llave" (II.38–41; 69). Sin embargo, la novela pastoril de Balbuena sólo ofrece en el diálogo sexto una brevísima visión de la capital novohispana que no sólo silencia el proceso de fundación de la Ciudad de México, sino que, al igual que *Grandeza mexicana*, problematiza y subvierte el valor bélico de los *bellatores* y sus equinos. Como en el elogio de la capital novohispana, el *Siglo de Oro* subraya, de manera sincrónica, las "no vistas riquezas" de la "soberbia y populosa ciudad" (VI.213) de fines del XVI e inicios del XVII, mas elude referirse a las supuestas riquezas que el corpus épico pro-criollo atribuía a la Tenochtitlán precortesiana. Además, aunque la población indígena no es presentada como bárbara, sí es sustituida por "ilustres ciudadanos" moralmente superiores (VI.213), "delicados ingenios" (VI.214), "hermosísimas y gallardas damas" (VI.214) y, más importante aún, por "galanes y atrevidos mancebos" que transitan la ciudad "como unos valientes y poderosos centauros sobre lozanos y revueltos caballos cubiertos de guarniciones y jaeces de oro" (VI.213–4). Si bien la fundación y el origen de la Ciudad de México exigen una narración marcial, en el *Siglo de Oro* Balbuena no sólo elide dichos eventos, sino que incluso presenta a los hombres como poco combativos "centauros" cuyos caballos son principalmente ornamentos y mercancías preciosas que recuerdan los adornados caballos descritos en *Grandeza mexicana*. Esta similitud, sin embargo, sugiere que si Balbuena remite al lector de *Grandeza mexicana* a su *Siglo de Oro* no es para suplementar la información omitida en el primero, sino para subrayar su rechazo a narrar los episodios bélicos que autores como Terrazas, Dorantes de Carranza y Saavedra Guzmán aprovechan como supuesta evidencia de la valentía de los antepasados de los criollos.

Además de invitar a sus lectores a subsanar las lagunas de "Grandeza mexicana" acudiendo al *Siglo de Oro*, Balbuena también afirma que en su monumental canto épico *El Bernardo* se encuentra inserta una narración marcial de la conquista de México: "y entre las armas de aquel nuevo Aquiles, / el gran Bernardo, honor, gloria y modelo / de obras gallardas y ánimos gentiles, / [las acciones de la toma de Tenochtitlán] tienen su rico engaste de pelo a pelo / con las demás grandezas españolas, / que ponen lustre al mundo, envidia al suelo" (II.43–48; 69). Sin embargo, si los lectores tomaran esta invitación literalmente, sólo hallarían una breve narración no de la toma de Tenochtitlán, sino de la 'justa guerra' en que los españoles deben liberar a unos subyugados tlaxcaltecas del control de unos usurpadores y tiránicos mexica a través de un proceso carente de acciones marciales. Esta 'justa guerra', opuesta a la ofrecida en el corpus épico pro-criollo, es pronosticada en el canto XIX de *El Bernardo* por el mago Tlascalán (nombre claramente derivado de la comunidad tlaxcalteca) prediciendo no sólo la victoria en Roncesvalles declarada en el título, sino también la expansión del imperio cristiano al Nuevo Mundo. A diferencia del corpus épico pro-criollo que se enfoca en las acciones bélicas, en los personajes individuales que acompañan a Cortés y en la historia prehispánica de Tenochtitlán para magnificar la exhibición de masculinidad de los primeros conquistadores, Balbuena narra esta empresa como la liberación del pueblo tlaxcalteca, enemigo histórico de los mexica y colaborador de Cortés en la conquista de México, haciendo que Tlascalán alabe la toma pacífica de Tenochtitlán y que, como *Grandeza mexicana*, celebre la *andreia* exhibida por los conquistadores como parte de la legítima 'justa guerra' de la Corona española.

Dado que Balbuena utiliza a Tlascalán como narrador de la historia precortesiana del Valle de México, el relato que observamos en *El Bernardo* no corresponde al de una conquista, sino al de la expulsión de una tiranía y la restauración de la libertad de los tlaxcaltecas gracias al imperio cristiano. James Nicolopulos ha advertido la excepcionalidad del mago Tlascalán dentro de la poesía épica colonial (113), pues es inusual que un mago indígena sea representado de manera tan favorable y "civilizada". Lo que sí es evidente es que la narración ofrecida por Tlascalán cumple la función de legitimar la conquista de México como parte de la 'justa guerra' del imperio cristiano y, al mismo tiempo, como bien señalan John Tolan (23) y Verena Dolle (496), de castigar los vicios, los excesos morales y la injusta tiranía de los mexica. En otras palabras, se trata de la narración de una encomiable liberación de una comunidad, no de una conquista militar.

Además de suplantar la narración de la gloriosa conquista de México del corpus épico pro-criollo con la de la liberación de los tlaxcaltecas, cabe resaltar que este proceso carece de los episodios marciales que Terrazas, Saavedra de Guzmán, Dorantes de Carranza y Villalobos deben subrayar para testimoniar la valentía y masculinidad marcial de los conquistadores. En *El Bernardo o victoria de Roncesvalles*, Balbuena minimiza el rol de las acciones bélicas para así oponerse simbólicamente a las largas contabilidades de conquistadores menores y sus supuestas hazañas heroicas detalladas en el corpus épico pro-criollo. De hecho, a pesar de que Tlascalán anuncia en su profecía la llegada de los españoles como "invictos capitanes", a lo largo de la narración los episodios marciales brillan por su ausencia y, como señala agudamente Verena Dolle, "en la descripción de la toma de posesión del imperio azteca no se menciona casi ninguna acción de guerra" (486). Más aún, Balbuena redefine la valentía de Cortés y sus hombres, atribuyéndoles una valentía *qua andreia* que no se exhibe ni exclusiva ni únicamente en el campo de batalla, sino en la subordinación de sus temores al bien de la 'justa guerra'. Así, los conquistadores exhiben su *andreia* no en circunstancias marciales, sino en el dominio de sus temores ante las incertidumbres del viaje transatlántico ("insigne hazaña de ánimo [*animus*] brioso / será dar velas al mudable viento" [xix; 336b]) o ante la necesidad de destruir sus propias naves ("Barrenar de su flota el frágil leño / y allí sacrificarse a su cuidado, / [...] / ¡bella osadía...!" [xix; 336b]). Esta oposición de Balbuena a una definición exclusivamente marcial y performativa de la valentía le permite elogiar el clímax de la toma de Tenochtitlán, la captura de Moctezuma, como una "heroica hazaña" ejecutada sin ningún tipo de violencia o de armas, "con fuerza humilde y desarmada mano":

> Mas la heroica hazaña, en quien se agota
> el largo discurrir del seso humano,
> mayor que armar ni barrenar la flota,
> ni dar asalto al reino mejicano,
> será entre un pueblo inculto y gente ignota,
> con fuerza humilde y desarmada mano,
> su monarca prender, ceñirle hierros,
> y castigar en él fingidos yerros. (xix; 336b)

Incluso los posteriores conflictos entre Cortés y Diego Velásquez se reducen en *El Bernardo* al acto "grande" de apresarlo, elidiéndose la materia marcial: "Grande será prender un enemigo / que, de mortal envidia el pecho lleno, / a

estorbarle vendrá" (xix; 336b). La narración de la conquista de México y de los
"heroicos hechos" (II.5; 68) que Balbuena prometía en *Grandeza mexicana*
aparecen en *El Bernardo* como una secuencia de hechos no marciales y carentes
de violencia. Antes bien, en ambos textos la conquista de México es una más
de tantas "grandezas españolas" (*Grandeza* II.47; 69) subordinadas a la 'justa
guerra' a través de la cual la Corona española procura cristianizar a la población
amerindia. A diferencia de los poemas épicos pro-criollos, que detallan los
logros militares de los primeros conquistadores para posteriormente presentarlos
como "testimonio" de los reclamos de los criollos, Balbuena presenta
exclusivamente a Cortés como un héroe desmilitarizado y subordinado a la
Corona y su 'justa guerra'.

Así como el público lector no halla en *El Bernardo* la historia bélica que
ensalce marcialmente a los fundadores o las circunstancias de la fundación de
la Ciudad de México, tampoco encuentra otros potenciales elementos relacionados
con el *genos* de la ciudad, tales como referencias positivas a la población original
(i.e., los mexica) o explicaciones de la transición de la Tenochtitlán precortesiana,
tan alabada por los letrados pro-criollos, a la capital novohispana. De hecho,
en la misma *Grandeza mexicana* Balbuena no duda en referirse a los indígenas
americanos en general como "bárbaras gentes, llenas de fierezas" (IX.333; 123)
que deben ser convertidas al cristianismo. Recuérdese, además, que en el presente
de 1600 el indígena sigue siendo un personaje indeseable que aparece en la
"Introducción" de *Grandeza mexicana* como un "indio salvaje" de "temerosa
imagen y espantosa figura", que es incluso más feroz que los animales silvestres
que caza ("sale a la caza de alguna fiera menos intratable y feroz que el ánimo
que la sigue" [54]), o como un "indio feo" que es sometido a la extracción de
perlas en las costas (presumiblemente del Mar del Sur) del virreinato (IX.373;
124). El caso específico de los mexica del pasado no es diferente, pues Balbuena
los presenta como seres bárbaros y carentes de todo signo visible de "civilización".
A pesar de aludir sucintamente al origen septentrional de los mexica ("el prolijo
viaje" [II.55; 69]) y a la narración fundacional sobre el águila que los mexica
habrían de hallar luchando contra una serpiente sobre una tuna ("las quimeras
/ del principio del águila y la tuna / que trae por armas hoy en sus banderas"
[II.56–58; 69]), Balbuena subraya sus vicios morales y su conducta feral al
rehusarse a narrar "el áspero concurso, / y oscuro origen de naciones fieras"
(II.52–3; 69). La remisión de Balbuena hacia *El Bernardo* concuerda con esta
representación de los indígenas americanos en general, y de los mexica en
particular, como individuos viciosos y carentes de virtud. Aparte del excepcional
mago Tlascalán, las Indias son asiento de comunidades moralmente extremas
e inclinadas a vicios morales que incluyen la antropofagia, pues se trata de
"pueblos y gentes monstruosas" (xvi; 315a) que "suelen comer los hombres
vivos" (xix; 336b). En el caso concreto del Valle de México, Tlascalán subraya

el origen septentrional de los mexica para así tacharlos de advenedizos y para denunciar la tiranía impuesta por tales "feroces extranjeras gentes" (xix; 336b) en contra de unos tlaxcaltecas que han sufrido siempre "en triste servidumbre" (xix; 336b). Lejos de ofrecer una imagen parcialmente virtuosa de los mexica, *El Bernardo* los presenta como un "tirano pueblo" (xix; 337a) que no dignifica los orígenes de la Ciudad de México.

El apartado sobre los orígenes de la Ciudad de México incluiría también, hipotéticamente, observaciones, al menos relativamente positivas, del centro político de la llamada Triple Alianza. Este aspecto, debe recordarse, es importante dentro del corpus épico pro-criollo, pues la representación de la Tenochtitlán precortesiana como magnífico botín contribuye a resaltar los beneficios obtenidos gracias a las acciones marciales de los primeros conquistadores. Lejos de hacer esto, Balbuena afirma en *Grandeza mexicana* que Tenochtitlán, tan alabada por Cortés, cronistas y letrados pro-criollos, no fue más que un mero conjunto de "chozas humildes" que debió ser completamente destruido para dar lugar a la capital novohispana. Su pobreza material y su insalubridad eran tan acusadas que, según Balbuena, la Tenochtitlán precortesiana está complemente divorciada de la Ciudad de México. De hecho, Balbuena no la considera antecedente de la capital virreinal, pues esta en realidad "nació [...] como de nuevo" (II.26; 69) con la invasión de los españoles y fue "fundada como de nuevo por el valeroso Hernando Cortés" (44):

> Y admírese el teatro de fortuna,
> pues no ha cien años que miraba en esto
> chozas humildes, lamas y laguna;
> y sin quedar terrón antiguo enhiesto,
> de su primer cimiento renovada
> esta grandeza y maravilla ha puesto.
> (IX.271–276; 121)

Al negarse a elogiar a los pobladores originales de Tenochtitlán, a detallar las batallas que precedieron la toma de la ciudad, a mencionar los nombres de Cortés y sus acompañantes, y, en general, a narrar la transición de la Tenochtitlán precortesiana a la Ciudad de México, Balbuena transgrede explícitamente la normativa del *enkōmion poleōs* en un intento de oponerse simbólicamente al corpus épico pro-criollo. Incluso las obras a las que remite a los lectores para subsanar esta laguna ratifican el hecho de que Balbuena procura desarticular las estrategias utilizadas por Terrazas, Dorantes de Carranza, Saavedra Guzmán y Villalobos para enaltecer la virtud de los primeros conquistadores y así sustentar sus solicitudes y reclamos. Especialmente importante es advertir que la definición de la valentía *qua andreia*, que Balbuena recoge de la tradición platónico-aristotélico-tomista, le permite al valdepeñero cuestionar la representación de los primeros conquistadores en el corpus épico pro-criollo y posicionar *Grandeza mexicana* en su contra. Si los criollos (o peninsulares afiliados a la causa criolla como Villalobos) conceptualizan sus poemas épicos como casos forenses en los que la virtud y servicio de los conquistadores contrasta notablemente con el injusto desamparo en el que se encuentran sus descendientes, Balbuena diseña *Grandeza mexicana* para desarticular dichos casos y negar a los criollos la posibilidad de seguir los pasos del ya mencionado Jusepe o Joseph de Villegas, quien en los australes reinos de Chile, algunos años después de la publicación de *Grandeza mexicana*, utiliza *La Araucana* de Ercilla y el *Aracuo domado* de Oña como testimonios en su probanza de méritos y servicios para así procurar conservar su encomienda por tres vidas más y obtener una cuantiosa renta. Para Balbuena, la carencia de antepasados heroicos no impide el ejercicio de la virtud. Por ello, recientes inmigrantes peninsulares como él mismo pueden considerarse virtuosos y ejercer la valentía en 'justas guerras' individuales o no marciales. Con ello, Balbuena sugiere que los peninsulares, originarios de la templada franja del Mediterráneo, gozan de una mejor disposición que los tropicales criollos para el ejercicio de la virtud de la valentía y, por tanto, son mejores candidatos al gobierno espiritual y temporal del virreinato novohispano.

4

La geopolítica de la templanza:
la ciencia del imperio español transatlántico

Durante los juegos olímpicos del año 356 d.C. celebrados en la ciudad helénica de Antioquía, en la actual Turquía, el famoso orador Libanio (c. 314 d.C.- c. 394 d.C.) se ve obligado a elogiar la ciudad que alberga dichos juegos. Curiosamente, al explicar a su auditorio su plan para elogiar la ciudad, Libanio rompe explícitamente con las convenciones del *enkōmion poleōs* y critica sarcásticamente a otros oradores por seguirlas ciegamente y, así, caer en el absurdo de presentar toda ciudad elogiada como centro del mundo:

> My attitude, I must confess, will not be like that of others, who force themselves to demonstrate that the place whose praise they sing, whichever it may be, is the centre of the world. First of all, if any one has this advantage, and the additional advantage of beauty also, then it belongs to one city only, since it is impossible for the rest to be central. Thus, their speeches are, for the most part, nonsense. (Libanius "The Antiochikos" 14)

Distinguiéndose del resto de oradores, Libanio arremete contra una de las directrices esenciales del género del *enkōmion poleōs*, rama del género epidíctico que, como ya hemos visto anteriormente, fue detalladamente codificada por Menandro de Laodicea (siglo III d.C.) y reintroducida en la Europa occidental a través de la Italia del Renacimiento a fines del siglo XV. Tales directrices valoraban positivamente la 'centralidad' o 'mediocridad' de la ciudad elogiada y exigían al orador mostrar de uno u otro modo dicha centralidad sin importar su verdadera ubicación geográfica. El ejemplo más exacerbado de esta práctica quizás sea el "Panatenaicos" pronunciado en el año 155 d.C. por otro reconocido orador, Elio Arístides (117 d.C.-181 d.C.), quien, no conforme con acatar el modelo retórico, decide dotar a la ciudad de Atenas de una quíntuple centralidad: "Greece is in the center of the whole earth, and Attica in the center of Greece, and the city in the center of its territory, and again its namesake in the city center" (16).[1]

---

[1]   Menos extremo, más acorde con la práctica común, es el siguiente ejemplo del mismo Arístides: "For [the Aegean Sea] is, indeed, set in the middle of the whole inhabited world and

Sin el sarcasmo de Libanio o el exceso de Elio Arístides, esta centralidad es precisamente una de las exigencias retóricas que sigue Bernardo de Balbuena al diseñar *Grandeza mexicana*, pues para el manchego la capital novohispana es "centro y corazón desta gran bola" (IX.76; 115) y "centro de perfección, del mundo el quicio" (I.57; 62) que "al mundo por igual divide, / y como a un sol la tierra se le inclina / y en toda ella parece que preside" (III.166–168; 79).

La centralidad que Balbuena atribuye a la Ciudad de México es, quizás, uno de los elementos de *Grandeza mexicana* que más ha llamado la atención de los estudiosos de la cultura novohispana, por lo que dicho rasgo ha gozado de una rica variedad de lecturas. A grandes rasgos, estas interpretaciones suelen celebrar tal centralidad considerándola parte del esfuerzo de un Balbuena "criollizado" por invertir la jerarquía colonizadora que se establece entre una metrópolis central (España) y una colonia liminal y ex-céntrica (Nueva España). Quizás sean críticos como Georgina Sabat de Rivers ("Barroco" 33), Raquel Chang-Rodríguez (2:169), Asima Saad Maura (*Nuevas ópticas* 79, 156; *Grandeza* 51), Veronika Ryjik (605), Bárbara Fuchs y Yolanda Martínez San Miguel (677), y Rodrigo Cacho Casal ("Dialectic Spaces" 158) quienes más explícitamente proponen, desde una postura postcolonial, interpretar la centralidad de México en *Grandeza mexicana* como un laudable gesto contestatario según el cual la alabanza de la ciudad supone un desplazamiento del centro del imperio desde la metrópolis hacia la capital del virreinato novohispano y, por lo tanto, una inversión de la jerarquía política entre centro y periferia en el imperio español. Implícitamente, estos críticos abogan por una lectura de esta centralización de México como *translatio imperii*, es decir, como una traslación del centro de poder en dirección a Occidente, desde una decadente Europa hacia una naciente América.[2] Para Sabat de Rivers, por ejemplo, presentar la Ciudad de México como centro supone que "se apunta solapadamente y quizá de modo inconsciente, a la declinación de[l] imperio europeo y a la sucesión de México, simbolizando a América, como cabeza del orbe, es decir, a un cambio en el eje de poder" (33). Además de esta lectura eminentemente política, la centralidad de México en *Grandeza mexicana* ha sido interpretada también en términos económicos. Críticos como Bárbara Fuchs y Yolanda Martínez San Miguel (680–7), Roberto González Echevarría ("colonial" 208–09), Luis Íñigo Madrigal ("El interés"), Sergio Rivera-Ayala (135), Juan Pellicer (264–65), Yarí Pérez Marín (146) y Serge Gruzinski (115–8) han conceptualizado esta centralidad como un intento

---

of the sea, to the north leaving the Hellespont, Propontis, and Pontus, and to the south the rest of the sea, separating Asia from Europe at the point where they first divide after the Hellespont" ("Regarding the Aegean Sea" 3).

[2]   Para una discusión de este término durante la baja Edad Media y la temprana modernidad imperial véanse Curtius (28–30) y Navarrete (31–4), respectivamente.

de Balbuena por subrayar el rol fundamental que la Ciudad de México cumplió
como nexo entre el comercio transatlántico y el transpacífico y, por tanto, como
centro de la red comercial global que los Habsburgo establecieron durante la
temprana modernidad entre Europa, África, América y Asia. Esta centralidad
económica es, para González Echevarría, la base de una lectura celebratoria
de la "equivalence of all cultures, and the celebration of their commingling in
America" ("Colonial" 208). Desde una óptica más propiamente literaria, la
centralidad de la Ciudad de México también ha sido considerada por críticos
como Ángel Rama (16) y Stephanie Merrim ("Spectacular Cityscapes" 38, "*La
grandeza*" 83) como una evidente hipérbole que resume el paso de un supuesto
equilibrio renacentista a la hipotética desmesura del barroco. Para Merrim, la
'centralización' de la capital novohispana es sintomática de una "extrema
sensibilidad barroca" y "marca el cambio del balanceado encomio del renacimiento
a la hipérbole barroca que satura el texto" ("*La grandeza*" 83).

Este estudio procura ampliar la riqueza interpretativa que esta variedad
de lecturas ha ofrecido acudiendo al pensamiento griego y delimitando el rol
fundamental, epistemológico, que cumple la noción de 'centro'. Para considerar
Grandeza mexicana una afirmación de la templanza climática de la capital
novohispana y, en consecuencia, una declaración sobre la capacidad política
de sus habitantes, es imperioso recordar que la epistēmē 'democrática' griega
concibe el 'centro' como un 'justo medio' jerárquicamente superior a unos
'extremos' excesivos o defectivos y, por tanto, destemplados y subordinados.
Esta epistēmē gobierna diversos campos de conocimiento estrechamente
ligados entre sí, desde la geografía y la medicina hasta la ética y la política,
y genera el paradigma geopolítico que es la teoría de las cinco zonas y el
modelo retórico del *enkōmion poleōs*. Dado que el propio Balbuena considera
que el "perfecto y consumado poeta tiene obligación a ser general y consumado
en todo y tener una universal noticia y eminencia y un particular estudio y
conocimiento de todas las cosas para tratar, si se ofrece, de todas y en ninguna
ir a tiento" ("Compendio" 131–2), es necesario comprender que en su propia
obra, *Grandeza mexicana*, la noción de 'centro' no es un atributo exclusivamente
geográfico, pues invoca la estrecha correlación que existe en el pensamiento
griego entre geografía, clima, fisiología, disposición moral y capacidad política.
En consecuencia, es necesario comprender que la representación de la capital
novohispana como 'centro' del mundo es también un comentario sobre el
clima de la ciudad y, por tanto, parte de una estrategia de Balbuena para
formular una defensa de la mejor disposición moral y la superior capacidad
política de un grupo específico dentro de la variada e híbrida demografía de
la Ciudad de México: los inmigrantes peninsulares y, en menor medida, los
inmigrantes procedentes de reinos bajo la Corona de los Habsburgo en la
Europa septentrional.

Utilizando como vago telón de fondo la heterogeneidad de la población virreinal, que incluye potencialmente a la población afro-mexicana y al creciente número de castas y mestizos, Balbuena invoca y modifica la teoría de las cinco zonas para establecer una división tripartita de la sociedad y del espacio novohispanos y, así, afirmar la superioridad moral de los inmigrantes peninsulares y su mejor disposición para gobernar el virreinato. En primer lugar observamos que, contradiciendo explícitamente la destemplanza climática que le correspondería a la capital novohispana por hallarse dentro del trópico, "en veintiún grados de boreal altura" (IX.55; 114), Balbuena afirma que la Ciudad de México es una "primavera mexicana" (VI.181; 99) que goza de un permanente "temple agradable" (VI.20; 94). Esta paradoja es posible porque la ciudad está envuelta en una templanza climática manufacturada y creada artificialmente, especialmente a través de la arquitectura urbana; por ello, Balbuena la presenta no como el hermoso y natural Edén de los textos pro-criollos de Juan de Cárdenas, Enrico Martínez o Diego Cisneros, sino como un artificialmente templado "real jardín" (VII.157; 99). Esta artificial templanza climática, una ingeniosa y radical innovación de Balbuena respecto de la teoría de las cinco zonas, es particularmente útil para albergar a individuos procedentes de la templada franja del Mediterráneo europeo y para que éstos preserven la templanza moral que poseerían por haber nacido y crecido en el 'centro' climático del mundo. Por ello, en esta Ciudad de México poblada por una amplia variedad de personajes de orígenes diversos, Balbuena se preocupa por llamar la atención de los lectores hacia la presencia de inmigrantes peninsulares como los virreyes (VII.25–63; 101–2), como los artistas Andrés de Concha, Alonso Franco y Baltasar de Echave Orio (IV.38–41; 81), o incluso como él mismo, cuya templanza moral, adquirida por su nacimiento en la templada península ibérica (la "patria dulce" de Balbuena [IX.368; 124]) y preservada por la artificial templanza de la capital novohispana, los constituye en los individuos mejor dispuestos para el gobierno del virreinato novohispano y la tenencia de encomiendas. Como complemento de la artificialmente templada Ciudad de México, Balbuena describe el espacio fuera de la capital novohispana como un "campo" (IV.124; 84) relativamente destemplado, un conjunto de "tierras miserables" (IV.167; 85) dada su latitud tropical, y lo puebla específicamente de individuos que han nacido en él, de individuos que "obligados quedaron" a "morir en las tierras do nacieron" (IV.164–5; 85); es decir, de 'españoles de Indias' o criollos que, por habitar un clima relativamente destemplado, muestran señales de avaricia (IV.154–65; 84–5), manipulación de las instituciones judiciales (IV.115–8; 83) e inclinación al "chisme, murmuración, conseja, cuento / mentira, envidia" (IV.152–3; 84) que revelan su falta de templanza/*sōphrosunē* y, por tanto, su incapacidad para regirse a sí mismos a nivel individual y para gobernar el virreinato a nivel político. Finalmente, los espacios ubicados en los "más remotos confines" (55) de la Nueva España y que sufren de un clima más extremo y destemplado, tales como las playas tropicales (IX.373–5; 124) y los escarpados montes de la frontera norte (55), albergan a indígenas de una destemplanza moral extrema y de *mores* bárbaras que constituyen "indio[s] salvaje[s]" (55) y, por tanto, "esclavos por naturaleza" necesitados del gobierno de otros.

Al formular esta tripartición espacial y moral del virreinato novohispano, y afirmar la templanza moral de los inmigrantes peninsulares en la Nueva España, Balbuena se posiciona en contra de tratados publicados al filo de 1600 debidos a las plumas del físico Juan de Cárdenas, del cosmógrafo e ingeniero Heinrich Martin (más conocido como Enrico Martínez) y del físico Diego Cisneros, ya estudiados por Cañizares-Esguerra en su fundacional artículo "New World, New Stars". Estos científicos contradicen también la teoría de las cinco zonas y celebran la natural templanza del territorio novohispano debida a accidentes de la geografía local (aguas subterráneas, similar longitud del día y la noche naturales, presencia de vientos atemperantes, altitud sobre el nivel del mar, etc.). Estos accidentes, supuestamente, transforman el virreinato en una región de templanza climática superior a la de la península ibérica, y por tanto en hábitat de los individuos más templados del orbe. Dada la heterogénea demografía del virreinato, para atribuir una templanza absoluta exclusivamente a los criollos, estos científicos introducen el criterio de herencia biológica que les permite atribuir a cada una de las tres comunidades o "naciones" principales que habitan la Nueva España (la "nación" española, la indígena y la procedente del África subsahariana) cuerpos gobernados por una complexión humoral distinta y, como corolario de ello, afirmar que los cuerpos de cada "nación" son afectados de manera diferente por la natural templanza del virreinato. Esta clasificación basada en la noción de herencia biológica permite a dichos científicos afirmar que la nación española posee la mejor complexión humoral y, por tanto, es superior a las deficientes naciones india y africana; dentro de la nación española, sin embargo, los "españoles de Indias", por nacer y crecer en una región más templada que la península ibérica, poseen una templanza moral absoluta y, por tanto, la mejor disposición para el gobierno del virreinato novohispano.

Esta oposición entre el argumento pro-peninsular de Balbuena y los tratados científicos pro-criollos de fines del XVI e inicios del XVII, sin embargo, se enmarca dentro de una polémica por la posesión de las Indias mucho más amplia que se inicia en los albores del siglo XVI y se extiende hasta, por lo menos, fines del siglo XVII. Esta 'polémica científica' por la posesión de las Indias de dos siglos de duración se articula alrededor de la teoría de las cinco zonas y la virtud de *sōphrosunē* para dirimir qué agentes son los más indicados para "poseer" las Indias. Es dentro de esta polémica mayor que *Grandeza mexicana* adquiere insospechada relevancia en tanto que *prise de position* anti-indígena y, lo que es más importante, anti-criolla y pro-peninsular.

Recuérdese que la llamada teoría de las cinco zonas, atribuida originalmente a Parménides de Elea (siglo V a.C.), ofrece una jerarquizada tripartición del mundo basada en la templanza climática de cada zona. Esta clasificación privilegia una zona considerada central por su mediocridad [*mediocritas*] o medianía climática, la cual corresponde a la franja del Mediterráneo europeo donde se encuentra Grecia, pero, como será más importante posteriormente, donde se hallan también Roma y la península ibérica; además, esta templanza climática correspondería igualmente a una hipotética banda latitudinal en el hemisferio austral desconocido para los griegos. Subordinadas a esta zona 'central' y templada se encuentran las zonas de clima destemplado (sea por su excesivo frío o calor) y, por tanto, jerárquicamente inferiores, las cuales corresponden a los frígidos polos ártico y antártico, y a la tórrida zona del trópico. En otras palabras, el grado de templanza climática de una zona depende de su posición relativa a las estrellas (que Menandro y Escalígero denominarían *thesis* o *situs* respectivamente) o, para recurrir a un término moderno, de su latitud. Debe recordarse, que la (des)templanza que la posición o latitud otorgaría a un lugar puede verse afectada o incluso subvertida por elementos de la geografía local (*phusis* o *natura* en el modelo del *enkōmion poleōs*), tales como la dirección e intensidad de los vientos que recorren el lugar, la cantidad y calidad de fuentes de aguas, o la posición de montes que afecten la salubridad del sitio.

La templanza climática determinada por la teoría de las cinco zonas, cuyos principios gobiernan claramente el modelo retórico del *enkōmion poleōs*, es pieza fundamental de la justificación científica de los intereses imperiales de la Corona española durante la temprana modernidad y, en consecuencia, es uno de los pilares en torno a los cuales gira la polémica entre agentes pro-imperiales, pro-criollos y pro-indígenas por la posesión de las Indias desde inicios del siglo XVI. Recuérdese que, de acuerdo con el corpus hipocrático-galénico, las cuatro cualidades primarias (calor, frío, sequedad, humedad) se combinan para generar los cuatro elementos al centro del universo geocéntrico (tierra, agua, aire, fuego), pero también para generar los cuatro humores correspondientes a los cuatro elementos (bilis negra, flema, sangre, bilis amarilla). Si la salud [*krasis*] de un individuo depende de la *isonomia* (equilibrio, balance) de los cuatro humores, y si, como afirma la tradición hipocrático-galénica, la disposición del alma humana sigue las características del cuerpo,[3] entonces el clima de un lugar determina el orden y equilibrio humoral de un individuo, pero también el adecuado orden de su alma. En otras palabras, el grado de templanza climática de un lugar determina el grado de salud corporal

---

[3]   En palabras de Galeno, "las acciones del alma son consecuencia de la complexión humoral del cuerpo" (50).

y, lo que es más importante, el grado de templanza moral o *sōphrosunē* de sus habitantes. Por ello, y como ha explicado magníficamente Nicolás Wey-Gómez en su indispensable *The Tropics of Empire*, la Corona española, cuyo asiento corresponde a la latitud de Grecia y Roma y, por tanto, disfruta de la misma e ideal templanza climática que el 'centro' del mundo, ve en esta tripartición del mundo una justificación para su dominio sobre los indígenas que habitan el tórrido trópico americano (59–106).

La templanza moral o *sōphrosunē* que se infiere a partir de la teoría de las cinco zonas es ilustrada por Platón en el libro IV de la *República*.[4] Durante la discusión que mantiene con Glauco sobre el rol de las virtudes principales [*sophia, andreia, sōphrosunē, dikaiosunē*] en la ciudad ideal, Sócrates aprovecha dos nociones prototípicas de la templanza, entendida como la capacidad para controlar los apetitos y placeres, y como la aceptación de un *status quo*. Gracias a estos dos usos lingüísticos del término *sōphrosunē* Platón define esta virtud como un orden o armonía que rige la relación entre las diferentes partes del alma de un individuo, pero también entre las diferentes clases sociales de la ciudad-estado ideal:

> "I must go on," I replied, "and viewed from here it bears more likeness to a kind of concord and harmony than the other virtues did." "How so?" "Soberness [*sōphrosunē*] is a kind of beautiful order and a continence of certain pleasures and appetites, as they say, usign the phrase 'master of himself'." (*Rep.* iv.viii.430e; 359)

A nivel individual, la frase "master of oneself" presupone ya una división interna en la que una parte gobierna sobre otra dentro del mismo individuo. Para Platón, el alma humana consiste de tres partes que cumplen funciones claramente delimitadas: *logistikon* o la parte racional, asociada con la virtud de *sophia*; *thumos* o ánimo, donde se genera la virtud de la valentía; y *epithumia* o parte apetitiva, que rige los deseos y pasiones asociados con la comida, la bebida, el sexo y el dinero (*Rep.* iv.xii-xv.436a-441c; 381–405; véase también *Timeo* 44a-45b, 1247–8; 69b-71e, 1270–2; 89d-90d, 1288–9). En esta tripartición del alma, la templanza reside en el control de los deseos de la parte apetitiva por acción de la parte racional; en esta dinámica jerárquica, sin embargo, la razón debe recibir el auxilio del *thumos*/ ánimo para cumplir su función. El orden o armonía que es la *sōphrosunē* a nivel individual consiste en este dominio de la parte apetitiva [*epithumia*] jerárquicamente inferior por parte de la superior, regida por la razón [*logistikon*] con la ayuda del

---

4   Para un análisis comprehensivo de la *sōphrosunē* puede consultarse el reciente estudio de Adriaan Rademaker. Para nuestro estudio es especialmente relevante el capítulo 10, dedicado exclusivamente a Platón (293–356), el cual sigo muy de cerca en las siguientes páginas.

ánimo [*thumos*]. Esta relación jerárquica, sin embargo, lejos de ser una suerte de "tiranía" o una transgresión de un orden "natural", debe ser aceptada por todas las partes de manera tal que ni el *thumos*/ánimo ni la *epithumia*/apetitiva se rebelen contra *logistikon*/parte racional: "And again, was he not sober [*sōphrōn*] by reason of the friendship and concord of these same parts, when, namely, the ruling principle and its two subjects are at one in the belief that the reason [*logistikon*] ought to rule, and do not raise faction against it?" (*Rep.* iv.xvi 442c; 409).

Platón extrae de esta definición una analogía a nivel político [*polis*] que exige conceptualizar la ciudad-estado como un compuesto de tres clases: los líderes o gobernantes (equivalentes al *logistikon*), la clase auxiliar (equivalente al *thumos*) y la clase gobernada (análoga a la *epithumia*). Para el autor de la *República*, la templanza de una comunidad exige privilegiar los deseos racionales de la clase dirigente sobre los deseos inferiores e insaciables de la clase gobernada. Esta clara jerarquía, sin embargo, requiere de una suerte de consenso y de aceptación de un *status quo* en el cual una parte debe gobernar sobre otra. Dicho consenso es compartido por todas las clases de la *polis*, por lo que la virtud de la templanza es compartida por todos los individuos de la comunidad: "And yet again, if there is any city in which the rulers and the ruled are of one mind as to who ought to rule, that condition [i.e., *sōphrosunē*] will be found in this. Don't you think so?" "I most emphatically do," he said" (iv.ix 431e; 363). De este modo, tanto a nivel individual como a nivel político, la templanza moral se define como el consenso en relación con un orden natural según el cual lo que es "naturalmente" superior gobierna sobre lo que es "naturalmente" inferior (iv.ix 432a; 364).

Esta definición de la templanza será extraordinariamente productiva durante los siglos XVI y XVII hispánicos gracias a que Platón, y luego Aristóteles, ofrece una última analogía de la *sōphrosunē* a nivel de la *oikoumenē* o mundo conocido, analogía que permeará la teoría de las cinco zonas para transformar la latitud en un indicio de la capacidad de gobierno y autonomía políticos de cualquier comunidad del orbe. Platón (*Rep.* iv.xi.435e-436a; 379–81) y Aristóteles (*Política* vii.vi.1327b18–33; 565–7) no dudan en afirmar que la templanza moral de una comunidad está estrechamente ligada a la templanza climática del lugar que habita y privilegian Grecia como 'centro' climático, moral y político del mundo. En contraste con la templada Grecia poblada por habitantes que exhiben la virtud de *sōphrosunē* y son capaces de gobernarse a sí mismos a través de un orden democrático, el clima excesivamente frío de la Europa septentrional genera comunidades como los tracios o los escitas, que carecen de dicha virtud por el exceso de *thumos* o ánimo, el cual los constituye en comunidades belicosas e incapaces de organizarse políticamente. Hacia el extremo opuesto que es el mediodía (i.e., hacia el trópico) se hallan regiones excesivamente cálidas que albergan a comunidades como los fenicios o los egipcios que, al carecer de templanza moral, son gobernados por los placeres y los deseos de la *epithumia* o parte apetitiva, lo cual los transforma en comunidades incapaces de autogobierno o autonomía política, siempre necesitadas de autoridades políticas moralmente templadas. Esta dimensión geopolítica de la virtud de la *sōphrosunē* ofrece como conclusión el hecho de que una comunidad como la griega, cuyo clima templado genera individuos con la mejor disposición para el ejercicio de la templanza moral [*sōphrosunē*], es jerárquicamente superior a las comunidades moralmente destempladas que se localizan en regiones de clima destemplado y, por tanto, tendría la mejor disposición para gobernar sobre todo el orbe.

La teoría de las cinco zonas, con su énfasis en la virtud de la templanza, jugará un rol crucial como justificación científica de la colonización del Nuevo Mundo y del sometimiento de los indígenas americanos por parte de la Corona española desde inicios del siglo XVI. De hecho, el prominente rol de que gozó este paradigma desde la junta de Burgos de 1512, convocada por Fernando de Aragón, condujo a una situación en la que los letrados o científicos posteriores que quisieran apoyar, discutir o subvertir la legalidad de la presencia y el gobierno de los españoles en el Nuevo Mundo se veían obligados a fundamentar sus alegatos invocando la teoría de las cinco zonas. Aunque esta polémica se extiende a lo largo de los siglos XVI y XVII, para el estudio de *Grandeza mexicana* es relevante comprender los diversos posicionamientos de este debate hasta 1618 aproximadamente, un período que ha sido analizado en los fundacionales estudios de Anthony Pagden (*Fall*), Jorge Cañizares-Esguerra ("New World") y Nicolás Wey Gómez (*Tropics*).[5] Conviene dividir este período en dos episodios marcadamente disímiles. Un primer momento corresponde a los primeros cincuenta años de este debate aproximadamente, 1512-c. 1560, en el cual la polémica por la posesión de las Indias sólo contempla dos posicionamientos: pro-español y pro-indígena. La posición pro-española, cristalizada inicialmente durante la ya mencionada Junta de Burgos de 1512 y cuyo defensor más acérrimo fue el polígrafo Juan Ginés de Sepúlveda, corresponde a los esfuerzos iniciales de la Corona española por combinar la teoría de las cinco zonas con la definición aristotélica del "esclavo por naturaleza"

---

5   Huelga recordar que la periodización de la polémica científica por la posesión de las Indias que ofrezco en estas páginas es tentativa y se enfoca principalmente en los posicionamientos y argumentos que explican la estrategia de Balbuena en *Grandeza mexicana*. De ahí, por ejemplo, que se incluya los *Comentarios reales* (1609) del Inca Garcilaso de la Vega, a pesar de publicarse cinco años después de la obra de Balbuena. Por ello, no incluye algunos casos de aplicación de la teoría de las cinco zonas dentro de la historiografía colonial del XVI que ya han sido estudiados parcialmente por Wey Gómez (*Tropics*; "Politics of Light"). Por las mismas razones, tampoco incluye el debate alrededor de la posesión de los Andes; para un primer acercamiento a este tema, que incluye un análisis de los significativos posicionamientos de la *Historia general de las Indias* (1552) de López de Gómara, la *Historia natural y moral de las Indias* (1590) de José de Acosta, los *Comentarios reales* (1609) del Inca Garcilaso y la *Crónica moralizada* de Antonio de la Calancha (1638), véase el estudio de Katherine L. Brown.

y así afirmar que la destemplanza climática que sufren los indígenas en el trópico americano garantiza su estatus de "esclavo por naturaleza" que requiere de la tutela política de los españoles. En oposición a esta postura, el dominico fray Bartolomé de Las Casas no duda en cuestionar la validez de la teoría de las cinco zonas y acudir, en cambio, a una versión alternativa de dicha teoría, la cual postula la existencia no de dos zonas templadas (i.e., la franja del Mediterráneo europeo y una franja correspondiente en el hemisferio austral), sino también de una tercera zona templada que se localiza en la línea ecuatorial, en medio de la supuestamente inhabitable y ardiente zona tórrida. Gracias a este modelo alternativo, Las Casas postula no sólo la templanza climática de la totalidad de las Indias, sino también la templanza moral de los indígenas americanos y, por ende, su capacidad para la autonomía política.

La relativa inmovilidad y aislamiento de individuos y comunidades son dos de los parámetros implícitos en estas aplicaciones de la teoría de las cinco zonas. Sin embargo, a lo largo del siglo XVI el flujo transatlántico de españoles y europeos a las Indias, acompañado del constante tráfico de esclavos provenientes del África subsahariana, del desplazamiento forzado de indígenas a nivel continental, de la aparición de mestizos y castas, y del nacimiento de nuevas generaciones de 'españoles' en el Nuevo Mundo transforma las Indias en el lugar de coexistencia de individuos y comunidades de orígenes y naturalezas heterogéneas. Esta creciente diversidad atenta directamente contra la inmovilidad y aislamiento relativos que la teoría de las cinco zonas requiere como modelo interpretativo y, como consecuencia de ello, la aplicación directa de este paradigma atraviesa una suerte de crisis, pues se revela insuficiente para interpretar la realidad. Por un lado, aparecen nuevos agentes como los "españoles de Indias" o criollos y mestizos que procuran participar de la polémica por la posesión del Nuevo Mundo. Por otro, la teoría de las cinco zonas se revela insuficiente para definir la templanza moral y capacidad política de estas nuevas comunidades que co-habitan en un mismo espacio. Tras una serie de dudas y desconciertos, podemos distinguir un segundo momento en la polémica científica por la posesión de las Indias en que se subrayan y se subsanan las insuficiencias de la teoría de las cinco zonas recurriendo a innovaciones diversas. Con ello, el debate en esta segunda etapa, c. 1560-c. 1618, incluye esfuerzos de criollos y mestizos como Baltasar Dorantes de Carranza y Gómez Suárez de Figueroa, el Inca Garcilaso de la Vega, por presentar la templanza de la Nueva España y del Cusco, respectivamente, y para negar el estatuto de "esclavo natural" de los indígenas americanos. Por otro lado, incorpora los autorizados tratados médicos y astrológicos de agentes pro-criollos como Juan de Cárdenas, Henrich Martin y Diego Cisneros, quienes afirman la natural templanza climática de la Nueva España y, además, aseveran que dicha templanza tiene un impacto diferente en cada una de las principales "naciones" (española, indígena y africana) que habitan el virreinato. Como consecuencia, estos científicos declaran la superior templanza moral de los criollos novohispanos y, por tanto, su idoneidad para gobernar la Nueva España. Teniendo presente este debate, *Grandeza mexicana* es un texto anti-indígena y anti-criollo que procura sustentar la idoneidad de inmigrantes peninsulares como el propio Balbuena para ocupar puestos burocráticos y administrar encomiendas de indígenas. Para ello, el valdepeñero introduce una innovación en el debate al considerar que la templanza climática puede ser no sólo natural, como se venía presuponiendo hasta entonces, sino también manufacturada y artificial. Esta innovación le permite crear una tripartita clasificación espacial y moral de la Nueva España en la cual la capital novohispana representa un templado oasis *artificial* en medio de la zona tórrida, oasis en el cual los inmigrantes peninsulares conservan la templanza moral que habrían adquirido por su origen en el templado Mediterráneo. En cambio, la mayor parte del territorio novohispano, tan alabado por los tratados científicos pro-criollos por su natural templanza, es para Balbuena un árido e improductivo campo relativamente destemplado en donde habitan criollos 'indianizados' de hábitos igualmente destemplados. Finalmente, los límites mismos del virreinato, de una extrema destemplanza climática, constituyen el asiento de los salvajes y ferales indígenas que demuestran ser los "esclavos por naturaleza" previstos por la teoría de las cinco zonas.

Gracias a este breve esbozo de la historia de la 'polémica científica' por la posesión de las Indias, y en particular de la Nueva España hacia 1600, es posible reinterpretar la noción de 'centro' en *Grandeza mexicana* y considerar la obra de Balbuena una *prise de position* pro-peninsular, anti-criolla y anti-indígena. La estrecha relación de la noción de 'centro' con la templanza climática y la templanza moral (i.e., la virtud de la *sōphrosunē*) exige explorar en profundidad los detalles de este debate científico, articulado alrededor de la teoría de las cinco zonas, para reconsiderar las lecturas 'criollistas' y celebratorias de *Grandeza mexicana* y ofrecer una lectura alternativa de este libro fundacional del patrimonio nacional e hispanoamericano. Las siguientes páginas reconstruyen este 'debate científico' y la participación de Balbuena en él.

Entre Sepúlveda y Las Casas: dos versiones de la 'teoría de las cinco zonas' (1512–c. 1560)

La invención del "esclavo por naturaleza" en los trópicos

La teoría de las cinco zonas constituyó durante el siglo XVI uno de los pilares fundamentales para justificar la ocupación del Nuevo Mundo y el gobierno sobre los indígenas por parte de la Corona española.[6] Gracias a este modelo geopolítico del mundo se delinearon las funciones y potestades legales de los

---

6   En esta sección sigo de cerca a Pagden (*Fall* 27–145) y a Wey-Gómez (*Tropics* 100–06).

Reyes Católicos en los territorios americanos y sobre sus habitantes. En el testamento otorgado a su muerte en 1504, Isabel de Castilla consideró que las llamadas *Bulas de donación* otorgadas por Alejandro VI a los Reyes Católicos en 1493 les brindaban un acceso exclusivo al Nuevo Mundo, aunque restringido a materias espirituales, sin incluir las temporales. Ante estas circunstancias, Fernando de Aragón convocó a una junta para determinar la legalidad de la ocupación del Nuevo Mundo, puesto que interpretar las *Bulas de donación* en términos exclusivamente espirituales implicaba que la Corona debía restringirse a la evangelización de los amerindios, y no a ocupar o reclamar posesión de los territorios, mucho menos a disponer de los habitantes de las tierras descubiertas. La junta convocada en 1504 fracasó en su intento de hallar algún instrumento legal que justificara inequívocamente la legalidad de la ocupación del Nuevo Mundo por la Corona española.

La solución que buscaba la junta de 1504 llegaría apenas unos años después gracias a un comentario del teólogo e historiador escocés John Mair (o Mayor, c. 1467–1550) a los *Libros Sententiarum primum et secundum* (1510) de Pietro Lombardo (c. 1090-c. 1160), en el que articula una explícita justificación para el gobierno de los cristianos sobre los amerindios al insertar la noción aristotélica del "esclavo por naturaleza" implícitamente en la teoría de las cinco zonas. En dicho comentario, Mair explica que los "bárbaros" de las zonas frígidas y tórrida del mundo son idénticos a los esclavos naturales referidos por Aristóteles en el libro primero de su *Política*, en el cual el filósofo declara que algunos humanos son amos y otros son siervos por naturaleza (i.i.1252ab; 5). De acuerdo con Aristóteles, la naturaleza se ordena según una serie de binomios jerarquizados, tales como la razón sobre los apetitos, el alma sobre el cuerpo, los animales domesticados sobre los silvestres y lo masculino sobre lo femenino; binomios que son todos "naturales", puesto que "for the two parties to be on an equal footing or in the contrary positions is harmful in all cases" (i.ii.11.1254b10; 21). Análogamente, el Estagirita propone la existencia de una jerarquía humana según la cual aquéllos incapaces de controlar sus pasiones y sus apetitos a través del uso de la razón son "esclavos por naturaleza" y, por tanto, deben someterse al dominio de aquéllos que sí poseen capacidad racional suficiente para el autocontrol.[7] En otras palabras, el "esclavo por naturaleza" carece de la armonía

---

7   El filósofo define al esclavo por naturaleza en los siguientes términos: "all men that differ as widely as the soul does from the body and the human being from the lower animal (and this is the condition of those whose function is the use of the body and from whom this is the best that is forthcoming)—these are by nature slaves, for whom to be governed by this kind of authority is advantageous, inasmuch as it is advantageous to the subject things already mentioned. For he is by nature a slave who is capable of belonging to another (and that is why he does so belong), and who participates in reason [*logos*] so far as to apprehend it but not to possess it; for the animals other than man are subservient not to reason, by apprehending it, but to feelings. And also the

u orden entre las diferentes partes del alma que permitiría a la razón [*logos*, *sophia*], en combinación con el ánimo [*thumos*], controlar la parte apetitiva [*epithumia*] del ser humano. Debido a este desorden, que llevaría a excesos en relación con la conducta sexual (poligamia, incesto, sodomía, etc.), a la ingesta de alimentos (gula, antropofagia, etc.) o al consumo de bebidas alcohólicas (embriaguez), el Estagirita afirma que el "esclavo por naturaleza" carente de la virtud moral de la templanza o *sōphrosunē* debe subordinarse a un individuo moralmente templado: el señor o amo por naturaleza.

John Mair combina esta definición del "esclavo por naturaleza" con la teoría de las cinco zonas. Si el "esclavo por naturaleza" carece de templanza moral y, por tanto, de autonomía, los individuos que habitan las zonas extremas (tórrida y frígidas) del mundo son sometidas a una destemplanza climática que genera en ellos una correspondiente destemplanza moral. En el caso que nos importa, la zona tórrida, la teoría de las cinco zonas anticipa la existencia de seres cuya psique carece de armonía pues, a pesar de poseer ingenio y habilidades para el trabajo profesional [*dianoētika*], no tienen suficiente ánimo [*thumos*] para controlar su parte apetitiva [*epithumia*]. Este desorden supone la carencia de la virtud de la templanza que le permite a John Mair afirmar la identidad de los habitantes del Caribe y el "esclavo por naturaleza" definido por Aristóteles. Por ello, los habitantes del trópico deben subordinarse políticamente a aquéllos individuos que, gracias a la templanza climática de que gozan por haber nacido en la Europa meediterránea, sí poseen la virtud de *sōphrosunē*. Como explica Mair, los habitantes del trópico

> live like beasts on either side of the equator; and beneath the poles there are wild men as Ptolemy says in his *Tetrabiblos*. And this has now been demonstrated by experience, wherefore the first person to conquer them, justly rules over them because *they are by nature slaves*. [...] On this account the Philosopher says in the first chapter of the aforementioned book [i.e., *The Politics*] that this is the reason why the Greeks should be masters over the barbarians because, by nature, the barbarians and slaves are the same. (cit. Pagden *Fall* 38–9; énfasis añadido)[8]

---

usefulness of slaves diverges little from that of animals; bodily service for the necessities of life is forthcoming from both, from slaves and from domestic animals alike" (*Pol.* i.v.1254b15–25; 21–3).

[8]   Por su relevancia, reproduzco más ampliamente el comentario de Mair: "These people [the inhabitants of the Antilles] live like beasts on either side of the equator; and beneath the poles there are wild men as Ptolemy says in his *Tetrabiblos*. And this has now been demonstrated by experience, wherefore the first person to conquer them, justly rules over them because they are by nature slaves. As the Philosopher says in the third and fourth chapters of the first book of the *Politics*, it is clear that some men are by nature slaves, others by nature free; and in some mean it is determined that there is such a thing [i.e., a disposition to slavery] and that they should benefit from it. And it is just that one man should be a slave and another free, and it is fitting that

Gracias al planteamiento de Mair, el dominio político de los amerindios convenientemente pasa de ser un tema legal que discute el poder del papado en materia temporal (a través de las *Bulas de donación*) a ser un planteamiento en términos científicos que legitima el gobierno de los cristianos sobre los indígenas. Al establecer la identidad del "esclavo por naturaleza" aristotélico y los individuos destemplados y de conductas extremas que habitan fuera de las zonas templadas del mundo, el teólogo escocés justifica científicamente las prácticas coloniales y esclavistas en el Nuevo Mundo por parte de los europeos procedentes de la templada franja del Mediterráneo.

Esta propuesta de Mair será invocada durante la nueva junta convocada en 1512 por Fernando de Aragón para decidir la legalidad de la conquista y del empleo de mano de obra indígena. El desconocido licenciado Bernardo de Mesa sigue exactamente la misma ecuación de Mair para justificar la subyugación política y la esclavización de los amerindios en el Caribe. Siguiendo la transcripción que de su parecer hiciera el dominico fray Bartolomé de Las Casas, vemos que Mesa, fundándose claramente en el comentario de John Mair, homologa a los esclavos por naturaleza con los individuos de destempladas costumbres o *mores* que habitan los extremos climáticos del mundo:

> Y [Bernardo de Mesa] dice que él no veía otra razón de servidumbre sino la natural, que era falta de entendimiento y capacidad y la falta de la firmeza para preservar en la fe y buenas costumbres, porque aquélla es una natural servidumbre, según el Filósofo. O por ventura son (dice él) *siervos por la naturaleza de la tierra, porque hay algunas tierras a las cuales el aspecto del cielo hace siervas,* <y no podrían ser bien regidas> si en ellas no hobiese alguna manera de servidumbre; como, en Francia, Normandía y parte del Delfinazgo siempre han sido regidas muncho a semejanza de siervos. (*Historia* cap. 9, 5:1785; énfasis añadido)

Además de esta temprana apropiación del comentario de John Mair, quizás el defensor más acérrimo de esta conjunción de la teoría de las cinco zonas y la intrínseca servilidad del indígena americano haya sido el polígrafo Juan Ginés de Sepúlveda. Su postura imperialista se cristaliza en un libro que Anthony Pagden no ha dudado en calificar de "chauvinistic and dogmatic" (*Fall* 109), el *Democrates alter, sive de iustis belli causus* o *Demócrates segundo, sobre las justas causas de la guerra contra los indios* (c. 1544), cuya publicación parece haber sido impedida por intervención e influencia de Las Casas sobre los examinadores del

---

one man should rule and another obey, for the quality of leadership is also inherent in the natural master. On this account the Philosopher says in the first chapter of the aforementioned book that this is the reason why the Greeks should be masters over the barbarians because, by nature, the barbarians and slaves are the same" (cit. Pagden *Fall* 38–9).

texto; y en una versión resumida del mismo, la *Apologia pro libro de iustis belli causis* o *Apología en favor del libro sobre las justas causas de la guerra* (Roma, 1550), publicada poco antes del famoso debate celebrado en Valladolid en 1550–51 entre Sepúlveda y Las Casas. La formulación más explícita de la equivalencia de los esclavos por naturaleza y de los bárbaros que habitan los extremos climáticos del mundo se encuentra, quizás, en la *Apología*, donde Sepúlveda cita el comentario de Santo Tomás de Aquino a la *Política* aristotélica:

> "Son llamados, pues, simplemente 'bárbaros' —según Santo Tomás, *Sentencia sobre los libros de la Política*, 1,1,15— los que están faltos de razón, *bien por causa del clima*, por el cual se encuentran muy atrofiados, bien por alguna nefasta costumbre por la que los hombres se convierten casi en bestias". Ahora bien, tales gentes, por derecho natural, deben obedecer a las personas más humanas, más prudentes y más excelentes para ser gobernadas con mejores costumbres e instituciones; si, previa la advertencia, rechazan la autoridad, pueden ser obligadas a aceptarlas por las armas; semejante guerra será justa por derecho natural, según señala Aristóteles (*Política* lib.3° y 5°) y santo Tomás en el mismo lugar citado. (4.2–4.3; 197; énfasis añadido)[9]

Sepúlveda, como antes lo hiciera Bernardo de Mesa, sigue el mismo razonamiento que John Mair y legitima el gobierno de los amerindios por parte de los cristianos combinando la teoría de las cinco zonas y la noción del "esclavo por naturaleza", y afirmando que los indígenas americanos de la zona tórrida deben, por derecho natural, someterse a la autoridad de los españoles. Aunque el resultado final del debate de Valladolid fue incierto, sí confirma que la polémica sobre el estatuto político de los amerindios se desligó del valor legal de las *Bulas de donación* de Alejandro VI y de la autoridad papal en materia temporal. La división climática del mundo es utilizada por eruditos como Sepúlveda porque la existencia de humanos moralmente 'extremos' en zonas liminales del mundo puede compatibilizarse con la existencia de esclavos por naturaleza quienes, debido a su falta de *sōphrosunē* y a sus *mores* bárbaras, deben someterse por su propio

---

[9]   En el *Democrates alter*, Sepúlveda argumenta que, a diferencia de una comunidad de ciudadanos libres que se adhieren a un gobierno civil, la barbarie de los indígenas americanos, provocada por su tropicalidad, hace conveniente un gobierno heril propio para siervos y esclavos (Brufau Prats xx, Pagden *Fall* 115): "Por eso, no sólo los filósofos sino también los más eminentes teólogos, no dudan en afirmar que hay algunos pueblos a los que conviene el dominio heril más bien que el regio o el civil, y enseñan que esto sucede por dos razones: o *porque son esclavos por naturaleza, como dicen que sucede en ciertas regiones y climas del mundo*, o porque debido a su depravación de costumbres o a otra causa no pueden ser mantenidos de otro modo en el cumplimento de su deber. Una y otra causa concurren en el caso de estos indios todavía no bien pacificadas" (lib.2, 8; 130; énfasis añadido). Véase también el *Democrates alter*, lib.1, 9.1–9.2; 64–5; lib.1, 10.1; 65–66; lib.1, 10.2; 67.

bien al gobierno de los príncipes cristianos procedentes del 'centro' del mundo. El modelo de las cinco zonas, con su división climática del mundo, es uno de los principales fundamentos de la política imperial de la Corona española.[10]

Las Casas y la natural templanza de los indígenas americanos

Frente a la justificación filosófica adoptada por la Corona española para la esclavización de los amerindios, el dominico Bartolomé de Las Casas, contendor intelectual de Juan Ginés de Sepúlveda, procura subvertir el argumento pro-imperial establecido por John Mair y propuesto por Bernardo de Mesa en la junta de 1512. Como bien ha explicado Nicolás Wey Gómez (*Tropics* 231–5, "The Politics of Light" 30–32),[11] en su intento por negar el estatus de "esclavos por naturaleza" de los indígenas americanos, el dominico cuestiona la aplicación de la teoría de las cinco zonas tal cual la entendiera la Corona y la explicara Sepúlveda, privilegiando, en su lugar, una variante de este mismo modelo del mundo que propone la natural templanza e hiperproductividad del trópico. Esta variante alternativa de la teoría de las cinco zonas, que no era en absoluto desconocida durante la temprana modernidad, se diferencia de la versión adoptada por la Corona española en que postula, además de la zona templada en la latitud mediterránea y de su hipotético correspondiente en el hemisferio austral, la existencia de una tercera franja latitudinal templada localizada, precisamente, en la línea ecuatorial, en el centro mismo del supuestamente tórrido trópico. Las Casas invoca esta variante de la teoría de las cinco zonas en su *Apologética historia sumaria* para afirmar que es precisamente en razón de las "causas universales" (i.e., la posición relativa a las estrellas o, en términos modernos, la latitud) que la totalidad de las Indias, que se ubican principalmente entre los trópicos de Cáncer y de Capricornio, son naturalmente templadas, llenas de "mediocridad, bondad, salubridad y felicidad" (*Apologética*, cap. 21; 6:375), tal como la franja latitudinal correspondiente al Mediterráneo europeo.

Probar la natural templanza de las Indias y su posición "central" en el orbe es esencial para Las Casas, pues ello le permite asegurar que sus habitantes originales, los indígenas americanos, son correspondientemente templados a nivel moral y político y, por tanto, perfectamente capaces de gobernarse a sí mismos. Como sintetiza Wey Gómez, "[t]he *Apologética* [...] argued that the geography of the Americas, contrary to the traditional view of the tropics were a hot and inhospitable part of the globe, fostered instead ideal temperate

---

[10]   Esta justificación científica de la política imperial es invocada explícitamente por López de Gómara, quien al final de su *Historia de las Indias* remite a los lectores precisamente a los textos de Sepúlveda: "Yo escribo sola y brevemente la conquista de Indias. Quien quisiere ver una justificación de ella, lea al doctor Sepúlveda, cronista del emperador, que la escribió en latín doctísimamente; y así quedará satisfecho del todo" (320).

[11]   Mi análisis de Las Casas sigue muy de cerca ambos estudios de Wey Gómez.

conditions for the development of highly complex civilizations capable of self-government" (*Tropics* 68). Al apropiarse de esta variante de la teoría de las cinco zonas y al "centralizar el trópico", Las Casas contradice explícitamente la justificación de la Corona española para la presencia y la autoridad política de los cristianos en el Nuevo Mundo.

A través de su lectura del *De natura loci* de Alberto Magno (1193/1206–1280), Las Casas se habría familiarizado con una variante de la teoría de las cinco zonas que, a diferencia de la versión aplicada por la Corona española, postula la templanza de la supuestamente inhabitable zona tórrida. Esta variante, basada en tratados perdidos debidos a Eratóstenes (siglo III a.C.), Posidonio (siglo I d.C.) y Pólibo (siglo II d.C.), proponía explícitamente la natural templanza e hiperproductividad de la zona tórrida. Además de ellos, autores como Estrabón (siglo III a.C.), Geminos de Rodas (siglo I a.C.), Ptolomeo (c. 90 d.C.-c. 168 d.C.) y Avicena (c. 980–1037) recogerían esta variante, que llegaría hasta Alberto Magno, Pierre d'Ailly (1351–1420), Eneas Silvio Piccolomini (1405–1464) y el padre Las Casas. Considérese, por ejemplo, que mientras discute la cantidad de "zonas" en que se divide el mundo, Estrabón postula, siguiendo a Eratóstenes, que el ecuador es una tercera zona templada: "But if the country that lies under the equator is temperate, as Eratosthenes says it is [...], it would be much better to regard it as a third temperate zone, although a narrow one, than to introduce the two zones beneath the tropics" (2.3.2; 1:373–5). De modo similar, y aunque reconoce no poseer reportes de testigos que lo confirmen, Ptolomeo afirma que "[i]t is said that the regions beneath the equator could be inhabited, since the climate must be quite temperate" (*Almagest* ii.6; 83).

Esta es precisamente la variante a que alude Las Casas cuando afirma al inicio de su monumental *Historia de las Indias*, a la cual originalmente pertenecía la *Apologética historia sumaria*,[12] que, en contra de lo afirmado por la Corona, el trópico es una zona naturalmente templada y habitable por la influencia benigna de los astros ("causas universales"), y que las excepcionales áreas menos aptas para ser habitadas se deben a accidentes locales del terreno ("causas particulares"):

> Ptolomeo y Avicena y otros a quien sigue y aprueba el mismo Alberto [...] tuvieron y probaron el contrario, conviene a saber, que la dicha zona del medio de las cinco no solo era habitable pero era su habitación delectabilísima según su misma natura, puesto que en algunas partidas y provincias della,

---

12 Se cree que Las Casas concibió originalmente la *Apologética* como una sección de la *Historia de las Indias* y que posteriormente el cuerpo del texto creció hasta convertirse en un tratado independiente. Las Casas alude a ello en una nota marginal al final del cap. 67 de la *Historia de las Indias*, en la que señala tener bastante avanzada la redacción de un texto sobre "la historia y relación de las calidades y felicidad" (3:670, n.57) de las islas caribeñas.

de *per accidens* y por los accidentes y disposición de las tierras o lagunas
o mares o ríos, podía ser su habitación no tan sabrosa o deleitable. Todo lo
cual está el día de hoy en estas nuestras Indias bien probado, y parte dello
yo que escribo esto he experimentado. (cap. 6; 3:372)

La distinción entre las "causas universales" y las "particulares" tiene una
importante correspondencia con la distinción aristotélica entre "natural" ("según
su misma natura") y "accidental" (*per accidens*). El primer binomio se refiere
a las condiciones de un lugar, respectivamente, según la influencia del "cielo y
su disposición y movimientos", y según las cualidades de la orografía, la
hidrografía y los vientos de un lugar, es decir, "por respecto de la tierra y
disposición della" (*Apologética* cap. 17; 6:353). Las Casas subraya que, gracias
a ambos tipos de "causas", las Indias son tierras naturalmente templadas casi en
su totalidad, salvo raras excepciones debidas a las condiciones específicas del
terreno, como la tierra pantanosa del golfo de Darién (*Apologética* cap. 21; 6:375)
o las altas cumbres del Chimborazo en los Andes (*Apologética* cap. 17; 6:355).
Para subrayar la general templanza de las Indias y la excepcional destemplanza
de algunas áreas, Las Casas relaciona el binomio de "causas universales" y
"particulares" con la distinción aristotélica, proveniente de la *Física*, entre lo
que ocurre por "naturaleza" y lo que ocurre "por accidente". Este binomio,
explica Cañizares-Esguerra ("New World, New Stars" 61), distingue dos tipos
de atributos: por un lado, los "naturales", referidos a una conducta predecible
basada en rasgos permanentes; y, por otro, a características "accidentales" que
son transitorias.[13] La combinación de estos dos binomios permite a Las Casas
afirmar que la natural templanza de las Indias no es sólo producto de la influencia
de los cielos y de su latitud, sino también que dicho atributo es inherente y
permanente. Por el contrario, la existencia de pequeñas áreas de clima destemplado
en las Indias son apenas raras excepciones debidas a accidentes locales[14].

---

[13]   Recuérdese el ejemplo del "hombre culto" que ofrece Aristóteles. Para el Estagirita,
cuando hablamos de un hombre inculto que llega a ser o se transforma en un hombre culto,
estamos hablando de un sujeto que posee un elemento permanente (el atributo de ser humano)
y otro no permanente (la antítesis culto-inculto). En el proceso a través del cual el hombre inculto
llega a ser un hombre culto, el atributo humano es "natural" y permanente, mientras que el
atributo "culto" o "inculto" es transitorio y, por tanto, "accidental": "the definition of man is
distinct from the definition of 'uncultivated'. And the one persists while the other disappears—
the one that persists being the one that is not embraced in an antithesis [i.e., culto/inculto]; for it
is the 'man' that persists" (*Physics* i.vii.190a; 73–75).
[14]   Considérese la sucinta argumentación que ofrece Las Casas en otro lugar: "Todo lo que
aquí decimos de la mediocridad, bondad, salubridad y felicidad de todas aquellas regiones y
felices tierras (i.e., las Indias) es verdad en *universal* y en todas partes y rincones dellas, pero
no contradice ni deroga cosa de lo dicho porque en algunas partes y lugares, por la *dispusición
y sitio* dellas y por algunas *causas particulares*, se halle lo contrario, […] y así ser algún pedazo
de tierra malsana" (*Apologética* cap. 21; 6:375; énfasis añadido).

Quizás el ejemplo más dramático que ofrece Las Casas sea la comparación entre la América tropical y las islas de São Tomé (0° 22' N) y Cabo Verde (14° 55' N), posesiones portuguesas en las cuales se iniciaba el tráfico transatlántico de esclavos del África subsahariana. Las Casas recuerda a sus lectores que, dado que ambas regiones se hallan en la misma banda latitudinal (i.e., el trópico), la influencia de las "causas universales" es la misma, por lo que cualquier área destemplada en ambas regiones se debe a "causas particulares" como la altitud o la disposición de la tierra:

> En estas nuestras Indias tenemos también ejemplo de lo que decimos y es en la línea equinoccial, la cual *por respecto del cielo* es manifiesto estar debajo de una figura y constelaciones en todas partes y en igual latitud, como esté medio por medio del mundo, pero en muchas partes, así en el mar como en la tierra hacia las provincias del Perú, es tierra templada; y en la provincia de Quito, debajo de la misma línea, en las sierras por nieves hay algunos pedazos inhabitables, y en la isla de Sancto Tomé, que tienen los portugueses y está debajo della apenas es habitable por mucho calor; esto no puede ser sino *por razón de la tierra y su dispusición*; lo mismo es de las islas de Cabo Verde, las cuales están en la misma altura [i.e., latitud] con ésta, y aquéllas son por el mucho calor mortíferas y ésta por su amenidad felicísima y vivificativa. (cap. 17; 6:355; énfasis añadido)

A lo largo de la *Apologética*, Las Casas articula claramente las implicaciones políticas de esta "retropicalización de las Indias" (Wey Gómez "The Politics" 42). El dominico usa esta variante de la teoría de las cinco zonas para establecer claramente una relación causal entre el lugar naturalmente templado que son las Indias y la templanza de los indígenas americanos en términos de su complexión física, sus *mores* y su capacidad intelectual y política. Como pieza esencial de su argumento, Las Casas dedica los primeros veintidós capítulos de la *Apologética* a la minuciosa descripción del clima naturalmente templado y generosamente hiperproductivo de las Antillas para luego extender esta templanza a la totalidad de las Indias.[15] Con ello, Las Casas sienta las bases para establecer la relación causal entre las características de la zona y las de los indígenas. Para el dominico es esencial

---

[15]   Considérese, por ejemplo, la equivalencia que propone Las Casas entre la Vega Real en la isla de la Española y los míticos Campos Elíseos (cap. 8) o la detallada descripción de la templanza de la misma Vega: "Y como siempre esté esta Vega y toda las isla como están los campos y árboles en España por el mes de abril y mayo, y la frescura de los continuos aires, el sonido de los ríos y arroyos tan rápidos y corrientes, la claridad de las dulcísimas aguas, con la verdura de yerbas y árboles y llaneza o llanura tan grande, visto todo junto y especulado de tan alto, ¿quién no concederá ser el alegría, gozo y consuelo y regocijo del que lo viere inestimable y no comparable?" (cap. 8; 6: 323).

considerar tanto las "causas universales" como las "causas particulares" para así "cognoscer la naturaleza y disposición del cuerpo humano"; es decir, para comprender "la complexión y disposición de las personas" que habitan dicha región (*Apologética* cap. 17; 6:353).

Al definir el trópico como un lugar naturalmente templado, Las Casas logra negar no sólo la supuesta inhabitabilidad de la zona tórrida: también logra negar el carácter supuestamente destemplado, extremo y "bárbaro" de sus habitantes. Esto equivale a cancelar explícitamente la justificación científica de la Corona española según la cual los amerindios son esclavos por naturaleza. De hecho, el dominico no duda en afirmar que los indígenas americanos no son los individuos cobardes y carentes de ánimo [*thumos*] que presentaban la Corona española y el mismo Colón en diversos pasajes del *Diario*,[16] sino gente con una dosis adecuada de "animosidad y esfuerzo de corazón". Los indígenas son moralmente templados gracias a la natural templanza climática de las Indias y, en este sentido, no se diferencian de los cristianos que habitan la zona templada del hemisferio boreal:

> Y porque [...] las gentes que viven en la región de Grecia por estar en medio de Asia y Europa, así como tienes el medio según el lugar así tienes las disposiciones e inclinaciones medidas y mejor proporcionadas, porque ni tienen tanto frío como los de Europa y septentrión ni tanto calor como los de Asia y, por consiguiente, son intelectivos y artificiosos, no tanto empero como los de Asia, y así también más animosos, menos empero que los de Europa [...]. Pues como las regiones de estas Indias por toda la mayor parte de ellas sean temperatísimas, más templadas que ninguna parte de las que se saben del mundo, y las naciones que las habitan, por consiguiente, alcancen temperatísima complixión y más favorables que otras, síguese que de su naturaleza no sólo son de buenos y vivos entendimientos, más que otras naciones, pero también no les falta naturalmente animosidad y esfuerzo de corazón. (*Apologética* cap. 33; 6:433)

Salvo las excepcionales áreas cuya destemplanza climática se debe a accidentes locales, Las Casas no duda en presentar la zona supuestamente tórrida como una tercera zona templada y perfectamente habitable. De manera correspondiente, los indígenas americanos no son en absoluto los seres destemplados de *mores* liminales o extremas descritos por los apólogos imperiales de la Corona, sino individuos de elevada capacidad intelectual, de costumbres templadas y, en consecuencia, con capacidad de autocontrol a nivel individual y de autogobierno

---

[16] Afirma Wey Gómez que "Columbus never missed an opportunity for arguing that the inhabitants of the Bahamas and Caribbean basin were ingenious and tame or downright cowardly" (*Tropics* 427).

a nivel comunitario. Por ello, Las Casas dedica el resto de la *Apologética* a demostrar que los indígenas americanos poseen los tres tipos de prudencia que se requieren para alcanzar el bien (caps. 40–41): la monástica, que rige el autocontrol individual (cap. 42); la económica, que supone el regimiento adecuado de la familia y del hogar (caps. 43–44); y la política, que implica la capacidad de regir una *polis* (caps. 45–262). En el caso de este último tipo de prudencia, Las Casas se basa en las seis funciones que, según Aristóteles (*Política* vii. vii.4–5; 1328b3–24), son esenciales para que la *polis* alcance su objetivo de autosuficiencia, y trae a colación numerosas pruebas para demostrar que los indígenas cumplen con todas ellas.

Las Casas presenta una amplia cantidad de evidencias y ejemplos tomados de diversas comunidades indígenas en todos estos tipos de prudencia para demostrar taxativamente que los amerindios no sólo son "ingeniosos, muy razonables, de buenos y muy buenos entendimientos", sino que, además, viven "ordenada y políticamente [para] alcanzar el fin que los hombres pretenden por sus congregaciones y ayuntamientos, el cual es por su buena orden y legítima gobernación vivir quieta, teniendo de las cosas necesarias bastante suficiencia" (cap. 59; 7:577). Siguiendo al Filósofo, Las Casas dedica extensos capítulos a la prudencia política de los indígenas para demostrar que son perfectamente capaces de gobernarse a sí mismos y por ello establece con gran detalle y demoradamente la satisfacción de las seis funciones indispensables de la *polis*: la agricultura (cap. 59–60), las artes mecánicas (caps. 61–65), la capacidad bélica (caps. 66–68), la riqueza (caps. 69–70), las funciones religiosas (caps. 71–194) y el gobierno por medio de un grupo de legisladores (caps. 195–262). De este modo, Las Casas es capaz de negar que los indígenas sean los bárbaros denominados *simpliciter*, precisamente aquéllos cuya naturaleza feral, carente de cualquier tipo de organización social y legal, proviene "de la región en que viven y aspecto del cielo que les es desfavorable y destemplada, [porque] los hombres que en ellas nascen y viven salen bajos de entendimiento y con inclinaciones perversas para los susodichos males" (cap. 265; 8:1581).

Las Casas logra establecer una serie de relaciones causales que se inicia con la natural templanza de las Indias para pasar a las cualidades morales e intelectuales de los indígenas y, como consecuencia de ello, a su capacidad de gobernarse a sí mismos. Al afiliarse a una variante de la teoría de las cinco zonas que incluye una tercera zona templada en la línea ecuatorial, el dominico contradice meridianamente la propuesta imperial de la Corona española y de Sepúlveda, y niega la supuesta condición de esclavos por naturaleza de los indígenas. Gracias a su detallada representación de las templadas posesiones españolas en América, a su autoridad de testigo y, muy especialmente, al hecho de invocar una versión alternativa de la teoría de las cinco zonas, Las Casas logra desarticular el argumento de apólogos de la Corona como Sepúlveda y obtener conclusiones exactamente opuestas a las del defensor de la 'justa guerra' contra los indígenas. Para Las Casas, los indígenas americanos no sólo son perfectamente capaces de gobernarse a sí mismos y de "poseer" las Indias, sino los únicos con la potestad de hacerlo.

La oposición entre la postura de la Corona y sus apólogos (Mesa, Sepúlveda), por un lado, y Las Casas, por otro, en torno a la posesión de las Indias se evidencia en la teoría de las cinco zonas para determinar la natural (des)templanza climática de zona tórrida americana y, consecuentemente, para dilucidar si los amerindios son "esclavos por naturaleza" necesitados del gobierno de los españoles o si son individuos que exhiben la virtud de *sōphrosunē* o templanza y, por tanto, poseen una buena disposición para el ejercicio de la autonomía política. Las contradictorias variantes de la teoría de las cinco zonas invocadas por la Corona y por Las Casas presuponen, sin embargo, que individuos y comunidades son fundamentalmente sedentarias y, por tanto, no se trasladan permanentemente de una zona climática a otra. En otras palabras, estos modelos del mundo se basan en una fundamental relación entre hábitat y comunidad y no ofrecen consideraciones o previsiones sobre la naturaleza de individuos o comunidades transhumantes o transplantadas de una zona climática a otra. Inicialmente, esta limitación interpretativa de las dos variantes de la teoría de las cinco zonas no presenta dificultades, pues la polémica en torno a la posesión de las Indias se formula como una oposición binaria entre españoles moralmente templados de la templada franja del Mediterráneo europeo (señores por naturaleza), por un lado, y amerindios moralmente destemplados de la zona tórrida americana (esclavos por naturaleza). Durante la segunda mitad del siglo XVI, sin embargo, la estructura bipartita de este debate se problematiza notablemente debido al creciente flujo transatlántico de inmigrantes europeos y de esclavos provenientes del África subsahariana, el tránsito intra-continental de los indígenas, la aparición de las primeras generaciones de mestizos y castas, el nacimiento de los llamados 'españoles de Indias' y el sostenido traslado y establecimiento a largo plazo de inmigrantes españoles. Esta población heterogénea, proveniente de zonas climáticas diversas y transgresora de las divisiones entre comunidades o "naciones" diferentes, coincide en un mismo hábitat. Si, de acuerdo con las dos variantes de la teoría de las cinco zonas invocadas por la Corona y por Las Casas, el grado de templanza natural de un lugar determina el grado de templanza moral de sus habitantes, ¿un español del templado Mediterráneo perdería su templanza después de pasar años o incluso décadas en la zona tórrida de las Indias?; ¿un 'español de Indias', nacido en el trópico, no posee la templanza moral de sus padres provenientes del Mediterráneo?; ¿todos los individuos que habitan el trópico y están expuestos al mismo clima poseen el mismo grado de templanza moral, al margen de su pertenencia a una u otra nación?

Dentro de estas nuevas circunstancias históricas en que la zona tórrida americana se transforma en lo que Mary Louise Pratt denomina una "zona de contacto" donde poblaciones heterogéneas conviven en un mismo lugar y entablan relaciones asimétricas de poder (7–8), hallamos evidencia de las disquisiciones sobre la templanza moral, y el consecuente estatus político, de los 'españoles de Indias' o criollos. Aunque varios de los ejemplos que presento a continuación han sido ya señalados por Cañizares-Esguerra en su fundacional estudio "New World, New Stars", conviene recordarlos apretadamente y añadir el elocuente ejemplo del cosmógrafo Juan López de Velasco. Considérese que en una carta fechada en Toluca en 1562, el padre Gerónimo de Mendieta considera que deben emigrar más religiosos desde la península ibérica a la Nueva España porque, salvo excepciones, los españoles nacidos en Indias no pueden oficiar dichas funciones debido a que "por la mayor parte toman del natural y costumbres de los indios, como nacidos en los mismos climas y criados entre ellos" ("Carta" 1:28). Pocos años después, hacia 1570, fray Bernardino de Sahagún muestra preocupaciones similares y teme que tanto los inmigrantes metropolitanos como "los españoles nacidos en Indias" se transformen eventualmente en destemplados indígenas debido a la destemplanza climática de la tórrida Nueva España y a las estrellas que influyen en ella:

> Y no me maravillo tanto de las tachas y dislates de los naturales de esta tierra, porque los españoles que en ella habitan, y mucho más los que en ella nacen, cobran estas malas inclinaciones; los que en ella nacen, muy al propio de los indios, en el aspecto parecen españoles y en las condiciones no lo son; los que son naturales españoles, si no tienen mucho aviso, a pocos años andados de su llegada a esta tierra se hacen otros; y *esto pienso que lo hace el clima, o constelaciones de esta tierra*; [...] y cierto, se cría una gente, así española como india, que es *intolerable de regir* y pesadísima de salvar: los padres y las madres no se pueden apoderar con sus hijos e hijas para apartarlos de los vicios y sensualidades que esta tierra cría. (3: 160; énfasis añadido)

Adviértase también que, hacia 1574, Francisco Hernández, médico de cámara de Felipe II, ruega que los criollos (y los mestizos) "no degeneren, hasta adoptar las costumbres de los indios" y se entreguen a la pereza y la embriaguez.[17] El

---

17   En su contexto, la cita del texto de Hernández es la siguiente: "Si vivieras en México podrías, movido por la naturaleza, echar de menos solamente el suelo patrio y natal y la abundancia de tu gente y, si hemos de hablar con libertad, las inteligencias superiores de los españoles. Los indios son en su mayor parte débiles, tímidos, mendaces, viven día a día, son perezosos, dados al vino y a la ebriedad, y sólo en parte piadosos. ¡Qué Dios lo remedie! Pero son de naturaleza flemática y de paciencia insigne, lo que hace que aprendan artes aún sumamente difíciles y no intentadas por los nuestros, y que sin ayuda de maestros imiten preciosa y exquisitamente cualquier obra. Pero

ruego de Hernández aparece el mismo año en que Juan López de Velasco, cosmógrafo-cronista mayor del Real Consejo de Indias, afirma contundentemente que los criollos nacen ya con cuerpos 'indianizados', pues "conocidamente salen ya diferenciados en la color y tamaño, porque todos son grandes y la color algo baja declinando a la disposición de la tierra" y que, dado que las características "del ánimo suelen seguir las del cuerpo", inevitablemente exhibirán la misma destemplanza moral que los indígenas (37–8).[18]

Cabe destacar que estos ejemplos, formulados por peninsulares que dudan de la templazan moral de los "españoles de Indias", se guían por la teoría de las cinco zonas esgrimida por la Corona española para designar el trópico americano como un lugar de clima extremadamente destemplado y a sus habitantes originales, los indígenas, como seres carentes de templanza moral y, por tanto, como esclavos por naturaleza. Los esclavos procedentes del África subsahariana, por su origen en el trópico africano, serían igualmente considerados esclavos por naturaleza. Dado este nuevo escenario de la segunda mitad del siglo XVI en que poblaciones heterogéneas cohabitan en un mismo espacio geográfico, es conveniente identificar una segunda estapa en la polémica científica por la posesión de las Indias. Este segundo momento, en el cual participa la *Grandeza mexicana* de Balbuena, debe superar la crisis paradigmática en la que la teoría de las cinco zonas, sea en la versión que se apropió la Corona española, sea en la versión presentada por Las Casas, se revela insuficiente para dirimir la templanza moral de las diferentes comunidades ya mencionadas y, por ende, para decidir su idoneidad para el gobierno político de las Indias.

Como parte de esta crisis hallamos que la polémica por la posesión de las Indias origina tres tipos de respuesta. Por un lado, encontramos esfuerzos por elevar a los indígenas americanos del estatus de esclavo por naturaleza a uno de vasallo

---

ni las plantas echan profundas raíces, ni cualquiera es de ánimo constante y fuerte, y los hombres que nacen en estos días y que a su vez empiezan a ocupar estas regiones, ya sea que deriven su nacimiento únicamente de españoles o ya sea que nazcan de progenitores de diversas naciones, ojalá que obedientes al cielo, no degeneren, hasta adoptar las costumbres de los indios" (97).

[18] El pasaje completo, correspondiente al capítulo titulado "De los españoles nacidos en las Indias", es el siguiente: "Los españoles que pasan a aquellas partes y están en ellas mucho tiempo, *con la mutación del cielo y del temperamento de las regiones* aun no dejan de recibir alguna diferencia en la color y calidad de su[s] personas; pero los que nacen dellos, que llaman criollos, y en todo son tenidos y habidos por españoles, conocidamente salen ya diferenciados en la color y tamaño, porque todos son grandes y la color algo baja declinando a la disposición de la tierras; de donde se toma argumento, que en muchos años, aunque los españoles no se hubiesen mezclado con los naturales, volverían a ser como ellos: y no solamente en las calidades corporales se mudan, pero en las del ánimo suelen seguir las del cuerpo, y mudando él se alteran también, o porque por haber pasado a aquellas provincias tantos espíritus inquietos y perdidos, el trato y conversación ordinaria se ha depravado, y toca más presto a los que menos fuerza de virtud tienen; y así en aquellas partes ha habido siempre y hay muchas calumnias y desasosiegos entre unos hombres con otros" (37–8; énfasis añadido).

relativamente templado que, sin embargo, debe recibir la guía de los españoles o los criollos. Entre estos esfuerzos cabe destacar a Baltasar Dorantes de Carranza y a Gómez Suárez de Figueroa, quienes legitiman a los mexica y los incas, respectivamente, para disociarlos de la categoría de esclavos por naturaleza y afirmar que el clima naturalmente templado de la Nueva España y del Cusco los convierte en individuos relativamente templados pero que, por carecer aún de instrucción en el dogma católico, no pueden gobernar las Indias. Por otro lado, hallamos un grupo de físicos y astrólogos pro-criollos, ya estudiado por Cañizares-Esguerra ("New World"), que procuran apoyar las ambiciones políticas de los criollos presentándolos como los individuos más templados de la Nueva España. Científicos como el físico español Juan de Cárdenas (c. 1563–1609), el cosmógrafo e ingeniero hamburgués Heinrich Martin, más conocido como Enrico Martínez, y el físico español Diego Cisneros presentan la Nueva España como un territorio naturalmente templado gracias a accidentes locales [*phusis*] como las lluvias, la altitud sobre el nivel del mar o los favorables vientos del lugar. Sin embargo, estos intelectuales no pretenden legitimar a todos los habitantes del virreinato, sino exclusivamente a los 'españoles nacidos en Indias', por lo que se ven obligados a atribuir complexiones humorales diferentes a cada 'nación' y a afirmar que el clima las afecta de modo diverso. Finalmente, plenamente consciente de las diferentes posturas e implicaciones de esta polémica, Bernardo de Balbuena se propone volver a la aserción original de la Corona española en 1512: reclamar la templanza moral o *sōphrosunē* como atributo exclusivo de los inmigrantes peninsulares.

Innovaciones criollas y mestizas de la 'teoría de las cinco zonas'. la respuesta de Balbuena (c. 1560 – c. 1618)

La relativa templanza del indígena en las agendas criolla y mestiza

A pesar de criticar enconadamente la institución de la encomienda en su *Apologética*, lo que no podía prever Las Casas es que, casi cuarenta años después de su muerte, en la capital novohispana, un criollo descendiente de los primeros conquistadores leería atentamente una copia manuscrita de la *Apologética historia sumaria* para otorgar a los indígenas americanos un rol político limitado dentro de la "civilización" y sugerir que la mejor forma de incluirlos en ella era, precisamente, a través de la institución de la encomienda, bajo el control de los criollos novohispanos. En un voluminoso compendio bautizado por Luis González Obregón como *Sumaria relación de las cosas de la Nueva España* (c. 1604),[19] el criollo Baltasar Dorantes de Carranza, cuyo padre, Andrés Dorantes

---

[19] Robert Folger (17), por su parte, lo ha rebautizado recientemente como *Memorias y papeles*, acaso por la función burocrática del documento y el carácter de *bricolage* intertextual de la *Sumaria relación*.

de Carranza, compartió infortunios con Álvar Núñez Cabeza de Vaca en su trayecto a través de tierras norteamericanas, persigue un doble objetivo: por un lado, exigir una mayor participación de los criollos en el gobierno del virreinato; por otro, negar la condición de esclavos por naturaleza de los indígenas y resaltar su idoneidad para el ejercicio de labores agrícolas a través de encomiendas asignadas precisamente a los criollos.

La versión alternativa de la teoría de las cinco zonas que utiliza Las Casas en su *Historia de las Indias* y en la *Apologética* es parte fundamental de este segundo aspecto de su propuesta. Dorantes de Carranza resalta la natural templanza climática de las Indias, mas no pretende asignar la templanza moral ni la consecuente capacidad de gobernarse a sí mismos a los indígenas, como defendiera Las Casas. Si bien Dorantes de Carranza alaba al dominico (220–21) y admite explícitamente que uno de los principales errores cometidos en los albores de la ocupación del Nuevo Mundo por parte de los cristianos fue suponer la condición de esclavos por naturaleza de los amerindios y alimentar el "hambre [de los conquistadores] de hacer esclavos a los libres" (51), su objetivo no es justificar el derecho de los indígenas a la autonomía política. Antes bien, seleccionando profusa y silenciosamente ciertos fragmentos de la *Apologética* lascasiana, Dorantes de Carranza se apropia deliberada y cuidadosamente de diversos pasajes dedicados a la natural templanza de las Indias y a las capacidades agrícolas de los amerindios con el objeto de asignarles una limitada y relativa participación en la "civilización" como labradores. Al representar a los indígenas exclusivamente en este rol agrícola, Dorantes de Carranza restringe su participación en la vida política novohispana al suministro de alimentos, una de las necesidades básicas de la *polis* como la conceptualiza Aristóteles, anulando, de este modo, su capacidad de deliberar y tomar decisiones sobre la administración virreinal. Como consecuencia de ello, y a pesar de negar su estatus de esclavos por naturaleza, Dorantes de Carranza propone el sometimiento de los indígenas como mano de obra agrícola a los criollos a través de la institución de la encomienda.

A pesar de negar la condición de esclavos por naturaleza de los indígenas, el objetivo de Dorantes de Carranza no es restituir el gobierno de las Indias a los amerindios, sino exigir la atribución de puestos burocráticos en la administración colonial a los criollos y la entrega de indígenas por medio de encomiendas que permitan a los criollos explotar las riquezas naturales del virreinato. Como nos recuerdan, entre otros, Robert Folger, Ernesto de la Torre Villar y Stephanie Merrim ("*La grandeza*" 87–90), la *Sumaria relación* es un largo documento organizado a manera de *bricolage* textual y dirigido al virrey Marqués de Montesclaros reclamando beneficios y mercedes para los desamparados criollos. En la *Sumaria relación* vemos a los conquistadores descritos como valerosos héroes militares y cristianos cuyo principal objetivo es la diseminación del Evangelio en una empresa que continúa la Reconquista de la península ibérica en dirección hacia el mediodía; es decir, en dirección a los trópicos. Dorantes de Carranza se encarga de subrayar que, a diferencia de Colón, cuyos viajes fueron financiados por la Corona, los conquistadores de la Nueva España tuvieron que usar sus propios recursos en esta empresa. De ahí que el letrado criollo proponga una justa retribución por parte de la Corona hacia unos vasallos feudales que amplían los territorios de su señor y que exija una mayor participación de los criollos en la administración colonial. Los salarios y puestos burocráticos que exige Dorantes de Carranza permitirían paliar la notoria pobreza en que se encuentran los criollos hacia 1600.

Además de exigir claramente que el gobierno del virreinato quede en manos de los criollos, Dorantes de Carranza subraya cuidadosamente la natural templanza y riqueza de los territorios novohispanos para proponer su explotación por parte de los criollos. En este proceso, es crucial la asignación de la inventiva e ingeniosa mano de obra indígena disponible en la Nueva España a través de las encomiendas. Para lograr este objetivo, es esencial advertir la selectiva apropiación y notoria re-semantización de la obra de Las Casas por parte de Dorantes de Carranza, que le permite llegar a conclusiones muy diferentes de las del obispo de Chiapas.[20] Mientras que Las Casas adopta una versión alternativa de la teoría de las cinco zonas para negar el supuesto estatus de esclavos por naturaleza de los indígenas

---

[20]   La edición de la *Sumaria relación* debida a Ernesto de la Torre Villar, publicada en 1987, incluye una extensa introducción (ausente en la edición de González Obregón de 1902) que identifica claramente los pasajes que Dorantes de Carranza cita (sin indicarlo) de la *Apologética* de Las Casas, la *Hispania Victrix* (1552) de López de Gómara y la *Historia de las Indias de Nueva España y islas de Tierra Firme* (conocido también como *Códice Durán*) del padre Diego Durán (li-lxii). Esta utilísima herramienta pone bajo sospecha el bagaje intelectual de Dorantes de Carranza, pues nos impide afirmar que el texto de la *Sumaria relación* esté "basado, en su mayoría, en las autoridades de Aristóteles, Plinio, Estrabón, Diódoro, Santo Tomás, San Isidoro, Ptolomeo, entre otros autores antiguos" (Campbell 15), ya que Dorantes de Carranza podría habertos conocido exclusivamente a través de la mediación de la obra de Las Casas (quien sí acude directamente en los autores mencionados). Un estudio más detallado de estas relaciones intertextuales nos permitiría identificar mejor la función que cumplen estas selectivas y deliberadas apropiaciones textuales por parte de Dorantes de Carranza. En el caso que compete a este estudio, Aurora Díez-Canedo considera que el criollo realiza "una transcripción un tanto arbitraria de Las Casas" y que, al incorporar a autoridades clásicas y cristianas a través de los pasajes lascasianos, Dorantes de Carranza pretende dignificar la naturaleza americana "como una fuente para la creatividad literaria" y desligarla de rasgos indígenas o prehispánicos (51–2). Me permito discrepar de este balance literario de Díez-Canedo, pues, como espero demostrar en las páginas siguientes, las citas de la *Apologética* no parecen ser "una transcripción un tanto arbitraria", sino una deliberada y cuidadosa estrategia textual que procura cumplir una función no literaria sino principalmente política: negar la condición de esclavos por naturaleza de los indígenas americanos y subordinarlos al gobierno de los criollos novohispanos por medio de la encomienda. Evidentemente, sólo un estudio más detallado de las relaciones intertextuales que la *Sumaria relación* establece con sus fuentes puede contribuir a dilucidar este complejo *bricolage* textual.

americanos y afirmar su capacidad de autogobierno político, Dorantes de
Carranza se apropia muy selectivamente de diversos pasajes de la *Apologética*
para negar también la naturaleza servil de los indígenas y afirmar su inclusión
en la vida 'civilizada', pero exclusivamente en un rol subordinado y en calidad
de agricultores sin mayor capacidad de tomar decisiones en el gobierno
político.[21] Dorantes de Carranza selecciona pasajes de la *Apologética* que,
por un lado, prueban la natural templanza y fertilidad de las posesiones
españolas en el Nuevo Mundo y, por otro, la natural disposición de los
indígenas para las labores agrícolas, tergiversando completamente la defensa
de los indígenas americanos que planteara Las Casas en la *Apologética*.
Además de citar la comparación que hace Las Casas entre las islas del Caribe
y las posesiones portuguesas en África (Cabo Verde, São Tomé) para establecer
las diferentes condiciones climáticas dentro de la zona tórrida (76–77),
Dorantes de Carranza modifica levemente el original lascasiano (cap. 17)
para poder extender la templanza de la Española a todas las Indias. Las
modificaciones son obvias al confrontar ambos textos:

> Y así es verisímile que debe ser la tierra del paraíso terrenal y todas las
> tierras que son muy habitadas y pobladas. De todo lo susodicho *en este
> capítulo* se puede colegir manifiestamente la salubridad, fertilidad y
> sanidad, felicidad y población *desta isla [i.e., la Española]*. La razón es
> porque en ella concurren juntamente la causa universal, que es el aspecto
> y figura del cielo y la cómoda y mediana o mediocridad de la distancia
> del sol, y concurren asimismo con la causa universal susodicha las cinco
> causas ya dichas especiales, favorables y que por sí solas pudieran bastar.
> (*Apologética*, cap. 17; 6:355)

> [...] y así es verosímil que debe ser la tierra del paraíso terrenal y todas
> las tierras que son muy habitadas y pobladas. De todo lo susodicho ~~en
> este capítulo~~ se puede colegir manifiestamente la salubridad, fertilidad,
> sanidad, felicidad y población *de estas Indias occidentales*. La razón es:
> porque en ellas concurren juntamente la causa universal, que es el aspecto
> y figura del cielo, y la cómoda y mediana mediocridad de la distancia del
> sol; y concurren asimismo con la causa universal susodicha las cinco causas
> ya dichas, especiales, favorables y que por sí solas pudieran bastar [...]
> (*Sumaria relación* 76)

---

[21] Díez-Canedo asume que la recurrencia de las descripciones de la naturaleza en los textos
de los criollos obedece a la convicción de éstos de sentirse los herederos "naturales" de la tierra
americana. Para el caso de la *Sumaria relación*, sugiere, aunque sin mayor argumentación, que
en la apropiación de la *Apologética* Dorantes de Carranza coloca a los criollos en la posición de
gobierno político que Las Casas otorgaba a los amerindios (53–4).

Recuérdese que en este pasaje Las Casas reclama la natural templanza del trópico recurriendo a una variante de la teoría de las cinco zonas que postula la existencia de una tercera zona templada dentro de la tórrida zona. Sin embargo, carente de los vastos conocimientos del dominico, Dorantes de Carranza se limita a ocultar y modificar levemente su fuente lascasiana para así postular la natural templanza de todos los virreinatos americanos sin tener que dedicar al tema detallados y eruditos capítulos como lo hiciera Las Casas en la *Apologética*.

Una vez establecida la natural templanza y productividad de las Indias, y a diferencia de Las Casas, Dorantes de Carranza no procura deducir la naturaleza, complexión, *mores* o capacidad política de los indígenas americanos. El autor criollo se niega a deducir la existencia de una *relación causal* entre esta templanza climática de las Indias y el equilibrio humoral, la templanza moral y la capacidad política de los amerindios, y se limita a presentar esta templanza en *yuxtaposición* con la habilidad de los amerindios para tareas agrícolas.[22] Como en el caso de la descripción de las Indias, el autor de la *Sumaria relación* se apropia de otro pasaje de la *Apologética* lascasiana (cap. 59) en el cual el dominico alaba las habilidades de los amerindios para las labores agrícolas. Cabe destacar, sin embargo, que esta apropiación es parte de un delicado proceso de segmentación y re-semantización del texto lascasiano a través del cual los amerindios quedan despojados de las capacidades manufactureras, económicas, religiosas y, sobre todo, políticas que les otorgara Las Casas, limitándolos a funciones agrícolas que Dorantes de Carranza sugiere deben realizar a través de encomiendas dirigidas por criollos. Recordemos que en el original lascasiano la destreza agrícola de los amerindios, siguiendo a Aristóteles (*Política* vii.vii, 1328b 5–23; 571–573; vii.viii, 1329b 35–39; 579), es un elemento dentro de la argumentación sobre su capacidad de autonomía política y de "buen orden y policía" (7:577). Para el Estagirita, la *polis* no es una suma aleatoria de personas, sino un conjunto de individuos que satisfacen las funciones indispensables para la autarquía [*autarkeia*] de la *polis*:

> First then a state must have a supply of food; secondly, handicrafts (since life needs many tools); third, arms [...] ; also a certain supply of money [...] ; fifth, a primary need, the service of religion, termed a priesthood; and sixth in number and most necessary of all, a provision for deciding questions of interests and of rights between the citizens. (*Política* vii.vii.4; 1328b; 571–3)

---

[22] En cierta medida, esta estrategia de Dorantes de Carranza en la *Sumaria relación* se asemeja al *Diario* colombino en tanto que ejemplifica lo que Wey Gómez ha considerado la paradoja fundamental de la geopolítica imperial: la coexistencia de una paradisíaca y pródiga imagen de las Indias y de una concepción de los indígenas americanos como individuos bárbaros, infantiles o monstruosos que deben ser subordinados al yugo político de individuos mejor dispuestos para el gobierno político como los españoles (*Tropics* 53).

Estas funciones, cabe advertirlo, presentan una jerarquía social tripartita análoga a la tripartición del alma descrita por Platón, incluyendo un grupo de cónsules y legisladores asociados a la razón, una clase guerrera equivalente a la parte irascible del alma, y un estrato social que se encarga de satisfacer las necesidades o apetitos de la ciudad (*Rep.* iv.vi-xi.427d-436a, 345–81; iv.xv.440a-441c, 401–5). En conjunto con los reclamos por la perpetuidad de la encomienda y por el acceso a puestos burocráticos en la administración colonial que aparecen a lo largo de la *Sumaria relación*, la restricción de los indígenas a labores agrícolas sugiere que para Dorantes de Carranza los criollos sirven como una nobleza militarizada que cumple con la función de gobierno en el modelo aristotélico y cuyas necesidades básicas, especialmente el suministro de alimentos y productos agrícolas, deben ser satisfechas por los indígenas.

Siguiendo a Aristóteles, Las Casas organiza la mayor parte de la *Apologética* (caps. 59–262) para probar, precisamente, que las diversas comunidades de indígenas americanos satisfacían cada una de estas funciones. Su objetivo es explícito: demostrar, a través de la presentación de abundante evidencia y ejemplos de estas actividades político-económicas, que los amerindios vivían en núcleos urbanos autosuficientes y que, por tanto, exhibían una notable templaza moral y poseían las condiciones necesarias para gobernarse a sí mismos sin la participación de los españoles. La clase agricultora es la necesidad más básica e ineludible dentro de esta *polis* autosuficiente:

> Es, pues, la primera parte de la ciudad y político ayuntamiento –según el Philósopho– los labradores y cultivadores de la tierra, para que produzcan los fructos de que es por naturaleza capaz para que toda la ciudad se sustente y mantenga. Y esta parte no es la menos sino la necesaria, puesto que la más laboriosa, humilde y abyecta de todas ellas, porque es imposible vivir la ciudad sin ésta, como de sí parece. (*Apologética* cap. 59; 7:578)

Mientras que Las Casas alude explícitamente al Estagirita, Dorantes de Carranza, al citar el mismo pasaje, omite completamente esta referencia a la *Política* aristotélica y, con ello, al resto de las funciones que el dominico presenta como prueba de la capacidad política de los indígenas. La omisión de todas estas cualidades nos permite advertir que el autor de la *Sumaria relación* selecciona y descontextualiza deliberadamente este pasaje del argumento lascasiano para reducir y limitar a los indígenas exclusivamente al rol de agricultores que, careciendo de las habilidades necesarias para cumplir otras funciones, deben ser sometidos a la tutela de los criollos por medio de encomiendas:

> Son los indios grandes labradores y cultivadores de la tierra para que produzca los frutos de lo que es por naturaleza capaz, y usan mucho de esta

parte porque es la más laboriosa y humilde, porque es imposible vivir las ciudades y gentes sin la agricultura. [....] Este género de gente, conviene a saber, labradores, de su naturaleza son pacíficos y no deseosos de lo ajeno, ni de hacer mal a otro, porque están siempre ocupados en aquella obra de agricultura, con dulzura y delectación conversan con obras propias suyas por sus manos, porque naturalmente ama el hombre lo que por sí hace. (108–09)

Dorantes de Carranza no pretende validar a los indígenas como individuos capaces de vida política autónoma, como hiciera Las Casas, sino apenas como una clase social (es decir, como labradores) que debe obedecer el mandato de los criollos novohispanos, individuos mejor dotados para el gobierno y la administración del virreinato. No es gratuito que esta descripción de los indígenas aparezca inmediatamente después de una "digresión" contra la "gente advenediza" (104) procedente de la metrópolis al otro lado del Atlántico (es decir, inmigrantes peninsulares) que, una vez pacificada la Nueva España, se dedica especialmente al comercio como medio de subsistencia (104–107), y después también de mencionar los notables beneficios, incluidos los económicos,[23] del árbol del cacao (108). La secuencia en la que aparecen estas ideas es particularmente relevante puesto que, a diferencia de las notables habilidades retóricas de Las Casas, el autor de la *Sumaria relación* es, básicamente un *bricoleur* (Merrim "*La grandeza*" 89) que yuxtapone antes que argumenta. Como consecuencia, la contigüidad o yuxtaposición de estas observaciones crea un evidente contraste entre dos grupos cuyo sustento se basa en diferentes actividades económicas. Mientras que los recientes inmigrantes europeos supuestamente se enfocan en el comercio, los empobrecidos criollos representados por Dorantes de Carranza consideran el "botín natural" de las Indias una gran fuente de riqueza económica que debe ser explotada utilizando la idónea mano de obra indígena. Tomando en cuenta la natural templanza y bonanza que los científicos y letrados pro-criollos atribuyen a las posesiones españolas en América, Dorantes de Carranza provee como sugerencia evidente el uso de mano de obra indígena, asegurando, además, que dicha labor debe ser supervisada por los criollos para cumplir el propósito de la corona de "dar asiento en la tierra" (222). A pesar de ensalzar a Las Casas por su lucha contra la institución de la encomienda, y a pesar de admitir que uno de los errores de los primeros conquistadores fue el "hambre

---

[23] El hecho de que el cacao se usara como medida de intercambio o "moneda" entre los mexica es incluido aquí por Dorantes de Carranza para subrayar las ventajas económicas de la agricultura (asociada con los criollos con encomiendas) por encima del comercio (asociado con los inmigrantes peninsulares). Véase la siguiente descripción de la función de intercambio del cacao: "Es muy rica y saludable fruta: con ser moneda [...] es corriente y vendible como si fuese oro, y más que piedras preciosas" (108).

de hacer esclavos a los libres" (51), Dorantes de Carranza sugiere que, a diferencia del pasado, en el momento en que escribe, 1604, los criollos sí pueden ofrecer condiciones muy favorables a los indígenas que tuvieren a su cuidado, y que incluso los indígenas en encomiendas son los mejor tratados en todo el virreinato:

> [...] y cierto que verdad que en esta Nueva España son tan diferentes los términos y respectos, en especial en estos tiempos que no hay indios conservados ni bien tratados, amparados y regalados como los de los encomenderos, que en sus trabajos y pleitos les son defensa, y en sus necesidades les son verdaderos padres, y en sus enfermedades sus médicos y enfermeros, curándolos a su costa con medicamentos y regalos; y si como el obispo [de Chiapas, Las Casas] vio aquéllos calamitosos tiempos, alcanzara estos tan dichosos a que jamás él se pudo persuadir, sin duda alegara con otros derechos para que se hiciera el repartimiento en la Nueva España. (222)

Dorantes de Carranza selecciona y resemantiza muy cuidadosamente diferentes pasajes de la *Apologética* lascasiana para incluir entre sus demandas a favor de los empobrecidos criollos de la Nueva España la restitución (o perpetuación) de las encomiendas. Para ello, el autor de la *Sumaria relación* se apropia silenciosamente del argumento que Las Casas articula usando una versión alternativa de la teoría de las cinco zonas y que desarrolla en detalle en la *Apologética*. A pesar de que Dorantes de Carranza, siguiendo a Las Casas, dota las Indias de una natural templanza climática, las conclusiones que extrae son contrarias a las del dominico. Mientras que para Las Casas la templanza del trópico y la existencia de una clase agrícola en las diversas comunidades indígenas son piezas esenciales de un argumento mayor en que procura demostrar la templanza moral y la capacidad de autogobierno de los indígenas, esos mismos pasajes se transforman, en las selectivas manos de Dorantes de Carranza, en una ecuación muy sencilla, en la cual esta tierra ideal para el cultivo y esta mano de obra ideal para la agricultura deben ser puestas al cuidado de un administrador ideal que, a diferencia de los inmigrantes peninsulares, y a través de la encomienda, echará raíces en la tierra conquistada: el criollo. Aunque Dorantes de Carranza presenta el trópico como una zona claramente templada para negar el estatus de esclavo por naturaleza de los indígenas, su dignificación de éstos es profundamente limitada por su agenda pro-criolla. La relativa templanza moral que les asigna a los indígenas los limita exclusivamente al rol de agricultores; unos agricultores que el virrey de Montesclaros debe entregar en encomiendas a los criollos para así explotar la natural bonanza de la Nueva España.

Mientras Dorantes de Carranza se apresura en terminar su *Sumaria relación* en vista del próximo arribo del Virrey marqués de Montesclaros en 1603, en la orilla opuesta del Atlántico, el historiador mestizo Gómez Suárez de Figueroa, el Inca Garcilaso de la Vega, se encuentra en Córdoba redactando su monumental *Comentarios reales de los Incas* (1609). Como el padre Las Casas, en esta obra el Inca se opone simbólicamente a la exclusiva aplicación de la teoría de las cinco zonas al Virreinato del Perú por parte de la Corona española, y aduce, a pesar de su ubicación en la tórrida zona, la natural templanza climática de la capital del Imperio inca. Con ello, el Inca Garcilaso procura negar el estatus de esclavos por naturaleza de los incas, subrayar su crucial rol en la *praeparatio evangelica* de los destemplados y "bárbaros" indígenas preincaicos hacia el cristianismo, y legitimar la feble condición en que se encontraban mestizos como él mismo. Para ello, el Inca Garcilaso no invoca una versión alternativa de la teoría de las cinco zonas, como el padre Las Casas. La estrategia del Inca Garcilaso consiste en combinar dos elementos cruciales: por un lado, resaltar el impacto de un accidente local, la altitud sobre el nivel del mar, en la natural templanza de la ciudad del Cusco (3.399 metros sobre el nivel del mar), capital del incario, en contra de su supuesto clima extremo según la teoría de las cinco zonas; por otro, presentar una historia prehispánica claramente bipartita que distinga entre unos incas que, por su origen en la templada ciudad del Cusco, son moralmente templados, y una bárbaras comunidades preincaicas procedentes de otras regiones destempladas del trópico. En otras palabras, al Inca Garcilaso le importa sobremanera resaltar que el clima del Cusco no es excesivamente cálido, sino casi templado, con una ligera tendencia a ser "antes frío que caliente" (vii.viii; 2:101), y que la historia prehispánica de los Andes debe dividirse en "dos edades", "para que no se confunda lo uno con lo otro ni se atribuyan las costumbres ni los dioses de los unos a los otros" (i.ix; 1:26). Al dotar al Cusco, asiento y "ombligo" del imperio inca, de un clima naturalmente templado, el Inca Garcilaso es capaz de afirmar que los Incas son individuos casi tan templados (moralmente) como los propios españoles y que, como tales, no deben ser confundidos con los otros amerindios (los verdaderos "esclavos por naturaleza"), sobre los cuales los incas ejercieron un rol "civilizador" que facilitó su posterior dominación y aculturación por parte de los cristianos. Con ello, el Inca logra impugnar la exclusiva aplicación de la teoría de las cinco zonas por parte de la Corona española y negar la consecuente condición de esclavos por naturaleza de los incas, en desmedro, sin embargo, de las comunidades indígenas preincaicas o no-incas.

Este rol civilizador de los Incas tiene como fundamento la topografía del asiento de la ciudad del Cusco, centro y "ombligo" del Imperio. En el capítulo que abre el libro I de los *Comentarios*, el Inca explota las limitaciones de la teoría de las cinco zonas resaltando la habitabilidad de la zona tórrida y aduciendo su experiencia personal como *auctoritas*. Además de declarar explícitamente haber nacido "en la tórrida zona, que es en el Cuzco, y me crié en ella hasta los veinte años" (i.i; 1:10), el Inca Garcilaso detalla su propio paso del hemisferio austral al hemisferio septentrional atravesando la zona tórrida durante su traslado a la península ibérica y hace hincapié en la existencia de accidentes orográficos, como fuentes, ríos y lagos, y criterios como la altitud, que transforman la zona tórrida en un lugar en donde la vida humana es más que factible. A continuación, el historiador mestizo subraya la importancia de la altitud del terreno como una de las "causas particulares" (*phusis/natura*) que pueden subvertir "causas universales" (*thesis/situs*) como la latitud para explicar las diferencias entre las variadas regiones del Imperio Inca. De hecho, el Inca Garcilaso afirma que características locales como la altitud son capaces de subvertir completamente las condiciones climáticas previstas por la teoría de las cinco zonas y, así, generar lugares naturalmente templados dentro de las zonas supuestamente liminales del mundo:

> Y es de saber que en la tórrida zona, en lo que de ella alcanza el Perú, no consiste el calor ni el frío en distancia de regiones, ni en estar más lejos ni más cerca de la equinoccial [i.e., la latitud o distancia en relación a la línea ecuatorial], sino en estar más alto o más bajo de una misma región y en muy poca distancia de tierra [i.e., la altitud], como adelante se dirá más largo. Digo, pues, que esta semejanza se puede creer que también las zonas frías estén templadas y sean habitables, como lo tienen muchos graves autores, aunque no por vista y experiencia. (i.i; 1:11)

Los accidentes locales son, precisamente, una de las razones principales por las cuales el Inca Garcilaso es capaz no sólo de explicar la habitabilidad de la zona tórrida, sino incluso de argüir la natural templanza climática del Cusco y de homologar el "ombligo" del Tawantinsuyu y la Roma imperial del templado Mediterráneo europeo. Si "el Cuzco, en su Imperio, fue otra Roma en el suyo" no lo es sólo por sus fundadores, sus conquistas, su legislación o la cantidad y excelencia de los varones ilustres que nacieron ahí, como afirma explícitamente el autor (vii.viii; 2:100), sino porque su posición en la Cordillera de los Andes (es decir, su altitud) la dota de un clima naturalmente templado a despecho de su latitud. De hecho, Garcilaso dedica amplias líneas a refutar el supuesto carácter tórrido del clima del Cuzco y a enfatizar el hecho de que "el temple de aquella ciudad es antes frío que caliente" (vii.viii, 2:101). En su intento de refutar las previsiones del licenciado Bernardo de Mesa o de Juan Ginés de Sepúlveda, el autor de los *Comentarios* describe el clima de la ciudad como templado, pero tendiendo más al frío que al calor abrasador previsto en dicha región por la teoría de las cinco zonas. La general templanza que rodea la ciudad imperial del Cusco y la salubridad de sus vientos son precisamente algunos de los rasgos normativos incluidos en la sección del *enkōmion poleōs* dedicada a elogiar el sitio de una ciudad, y que autores como el arquitecto e ingeniero romano Marcus

Vitruvius Pollio o Marco Vitrubio (vi.i; 2:11) usaron para caracterizar Roma a principios de la era cristiana.[24] Mientras que estudiosos como Sabine MacCormack ("The Incas and Rome", "Cuzco, another Rome?") han recopilado los numerosos paralelos que Garcilaso y los otros cronistas de la temprana modernidad establecieron entre las capitales de ambos imperios, me importa resaltar, dentro de estas comparaciones, la importancia de la similitud de los climas que ambas ciudades habrían disfrutado. En el caso del Inca Garcilaso, es claro que la templanza climática del Cusco es pieza fundamental de la legitimación política de los Incas como individuos moralmente templados y, por tanto, como agentes civilizadores de los Andes. El Inca Garcilaso, pues, presenta la ciudad del Cusco como una ciudad naturalmente templada y 'central' en medio de un territorio supuestamente tórrido y liminal para validar la autoridad política de los Incas sobre las destempladas comunidades preincaicas, para legitimar su imperio como parte de un proceso de civilización previo a la cristianización de los indígenas americanos, y, finalmente, para otorgarles un lugar dentro de la historia cristiana. En última instancia, la templanza de los Incas ayudaría a afirmar la templanza moral de mestizos como el propio Inca Garcilaso.

Una vez establecida la natural templanza de la ciudad del Cusco, el Inca procura combatir los discursos pro-imperiales que, basados en la aplicación exclusiva de la teoría de las cinco zonas, ofrecen una imagen en que todos los indígenas del Tawantinsuyo son homogéneamente representados como "bárbaros" y esclavos por naturaleza por los climas extremos que habitan. Dada la diversidad de climas en los Andes, producto de accidentes locales, y dada la natural templanza de la ciudad del Cusco, el Inca Garcilaso es capaz de contradecir la homogeneidad impuesta por discursos imperiales como los de Bernardo de Mesa o Juan Ginés

---

[24] La detallada descripción del Inca es la siguiente: "El Rey Manco Cápac, considerando bien las comodidades que aquel hermoso valle del Cuzco tiene, el sitio llano, cercado por todas partes de sierras altas, con cuatro arroyos de agua, aunque pequeños, que riegan todo el valle, y que en medio de él había una hermosísima fuente de agua salobre para hacer sal, y que la tierra era fértil y el aire sano, acordó fundar su ciudad imperial en aquel sitio, conformándose, como decían los indios, con la voluntad de su padre el Sol [...] El temple de aquella ciudad antes es frío que caliente, mas no tanto que obligue a que busquen fuego para calentarse; basta entrar en un aposento donde no corra aire para perder el frío que traen de la calle, mas si hay brasero encendido sabe muy bien, y si no lo hay, se pasan sin él; lo mismo es en la ropa del vestir, que, si se hacen a andar como de verano, les basta; y si como de invierno, se hallan bien. En la ropa de la cama es lo mismo; que si no quieren más de una frazada, tienen harto, y si quieren tres, no congojan, y esto es todo el año, sin diferencia del invierno al verano, y lo mismo es en cualquier otra región fría, templada o caliente de aquella tierra, que siempre es de una misma manera. En el Cuzco, por participar como decimos más de frío y seco que de calor y húmedo, no se corrompe la carne; que si cuelgan un cuarto de ella en un aposento que tenga ventanas abiertas, se conserva ocho días y quince y treinta y ciento, hasta que se seca como un tasajo. [...] Por ser el temple frío no hay moscas en aquella ciudad, sino muy pocas, y ésas se hallan al sol, que en los aposentos no entra ninguna. Mosquitos de los que pican no hay ninguno, ni otras sabandijas enfadosas: de todas es limpia aquella ciudad" (vii.viii, 2:101).

de Sepúlveda introduciendo una fundamental distinción entre una comunidad inca que exhibe *sōphrosunē* y una variedad de comunidades no-incas moralmente destempladas, ora comunidades previas al Imperio inca, ora comunidades contemporáneas mas no influidas ni "civilizadas" por los Incas.

Como explica acertadamente Margarita Zamora (110–20), no niega el Inca la existencia de comunidades "bárbaras" anteriores o incluso contemporáneas a los Incas. Empero, el historiador mestizo arguye que el desconocimiento del quechua por parte de cronistas como Francisco López de Gómara (c. 1511–1566), Agustín de Zárate (1514–1560) y Pedro Cieza de León (c. 1519–1554) les llevó a suponer que las *mores* destempladas y extremas que sus informantes quechuahablantes atribuían exclusivamente a las comunidades que precedieron a los Incas o que no fueron incorporadas al Tawantinsuyu eran compartidas también por los Incas. En consecuencia, afirma el cronista mestizo, estos cronistas pro-imperiales soslayaron la cronología secuencial y bipartita entre las liminales comunidades preincaicas y el 'central' y civilizador imperio incaico:

> Para que se entienda mejor la idolatría, vida y costumbres de los indios del Perú, será necesario dividamos aquéllos siglos en dos edades: diremos cómo vivían antes de los Incas y luego diremos cómo gobernaron aquéllos Reyes, para que no se confunda lo uno con lo otro ni se atribuyan las costumbres ni los dioses de los unos a los otros. (i.ix; 1: 26)

Los *Comentarios reales* validan el Imperio Inca presentando una clara distinción bipartita en la historia prehispánica andina que atribuye a los descendientes de Manco Cápac un rol civilizador y providencial que habría facilitado a los españoles la posterior evangelización de los indígenas en los Andes. Según esta distinción bipartita, la primera edad incluye las comunidades preincaicas (pero también las comunidades no-incas del presente), las cuales se caracterizan por grados extremos de destemplanza y "barbarie" intelectual y moral. En cambio, a la segunda edad prehispánica, correspondiente al Imperio de los Incas, se le atribuye el templado y virtuoso gobierno de la razón natural y la domesticación de los bárbaros pueblos precedentes, lo cual, eventualmente, facilitaría su conversión al cristianismo. Así, pues, las comunidades de la primera edad están compuestas por idólatras que llegan a adorar cualquier animal "vil" o "sucio" (i.ix; 1:27), practicantes del politeísmo (i.x; 1:27), de sacrificios que incluían a "sus propios hijos" (i.xi; 1:29) y de prácticas de hechicería e incesto (i.xiv; 1:29). Además de ello, la cultura material de estas comunidades revela también su destemplanza moral, pues sus pueblos no tienen "plaza ni orden de calles ni de casas, sino como un recogedero de bestias" (i.xii; 1:31) y carecen de ropas, pues se vestían "como animales, porque no traían más ropa que la piel que la naturaleza les dio" (i.xii; 1:33).

En contraste con las comunidades bárbaras y carentes de templanza moral descritas en el libro I, en el libro II el Inca ofrece una descripción de las *mores* templadas introducidas por los Incas en dichas comunidades, tales como el monoteísmo a Pachacamac, (ii.i-ii; 1:59–64), sus ritos religiosos (ii.ix; 1:79–80), su sistema legal (ii.xiii; 1:86–9), su dominio de disciplinas correpondientes al *trivium*, como la gramática en la forma de poesía (ii.xxvii; 1:114–8), y al *quadrivum*, como la astrología (ii.xxi-xxiii; 1:103–8), la geometría y la música (ii.xxvi; 1:112–4),[25] además de otros campos que exigen estudios superiores como la medicina (ii.xxiv-xxv; 1:108–11). Gracias a la natural y accidental templanza de la ciudad del Cusco, el Inca Garcilaso es capaz de presentar esta yuxtaposición, en la que emerge un claro contraste entre estas dos edades de la historia andina prehispánica. Con ello, vemos que *Comentarios reales* valida el Imperio de los Incas como instrumento de la *praeparatio evangelica* de los indígenas del Nuevo Mundo y, por tanto, niega su condición de bárbaros o esclavos por naturaleza.

Si bien la legitimación de la autoridad política de los Incas obliga a Garcilaso a dividir a los indígenas de los Andes en un grupo moralmente templado (los Incas, originarios del Cusco) y otro moralmente destemplado (las varias comunidades preincaicas del pasado y las comunidades no-Incas del presente), Gómez Suárez de Figueroa no cuestiona la superioridad de la Corona en tanto que instrumento cristianizador y civilizador. En otras palabras, Garcilaso mantiene una jerarquía según la cual los españoles, en tanto que diseminadores del Evangelio, son superiores a los indígenas, puesto que estos sólo habían logrado llegar al conocimiento del dios cristiano por medio de la razón natural, mas desconocían completamente el resto del dogma cristiano. Sin embargo, la bipartición y secuencialización de las comunidades precolombinas le permite al Inca Garcilaso heterogeneizar a los indígenas y crear una sub-jerarquía entre éstos en razón de su templanza o destemplanza climática y moral. Es gracias a la accidental y natural templanza de la ciudad del Cusco que el Inca Garcilaso logra validar a los Incas en términos intelectuales, morales y políticos, a despecho del resto de las comunidades indígenas en los Andes. Una validación de este tipo sólo podía redundar en una legitimación de los mestizos como el Inca Garcilaso, nacido en ese otro "centro" del mundo: la naturalmente templada capital del Imperio de los incas.

Aunque el objetivo principal de Baltasar Dorantes de Carranza y del Inca Garcilaso es legitimar una agenda criolla y una mestiza respectivamente, este

---

[25]   Al final de la época clásica el número de las llamadas artes liberales se había fijado en una serie de siete campos, serie que se mantendría a través de la Edad Media: gramática, retórica, dialéctica, aritmética, geometría, música y astronomía. Las tres primeras componían el llamado *trivium*, las últimas el *quadruvium* o *quadrivium* (Curtius 36–9).

proceso incluye rescatar a los indígenas del estatus de esclavo por naturaleza que les fuera asignado por la Corona española. Sus intereses políticos obligan a estos dos letrados a cuestionar la aplicación exclusiva de la teoría de las cinco zonas tal y como lo hicieran Bernardo de Mesa y Juan Ginés de Sepúlveda durante la primera mitad del siglo XVI, para así reclamar la natural templanza climática de las Indias y, como consecuencia de ello, la templanza moral de los indígenas. Dorantes de Carranza se apropia silenciosamente del argumento de Las Casas, que le permite postular la natural templanza climática de las Indias, mas, carente de la erudición del dominico, es incapaz de reclamar la templanza moral de los criollos, a quienes legitima exclusivamente por las exhibiciones y servicios marciales de sus antepasados. Además, Dorantes de Carranza descontextualiza sus citas de la *Apologética* de Las Casas para reducir a los templados indígenas a meros agricultores bajo la institución de la encomienda. El Inca Garcilaso, en cambio, señala explícitamente las limitaciones de la teoría de las cinco zonas y explota el efecto de accidentes locales (*phusis/natura*) como la altitud sobre el nivel del mar para argüir la templanza climática del Cusco y, con ello, la templanza moral de los Incas. Con ello, el Inca Garcilaso transforma a los incas en templados vasallos de la Corona que sólo se diferencian de los españoles en su rudimentario e incompleto conocimiento del dogma católico.

La invención de "cuerpos separados": la templanza de los criollos
A fines del siglo XVI e inicios del XVII, precisamente cuando los criollos redoblan sus esfuerzos por obtener la perpetuidad de las encomiendas y un mayor control de la administración virreinal, un grupo de científicos afincados en la capital novohispana intenta apoyar dichas solicitudes afirmando que los criollos, gracias a su exhibición de la virtud de *sōphrosunē*, son los individuos idóneos para el gobierno de la colonia. Esta aseveración contradice diversos informes administrativos y eclesiásticos que, a lo largo de la segunda mitad del XVI, aseguraban que los criollos, al haber nacido bajo las mismas estrellas y bajo el mismo clima que los bárbaros y salvajes indígenas, se estaban 'indianizando' tanto a nivel fisiológico como a nivel moral. Para remediar esta impresión, científicos como los físicos Juan de Cárdenas y Diego Cisneros, y el cosmógrafo y físico hamburgués Heinrich Martin (Enrico Martín o Martínez), deben seguir una estrategia bipartita. En primer lugar, para defender la templanza moral de unos criollos nacidos en la tórrida zona, estos intelectuales se ven obligados a postular la natural templanza climática de la Nueva España. Para ello, afirman que accidentes locales (*phusis/natura*) como la humedad y la altitud de la capital novohispana contrarrestan el excesivo calor que debería padecer según la teoría de las cinco zonas debido a su latitud, transformando la Ciudad de México no sólo en un lugar templado, sino incluso

en el lugar más templado del orbe, cual paraíso terrenal. En esto, la estrategia inicial de estos científicos es similar a la que propone el Inca Garcilaso para la ciudad del Cusco. Sin embargo, a diferencia de éste, Cárdenas, Martínez y Cisneros no tienen como objetivo declarar la templanza moral de los indígenas del Valle de México, sino defender exclusivamente los intereses de los criollos. Para lograr este objetivo, estos científicos se ven obligados a introducir una innovación que los criollos explotarán a lo largo del siglo XVII: la consideración de la herencia biológica. La idea de que la complexión humoral de un individuo puede transmitirse de generación en generación les permite a estos científicos postular la existencia de tres 'cuerpos separados' (Cañizares-Esguerra "New World" 58; "Demons" 322) para cada una de las tres "naciones" principales del virreinato novohispano (la española, la indígena y la africana).[26] Al asignar complexiones humorales específicas a cada "nación", las cuales se transmiten hereditariamente, estos científicos crean un complejo sistema que permite dilucidar la templanza moral de españoles, "españoles de indias", indígenas, y esclavos africanos. Por un lado, este sistema alaba la superior complexión colérica de la "nación" española sobre la indígena o la africana; por otro, afirma la primacía dentro de una misma nación de aquéllos nacidos en la superior templanza novohispana sobre aquéllos nacidos fuera del virreinato. En otras palabras, al combinar un criterio medioambiental o climático y un criterio biológico, estos científicos pueden afirmar que, dentro de una "nación española" de superior complexión humoral, aquéllos nacidos en la superior templanza novohispana (i.e., los criollos) son intelectual y moralmente superiores en relación con aquéllos que habitan el virreinato pero proceden de otras regiones (i.e., los inmigrantes peninsulares). La superior templanza moral que estos tratados atribuyen a los criollos novohispanos los transforma en los individuos idóneos para la administración del virreinato y la tenencia de encomiendas.

En respuesta a declaraciones como las de fray Gerónimo de Mendieta, fray Bernardino de Sahagún, el físico Francisco Hernández y el cosmógrafo y cronista mayor del Consejo de Indias Juan López de Velasco, que afirman la progresiva transformación de los "españoles de Indias" o incluso de los inmigrantes peninsulares en destemplados indígenas, adoptando sus ragos físicos y, lo que es peor aún, sus *mores* y hábitos, Juan de Cárdenas publica la

---

[26] Como nos recuerda Anthony Pagden, la idea de "naciones" es "[t]he closest approximation to anything like modern racial classifications in the early-modern world" ("The peopling of the New World" 294). En un clásico estudio sobre los usos de los vocablos "patria" y "nación" en el Virreinato del Perú, Luis Monguió afirma que el significado prevalente del último es el de "raza o casta" (462). Huelga advertir que esta sección sigue de cerca el indispensable y fundamental estudio de Jorge Cañizares-Esguerra "New World, New Stars", donde hallamos un primer análisis científico en conjunto de la obra de Cárdenas, Martínez y Cisneros.

Primera parte de los Problemas y secretos maravillosos de las Indias (1591).
Para entonces el debate sobre los efectos del clima novohispano en españoles
nacidos tanto en la metrópolis como en las colonias ha abandonado los círculos
médicos y administrativos para transformarse en un debate público más amplio,
por lo que Cárdenas indica en el prólgo que el libro está pensado "más para
curiosos romancistas que para hombres científicos y letrados (pues estos no
tienen necesidad de documento de un hombre mozo)" (64). Aunque los otros
dos textos pro-criollos que analizamos en las siguientes páginas, el *Reportorio
de los tiempos y Historia natural desta Nueva España* (1606) del cosmógrafo
alemán Heinrich Martin o Enrico Martínez, y el *Sitio y naturaleza de la Ciudad
de México* (1618) del físico graduado en Alcalá de Henares Diego Cisneros,
están más claramente orientados a un universo lector compuesto por especialistas
(astrólogos, médicos) y son posteriores a la publicación de la *Grandeza mexicana*
(1604) de Balbuena, estimo que la aparición de los textos de Cárdenas, Martínez
y Cisneros en la capital novohispana en un lapso relativamente breve de tiempo
es sintomática del elevado grado de interés de que gozó el tema en la época y
de su gran funcionalidad dentro de los reclamos pro-criollos. Por ello, es
pertinente el análisis de los tres textos en conjunto.

Los físicos pro-criollos se enfrentan a lo que Cañizares-Esguerra ha
denominado una "extraordinaria paradoja" ("New World" 58): demostrar que
un hábitat y un conjunto de condiciones climáticas específicos producen efectos
diferentes en cada una de las diferentes "naciones" que habitan el virreinato
novohispano. Al introducir la noción de herencia biológica, estos científicos
pro-criollos se oponen a los análisis estrictamente medioambientales con los
que se había juzgado hasta ese momento la naturaleza de los territorios
novohispanos y de sus habitantes. Recuérdese que el análisis medioambiental
de un lugar específico tiene como consecuencia la homogeneización de la
población de dicho lugar, pues los elementos climáticos y de la topografía
influirían por igual a la totalidad de los lugareños. Es así que, al aplicar
exclusivamente la teoría de las cinco zonas y postular la natural destemplanza
del trópico, la Corona española es capaz de afirmar también la destemplanza
moral de la totalidad de los indígenas por igual. De manera similar, al proponer
la natural templanza del trópico, Las Casas puede deducir la templanza moral
de todos los amerindios y, en consecuencia, su capacidad política para el
autogobierno. Del mismo modo, si el Inca Garcilaso afirma que la ciudad del
Cusco es accidentalmente templada por su altitud, se sigue que todos sus
habitantes (i.e., los Incas), son igualmente templados y aptos para autogobernarse.
Sin embargo, dada la heterogeneidad de la población novohispana hacia 1600,
compuesta de inmigrantes europeos, españoles nacidos en el Nuevo Mundo,
indígenas, esclavos de origen africano y mestizos diversos, la aplicación de un
análisis exclusivamente medioambiental supondría la homogeneización o

nivelación de todos estos individuos. Así, si los defensores de los criollos afirmasen la natural templanza climática del virreinato novohispano, obligatoriamente deberían deducir el equilibrio humoral, la adecuada disposición moral y la capacidad política de los criollos, pero también del resto de los habitantes de la Nueva España sin importar su lugar de nacimiento ni su "nación". Para evitar esta homogeneización, y para evitar dotar a estos grupos subalternos de la misma templanza moral, Juan de Cárdenas, Enrico Martínez y Diego Cisneros postulan la existencia de complexiones humorales específicas e inherentes a cada "nación". En palabras de Cañizares-Esguerra, se ven obligados a postular "the existence of separate bodies for Indians and Europeans" ("New World, New Stars" 58), de diferencias biológicas innatas que no varían según el clima.[27] Es, pues, al combinar el determinismo ambiental y la herencia biológica que estos intelectuales logran el doble propósito de legitimar a la "nación española" sobre la "india" y la africana; y, dentro de la misma "nación española", a los criollos sobre los peninsulares.

Como en el caso del Inca Garcilaso, estos intelectuales pro-criollos deben fundamentar su argumentación demostrando, en primer lugar, que a diferencia de lo previsto por la teoría de las cinco zonas, existen diversas condiciones locales (*phusis*) que hacen del territorio novohispano un área templada y benigna para la generación de flora y fauna, pero también de individuos con buena disposición para el ejercicio de la virtud de la templanza o *sōphrosunē*. Juan de Cárdenas, por ejemplo, arguye, en primer lugar, la habitabilidad de México en razón de las lluvias, la similar longitud del día y la noche naturales y, especialmente, la altitud de la capital, condiciones que contrarrestan el calor tropical de la zona tórrida (1.12; 114). Además de ello, sin embargo, Cárdenas elogia largamente la templanza climática y la hiperproductividad natural de las Indias en general, ora refiriéndose a la tradición que ubica el paraíso terrenal en la zona tórrida (1.3; 80), ora exaltando su carácter apacible: "Por cierto ninguna tierra pudieran escoger los hombres para su habitación más apacible, deleitosa y regalada, que la de las indias, pues gracias sean dadas a Dios, siempre en ellas vemos paz y no guerras y pestilencia, como por nuestros pecados jamás faltan en la Europa" (1.11; 105). De modo similar, el cosmógrafo Enrico Martínez relativiza la latitud tropical de la Ciudad de México para aclarar que, en contra de dicha *thesis*, la *phusis* o "sitio y disposición de la tierra" hace de los territorios novohispanos un lugar no sólo habitable, sino que "es el temperamento de muchas de [estas tierras] apacible, bueno y acomodado para la vida humana" (3.5; 169). El cosmógrafo, además, cita los casos de los virreinatos españoles

---

[27] Adviértase que este innatismo biológico se complicaría notablemente si se tomara en cuenta el creciente número de castas, que, convenientemente, como en el caso de Dorantes de Carranza, son eliminadas de la clasificación propuesta por estos autores.

en el Nuevo Mundo, las Islas Molucas (pertenecientes a la actual Indonesia), las Filipinas, Arabia y la India portuguesa para demostrar la existencia de "muchas tierras fértiles y muy pobladas [que] están en la zona tórrida, en muchas partes de la cual se goza del más apacible temple de todo el mundo" (3.5; 169). El físico Diego Cisneros, por su parte, atribuye la templanza de la Ciudad de México a la similar longitud del día y la noche naturales, y a la *phusis*, especialmente a los montes que exponen la ciudad a los mejores vientos (cap. 17; 108v-109r).

Como ya ha señalado Cañizares-Esguerra, la existencia de "cuerpos separados" para cada "nación" se ilustra perfectamente en estos tres tratados, que no dudan en asignar a la "nación" española una complexión colérica jerárquicamente superior a la flemática o melancólica, que es la que caracteriza el cuerpo de los indígenas. En un capítulo de los *Problemas y secretos maravillosos* en que discute la calvicie y el vello facial en españoles e indígenas, Juan de Cárdenas ataca precisamente la exclusiva consideración de los elementos medioambientales, pues, según dicho análisis, "supuesto que vivamos todos en una misma región, gocemos de unos mismos aires, usemos unas mismas aguas y aun de los mismos mantenimientos", es fuerza concluir que "sea una misma la composición y organización [corporal] nuestra y la suya [i.e., de los indígenas]" (3.4; 259). En contra de esta línea de razonamiento, Cárdenas relativiza los efectos del clima sobre los individuos pertenecientes a diferentes "naciones" y postula, en combinación con el paradigma hipocrático-galénico, un esencialismo biológico según el cual la nación española es inherentemente colérica, pero con flema "accidental" originada por factores medioambientales como la excesiva humedad de las Indias; los indígenas, en cambio, son inherentemente flemáticos, pues poseen flema "natural" "en la substancia de sus miembros" (3.4; 261–2). Esta distinción entre "natural" y "accidental", como nos recuerda Cañizares-Esguerra ("New World" 61), es una distinción fundada en la *Física* aristotélica y utilizada para referirse a atributos innatos o esenciales ("naturales"), en contraste con otros temporales o transitorios ("accidentales"). En otras palabras, para Cárdenas, la nación española es, en principio, colérica por naturaleza con flema accidental, mientras que los indígenas son flemáticos por naturaleza. En su *Reportorio de los tiempos*, Enrico Martínez mantiene una diferenciación biológica similar a la propuesta por Cárdenas, aunque la fundamenta en términos principalmente astrológicos y, en menor grado, en razones medioambientales. Como Cárdenas, Martínez afirma que los indígenas son, ante todo, flemáticos por influencia del planeta Venus y, secundariamente, por la humedad de las Indias; son también sanguíneos por influencia del Sol, por lo que Martínez los considera flemáticos sanguíneos. En contraste con los indígenas, Martínez coincide con Cárdenas y afirma que en la nación española predomina el humor colérico. Esta complexión humoral es una constitución permanente para el comsógrafo alemán, pues "[l]a calidad que al hombre es propia por su natural complexión, tarde o nunca se la pierde" (3.12; 177). Por su parte, y a pesar de discrepar con algunas de las conclusiones de Martínez, el médico Diego Cisneros también mantiene en su *Sitio y naturaleza* una distinción demográfica según "naciones". Observando que el ingenio y el color de piel de los amerindios no se corresponden con la descripción que ofrece Galeno de los flemáticos ("torpes, tardos al movimiento y perezosos, olvidadizos, insensatos, la color del cuerpo blanca" [cap. 19; 112r]), Cisneros contradice a Martínez y afirma que la complexión predominante en los amerindios es la melancólica. A pesar de estas discrepancias, cuando Cisneros describe a la nación española, el veredicto es unánime: como Cárdenas y Martínez, Diego Cisneros coincide en considerarla colérica (cap. 19; 112v).

Una vez establecida esta esencialización biológica a través de la asignación de complexiones humorales específicas que se transmiten hereditariamente al interior de cada "nación", estos discursos científicos pro-criollos la combinan con las consideraciones medioambientales que dotan a la Nueva España de una templanza climática incluso superior a la de la península ibérica. De esta combinación se infiere la existencia de una jerarquía dentro de cada "nación"; en el caso específico de la colérica nación española, estos tratados postulan la templanza moral de unos "españoles nacidos en Indias" o criollos que gozan de un hábitat especialmente templado y son, en consecuencia, moralmente superiores a los peninsulares o a los recientes inmigrantes de la metrópolis. En sus *Problemas y secretos*, Cárdenas considera que las condiciones cálidas y húmedas de las Indias otorgan a los españoles "nacidos en Indias" una complexión sanguínea que, añadida a la complexión colérica que les corresponde por herencia de sus ancestros, los convierte en individuos colérico-sanguíneos, "que es la complexión más alabada y aprobada" (3.2; 252), lo cual explica su liberalidad, afabilidad y alegría. Aun cuando esta complexión sanguínea les pueda, en teoría, convertir en mudables y poco perseverantes, Cárdenas afirma que por su ingenio los criollos resuelven cualquier carencia, llegando a aseverar la absoluta superioridad de los criollos: "tengo muy por cierto para mí [que] hay gente nacida en Indias que no sólo en su vivo y delicado entendimiento, pero también en peso, constancia y perseverancia, se puede aventajar a otras naciones del mundo" (3.2; 255).

Enrico Martínez, muy elocuentemente, llega a la misma conclusión que Juan de Cárdenas extendiendo sus observaciones a las tres "naciones" y asegurando que, para jerarquizar la población novohispana, el primer criterio es el biológico y el segundo el medioambiental. Así, pues, Martínez combina la noción de herencia humoral y el determinismo medioambiental para validar a "los españoles que son nacidos y habitan en esta Nueva España" (3.12; 177) como los individuos de mejores *mores* de la población novohispana. En respuesta a "cierta persona" que se pregunta precisamente si, siguiendo el determinismo ambiental de la tradición hipocrático-galénica, la coexistencia de diferentes naciones en un mismo lugar implicaría que los indígenas y la diáspora africana "habrían de igualar en habilidad a los españoles, pues todos [...] participan igualmente" de las mismas condiciones climáticas, Martínez afirma que dichas condiciones se aplicarían a aquéllos nacidos en el virreinato, pero no en términos absolutos, sino sola y exclusivamente en términos relativos a su propia "nación". De este modo, "la gente que en este reino habita excede en habilidad a los de su misma nación que habitan en otra parte, [debido a] las propiedades de él acomodadas a producir buenos ingenios" (3.13; 195). Así, pues, si la nación española posee una complexión humoral superior a las restantes, los españoles nacidos en Indias reciben la mejor influencia climática y, por ende, poseen una templanza moral superior a la de los inmigrantes peninsulares.

Eludiendo hacer observaciones sobre la influencia del clima en las naciones india y africana, Diego Cisneros se centra exclusivamente en la "nación española" para llegar a la misma conclusión que Cárdenas y Martínez: la superior templanza de los criollos en comparación con los inmigrantes peninsulares. Lo más curioso, sin embargo, es que Cisneros no tiene reparo en contradecirse pues, si bien inicialmente afirma que los peninsulares son coléricos (cap. 19; 112v), inmediatamente después admite que los que llegan a la Nueva España "varían en las complexiones y templanzas, así como los que nacen en ellos, porque ni todos son coléricos, melancólicos, flemáticos o sanguíneos, sino unos de una complexión y otros de otra" (cap. 19; 113v-114r). A diferencia de estos inmigrantes peninsulares, los criollos son claramente superiores tanto por su origen como por la templanza climática novohispana y por la manera en que son criados. Si por ser "hijos y nietos de verdaderos españoles" su complexión es colérica, los criollos gozan, además, de "la templanza de esta región y ciudad [i.e., México]", una región que "hace [a] los hombres templados, dóciles, de agudos ingenios y aparejados y perfectos para todas las ciencias". Por si eso fuera poco, la "crianza y educación" que reciben no "les podrá dar sino el colmo y perfección que sobre buen origen y buena templanza de costumbres e inclinaciones hay" para que así "justísimamente sean en cuerpos[,] templanza, costumbre, felicidad de ingenios y prudencia muy superiores a todos" (cap. 19; 113v).

Al privilegiar el análisis de las condiciones locales [*phusis/natura*] sobre la latitud [*thesis/situs*] para determinar la templanza climática de una región, y al combinar dicho análisis con la noción de herencia biológica y de "cuerpos separados", Cárdenas, Martínez y Cisneros crean una compleja matriz científica que supera notablemente las limitaciones de la teoría de las cinco zonas y que les permite reclamar la superior templanza moral de los criollos novohispanos. El complejo sistema propuesto por estos científicos crea un modelo doblemente jerarquizado que afirma, por un lado, la superior complexión humoral (colérica) de la nación española sobre las naciones indígenas (flemática) y africanas, y, por otro, la superior templanza moral, dentro de cada nación, de los individuos nacidos en la superior templanza climática de la Nueva España. De este modo, los científicos pro-criollos superan el análisis homogeneizante que la teoría de las cinco zonas habría impuesto sobre la heterogénea población virreinal. De hecho, la matriz propuesta por Cárdenas, Martínez y Cisneros adquirirá tal autoridad que, como ha demostrado Cañizares-Esguerra, "[t]he views of Martínez were repeated by creole patriots during the rest of the seventeenth century" ("New World" 64), incluyendo a fray Augustín de Vetancurt (1620–1700) en la Nueva España,[28] y a Antonio de la Calancha (1584–1684), Antonio de León Pinelo (c. 1589–1660) y Buenaventura de Salinas y Córdova (1592–1653) en la Nueva Castilla.[29] Gracias a esta matriz basada en criterios medioambientales, pero también en la herencia biológica, los "españoles de Indias" son capaces de participar en la 'polémica científica' por la posesión de las Indias y argumentar que ellos mismos son los individuos más templados, virtuosos y mejor dispuestos para el gobierno de unas tierras cuyas poblaciones son cada vez más heterogéneas.

Grandeza mexicana y la templanza de los inmigrantes peninsulares

Cien años después de que, en 1504, Isabel la Católica presentara en su testamento dudas acerca de la legitimidad y legalidad de la injerencia política de la Corona en las Indias, Balbuena publica *Grandeza mexicana* para reafirmar precisamente la legitimidad del gobierno de la Corona española sobre las Indias y sus habitantes,

---

[28]   Contra las afirmaciones que, basadas en una "incierta cosmografía (ciego topo a la luz de la verdad)", presentan a los criollos "no racionales verdaderos" e "inméritos de honras, y de premios" (i.vi.27; 35), Vetancurt responde siguiendo claramente esta matriz creada por Cárdenas, Martínez y Cisneros: "Sola una contradicción pudiera haver contra el assumpto de la causa para la habilidad del ingenio [de los criollos], porque si las calidades que en este tratado se refieren fueran causas acomodadas para producir viveza en los ingenios, los naturales de este Reyno la habían de tener aventajado, pues que ellos han gozado siempre de ellas, y los negros, y ellos habían de igualar en habilidad a los de España, pero lo contrario se ve por experiencia, pues es gente muy inferior a los Españoles en la viveza del discurso; a esto se responde, que las causas universales [i.e., *thesis/situs*, latitud] se varian y determinan según la calidad, y disposición de la materia, haciendo en varios sujetos diferentes efectos, el fuego consume la leña seca, y también la verde, pero no tan fácilmente aquesta como aquella, muy diferente es la complexión del Indio, y del Moreno de la complexión del Español por lo qual no pueden las causas producir los efectos tan iguales sino en cada qual según la disposición de los órganos, y temperamento del celebro, y desto procede la diversidad de ingenios que se halla en diferentes naciones, y si se haze comparación entre los que son de una nación se hallara notable diferencia, V[erbi] g[ratia]. si comparamos los morenos que se crian en esta tierra con los de Guinea exceden en habilidad, y si a estos con los de Cuba, y los de la Española los de la Nueva-España excedieron en política, y en habilidad a los de su misma nación, luego son acomodadas las tierras para producir buenos ingenios, o por lo menos para mas viveza en el discurso por el menos embarazo de vapores en los órganos sensitivos del celebro" (i.vi.28; 36).

[29]   En el caso de Antonio de la Calancha, las agudas observaciones de Cañizares-Esguerra han sido desarrolladas y ampliadas por Brown (64–77).

negando al mismo tiempo posturas que defienden la autonomía política de los indígenas americanos (como promoviera Las Casas) o la mejor disposición de los "españoles de Indias" para la administración de los virreinatos (como aseveraran Cárdenas, Martínez y Cisneros). La labor de Balbuena, sin embargo, no es sencilla, pues, a inicios del siglo XVII, el poeta manchego no puede ignorar las advertencias de letrados y científicos como fray Bernardino de Sahagún o Juan López de Velasco, quienes denunciaban hacia 1570 que, aunque en un grado menor que los "españoles de Indias", los inmigrantes peninsulares radicados en las Indias se veían afectados por la destemplanza climática y las estrellas de la región y sufrían, como los criollos, una relativa y progresiva "indianización". Del mismo modo, Balbuena tampoco debía ignorar el complejo sistema jerárquico propuesto por Juan de Cárdenas, que sería desarrollado más explícitamente por Enrico Martínez y Diego Cisneros, según el cual la superior templanza de la Nueva España genera criollos con mejor disposición moral que los peninsulares. Finalmente, Balbuena debe hallar también la manera de responder a propuestas como las de Las Casas y Dorantes de Carranza, que niegan el estatus de esclavos por naturaleza de los indígenas americanos.

Hacia 1600, después de casi un siglo de 'polémica científica' por la posesión de las Indias, Balbuena debe defender la superior templanza moral de inmigrantes peninsulares como él mismo hallando una fórmula científica que conjugue dos premisas absolutamente contradictorias. Por un lado, Balbuena debe probar la destemplanza climática del trópico, que le permitirá presentar a los indígenas como esclavos por naturaleza. Por otro lado, sin embargo, el valdepeñero debe argüir en favor de la templanza climática del trópico (sin proclamarla superior a la templanza del Mediterráneo), pues es necesaria para aseverar que inmigrantes peninsulares como él mismo preservan la templaza moral obtenida por su nacimiento en el templado Mediterráneo europeo. En otras palabras, para defender la superior templanza de los inmigrantes peninsulares, Balbuena debe probar que la Nueva España es simultáneamente templada y destemplada. En esta paradoja reside la piedra de toque que permitirá a Balbuena negar la supuesta "indianización" de los inmigrantes peninsulares y enfrentarse en esta polémica científica a propuestas pro-indígenas como la de Las Casas, Dorantes de Carranza o el Inca Garcilaso, y a propuestas pro-criollas como las de Cárdenas, Martínez y Cisneros.

Considerando estas problemáticas premisas, Balbuena introduce una radical innovación dentro de una polémica científica que, hasta ese momento, sólo había conceptualizado la (des)templanza climática como un fenómeno producido *naturalmente*, ora a través de la latitud o posición relativa al cielo y las estrellas (es decir, la *thesis/situs* del elogio de ciudades, que es también la premisa de base de la teoría de las cinco zonas), ora a través de accidentes locales como la altitud, los vientos o la naturaleza del terreno (es decir, la *phusis/natura* del *enkōmion poleōs*). En primer lugar, Balbuena afirma que la Ciudad de México (y, por extensión, las ciudades construidas por los españoles en el Nuevo Mundo) es un excepcional oasis en medio de la destemplada zona tórrida que debe su templanza climática a su carácter *artificial* y manufacturado. En otras palabras, la capital novohispana es un "humano paraíso" (vi.46; 96) cuya templanza es producida *artificialmente* a través de la arquitectura urbana, un "arte" conceptualizada precisamente como correctivo o enmienda de fenómenos naturales como el clima extremo de la zona tórrida. Es en este espacio urbano que habita una población explícitamente diversa, pero en la cual Balbuena deliberadamente destaca y hace hincapié en la presencia de inmigrantes peninsulares que preservarían su templanza moral. En segundo lugar, Balbuena invoca la teoría de las cinco zonas para afirmar que el resto del territorio novohispano, y las Indias en general, es una región *naturalmente* destemplada que, a diferencia de la Ciudad de México, no corrige dicha destemplanza a través del "arte" de la arquitectura, y que, en consecuencia, sólo puede generar individuos moralmente destemplados. Dentro del territorio novohispano, sin embargo, Balbuena admite dos grados distintos de destemplanza climática y, por tanto, presenta dos comunidades con grados distintos de destemplanza moral. Por un lado, en el "campo" relativamente destemplado, que se compone de "tierras miserables" (IV.167; 85) y "pueblos chicos y cortos" (IV.151; 84), habitan los únicos individuos no-indígenas que clara y distintamente han nacido en la Nueva España, que "obligados quedaron [...] [a] morir en las tierras do nacieron" (IV.164–5; 85) y que, por tanto, representan principalmente a unos criollos novohispanos "indianizados" y de *mores* relativamente destempladas. Por otro lado, en los extremos mismos del territorio novohispano, como las playas del Mar del Sur o los altos montes que rodean San Miguel de Culiacán, caracterizados por una destemplanza climática absoluta, hallamos al "indio feo" y al "salvaje indio", de una destemplanza moral absoluta que les confiere el estatus de esclavos por naturaleza.

Cuando Balbuena describe la Ciudad de México como "centro y corazón desta gran bola" (IX.76; 115), es necesario recordar la definición de "centro" [*meson*] en la epistemología griega clásica y considerar este verso una declaración de la templanza climática y moral de la capital novohispana y, por tanto, una *prise de position* de Balbuena en la 'polémica científica' por la posesión de las Indias. Teniendo muy en cuenta los distintos argumentos esgrimidos en dicha polémica a lo largo de casi una centuria, Balbuena propone en *Grandeza mexicana* una jerarquizada tripartición espacial y moral del virreinato donde inmigrantes peninsulares como los virreyes (VII.25–63; 101–2) o artistas como Andrés de Concha, Alonso Franco y Baltasar de Echave Orio (IV.37–45; 81) son destacados entre los heterogéneos individuos que habitan ese artificial "paraíso mexicano" (VI.14; 94) y esa manufacturada "primavera mexicana" (VI.181; 99) plena de una transplantada flora europea (VI.65–120; 96–7) que es la Ciudad de México. Las "tierras miserables" y relativamente destempladas son gobernadas por una naturaleza caprichosa y alberga a gentes que, por haber nacido en ellas, carecen de la templanza moral necesaria para controlar sus apetitos, como el deseo de dinero, y, por tanto, son presentados como incapaces de desarrollar una vida política y de administrar el virreinato. Es en tales regiones, "del mundo horrura, de su hez las heces" (IV.118; 83), que Balbuena coloca explícitamente a los criollos novohispanos. Los extremos climáticos y geográficos del virreinato, por su absoluta destemplanza, responden exactamente a las previsiones de la teoría de las cinco zonas, generando esclavos por naturaleza (i.e., indígenas) demasiado feroces para la vida política o suficientemente cobardes para ser sometidos a un estado de esclavitud y trabajo forzado. Esta tripartición espacial y moral de la Nueva España convierte *Grandeza mexicana* en una vindicación pro-peninsular y en un denuesto de unos "indianizados" criollos y de unos indígenas que son esclavos por naturaleza.

Una ciudad artificial

La Ciudad de Méxcio que nos ofrece Balbuena, centro del mundo y cúmulo de perfecciones, es el lugar que el poeta elige para dramatizar la superior templanza moral de los inmigrantes peninsulares entre la heterogénea población que incluye individuos de naciones diversas. Para ello, sin embargo, es crucial presentarla como un lugar templado en medio de la tórrida zona descrita por la teoría de las cinco zonas. Balbuena es consciente del crucial rol que este paradigma geopolítico tiene en la polémica científica por la posesión de las Indias, pues a lo largo de *Grandeza mexicana* hace constantes referencias a la distribución del mundo en zonas climáticas. Recuérdese, por ejemplo, que al elogiar la belleza de la arquitectura urbana de la capital, el poeta manchego afirma que ninguna ciudad del orbe, "desde la ardiente Zona a los dos polos" (II.114; 71), o desde los extremos climáticos que son la zona tórrida y las zonas frígidas, puede compararse con ella. Adviértase también que Balbuena subraya la riqueza y opulencia de la ciudad, así como sus extensas redes comerciales, como rasgo que la diferencia del resto. Para ello, Balbuena nuevamente recurre a los extremos climáticos de la teoría de las cinco zonas para referirse a los límites del orbe: "Es la ciudad más rica y opulenta, / de más contratación y tesoro, / *que el norte enfría, ni que el sol calienta*" (III.106–108; 77; énfasis añadido). Finalmente, considérese que, en otro pasaje que se refiere a las redes comerciales en que participa la capital novohispana, Balbuena afirma que en la ciudad puede hallarse todo tipo de mercancías enviadas desde los extremos del mundo por "el chino ardiente" hacia el Trópico de Cáncer y "el flamenco helado" (VII.21; 100) hacia el extremo habitado de la fría Europa septentrional. El común denominador de estos pasajes es la afiliación de Balbuena a la teoría de las cinco zonas, la cual le permite conceptualizar un 'centro' de templanza climática y unos 'extremos' de excesos térmicos hacia los círculos polares y entre los trópicos de Cáncer y Capricornio.

Según esta teoría, sin embargo, la Ciudad de México habría de sufrir un calor excesivo que la haría prácticamente inhabitable para los seres humanos. El mismo Balbuena nos recuerda que la capital novohispana se encuentra situada en una latitud tropical, "[e]n veintiún grados de boreal altura" (IX.55; 114) o 21° de latitud Norte, "casi debajo el trópico fecundo" (I.73; 63) del hemisferio septentrional o Trópico de Cáncer (23° N aprox.). Más aún, si la franja latitudinal entre el Trópico de Cáncer y el de Capricornio (23° S aprox.) se corresponde con la eclíptica o la zona de la bóveda celeste por donde parece desplazarse el sol a lo largo del año, al afirmar que la capital se encuentra en "la zona por do el sol pasea" (I.76; 63) Balbuena la localiza explícitamente entre los trópicos, dentro de la zona tórrida.

A pesar de su latitud, sin embargo, Balbuena dota la capital novohispana de una templanza climática que correspondería a la que se encuentra en el 'centro' del mundo conocido por los griegos: la franja latitudinal de la Europa mediterránea. En *Grandeza mexicana*, la capital novohispana es un "paraíso mexicano" (VI.14; 94) donde "[t]odo el año es aquí mayos y abriles [i.e., primavera] / temple agradable, frío comedido, / cielo sereno y claro, aires sutiles" (VI.19–21; 94) porque posee la misma templanza que el renombrado Valle de Tempe griego, aquel "humano paraíso, / tan celebrado en la elocuencia griega" (VI.46–47; 95),[30] "en cuya vega / se cree que sin morir nació el verano" (VI.49–50; 95),[31] y que se ubica en la misma franja templada del Mediterráneo europeo que la península itálica y la ibérica.

---

[30] Balbuena llega a afirmar que el Valle de Tempe, con su clima moderado, da lugar al término "templado". En su carta "Al doctor don Antonio de Ávila y Cadena, Arzobispo de la Nueva Galicia", Balbuena cita el comentario del poco conocido gramático Lactantius Placidus (siglo V d.C.) a la Tebaida (I, 485–87) del poeta latino Estacio (Publius Papinius Statius, 45–96 d.C.). Según Balbuena, Lactantius analiza la etimología de "Tempe" para subrayar, ante todo, la templanza del valle: "Tempe es cierto valle de Tesalia entre el monte Osa y el Olimpo, de seis millas de largo y cinco de ancho. Según Lactancio, tomó el nombre de su temperamento, que es fresquísimo y de un agradable verano. Por medio dél corre el río Peneo cargado de arboledas y verduras exhalando suavísimos olores" (45). A su vez, el escolio de Lactancio al pasaje ya señalado de la *Tebaida* establece claramente la etimología que relaciona el valle con el clima moderado: "tempe aut loca amoena a caeli temperamento dicta" (I:64) o "Sin embargo, los *loca amoena* son llamados Tempe debido a la templanza [que reciben] de los cielos" (mía la traducción).

[31] Aunque actualmente el término "verano" normalmente designa la estación más calurosa del año, el vocablo es una abreviación del latín *verānum tempu*, 'tiempo primaveral'. Como explica Corominas, "hasta el Siglo de Oro se distinguió entre *verano*, que entonces designaba el final de la primavera y principio del verano; *estío*, aplicado al resto de esta estación, y *primavera*, que significaba solamente el comienzo de la estación conocida ahora con este nombre" (602). *Autoridades* afirma que el verano "según su etimología es la primavera, pero regularmente se toma por el tiempo del estío". Balbuena utiliza "verano" no en su acepción actual, sino para referirse al final de la estación primaveral.

Si la capital novohispana es, a despecho de su latitud, una "rica primavera" (II.166; 73) y una "primavera mexicana" (VI.181; 99), es gracias a la pericia de los inmigrantes peninsulares en la arquitectura urbana, entendida ésta como *ars/technē* que corrige las condiciones naturales de un lugar. Gracias a su profundo conocimiento del pensamiento clásico grecoromano, Alfonso Reyes advirtió perspicazmente el crucial rol de la arquitectura en *Grandeza mexicana* y sugirió que el poema se funda en "la exaltación de la *Polis, de la ciudad, de la obra humana que asea y reedifica la naturaleza*" (78; énfasis añadido). Para desarrollar esta intuición de Reyes, apoyada por el hecho de que Balbuena muestra un amplio léxico arquitectónico (Cuesta Hernández 58), es necesario advertir que Balbuena se apropia de una tradición claramente establecida por Marco Vitruvio, y que ganaría especial notoriedad con la circulación, tanto en latín como en lenguas vernáculas, de su célebre tratado *De architectura* durante la temprana modernidad europea. Gracias a la obra de Vitruvio, que Balbuena conocía (Cacho Casal "Dialectic Spaces" 157), el valdepeñero concibe la arquitectura como un *ars/technē* cuyo propósito es corregir los defectos de la naturaleza o, en términos prácticos, construir edificios y viviendas que combatan la natural destemplanza climática de un lugar y que produzcan una artificial templanza que repercuta favorablemente en la fisiología y en la disposición moral de los habitantes de un lugar. Esta concepción de la arquitectura como arte que corrige la naturaleza [*natura*] le permite a Balbuena presentar la capital novohispana como el hábitat perfecto para los inmigrantes peninsulares, y diferenciar la ciudad de una Tenochtitlán cuya pobreza tecnológica y material habría sido incapaz de crear la misma templanza artificial. Por un lado, el poeta crea una urbe artificialmente templada en medio de la destemplada zona tórrida donde se destaca la presencia de unos inmigrantes peninsulares que mantienen su templanza moral, e incluso de vasallos de la Corona española procedentes de la fría Europa septentrional que adquieren una relativa templanza de la cual carecían originalmente. Por otro, Balbuena recurre a la arquitectura para establecer una explícita discontinuidad y divorcio entre la "primitiva" arquitectura de la Tenochtitlán precortesiana, incapaz de manufacturar una templanza artificial, y una Ciudad de México que, como un "real jardín", debe su templanza climática a la avanzada tecnología practicada por inmigrantes peninsulares.

Cuando consideramos la arquitectura un "arte", debemos comprender el vocablo fuera de sus connotaciones actuales como "bellas artes" de valor estético que contrastan con unas "artesanías" supuestamente utilitarias y, por tanto, de valor principalmente comercial y económico, pues esta distinción entre "arte" y "artesanía" era inexistente en los términos griego [*technē*] y latino [*ars*] y tampoco era completamente aceptada durante la temprana modernidad europea. Como nos recuerda Alison Burford, es precisamente la etimología de la palabra "art" lo que nos obliga a revaluar el uso de la palabra "arte" en Balbuena:

[T]he modern distinction between the arts and the crafts, between the artist and the craftsman, was unknown in antiquity, the most obvious indication of this conceptual difference being given by the language. In Greek, *technē* and, in Latin, *ars* were used indiscriminately of painting and cobbling alike, just as the *technitēs*, *cheirotechnēs* or *dēmiourgos*, the *faber* or *artifex*, could be either a sculptor or a miner, a quarry-man or an architect. (14)[32]

González Echevarría ya ha sugerido la inutilidad de esta distinción entre "arte" *qua* "bellas artes" y "artesanías" en su lectura de *Grandeza mexicana* cuando identifica la importancia de "art, industry and craft" en el poema (210). En este sentido, la arquitectura urbana es un "arte" [*ars*/*technē*] que logra remediar o enmendar *artificialmente* las condiciones climáticas *naturales* de un lugar. Esta es precisamente la definición que ofrece Vitruvio en su *De architectura*, para quien la arquitectura es una *ars*/*technē* que corrige las condiciones destempladas del lugar sobre el que se erige una ciudad. Si bien Vitruvio exige que, en la medida de lo posible, se seleccione siempre un lugar saludable y templado para la construcción de una ciudad, cuando ello no sea posible el arquitecto debe hacer uso de su "arte" para corregir o enmendar la natural destemplanza del lugar. En un largo pasaje en que discute las consideraciones que un arquitecto debe sopesar cuando se enfrenta al reto de edificar construcciones en zonas destempladas cuyo clima afectaría negativamente a la población, Vitruvio afirma que "[t]hus we may remedy by art [*arte*] the harm that comes by chance [*natura*]" [*quod ulta natura laedit, arte erit emendandum*] (vi.i.2; 2:11). Estos "daños" "naturales" que los habitantes sufren por unas condiciones naturales destempladas se manifiestan como desequilibrios humorales y enfermedades, y deben ser conocidos por el arquitecto pues, según Vitruvio, éste debe ser versado en diversos campos, incluyendo la medicina. Para el ingeniero romano, además de las matemáticas, la filosofía y la música, el arquitecto debe dominar la medicina en tanto que ella se relaciona con la climatología [*thesis*] y las condiciones locales [*phusis*] que afectan el equilibrio humoral de los habitantes de la ciudad (i.i.10, 1:15). Tanto el médico como el arquitecto utilizan sus conocimientos para el diagnóstico de causas y para interferir en procesos naturales.[33]

---

[32]   De hecho, como nos recuerda Larry Shiner, esta distinción entre un arte "alta" y desinteresada y una artesanía "baja" y utilitaria es, en realidad, un invento del siglo XVIII (3–56). Estas distinciones son discutidas en más detalle en el siguiente capítulo, "La 'economía' de la justicia y las virtudes intelectuales".

[33]   Esta conceptualización de la arquitectura supone una implícita superioridad jerárquica de *ars*/*technē* sobre *natura*/*phusis*. Esta misma jerarquía aparece en *Grandeza mexicana* cuando Balbuena discute la producción de manufactura y afirma tajantemente el mayor valor de los productos manufacturados sobre las materias primas naturales, ya que "el *arte* a la *materia* menosprecia, / añidiendo valor fuerte y quilates / a lo que el mundo más estima y precia"

La pericia médica es especialmente importante en la planificación y edificación de una ciudad, puesto que la ubicación de las calles y edificios de la urbe, la localización de las diferentes habitaciones de una casa y el estilo general de los edificios tienen por objeto la creación de una *artificial* templanza que mantenga el equilibrio humoral de sus habitantes y, por tanto, que conserve su salud y minimice sus enfermedades. Este balance en los cuerpos de los individuos, debe recordarse, sería seguido por las correspondientes almas y, así, se garantizaría la templanza moral de la población. Considérese, por ejemplo, el hecho de que Vitruvio prescribe que las calles no deben estar alineadas directamente con los ocho vientos principales[34] porque si éstos tienen vía libre para recorrer la ciudad, cuando se tratare de vientos demasiado fríos, cálidos o húmedos, provocarían incomodidad y enfermedades en sus habitantes.[35] Adviértase también que la distribución de las habitaciones de una casa dependerá de sus funciones y las necesidades de calor, frío, sequedad o humedad asociadas con dichas funciones. Las bibliotecas, por ejemplo, no deben ubicarse hacia el sur o el oeste porque la humedad y el calor de los vientos originados en dichos puntos cardinales arruinarían los papiros conservados en tales repositorios. Especialmente elocuente es el caso de los tres comedores que, aparentemente, solía haber en una casa: mientras que el comedor de la estación más fría (invierno) debe orientarse hacia el suroeste para calentarse durante el atardecer, el comedor de la estación más cálida (verano) debe dirigirse al frío norte para contrarrestar el calor, y el comedor a usarse durante las estaciones templadas (primavera, otoño) debe orientarse hacia el oeste porque, por el curso del sol de este a oeste, la habitación estaría siempre templada cuando se hiciere uso de ella.[36]

(iv.73–75; 82; énfasis añadido). Como bien observara Osvaldo Pardo (110), esta afirmación se relaciona directamente con el privilegio que la "industria" tiene sobre la "naturaleza" en el poema de Balbuena. Estos versos reciben un tratamiento mucho más detallado en el capítulo siguiente, "La 'economía' de la justicia y las virtudes intelectuales".

[34] Vitruvio se refiere a los cuatro vientos cardinales, los cuales se originan en los cuatro puntos cardinales (norte, sur, este, oeste) y los cuatro vientos laterales (noreste, sureste, suroeste, noreste).

[35] "When the walls are set round the city, there follow the divisions of the sites within the walls, and the layings out of the broad streets and the alleys with a view to aspect [*ad caeli regionem directiones*]. These will be rightly laid out if the winds are carefully shut out from the alleys. For if the winds are cold they are unpleasant; if hot, they infect; if moist, they are injurious. Wherefore this fault must be avoided and guarded against, lest there happen what in many cities is not infrequent. [...] Suppose [that the heat and moist of the winds] are excluded [from the city]. Not only will this render a place healthy for sound persons; but also if any diseases shall happen to arise from other infections, those who in other healthy places find cure from counteracting medicine, in these, on account of the moderate climate and by the exclusion of the winds, will be still more quickly cured" (i.vi.1–3; 1:53–57).

[36] "The baths and winter dining-rooms should look towards the winter setting sun, because there is need of the evening light. Besides, when the setting sun faces us with its splendour, it reflects the heat and renders this aspect warmer in the evening. Private rooms and libraries should

Si bien estas consideraciones previas parecen presuponer que la ciudad en construcción se encuentra en la franja templada de la Europa mediterránea, Vitruvio advierte también que la construcción de ciudades y edificios en zonas menos templadas del hemisferio boreal exige tener en cuenta otras consideraciones. Siguiendo explícitamente la teoría de las cinco zonas, el ingeniero romano explica que el estilo y la distribución de los edificios en una ciudad dependerán de la latitud en la que se encuentre, pues ésta es la causa más universal en la determinación de los atributos naturales de un lugar. Siguiendo esta lógica, las construcciones en las latitudes frías del norte deberán ser cerradas y orientadas hacia el sur (i.e., el trópico) para recibir y preservar en la medida de lo posible el calor del sol. Por el contrario, en las latitudes más cálidas hacia el "sur" del templado Mediterráneo (es decir, en dirección del Trópico de Cáncer y la zona tórrida), las construcciones deberán configurarse de modo tal que reciban directamente vientos fríos del norte que contrarresten el calor propio del trópico y, de ese modo, templen la ciudad:

> Now we shall proceed aright herein if first we observe in what regions or latitudes of the world, our work is placed. For the style of building ought manifestly to be different in Egypt and Spain, in Pontus and Rome, and in countries and regions of various characters. For in one part the earth is oppressed by the sun in its course; in another part, the earth is far removed from it; in another, it is affected by it at a moderate distance. Therefore since, in the sun's course through the inclination of the zodiac, the relation of the heavens to the earth is arranged by nature with varying effects, it appears that in like manner the arrangement of buildings should be guided by the kind of locality and the changes of climate. Towards the north, buildings, I think, should be vaulted, thoroughly shut in rather than exposed, and with an aspect to the warmer quarter. On the other hand, where the sun is violent in the southern regions because they are oppressed by the heat, buildings should be open to the air with a northern, or north-eastern, aspect.
> (vi.i.1–2; 2:11)

look to the east, for their purpose demands the morning light. Further, the books in libraries will not decay. For in apartments which look to the south and west, books are damaged by the bookworm and by damp, which are caused by the moist winds on their approach, and they make the papyrus rolls mouldy by diffusing moist air. The spring and autumn dining-rooms should look to the east. For exposed as they are to the light, the full power of the sun moving to the west renders them temperate at the time when the need to use them is customary. The summer dining-rooms should have a northern aspect. For while the other aspects, at the solstice, are rendered oppressive by the heat, the northern aspect, because it is turned away from the sun's course, is always cool, and is healthy and pleasant in use. Not less should the picture galleries, the weaving-rooms of the embroiderers, the studios of painters, have a north aspect, so that, in the steady light, the colours in their work may remain of unimpaired quality" (vi.iv.1–2; 2:35).

Es especialmente en el caso de estas zonas destempladas que Vitruvio define la arquitectura como un *ars/technē* que corrige los problemas creados por una naturaleza [*natura*] destemplada (vi.i.2; 2:11) y que permite contrarrestar sus efectos. En otras palabras, Vitruvio propone la existencia de una clara jerarquía en la que la *ars/technē* es superior a la *phusis/natura*, puesto que aquélla es capaz de modificar ésta y acomodarla a las necesidades de los seres humanos.

La construcción de la Ciudad de México sobre el lago de Texcoco, tal como la describe Balbuena, es claro ejemplo de esta primacía de la *ars* arquitectónica sobre la naturaleza. Son evidentes los constantes elogios de Balbuena a los anchos caminos, hermosas acequias y puertos (I.144–139; 65) de la ciudad, sus "soberbias calles" (II.88; 70) y sus "calles de cristal helado" (IX.61; 115). Además, conviene destacar que la importancia de la arquitectura urbana es anunciada ya en el "Argumento" del poema "Grandeza mexicana", donde Balbuena explica que el *capitolo* segundo se dedica a alabar el "origen y grandeza de edificios" (59) de la capital novohispana. En dicho *capitolo*, además de rehusarse a cantar el origen de los pobladores originales de Tenochtitlán, Balbuena niega cualquier tipo de tecnología mexica al atribuir a unas anónimas ninfas acuáticas la tecnología necesaria para construir las poderosas "columnas de cristal" que sostienen la capital novohispana sobre las aguas del lago Texcoco. Incluso cuando las condiciones naturales hacen que los cimientos de las construcciones en la capital se hundan en la tierra ("cuanto más la tierra se los traga"), los españoles, confiados en tales "columnas de cristal", no cesan en su proceso de urbanización de la capital novohispana y continúan edificando "cimbrias" (arcos) y "cimborrios" (cúpulas) en la ciudad. El arte arquitectónico de las ninfas, que enmienda las condiciones impuestas por una naturaleza poco generosa, permite el aparente milagro de mantener una ciudad flotando sobre las aguas del lago Texcoco y garantiza la supervivencia de la ciudad:

> Bien que a sus cimbrias el delgado suelo
> humilla poco a poco, que en el mundo
> no hay más firmeza ni menor recelo.
> Cuelga el primer cimiento hasta el segundo,
> que de columnas de cristal fabrican
> las tiernas ninfas en su mar profundo;
> y no por eso su altivez achican,
> que cuanto más la tierra se los traga
> más arcos y cimborrios multiplican.
> (II.124–132; 72)[37]

---

[37] De manera similar, en el primer *capitolo* de *Grandeza mexicana* Balbuena describe este logro arquitectónico al afirmar que la capital se levanta "sobre una delicada costra blanda, / que en dos claras lagunas se sustenta" (I.79–80; 63).

Después de negar cualquier conocimiento arquitectónico avanzado a los mexica, la mayor parte del *capitolo* se dedica al elogio de la arquitectura urbana transplantada por los españoles, tecnológicamente superior a la de Grecia, Menfis y a la utilizada por la mítica Semíramis asiria.[38] Esta tecnología arquitectónica permite que la Ciudad de México desafíe la naturaleza transformando unas condiciones climáticas naturalmente destempladas en una artificial templanza equiparable a la de la templada franja de la Europa mediterránea. El ejemplo más palmario de esta corrección de la naturaleza es el elogio, ampliamente antologado y citado por los estudiosos de *Grandeza mexicana*, que Balbuena hace de la templanza de la ciudad en el *capitolo* VI, "Primavera inmortal y sus indicios" (94–9). A pesar de que dicho *capitolo* se suele considerar un ejemplo del tópico literario del *locus amoenus*, y, en consecuencia, se presume que la templanza del lugar obedece a condiciones naturales,[39] críticos como Luis Íñigo Madrigal y Stephanie Merrim advierten que dicha templanza es manufacturada, artificial. Mientras que el primero señala acertadamente que "no es un paisaje natural, sino un jardín: algo que, sin forzar demasiado el texto, puede entenderse como una muestra de lo que puede 'alcanzar el arte'" ("Interés" 33), Merrim llega a sugerir que la descripción se corresponde con el parque (o bosque) de Chapultepec o con la Alameda que el virrey Luis de Velasco ordenó construir en 1592 ("Work" 233). Más allá de la exacta correspondencia que esta descripción pueda tener con un lugar específico en la Ciudad de México, importa comprender que, en tanto que "jardín", este espacio no obedece a las condiciones naturales impuestas por su latitud; antes bien, se trata de un espacio cultivado y sometido a la labor humana que adquiere su artificial templanza gracias a la *ars* de la arquitectura:

[38] En su listado de logros arquitectónicos comparables a los de la capital novohispana, Balbuena menciona unos arcos labrados por Semíramis: "los incultos partos con voltario / arco defiendan los que en sus regiones / Semíramis labró de jaspe vario" (II.103–5; 71). Estrabón le atribuye numerosas obras arquitectónicas, además de los jardines colgantes de Babilonia, incluyendo "the mounds called the Mounds of Semiramis, and walls, and the construction of fortifications with aqueducts therein, and of reservoirs for drinking-water, and of ladder-like ascents of mountains, and of channels in rivers and lakes, and of roads and bridges" (xvi.1.2; c737; 7:195).

[39] En tanto que tópico anquilosado, el tratamiento que recibe el *locus amoenus* en los estudios estrictamente literarios lo conceptualiza meramente como un conjunto de condiciones naturales: un prado, algunos árboles que ofrezcan sombra y alguna fuente de agua para refrescarse; acaso flores y el canto de los pájaros complementan el escenario (Curtius 195–200). Este estudio, que tiene en cuenta el subyacente y complejo entramado de campos de conocimiento diversos implícito en él, considera el *locus amoenus* una manifestación del carácter templado y, por tanto, 'central', de un lugar. Al comprender las múltiples implicaciones derivadas de la templanza climática de un espacio (desde las más evidentes, como la localización de este *locus* en el 'centro' templado del orbe, hasta las más complejas, como la capacidad política [*polis*] de los habitantes de dicho *locus*), se hace urgente un estudio de estas implicaciones en otros textos de la temprana modernidad, desde crónicas y tratados históricos, hasta las novelas del género pastoril.

> Esta hermosura, estas beldades sueltas [i.e., ninfas]
> aquí se hallan y gozan todo el año
> sin miedos, sobresaltos ni revueltas
> en un *real jardín*, que sin engaño
> a los de Chipre vence en hermosura,
> y al mundo en temple ameno y sitio extraño;
> sombrío bosque, selva de frescura,
> en quien de abril y mayo los pinceles
> con flores pintan su inmortal verdura.
> (VI.154–62; 98–9; énfasis añadido)

La arquitectura urbana contradice la natural destemplanza que la capital novohispana sufriría según lo previsto por la teoría de las cinco zonas y permite crear un artificial y templado "paraíso mexicano" (VI.14; 94) que goza de un "temple agradable, frío comedido, / cielo sereno y claro, aires sutiles" (VI.20–21; 94). Gracias a la *ars* de la arquitectura, la capital novohispana goza también de un "templado y fresco viento" (I.70; 63), "aires sutiles" (VI.21; 94) y un "aire fresco" que siembra "amores y alegría" (VI.8; 94), así como de "fríos estanques / de claros vidrios" (VI.133–134; 98), "sierpes cristalinas" (I.134; 65) y "calles de cristal helado (IX.61; 115) que contribuyen a la salubridad y general templanza de la ciudad y sus habitantes. La arquitectura urbana transforma la ciudad en un lugar especialmente adecuado para los inmigrantes peninsulares, pues la artificial templanza de la urbe preservaría la templanza moral de que dichos inmigrantes gozarían por obra de su nacimiento en la templada franja del Mediterráneo europeo.

Dado que la arquitectura urbana crea una artificial templanza equivalente a la que goza la Europa mediterránea, la capital novohispana disfruta no sólo de inmejorables condiciones primaverales, sino también de condiciones ideales para trasplantar una flora (y, en menor medida, una fauna) ya conocida, cultivada y consumida en la península ibérica. Así como el clima de la capital novohispana, el traslado de árboles y, especialmente, de plantas y frutos conocidos, cultivados y consumidos en la templada península ibérica, contribuiría también a mantener la templanza moral de los inmigrantes peninsulares en la Ciudad de México puesto que, como el clima, las aguas y los vientos, la alimentación es uno de los factores que afecta el equilibrio humoral de los individuos y, en consecuencia, su salud física y su templanza moral.[40] Al silenciar la presencia de los frutos y plantas americanos que,

---

[40]   La comida y la bebida, la calidad de los aires y vientos, la locomoción y el reposo, el sueño y el insomnio, la evacuación de residuos corporales y las emociones o pasiones correspondían en la tradición galénica a los seis elementos "no naturales" que podían tener un impacto positivo o negativo en la salud de un individuo (Nutton 288–9).

según los físicos, provocan la "indianización" de los miembros de la "nación española",[41] Balbuena sólo admite explícitamente la existencia de una flora de origen peninsular que, al formar parte de la dieta cotidiana en la Ciudad de México, contribuiría de manera crucial a mantener la templanza moral que los inmigrantes peninsulares habrían adquirido por su nacimiento en la Europa mediterránea.

En contraste con otros letrados peninsulares de la segunda mitad del siglo XVI que muestran su fascinación por los exóticos frutos americanos que se comerciaban y consumían en la capital novohispana, Balbuena omite cualquier referencia a estos productos y ofrece una flora compuesta exclusivamente de plantas y frutos trasplantados de la península ibérica. Este marcado contraste, que ha llamado la atención de críticos como Trinidad Barrera ("Escritores españoles" 85, "Bases" 193–4), Georgina Sabat de Rivers ("Barroco" 33–4), Stephanie Merrim ("Spectacular 40, "Work" 234), Juan Pellicer y Maná José Rodilla León (338), podría obedecer a una actitud des-exotizante basada en el *nihil admirari* por parte de Balbuena, como sugiere Sabat de Rivers ("Barroco" 33–4). Sin embargo, al presentar la capital novohispana como 'centro' del mundo, Balbuena afirma que la templanza de la ciudad es equivalente a la del Mediterráneo europeo, y, como consecuencia de ello, la capital novohispana es igualmente capaz de albergar la flora producida en la templada península ibérica y trasplantada al virreinato. Por ello, Balbuena ofrece en *Grandeza mexicana* una flora ya conocida en la península que, al usarse en la dieta cotidiana, facilitaría la preservación del equilibrio humoral y la templanza moral de los inmigrantes peninsulares. Al mismo tiempo, omite los exóticos frutos americanos tan celebrados por otros letrados de la época, pero que pueden provocar la flacidez muscular, el desequilibrio humoral o incluso la "indianización" de los miembros de la "nación" española. Considérense, por ejemplo, los *Diálogos latinos* (1554) de Francisco Cervantes de Salazar (c. 1514–1575), en los que el interlocutor Zuazo le explica al recién llegado Alfaro la existencia de "ají, frijoles, aguacates, guayabas, mameyes, zapotes, camotes, gícamas, cacomites, mezquites, tunas, gilotes, xocotes y otras producciones de esta clase" (53). O bien la epístola (c. 1574) que el poeta sevillano Juan de la Cueva (1550–1609/10) dirige al primer Corregidor de México, Lic. Laurencio Sánchez de Obregón, en donde se exaltan "el plátano, mamey, guayava, anona" además del capulí, el zapote, el aguacate y el

---

[41] El físico pro-criollo Juan de Cárdenas afirma que "la poca virtud y sustancia de los mantenimientos de esta tierra hacen asimismo abr[e]viar la vida" (iii.i 249), lo cual contribuye a que "los españoles de Indias" vivan menos años que los inmigrantes peninsulares. De esto se infiere que si los criollos mantienen una dieta basada en productos americanos, eventualmente se transformarían en indígenas, cuya dieta se funda en dichos productos.

chicozapote (vv. 265–73).[42] O bien la descripción bucólica de México redactada por el madrileño Eugenio de Salazar y Alarcón (c. 1530–1605), que incluye el "vermejo chile", el "naranjado ají" y el "frío tomate" (364). En contraste con estos listados de los fascinantes productos americanos, Balbuena elogia las peras, membrillos, uvas, granadas, avellanas y nueces (V.139–50; 92), los cipreses, cedros, madroños, azucenas, endrinas y tomillo (VI.163–177; 99), todos ellos frutos, árboles y plantas conocidos, comerciados y consumidos en la península ibérica y la Europa mediterránea antes de 1492.

Aunque menos visible, la fauna que Balbuena describe en *Grandeza mexicana*, especialmente aquélla que puede servir de sustento a los seres humanos, no es la fauna de origen americano que fascinó a los cronistas del siglo XVI, sino animales ya conocidos en la templada península ibérica. Además de los caballos, cuyas crías nacidas en el virreinato son alabadas por Balbuena por conformar "la gran caballeriza del dios Marte" (III.66; 76), en la capital novohispana se crían y comercian "liebres, conejos, tórtolas, faisanes / [que] sin tomar puntas ni escalar el viento, / a pie quedo se toman en su plaza" (V.156–158; 92–3). No son, pues, los frutos y animales americanos los que se sirven en las varias ocasiones de regalo que Balbuena atribuye a la capital novohispana. Antes bien, las plantas y frutas "que goza en estos [artificiales] jardines su hortelano" (V.150; 92), así como las "diferentes trazas / de aves, pescados, carnes, salsas, frutas, / linajes varios de sabrosas cazas" (V.136–138; 92) de que consta la dieta cotidiana en la capital novohispana, representan plantas, frutas y animales trasplantados de la igualmente templada península ibérica, o al menos similares a ellos.

La flagrante omisión de los frutos y la fauna estrictamente americanos en *Grandeza mexicana* responde a la equivalencia climática que Balbuena procura establecer entre la templada banda de la Europa mediterránea y la Ciudad de México. Si en *Grandeza mexicana* se encuentran frutos ya conocidos en el Mediterráneo, mientras que los frutos americanos brillan por su ausencia, es porque la Ciudad de México, en tanto que "centro y corazón desta gran bola", comparte la misma templanza climática con la Europa mediterránea y, como consecuencia de ello, es perfectamente capaz de albergar el mismo tipo de flora y fauna que la península ibérica. Más importante aún, sin embargo, es el hecho de que el efectivo transplante de una flora y fauna propia de la península ibérica a la capital novohispana proporciona a sus habitantes una dieta que, al evitar el consumo de productos americanos, garantiza la salud física y la templanza moral de la población. Gracias a la *ars* de la arquitectura

---

42 Aunque se suele citar esta epístola por la edición de Gallardo en su *Biblioteca* (2: 647), dicha versión se encuentra incompleta y carece de anotaciones; para el texto completo, véanse Capote o, especialmente, Cebrián.

urbana, Balbuena transforma la Ciudad de México en el hábitat ideal para templados inmigrantes peninsulares como él mismo, pues su clima y la dieta que los sustenta contribuyen a preservar la superior disposición hacia el ejercicio de la *sōphrosunē* que habrían adquirido en virtud de su nacimiento en el templado Mediterráneo.

Conceptualizar la arquitectura como un arte que corrige y subordina la naturaleza supone una implícita jerarquía entre la superior *ars/technē* y una subordinada *natura/phusis*. Esta jerarquía permite claramente distinguir la artificialmente templada capital novohispana del "campo" novohispano del presente hacia 1600, pero también de la Tenochtitlán precortesiana del pasado que exhibía una limitada y "primitiva" tecnología. En contraste con una Ciudad de México templada, productiva y agradable, el conjunto de "tierras miserables" (IV.167; 85) que conforman el "campo" (IV.124; 84) novohispano aparece completamente dominado por una "Natura" (IV.135; 84) escasamente pródiga. Dado que el campo no se encuentra domesticado o subordinado por la *ars/technē* de los seres humanos, cualquier característica positiva o placentera es apenas una excepción en una región relativamente destemplada donde "lo general es ser todo quimeras" (IV.142; 84) extremas, propias de la natural tropicalidad novohispana. Si bien Balbuena no menciona explícitamente el *ars/technē* de la arquitectura de los "pueblos chicos y cortos" (IV.151; 84), el evidente contraste entre la Ciudad de México y el campo novohispano nos obliga a advertir que la capital no está regida por una "Natura" impredecible y destemplada, sino construida artificialmente por una *technē* que corrige los defectos y la destemplanza climática de un lugar liminal y tropical por naturaleza.

Además de esta clara diferenciación sincrónica entre una región extra-urbana destemplada y una ciudad artificialmente templada, *Grandeza mexicana* establece también una ruptura diacrónica entre la Ciudad de México de 1600 y una Tenochtitlán precortesiana poseedora de una *technē* tan precaria que habría sido incapaz de corregir las condiciones naturalmente destempladas del lugar. Este divorcio entre ambas urbes, que ya ha sido señalado por críticos como Íñigo Madrigal ("Interés" 33), Merrim (*"La grandeza"* 85–6, "Spectacular" 39) y Osvaldo Pardo (105), supone el enfrentamiento de *Grandeza mexicana* con las grandiosas descripciones de Tenochtitlán que ofrecen conquistadores como Cortés, cronistas como Bernal Díaz del Castillo y los poetas del corpus épico pro-criollo novohispano,[43] y presenta la urbe prehispánica como un mero puñado de chozas que evidencia una población de un nivel tecnológico insuficiente para templar y enmendar una *phusis/natura* insalubre y tropical. Es inverosímil que Balbuena desconociera dichos textos, como sugiere Juan Pellicer (269); antes

---

43 Para un análisis más detallado del valor retórico y político de las magníficas descripciones de Tenochtitlán, véase el capítulo anterior, "La retórica de la valentía".

bien, parece claro que a Balbuena le importa subrayar la pobreza tecnológica y material de Tenochtitlán para afirmar que los cristianos se vieron obligados a destruirla completamente antes de erigir la Ciudad de México. Por ello es posible afirmar que la capital novohispana "nació esta gran ciudad como de nuevo" (I.26; 69):

> Y admírese el teatro de fortuna,
> pues no ha cien años que miraba en esto
> chozas humildes, lamas y laguna;
> y sin quedar terrón antiguo enhiesto,
> de su primer cimiento renovada
> esta grandeza y maravilla ha puesto.
> (IX.271–276; 121)[44]

Esta divorcio entre una urbe pre- y otra post-cortesiana le permite al poeta afirmar que, a despecho de compartir la misma localización tropical, "dentro en la zona por do el sol pasea" (I.76; 63), y las mismas condiciones locales, el *ars/technē* de los europeos, a diferencia de la limitada tecnología de los mexica, sí logra transformar un lugar naturalmente tropical e insalubre en una ciudad artificialmente templada. Con ello, Balbuena establece una discontinuidad no sólo entre ambas urbes, sino también entre sus habitantes. Siguiendo el determinismo ambiental del corpus hipocrático-galénico y de la teoría de las cinco zonas, debido a la latitud destemplada y a las condiciones insalubres del lugar antes de la llegada de los españoles, el poeta sugiere que los habitantes de la Tenochtitlán precortesiana habrían sido seres correspondientemente liminales y moralmente destemplados; es decir, esclavos por naturaleza. Por oposición, si la Ciudad de México se funda en cimientos completamente nuevos, fue construida "sin quedar terrón antiguo enhiesto / de su primer cimiento renovada" (IX.274–275; 121), y el *ars/technē* de los cristianos la ha dotado de una artificial templanza y salubridad, sus habitantes habrían de ser necesariamente saludables y virtuosos, poseedores de *mores* templadas, tal y como los habitantes de la templada Europa mediterránea. Acudir al *ars/technē* le permite al poeta manchego explicar las diferencias físicas, morales y políticas entre los esclavos naturales que habitaban la liminal Tenochtitlán y los cristianos afincados en la artificial Ciudad de México.

Importa destacar, además, que Balbuena aplica este mismo argumento anti-indígena y pro-peninsular a todas las ciudades fundadas por los españoles en el Nuevo Mundo. En otro pasaje del *capitolo* IX, Balbuena subraya el hecho de que

---

[44] Es posible que en su descripción de Tenochtitlán Balbuena siga la que ofrece Hipócrates sobre la destemplada región de Phasis en el *Peri aeron* (xv, 113–115). Esta imagen es precisamente la que reproduce Diego Cisneros para describir a los indígenas que habitaban los alrededores de la Ciudad de México en 1618 (109v-111r).

los españoles destruyeron sistemáticamente los cimientos de las tropicales ciudades indígenas y las sustituyeron por nuevas y templadas urbes durante sus avances a través del Nuevo Mundo. Considerando que el grueso de los territorios apropiados por la Corona se encontraban dentro de la zona tórrida, la completa sustitución de destempladas ciudades indígenas por templadas urbes españolas negaría cualquier posibilidad de que, como temían Sahagún o López de Velasco hacia 1570, los inmigrantes peninsulares adquirieran progresivamente las características físicas y morales de los indígenas y se "indianizaran". La destrucción de dichos asientos, producto de la labor, industria y *technē* de los españoles, transformaría unos lugares naturalmente tropicales en ciudades artificialmente templadas y, por tanto, perfectas para conservar los rasgos físicos, intelectuales y morales de los inmigrantes metropolitanos. Son los individuos pertenecientes a la "nación" española, "nuestras gentes", quienes "poseen y gozan" dichas urbes:

> ¿Quién no creerá que las consejas crecen,
> si oye que en menos tiempo de diez años
> ganó España en las Indias que hoy florecen
> dos monarquías a su riesgo y daños,
> y en cien reinos de bárbaros valientes
> dos mil leguas de términos extraños,
> abriendo en suelo y climas diferentes
> de doscientas ciudades los cimientos
> que hoy las poseen y gozan nuestras gentes?
> (IX.337–348; 123)

La *ars/technē* es la principal herramienta de los peninsulares para crear ciudades artificialmente templadas en medio de una zona tórrida poblada de "bárbaros" esclavos por naturaleza y regida por unas condiciones locales liminales. Es gracias al establecimiento de estos oasis manufacturados que los españoles pueden cumplir su rol en la 'justa guerra' contra los indígenas y cristianizarlos, transformándolos de "bárbaros" en "afables":

> ¿En qué guarismo hallará unidades
> al rigor, los trabajos, asperezas,
> calmas, tormentas, hambres, mortandades,
> tierras fragosas, riscos y malezas,
> profundos ríos, desiertos intratables,
> bárbaras gentes, llenas de fierezas,
> que en estos nuevos mundos espantables
> pasaron tus católicas banderas,
> hasta volverlos a su trato afables?
> (IX.328–336; 123)

Cabe destacar, además, que en la temprana modernidad, así como en la cultura grecolatina clásica, la *ars/technē* de los mexica precortesianos habría sido calificada de "primitiva" en comparación con aquella exhibida por los europeos en la edificación de la Ciudad de México. Los grados de cultura material de que Balbuena dota a estos grupos en *Grandeza mexicana* se ubican en los extremos opuestos de la lineal historia tecnológica que circulaba en los siglos XVI y XVII en Europa occidental. Las diferentes versiones de esta historia consideran el descubrimiento del fuego el punto de inflexión que divide una comunidad humana "bárbara" y otra "civilizada".[45] Muy a grandes rasgos, según este modelo, los seres humanos inicialmente no se diferencian de los animales en tanto que carecen de organización social, vivienda, ropa y suministro estable de comida. Al descubrimiento accidental del fuego, sin embargo, siguen la unión de personas para compartirlo y la consecuente fundación de una organización social. Posteriormente se desarrolla el lenguaje y, con el descubrimiento de los metales, se inicia el desarrollo de herramientas y los primeros oficios [*ars*], tales como el hilado, la agricultura y la carpintería. A un estadio final corresponden el establecimiento de convenciones sociales y las "bellas artes".

En el caso específico de la arquitectura, siguiendo la versión de Vitruvio, las "chozas" corresponden al primer tipo de vivienda construida por los seres humanos después del descubrimiento del fuego, producidas probablemente a imitación de los nidos de las aves (II.i.2; 1:79). La construcción de casas, sin embargo, representa una etapa posterior en esta "progresión", en la que los seres humanos ya están dotados de inteligencia y empiezan a *dominar* la naturaleza a través de, por ejemplo, la ganadería. El paso del uso de chozas al de casas es, para Vitruvio, parte de un hipotético desarrollo lineal: "Then, however, building up themselves in spirit, and looking out and forward with larger ideas born from the variety of their crafts, they began to build not huts, but houses, on foundations, and with brick walls, or built of stone; and with roofs of wood and tiles" (ii.i.7; 1:85). El cambio de vivienda representa el supuesto progreso de una vida salvaje a una civilizada: "the way from a savage and rustic life to a peaceful civilization" [*a fera agrestique vita ad mansuetam perduxerunt humanitatem*] (ii.i.6; 1:85). En este sentido, el hecho de que Balbuena contradiga las espectaculares descripciones de la cultura material de Tenochtitlán que circularon durante el siglo XVI es parte de su objetivo de diferenciar tajantemente entre los indígenas precortesianos y los españoles que habitan la Ciudad de México hacia 1600 en términos tecnológicos. Con ello, el poeta manchego establece claramente que, mientras que los primeros son individuos tropicales

---

45   Sigo la descripción de esta historia tecnológica que ofrece Burford (187).

y carentes de templanza moral que habitan una pobre y deficiente Tenochtitlán, los segundos sí son capaces de preservar su buena disposición hacia el ejercicio de la *sōphrosunē* en la artificialmente templada capital novohispana.

Una vez destacado el rol de la *ars* de la arquitectura en la creación de la artificial templanza de la Ciudad de México, en contraste con la antigua Tenochtitlán precortesiana y con el resto del territorio novohispano de 1600, Balbuena es consecuente con las implicaciones fisiológicas, morales y políticas de la teoría de las cinco zonas y de *enkōmion poleōs*, y puebla la capital novohispana de habitantes moralmente templados. Dentro de la Ciudad de México, Balbuena admite la existencia de una población heterogénea y extremadamente variada. Sus rasgos físicos ("varias figuras, rostros y semblantes", "de diversa color") y sus lenguas variadas permiten deducir la presencia de diferentes "naciones" (que se rigen por "leyes y opiniones" diversas) conviviendo en un mismo espacio templado:

> De varia traza y varios movimientos
> varias figuras, rostros y semblantes,
> de hombres varios, de varios pensamientos;
> […]
> […] hombres y mujeres,
> de diversa color y profesiones,
> de vario estado y varios pareceres;
> diferentes en lenguas y naciones,
> en propósitos, fines y deseos,
> y aun en leyes y opiniones. (I.115–117,121–
> 126; 64–5)

Con esta variedad y diversidad Balbuena dramatiza claramente el problema que la Ciudad de México ofrece para la aplicación directa de un modelo homogeneizador como la teoría de las cinco zonas, que se basa en la relativa inmovilidad y separación de "naciones" en diferentes regiones. La convivencia de diversas comunidades dentro de un mismo espacio exige que Balbuena acepte, a través de estos versos, la presencia de los grupos mejor representados en la 'polémica científica' por la posesión de las Indias: inmigrantes peninsulares, "españoles nacidos en Indias" e indígenas procedentes de diversos lugares de la zona tórrida. Además de estos grupos, sin embargo, Balbuena admite también la co-presencia de otros grupos, como los esclavos procedentes de la tórrida África subsahariana y sus descendientes nacidos en las Indias, las diversas castas propias también de las Indias y los inmigrantes que, a pesar de ser vasallos de la Corona de los Habsburgo, proceden no de los templados reinos de la península ibérica, sino de lugares tan dispares como los que menciona Balbuena a lo largo de *Grandeza mexicana*: desde las templadas regiones de la península itálica, como los "milaneses" (IX.142; 117), hasta los liminales puertos en Japón y China o el norte de África; desde las tórridas tierras en el Indo y el Ganges o las Filipinas, hasta el destemplado y septentrional condado de Flandes.

A pesar de esta notable variedad, Balbuena destaca deliberadamente a dos grupos que explícita e inequívocamente habitan la artificialmente templada capital novohispana: los inmigrantes peninsulares y los vasallos de la Corona que habitan la Europa septentrional (Flandes).[46] De hecho, en medio de los versos ya citados que refieren la heterogeneidad de la población de la capital novohispana, además de incluir diversas profesiones, Balbuena destaca a los inmigrantes peninsulares o 'gachupines': "arrieros, oficiales, contratantes, / *cachopines*, soldados, mercaderes, / galanes, caballeros, pleiteantes, / clérigos, frailes" (I.118–121; 64; énfasis añadido). La especificidad con que Balbuena destaca a estos individuos es evidente: por un lado, a lo largo de los casi 2.000 versos de *Grandeza mexicana*, Balbuena sólo incluye los nombres de los virreyes de la Nueva España (VII.25–63; 101–102) y de tres artistas: el sevillano Andrés de Concha, el dibujante toledano Alonso Franco y el guipuzcoano Baltasar de Echave Orio. Todos estos personajes mencionados explícitamente por Balbuena proceden de los templados reinos de la península ibérica y se trasladan al virreinato durante su edad adulta, tal y como el propio Balbuena. En el caso específico de los virreyes, Balbuena resalta entre sus varias virtudes la "templanza" (VII.59; 102) o *sōphrosunē*; una templanza que deben a su origen en la templada franja de la Europa mediterránea y que conservan por completo en la artificialmente templada Ciudad de México. Por ello, Balbuena sugiere que la capital novohispana es el hábitat ideal de los templados inmigrantes peninsulares, y que son éstos, precisamente, quienes manifiestan más plenamente la virtud de la templanza pues, gracias a la artificial templanza de la ciudad, mantienen la templanza moral necesaria para gobernar el virreinato, ocupar puestos burocráticos y administrar encomiendas. En cambio, los inmigrantes flamencos destacados al inicio del *capitolo* IV, quienes laboran en "templadas estufas" en medio del "nevado Reno" (IV.3–4; 80), al trasladarse a la artificialmente templada capital novohispana, adquirirían una mayor templanza moral y, especialmente, una mayor productividad económica. Estos inmigrantes, vasallos de la Corona de los Habsburgo, procedentes de la Europa septentrional y destemplada, se beneficiarían de la templanza de la capital novohispana y, aunque no serían aptos para gobernar por su origen destemplado, sí constituirían

---

[46] Recuérdese que Flandes pertenece aún a la Corona española en 1604. El condado de Flandes pertenece desde 1477 a la dinastía de los Habsburgo y, con Carlos V, pasó a incluirse en el imperio español en 1516. Sin embargo, en 1568 la provincia inició la llamada Guerra de los ochenta años contra Felipe II, que no culminaría hasta 1648 con la firma del tratado de Münster, por el que la Corona perdería finalmente la provincia flamenca.

parte indispensable de los artesanos que deben laborar y satisfacer las necesidades de la Ciudad de México. Balbuena explícitamente destaca la presencia de los inmigrantes europeos de la Corona española a la capital novohispana: mientras que los templados peninsulares mantienen la templanza moral necesaria para sustentar sus reclamos por la posesión de las Indias, los destemplados flamencos adquirirían una mejor disposición y productividad que les haría miembros indispensables de la ciudad. El resto de la heterogénea y variada población novohispana, en cambio, es silenciada por Balbuena por no favorecer su posicionamiento pro-peninsular.

En el crucial *capitolo* IV en que Balbuena confronta la grandeza de la templada capital novohispana con la pobreza material, el desorden civil y la destemplanza de los "[p]ueblos chicos y cortos" (IV.151; 84) del destemplado campo novohispano, el valdepeñero destaca la presencia de artistas metropolitanos y de artesanos flamencos en la Ciudad. El caso específico de los artistas peninsulares es particularmente importante porque, a excepción de la reciente edición anotada por Íñigo Madrigal, la vasta mayoría de ediciones modernas de *Grandeza mexicana* apenas ofrece escueta información sobre ellos, mientras que los estudios del arte colonial mexicano nos permiten afirmar que se trata de individuos que, como Balbuena, nacen en la metrópolis y se trasladan a la Nueva España ya adultos durante la segunda mitad del siglo XVI. Si bien Rojas Garcidueñas se quejaba hace cincuenta años de que Balbuena "alude a obras o autores que nos son desconocidos a pesar del renombre indudable que tendrían hacia 1600, motivo de que Balbuena los mencione" (122), los datos exhumados por diferentes especialistas en historia del arte colonial mexicano desde entonces nos permiten imaginar mejor el campo de producción artística novohispano hacia 1600 y advertir la clara inclinación que tiene Balbuena en favor de inmigrantes peninsulares como él mismo.[47] Los artistas a que alude el poeta manchego no son criollos nacidos en el virreinato novohispano, como solemos presumir, sino artistas peninsulares que arribaron a la Nueva España aproximadamente entre 1568 y 1581; es decir, pocos años antes de que lo hiciera el propio Balbuena. Se trata del pintor sevillano Andrés de Concha (muerto después de 1612)[48], el

---

[47]   Mientras que van Horne, Monterde, Domínguez y Saad Maura no incluyen ningún tipo de nota que identifique a estos personajes, González Boixo incluye una nota sobre Andrés de Concha y se limita a añadir que "en los siguientes versos se citan a otros artistas locales de difícil identificación" (66 n.62); Barchino, por su parte, no logra aportar datos nuevos y se contenta con hacer alguna referencia al "mexicano" Concha: "Se refiere al pintor mexicano [sic] Andrés de la Concha y más adelante a otros pintores como Franco y Chaves [sic], que ejercían entonces en la ciudad de México" (349 n.56). Íñigo Madrigal ofrece notas notablemente más sustanciales, a pesar de no indicar sus fuentes (357–8).

[48]   El sevillano Andrés de Concha pasó a Indias en 1568 con unos frailes dominicos con destino a Santo Domingo, pero en 1570 se encuentra ya avecindado en Oaxaca y se asocia con el artista flamenco Simón Pereyns (véase nota correspondiente, *infra*). Realiza diversos trabajos en Oaxaca

dibujante toledano Alonso Franco (fechas desconocidas)[49] y el guipuzcoano
Baltasar de Echave Orio (1558–1623), quienes son responsables de que la capital
novohispana sea un lugar

> adonde con bellísimos despojos
> se goza del gran Concha la agudeza
> que hace a la vista alegres trapantojos;
> del celebrado Franco la viveza,
> del diestro Chaves [sic] el pincel divino,
> de hija y madre el primor, gala y destreza,
> con que en ciencia y dibujo peregrino
> viene en la bella Marcia y el airoso
> pincel de la gran hija de Cratino;
> y a otras bellezas mil, que al milagroso
> ingenio de ambas este suelo debe
> como a su fama un inmortal coloso.
> (IV, 37–48; 81)

Si bien los apellidos Concha y Franco son inequívocos, la engañosa tipografía
("Chaves") y las oblicuas referencias a su familia oscurecen el nombre de uno de
los más célebres artistas del virreinato de fines del XVI, Baltasar de Echave Orio,[50]

y la Ciudad de México hasta que es nombrado maestro mayor interino de la catedral de México en
1601. En 1602, en colaboración con Alonso Franco (ver nota siguiente), prepara el arco triunfal para
el ingreso de fray García de Santa María Mendoza y Zúñiga, cuyo programa fue diseñado por el
jerezano bachiller Arias de Villalobos. Un año después, ya en calidad de Maestro mayor de la catedral
de México, pinta el arco con motivo de la entrada del Marqués de Montesclaros. Muere en 1612
(Tovar de Teresa *Pintura* 83–99, *Renacimiento* 118, 357; Toussaint *Arte* 68, Ruiz Gomar 66).

[49]   Aunque Toussaint (71) carecía casi completamente de datos sobre Alonso Franco, y llega
a considerarlo "mediocre", estudios posteriores han contribuido notablemente a obtener un perfil
más detallado del artista. Nacido en Yllescas (Toledo), partió de la metrópolis en 1580 con destino
a China como parte de una embajada portando cuadros realizados por el famoso artista Alonso
Sánchez Coello, lo cual sugiere un fuerte lazo con el círculo de artistas de Madrid y el Escorial.
El fracaso de dicha embajada lo obliga a avecindarse en México, donde se asocia con Francisco
de Ibía (o de Zumaya), pero se encuentra nuevamente en la península en 1588, y acaso acompaña
a Baltasar de Echave Orio (1585–1589). De vuelta en la Nueva España realiza obras con Echave
Orio, quien, según hipótesis de Tovar de Teresa (102–03), podría haber sido discípulo suyo.
Realiza varias obras para los dominicos, incluyendo un retablo de *Nuestra Señora* en Santo
Domingo (1592) y una *Última Cena* para el refectorio del convento (1592). También hizo tres
figuras del nacimiento para enviarlas a China. Colaboró con Andrés de Concha (ver nota
precedente) en la construcción del arco triunfal para celebrar la entrada del arzobispo García de
Santa María Mendoza y Zúñiga en 1602 (Toussaint *Arte* 71, Tovar de Teresa *Pintura* 100–03,
Renacimiento 118, 357; Ruiz Gomar 67).

[50]   Todas las ediciones disponibles (van Horne 101, Monterde 50; Domínguez 81; González
Boixo 67; Barchino 298; Saad Maura 192; Íñigo Madrigal 79v) consignan alguna variante de la
lectura que vemos en las emisiones de Ocharte y López Dávalos: "Chaues" (79v), pero ninguno
de los editores comparte datos concretos sobre él. Esta imprecisión con respecto del misterioso

padre de un linaje de reconocidos artistas que ejerció sus habilidades artísticas en el virreinato a lo largo del siglo XVII.

La lista de artistas que ofrece Balbuena, sin embargo, no deja de llamar la atención, pues supone la selección de tres personajes de probado origen en la templada península ibérica que, como el mismo Balbuena, arribaron a la Nueva España durante su edad adulta. Asimismo, esta selección sugiere la omisión de artistas nacidos en el Nuevo Mundo precisamente porque uno de los objetivos de Balbuena es subrayar la presencia de inmigrantes europeos en la artificialmente templada Ciudad de México. A pesar de las dificultades que comporta reconstruir el campo de producción artística en el virreinato novohispano a inicios del XVII (dificultad para establecer datos fehacientes, trabajo de archivo aún por explorar, extravío de obras y retablos, etc.), Balbuena no menciona a estos tres artistas exclusivamente por su hipotético "renombre" (Rojas Garcidueñas 122), sino para dar notoriedad a los inmigrantes peninsulares que, gracias a la artificial templanza de la capital novohispana, sobresalen en

---

pintor "Chávez" ha sido recientemente resuelta por el historiador del arte Manuel Toussaint, quien en su última edición (2006) del *Diálogo sobre la historia de la pintura en México* (1870) de José Bernardo Couto afirma que tanto Balbuena como Agustín de Vetancourt utilizan el patronímico "Chávez" para referirse precisamente a Echave, muy a pesar del hecho de que el pintor firmara sus obras claramente como "Echave": "Debo advertir que algunos escritores antiguos como Balbuena y Vetancourt le han llamado Chávez, pero él firmaba en sus cuadros Echave. Conocida es la incuria y el desaliño de los antiguos en punto de ortografía española" (127, n.31). Siguiendo los datos proporcionados por Tovar de Teresa (*Pintura* 110–18), se sabe que Echave nació en la villa de Zumaya, provincia de Guipúzcoa, en 1558, y probablemente pasó a la Nueva España en 1581. Posiblemente volvió a España en poco tiempo, entre 1585 y 1589, y con, precisamente, Alonso Franco. Con su suegro, Francisco de Zumaya, contrata el retablo mayor de la catedral vieja de Puebla (1590); en 1592 hizo una Virgen del Rosario para los dominicos de México y un año después una estatua de Santo Domingo para los dominicos de Chiapas. Se le atribuyen pinturas del retablo de Tlalmanalco, Xochimilco y Tlatelolco de principios del XVII. En 1617 contrató un retablo destinado para la iglesia de los jesuitas en Guanajuato; en 1620, otro para el convento de monjas de Jesús María que, por su muerte hacia 1623, fue terminado por su discípulo Luis Juárez después de 1624. Echave fue, además, autor de unos *Discursos sobre la antigüedad de la lengua cántabra vascongada* (México: Enrico Martínez, 1607). Padre de tres generaciones de artistas, como bien nos recuerda Sigüenza y Góngora en su *Triunfo Parténico* (1683) al aludir a los "tres Echaves" (34r; 104), la "madre" y la "hija" que menciona Balbuena se refieren, respectivamente, a su esposa Isabel de Ibía, con quien casó en 1582, y a una hija desconocida de Echave, de cuyas obras, tan alabadas por Balbuena, no queda rastro alguno. Sin embargo, en el siglo XVIII circulaba la leyenda según la cual Isabel de Ibía, conocida como "la Zumaya" o "la Sumaya", habría pintado un cuadro denominado *San Sebastián* para el altar del Perdón durante las refacciones de la catedral de México hechas hacia 1585 (Couto 59, Toussaint *Arte* 68). Según la misma leyenda , Ibía habría sido no sólo la esposa, sino también la maestra de Echave, pues ella misma habría heredado las habilidades artísticas de su padre, el guipuzcoano Francisco de Ibía (1561–1594), un renombrado artista de la época conocido como "Francisco de Zumaya". Las alusiones de Balbuena a Marcia y a Irene (la "gran hija de Cratino"), refieren precisamente a mujeres de una proverbial habilidad en la pintura, habilidad que fuera heredada de sus padres. Boccaccio presenta a Marcia como virgen romana de habilidad mayor a la de cualquier maestro de la época (cap. LXVI), y a Irene como hija y discípula de un pintor llamado Cratino (cap. LVIIII).

su labor profesional y mantienen la templanza que habrían adquirido por su nacimiento en la Europa mediterránea.

La selectividad y el posicionamiento pro-peninsular de Balbuena en este pasaje se observa más claramente al contrastarlo con los listados de artistas que, a lo largo del siglo XVII, diseñarán dos conocidos defensores de los criollos novohispanos: el bachiller Arias de Villalobos en su *Canto intitulado Mercurio* (1604/1623) y el cosmógrafo real Carlos de Sigüenza y Góngora (1645–1700) en su *Triunfo parténico* (1683). A pesar de sus diferencias en las fechas de publicación, la confrontación de estos tres textos revela que Balbuena destaca a tres artistas de origen peninsular pero que deliberadamente decide omitir a uno de los más famosos de su época: el mestizo novohispano Juan de Rúa o Arrúe (c. 1564–1637). Dado su origen novohispano, el nombre de Rúa o Arrúe sí es mencionado en los listados de célebres artistas que ofrecen Villalobos y Sigüenza y Góngora, mas es silenciado por Balbuena; omisión que sugiere el posicionamiento pro-peninsular de *Grandeza mexicana*.

Por las mismas fechas en que Balbuena finaliza los detalles para la publicación de *Grandeza mexicana*, el jerezano Arias de Villalobos exhibe en su *Canto intitulado Mercurio* lo que Stephanie Merrim ha denominado, muy acertadamente, un "criollismo beligerante" ("*La grandeza*" 91). Originalmente redactado hacia 1603 con ocasión de la entrada a la capital novohispana del virrey Juan de Mendoza y Luna, marqués de Montesclaros, y listo para ser publicado en 1604,[51] el *Mercurio* es un alegato pro-criollo que reniega del despojo de las encomiendas por parte de la Corona. En palabras que recuerdan los reclamos del poeta Francisco de Terrazas y del criollo Baltasar Dorantes de Carranza, la Ciudad de México en el *Mercurio* es "[t]an madre natural de los extraños, / que echa a los (que) parió, por los rincones", lamentado el hecho de que "[t]arde llegaron los conquistadores / a aprender de la abeja y la hormiga / […] / mas los que a sus veranos dieron rienda, / vino el Invierno y fuese la encomienda" (188cd, 189abgh; 264). Algunas octavas más adelante, Villalobos inserta entre las múltiples excelencias de la Ciudad de México un listado de diez artistas. A pesar de que hace un siglo el único editor moderno del *Mercurio* no ofrecía datos sobre ellos, en la actualidad podemos reconocer varios de los nombres que aparecen junto a los nombres de Andrés de Concha, Alonso Franco y Baltasar de Echave Orio, que mencionara Balbuena. Cuatro de los artistas son

---

[51] El *Mercurio* no se publicará hasta 1623, en que verá la luz junto a la *Obediencia que México, cabeza de la Nueva España, dio a la Majestad Católica del rey D. Felipe de Austria*, relación de sucesos preparada, como lo indica su título, con ocasión de la declaración de obediencia de la ciudad a Felipe IV. El *Mercurio*, sin embargo, fue redactado hacia 1603 con ocasión de la entrada del virrey Juan de Mendoza y Luna, Marqués de Montesclaros, a la Ciudad de México, ocurrida el 26 de octubre de 1603 (Miró Quesada 41). Además, el retrato que acompaña el *Canto intitulado Mercurio*, firmado por Alonso Franco y Samuel Stradanus, está fechado en 1604 (véase Fig. 21).

de origen europeo: Alonso Vázquez,[52] el vallisoletano Alonso López de Herrera,[53] el flamenco Simón Pereyns ("Perín")[54] y el italiano Diego de Pesquera.[55] Además de los misteriosos Vicente Requena[56] y Pedro A. Prado,[57] de quienes se tienen escasos datos, importa subrayar la referencia al mestizo novohispano Juan de Rúa (o Arrué), incluido como ejemplo de las capacidades técnicas de los artistas nacidos propiamente en el virreinato:

> Vamos a los retablos de su frente,
> de Apeles y Parrasios propios nuestros;
> aquí el relieve y el pincel valiente
> vuelan a lo inmortal por sus maestros;
> del arte, en suma, son la esencia y ente;
> y muertos, y entre vivos, los más diestros,

[52] Alonso Vázquez se encontraba en Sevilla en 1580 y ejecutó, entre otras obras, pinturas del túmulo funerario de Felipe II (1598) y lienzos sobre San Pedro Nolasco para el claustro de la Merced (1601, junto al famoso Francisco Pacheco). Pasó a la Nueva España en 1603 como pintor del Marqués de Montesclaros. Produjo, entre otras obras, pinturas para los retablos de la iglesia franciscana de Huichapan (1604), para la capilla del Real Palacio (1606), y, como refiere Sigüenza y Góngora (*Triunfo* 30v), para la capilla de la antigua Universidad (Tovar de Teresa *Pintura* 129–30, Toussaint *Arte* 71).

[53] A pesar de que Romero de Terreros ("López de Herrera" 7) afirmaba que Alonso López de Herrera había nacido en la ciudad de México, descubrimientos posteriores permiten afirmar con certeza que el "divino Herrera" nació en Valladolid y pasó a la Nueva España en 1608 como parte del séquito de fray García Guerra, de quien realiza un retrato en 1609. Responsable de pinturas del retablo mayor de la iglesia de Santo Domingo de México, del retablo de la antigua ermita de Guadalupe (México), entre otras. Murió en 1675 (Tovar de Teresa *Pintura* 157–162; Toussaint *Arte* 71).

[54] Simón Pereyns (el "Perín" de Villalobos), natural de Amberes (c. 1530), radicó en Lisboa (1558) y Toledo, donde trabajó al lado de los más famosos pintores de la corte de Felipe II (Alonso Sánchez Coello, el divino Morales, etc.). Se traslada a Madrid antes de pasar a la Nueva España como pintor del séquito del marqués de Falces, virrey Gastón de Peralta, en 1566. Casa en 1569 con una pariente de las esposas de Andrés de Concha y de Juan de Arrúe. Fue autor de muchísimas obras, incluyendo retablos en Oaxaca y el retablo mayor de la vieja catedral de México entre 1584 y 1585. Mientras realizaba el retablo mayor de la catedral de Puebla le sorprende la muerte en 1589 (Tovar de Teresa *Pintura* 70–81; Toussaint *Arte* 67–68).

[55] Diego de Pesquera, de origen aparentemente italiano, trabaja como escultor en Andalucía entre 1563 y 1580; en 1582 se encuentra ya en la Nueva España y realiza una imagen de la Virgen y otra de San Juan para la iglesia vieja de Santo Domingo en México. Para 1587 ya había fallecido (Tovar de Teresa *Pintura* 206–07).

[56] Toussaint (*Arte* 72) identifica a "Requena" como Vicente Requena, pero no ofrece mayor información.

[57] Aunque Toussaint identifica a "Prado" como un Tomás de Prado, posteriormente Xavier Moyssén ("Pedro A. Prado") identificó a un Pedro A. Prado, autor de diez pinturas fechadas en 1620, pertenecientes a dos retablos que se encuentran actualmente en la iglesia parroquial de Santa Bárbara Tlacatempan, México. Se trata, en apariencia, de un pintor secundario, sin manejo de la perspectiva y autor de figuras carentes de proporción. A falta de información biográfica, Moyssén (48) sugiere que el pintor es de origen peninsular y que arribó a la Nueva España a fines del siglo XVI.

Requena, Vázquez, Rúa, Prado, Herrera,
Franco, Echave, Perín [Pereyns], Concha y Pesquera.
(196abcdefgh; 266–7)

Varias décadas más tarde, el catedrático y "Mexican patriot" (Brading 363) Carlos
de Sigüenza y Góngora introduce en su *Triunfo parténico* (1683) un compendio
de diez artistas (33v-34r) que presenta notables discrepancias con las listas de
Balbuena y Villalobos. El objetivo explícito de Sigüenza y Góngora es demostrar
su "patriotismo criollo" cantando las perfecciones no sólo "de extranjeros pinceles,
sino también de nuestros mexicanos compatriotas, que merecen el ladeárseles
como iguales" (33v). Para ello, además de alabar la obra de los peninsulares
Andrés de Concha ("los colores de Concha") y de Baltasar de Echave Orio y su
familia ("los tres Echaves"), ya mencionados por Balbuena en *Grandeza mexicana*,
Sigüenza y Góngora halaga también la obra de otros tres inmigrantes: "las
perfecciones" del sevillano Alonso Vázquez,[58] la "robustez de lo grande" del
vallisoletano Alonso López de Herrera y "el pulido artificio del consumado"
sevillano Sebastián de Arteaga.[59] Se refieren también las excelencias de dos artistas
desconocidos: "los ingenios de Daza[60] y Angulo,[61] cuyos países no tiene oposición".
Finalmente, como parte de su afiliación pro-criolla, Sigüenza y Góngora incluye
referencias a las habilidades de tres artistas nacidos en el virreinato, resaltando
"la mano" del "mexicano" Luis Xuárez (o Juárez),[62] del franciscano criollo natural

58   Unos folios antes, Sigüenza y Góngora lo llama "excelentísimo pintor" (30v). Véase la
nota correspondiente, *supra*.

59   Del sevillano Sebastián de Arteaga (1610–1652) se cree que participó en el taller sevillano
de Francisco de Zurbarán antes de viajar a la Nueva España hacia 1640. En 1642 erigió el arco
para celebrar la entrada del virrey García Sarmiento de Sotomayor y Luna, conde de Calvatierra.
Realizó varios retratos de inquisidores de México, algunos retratos para el obispo de Yucatán
en 1648, y fue contratado para realizar el retablo del convento de Santa Clara de Puebla en 1650.
Se le atribuyen con relativa seguridad ocho cuadros que aún se conservan (Moyssén "Sebastián
de Arteaga").

60   El elusivo "Daza" es Cristóbal Daza y Bracamonte, que aparece como conocido de
Sebastián de Arteaga en documentos notariales de 1652–3, pero acerca del cual se carece de
mayores datos (Moyssén "Sebastián de Arteaga" 23–4).

61   El desconocido paisajista "Angulo" ("pintor de países") no puede ser el vallisoletano
Gaspar de Angulo, asociado a López de Herrera, que aparece en México en 1621 y trabaja con
Juan de Arrúe en el túmulo funerario de Felipe III en la catedral de México (Tovar de Teresa
Pintura 164). Según Moyssén ("Sebastián de Arteaga" 24, n.20), no se ha hallado ningún dato
sobre este paisajista Angulo nombrado por Sigüenza y Góngora.

62   Poco se sabe de la vida de Luis Juárez, incluyendo su lugar de origen, aunque Sigüenza
y Góngora no duda en llamarlo "mexicano" en su *Paraíso Occidental* (28v) de 1684. Pintó un
arco triunfal en 1610 y contrató un retablo para la iglesia de Regina Coeli en México en 1615.
También realizó pinturas para retablos en México (1622) y Zacatecas (1625). Pintor prolífico,
murió en 1639 (Tovar de Teresa *Pintura* 136–44). En el *Paraíso Occidental*, Sigüenza y Góngora
lo estima por "pintor excelente, y uno de los mayores de aqueste siglo" (28v).

de Puebla fray Diego Becerra,[63] y del mestizo Juan de Rúa o Arrúe por "el decoro de sus bien compartidos trazos".

A pesar de que estas tres listas se compusieron en diferentes momentos del siglo XVII, las coincidencias y discrepancias que se observan entre ellas demuestran no sólo la clara agenda pro-criolla de Villalobos y Sigüenza y Góngora, sino también la legitimación pro-peninsular de Balbuena en *Grandeza mexicana*. Considerando solamente a los artistas activos en el virreinato novohispano cuando Balbuena redacta *Grandeza mexicana*, estas tres listas nos ofrecen un limitado universo de solamente cuatro artistas que Balbuena podría haber seleccionado: los peninsulares Andrés de Concha, Alonso Franco y Baltasar de Echave Orio, a quienes sí incluye en *Grandeza mexicana*, y el mestizo Juan de Rúa o Arrúe, "el pintor más conocido de esa época" (Toussaint *Arte* 69). Dos de estos nombres son cruciales para comprender la lógica de *Grandeza mexicana*: Alonso Franco y Juan de Rúa o Arrúe. El primero de ellos, mencionado por Balbuena y Villalobos, mas omitido por Sigüenza y Góngora, parece ser incluido por el hecho de que, junto a Andrés de Concha, contribuye a la erección del arco de 1602 celebrando la entrada del nuevo arzobispo de México, fray García de Santa María Mendoza y Zúñiga. Por un lado, al haber diseñado el programa iconográfico para el arco, Villalobos habría querido recordar su rol en dicho suceso mencionando tanto a Concha como a Franco (Tovar de Teresa, *Renacimiento* 118). Por otro, Balbuena también podría haber querido recordar a su dedicatario, el nuevo arzobispo de México, el arco con que se le recibió en 1602, especialmente considerando que Balbuena afirma que detuvo la primera impresión de *Grandeza mexicana* al recibir noticia de la llegada del nuevo arzobispo y posteriormente decidió dedicarle el libro.[64] Esta relación de patrocinio es importante para Balbuena, porque apenas unos días después del arribo del nuevo azobispo se muestra ansioso por recibir una respuesta positiva de él a una solicitud cuyos detalles desconocemos.[65] La inclusión de Alonso Franco entre los prominentes artistas

---

[63] El "franciscano Bezerra" parece ser fray Diego Becerra, quien profesó en su natal Puebla en 1640 y realizó diversas pinturas en dicha ciudad, así como otras en la portería y las capillas exteriores del convento grande de México en 1648 (Toussaint *Arte* 117).

[64] Afirma Balbuena: "he suspendido la impresión de los tercetos, y por probar con ellos ventura, y ver si la mía será tal que admita el S. Arzobispo a su servicio el deseo de hacerle alguno en dedicarle las grandezas desta ciudad, y pasar por ellas los ojos antes de ponerlas en los del vulgo" (13).

[65] En la carta al arcediano de la Nueva Galicia, don Antonio de Ávila y Cadena, Balbuena confiesa su ansiedad: "Y como estos primeros días de su entrada han sido tan llenos de ocupación, alboroto y concurso de gente, no le ha llegado la sazón a la quietud que *mi caso* pide, y así me estoy detenido aunque no ocioso" (13; énfasis añadido). Aunque es imposible determinar con certeza el caso al que se refiere Balbuena, posiblemente se relacione con el consentimiento que Isabel de Tobar y Guzmán solicita para administrar una parte de la dote que ofreció (mil de tres

del virreinato en *Grandeza mexicana* y el *Mercurio* se debería a intereses personales relacionados con el arzobispo de México, fray García de Santa María Mendoza y Zúñiga.

Mientras que la inclusión de Franco en *Grandeza mexicana* es sintomática de unos intereses personales de Balbuena, la exclusión de Juan de Rúa o Arrúe distingue claramente entre el programa pro-peninsular de Balbuena y la afiliación pro-criolla de Villalobos y de Sigüenza y Góngora. A diferencia del sevillano Alonso Vázquez y del vallisoletano Alonso López de Herrera, a quienes Balbuena excluye de su libro por motivos cronológicos,[66] la elisión de Juan Rúa o Arrúe (c. 1564–1637), a quien Manuel Toussaint considera "el pintor más conocido" de principios del XVII, se basa en su condición de mestizo novohispano y por su origen en la liminal y destemplada localidad de Colima, en la región occidental del virreinato. A pesar de que las obras más famosas de Arrúe, tales como el túmulo a la muerte de Margarita de Austria (1612) del convento de Santo Domingo (México), el túmulo a la muerte de Felipe II (1621) o el retablo mayor de la iglesia del convento de San Jerónimo de la Ciudad de México (1622), se realizan con

mil pesos) al ingresar al convento jerónimo de San Lorenzo. El total de la dote debía provenir del censo sobre las casas que el mismo Balbuena tenía en la calle del Águila y que, finalmente, serían compradas por el convento en 1610 para gozar de alquileres (Bazarte Martínez et al. *Convento* 307–10). Véase lo dicho en la "Introducción".

66   Recuérdese que López de Herrera no arriba a la Nueva España hasta 1608, como parte del séquito del nuevo arzobispo de México y eventual virrey fray García Guerra. En cambio, Alonso Vázquez arriba en 1603 con el virrey marqués de Montesclaros. Sin embargo, la omisión de Alonso Vázquez no impide a Balbuena incluir en *Grandeza mexicana* al nuevo virrey, marqués de Montesclaros. Cabe especular que Balbuena no incluye a Alonso Vázquez porque no habría habido tiempo suficiente para que el artista obtuviera cierto reconocimiento local antes de la publicación de *Grandeza mexicana* en 1604. Sin embargo, Balbuena sí hace referencia explícita al nuevo virrey, Marqués de Montesclaros, en el listado de poetas afincados en la Nueva España que incluye en el "Compendio apologético en alabanza de la poesía" (142), acaso porque la noticia de su nombramiento como virrey habría precedido su llegada con meses de anticipación. De hecho, la noticia se conocía en México, por lo menos, desde el 12 de septiembre de 1603 (Tovar de Teresa *Renacimiento* 357), un mes antes de la llegada del virrey y unos días antes de que se expidieran los preliminares de *Grandeza mexicana* (es decir, la dedicatoria a fray García de Santa María, fechada el 15 de septiembre de 1603, y la suma de la licencia de impresión, otorgada por el mismo García de Santa María, el 14 de septiembre; la licencia dada por el virrey, Conde de Monterrey, sin embargo, está fechada el 10 de julio). Rojas Garcidueñas (127) considera que existe una referencia al Marqués de Montesclaros en el poema mismo, posiblemente a partir de la mención de la "luna" ("Es un príncipe heroico, a quien fortuna, / si usara de razón, hiciera dueño / de cuanto abraza el cerco de la luna" [VII.25–27; 101]). Esta supuesta referencia, por un lado, parece aludir a la idea bastante socorrida según la cual el virrey, en tanto que imagen del rey, gobierna el mundo sublunar; por otro, esta supuesta referencia a Juan de Mendoza y Luna es muy vaga y no tiene correspondencia con el grado de detalle con que Balbuena identifica al resto de virreyes (VII.37–51; 101). Para González Boixo (92 n.90), Barchino (350, n.91) y Miró Quesada (41–2), el "príncipe heroico" de estos versos no es el Marqués de Montesclaros sino el virrey precedente, quien firma la licencia de publicación de *Grandeza mexicana*, Gaspar de Zúñiga y Acevedo, conde de Monterrey, virrey de la Nueva España durante los años 1595–1603.

posterioridad a la publicación de *Grandeza mexicana*, su nombre era ya conocido antes de 1604. Entre sus primeras obras, que datan de la última década del XVI, se incluyen algunas realizadas en la capital novohispana, como los nueve sambenitos que se colocaron en la Iglesia Mayor y la Catedral de México en 1593[67] o las decoraciones del corredor de la planta alta del Hospital de Jesús (última década del XVI), y otras realizadas fuera de la capital, como el retablo de la iglesia del convento dominico de la Villa de San Pedro y San Pablo (Etla, Oaxaca, 1595), un retablo para el Hospital del Señor San Pedro (Puebla) y otro para el trascoro de la Iglesia Catedral de Puebla (1599). Se le atribuye también un retablo para el altar mayor de la iglesia de San Francisco de Puebla. Además, Arrúe poseía también un visible capital social en la capital novohispana basado en sus estrechos nexos familiares con el famoso pintor flamenco Simón Pereyns (1558–1589) y con el propio Andrés de Concha.[68] A pesar de que hacia 1604 Juan de Arrúe no posee las credenciales profesionales de Baltasar de Echave o de Andrés de Concha, ni los nexos de Alonso Franco con el círculo de Alonso Sánchez Coello en la corte madrileña, su trayectoria podría haber justificado su inclusión en el listado de Balbuena. Por ello, más allá de cualquier fama o renombre, cabe deducir que Balbuena excluye a Arrúe por haber nacido fuera de la Ciudad de México, en los liminales y supuestamente destemplados Pueblos de Ávila (Colima), así como por su condición de mestizo.

La perspectiva pro-peninsular de Balbuena le impide celebrar las obras de Arrúe tanto por su lugar de nacimiento como por su parcial origen indígena. A diferencia del origen metropolitano y templado del sevillano Andrés de Concha, del toledano Alonso Franco y del guipuzcoano Baltasar de Echave Orio, que sí aparecen en *Grandeza mexicana*, Juan de Arrúe es un individuo carente de *sōphrosunē* debido a su nacimiento en los destemplados extremos del virreinato. Además, gracias a la biografía preparada por Juan Carlos Reyes Garza (13), se sabe que la madre de Arrúe se llamaba Marta Cansoni o Caltzozin, cuyo apellido "sugiere su pertenencia a la nobleza indígena de Michoacán", aunque no ha sido posible confirmar dicho estatus. En todo caso, como afirma Reyes Garza, "[n]oble o no, es indudable su origen indígena, y por tanto la calidad de mestizo" (13) del pintor.[69] Estos dos datos obligan a Balbuena a elidir a Arrúe en su listado de famosos artistas, y a silenciar

---

[67]   Los sambenitos eran letreros colocados en las iglesias con el nombre y castigo de los penitentes y los detalles de sus castigos.

[68]   Conviene resaltar estos nexos. Por un lado, en 1587, Arrúe desposó a Ana de Medina, hermana de la esposa del flamenco Simón Pereyns, quien además figura como uno de los testigos del enlace; por otro, la segunda hija de Arrúe, Juana, nacida en 1592, tuvo como padrino a Andrés de Concha. Sobre Pereyns, véase la nota correspondiente, *supra*. Para la vida y obra de Arrúe es indispensable el libro de Juan Carlos Reyes Garza.

[69]   El padre de Arrúe, un vasco del mismo nombre, era artista también. Se sabe que realizó trabajos para la catedral de Sevilla en 1547 y que dos años después pasó a Indias.

la presencia de los destemplados "españoles de Indias", mestizos e indígenas en la templada Ciudad de México. Es precisamente esta la razón, sin embargo, por la que Arias de Villalobos y Sigüenza y Góngora incluyen explícitamente a Arrúe en el *Mercurio* y el *Triunfo parténico*, apropiándose de él como parte de un patrimonio cultural criollo compuesto por artistas nacidos en el virreinato novohispano. Recuérdese que Sigüenza y Góngora establece claramente su intención de recordar las obras no sólo "de extranjeros pinceles, sino también de *nuestro mexicanos compatriotas*, que merecen el ladeárseles como iguales" (33v; énfasis añadido). Balbuena, en cambio, selecciona a los artistas del *capitolo* IV de *Grandeza mexicana* para presentar la Ciudad de México como un lugar ideal para la práctica de las artes por parte de inmigrantes peninsulares, para silenciar la presencia de aquéllos nacidos en las zonas supuestamente tórridas del virreinato, fuera del clima artificialmente templado y mediterráneo de la capital novohispana, y para borrar cualquier huella de la presencia de mestizos en la capital.

Si la Ciudad de México que nos ofrece Balbuena es el hábitat ideal para templados inmigrantes peninsulares como los virreyes o para artistas como Concha, Franco y Echave Orio, el valdepeñero no duda en promover también el traslado de profesionales flamencos, vasallos de la casa de los Habsburgo, que verían remediada su relativa destemplanza en la templada capital. A estos inmigrantes de la Europa septentrional dedica Balbuena la larga sección inicial del *capitolo* IV, "Letras virtudes, variedad de oficios", donde más adelante menciona precisamente a los peninsulares Concha, Franco y Echave. Balbuena empieza dicho *capitolo* estableciendo una relación causal entre la artificial templanza de la capital novohispana y el incremento de la productividad y virtuosidad de los flamencos y otros inmigrantes de la Europa septentrional bajo el *imperium* de la Corona española, promoviendo así su inmigración para el ejercicio de las diversas artes y oficios requeridos en la ciudad:

> ¿Qué oficio tan sutil ha ejercitado
> flamenco rubio, de primores lleno,
> en templadas estufas retirado,
> a quien los hielos del nevado Reno
> en la imaginación dan con su frío
> un cierto modo a obrar dispuesto y bueno,
> que aquí con más templanza, aliento y brío
> no tenga fragua, golpe, estampa, lima,
> pincel, gurbia, buril, tienda o buhío?
> (IV.1–9; 80)

Balbuena nos recuerda en este pasaje los presupuestos climáticos y fisiológicos que subyacen a la teoría de las cinco zonas, ya que el ingenio y la productividad de los inmigrantes flamencos se incrementarían una vez instalados en la templada capital novohispana. Recuérdese que las zonas frías del mundo se suponen hábitat de individuos eximios en el ejercicio de la valentía [*andreia*], pero carentes de virtudes intelectuales [*dianoētika*], mientras que las zonas templadas generan sujetos tan valerosos como inteligentes. La relación entre las condiciones medioambientales y las condiciones de sus habitantes tiene una base fisiológica.[70] Siguiendo como fuentes el *Peri aeron* hipocrático, los *Problemata* del Pseudo-Aristótles o el *Canon* de Avicena, Alberto Magno sintetiza claramente este proceso. En las zonas liminales hacia los polos, el frío hace que los poros de la piel se cierren, y esta cerrazón impide que el calor natural del corazón y de la sangre se pierda hacia el exterior. Por un lado, esta acumulación de calor en el corazón y la sangre hace que estos sujetos sean particularmente valerosos. Por otro, sin embargo, la cerrazón de los poros atrapa en el interior de los cuerpos las impurezas de los humores, haciendo la sangre más densa y, en consecuencia, generando individuos de escasa inteligencia. En contraste con las reacciones fisiológicas del ser humano a climas excesivamente fríos, en las zonas más cálidas del mundo el calor tiene el efecto opuesto en el cuerpo y abre los poros de la piel. La apertura de los poros, a su vez, facilita la purificación de la sangre y de los humores corporales. Con ello, los habitantes de las zonas cálidas presentan un mayor grado de inteligencia, mas exhiben una evidente deficiencia en la virtud de la valentía, mostrándose cobardes.

Balbuena subraya el frío clima del que procede el flamenco ("los hielos del nevado Reno"), el cual, a través de la cerrazón de los poros, habría generado individuos torpes aunque bien dispuestos para el ejercicio de la valentía y la acción bélica. Balbuena parece sugerir que es este exceso de valentía lo que dota al flamenco de "un cierto modo a obrar dispuesto y bueno". Sin embargo, el hecho de que labore en reducidos espacios interiores que son templados ("en templadas estufas retirado") garantiza que se trata de un individuo inteligente e ingenioso. En contraste con estas condiciones, Balbuena se encarga de subrayar que la templanza de la Ciudad de México no se reduce a unas meras "estufas", pues la totalidad de la capital goza de una artificial templanza. Como consecuencia de esta general templanza en la ciudad, un inmigrante flamenco adquiriría "más templanza, aliento y brío" y, por lo tanto, incrementaría la calidad y cantidad de su producción manufacturada.

Cabe preguntarse, sin embargo, si la referencia a la "imaginación" de este hipotético flamenco sea una referencia más específica a la facultad de la imaginativa o imaginación, que se refiere específicamente a la práctica de oficios y "artes", así como a la creación de artefactos manufacturados. Es muy probable

---

[70] Sigo aquí, simplificándola notoriamente, la explicación que ofrece Wey Gómez (*Tropics* 278–282).

que Balbuena haya concebido esta representación de los flamencos a través de una lectura del ampliamente conocido *Examen de ingenios* (1575) de Juan Huarte de San Juan (c. 1530–1592). Considerando a este hipotético flamenco en el *capitolo* VI de *Grandeza mexicana*, dedicado a la "variedad de oficios" que exhibe la capital novohispana, desde alquimistas y pintores hasta impresores y especialistas en tejidos, es muy probable que Balbuena se esté refiriendo específicamente al efecto de la templanza de la capital en una de las tres facultades que tiene asiento físico en el cerebro: la facultad de la imaginativa. Según explica Huarte de San Juan, el cerebro humano comprende tres regiones, cada una especializada en una facultad específica: el entendimiento, la memoria y la facultad imaginativa o imaginación. A cada una de estas tres facultades corresponde el ejercicio de un conjunto específico de campos de saber: mientras que la memoria se considera esencial para el aprendizaje de lenguas o el ejercicio de la cosmografía y la aritmética, otras disciplinas como la medicina, la filosofía natural y moral, y la práctica de la jurisprudencia exigen el predominio del entendimiento sobre las otras dos facultades. Para el caso que nos interesa, la imaginativa se asocia con la excelencia en "todas las artes que consisten en figura, correspondencia, armonía y proporción", incluyendo la poesía, la música, las matemáticas, la astrología, "pintar, trazar", la agudeza verbal y "todos los ingenios y maquinamientos que fingen los artífices" (395–96).

Balbuena asocia un nivel desarrollado (o una hipertrofia) de la imaginativa con los flamencos debido, en particular, al clima relativamente frío de la Europa septentrional. Recuérdese que la facultad de la imaginativa es la única de las tres que se ve estimulada por el calor y la sequedad del cerebro. Conocido es el caso de Alonso Quijano en el *Quijote* (1605), un hombre "*seco* de carnes y enjuto de rostro" (i.1; 1:39; énfasis añadido), de temperamento colérico (por definición, un temperamento cálido y seco). En su clásico estudio "El ingenioso hidalgo", Otis Green explica que estas condiciones cálidas y secas de Quijano son posteriormente exacerbadas por el exceso de lecturas nocturnas, puesto que esta vigilia y desvelo del personaje le impide restituir naturalmente la humedad en el cerebro por la vía del sueño y el descanso. El exceso de calor y sequedad que sufre Quijano estimulan una hipertrofia del órgano de la imaginativa, puesto que "se le *secó* el cerebro de manera que vino a perder el juicio" (i.1; 1:42; énfasis añadido).

En el caso referido por Balbuena, sin embargo, la estimulación de la imaginativa de los flamencos no es causada por la privación del sueño o por el temperamento colérico de los nor-europeos, sino por la reacción (antiparistasis o antiperistasis) de la temperatura del cuerpo humano en relación con la temperatura de la Europa del norte. Según los principios hipocrático-galénicos citados por Huarte de San Juan, el clima frío ("los hielos del nevado Reno", "frío") del norte europeo cierra los poros de la piel, elevando la temperatura e incrementando el calor interno. Dicho calor, a su vez, incrementaría el calor del cerebro y, por tanto, estimularía principalmente la facultad de la imaginativa. Esta reacción del cuerpo humano frente a un entorno frío produce una hipertrofia de la imaginativa que implica que los europeos del norte no son particularmente proclives a la aritmética o a la filosofía moral, disciplinas basadas en la memoria y el entendimiento, pero sí a "pintar, trazar" y a crear artificios y máquinas de diferente tipo que dependen de la imaginativa. De hecho, Huarte de San Juan explica que el clima frío es responsable tanto de la carencia de entendimiento como del exceso de memoria y de imaginativa de los noreuropeos:

> La razón que trae Aristóteles para probar el poco entendimiento de los que habitan debajo de Septentrión es que la mucha frialdad de la región revoca el calor natural adentro [de la persona] por antiparistasis, y no le deja disipar[71]. Y, así, tiene mucha humedad y calor, por donde se juntan [en los noreuropeos] gran memoria para las lenguas, y buena imaginativa, con la cual hacen relojes, suben el agua a Toledo[72], fingen maquinamientos y obras de mucho ingenio, las cuales no pueden fabricar los españoles por ser faltos de imaginativa. (415–17)

Además de resaltar esta hipertrofia en la imaginativa de los flamencos por habitar en un clima frío, Balbuena también realiza un contraste entre la templanza que ellos pueden hallar en Flandes y en el virreinato novohispano. Esta comparación no es gratuita, puesto que, si bien un extremo climatológico influye en una o dos de las facultades mentales de los humanos, la exposición a un clima templado supone la exaltación de las tres facultades por igual. La postura galénica al respecto, en la versión de Huarte de San Juan, relaciona explícitamente la mediocridad o medianía térmica de Grecia con la excelencia en todas las disciplinas humanas: "La razón de esto tráela el mesmo Galeno [*De sanitate tuenda* II, 41c] diciendo que Grecia es la región más templada que hay en el mundo, donde el calor del aire no excede a la frialdad, ni la humedad a la sequedad. La cual templanza hace a los hombres prudentísimos y hábiles para todas las ciencias" (575). Por ello, la comparación que realiza Balbuena entre las "templadas estufas" de Flandes y una Ciudad de México ("aquí") que tiene "*más* templanza" no es gratuita: establece una superioridad de México en

---

[71]   Huarte de San Juan se refiere a los *Problemata* del Pseudo-Aristóteles: "For those who live in cold regions are much hotter, because their nature recoils owing to the coldness of the region in which they live, so that they are very like the drunken and are not of an inquisitive turn of mind, but are courageous and sanguine" (14.15; 909).

[72]   Como indica Guillermo Serés en su edición del *Examen de ingenios*, Huarte de San Juan se refiere al famoso ingeniero veronés Juanelo Turriano (416). El ejemplo, sin embargo, sorprende un poco, puesto que Italia suele considerarse una zona central (templada) antes que liminal (fría) en Europa.

términos de mediocridad climática y, por tanto, la idoneidad de la capital del virreinato novohispano para albergar a vasallos de la Corona procedentes de la Europa septentrional. En otras palabras, Balbuena legitima la inmigración de flamencos procedentes de la Europa del norte porque la templanza de México garantiza mejores condiciones ambientales y, por tanto, un incremento de la productividad de dichos inmigrantes.

Al margen de la fuente exacta seguida por Balbuena, el pasaje no deja lugar a dudas: la artificial templanza de la capital novohispana la transforma en el hábitat ideal para inmigrantes flamencos, pues redundaría en la mejoría de su performance profesional y acaso en su productividad. Aunque esta mejoría en su grado de templanza no sería igual al de los inmigrantes peninsulares, sí sería suficiente para hacer de los flamencos individuos indispensables para el funcionamiento de la capital novohispana. El espacio y la especificidad que Balbuena dedica al caso de los flamencos sugiere que su importancia supera la de los 'españoles de Indias', castas, indígenas y miembros de la "nación" africana que habitan silenciosamente la capital novohispana.

En su representación de la Ciudad de México, Balbuena recurre a la *ars/technē* para definir la capital por oposición a la Tenochtitlán precortesiana y a los territorios extra-urbanos novohispanos. Es la industria y la tecnología de los europeos lo que le permite a Balbuena afirmar que la capital es un *artefacto* cuya arquitectura urbana corrige la naturaleza destemplada del territorio virreinal. Como consecuencia de dicha artificial templanza, la capital novohispana se convierte en un hábitat ideal para inmigrantes europeos de la Corona española, particularmente de inmigrantes peninsulares como los virreyes, como los artistas Concha, Franco y Echave, como el mismo Balbuena; y de inmigrantes de regiones europeas destempladas como Flandes. Si bien la Ciudad de México tal y como la representa Balbuena posee un evidente grado de heterogeneidad, conjugando a individuos de diversas naciones, lenguas y leyes, su artificial templanza es especialmente propicia para el traslado de inmigrantes peninsulares, pues la ciudad lograría preservar la templanza moral que estos individuos habrían adquirido por obra de su nacimiento en la Europa mediterránea, y de inmigrantes flamencos, vasallos de la Corona, que hallarían en ella una más general templanza que les permitiría trabajar en diversos oficios y profesiones y, así, satisfacer las necesidades de la ciudad. Balbuena promueve este tipo de inmigración afirmando que en este "centro y corazón desta gran bola", la artificial templanza y una dieta basada en frutos peninsulares garantizan la preservación de la *sōphrosunē* de los inmigrantes peninsulares y la creación de un estado de templanza relativa para los inmigrantes flamencos de la fría Europa septentrional. Esta artificial templanza permite a los peninsulares sustentar sus afirmaciones de poseer la mejor disposición para gobernar el virreinato y administrar las encomiendas.

El "campo" y los criollos

Dentro de la clasificación espacial y moral de la población novohispana en *Grandeza mexicana*, según la cual el "centro del mundo", la artificialmente templada Ciudad de México, alberga a los virtuosos y templados inmigrantes peninsulares y europeos, y los territorios absolutamente liminales y tórridos son el hábitat de los esclavos por naturaleza, Balbuena representa el espacio rural extra-urbano, el "campo", como una región natural y relativamente destemplada. Se trata de unas "tierras miserables" (IV.167; 85) y "pueblos chicos y cortos" (IV.151; 84) habitados por los descendientes de los conquistadores y primeros pobladores de la Nueva España que "obligados quedaron" a "morir en las tierras do nacieron" (IV.164, 165; 85). Mientras que los críticos han relacionado este espacio con el tópico guevariano del "menosprecio de corte y alabanza de aldea", las premisas hipocrático-galénicas y el determinismo ambiental nos permiten advertir que este campo es un espacio no-urbano y destemplado en el que residen unos criollos poco virtuosos, moralmente destemplados e incapaces de gobernarse a sí mismos. Esta destemplanza de los criollos, sin embargo, es relativa y de un grado menor en comparación con la absoluta destemplanza que exhibe el "indio feo" (IX.374; 124) que recoge perlas para la Corona o el "indio salvaje" (55) que habita los montes del extremo occidental del mundo conocido.

El título del libro publicado por fray Antonio de Guevara en 1539, *Menosprecio de corte y alabanza de aldea*, ha sido utilizado por la crítica para sintetizar un tema recurrente en la literatura de la temprana modernidad según el cual la corte urbana, centro de poder, era considerada centro de corrupción moral, en oposición al campo, repositorio de unas virtudes supuestamente primigenias ya perdidas en la corte. Considerando que Balbuena designa explícitamente el campo como un espacio poblado por mendigos, mentirosos, envidiosos y avaros, en contraste con una Ciudad de México templada y plena de personajes virtuosos, paz y oportunidades de gozo, la mayoría de críticos ha concordado con John van Horne en interpretar el poema como una inversión del tópico guevariano y ha afirmado que Balbuena formula un "menosprecio de aldea y alabanza de corte".[73] Además, y basándose en el erróneo supuesto de que Balbuena arribó a la Nueva España con su padre a los dos años de edad, en 1564, varios críticos desde el mismo van Horne han propuesto comprender este "menosprecio de aldea y alabanza de corte" como el desprecio que Balbuena habría sentido hacia el espacio rural y periférico

---

73   Como afirma van Horne: "Al revés de la famosa obra de Guevara, es un ejemplo muy natural de alabanza de corte y menosprecio de aldea" (151). Este tópico se ha instalado también en las ediciones de Monterde (xx), González Boixo (24) y Barchino (25, 32). Hasta donde alcanzan mis esfuerzos, sólo Jacques Lafaye (103) se opone explícitamente a la lectura "anti-guevariana" de van Horne.

novohispano al cual habría estado supuestamente confinado durante la mayor parte de su niñez y juventud, y, por tanto, como una añoranza por pertenecer a una ciudad plena de "alta cultura" como la capital novohispana (Reyes 77–78, Sabat de Rivers "Balbuena" 76, Arroyo 101, Millán 49, Barrera "Bernardo de Balbuena y su visión" 79, Buxó "Bernardo de Balbuena" 197). Aunque existen algunas otras interpretaciones ofrecidas por los críticos,[74] me importa ofrecer una lectura alternativa que considere el "campo" de *Grandeza mexicana* como parte de una triple clasificación espacial y moral de la población novohispana, en la que el campo representa el hábitat destemplado de unos criollos supuestamente "indianizados", tal y como habían previsto varios años antes fray Bernardino de Sahagún, Gerónimo de Mendieta, Francisco Hernández y otros.

Al aplicar la teoría de las cinco zonas a las Indias y presentar como únicas excepciones las artificialmente templadas ciudades erigidas por los cristianos, Balbuena contradice explícitamente la natural templanza que los discursos pro-criollos de Dorantes de Carranza, Juan de Cárdenas, Enrico Martínez y Diego Cisneros atribuyen a la totalidad del territorio novohispano. Si bien es muy probable que Balbuena no tuviera acceso a la *Sumaria relación* de Dorantes de Carranza, quien cita precisamente la octava inicial de "Grandeza mexicana", y si bien el *Reportorio de los tiempos* (1606) de Martínez y el *Sitio y naturaleza de la Ciudad de México* (1618) de Cisneros son posteriores a la publicación de *Grandeza mexicana* (1604), el hecho de que los *Problemas y secretos maravillosos de Indias* (1591) de Cárdenas esté dirigido "más [a] curiosos romancistas que [a] hombres científicos y letrados" (64) nos asegura que las bases de estos discursos pro-criollos eran conocidas en la Nueva España cuando Balbuena se encontraba redactando su elogio de la capital virreinal.[75]

---

[74] Otras lecturas incluyen interpretar estos pasajes como una validación de la ciudad letrada por parte de Balbuena (Sabat de Rivers "Barroco" 33), como una inversión del tema de la "vida retirada" de fray Luis de León (Arroyo 101), o como parte de una urbanización del lenguaje y de los tópicos renacentistas que tiene como objeto la creación de una ciudad sublime (Merrim "Spectacular" 39, *Spectacular*).

[75] De hecho, la relación entre *Grandeza mexicana* y los *Problemas y secretos* de Cárdenas amerita un estudio más detenido, pues ciertos pasajes sugieren que el texto de Balbuena es, al menos parcialmente, una respuesta a la clara defensa pro-criolla de Cárdenas. Cárdenas dedica un capítulo al superior ingenio de los "españoles nacidos en indias" (iii.ii; 250–55) por encima del de los recientes inmigrantes procedentes de la metrópolis, y propone un experimento hipotético: criar independientemente a un "español nacido en indias" y a "otro recién venido de España" en una "pobre y bárbara aldea de indios" en compañía de "cuatro labradores". Posteriormente, puestos el criollo y el gachupín a conversar, afirma Cárdenas que por su natural ingenio el "nacido en indias" revelaría un "hablar tan pulido, cortesano y curioso y con tantos preámbulos, delicadeza y estilo retórico, no enseñado ni artificial, sino natural, que parece ha sido criado toda su vida en corte y en compañía de gente muy hablada y discreta" (250). Esa misma conversación revelaría a un "recién venido de España" con un habla "bronco y torpe" (250). En uno de los escasísimos comentarios críticos sobre ambos textos, Yarí Pérez Marín (151) no se atreve a afirmar que Balbuena leyera a Cárdenas, mas sí subraya la similitud entre la descripción de la destreza verbal de los 'españoles

Balbuena niega que los territorios novohispanos y que las Indias en general sean naturalmente un templado paraíso terrenal como afirman Cárdenas (1.3; 80) y Dorantes de Carranza (76), o que gocen "del más apacible temple de todo el mundo" (3.5; 169) como afirmará posteriormente Martínez. Siguiendo la aplicación de la teoría de las cinco zonas, Balbuena contradice explícitamente estos discursos pro-criollos y afirma que, por tratarse de tierras ubicadas "dentro en la zona por do el sol pasea" (I.76; 63), en "veintiún grados de boreal altura" (IX.55; 114), se localizan en la inhóspita zona tórrida y, por tanto, son necesariamente tropicales y destempladas. De ahí que el poeta manchego interpele explícitamente a científicos como Cárdenas y sus seguidores para burlarse de ellos y refutar las declaraciones pro-criollas de la natural templanza del territorio novohispano, y, en contraste, afirmar la verdadera templanza y salubridad de la Ciudad de México:

> Parézcanles sus aires saludables,
> ameno el sitio, la quietud a cuento,
> buena el agua, las frutas agradables;
> que yo en México estoy a mi contento,
> adonde si hay salud en cuerpo y alma,
> ninguna cosa falta al pensamiento.
> (IV.169–174; 85)

nacidos en Indias' de Cárdenas y las referencias de Balbuena a la Ciudad de México como el lugar "donde se habla el español lenguaje / más puro y con mayor cortesanía" (IX.89–90; 115). Evidentemente, la Ciudad de México en Balbuena, en tanto que "centro" del mundo, también puede definirse en términos dialectales. En la práctica oratoria clásica, siguiendo el modelo del *enkōmion poleōs*, Aelio Arístides se dirige a los atenienses elogiando la variante de griego hablada en la ciudad como parte de la constitución moral de Atenas: "For all the cities and all the races of mankind turned to you and your form of life, and dialect" ("Panathenaic Oration" 322); "but also it could be said that all other dialects—to say nothing about the barbarians, but I mean of the Greeks themselves— were like the words of lisping children in comparison with yours" (327). Se trata, pues, de una 'centralidad' lingüística subordinada a una 'centralidad' moral creada por un clima templado. Sin embargo, Pérez Marín considera que tanto la *Grandeza mexicana* como los *Problemas y secretos* de Cárdenas son parte de un discurso pro-criollo, y, por tanto, atribuye la variante dialectal prestigiosa hablada en la capital novohispana no a los inmigrantes peninsulares, sino a los criollos.
En el experimento propuesto por Cárdenas, el "chapetón" o gachupín, a diferencia del "nacido en las indias", carece de ingenio natural y su uso de la lengua es profundamente afectado si no se le cría en un núcleo urbano. Afirma Cárdenas: "verán al chapetón, como no se haya criado entre gente ciudadana, que no hay palo con corteza que más bronco y torpe sea" (iii.ii; 250). En tanto que peninsular y anti-criollo, Balbuena responde a este hipotético experimento de Cárdenas en un pasaje del *capitolo* V de *Grandeza mexicana*, en el que se disculpa sarcásticamente por su lenguaje "bronco" y lo justifica en el hecho de haber pasado varios años en el ámbito rural, al lado de un "roble bronco". La coincidencia del adjetivo "bronco" y la alusión a un árbol nos permiten identificar en estos versos de Balbuena una respuesta frontal al discurso pro-criollo de Cárdenas: "¿Qué mucho que hable con lenguaje ronco / quien tantos años arrimado estuvo / al solitario pie de un roble bronco? / Donde si un bien mil males entretuvo, / fue a costa de otras tantas sinrazones, / que en mis azares y desgracias hubo. / Donde hay envidias, todas son pasiones; / gracias al cielo, gracias que ya vivo / sin asombros ni sombras de envenciones" (V.13–21; 88).

Balbuena subraya la natural destemplanza del "campo" al afirmar que el espacio rural, por su latitud tropical, se halla dominado por una "Natura" escasamente pródiga y poco generosa que, a diferencia de la Ciudad de México, no ha sido corregida o remediada por la *ars/technē* humana. Conviene recordar que el contraste entre la ciudad y el campo que Balbuena presenta en el *capitolo* IV del poema es homologable al binomio "arte" y "materia" (IV.73; 82) y, sobre todo, al implícito binomio "arte" y "Natura" (IV.135; 84) que el manchego utiliza para describir la ausencia de las *ars/technē* humanas en los territorios rurales. Como consecuencia de ello, cualquier rasgo positivo o placentero del "campo", tal como la aparición de un "jazmín" o una "rosa", es presentado como un hecho excepcional, impredecible y ajeno a cualquier control por parte del ser humano, pues "son influencias peregrinas / milagros y portentos de Natura / nacer de las retamas clavellinas. / Es un acaso, un raro, una aventura, / un monstruo, un tornasol de mil maneras" (IV.136–140; 84). Esta imagen contrasta notablemente con las innúmeras rosas, claveles, amapolas, jazmines, lirios, violetas o girasoles (IV.94–105; 97), así como "cuantas flores más abril derrama" (IV.177; 99) que aparecen en medio de una hermosa diversidad de árboles y plantas, en el artifical y manufacturado "real jardín" de la Ciudad de México. Recuérdese también que es gracias a la *ars/technē* que la capital abunda en "bellísimos lejos y paisajes, / salidas, recreaciones y holguras, / huertas, granjas, molinos y boscajes, / alamedas, jardines, espesuras" (I.85–88; 63), y que las destempladas tierras que la rodean se transforman en hiperproductivos "altos vestidos de esmeralda", de los cuales "nacen llanos de iguales intereses, / cuya labor y fértiles cosechas / en uno rinden para muchos meses" (I.94,97–99; 64). Balbuena refuta la natural templanza de la Nueva España defendida por los criollos reduciendo el "campo" a un lugar destemplado que, a diferencia de la manufacturada Ciudad de México, no ha sido dominado por la tecnología humana y que, por tanto, ofrece templanza y flora agradable sólo excepcionalmente, cuando la caprichosa "Natura" así lo decide.

Cuando *Grandeza mexicana* sale de las prensas en 1604, el criollo Baltasar Dorantes de Carranza lee el largo elogio de Balbuena y advierte de inmediato las consecuencias de su representación del campo: al negar la natural templanza del virreinato y al transformar la capital en un oasis artificial, Balbuena intenta desarticular el argumento científico que intelectuales como Juan de Cárdenas y, posteriormente, Enrico Martínez y Diego Cisneros formulan para defender la superior templanza de criollos como el mismo Dorantes de Carranza. En otras palabras, Dorantes de Carranza comprende que *Grandeza mexicana* es una toma de posición de Balbuena en contra de los discursos que, tras elogiar la natural templanza de las Indias, legitiman la complexión humoral, la templanza moral y la mejor disposición política de los criollos. En una apropiación que ha sido acertadamente estudiada por Merrim (*Spectacular* 136–7), Dorantes de Carranza cita la octava que sirve de "Argumento" con que Balbuena abre

Grandeza mexicana precisamente para contradecir y minimizar su valor como programa político anti-criollo. Aunque no se atreve a negar o cuestionar explícitamente el elogio que Balbuena hace de la capital novohispana, Dorantes de Carranza sí subraya y critica muy claramente la exclusiva restricción del poema al espacio urbano, en primer lugar, y a continuación subraya y magnifica lo que él, muy elocuentemente, denomina las "grandezas y riquezas" naturales de las regiones rurales novohispanas, completamente negadas por Balbuena. Al subrayar las bondades naturales del espacio extra-urbano y presentarlo como un natural "paraíso", Dorantes de Carranza intenta contrarrestar el posicionamiento pro-preninsular de Balbuena y validar los discursos pro-criollos cuyo fundamento reside en la natural templanza del virreinato:

> Este intento [i.e., *Grandeza mexicana*] tan solamente es de esta ciudad mexicana, aunque lo más general del reino padece de su noticia por ser tantas sus grandezas y riquezas, sus frutos, sus árboles, magueyes y cacahuatales, sus pescados y animales, aves y pájaros, raíces y yerbas medicinales, amigas de la salud y complexión de los hombres, que admira, *que bastan a formar aquí un paraíso*, y que tuviera bien que decir Plinio, si resucitara, de las cosas naturales más en novedad y monstruosidad que en todas las provincias del mundo. ¿Qué dijera o supiera decir de la planta madre y árbol del cacao y de su beneficio? (107–08; énfasis añadido)

La respuesta de Dorantes de Carranza a Balbuena revela claramente que, ya en 1604, apenas publicada, los criollos veían *Grandeza mexicana* como una refutación de los discursos que, al afirmar la natural templanza de las Indias, procedían a legitimar los intentos de los criollos de acceder a puestos burocráticos y de mantener o recuperar la posesión de las encomiendas. Por ello, criollos como Dorantes de Carranza o, posteriormente, como el cosmógrafo y polígrafo Carlos de Sigüenza y Góngora,[76] procuran co-optar y manipular *Grandeza mexicana* para contrarrestar el argumento de Balbuena y su potencial efecto en la distribución de puestos burocráticos y encomiendas.

Si presentar el campo en *Grandeza mexicana* como un espacio destemplado, ajeno a la artificial templanza de la capital, supone una refutación del discurso científico pro-criollo que Cárdenas establece, y que Dorantes de Carranza, Enrico Martínez y Diego Cisneros siguen, Balbuena es más enfático aún y puebla dicho espacio de gente que, además de avara, tienen como principal

---

[76] En su *Teatro de virtudes políticas* (1680), al alabar la grandeza de la capital novohispana, Sigüenza y Góngora ofrece un recuento de autores que tocaran el tema previamente y, al lado de agentes pro-criollos como Diego Cisneros o Arias de Villalobos, cita a "Bernardo de Balbuena en las Grandezas de esta ciudad" (203).

defecto "morir en la tierra do nacieron" (IV.165; 85). Estos individuos, nacidos en el "campo" novohispano, no pueden ser los inmigrantes peninsulares, o incluso los europeos del norte , cuya presencia en la templada Ciudad de México es resaltada por Balbuena. Tampoco pueden ser indígenas, pues Balbuena utilizaría alguna frase inequívoca para describirlos, tal como hace con el "indio feo" al final del poema, o el "indio salvaje" de la "Introducción" de *Grandeza mexicana*. A diferencia de una heterogénea Ciudad de México donde los personajes más importantes son inmigrantes peninsulares, y dado que el único rasgo de identidad que Balbuena ofrece de estos individuos es su lugar de nacimiento, es forzoso admitir que estos individuos son necesariamente los descendientes de los primeros conquistadores, nacidos inequívocamente en el virreinato: los criollos novohispanos. Balbuena aprovecha la relación causal y un hábitat destemplado para aseverar la carencia de virtudes y la "indianización" de los descendientes de los conquistadores. De este modo, el poeta valdepeñero procura negarles la templanza moral necesaria para asumir puestos burocráticos en el gobierno colonial o de administrar adecuadamente a los indígenas a través de instituciones como la encomienda.

Balbuena aprovecha las quejas de los criollos sobre su supuesta pobreza y las revierte para culparlos de su propia miseria. Si la representación del "campo" como una región gobernada por una caprichosa "Natura" carece de señales de *ars/technē*, Balbuena sugiere que ello obedece a la holgazanería de los destemplados y viciosos criollos. Dado que estos criollos viven en un hábitat relativamente destemplado correspondiente al trópico, la ausencia de ejemplos de *ars/technē* en el paisaje rural se corresponde con la notable ausencia de los arquitectos, agricultores, libreros, joyeros y mercaderes [*epitēdeumata*] que laboran diariamente en la Ciudad de México. Esto conlleva la implícita impugnación de los criollos como individuos perezosos y holgazanes.[77] Para Balbuena, esta reticencia al trabajo manual, demonizada por las aspiraciones cuasi-feudales de los criollos, explica la extrema pobreza en la que supuestamente se encuentran. Recuérdese que los descendientes de los conquistadores se representan insistentemente, en memoriales y en el corpus épico pro-criollo de Francisco de Terrazas, Antonio de Saavedra Guzmán, Baltasar Dorantes de Carranza y Arias de Villalobos, precisamente como individuos injustamente despojados de sus riquezas y sumidos en una gran pobreza. Tómese en cuenta, por ejemplo, la exclamación de Dorantes de Carranza sobre la muerte por

---

[77] A pesar de su defensa de los criollos novohispanos, Juan de Cárdenas admite que la humedad de las Indias, así como la "poca virtud y sustancia de los mantenimientos de esta tierra", hacen que los cuerpos pierdan la capacidad de recuperarse del esfuerzo físico y conducen a la ociosidad. De hecho, Cárdenas llega a admitir "la delicadeza, ternura y sustancia blanda que tienen en sí todos los cuerpos en las indias" (iii.i; 248–9) que, en el caso de los criollos, implica una vida más corta que la de los peninsulares, pero también una tendencia a la ociosidad.

inanición de algunos criollos: "y vive Dios que es verdad que he visto morir en esta ciudad dos o tres hijos y nietos de conquistadores calificados, de hambre; y los he ayudado a enterrar con esta lástima, porque les dilataron su remedio" (201). Considérese también la pobreza y el desamparo con que Francisco de Terrazas, citado por Dorantes de Carranza, describe la situación de los descendientes de los conquistadores, afirmando que se encuentran

> Los más por despoblados escondidos,
> tan pobrísimos, solos y apurados,
> que pueden ser de rotos y abatidos
> de entre la demás gente entresacados;
> cual pequeñuelos pollos esparcidos
> diezmados del milano y acosados,
> sin madre, sin socorro y sin abrigo,
> tales quedan los míseros que digo. (33)

Balbuena aprovecha estas patéticas [*pathos*] representaciones de los criollos para culparlos de su propia pobreza. Así, Balbuena describe el "campo" de *Grandeza mexicana* como uno entre los "lugares [que] hay tan pobres y mendigos" (IV.113; 83) donde incluso la posesión de dinero no sería suficiente para paliar sus carencias. Si el campo es un espacio "donde está la nada" (IV.119; 83) es porque la pereza de los destemplados criollos los ha transformado en "gente mendiga, triste, arrinconada, / que como indigna de gozar del mundo / está dél y sus bienes desterrada" (IV.121–123; 83). Al haber nacido y al habitar un espacio relativamente destemplado como el campo novohispano, uno de los rasgos de "indianización" que presentan los criollos es la falta de fortaleza física y la consecuente pereza que exhiben. Dicha pereza se ve reafirmada por la mentalidad cuasi-feudal de los criollos, enemiga del trabajo manual.

Esta pobreza, además, está directamente relacionada con una destemplanza moral que exhiben los criollos: la avaricia. Para los lectores de *Grandeza mexicana* no es difícil recordar la elocuente imagen del avaro que Balbuena coloca en el desolado e improductivo "campo" novohispano, a quien Balbuena conmina, irónicamente, a que "guarde el dinero, mire no se apoque" y a que "aunque de hambre se muera no le toque" (IV.160,162; 85). Recuérdese que la templanza es un orden que establece la natural soberanía de la razón [*logistikon*] sobre los deseos de la parte apetitiva del alma [*epithumia*] (*Rep.* iv.viii.430e; 359), entre los cuales se encuentra el deseo por la bebida, el sustento alimenticio, el placer sexual y el dinero. La avaricia [*avaritia*] es, en consecuencia, un deseo excesivo de dinero que escapa al dominio de la razón y, por tanto, es una señal de la destemplanza moral de un individuo. Además de esta explicación a nivel individual, recuérdese que a nivel geopolítico Platón no duda en calificar a las comunidades de las regiones más cálidas como dominadas por un descontrolado y excesivo deseo de dinero, como es el caso de los fenicios o los egipcios: "It would be absurd to suppose that the element of high spirit was not derived in states from the private citizens who are reputed to have this quality, as the populations of the Thracians and Scythian lands [...], or the love of money [gr. *philargyria*; lat. *avaritia*] which we might say is not least likely to be found in Phoenicians and the population of Egypt" (*Rep.* iv.xi.435e-436a; 381). Al circunscribir a los criollos a la relativamente destemplada región rural del virreinato, el exceso de calor tropical en que habitan los inclinaría necesariamente hacia la pereza, pero también hacia el descontrolado y excesivo deseo de dinero, transformándolos en reyes Midas de la premodernidad, incapaces de participar en intercambios económicos y satisfacer sus necesidades.[78]

La destemplanza moral de que Balbuena dota a los criollos novohispanos le permite afirmar que éstos conforman una comunidad de individuos incapaces de ser "amos de sí mismos" y, por tanto, un grupo carente de la virtud de la templanza, necesaria para la autonomía política o para gobernar sobre otros. Si hacia 1570 fray Bernardino de Sahagún afirmaba que la "indianización" de los criollos los transformaba en criaturas carentes de virtudes políticas e "intolerable[s] de regir" (3:160), la representación de los criollos en *Grandeza mexicana* sólo contribuye a confirmar esta "indianización". Inclinados al "chisme, murmuración, conseja, cuento, / mentira, envidia" (IV.152–153; 84), las *mores* de los criollos desestabilizan e incluso subvierten el sistema de administración de justicia, impidiendo, así, su apropiado funcionamiento. De ahí el lapidario denuesto que Balbuena hace del campo y sus habitantes criollos, a quienes considera "enjambres de testigos, / envidiosos, censores y jueces / sin poder recursar los enemigos, / del mundo horrura, de su hez las heces" (IV.115–118; 83).

Además de formular el tópico anti-guevariano del "menosprecio de aldea y alabanza de corte", me permito sugerir que el "campo" novohispano descrito en *Grandeza mexicana* está poblado por criollos novohispanos y representa un espacio natural y relativamente destemplado en que, a diferencia de una Ciudad de México templada a través de *ars/technē*, reina una caprichosa naturaleza. Esta destemplanza debilita la constitución física de los criollos, haciéndolos proclives a la holgazanería y la pereza. Más importante aún, sin embargo, es el hecho de que la relativa destemplanza climática de estas "tierras miserables" (IV.167; 85) genera una destemplanza moral en los criollos, quienes se muestran incapaces de someter sus excesivos apetitos y deseos de dinero al gobierno de la razón. Esto confirma la incapacidad de los criollos para gobernarse a sí mismos y para administrar el virreinato o las encomiendas, así como las

---

[78] Este tema se desarrolla con mayor detalle en el siguiente capítulo, dedicado a la apropiación del "pensamiento económico" aristotélico-tomista por parte de Balbuena.

especulaciones que a lo largo del siglo XVI afirmaban su 'indianización'. Los criollos que pueblan el "campo" de "Grandeza mexicana" son incapaces de vivir con orden y policía, y exhiben un grado relativo de destemplanza moral sólo superado por la absoluta destemplanza de los indígenas novohispanos.

Los indígenas como esclavos por naturaleza

Dentro de la tripartición espacial y moral que ofrece Balbuena, el indígena americano se asocia específicamente con regiones de un grado absoluto de liminalidad geográfica y climática. En contraste con el "centro y corazón desta gran bola", donde destacan los templados y virtuosos inmigrantes europeos, y a diferencia del relativamente destemplado campo que alberga a criollos "indianizados" y moralmente destemplados, la absoluta liminalidad de los lugares que habitan los indígenas de *Grandeza mexicana* explica su deficiencia fisiológica, su destemplanza moral y su estatus como esclavos por naturaleza.

La figura del indígena en *Grandeza mexicana* ha llamado la atención de diversos lectores que han subrayado su rol en la economía novohispana (Beverley "Gongorismo" 90, Merrim *"La grandeza"* 85, Rivera Ayala 139).[79] Más recientemente, Veronika Ryjik ha analizado la presencia del "indio feo" (IX.374; 124) que debuta en el epílogo del poema como parte de una subversión y urbanización del género pastoril en general (594) y como una domesticación del "hombre salvaje" omnipresente en el género en particular (607). Como complemento de estas interpretaciones, me interesa analizar la representación del indígena en *Grandeza mexicana* según la afiliación del poema a la teoría de las cinco zonas y ver en este indígena a uno de los seres extremos, liminales y de *mores* destempladas previstos en este modelo geopolítico del mundo. Si Balbuena lo presenta, en palabras de la misma Ryjik, como "un personaje pacífico y domesticado", puede deberse al hecho de que Balbuena subvierte la violencia, la lascivia y el peligro asociados con el "hombre salvaje" del género pastoril (611). Sin embargo, me importa resaltar que la pusilanimidad (i.e., la pequeñez o carencia de ánimo [*animus*]) y docilidad del indígena se corresponden también con la falta de valentía (por deficiencia de ánimo) y el estatus de esclavo por naturaleza atribuidos a los habitantes de las zonas más cálidas del globo según la teoría de las cinco zonas. Recuérdese que en la formulación geopolítica de la *Política* aristotélica, en clara oposición a los habitantes del frío norte, quienes "are full of spirit, but wanting in intelligence and skill", los habitantes del sur tropical "are intelligent and inventive, but they are wanting in spirit [gr. *thumos*, lat. *animus*]" (vii.vi.1327b18–34; 566–7). Es precisamente por esta

---

[79]   Este rol se estudia en profundidad en el capítulo siguiente.

deficiencia en la parte irascible del alma que los individuos que habitan el trópico son incapaces de exhibir la virtud de la valentía [*andreia, fortitudo*], son calificados de cobardes, y, en consecuencia, "are always in a state of subjection and slavery" (vii.vi.1327b18–34; 566–7).

De manera análoga, la fisonomía de este indígena es precisamente otro indicio de su liminalidad y de su destemplanza espacial y moral. Recuérdese que los *Problemata* del Pseudo-Aristóteles asocian los excesos térmicos de un lugar con distorsiones y desviaciones tanto morales como fisiológicas en sus habitantes (14.1; 908). Más explícitamente, la versión que Pierre d'Ailly (1351–1420) ofrece de los comentarios del astrólogo y médico egipcio Haly ('Alī ibn Ridwān, c. 998-c. 1061) a los *Tetrabiblos* de Ptolomeo (90 d.C.-168 d.C.) interpreta estas distorsiones fisiológicas específicamente como 'fealdad':

> And that is why Ptolemy and Haly and other ancient authors say that in these two extremes [to the south and to the north of the climatic center of the world] there are forest-dwelling men who eat human flesh and whose faces are deformed and horrible. And the cause for this, according to Haly, is the intemperance of those regions in terms of heat and cold, as a result of which their bodies are disorderly in their temperaments and poor and ugly in their arrangement. For this reason they have wicked customs and savage manners, so that the people, or beasts and monsters, are of such horrible appearance that one can hardly discern whether they are men or beasts, as Saint Augustine relates. (cit. Wey-Gómez *Tropics* 84)

Mientras que el "indio feo" y pusilánime que trabaja dócilmente recolectando perlas como tributo a la Corona es producto del tórrido y destemplado clima que habita en una playa tropical, el "indo salvaje", "feroz", de "temerosa imagen y espantosa figura" que aparece coronando los montes alrededor de la villa de San Miguel de Culiacán en la "Introducción" de *Grandeza mexicana* (55) debe su barbarie y destemplanza moral a la latitud del territorio novohispano [*thesis/situs*], pero también a los accidentes locales [*phusis/natura*] de su hábitat.

Al considerar *Grandeza mexicana* parte de una larga polémica por la posesión de las Indias, la representación del "indio salvaje" y "feroz" en los montes del extremo noroccidental del virreinato obedece a una triple liminalidad. En primer lugar, debemos recordar que se trata de un ser que, al ocupar un lugar destemplado y extremo, casi exactamente debajo del Trópico de Cáncer, es un ente salvaje que exhibe *mores* igualmente destempladas. En segundo lugar, la larguísima primera oración de la "Introducción" en la que se menciona la localización de la Villa de Culiacán subraya repetida e insistentemente su posición liminal hacia el Poniente. Su ubicación en "los más remotos confines", en "estos acabos del mundo", en estas "últimas extremidades deste gran cuerpo de tierra" hacia "la parte de su Poniente" añade una segunda liminalidad en relación no con una templada y "central" sección latitudinal, sino en relación con el mundo conocido [*oikoumenē*]. Basándose en una tradición cartográfica medieval que imagina una banda circular alrededor de los límites de la *oikoumenē* y puebla dichas regiones extremas con razas "monstruosas", Balbuena coloca al "indio salvaje" en las "últimas extremidades deste gran cuerpo de tierra" (i.e., el mundo conocido) para subrayar su naturaleza y moral correspondientemente extremas. Como nos recuerda John Block Friedman, en estos mapas medievales, los cuales "give a theological turn to geography, monstrous men are symbolically the farthest from Christ of anything in the creation, and are represented in a narrow band at the edge of the world, as far as possible from Jerusalem, the center of Christianity" (37), sea hacia las liminales zonas frígidas o hacia la zona tórrida [Fig. 5]. Finalmente, la liminalidad moral de este indígena obedece también a su ubicación en un área montañosa. Recuérdese que en el corpus hipocrático-galénico las consideraciones sobre los accidentes locales [*phusis/natura*] de un lugar incluyen observaciones sobre regiones montañosas. Éstas, en tanto que expuestas a violentas variaciones térmicas debido a su desprotegida exposición a los vientos, generan seres moralmente destemplados que el médico pro-criollo Diego Cisneros describe como personas "robustas, son altos de cuerpo, ingeniosos y sufridores de trabajos, y feroces de su condición" (cap. 17; 107v). En esto, Cisneros parece seguir de cerca el original hipocrático, donde se afirma que "[i]nhabitants of a region which is mountainous, rugged, high, and watered, where the changes of the seasons exhibit sharp contrasts, are likely to be of a big physique, with a nature well adapted for endurance and courage, and such possess not a little wildness and ferocity (*Peri aeron* xxiv; 133–5).[80]

El "indio salvaje" de la "Introducción" de *Grandeza mexicana* es, pues, una criatura triplemente liminal y moralmente destemplada, cuya desproporción, falta de armonía física, y "temerosa imagen y espantosa figura" (55), son producto, precisamente, de un hábitat destemplado y liminal. De manera correspondiente, dicho hábitat explica su estado feral y brutal. En notable contraste con los productivos inmigrantes europeos de la capital novohispana, este indígena no practica artes mecánicas ni oficios [*epitēdeumata*], dedicándose apenas a subsistir por medio de la cacería. Además, el hecho de que Balbuena afirme que su grado de feralidad es incluso mayor que el de las mismas fieras que caza, pues "sale a caza de alguna fiera menos intratable y feroz que el ánimo que la sigue" (55), revela a un individuo incapaz de integrarse a cualquier tipo

---

80   Probablemente sea ésta una de las fuentes del "hombre salvaje" del género pastoril, pues conjuga la ferocidad, la fortaleza física, el carácter nómada (que le obliga a elegir la cacería y no la agricultura) y el hábitat (montes) frecuentemente asociados con dicho personaje. Para más detalles, véanse las observaciones de Timothy Husband y las consideraciones ya apuntadas sobre la relación entre el *locus amoenus* y los presupuestos de la teoría de las cinco zonas y del *enkōmion poleōs* en la nota correspondiente, *supra*.

Fig. 5. Mapa psalterio (c. 1260)

El mapa está orientado hacia el este en la parte superior, el oeste en la inferior, el norte hacia la izquierda del observador y el sur hacia la derecha. Nótense las criaturas monstruosas, incluyendo antropófagos, sciópodos, *amyctyrae* (hombres de grandes labios que les permiten protegerse del sol) *y blemmyae* (hombres sin cabeza pero con los órganos de los sentidos en el tórax) habitando la zona que correspondería hoy en día al África subsahariana, en el trópico.

de organización social y política, e incapaz de practicar la virtud de *sōphrosunē*. Quizás sea ésta la imagen que Balbuena atribuye a los indígenas del Nuevo Mundo en general, pues cuando comenta el resto de las Indias, afirma que se encuentra poblada de "bárbaras gentes llenas de fiereza" (IX.333; 123) que constituyen "cien reinos de bárbaros valientes" (IX.344; 123).

En términos generales, Balbuena presenta a los indígenas novohispanos como individuos que habitan un espacio absolutamente liminal y, por tanto, como individuos absolutamente destemplados en términos fisiológicos y morales. Siguiendo la propuesta inicial de John Mair que adoptaran Bernardo de Mesa y Juan Ginés de Sepúlveda, la absoluta liminalidad y destemplanza climática del lugar que habitan los indígenas los reduce a la categoría de esclavos por naturaleza que requieren del gobieno de los templados inmigrantes peninsulares de la Ciudad de México. En otras palabras, el programa imperial de Balbuena presenta la ocupación del Nuevo Mundo por parte de la Corona española como un proceso de cristianización de los indígenas americanos y de la domesticación de unos esclavos por naturaleza que deben obedecer el imperio de los templados inmigrantes peninsulares. Los indígenas son, pues "gentes extrañas / que [...] obede[cen]" (II.22–23; 68) a los peninsulares.

Balbuena presenta la Ciudad de México como "centro y corazón desta gran bola" (IX.76; 115) y "centro de perfección, del mundo el quicio" (I.57; 62) siguiendo las directrices del *enkōmion poleōs* y, especialmente, de la teoría de las cinco zonas, para participar en la 'polémica científica' por la posesión de las Indias y devolver a la Corona española y a los templados inmigrantes peninsulares el derecho a gobernar las Indias y a sus habitantes. La 'centralización' de la Ciudad de México es parte de una estrategia basada en la jerárquica tripartición del territorio novohispano en tres espacios de características climáticas diferentes y, por tanto, habitadas por individuos de diversos grados de templanza moral o *sōphrosunē*. Balbuena ofrece una Ciudad de México manufacturada cuyo clima es equivalente al de la templada Europa mediterránea gracias a la *ars/technē* de los europeos, y, a pesar de la evidente heterogeneidad de sus habitantes, destaca especialmente la presencia de los inmigrantes peninsulares y flamencos que la habitan. En notable contraste con este templado oasis artificial, el territorio rural y los territorios extremos del virreinato son, para Balbuena, regiones naturalmente destempladas cuyo clima se corresponde con el previsto para la tropical zona tórrida de la teoría de las cinco zonas. Si el campo representa un espacio natural y relativamente destemplado en el que se encuentran unos 'indianizados' criollos carentes de *sōphrosunē* y, por tanto, carentes de capacidad política, los extremos del territorio, que exhiben climas igualmente extremos, son ocupados por indígenas ferales cuyo grado absoluto de destemplanza moral los confina a la categoría de esclavos por naturaleza. Esta tripartita y jerarquizada distribución espacial y clasificación moral arroja tres consecuencias: reafirma la potestad exclusiva de la Corona y los inmigrantes peninsulares para gobernar el virreinato y "civilizar" a los indígenas a través de la institución de la encomienda; arguye la falta de *sōphrosunē* de los criollos y su incapacidad para ocupar puestos burocráticos o para administrar encomiendas; y, finalmente, confirma el estatus de esclavos por naturaleza de los indígenas americanos. *Grandeza mexicana* es, en este sentido, una toma de posición a favor de la Corona y de inmigrantes peninsulares como el mismo Balbuena, quienes preservan la templanza moral que deben a su origen en la templada Europa mediterránea y, por tanto, poseen la mejor disposición moral para administrar el virreinato.

El valor epistemológico del concepto de "centro" en el pensamiento griego clásico, que gobierna ramas del conocimiento prácticamente irreconciliables y disociadas para el lector moderno, permea los modelos discursivos a los cuales recurre Balbuena para diseñar su *Grandeza mexicana*. Tanto en la teoría de las cinco zonas como en el *enkōmion poleōs*, el 'centro' se define como una suerte de "justo medio" jerárquicamente superior a extremos deficientes, por lo que el 'centro' del mundo es un centro climático que corresponde a la franja latitudinal de la Europa mediterránea que tantos *loca amoena* ofreciera a los poetas y que fuera referencia para oradores griegos como los célebres Libanio y Elio Arístides. Una lectura que atienda a la correlación entre geografía, clima, fisiología, disposición moral y capacidad política en el pensamiento griego clásico nos permite reevaluar el estatuto y la función de los diferentes personajes mencionados en *Grandeza mexicana*, la omisión de la flora y fauna americana que tanto atrajera a otros letrados de la época, y la impugnadora imagen de la Tenochtitlán precortesiana. Ante todo, sin embargo, una lectura de este tipo nos ayuda a reinsertar *Grandeza mexicana* en la 'polémica científica' sobre la legalidad del gobierno de la Corona española en el Nuevo Mundo, una polémica basada en la teoría de las cinco zonas y en la virtud de la *sōphrosunē*, y que se extenderá a lo largo de los siglos XVI y XVII. En el contexto de esta polémica, Balbuena se decanta por promover la inmigración de españoles a una capital novohispana cuyos clima, flora y fauna contribuyen inequívocamente a preservar la templanza que deben a su origen en la Europa mediterránea. En este debate, *Grandeza mexicana* representa necesariamente un posicionamiento pro-peninsular, anti-criollo y anti-indígena.

5

La "economía" de la justicia y las virtudes intelectuales: comercio y "valor de cambio" en la 'polémica económica'

El 14 de julio de 1611, Balbuena redacta una larga carta a Felipe III describiendo el estado de Jamaica y de la abadía que allí regenta. Su preocupación es notable, pues tras hacer una inspección de la isla, el valdepeñero no puede sino lamentar la pobreza en la que se halla sumido el lugar. Como remedio, Balbuena propone lo que él mismo denomina un "arbitrio" (van Horne *Documentos* 17) para aliviar las arcas de la abadía y de la isla en general, y que me permito citar aquí:

> y es que la moneda de vellón que corre en la isla de Santo Domingo corre también en ésta [i.e., Jamaica] de donde la suelen traer con particulares permisos de aquella Real Audiencia, y marcando los cuartos de nuevo aquí con una S., corren por moneda desta isla con este acrecentamiento: que en Santo Domingo compran un real de plata con cincuenta y un cuartos, y aquí se compra con solos once y así con que Vuestra Magestad fuese servido de dar licencia a la iglesia colegial de esta villa para que por su cuenta pudiese sacar de la isla española y traer a ésta mil ducados en cuartos y que lo que se acrecentase en el valor dellos diese para sus reparos y adorno […] (17–8).

El propuesto arbitrio es particularmente llamativo por, al menos, dos razones. Por un lado, las observaciones de Balbuena revelan un destacable conocimiento de los principios "económicos" y monetarios de la temprana modernidad. Adviértase, por ejemplo, que Balbuena distingue claramente entre el valor nominal de una moneda (en tanto que dinero) y su valor intrínseco o metálico (en tanto que mercancía): por ello, a pesar de que la composición metálica del cuarto no se modifica, su valor nominal sí lo hace a través de la introducción de una "S". Nótese, además, que Balbuena comprende que, en tanto que una mercancía (metal) en sí misma, la moneda puede ver variar su valor por razones como su abundancia o escasez en un contexto espacio-temporal específico, por lo que el traslado de una moneda de un contexto a otro puede modificar su valor notablemente: de ahí que un mismo cuarto valga casi cinco veces más en Jamaica (0.09 de un real de plata, 1/11) que en Santo Domingo (0.02 de un real de plata,

1/51), y que Balbuena solicite el traslado de cuartos a la isla donde regenta su abadía. Estas observaciones revelan un notable conocimiento de teoría monetaria y "económica" por parte de Balbuena.

Documentos como este arbitrio hacen eco de las diversas referencias al comercio, al trabajo y a metales preciosos que aparecen a lo largo de *Grandeza mexicana*, y han llevado a algunos críticos a analizar diversas referencias de evidente interés "económico" del poema, tales como las innúmeras cantidades de mercancías, la pobreza del campo o la elisión de la explotación de la mano de obra indígena. Especialmente importantes son los estudios de Roberto González Echevarría ("Colonial Lyric" 209) y Bárbara Fuchs y Yolanda Martínez San Miguel (682–3), que nos recuerdan el lugar privilegiado que ocupa el virreinato novohispano dentro del comercio "global" de la temprana modernidad, o los análisis de inspiración marxista de John Beverley ("Gongorismo colonial" 90, "Economía poética" 110) y Stephanie Merrim (*Spectacular* 124), que presentan el poema de Balbuena como un claro ejemplo del fetichismo de las mercancías. Más recientemente, Ivonne del Valle ha interpretado *Grandeza mexicana* como "un canto al mercantilismo" (787), mientras que Jacques Joset sugiere que el poema es un documento propagandístico que, al representar la bonanza económica de la Nueva España, procura alentar la inmigración de peninsulares.

Las páginas que siguen procuran complementar estas importantes lecturas reconstruyendo el 'pensamiento económico' que circulaba durante la temprana modernidad hispánica para argüir que *Grandeza mexicana* no funciona necesariamente como una nueva *translatio imperii* o *studii* que reorganice la geografía mundial para hacer de la Ciudad de México el nuevo centro del comercio global. En lugar de considerar este texto un reflejo del rol crucial que México jugó en las redes de comercio transatlánica, transpacífica y continental de la temprana modernidad hispánica, me importa conceptualizar el largo poema encomiástico de Balbuena, así como los materiales paratextuales que lo acompañan en el libro *Grandeza mexicana*, como parte de una 'polémica económica' en la que Balbuena se posiciona en contra de los reclamos socioeconómicos de los criollos novohispanos y en favor de inmigrantes peninsulares como él mismo. Los primeros, en tanto que afiliados a un paradigma estamental y señorial que repudia el trabajo manual, no dudan en impugnar las actividades comerciales y profesionales a que supuestamente se inclinan los codiciosos inmigrantes peninsulares, y en culparlos por el consecuente desamparo y pobreza en que se encuentran los descendientes de los conquistadores. *Grandeza mexicana*, en cambio, es una demorada réplica a estas acusaciones que ataca dicha mentalidad señorial legitimando el comercio y, muy especialmente, privilegiando la labor profesional y oficial (i.e., de oficios) como el principal generador de riqueza, pero también de estabilidad y de plenitud política, en el virreinato novohispano.

Para devolver *Grandeza mexicana* al lugar que ocupa dentro de lo que podemos denominar la 'polémica económica' por la posesión de las Indias, es esencial advertir que, a diferencia de unos criollos interesados en aspectos estrictamente comerciales, las observaciones 'económicas' ofrecidas por Balbuena derivan de un profundo conocimiento de las lecciones de filosofía moral sobre los intercambios de bienes que se discutían en la Universidad de Salamanca durante el siglo XVI. Tras la reforma ejercida por Francisco de Vitoria (c. 1485–1546) en el currículum de la universidad salmantina, el 'pensamiento económico' aristotélico-tomista fue canonizado dentro de las aulas, pero también diseminado ampliamente a través de tratados debidos a un grupo de notables teólogos-'economistas' provenientes de dicha casa de estudios y que se conocerá posteriormente como la "Escuela de Salamanca" (Grice-Hutchinson, Perdices). Lejos de ser la disciplina fundamentalmente divorciada de consideraciones éticas que es la economía hoy en día, Balbuena concibe el 'pensamiento económico' y el intercambio de bienes y servicios como escenarios concretos de aplicación de la virtud de la justicia o *dikaiosunē* (más específicamente, la justicia correctiva) y, por tanto, como parte de una discusión sobre el ejercicio de las virtudes a nivel individual, pero también en el ámbito de la ciudad-estado. Por ello, la representación de las actividades 'económicas' en *Grandeza mexicana* no se refiere exclusivamente a la práctica de intercambios de bienes entendida de manera aislada, sino, en un sentido más amplio, al acto de vivir "ordenadamente" y con "policía" dentro de una comunidad "justa".[1]

El detallado conocimiento que Balbuena posee del paradigma aristotélico-tomista canonizado por la Universidad de Salamanca es particularmente notorio en la manipulación a que el valdepeñero somete dicho modelo. Balbuena no duda en invocar o rechazar alternativamente este paradigma 'económico' para posicionarse en contra de los reclamos de los criollos novohispanos, ejemplificados en los textos debidos a Gonzalo Gómez de Cervantes y a Baltasar Dorantes de Carranza, y, así, generar una 'polémica económica' susceptible de dividirse en dos instancias estrechamente relacionadas entre sí. En la primera de ellas, contradiciendo las acusaciones que los criollos novohispanos levantan sobre la supuesta inclinación de los inmigrantes peninsulares a la práctica del comercio mercantil, Balbuena se afilia decididamente a la doctrina de la Escuela de Salamanca para legitimar los intercambios que se llevan a cabo en el la Nueva España como prácticas provechosas para el virreinato en las que los inmigrantes

---

[1]   En los estudios sobre producción cultural del Atlántico hispánico de la temprana modernidad, el 'pensamiento económico' aristotélico apenas ha sido utilizado, hasta donde alcanzan mis esfuerzos, por Steven Hutchinson para analizar lo que él denomina la 'economía ética' en la obra de Cervantes. El pensamiento de la Escuela de Salamanca, aunque con escasa atención a las implicaciones delineadas en el pensamiento aristotélico en sí mismo, han servido a Brian Brewer en su reciente estudio sobre "El celoso extremeño".

peninsulares exhiben la virtud de la justicia o *dikaiosunē*. En una segunda
instancia, sin embargo, mientras que los criollos, como exige Aristóteles,
identifican la *chreia* ('necesidad', 'deseo', 'utilidad') como el criterio determinante
del valor de cambio (i.e., 'precio') de un bien, Balbuena no duda en rechazar
categóricamente esta doctrina de la Escuela de Salamanca y en adoptar, en
cambio, la doctrina de la escuela italiana, ejemplificada por Giovanni Botero
(c. 1544–1617) en su *Delle cause della grandezza delle città* (1588), según la
cual el valor de cambio de un producto se calcula según el esfuerzo que su
creación haya requerido. Para justificar su adopción de este paradigma de la
escuela italiana y su rechazo del canónico pensamiento de la Escuela de
Salamanca, Balbuena se esfuerza por elogiar largamente las diversas profesiones
y oficios practicados en la capital novohispana como exhibición de las virtudes
intelectuales o *dianoētika*. A pesar de que Balbuena explícitamente encomia a
los criollos novohispanos por su ingenio, tanto en el poema "Grandeza mexicana"
como en los materiales adjuntos que lo acompañan como parte del libro
homónimo, este elogio es parcial en comparación con el más amplio y no menos
explícito encomio que Balbuena ofrece del ejercicio de las diversas virtudes
intelectuales por parte de inmigrantes peninsulares. Especialmente notable es
la alabanza que Balbuena dedica a la virtud intelectual de la prudencia [*phronēsis*]
ejercida por los virreyes procedentes de la península ibérica, pero no es menos
evidente su elogio del ejercicio de *dianoētika* como las "artes" [*technē*] por
parte de inmigrantes peninsulares como los 'artistas' Andrés de Concha, Alonso
Franco y Baltasar de Echave Orio, o incluso de industriosos súbditos de la
Corona española procedentes de Flandes. Al hacer especial hincapié en su elogio
de la labor y de la práctica de virtudes intelectuales como las "artes" [*technē*]
y las "ciencias" [*epistēmē*], Balbuena, practicante del "arte" de la poesía, dota
a estos inmigrantes de una mejor disposición moral e intelectual para la
administración virreinal, en contraste con unos criollos novohispanos que
menosprecian el trabajo manual y, por tanto, exhiben las virtudes intelectuales
de modo más restringido. La 'polémica económica' en la que Balbuena y los
letrados criollos se enfrentan esgrimiendo posiciones enfrentadas en torno al
estatuto moral del comercio en el virreinato y a la definición del valor de cambio
de bienes y servicios en la capital novohispana constituye un debate sobre la
posesión de la virtud de la justicia [*dikaiosunē*] y de las virtudes intelectuales
[*dianoētika*]. En otras palabras, las observaciones 'económicas' en *Grandeza
mexicana* son una pieza fundamental de la polémica por la posesión de la Nueva
España y una declaración de la mejor disposición de inmigrantes peninsulares
como el propio Balbuena para administrarla.

La justicia de los intercambios comerciales en la Nueva España

La virtud de la justicia o *dikaiosunē* ocupa un lugar privilegiado en el pensamiento ético y político de Aristóteles, puesto que, en un sentido general, la justicia se considera la virtud perfecta y la virtud maestra por encima del resto de virtudes morales. Esto se debe a que, a diferencia de la valentía o *andreia*, o la templanza o *sōphrosunē*, la justicia no se practica hacia uno mismo sino hacia los otros,[2] y tiene como objetivo la producción y preservación de la buena vida y la felicidad [*eudaimonia*] de la comunidad política [*politikē koinōnia*].[3] Además de esta noción general de justicia, *dikaiosunē*, en un sentido particular o específico, se conceptualiza, en tanto que virtud, como un centro o 'justo medio' alejado de unos extremos 'injustos' y viciosos. En la práctica, la virtud de la justicia es un 'centro' [*meson, mesotēs*] entre el acto de cometer una injusticia a través de la apropiación u obtención excesiva de algún tipo de beneficio, y el acto de sufrir una injusticia por el hecho de poseer o recibir algún beneficio de manera insuficiente o defectiva:

> We have now stated what Justice and Injustice are in principle. From the definition given, it is plain that just conduct is a mean [*meson*] between doing and suffering injustice, for the former is to have too much and the latter to have too little. And Justice [*dikaiosunē*] is a mode of observing the mean [*mesotēs*], though not in the same way as the other virtues are, but because it is related to a mean, while Injustice is related to the extremes. (*NE* v.v.17; 289)

Aristóteles define a los individuos justos como aquéllos que se ajustan al 'justo medio' o 'centro' obedeciendo las leyes, por un lado, y, por otro, siendo equilibrados e igualitarios al evitar el placer generado por la obtención de placeres "injustos", como el honor o el dinero que no les corresponde (*NE* v.ii.6; 263; v.ii.8; 265).[4]

---

2 "And justice is perfect virtue because it is the practice of perfect virtue; and perfect in a special degree, because its possessor can practice his virtue towards others and not merely by himself; for there are many who can practice virtue in their own private affairs but cannot do so in their relations with another" (*NE* v.i.15; 259).

3 En palabras de Aristóteles: "[...] in one of its senses the term 'just' is applied to anything that produces and preserves the happiness [*eudaimonia*], or the component parts of happiness, of the political community [*politikē koinōnia*]" (*NE* v.i.13; 259).

4 Como afirma el Estagirita: "Hence it is manifest that there is another sort of Injustice besides universal Injustice, the former being a part of the latter. It is called by the same name because its definition falls in the same genus, both sorts of Injustice being exhibited in a man's relation to others; but whereas Injustice in the particular sense is concerned with honour or money or security, or whatever term we may employ to include all these things, its motive being the pleasure of gain, Injustice in the universal sense is concerned with all the things that are the

Esta justicia entendida en un sentido particular se puede dividir en dos tipos: la justicia que regula la distribución de bienes comunes de la *polis* entre los ciudadanos, tales como honores y tierras, llamada justicia distributiva; y la justicia que gobierna los intercambios de productos y servicios profesionales entre individuos de manera privada, denominada justicia correctiva. Dado que esta última gobierna intercambios privados voluntarios, como "selling, buying, lending at interest, pledging, lending without interest, depositing, letting for hire", así como intercambios privados involuntarios, tales como "theft, adultery, poisoning, procuring, enticement of slaves, assassination, false witness, [...] assault, imprisonment, muder, robery with violence, maiming, abusive language, contumelious treatment" (*NE* v.ii.13; 267), esta es la noción de justicia que más importa a nuestra lectura de *Grandeza mexicana* y a su reinserción en la 'polémica económica' por la posesión de las Indias y al posicionamiento pro-peninsular y anti-criollo de Balbuena.

Esta justicia correctiva, sin embargo, se comprende más fácilmente en contraposición a la justicia distributiva. La justicia distributiva regula la distribución de honores, tierras o bienes de la comunidad entre los ciudadanos. Considerando que, por naturaleza, los individuos de la *polis* son diferentes entre sí, pues practican oficios o profesiones diferentes, pero también porque pertenecen a una de las tres clases sociales (gobernantes, auxiliares o guerreros y productores o artesanos), la justicia distributiva ordena que estos bienes comunales se distribuyan en una razón o proporción geométrica [*ratio, analogon*] respetando tales diferencias. Esto significa que en el reparto *justo* de bienes comunales los individuos pueden recibir, según su condición y posición jerárquica en la *polis*, cantidades iguales o diferentes de bienes. Una transgresión o ruptura del 'justo medio' representado por dicha proporción geométrica sería un acto de injusticia.[5] [Fig. 6]

---

sphere of Virtue" (*NE* v.ii.6; 263); "Now we have distinguished two meanings of 'the unjust,' namely the unlawful and the unequal or unfair, and two meanings of 'the just,' namely the lawful and the equal or fair" (*NE* v.ii.8; 265).

[5]   "Now since an unjust man is one who is unfair, and the unjust is the unequal, it is clear that corresponding to the unequal [*anison*] there is a mean [*meson*], namely that which is equal [*ison*]; for every action admitting of more and less admits of the equal [*ison*] also. If then the unjust is the unequal, the just is the equal—a view that commends itself to all without proof. Again, equality involves two terms at least. It accordingly follows not only (a) that the just is a mean [*meson*] and equal [and relative to something and just for certain persons], but also (b) that, as a mean [*meson*], it implies certain extremes between which it lies, namely the more and the less; (c) that, as equal [*ison*], it implies two shares that are equal; and (d) that, as just [*dikē*] it implies certain persons for whom it is just. It follows therefore that justice involves at least four terms, namely, two persons and two shares which are just. And there will be the same equality between shares as between the persons, since the ratio between the share will be equal to the ratio between the persons; for if the persons are not equal, they will not have equal shares; it is when equals possess or are allotted unequal shares, or persons not equal [receive or have] equal shares, that quarrels and complaints arise" (v.iii.1–6; 267–9). "Justice is therefore a sort of

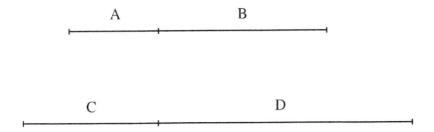

Fig. 6. Justicia distributiva (representación gráfica). A, B son individuos; C, D son las
partes o porciones que les corresponden

En la justicia distributiva, dado que los individuos son diferentes, las porciones que les cor-
responden son diferentes también: A ≠ B, C ≠ D.
Para lograr un reparto justo de bienes, la razón o proporción geométrica entre individuos
debe mantenerse entre las porciones distribuidas. Ello significa que:
A : B = C : D
A : C = B : D
A : B = (A+C) : (B+D)
Realizado por Michael J. Le, College of William & Mary (Williamsburg, Virginia, EE.UU.)

En contraste con la justicia distributiva, la correctiva, que gobierna las
decisiones judiciales y los intercambios 'económicos', debe obviar
momentáneamente las diferencias entre los individuos y tratarlos como iguales.
Al considerarlos *isoi* o iguales, la justicia correctiva no busca una distribución
equitativa usando una proporción geométrica, sino restaurar un equilibrio o
igualdad que ha sido roto o transgredido. Para restaurar esta igualdad, un juez
debe hallar un 'justo medio' o 'centro' [*meson*] entre un exceso y un defecto
viciosos, o entre un 'beneficio' y una 'pérdida' injustos. Una vez hallado este
'justo medio', el juez recurre a una proporción aritmética (no geométrica) que le
permite quitar al individuo injustamente beneficiado una cantidad 'x' y transferir
dicha cantidad 'x' al individuo injustamente perjudicado. Esta operación procura
restaurar el equilibrio o igualdad de los 'haberes' que ambos individuos poseían
antes de ocurrir el acto injusto, y, de esa manera, "corrige" la injusticia cometida.[6]

proportion [*analogon*]; for proportion is not a property of numerical quantity only, but of quantity
in general, proportion being equality of ratios, and involving four terms at least" (v.iii.8; 269).
    6   "Now the judge restores equality: if we represent the matter by a line divided into two
unequal parts, he takes away from the greater segment that portion by which it exceeds one-half
of the whole line, and adds it to the lesser segment. When the whole has been divided into two
halves, people then say that they 'have their own,' having got what is equal. This is indeed the
origin of the word *dikaion* (just): it means *dicha* (in half), as if one were to pronounce it *dichaion*;

Para el Estagirita, esta proporción aritmética se puede conceptualizar como una reciprocidad proporcional, pues si un individuo comete un acto de injusticia de magnitud o medida 'x', el juez debe respetar la reciprocidad y asignar al individuo que ha sido objeto de injusticia una especie de compensación que sea proporcional a la injusticia y posea la misma magnitud o medida 'x'. [Fig. 7]

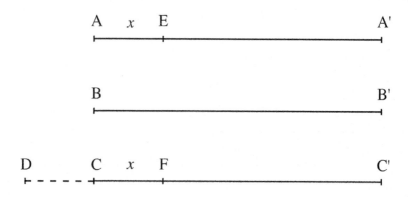

Fig. 7. Justicia correctiva (representación gráfica)

Dos individuos, tratados como iguales, realizan un intercambio. El estado de la propiedad de ambos individuos previo al intercambio está representado en las rectas AA' (individuo 1) y BB' (individuo 2). La injusticia consiste en que, en el intercambio, el individuo 1 'pierde' el segmento AE, de magnitud x, pero el individuo 2 no 'pierde' un segmento de igual magnitud; antes bien, el individuo 2 aumenta su estado inicial añadiendo el segmento AE a su propiedad. Con ello, la propiedad del individuo 2 queda reflejada en la recta DC' (= CC' + x)
La tarea del juez consiste en llegar a un 'justo medio' revirtiendo las propiedades de ambos individuos a un equivalente de su estado inicial. Ello exige identificar la magnitud x, extraerla del estado final del individuo 2 (DC'), y entregarla al individuo 1 para restituir la recta AA'.
Realizado por Michael J. Le, College of William & Mary (Williamsburg, Virginia, EE.UU.)

and a *dikast* (judge) is a *dichast* (halver). The equal [*ison*] is a mean between by way of arithmetic proportion between the greater and the less. For when of two equals a part is taken from the one and added to the other, the latter will exceed the former by twice that part, since if it had been taken from the one but not added to the other, the latter would exceed the former by once the part in question only. Therefore the latter will exceed the mean by once the part, and the mean will exceed the former, from which the part was taken, by once that part. This process then will enable us to ascertain what we ought to take away from the party that has too much and what to add to the one that has too little: we must add to the one that has too little the amount whereby the mean [*meson*] between them exceeds him, and take away from the greatest of the three the amount by which the mean is exceeded by him. Let the lines AA', BB', CC' be equal to one another; let the segment AE be taken away from the line AA', and let the segment CD be added to the line CC', so that the whole line DCC' exceeds the line EA' by CD+CF; then DCC' will exceed BB' by CD" (v.iv.8–12; 277–9).

Las manifestaciones legales de la definición aristotélica de justicia o *dikaiosunē* poseen un importante rol en la representación de la capital novohispana en *Grandeza mexicana*. En su elogio de la Ciudad de México, Balbuena subraya el ejercicio de la justicia legal al ensalzar el amplio aparato burocrático de la capital novohispana, el cual incluye a individuos que van desde el "escribano papelista" (I.175; 66) hasta el "jurista fantástico" (I.178; 66), pasando por los innúmeros "[f]iscales, secretarios, relatores, / abogados, alcaides, alguaciles, / porteros, chanciller, procuradores, / almotacenes, otro tiempo ediles, / rece[p]tores, intérpretes, notarios / y otros de menos cuenta y más serviles" (VII.82–87; 102), incluyendo a "la suma de escribientes y escribanos / que de su plaza ocupan los rincones" (VII.104–5; 103). Además de estos individuos, cabe recordar que a lo largo del *capitolo* VII, titulado "Gobierno ilustre", el valdepeñero no desperdicia la oportunidad de elogiar también las instituciones encargadas de ejercer la justicia legal, tanto en materia temporal como espiritual, que son "imperio y monarquía, / los polos, las colunas, los puntales / de su paz, su concierto y policía" (VII.127–9; 104). Balbuena incluye instituciones, desde la Real Audiencia, "espuela y freno de la virtud y el vicio" (VII.74–5; 102), el Tribunal del Consulado, "extremo de valor, gravedad, peso y justicia" (VII.91–2; 103), y los "ilustres cabildo y regimiento" (VII.110; 103), hasta el Tribunal eclesiástico (VII.130–5; 104), el Tribunal del Santo Oficio de la Inquisición (VII.157–168; 105) y el Cabildo de la Catedral, "que en virtud y ciencia / al mundo excede y gana por la mano" (VII.170–1; 105). Los personajes más celebrados por Balbuena, sin embargo, son las máximas autoridades temporales y espirituales del virreinato. Recuérdense las múltiples alabanzas a los virreyes que gobernaran la Nueva España (VII.25–69; 101–2), cuyas varias virtudes son destacadas por Balbuena. En el campo espiritual, Balbuena se deshace en elogios del nuevo arzobispo de la Ciudad de México, fray García de Santa María Mendoza y Zúñiga, dedicatario de *Grandeza mexicana* y quien, de acuerdo con Balbuena, llega a la capital novohispana acompañado del "siglo de oro al mismo paso / de su venida" (VII.148–9; 104) y que merece incluso dirigir la *oikoumenē* cristiana como "pastor" y ser elegido Papa, pues "el pueblo ufano / [está] en vela de un pastor, que sin exceso / merece serlo del sitial romano" (VII.154–6; 104).

En contraste con las manifestaciones legales de la virtud de *dikaiosunē*, la relación entre la justicia y los intercambios comerciales en *Grandeza mexicana* no ha sido explorada en su completa dimensión política. Recuérdese que la proporcionalidad que gobierna la justicia correctiva se manifiesta perfectamente en los intercambios de bienes, los cuales, a su vez, permiten no sólo el origen, sino también la supervivencia de una comunidad o *koinōnia* como la *polis*: "in the interchange of services Justice in the form of Reciprocity is the bond that mantains the association [*koinōnia*] [...]. The very existence of the state depends on proportionate reciprocity" (*NE* v.v.6; 281). En el pensamiento aristotélico, los intercambios de productos y servicios no son actividades desligadas del bienestar general de la *polis*, como podría hacernos pensar el capitalismo occidental de hoy en día, sino instancias en que se debe praticar la virtud de la justicia y, así, contribuir a la felicidad [*eudaimonia*] y a la "buena vida" [*eu zēn*] de la comunidad.

Esta dimensión ética y, finalmente, política que Aristóteles atribuye a los intercambios de bienes y servicios es preservada durante la Edad Media latina gracias a la *Summa Theologiae* de Santo Tomás de Aquino y a sus comentarios a los textos del Estagirita. Tal es la genealogía de la filosofía moral que Francisco de Vitoria asume e instaura como parte de la reforma curricular de la Universidad de Salamanca durante el siglo XVI. Es gracias a dicha reforma que teólogos-'economistas' como Saravia de la Calle, Luis de Molina, Tomás de Mercado, entre otros, adoptan y diseminan el paradigma aristotélico-tomista que domina el 'pensamiento económico' durante la temprana modernidad hispánica. Balbuena se vale de la amplia aceptación y de la indiscutible autoridad de este paradigma 'económico' para articular en *Grandeza mexicana* una razonada respuesta a los ataques de los criollos novohispanos.

Demonización del comercio

Uno de los puntos más controversiales en las disputas entre criollos e inmigrantes peninsulares gira en torno al papel del comercio en la economía novohispana. Los letrados criollos, afiliados a una mentalidad señorial, critican a los inmigrantes peninsulares que, a través de prácticas comerciales supuestamente injustas y ventajosas, procuran ascender socialmente y obstaculizar el acceso de los criollos a los puestos burocráticos y otros beneficios socioeconómicos de que se consideran merecedores en virtud de los servicios heroicos de sus antepasados. En este sentido, *Grandeza mexicana* es una toma de posición en contra de los criollos, articulada alrededor de la legitimación del comercio como ejercicio de la virtud de la justicia o *dikaiosunē* por parte de inmigrantes peninsulares. La demonización del comercio por parte de los criollos halla respuesta en un Balbuena que se apropia del 'pensamiento económico' prevalente en la temprana modernidad hispánica. Al apropiarse del canónico paradigma aristotélico-tomista, Balbuena legitima las actividades comerciales atribuidas a los inmigrantes peninsulares como evidencia del ejercicio de *dikaiosunē* en intercambios voluntarios y, por ello, como prácticas "naturales" y necesarias para el establecimiento y preservación de la ciudad, y para garantizar la "buena vida" de sus habitantes. Más aún, Balbuena aprovecha este mismo paradigma para devolver contra los criollos las mismas acusaciones que éstos esgrimen contra los inmigrantes peninsulares, según las cuales su único objetivo es la "anti-natural" acumulación de dinero. Al legitimar las actividades comerciales que los criollos atribuyen a los inmigrantes peninsulares como exhibiciones de la virtud de la justicia, y al acusar a los descendientes de los conquistadores de practicar operaciones 'económicas' "anti-naturales", Balbuena necesariamente atribuye a los inmigrantes peninsulares una mejor disposición moral para la administración del virreinato novohispano.

Afiliados a una mentalidad estamental, los letrados criollos y pro-criollos en la Nueva España de fines del XVI e inicios del XVII dedican gran parte de sus ataques a los recientes inmigrantes peninsulares asociándolos no solamente a las labores mecánicas, sino especialmente al comercio. Estos letrados demonizan explícitamente la práctica del comercio como una actividad llevada a cabo por inmigrantes inescrupulosos, carentes de virtud y, ante todo, ociosos. Al asociar la práctica del comercio con deficiencias morales, letrados como Gonzalo Gómez de Cervantes y Baltasar Dorantes de Carranza afirman que los inmigrantes peninsulares carecen de las virtudes necesarias para asumir responsabilidades políticas y económicas en la administración virreinal, tales como el ejercicio de puestos burocráticos o la tenencia de encomiendas. A pesar de que algunos de los primeros conquistadores de México y sus descendientes se hayan dedicado moderadamente al comercio o a actividades como la minería, los criollos no dudan en establecer reiterados contrastes entre la lamentable pobreza que sufren y la injustificada riqueza de unos inmigrantes supuestamente holgazanes que, a través de engaños y argucias comerciales, multiplican el dinero que obtienen como comerciantes y, en numerosas ocasiones, retornan con él a la península ibérica adquiriendo los conocidos motes de *indianos* o *peruleros*.

Considérese que en su memorial de 1599, dirigido al oidor del Consejo de Indias Eugenio Salazar, el criollo Gonzalo Gómez de Cervantes advierte de la idoneidad de otorgar puestos burocráticos a los descendientes de los conquistadores, quienes se encuentran "pobres, abatidos, desfavorecidos y arrinconados", y no a "los que ayer estaban en tiendas y tabernas y en otros ejercicios viles" (94). Es a estos inmigrantes peninsulares que Gómez de Cervantes ataca por la supuesta pobreza del Virreinato en tanto que, en vez de dedicarse a ocupaciones propias de un régimen feudal, como la agricultura y la ganadería, deciden abocarse al comercio y, supuestamente, a la especulación y la reventa. Así, pues, si las haciendas virreinales se encuentran abandonadas es porque "los hombres mozos a quien encomendarlas y fiarlas [...] se ponen a vender cuartillo de vino en tabernas", de modo tal que "dos mil hombres y más" se encuentran dedicados al comercio o a la limosna (117). Ello se debe a que las posibilidades de ganancia a través de la reventa seducen a los inmigrantes peninsulares que, siendo taberneros, deciden "por granjería comprar pan, leña, candelas, jabón, fruta, huevos y las demás cosas, y lo embodegan y nos lo revenden y muy bien, que no sé yo cuál lugarejo hay hoy en el mundo, por pequeño que sea, a quien se consienta que a gente tan vil y baja, viva en tanto

perjuicio de la República" (100). La situación es tan deplorable para los intereses
de los criollos que Gómez de Cervantes ataca a aquéllos peninsulares que,
pudiendo labrar el campo, inician cualquier tipo de actividad comercial, pues
ello demuestra su gran inclinación a la ociosidad y holgazanería: "en teniendo
cincuenta pesos, ponen una taberna y venden vino, o ponen una mesilla en la
plaza con algunas menudencias y con esto viven por sí y no quieren servir,
huyendo del trabajo, inclinándose a la ociosidad" (101). Esta supuesta proclividad
de los peninsulares a la actividad comercial lleva a Gómez de Cervantes a
especular que el viaje transatlántico los transforma en holgazanes: "es cosa de
gran lástima que en pasando el hombre a esta tierra, pierde el brío de trabajar
[i.e., a ocuparse en la labranza del campo y la ganadería] y generalmente se
inclinan a ser holgazanes [i.e., a dedicarse al comercio]" (101). Además de criticar
a "los que ayer vinieron" (89, 126) por esta supuesta inclinación a la "ociosidad",
Gómez de Cervantes advierte que incluso la actividad del comercio llevada a
cabo por ellos no reporta ningún tipo de beneficio para la economía virreinal,
puesto que, "en viéndose uno con mediana cantidad de hacienda, luego procura
volver a los reinos de Castilla" (132).

En similares términos se expresa Baltasar Dorantes de Carranza, descendiente
de uno de los compañeros de Álvar Núñez Cabeza de Vaca en su periplo por
tierras norteamericanas (1527–1537). En su *Sumaria relación*, Dorantes de
Carranza inserta un soneto ajeno donde los mercaderes son presentados como
gente codiciosa por la plata americana y los bodegueros como presuntuosos
(106). Peor aún, Dorantes de Carranza incorpora otro soneto, igualmente ajeno,
en que se critica a los recientes inmigrantes peninsulares por dedicarse al
comercio y acumular, supuestamente sin trabajar, un capital tan amplio como
la famosa familia alemana de banqueros, los Fugger:

> Y el otro que agujetas y alfileres
> vendía por las calles, ya es un conde
> en calidad, y en cantidad un Fúcar.
> Y abomina después el lugar donde
> adquirió estimación, gusto y haberes,
> y tiraba la jábega en Sanlúcar. (138)

Más elocuente aún es una de las secciones de la *Sumaria relación* más
comentadas por los críticos, en la que Dorantes de Carranza contrasta la
lamentable situación financiera de los criollos empobrecidos y los engaños y
"milagros fingidos" que permiten a los inmigrantes peninsulares multiplicar
el dinero a través del comercio: por un lado, los conquistadores y sus
descendientes criollos se hallan "despojados de [sus] propias haciendas y de
los frutos de [sus] servicios y hazañas", mientras que se favorece a "gente

advenediza y que no mereció nada en la conquista", quienes ejemplifican "la ociosidad y el perjuicio del prójimo", puesto que "vendiendo vino, o especias, o sinafabas, o hierro viejo se hacen grandes mayorazgos" (104). Dorantes de Carranza ataca el modo en que los gachupines acumulan su capital, equiparando el comercio con la codicia desmesurada, el daño ajeno e incluso con un "compendio de malicias", pues se trata de una multiplicación de capital por medio de engaños o "milagros fingidos" (104)[7] que, tarde o temprano, podrían hacer que el "dinero de duendes" de los inmigrantes peninsulares "se vuelvan carbón y amargura" (105).[8] A pesar de esta impugnación del comercio como medio de generar y multiplicar capital, quizá una de las advertencias más graves de Dorantes de Carranza sea que el capital, en tanto que "bien mueble", "no se perpetúa en esta tierra" (105), y es frecuentemente trasladado por los inmigrantes en su viaje de vuelta a la península.

En marcado contraste con los furibundos reclamos de los letrados criollos demonizando las actividades comerciales atribuidas a los inmigrantes peninsulares, el valdepeñero Bernardo de Balbuena diseña su representación de la Ciudad de México precisamente con el objeto de legitimar dichas prácticas. Para ello, Balbuena no duda en afiliarse al paradigma aristotélico-tomista inequívocamente legitimado por la Universidad de Salamanca en el siglo XVI,

[7]   Para comprender que Dorantes de Carranza represente la acumulación de capital por medio de operaciones capitalistas como "milagros fingidos" cabe recordar una representación similar que aparece en el siglo XIV en el *Conde Lucanor*, precisamente en una época en que las prácticas capitalistas iniciales empiezan a cuestionar el orden estamental medieval. Recuérdese que en el *exemplo* XX (126–30) un sorprendido conde Lucanor recibe una propuesta que haría multiplicar su dinero. Lucanor explica que "un omne vino a mí et dixo que me faría cobrar muy grand pro et grand onra, et para esto que avía mester que catasse alguna cosa de lo mío con que se començasse aquel fecho; ca, desque fuesse acabado, por un dinero avría diez" (126–7). La obvia vaguedad del método con que este "omne" pretende multiplicar los "dineros" de Lucanor es interpretada como un engaño por Patronio. Patronio equipara esta situación con la historia de un "muy grand golfín" ['ladrón', 'farsante'] (127) que, haciéndose pasar por un alquimista, engaña a un rey y le roba. Como bien explica Marta Ana Diz (75–88), la propuesta recibida por Lucanor consiste en multiplicar su dinero por medio de prácticas capitalistas indeterminadas. Patronio analiza este sistema de acumulación de capital contrastándolo con el sistema estamental medieval, en el cual el capitalismo carece de sentido. En consecuencia, Patronio no duda en tachar esta práctica de flagrante engaño practicado por un farsante. Del mismo modo, algunas centurias más tarde, Dorantes de Carranza se afilia a un sistema estamental en que los criollos representan una nobleza militarizada equivalente a aquélla a la que pertenecía el infante Juan Manuel, y, en consecuencia, describe la multiplicación de capital por medio de transacciones comerciales como "milagros fingidos" por parte de gachupines inescrupulosos, y que, tarde o temprano, se revelarán como engaños que no multiplicarán el capital, sino que lo transformarán en "carbón y amargura".

[8]   Con estas frases Dorantes de Carranza parece aludir a un refrán muy conocido en la época que es recogido por el franciscano fray Gerónimo de Mendieta (1525–1604). Afirma el franciscano que se trata de "un común refrán, que dinero de Indias es dinero de duendes, que de volverse en carbón o humo no puede escapar" (*Historia* 562).

el cual juzga los intercambios de bienes y el comercio, tanto en el interior de una comunidad como entre diferentes comunidades, en relación con el *telos* de la *polis* que es la autarquía [*autarkeia*] y la "buena vida" [*eu zēn*]. Estos intercambios, siempre y cuando tengan como objetivo la satisfacción de las necesidades de la comunidad, son considerados perfectamente "naturales" y legítimos, mientras que los intercambios y las transacciones cuyo *telos* sea la acumulación de dinero son tachadas de "no-naturales" y, por tanto, son consideradas actividades contrarias al bien común. En *Grandeza mexicana*, Balbuena aplica cuidadosamente este autorizado paradigma escolástico para contestar a las acusaciones de los letrados criollos y para validar a inmigrantes peninsulares que, como él mismo, carecen de credenciales sociales que les permitan reclamar puestos burocráticos en el gobierno temporal o espiritual del virreinato, o el gobierno de indígenas por medio de encomiendas.

El paradigma aristotélico-tomista invocado por Balbuena en *Grandeza mexicana* es quizás más obvio en el uso del término "interés", un término que los críticos han asociado invariablemente con la acumulación de capital por medio de actividades mercantiles y del comercio, y con el hecho de que, según Balbuena, en la capital novohispana se encuentra "cuanto se trata y se practica" (I.150; 65) en el orbe. Este término es precisamente una de las claves para comprender el 'pensamiento económico' de Balbuena en tanto que el valdepeñero lo utiliza como equivalente del concepto aristotélico (y, en menor medida, platónico) de *chreia*, un concepto fundamental en la emergencia, organización y supervivencia de la ciudad-estado griega.

"Interés" y *chreia* en *Grandeza mexicana*

"Interés" [*interesse*], uno de los términos más problemáticos de *Grandeza mexicana*, es también uno de los que mejor revela la dependencia de Balbuena en relación con el paradigma "económico" aristotélico-tomista, pues el valdepeñero utiliza este polivalente y ambiguo término como equivalente del concepto aristotélico (y, en menor medida, platónico) de *chreia* ('necesidad'), el cual es elemento indispensable para la existencia de la *polis*. Es natural que un lector moderno de *Grandeza mexicana* interprete el vocablo "interés" como 'lucro', 'conveniencia', 'beneficio', 'ganancia' o 'utilidad', pues éstas son, *grosso modo*, las acepciones que nos ofrece el *Diccionario de la Real Academia de la Lengua Española*, pero también *Autoridades*. Por ello, no debe sorprender que estudiosos de *Grandeza mexicana* como González Echevarría ("Colonial Lyric" 209), Gruzinski (115–8) o Fuchs y Martínez San Miguel (682–3) analicen la relación entre el poema y el tráfico "global" de mercancías durante la temprana modernidad hispánica, durante la cual la capital novohispana funciona como nodo que une el comercio transatlántico, el transpacífico y el continental. De hecho, en su detallado estudio sobre el

México colonial, y acaso guiado por el uso del vocablo "interés" en textos del satírico Mateo Rosas de Oquendo (c. 1559-¿?) y del presbítero Fernán González de Eslava (c. 1534-¿1601?),[9] Marvyn Bacigalupo asocia el "interés" con "wealth", "materialism", "self-interest" y "the accumulation of riches" (76). Por su parte, en un valioso pero poco citado artículo, Lino García y Jorge Green Huie subrayan las similitudes entre *Grandeza mexicana* y *The Wealth of Nations* (1776) del escocés Adam Smith (1723–1790) para definir "interés" y "codicia" como "sinónimos de la frase moderna 'afán de lucro'" (216). Más conocido es el estudio de Luis Íñigo Madrigal, quien, sorprendido por no hallar ninguna valoración negativa en el uso de "interés" y "codicia" en *Grandeza mexicana* ("Interés" 37, n.23), interpreta la "codicia" de Balbuena como pecado capital (26–8) y el "interés" como usura (28), y justifica estas definiciones afirmando, con Max Weber, que "la actitud de la Iglesia con respecto al interés (entendido como usura) había comenzado a cambiar, por imperativo de las circunstancias, a partir del siglo XV" (28). Finalmente, Stephanie Merrim sigue a Luis Íñigo Madrigal para definir el "interés" de Balbuena como "a combination of mercantile dealings, self-interest, greed, and materialism" (*Spectacular* 100).

Estas valiosas interpretaciones del término "interés" en *Grandeza mexicana* parecen compartir, de manera más o menos consciente y en grado diverso, una premisa propia del estado actual de la disciplina económica, según la cual el intercambio de productos es una actividad motivada exclusivamente por el beneficio individual y, por tanto, una actividad desligada de consideraciones éticas sobre la virtud y desligada, asimismo, de preocupaciones por el bienestar supra-individual o comunitario. Sin embargo, las similitudes que García y Green Huie encuentran entre el "interés" de *Grandeza mexicana* y el "interest" y el "self-love" de Adam Smith exigen un comentario más detallado, pues los términos que utiliza Smith para referirse al instrumento de cohesión de una comunidad proceden, precisamente, del paradigma aristotélico que la Universidad de Salamanca diseminará durante la segunda mitad del siglo XVI. Aunque García y Green Huie, siguiendo unos presupuestos más modernos, interpretan

---

[9]   Bacigalupo cita los siguientes versos de Rosas de Oquendo: "Porque, sigún lo que e visto, / y lo que en la tierra [México] pasa, / lo que no alcansa el amor, / todo el interés lo alcanza" (cit. Bacigalupo 112); "Está tan introdusida / esta ponzoña malvada / del interés, que no ai hombre / que a nadie guarde la cara" (cit. Bacigalupo 112). Sobre González de Eslava, Bacigalupo lee el Coloquio XVI, donde vemos el siguiente intercambio entre Halagüeña y el Príncipe:
"HALAGÜEÑA: No las da amor, que ya las damas no sienten esta herida; ya no vale Cupido, sino el eco deste nombre, que es pido, que, quitado el cu, queda el pido; esto las atrae.
PRÍNCIPE: Penetrante solía ser el harpón del bien querer.
HALAGÜEÑA: Y agora lo es más, yendo vntado con la yerua del interés y con la salsilla amorosa; suauemente mata" (683).

"self-love" e "interest" como "afán de lucro", una lectura demorada de los pasajes pertinentes en *The Wealth of Nations* (1776) y de *The Theory of Moral Sentiments* (1759) sugiere que Smith en realidad utiliza dicho vocablo como equivalente de la *chreia* aristotélica, y de su traslado latino *indigentia*. Si para Smith un carnicero no actúa por caridad sino por su propio "interest" o "self-love", ello no implica necesariamente un "afán de lucro"; antes bien, es claro que si el carnicero procura un intercambio o una venta es para suplir alguna necesidad que la división social del trabajo le impide satisfacer por sí mismo:

> Give me that which I want, and you shall have this which you want, is the meaning of every such offer; and it is in this manner that we obtain from one another the far greater part of those good offices which we stand in need of. It is not from the benevolence of the butcher, the brewer, or the baker, that we expect our dinner, but from their own interest. We address ourselves not to their humanity but to their self-love, and never talk to them of our own necessities but of their advantages. (*Wealth* i.ii;14)[10]

La intuición inicial de García y Green Huie nos permite pensar, por tanto, que las similitudes que ellos encuentran entre los vocablos "interest" y "self-love" de Smith y el "interés" de Balbuena obedecen a su origen común en el paradigma aristotélico-tomista.[11] Sin embargo, dada la evidente falta de

---

[10]   De manera similar, en *The Theory of Moral Sentiments* (1759), en una discusión sobre la justicia y el rol de la reciprocidad en ella, Adam Smith claramente sigue al Estagirita para afirmar que, aun cuando una sociedad no se base en el amor [*philia*] que propone Aristóteles, la reciprocidad es el lazo o vínculo que permite la supervivencia de la comunidad: "But though the necessary assistance should not be afforded from such generous and disinterested motives, though among the different members of the society there should be no mutual love and affection, the society, though less happy and agreeable, will not necessarily be dissolved. Society may subsist among different men, as among different merchants, from a sense of its utility, without any mutual love or affection; and though no man in it should owe any obligation, or be bound in gratitude to any other, it may still be upheld by a mercenary exchange of good offices according to an agreed valuation" (ii.ii.iii; 100).

[11]   Aunque en su detallado estudio sobre la relación entre Smith y los clásicos Gloria Vivenza no menciona esta genealogía, Nicholas J. Theocarakis ha demostrado que "interest" y "self-love" son los términos con que Adam Smith se refiere a la aristotélica *chreia* en sus dos obras fundamentales. Para Theocarakis, el debate sobre el rol de *chreia* en los intercambios de productos y en la determinación del 'valor de cambio' puede rastrearse claramente, y "from Grotius to Pufendorf there is a clear line through Carmichael and Hutcheson to Adam Smith" (28). Theocarakis ofrece una clara genealogía del desarrollo de este problema aristotélico que incluye el primer tratado de derecho internacional, *De iure belli ac pacis libris tres* (1625), del especialista en derecho natural Hugo Grotius (1583–1645), el *De jure naturae et gentium libri octo* (1672) de Samuel von Pufendorf (1632–1694), el *Philosophiae moralis institutio compendiaria* (1742) del catedrático de filosofía moral de la Universidad de Glasgow Francis Hutcheson (1694–1746), y hasta los dos tratados ya mencionados de Adam Smith, quien hereda la cátedra de Hutcheson. Obviamente, estos tratados formulan el problema refiriéndose a *chreia* con el término latino *indigentia*, mientras que Smith, que publica su obra en inglés, lo hace usando los vocablos "interest" y "self-love".

relación etimológica entre ambos vocablos, es prudente indagar por el origen del vocablo "interés" y por su uso concreto entre los adherentes del paradigma aristotélico-tomista en la temprana modernidad hispánica. En los tratados producidos por los teólogos-'economistas' asociados a la Escuela de Salamanca, el vocablo "interés" es un término ambiguo, dado que se origina no en el pensamiento aristotélico, sino en el Derecho Romano; más específicamente, en el derecho de obligaciones. En su contexto original, la conjugación verbal *interesset* es la negación de la usura, de la ganancia y de la acumulación desmedida, engañosa o injusta de dinero. Originalmente, *interesset* se conceptualiza como una legítima compensación o como la satisfacción de una pérdida ocurrida durante el plazo de un contrato, como explican especialistas en historia económica como John T. Noonan (100–32) o, más recientemente, Diana Wood (181–205), o incluso como "el valor que media entre una y otra compensación y que debe sumarse a la inferior para recomponerse el equilibrio de manera justa", como afirma el especialista en historia del derecho Bartolomé Clavero (16). Es decir, en su contexto legal original, del cual migrará a los tratados de los teólogos-"economistas" asociados a la escuela salmantina, *interesset* refiere una práctica dirigida precisamente a garantizar lo que Aristóteles denominaría la 'justicia correctiva' durante un intercambio de bienes o servicios, y no responde a un individualista "self-interest" que puede derivar en la desmedida o incluso injusta acumulación de bienes o de capital.

El traslado del vocablo *interesse* a la forma castellanizada "interés" y la inserción de éste en el léxico 'económico' de la temprana modernidad hispánica, sin embargo, produce ambivalencias y contradicciones entre los diferentes tratadistas salmantinos en grado tal que "una primera lectura [...] ha de provocar desconcierto y perplejidad; el interés ni siquiera es un término constante, que aparezca regularmente en contextos análogos y con funciones, si no siempre analogables, al menos no contradictorias" (Clavero 59). Estas ambivalencias y contradicciones, ciertamente, no sorprenden, dado que se trata del traslado de un término de una lengua a otra (del latín al castellano), pero también de una modalidad de la justicia correctiva a otra (del derecho de obligaciones al intercambio de bienes) que obedecen a diferentes realidades históricas (la Grecia democrática, la Roma imperial, la temprana modernidad hispánica). Es indispensable subrayar, sin embargo, que, a pesar de sus divergencias, las definiciones de "interés" que aparecen en los tratados de los teólogos-'economistas' del XVI mantienen, en general, el significado original del término como una práctica correctiva o compensatoria que procura restaurar un estado justo anterior y, además, lo distinguen de las prácticas moralmente punibles e injustas de la usura y el lucro. Como afirma Clavero, "una tendencia aparece formulada: que el 'interesse' no debe ser tanto 'ganancia' como 'recompensación' de una pérdida o 'satisfacción' de ella" (70).[12]

Este sentido original de interés o *interesse* como elemento que participa del ejercicio de la justicia es aprovechado por Balbuena para garantizar la legitimidad y el carácter "natural" y necesario de las actividades comerciales de los inmigrantes peninsulares en la Nueva España de fines del XVI e inicios del XVII. De hecho, Balbuena procura insertar este concepto dentro del paradigma aristotélico-tomista utilizándolo prácticamente como sinónimo del vocablo *chreia* ('necesidad'), término utilizado por Aristóteles con diversas ramificaciones políticas para referirse al elemento fundamental de la génesis, cohesión, organización y preservación de la comunidad política [*politikē koinōnia*]. De este modo, como en el caso de Adam Smith y su uso de los vocablos "interest" y "self-love", el término "interés" en *Grandeza mexicana* se refiere menos a la codicia individual o al desmedido deseo de ganancias monetarias que al principio de compensación o 'corrección' que gobierna las relaciones interpersonales en la recta vida política (es decir, en comunidad) y en la obtención de la 'buena vida'.

A pesar de la ausencia de una relación etimológica entre *chreia* e "interés", los contextos en que Balbuena utiliza este último término en *Grandeza mexicana* corresponden perfectamente con los diferentes sentidos en que Aristóteles (y en menor medida Platón) utiliza el vocablo *chreia*. Así, siguiendo a Platón y Aristóteles, el "interés" de Balbuena funciona como origen mismo o principio fundamental de la *polis*, pues lo considera no sólo "señor de las naciones" (II.65; 70), sino incluso "oculta fuerza, fuente viva/ de la vida política" (I.204–5; 67). Además, el mismo término funciona en *Grandeza mexicana* como principio de cooperación interpersonal y, en consecuencia, de cohesión y unidad de la comunidad política, puesto que "el goloso interés les da la mano" a los individuos cuando ellos mismos "se ayudan y obedecen/ y en esta trabazón y engarce humano/ […] con su mundo permanecen" (I.93–96, 66). Asimismo, "el señorío/ y las leyes que ha impuesto a los mortales" este "gigante" que es el interés, sin el cual el orden y "concierto" de la ciudad se transformaría en caos y "desvarío" (I.202–4; 67) social, supone que, para Balbuena, el "interés" cumple también la función de organizar y preservar la *polis*.

Aunque el término *chreia* se suele traducir actualmente como 'necesidad', el vocablo alude a un campo semántico mucho más amplio. De hecho, dependiendo del contexto, *chreia* se puede traducir como "common need, use, utility, necessity, exigency, indigence, want and desire" (Baeck

---

[12]   Clavero emite este juicio tras un detallado análisis de múltiples tratados 'económicos' publicados en el siglo XVI, entre los que destacan el *Provechoso tratados de cambios y contrataciones* (1541) de Cristóbal de Villalón, el *Tractado en que a la clara de ponen y determinan las materias de los préstamos* (1543) de Luis de Alcalá, la *Summa de tratos y contratos* (1587) de Tomás de Mercado, la *Instrucción de mercaderes* (1541) de Saravia de la Calle, entre otros.

Mediterranean Tradition 212, n.3). Son éstos los significados invocados por Platón y, especialmente, por Aristóteles cuando identifican *chreia* como el elemento central en la aparición, organización y preservación de la ciudad-estado. En la *República*, Platón se refiere brevemente a la *chreia* para definirla como el origen mismo de la *polis*: "the origin of the city […] in my opinion, is to be found in the fact that we do not severally suffice [*autarkeia*] for our own needs, but each of us lacks many things" y que, en consecuencia, "one man calling in another for one service and another for another, we, being in need [*chreia*] of many things, gather many into one place of abode as associates and helpers, and to this dwelling together we give the name city or state" (*Republic* ii.xi.369bc, 1:149). La premisa que maneja Platón consiste en la imposibilidad de los seres humanos de alcanzar un estado de *autarkeia* o autosuficiencia por sí mismos, individualmente. Por ello, afirma Platón que los seres humanos se encuentran inherentemente en un estado de necesidad, pues requieren de la cooperación de otros seres humanos para satisfacer sus múltiples necesidades individuales. Es como consecuencia de esta situación de inherente necesidad que los seres humanos se agrupan en comunidades como las ciudades o los estados. En otras palabras, cuando se trata de la ciudad-estado, "[i]ts real creator, as it appears, will be our needs [*chreia*]" (*Republic* ii.xi; 369b-369c; 1:149–51). Este rol fundamental y originario de *chreia* en la formación de la *polis* platónica es utilizado precisamente por Balbuena en *Grandeza mexicana* cuando define "interés" como "señor de las naciones" (II.65; 70), y como "fuerza" y "fuente" de la "vida política [*polis*]" (I.204–5; 67).

A diferencia de Platón, y a pesar de que Aristóteles identifica el origen de la *polis* no en la *chreia*, sino en una forma amor o amistad, φιλία o *philia* ("such organization is produced by the feeling of friendship, for friendship is the motive of social life" [*Politics* iii.v.14; 1289b; 217, 219]), el Estagirita sí considera la *chreia* esencial en el establecimiento y preservación de la *polis*. Aunque utiliza los mismos términos que el autor de la *República* (i.e., *chreia, autarkeia*) en su conceptualización de la *polis*, Aristóteles no otorga a la *chreia* el rol fundador que le da Platón, sino más bien una función organizadora y preservativa. Aristóteles define la *polis* como una *koinōnia* ('comunidad', 'asociación', 'sociedad') cuya finalidad o *telos* es la autarquía entendida como "a thing which merely standing by itself alone renders life desirable and lacking in nothing" (*NE* i.vii.7; 29), y, como consecuencia de ello, una comunidad orientada al goce de la "buena vida" [*eu zēn*]: "[the city-state] has at last attained the limit of virtually complete self-sufficiency [*autarkeia*], and thus, while it comes into existence for the sake of life, it exists for the good life [*eu zēn*]" (*Politics* i.i.8.1252b; 9). Asumiendo una preexistente especialización y división social del trabajo, Aristóteles afirma que este estado de autarquía se logra a través de la mutua satisfacción de las necesidades individuales [*chreia*] por medio del intercambio de las mercancías y bienes producidos por cada individuo. Por ello, aunque no constituye el origen mismo de la *polis*, *chreia* es el factor que permite la cohesión de la ciudad como unidad política: "That it is demand [*chreia*] which, by serving as a single standard, holds such an association together, is shown by the fact that, when there is no demand for mutual service on the part of both or at least one of the parties, no exchange takes place between them" (*NE* v.v.13 [1133bc]; 285, 287). Para Aristóteles, *chreia* "holds everything together" (*NE* v.v.11 [1133b-c]; 285).

Si bien *chreia* explica la cohesión y la unidad de la *polis*, la preservación de la misma depende de que las necesidades individuales se satisfagan recurriendo a intercambios voluntarios y, ante todo, justos. Por ello, Aristóteles afirma que dichos intercambios privados deben observar lo que él denomina justicia correctiva, la cual exige una reciprocidad entre los individuos que realizan el intercambio, pero también una proporcionalidad aritmética entre los bienes inherentemente disímiles que se intercambian. Dado que los intercambios dentro de la *polis* se refieren a mercancías que, al poseer *telos* u objetivos diferentes, son disímiles entre sí (p. ej., un par de zapatos y una casa), la "justicia" del intercambio debe considerar algún tipo de medida (p. ej., el precio) que permita establecer la proporción adecuada de una y otra mercancía para que el intercambio se lleve a cabo (p. ej., 500 pares de zapatos por una casa). Este principio de reciprocidad proporcional permite los trueques y las transacciones con dinero y, de este modo, preserva la *koinōnia* y garantiza su supervivencia. Para Aristóteles, la reciprocidad proporcional en que se basa la *chreia* es "what binds [people] together, since a city is kept together by proporcionate reciprocation" (*NE* 1132b; 89). En pocas palabras, "reciprocal equality is the preservative of states, as has been said before in the *Ethics*" (*Politics* ii.i.4–5; 1261a; 73).

Esta definición de *chreia* (el "interés" en *Grandeza mexicana*) como principio de cohesión, organización y preservación de las sociedades humanas sufre una apropiación y cristianización en la Europa latina medieval y se refiere a comunidades postlapsarias (i.e., posteriores a la expulsión del Edén); se traduce, principalmente, como *indigentia*[13] en los comentarios de Alberto Magno (1193/1206–1280)[14] y, especialmente, en los de Santo Tomás de

---

[13]   Otras traducciones alternativas incluyen *necessitas*, *utilitas* o incluso el equívoco *opus*, como ocurre en la traducción de Robert Grosseteste. Para más detalles, véase Langholm (185)

[14]   En su segundo comentario a la *Ética nicomaquea*, el dominico afirma que "need holds all goods in exchange together—and "need" we define as "use" or "utility" or "demand" (et opus diximus esse usum vel utilitatem vel indigentiam)—we did not say of goods in exchange each taken according to its own nature, for in that sense each is measured by the smallest unit of its kind" [*Second Commentary* 358] (cit. Langholm 187).

Aquino[15] al corpus aristotélico. Gracias al tomismo implantado por Francisco de Vitoria en la Universidad de Salamanca, *chreia* o *indigentia* se transforma en una pieza fundamental del 'pensamiento económico' de la temprana modernidad hispánica. En consecuencia, el término *chreia/indigentia* aparece generalmente traducido como "necesidad" o "haber menester" en los tratados 'económicos' escritos en castellano por los teólogos españoles del XVI como factor esencial en el establecimiento, regimiento y conservación de la comunidad. El más elocuente expositor de este concepto quizás sea el teólogo jesuita Luis de Molina (1535–1600), quien subraya en *De Iustitia et Iure* que los intercambios son imprescindibles para preservar la sociedad en tanto que satisfacen las necesidades individuales. Al discutir la introducción de la moneda para facilitar las transacciones (en contraste con el trueque), afirma Molina que dichos intercambios son "*necesarios* para el mantenimiento de la vida y de la sociedad humana, pues nadie puede considerarse autosuficiente [*autarkeia*], sino que, por el contrario, *necesita* de las cosas y servicios de los demás" (disputa CCCXXXVI.1; 113–4; énfasis añadido). Considérese también que, para el doctor Luis Saravia de la Calle (siglo XVI), los intercambios y las transacciones comerciales son consecuencia necesaria de la caída de la Gracia, la cual habría conllevado la dispersión de la humanidad por una geografía cuyos recursos naturales no sólo se hallaban en desventaja con respecto a los del Jardín del Edén, sino que se habrían desarrollado de manera desigual de un lugar a otro. De este modo, el hombre postlapsario se veía obligado a transar no sólo dentro de su propia comunidad, sino también con otros grupos dispersos por aquella desigual geografía. Así, pues, tras el pecado original, las necesidades humanas, que antes habían sido ampliamente satisfechas por los recursos espontáneos del paraíso terrenal, deben ser suplidas en el mundo postlapsario a través no sólo del trabajo, sino también del intercambio de bienes: "y después del pecado por las *necesidades* del hombre hubo granjerías y tratos. Porque las *necesidades* del hombre fuesen muchas y uno no bastase para suplirlas todas, hallóse el trato de la conmutación y trueque de cosas por cosas" (*Tratado* i; 142; énfasis añadido). Del mismo modo, en la *Suma de tratos y contratos*, Tomás de Mercado nos recuerda que los seres humanos deben vivir en sociedad precisamente para cooperar y satisfacer sus necesidades materiales:

---

[15]   En su comentario a la *Política* (ii.i.4–5; 1261a): "And so he said in the *Ethics* that an equal reciprocity (i.e., a proportionally equal return to each for what one has done) preserves a political community, since there needs to be such reciprocity among those who are free and equal" (ii.i; 84). Sobre la *Ética nicomaquea* (*NE* v.v.13; 1133bc): "But this one standard which truly measures all things is demand. This is includes all commutable things inasmuch as everything has a reference of human need" (Lecture ix, c. 981; 1:426a); y (*NE* v.v.11; 1133b): "He says that first the statement that human needs contains everything as a certain measure is explained in this way" (Lecture ix, c. 984; 1: 427b).

el hombre, de su natural es muy inclinado, y aun *necessitado* a vivir en compañía de muchos dispuestos en república. Porque no ay persona alguna que no tenga *necessidad*; y *aya menester* el favor de muchos, para poder bien vivir en esta vida. [...] Porque dado cada uno viva en sí: ninguno puede vivir bien por sí. Tiene *necessidad* de morar junto con otros. (i.ii; 8v-9r; énfasis añadido).

Balbuena utiliza el equívoco y ambivalente vocablo "interés" en *Grandeza mexicana* para referirse a la *chreia* aristotélica, un concepto traducido posteriormente como *indigentia* por sus comentaristas y como "necesidad" por los teólogos-'economistas' de la temprana modernidad hispánica, todo ello para legitimar la actividad comercial llevada a cabo principalmente por los inmigrantes peninsulares en la capital novohispana a principios del XVII. En contraste con la demonización del comercio por parte de los letrados criollos y de su supuesta relación con la ociosidad, Balbuena legitima el intercambio de mercancías recurriendo al concepto aristotélico de *chreia* o "necesidad" como principio de cohesión, organización y preservación de la comunidad política, y, de este modo, atribuye a los inmigrantes peninsulares el ejercicio de la virtud de la justicia [*dikaiosunē*]. Al llegar a afirmar que la "cudicia" (I.148; 65) que los letrados criollos atribuían a los inmigrantes peninsulares dedicados al comercio "es interés de un modo o de otro" (I.150; 65), Balbuena impugna explícitamente las críticas de los criollos y legitima las actividades comerciales como esenciales para la existencia de la capital novohispana, y a los inmigrantes peninsulares como individuos que contribuyen a la preservación de la comunidad.

Existen, además, dos elementos derivados de la *chreia* aristotélica que deben ser considerados en la conceptualización de la capital novohispana como una *polis* ordenada y legítima. Por un lado, como ya se ha mencionado, el rol fundamental de la *chreia* en la constitución de las ciudades legitimadas se basa en una preexistente división social del trabajo.[16] Por otro, las necesidades materiales de cada uno de los individuos de la *koinōnia* debe satisfacerse a través de intercambios legítimos y "naturales" cuyo objetivo no sea la acumulación "anti-natural" de capital, sino la satisfacción de la *chreia* y, en consonancia con el *telos* de la *polis*, la realización de la *autarkeia* y de la "buena vida". Tanto la división social del trabajo como la naturaleza de los intercambios comerciales en el paradigma aristotélico-tomista nos permite asociar diversos elementos de *Grandeza mexicana* que hasta el momento se han estudiado de

---

[16] Véase la *Política* (iv.iii.9–14; 1290b-1291b; 293–299), donde Aristóteles identifica ocho clases como esenciales para la *polis* ("farmers", "the mechanic class", "the commercial class", "the class of manual laborers", "the military class and the class that plays a part in judicial justice", "the deliberative class", "the rich" and "the class of public servants") criticando a Platón, quien en la *República* (ii.xi; 369–371; 149–155) afirmaba la necesidad de sólo cuatro clases.

manera autónoma e independiente, tales como los largos listados de oficios y profesiones practicados en la capital novohispana, la figura del avaro y las descripciones de los intercambios comerciales. La división social del trabajo y las descripciones de los intercambios comerciales son dos elementos estrechamente relacionados con la *chreia* aristotélica que sirven para instituir y preservar la *polis* aristotélica, y Balbuena se encarga de subrayarlos en su construcción de la Ciudad de México.

La división social del trabajo

La definición de "interés" como la *chreia* aristotélica explica el esfuerzo de Balbuena por subrayar la existencia de un amplio abanico de profesionales y oficiales (i.e., practicantes de oficios manuales) en la capital novohispana, quienes contribuyen en la creación de las variadas y múltiples mercancías que frecuentemente han llamado la atención de los críticos. Con relación a los trabajadores que aparecen en el poema, los críticos se han enfocado principalmente en la elisión, hasta el final mismo de *Grandeza mexicana*, del "indio feo" (IX.374; 124) que recoge perlas de una playa novohispana. Como bien nos recuerda John Beverley, uno de los más importantes críticos dedicados a los estudios de la subalteridad en Latinoamérica, esta elisión del indígena en actividades productivas urbanas discrepa con el hecho histórico de que la población indígena novohispana fue fundamental en la economía virreinal y en la creación de la riqueza de que gozó la Ciudad de México. En este sentido, Beverley propone comprender *Grandeza mexicana* como un "festival del fetichismo de la mercancía" ("Gongorismo colonial" 90) en que se eliden las circunstancias materiales de producción económica, y en donde los bienes materiales aparecen como "regalos" ofrecidos de manera casi espontánea por la eterna "primavera mexicana" (90).[17]

---

[17]   Beverley se expresa casi en los mismos términos en "La economía poética del *locus amoenus*" (110): "La grandeza está construida en base al tópico barroco de la cornucopia y es, como texto, un simulacro literario de una cornucopia, representando para el lector metropolitano una 'abundancia' y 'variedad' de cosas mexicanas. Toda la riqueza y belleza que ofrece 'la primavera mexicana'—la eterna primavera de una nueva Arcadia—al colonizador español consiste, como en el mito de la Edad de Oro, en 'regalos'. De ahí que la figura que representa las fuerzas humanas que realmente producen esta riqueza y sostienen el estilo de vida arcádico de la colonia—'el feo indio', como Balbuena lo nombra—queda al margen del poema. En este tipo de estetización, bastante común en la literatura menor del barroco español, la riqueza aparece como una emanación de una providencia divina y natural manejada por el sistema imperial, y no como producto de una elaboración humana realizada, en el caso de la economía americana, bajo relaciones de producción sumamente brutales". Stephanie Merrim sigue este análisis y afirma que *Grandeza mexicana* "erases the material circumstances that produce goods", y que en esto Balbuena perpetúa un supuesto modelo ofrecido inicialmente por Pedro Mártir de Anglería (1457–1526), según el cual el Nuevo Mundo es "an ideal, pastoral "Golden Age" where the land produces its fruits spontaneously with no need of labor" (*Spectacular* 124).

Si bien el indígena aparece relativamente divorciado de las mercancías manufacturadas y comercializadas en la capital novohispana, no es menos cierto que Balbuena no oculta los procesos de producción de dichas mercancías. De hecho, Balbuena subraya insistentemente la presencia en la Ciudad de México a inicios del XVII de oficiales y profesionales procedentes de la península ibérica o de Flandes a cuya labor atribuye la existencia de dichas mercancías. Mientras que estos individuos se especializan en la producción de bienes variados, son los comerciantes quienes se encargan de facilitar intercambios que satisfagan el resto de las necesidades materiales de los habitantes de la capital. Es por eso que, después de mencionar el creciente número de "tiendas" (IX.103; 116) de la capital novohispana, Balbuena invoca a Mercurio en tanto que personificación del comercio ("granjería"), y a Febo/Apolo como deidad de las artes mecánicas y liberales y del conocimiento científico ("ciencia") para afirmar que ambos tipos de actividades son preeminentes en la capital novohispana: "Al fin, si en un sujeto igual se junta / Mercurio y Febo, granjería y ciencia, / aquí hacen obra y admirable punta" (IX.103–105; 116).[18] Esto ya había sido advertido por José Durand, para quien "Balbuena canta no sólo el esplendor y las riquezas sino el comercio [y] ve con buenos ojos a los oficiales mecánicos" (160). De modo similar, Balbuena subraya la variedad de oficios que se aprenden y practican "en gusto y en quietud dichosa" (IV.28; 81), e introduce, tanto en el *capitolo* inicial como en el epílogo de *Grandeza mexicana*, largos listados de oficios y profesiones variadas que incluyen desde labradores y actores hasta escribanos y juristas (I.100–189; 66), y desde impresores y armeros hasta arquitectos y lapidarios (IX.142–151; 117); es decir, listados jerarquizados que incluyen individuos dedicados a artes mecánicas o vulgares (labradores, mineros, escultores, pintores, tejedores, joyeros, impresores, etc.), a las artes liberales (cronistas, poetas, etc.) y a las profesiones que requieren estudios más allá del *trivium* y del *quadrivium* (juristas, médicos, etc.). Con ello, el poeta nos recuerda que, si estos profesionales y oficiales "se ayudan y obedecen" y permanecen "en esta trabazón y enga[r]ce humano" es porque ejemplifican el "interés" (I.193–196; 67) y, por tanto, la cohesión de la *polis* a través de la *chreia*. Los productos de estos oficios y profesiones sirven, precisamente, para satisfacer todas las posibles "necesidades" de la población y, en consecuencia, para contribuir a la "buena vida" en la ciudad, pues, según Balbuena, no hay oficio "que a esta ilustre ciudad [y] su grandeza / no sirva de mieles, de regalo, / de adorno, utilidad, gracia o belleza" (IV.103–105; 83).

---

[18]   Me ciño a la bimembración del v. 104, que exige igualar "Mercurio" con "granjería" y "Febo" con "ciencia", y discrepo en este punto de Stephanie Merrim, quien se basa en este verso para afirmar que "Febo" se refiere a "Apollo, god of poetry" y que con ello Balbuena pretende presentar la Ciudad de México como una urbe "simultaneously sublime and mercantile" (*Spectacular* 126).

Cabe destacar, además, que esta división del trabajo presupuesta en el paradigma aristotélico y en el concepto de *chreia* cumple el rol preservador de la *polis* que Balbuena atribuye al "interés" en *Grandeza mexicana*. Es por ello que para el valdepeñero el "interés" es "señor de las naciones" (II.65; 70), el fulcro sobre el que descansan los intercambios de mercaderías ("del trato humano el principal postigo" [II.66; 70]) y el gigante cuyo "señorío" y "leyes" preservan la comunidad. Si la *chreia*, gobernada por la reciprocidad proporcional, no fuera aplicada en la capital novohispana, su "concierto" desaparecería y daría lugar al caos, al desorden y al "desvarío" (II.199–201; 67). A pesar de que el ejercicio de la justicia correctiva exige que las partes sean tratadas como iguales [*isoi*] (*NE* v.iv.3; 275), ello no niega el hecho de que los individuos son inherentemente diferentes o que ocupan lugares diferentes en la escala social. Esta diversidad de profesionales y de posiciones en la jerarquía social se relaciona estrechamente con la división social del trabajo, pues esta, además de garantizar la existencia de oficiales y profesionales diversos capaces de satisfacer las variadas necesidades de los habitantes de la *polis*, es consecuencia de la existencia de una jerarquía política dentro de la comunidad, donde se hallará individuos mejor dispuestos para gobernar "por naturaleza" y otros mejor dispuestos para obedecer "por naturaleza". En otras palabras, la división social del trabajo es consecuencia de la tripartición de la *polis* en una clase compuesta por individuos dedicados a gobernarla, una clase que agrupa a individuos dedicados a garantizar su seguridad, y de otro mayor que engloba las diferentes ocupaciones mecánicas, liberales y superiores. Más aún, en la *Política*, Aristóteles afirma que la *polis* requiere de ocho grupos de individuos dedicados a actividades diversas: agricultores, gente dedicada a las artes mecánicas, comerciantes, trabajadores manuales, militares, el grupo deliberativo, aristócratas y gobernantes. Esta división es social pero también política, pues la *polis* requiere de una clase militar y una clase gobernante (*Pol.* iv.iii.9–14.1290b-1291b; 293–9). Recuérdese que el pensamiento político aristotélico se rige por un principio "natural" según el cual "where a plurality of parts, whether continuous or discrete, is combined to make a single common whole, there is always found a ruling and a subject factor" (*Pol* i.ii.9.1254a; 19). Análogamente, "not only does a city consist of a multitude of human beings; it consists of human beings different in kind" (ii.i.4.1261a; 71–3). Por ello, la división social del trabajo garantiza la existencia de oficiales y profesionales, pero además es consecuencia de una estructura social jerárquica donde "it is better for the same persons to govern always, if posible" (*Pol* ii.i.6.1261b; 73).

Este aspecto político de la división social del trabajo es crucial para garantizar la organización y preservación de la *polis*, y es a esta jerarquía social que se refiere Balbuena en *Grandeza mexicana* cuando afirma que si se elimina el "señorío" de "este gigante" que es el "interés", "[c]aerse han las colunas principales / sobre que el mundo y sus grandezas estriba, / y *en confusión serán todos iguales*" (I.202–204; 67; énfasis añadido). Dado que presupone una división social del trabajo que, a su vez, supone la existencia no sólo de oficiales y profesionales diversos, sino también de clases sociales jerarquizadas, la *chreia* garantiza la correcta organización y preservación de la *polis*. Balbuena utiliza el término "interés" para referirse al mismo principio organizador y jerarquizante de la sociedad, el cual preserva el "concierto" de la comunidad y, así, evita la "confusión" (III.201; 67) y la elisión de las diferentes clases sociopolíticas de la capital novohispana.

Oikonomikē y *chrēmatistikē*

Además de la división social del trabajo, el pensamiento "económico" aristotélico hace hincapié en la distinción entre unos intercambios de bienes conducentes al estado de autarquía de la *polis* (y, por tanto, "naturales" y perfectamente "legítimos"), y unos intercambios cuyo *telos* es la acumulación desmedida e ilimitada de capital (motivo por el cual se consideran intercambios "anti-naturales" y transgresores de la virtud de la justicia). Gracias a esta distinción, el modelo aristotélico ofrece a Balbuena la posibilidad de validar los intercambios comerciales de la capital novohispana que los letrados criollos repetidamente demonizan y atribuyen a unos inescrupulosos y ociosos inmigrantes peninsulares, y de afirmar que la Ciudad de México no es "un *entrepôt*, un lugar al que llega y del cual sale mercadería" como sugieren Fuchs y Martínez San Miguel (679), sino una ciudad que ha alcanzado la *autarkeia* y donde se goza la 'buena vida'. Así, Balbuena se apropia del 'pensamiento económico' aristotélico para responder a los ataques de los intelectuales pro-criollos y presentar las actividades comerciales de los inmigrantes peninsulares como prácticas perfectamente "naturales" en tanto que suponen el intercambio de mercancías de las que se tiene "más de lo necesario" por otras de las que se tiene "menos de lo necesario", y cuyo objetivo es la *autarkeia* y la buena vida de la capital virreinal. En contraste con estos intercambios "naturales", Balbuena atribuye a los criollos novohispanos la poco virtuosa práctica de operaciones "anti-naturales" cuyo objetivo es la acumulación de riqueza espuria como el oro (en tanto que dinero). Con ello, Balbuena afirma que los criollos de fines del XVI son nuevas versiones del rey Midas, pues adoptan una conducta avara y notablemente "anti-natural", que va en contra del interés de la *polis* y que, por tanto, les impide satisfacer sus necesidades materiales más básicas.

Dentro del modelo propuesto por Aristóteles, la *polis* es un tipo de *koinōnia* ('comunidad', 'sociedad') definido por su *telos* u objetivo. Así, pues, la asociación más básica, la pareja heterosexual, se caracteriza por garantizar la preservación de la especie, mientras que la asociación entre amo por naturaleza y siervo por naturaleza pretende garantizar la seguridad de ambos. Mientras que la combinación de estos dos tipos de *koinōnia* crea la asociación del *oikos* ('hogar familiar'), cuyo objetivo es la satisfacción de las necesidades cotidianas, la combinación de familias, que da lugar a la villa, tiene como objetivo suplementar necesidades más allá de las estrictamente cotidianas (*Politics* i.i.4–9; 1252a-1252b; 5–9). En contraste con estas asociaciones, la *polis*, compuesta por múltiples villas, tiene por objetivo alcanzar la *autarkeia* o autarquía, definida como "a thing which merely standing by itself alone renders life desireable and lacking in nothing" (*NE* i.vii.7; 29), y, como consecuencia de ello, alcanzar la "buena vida" [*eu zēn*]. Para alcanzar este estado de *autarkeia*, es indispensable obtener o adquirir los instrumentos necesarios de que se carece para satisfacer las necesidades materiales. En el primer libro de la *Política* Aristóteles intenta determinar si este proceso o arte de adquisición puede considerarse parte del 'arte' de *oikonomikē* o 'administración del hogar' (término del cual deriva el actual vocablo 'economía'), y por lo tanto se trata de un proceso legítimo y natural; o si, por el contrario, es parte de la *chrēmatistikē* que procura la mera acumulación de capital, y, por tanto, es parte de un proceso perjudicial para los intereses del hogar y de la *polis*.

Dada la preexistente división social del trabajo, los ciudadanos de la *polis* se ven obligados a intercambiar los productos de su labor (sea en la forma de bienes, sea en la forma de servicios como atención médica) para poder satisfacer sus necesidades materiales. En este sentido, un individuo intercambia sus servicios profesionales o el 'exceso' de sus productos (una especie de 'superávit') por aquéllos de los cuales carece (una especie de 'déficit'), pues los intercambios "began in the first instance from the natural order of things, because men had more than enough of some things and less than enough of others" (*Pol.* i.iii.11; 1257a15; 41). Si bien Aristóteles se enfoca principalmente en los intercambios entre individuos dentro de la *polis*, el mismo principio se extiende a los intercambios entre diferentes comunidades, pues "the importation of commodities that they do not happen to have in their own country and the export of their surplus products are things indispensable" (*Pol.* vii.v.4; 1327a25–30; 563) sin caer en un comercio de *entrepôt*. Tanto a nivel intra-comunitario como a nivel inter-comunitario, la preexistente división social del trabajo permite que estos intercambios satisfagan la *chreia* de los individuos o comunidades, lo cual conduce a la *polis* al deseado estado de *autarkeia*.

Sin embargo, no todos los intercambios que pueden llevarse a cabo son legítimos. Aristóteles establece una crucial distinción entre intercambios necesarios y 'naturales' (cuya práctica se subordina a la *oikonomikē*, y que denomina "good *chrēmatistikē*"), e intercambios innecesarios y 'no-naturales' (cuya práctica denomina "bad *chrēmatistikē*").[19] El primer tipo de intercambio,

---

[19] En este punto me desvío de las conclusiones que Marc Shell presenta en su conocido estudio sobre las relaciones entre economía y literatura. Shell adopta esta distinción básica entre *chrēmatistikē* y *oikonomikē* de Aristóteles e intenta aplicarla a la *Poética* aristotélica para determinar si la producción literaria pertenece a una u otra. Como se verá en las siguientes líneas,

completamente legítimo, se enfoca en la obtención de mercancías por su 'valor de uso' (*use value*); es decir, por su capacidad de satisfacer las necesidades del comprador a través de su consumo. Con ello, el individuo, su *oikos* o unidad familiar, y la *polis* en conjunto pueden alcanzar el estado de autarquía. Además, esto implica que la riqueza 'legítima' de cada individuo se determina por la cantidad de estas mercancías útiles que posee, las cuales tienen un límite: "a supply of those goods, capable of accumulation, which are necessary for life and useful for the community of city or household" (*Pol.* i.iii.8, 1256b; 37–39). En contraste con ello, el segundo tipo de intercambio, 'no-natural' o 'anti-natural', tiene por objetivo la acumulación de capital (es decir, de dinero en la forma de oro y plata en economías metálicas) por su 'valor de cambio' (*exchange value*).[20] Este tipo de intercambio no se dirige a la satisfacción de necesidades

---

el modelo aristotélico sobrepasa esta distinción inicial y advierte que cualquier actividad productiva, según su *telos*, puede ser considerada "natural" ("good *chrēmatistikē*" y, por tanto, subordinada a la *oikonomikē*) o "antinatural" ("bad *chrēmatistikē*", una práctica contraria a los intereses de la *polis*). Por ello, no sorprende que Shell no pueda determinar fácilmente a qué esfera pertenecería la producción poética: "there is a purposeful ambiguity whether poetry is an economic or a chrematistical production" (92). Lamentablemente, este análisis trunco de Shell es seguido por John Beverley ("Economía política" 105) y, posteriormente, por Stephanie Merrim, quien asegura que ""Grandeza" writes itself into and reifies the seventeenth-century's imperial, capitalistic economy of chrēmatistikē, according to Beverley (chap. 1), an economy recently divorced from landownership and resituated in money. [...] Balbuena's desiring, imperial, Baroque poem advertises and estheticizes commodities and "commodifies" esthetics into the mercantile poetics of chrēmatistikē" (*Spectacular* 126). Como se verá en las siguientes páginas, un análisis más completo del modelo aristotélico nos permite comprender que Balbuena intenta hacer exactamente lo contrario de lo que afirman Beverley y Merrim: representar los intercambios de mercancías en la capital novohispana como "naturales" ("good chrēmatistikē") y, por tanto, como subordinados a la *oikonomikē*, y atacar a los criollos como personas sedientas de dinero y, por tanto, afiliadas a la rama "anti-natural" de la *chrēmatistikē*.

20   Aristóteles distingue claramente entre lo que Marx bautizó como el "valor de uso" (i.e., el beneficio o utilidad derivado del consumo) de un bien y su "valor de cambio" (i.e., la proporción o medida en que un producto se puede intercambiar por otro, como el precio de la mercancía): "with every article of property there is a double way of using it; both uses are related to the article itself, but not related to it in the same manner—one is peculiar to the thing and the other is not peculiar to it. Take for example a shoe—there is its wear as a shoe and there is its use as an article of exchange; for both are ways of using a shoe, inasmuch as even he that barters a shoe for money or food with the customer that wants a shoe uses it as a shoe, though not for the use proper to a shoe, since shoes have not come into existence for the purpose of barter" (*Politics* i.iii.11, 1257a; 39, 40). Me permito usar estos términos porque Marx (421–434) los acuña precisamente siguiendo este pasaje aristotélico. Como afirma Scott Meikle, "Marx's own treatment of use value and exchange value follows the logic of Aristotle's analysis; [...] This reflects a general debt Marx owes to Aristotelian metaphysics, which pervades his work as a whole, and sets him apart from most other modern writers in the social sciences, whose metaphysical debt is usually owing to Hume and the Enlightenment" (15, n.11). Recuérdese que Marx fue "an assiduous commentator on the Stagirite's economic texts" (Baeck *Mediterranean Tradition* 80) y que en un artículo de 1842 Marx afirma que "[m]odern philosophy has only continued work that Heraclitus and Aristotle had already begun" (Marx 19). Las similitudes entre Aristóteles y Marx son claras no sólo en

ni contribuye al *telos* de la *polis*; antes bien, se enfoca en la producción y acumulación ilimitada de dinero (o sus equivalentes metálicos), la cual Aristóteles define como riqueza espuria.

Aristóteles ejemplifica los distintos tipos de intercambio ordenándolos en una secuencia cronológica y agrupándolos en relación con la aparición histórica del dinero y su uso en los intercambios comerciales. El modelo primigenio de intercambio, el trueque, consiste en el intercambio de bienes sin la mediación del dinero. Si los intercambios surgen "naturalmente" de situaciones en que algunos agentes ofrecen mercancías de las que tienen "más de lo *necesario*" por otras de las que tienen "menos de lo *necesario*" (*Pol.* i.iii.11; 1257a15; 41), en el trueque cada una de las partes involucradas necesita y planea consumir y aprovechar la mercancía obtenida por su valor de uso (no por su valor de cambio). Este tipo de intercambio, representado modernamente como M-M',[21] es considerado "natural" y completamente válido por Aristóteles en tanto que tiene como objetivo contribuir directamente, a través de su consumo dentro de la *koinōnia*, a satisfacer las necesidades humanas y, así, contribuir al logro de la *autarkeia* de la *polis*.

En una segunda etapa se introduce el dinero para facilitar intercambios que exigen, entre otras cosas, el trabajoso traslado de bienes a grandes distancias: "money was brought into existence for the purpose of exchange" (*Pol.* i.ii.23; 1258b; 51). En esta etapa, Aristóteles identifica tres intercambios, uno de los cuales es natural en tanto que, como el trueque, pretende satisfacer las necesidades individuales y alcanzar el objetivo comunitario de la *autarkeia*. Los dos últimos, en cambio, son severamente impugnados por el filósofo en tanto que, en contradicción con el *telos* de la *polis*, no se enfocan en la adquisición y consumo de mercancías, sino en la acumulación de capital, ora a través de transacciones comerciales, ora a través de la usura.

El único intercambio mediado por el dinero que es "natural" y legítimo, representable como una secuencia M-D-M', supone la inicial venta de un bien y la consecuente obtención de dinero (M-D) con el objetivo de usar el dinero para adquirir un bien diferente del inicial para ser consumido o aprovechado por su valor de uso (D-M'). En otras palabras, este tipo de intercambio combina

cuanto a la distinción entre "valor de uso" y "valor de cambio", sino, como se verá en las siguientes páginas, también en relación con la secuencia histórica de los intercambios de productos (Marx 443–451) y a la figura del avaro (Marx 449).

[21] Sigo en esto la nomenclatura estándar actual para facilitar la explicación del modelo aristotélico, tal y como lo hace Scott Meikle en su análisis del estagirita: "M" para "mercancía", "D" para "dinero" (en inglés: "C" por "commodity", y "M" por "money"). El apóstrofe (') se utiliza para distinguir entre dos mercancías diferentes entre sí (M ≠ M'), o entre dos cantidades diferentes de dinero (D ≠ D'). La nomenclatura, nuevamente, fue usada por primera vez por Marx, precisamente porque "Marx's analysis of these circuits follows Aristotle closely" (Meikle 52 n.7).

dos transacciones en una a través de la mediación del dinero: la venta inicial de un producto del cual se tiene "más de lo necesario" y la posterior compra de una mercancía diferente de la cual se tiene "menos de lo necesario". Para Aristóteles, este tipo de intercambio es equivalente al trueque (M-M'), pues, a excepción de la mediación del dinero, su objetivo es el mismo: la obtención de bienes para ser aprovechados por su valor de uso, lo cual lleva a la satisfacción de las necesidades humanas y, por tanto, a la *autarkeia* que se asocia con la *koinōnia* de la *polis*.

Sin embargo, existe un tipo de intercambio que, en la práctica, puede parecer exactamente igual al anterior, pero que es decididamente impugnado por Aristóteles dado que su objetivo no es la "natural" obtención de bienes para ser consumidos, sino la "anti-natural" acumulación de dinero. Para el observador empírico existe entre ambos tipos de intercambio una afinidad muy clara, puesto que "[they] overlap because they are both handling the same objects and acting in the same field of acquisition; but they move along different lines—the object of one being simply accumulation, and that of the other something quite different" (*Pol.* i.iii.18; 1257b).[22] Este tercer tipo de intercambio, representable como D-M-D', supone la inicial compra de una mercancía (D-M) y su posterior venta por una cantidad de dinero superior a la original (M-D'). En este caso, la conjunción de esta compra inicial y venta posterior tiene como consecuencia el aprovechamiento de una mercancía no por su valor de uso, como en los intercambios del tipo M-M' o M-D-M', sino por su valor de cambio; es decir, para ser simplemente revendida a mayor precio. Por tanto, este tipo de intercambio tiene por objetivo no la acumulación de herramientas o instrumentos para ser consumidos y aprovechados dentro del hogar o de la *polis* (es decir, la consecución de la "verdadera" riqueza), sino la acumulación de dinero (es decir, la acumulación del tipo de riqueza que Aristóteles considera espuria). En otras palabras, este tipo de intercambio se enfoca en "producing wealth not indiscriminately but by the method of exchanging goods" (*Pol.* i.iii.17; 1257b21; 45).[23] Este objetivo es absolutamente incompatible con el *telos* de la *autarkeia* y el estado de la "buena vida" que define la *polis*. En consecuencia, este tipo de intercambio es considerado por Aristóteles un ejemplo de "bad *chrēmatistikē*" y, por tanto, es totalmente impugnado por "no-natural".

---

22   La traducción de Rackham en la colección Loeb oscurece notablemente el sentido. En ésta se afirma que existe "a close affinity of the two branches of the art of business. Their common ground is that the thing that each makes use of is the same; they use the same property, although not in the same way—one has another end in view, the aim of the other is the increase in property" (i.iii.18; 1257b; 47).

23   La traducción que ofrece Meikle es, nuevamente, más clara, y afirma que este tipo de *chrēmatistikē* "is concerned only with getting a fund of money, and that only by the method of conducting the exchange of commodities" (Meikle 59).

La cuarta modalidad de intercambio dentro de la secuencia del Estagirita, representable como D-D', no comporta el intercambio de bienes propiamente dichos, sino la multiplicación "no-natural" del dinero a través de prácticas como la usura. Este tipo especial de *chrēmatistikē*, que Aristóteles denomina *obolostatikē* o "money born of money"[24] (*Pol.* i.iii.23; 1285b; 51) es considerado el más "anti-natural" de todos los tipos de intercambios por dos motivos. Por un lado, el Estagirita denuncia la perversión a la que es sometida el dinero en la práctica de la usura, pues de ser un mediador o elemento facilitador de los intercambios de bienes (*Pol.* i.ii.23; 1258b; 51) es transformado en instrumento para incrementar la cantidad de dinero que un individuo posee; de ahí que el dinero producido a través de la usura sea considerado "money born of money". Por otro lado, Aristóteles cuestiona el tipo de riqueza en que se enfoca la práctica usuraria, pues no tiene por objeto la adquisición de mercancías por su valor de uso (la riqueza que Aristóteles considera legítima), sino la reproducción y acumulación de capital en tanto que valor de cambio (es decir, el tipo de riqueza que Aristóteles impugna como espuria).

Estos dos últimos tipos de intercambio, representados por las secuencias M-D-M' y M-M', en tanto que se hallan dirigidos a la acumulación de dinero (o de sus patrones en oro y plata), son contrarios a los objetivos de la *polis* y, por tanto, son denunciados por Aristóteles como "anti-naturales". El Estagirita condena explícitamente estas prácticas, puesto que el dinero en sí mismo no satisface las necesidades materiales de los individuos y su acumulación es una perversión de su función original. Por ello, no duda en afirmar que el dinero no es nada ("money is nonsense, [...] by nature nothing" [*Pol* i.iii.16; 1257b; 43]) y que *per se* no satisface las necesidades humanas: "it is of no use for any of the necessary needs of life and a man well supplied with money may often be destitute of the bare necessities of subsistence" (*Pol.* i.iii.16.1257b; 43–5). Para condenar estas conductas "anti-naturales", Aristóteles invoca el ejemplo del Rey Midas, quien, a pesar de poseer una ilimitada cantidad de dinero (en la forma metálica de oro), es incapaz de saciar sus necesidades más básicas.[25] De ahí que las prácticas comerciales cuyo objetivo no sea la satisfacción de necesidades sino la acumulación de capital sean impugnadas por Aristóteles como prácticas "anti-naturales" y enemigas de los intereses de la comunidad.

El paradigma aristotélico, fundado en la *chreia* y en la preexistente división social del trabajo, y con las distinciones fundamentales entre intercambios "naturales" y "anti-naturales" ("good *chrēmatistikē*" vs. "bad *chrēmatistikē*")

---

[24]   Scott Meikle (63) prefiere traducir la frase como "breeding of money from money".

[25]   "[...] it is absurd that wealth should be of such a kind that a man may be well supplied with it and yet die of hunger, like the famous Midas in the story, when owing to the insatiable covetousness of his prayer all the viands served up to him turned into gold" (*Pol.* i.iii.16; 1257b; 45).

y entre riqueza "natural" y "anti-natural" ('bienes deseados por su valor de uso' vs. 'dinero deseado por su valor de cambio'), se disemina durante la Edad Media latina a través de las traducciones debidas a Robert Grosseteste (c. 1168–1253) y Willem van Moerbeke (c. 1215–1268), y, principalmente, a través de la *Summa Theologiae* y de los comentarios de Santo Tomás de Aquino a la *Política* de Aristóteles (42–8, 50–4, 56–60, 62–4). Sin embargo, el aquinate es más explícito y flexible que Aristóteles en relación con el comercio y legitima explícitamente la actividad comercial siempre y cuando produzca ganancias moderadas y se subordine a un propósito válido, como el bien común. Aunque impugna decididamente cualquier caso en el que una persona se dedique al comercio con el fin de acumular dinero (la riqueza que Aristóteles tacha de espuria), el aquinate legitima la actividad comercial siempre y cuando su *telos* sea, como sugiriera el Estagirita, la provisión del hogar familiar [*oikos*], o incluso si su *telos* es amparar a los pobres o proveer a la comunidad de cualquier bien escaso transportándolo desde otras comunidades a cambio de una ganancia moderada:

> There is, therefore, nothing to stop profit being subordinated to an activity that is necessary, or even right. And this is the way in which commerce can become justifiable. This is exemplified by the man who uses *moderate business profits* to provide for his household, or to help the poor; or even by the man who conducts his business for the public good in order to ensure that the country [*(res)publica*] does not run short of essential supplies, and who makes a profit as it were to compensate for his work and not for its own sake. (ii.ii, q. 77, a. 4; 38:229; énfasis añadido)

Es gracias a la obra del aquinate que durante la temprana modernidad hispánica intelectuales asociados con la Universidad de Salamanca como Martín de Azpilcueta (iii.11; 21–23), Saravia de la Calle (*Instrucción* 15; *Tratado de cambios* 141–148), Tomás de Mercado (ii.iv; 24r-26v) y Luis de Molina (CCCXXXIX, 128–33; CCCXLVI.4, 153) articulan sus observaciones sobre los intercambios de mercancías manteniendo el modelo aristotélico expuesto en el primer libro de la *Política*. Estos tratadistas siguen muy de cerca la historia de los intercambios propuesta por el Estagirita, legitimando siempre aquéllos intercambios que, nacidos de la "necesidad", se enfocan no solamente en la satisfacción de las carencias individuales, sino también en el bien común, e impugnando aquellas prácticas (sea el comercio mercantilista, el cambio de divisas o el préstamo de dinero con intereses) cuyo objetivo es la acumulación de dinero. Quizás sea Tomás de Mercado quien más de cerca sigue la dicción aristotélica, recordando a sus lectores que

> [e]n una de dos maneras se vende o compra (conviene a saber) o para provisión de la familia o para ganar algo vendiendo y comprando. Digo que o compramos para gastarlo y consumirlo o para granjear, vendiendo. [...] Este mercar o

vender [para el consumo en el hogar] es un negocio tan lícito que es natural como honrar a nuestros mayores. [...] esto (aunque es mercar y vender) no es ser mercader, sino hombre *político* [<*polis*] y cuidadoso en lo que es justo lo sea. [...] Do es muy de advertir que no es lo mismo querer ganar de comer y querer enriquecer, que la una voluntad es buena y recta, la otra viciosa y perniciosa. El apetito de sustentarse a sí y a su familia es natural, mas el deseo de las riquezas es abominable. (ii.iv, 24r-26r; énfasis añadido)

En *Grandeza mexicana*, Balbuena invoca precisamente este modelo aristotélico-tomista, canonizado por la Escuela de Salamanca, para legitimar las supuestamente punibles transacciones comerciales que los criollos novohispanos constantemente atribuyen a los inmigrantes peninsulares. Por un lado, el poeta representa estos intercambios como práctica de "good *chrēmatistikē*" y, por tanto, de *oikonomikē*, tanto a nivel interpersonal como a nivel inter-comunitario, llevada a cabo por inmigrantes y centrada en la satisfacción de la *chreia* a través de la adquisición y consumo de bienes por su valor de uso. Por otro, el valdepeñero representa a los criollos como agentes sociales enfocados en la acumulación irrestricta de dinero por su valor de cambio y, en consecuencia, como seres moralmente deficientes e incapaces de practicar la virtud de la justicia o *dikaiosunē* y que, por tanto, deben ser exiliados de la *polis*. En este sentido, *Grandeza mexicana* es una toma de posición en contra de las acusaciones de letrados criollos como Gómez de Cervantes y Dorantes de Carranza, quienes atacan a los recientes inmigrantes peninsulares por ejemplificar el ocio a través de su dedicación al comercio. Balbuena se esfuerza claramente por presentar los intercambios comerciales de la capital novohispana como una práctica legítima y orientada a dotar a la Ciudad de México de todos los bienes necesarios para satisfacer la *chreia* de sus habitantes y, así, alcanzar el estado de *autarkeia* y gozar de la "buena vida". A nivel individual, dada la diversificación laboral que existe en la capital novohispana, tal y como aparece en los largos listados de profesiones a lo largo de *Grandeza mexicana*, los habitantes de la ciudad se encuentran en una situación en la que no pueden satisfacer todas sus necesidades individualmente y, por tanto, se ven obligados a cooperar unos con otros a través del intercambio de bienes y servicios. Por ello, si Balbuena afirma que "de su plaza el tráfago y concurso, / lo que en ella se vende y se contrata" (IV.64–5; 82) es irreductible y, por tanto, indescriptible, este comercio interno no es una exaltación del capitalismo ni un elogio del mercantilismo, sino un ejemplo claro del hecho de que en esta ciudad "unos a otros se ayudan y obedecen, / y en esta trabazón y enga[r]ce humano" (I.193–4; 67) satisfacen de manera legítima y "natural" su "interés" individual, y actúan de una manera ordenada y conducente a la *autarkeia* de la capital novohispana. Es a través de estos intercambios "naturales" que los inmigrantes peninsulares, tan denostados por los criollos, ejemplifican el ejercicio de la virtud de *dikaiosunē* o justicia.

Así como Aristóteles propone que los intercambios naturales se originan en un contexto en el que un sujeto tiene "más de lo necesario" de cierta(s) mercancía(s) y "menos de lo necesario" de otra(s), el mismo principio se aplica a las relaciones entre distintas comunidades o estados: "the importation of commodities that they do not happen to have in their own country and the export of their surplus products are things indispensable", pero sin introducir la *polis* en un comercio de *entrepôt*, ni abrir "their market to the world [...] for the sake of revenue" (*Pol.* vii.v.4.1327a; 563). En relación con el Virreinato de la Nueva España, Balbuena establece que los intercambios globales de la capital son legítimos porque se centran en el equilibrio entre un 'exceso' de metales preciosos del virreinato y un 'defecto' o 'déficit' de materias primas y manufacturas provenientes de otras regiones del mundo. Es por ello que la ciudad es "toda un feliz parto de fortuna / [...] / de tesoros y plata *tan preñada*, / que una flota de España, otra de China / de sus *sobras* cada año va cargada" (IX.64, 68–69; 115; énfasis añadido). De hecho, dado que la abundancia es uno de los determinantes principales del precio de cualquier bien, el valor de los metales preciosos, por su abundancia en los territorios americanos, es menor que en otros lugares donde son bienes escasos: "Aquí es lo menos que hay que ver la plata, / y la cosa que en ella hay más barata" (V.119–120; 91). Es por ello que Balbuena es capaz de legitimar la codiciosa extracción y explotación de metales preciosos en los virreinatos americanos afirmando que la Ciudad de México intercambia legítima, "naturalmente" los metales preciosos que tiene en exceso por bienes y productos que, originados en diversas partes del mundo, llegan a los varios puertos del territorio español, como San Lúcar de Barrameda o Manila:

> América sus minas desentraña,
> y su plata y tesoros desentierra,
> para darle los que ella a nuestra España.
> Con que goza la nata de la tierra,
> de Europa, Libia y Asia, por San Lúcar,
> y por Manila cuanto el chino encierra.
> (IX.172–177; 118)[26]

---

[26] La elisión del verbo en el hiperbático v. 174, "para darle los que ella a nuestra España" ('para darle a nuestra España los que ella [=América] desentierra/desentraña' = 'para dárselos a nuestra España') complica la lectura inicial del pasaje, pues produce una redundancia innecesaria: "América [...] su plata y tesoros desentierra [...] para darle a nuestra España los que América desentraña' = 'América [...] su plata y tesoros desentierra [...] para dárselos a nuestra España, con que goza la nata de la tierra'". Sin embargo, el verbo se suple fácilmente gracias a los versos inmediatamente precedentes y el sentido se mantiene: existe un intercambio legítimo y "natural" por el cual América intercambia lo que le "sobra" ("plata", "tesoros") por aquello que le "falta" (los productos del resto del mundo). Esta redundancia puede considerarse un pleonasmo, y cabría

Si en el nivel interpersonal del interior de la *polis* la *autarkeia* exige el intercambio de bienes que un trabajador produce y que tiene en "exceso" por otros bienes diversos de los cuales tiene en "defecto", en el nivel inter-comunitario o inter-nacional, la *polis* puede legítimamente intercambiar con otras comunidades los bienes de que tiene "más de lo necesario" por otros de los cuales tiene "menos de lo necesario". De este modo, Balbuena logra justificar la explotación de los abundantes metales preciosos americanos (que, en la práctica, es una de las principales causas de la explotación y devastación de la población indígena americana) y su intercambio por materias primas y mercancías que se extraen, cultivan o producen "en exceso" en otros lugares del orbe. Por ello, Balbuena elogia el hecho de que, gracias al comercio, en la Ciudad de México "[e]ntra una flota y otra se despide, / de regalos cargada la que viene, / la que se va del precio que los mide" (I.142–144; 65), donde "el precio que los mide" es, evidentemente, el oro y la plata con que se acuña monedas y, por extensión, el "precio" a través del cual se mide el valor de los bienes y que permite su compra y venta. Por ello, Balbuena afirma que son legítimos los intercambios de la capital novohispana con "un mundo entero", desde España hasta China, desde Italia hasta Japón: "tú las basteces de oro y plata fina; / y ellas a ti de cosas más preciadas" (V.109–114; 91).

Además de legitimar los intercambios comerciales de la capital virreinal con el "mundo entero" a través de puertos pertenecientes a la Corona española, Balbuena responde explícitamente a las acusaciones de los letrados criollos recordando a los lectores de *Grandeza mexicana* que la *autarkeia* de la ciudad depende precisamente de la labor comercial que los criollos constantemente atacan como supuesta manifestación de la ociosidad de los inmigrantes peninsulares. Por ello, Balbuena no sólo elogia a los "famosos mercaderes" (V.104; 90) de la ciudad, sino que incluso afirma que en la capital "el ser mercader es excelencia", porque no hay lugar donde se encuentren "más géneros de nobles mercancías, / más pláticos y ricos mercaderes, / más tratos, más ganancias y más granjerías" (IX.108,109–111; 116). Además, el poeta valdepeñero recuerda que es precisamente en las "tiendas, bodegas y almacenes" de la ciudad, tan demonizados por los criollos, donde se halla "lo mejor destos mundos" (III.179–180; 79), incluyendo los productos mencionados en los largos inventarios de mercancías ofrecidos por Balbuena y que resaltan tanto materias primas de las zonas tropicales como manufacturas europeas, desde los tórridos Perú, Chile, Goa, Taprobana, Manila y Java, hasta Milán, Flandes, Bretaña

preguntarse si existen otros casos similares en *Grandeza mexicana*. Discrepo en este punto, pues, de Fuchs y Martínez San Miguel, quienes afirman que este verso es "casi agramatical" y que, por lo tanto, sugiere la supuesta subordinación de España a la jerárquicamente superior capital novohispana a manera de *translatio imperii*: "[l]a falta de un verbo en este verso parece referirse de manera implícita a ese desplazamiento del centro del imperio que venimos señalando y que convierte a la Nueva España en la nueva metrópolis colonial" (691).

y Japón, pasando por Ormuz, Turquía y Egipto.[27] Finalmente, la validación del comercio 'natural' y 'legítimo' de la capital novohispana va aparejada de su constante incremento, lo cual garantizaría la preservación del estado de *autarkeia* de la ciudad, ya que es imposible cuantificar el número "de tiendas que le nacen cada día" (IV.102; 116).

Mientras que el paradigma aristotélico-tomista al cual se afilia Balbuena le permite responder a las acusaciones de los letrados criollos y garantizar el carácter "natural" y legítimo de las transacciones que criollos como Gómez de Cervantes o Dorantes de Carranza atribuyen a los inmigrantes peninsulares, este mismo paradigma le ofrece a Balbuena la posibilidad de atacar explícitamente a los criollos como individuos motivados por la acumulación de riqueza espuria y, por tanto, incapaces de practicar la virtud de la justicia o *dikaiosunē*. Por un lado, Balbuena valida las actividades comerciales de los gachupines en la Ciudad de México en tanto que originadas en la *chreia* y orientadas a la *autarkeia*; por otro, sin embargo, el poeta representa a los criollos como individuos expulsados de la capital novohispana cuyo objetivo no es la satisfacción de las necesidades materiales (individuales o comunitarias), sino la "antinatural" acumulación de dinero o riqueza espuria. Aludiendo claramente a la descripción del Rey Midas que ofrece Aristóteles (*Pol.* i.iii.16; 1257b; 45), los criollos aparecen en *Grandeza mexicana* como "avarientos" que, carentes de la virtud de la justicia, "adoran" el dinero en grado tal que no lo tocan "aunque de hambre muera[n]" (IV.154, 157, 162; 84–5). Si *chreia* es el principio organizador y preservativo de las asociaciones humanas, la "avaricia" que exhiben los criollos que habitan el "campo" en *Grandeza mexicana* supone la desintegración de los vínculos comunitarios y exige el efectivo exilio de dichos individuos de la capital novohispana. Por ello, diversos criollos de *Grandeza mexicana* mantienen una conducta absolutamente antisocial e intentan resguardar su capital "sin fiar ni fiarse de ningunos", una actitud "con que a todos a risa nos provo[ca]" (IV.154–162; 84–5). Esta actitud revela que los criollos carecen de la virtud de la justicia o *dikaiosunē* y, por tanto, deben ser impedidos de participar en el gobierno de la Ciudad de México: si, para Aristóteles, aquel que se cree autosuficiente y no pertenece al estado es "either a lower animal or a god" (*Pol.* i.i.12; 1253a; 13), para Balbuena los criollos son individuos moralmente defectivos que, al privilegiar la acumulación individual de dinero sobre el bienestar de la comunidad, carecen del estatuto de *zōon politikon* y, por tanto, deben ser desterrados al "campo" novohispano.[28]

---

[27] Véase *Grandeza mexicana*, III.106–141, 76–77; III.169–184, 79; V.85–96, 90–1; V.100–120, 90–1; VII.13–24,100; IX.172–177; 118.

[28] En observaciones similares, Osvaldo Pardo advierte claramente que "[t]here is no place in the city for the *avariento*; he is an anti-social figure" (109).

En la Nueva España de fines del XVI y principios del XVII, los empobrecidos descendientes de los primeros conquistadores y pobladores, ambicionando puestos burocráticos y encomiendas, no dudan en atacar explícitamente las actividades comerciales en que participan los inmigrantes peninsulares, presentando a éstos como holgazanes y sus métodos de multiplicar su riqueza como engaños y mentiras. En clara oposición a estos reclamos de los criollos novohispanos, *Grandeza mexicana* configura la legitimación de un tipo de actividad comercial considerada "natural" por el 'pensamiento económico' canónico de la temprana modernidad hispánica. Balbuena representa los intercambios comerciales en *Grandeza mexicana* como prácticas perfectamente aceptables según el paradigma aristotélico-tomista canonizado por los intelectuales asociados a la Universidad de Salamanca en el XVI. Balbuena, asimismo, utiliza un término particularmente escurridizo y polivalente, "interés", precisamente para invocar dicho paradigma 'económico' y recordar la inherente obligación que tienen los seres humanos de satisfacer sus necesidades individuales por medio de intercambios y transacciones de compra-venta. El particularmente oscuro término "interés" nos permite calibrar la relevancia de elementos que, de otro modo, han sido analizados de manera aislada, como los largos listados de oficiales y profesionales que ejercen en la capital novohispana, y la figura del avaro en el campo. Al identificar el "interés" de Balbuena como *chreia* advertimos que estos elementos son parte integral de una estrategia de Balbuena que pretende no sólo legitimar las actividades comerciales de la capital novohispana como perfectamente "naturales" y legítimas, sino también contra-atacar a los criollos que demonizan el comercio, tachando a los descendientes de los conquistadores como equivalentes de un Midas gobernado por una incontrolable sed de riqueza espuria e ilegítima, y por tanto, como seres que deben ser expulsados de la *polis*. Si el "interés" es "señor" de la capital novohispana, es gracias a los inmigrantes peninsulares que ejercen la virtud de la justicia o *dikaiosunē* a través de intercambios "naturales" y que, al hacerlo, acercan la Ciudad de México al ideal estado de autarquía y al goce de la 'buena vida' que definiera Aristóteles.

El "valor de cambio" y las virtudes intelectuales en los intercambios comerciales en la Nueva España

Al legitimar las prácticas comerciales que los criollos novohispanos atribuyen a los inmigrantes peninsulares, Balbuena hace desfilar a lo largo de los casi dos mil versos del poema "Grandeza mexicana" un amplio espectro de bienes y productos que han llamado constantemente la atención de los lectores. La interminable contabilidad de productos de Balbuena, que incluye desde alabadas 'materias primas' como "[l]a plata del Perú, de Chile el oro", "de Arabia encienso, y de Ormuz granate", "de Goa marfil, de Siam ébano pardo" (III.109,104,107; 77), hasta prestigiosas 'manufacturas' como "cuantos relojes ha inventado Flandes, / cuantas telas Italia, y cuantos dijes / labra Venecia en sutilezas grandes" (III.130–132; 78), ha sido comparada a una suerte de cornucopia de regalos que la pródiga Nueva España ofrece a sus habitantes. El interminable desfile de mercancías en el poema, en conjunción con la elisión de la mano de obra indígena, ha llevado a críticos como John Beverley a afirmar que *Grandeza mexicana* da lugar a un extenso fetichismo de la mercancía ("Gongorismo colonial" 90, "Economía poética" 110). Dado que Beverley analiza *Grandeza mexicana* desde la perspectiva de los estudios sobre la subalteridad, es lógico que se enfoque en la problemática representación de los indígenas en el poema y cuestione la forma en que Balbuena parece divorciarlos de los procesos de producción. A lo largo de las siguientes páginas me importa complementar estas observaciones de Beverley con un análisis que advierta no sólo este parcial divorcio del indígena de los procesos de producción, sino también la deliberada inserción de individuos no-indígenas en dichos procesos productivos por parte de Balbuena. Aunque el valdepeñero disocia al indígena de esta productividad, los lectores de *Grandeza mexicana* recuerdan con relativa facilidad los largos y variados listados de oficios y profesiones que ofrece Balbuena a lo largo de los casi dos mil versos del poema. Dado que Balbuena identifica explícitamente a los bárbaros indígenas que aparecen en la "Introducción" del libro y en el *capítolo* final o epílogo del poema, es sensato deducir que los diversos e innumerables oficiales y profesionales referidos por Balbuena no pertenecen a la "nación india", sino, más probablemente, a la "española". Dentro de ésta, sin embargo, las aspiraciones señoriales de los criollos novohispanos los transforma en individuos que desprecian y rechazan el trabajo, especialmente el trabajo manual. Dado el conocido desprecio que los criollos sienten por la labor profesional, las constantes referencias que hace Balbuena al ejercicio de oficios y profesiones en la capital novohispana al filo de 1600 constituyen no un intento por crear un fetichismo de la mercancía, sino un elogio de la labor que ejercen, en mayor medida, los inmigrantes peninsulares y que permite a éstos la exhibición de virtudes intelectuales o *dianoētika*. De esta manera, el elogio del trabajo en *Grandeza mexicana* es una segunda instancia de la 'polémica económica' por la posesión de la Nueva España.

El explícito elogio de la labor le permite el valdepeñero definir el valor de cambio ('precio') de un producto utilizando como criterio principal la labor a través de la cual las materias primas se transforman en productos de consumo. Aunque esta definición puede parecer obvia al lector moderno, ésta no constituye la postura canónica a fines del siglo XVI hispánico. De hecho, el postulado de Balbuena es una innovación que se opone directamente a la definición del valor de cambio como función de la *chreia*, 'necesidad', 'demanda' o 'utilidad' que ofrecen los teólogos-'economistas' de la Escuela de Salamanca, y que siguen (aunque de modo notablemente simplificado) letrados criollos como Gonzalo Gómez de Cervantes o Baltasar Dorantes de Carranza. Éstos, al pertenecer a un grupo de aspiraciones señoriales que vilipendia el trabajo manual, definen el valor de cambio de un bien exclusivamente según su 'necesidad' o 'demanda'. Por ello, el discurso criollo se aboca a representar el virreinato novohispano como una suerte de Jardín del Edén donde una naturaleza hiperproductiva ofrece generosamente todos sus frutos sin necesidad del trabajo o el sudor humanos. En decidida oposición a la postura criolla, Balbuena propone que la labor es el principal determinante del valor de cambio de un producto e ilustra esta definición insertando largas listas de oficiales y profesionales. Como consecuencia de ello, el valdepeñero afirma que el virreinato es un árido escenario postlapsario en el cual solamente la labor y el sudor humanos logran hacer brotar 'materias primas', transformarlas en productos y, así, satisfacer las necesidades de la comunidad. Para un especialista en economía moderna, estas enfrentadas posturas podrían conceptualizarse y traducirse como una suerte de pugna entre una 'teoría subjetiva del valor' que los letrados criollos toman y simplifican del 'pensamiento económico' aristotélico-tomista de la Escuela de Salamanca, y una innovadora 'teoría del valor-trabajo' que Balbuena adopta de la escuela italiana a través de la obra de Giovanni Botero (c. 1544–1617).

El elogio de los diversos oficiales y profesionales en *Grandeza mexicana* supone, pues, un posicionamiento político de Balbuena en la 'polémica económica' entre criollos e inmigrantes peninsulares en la Nueva España al filo de 1600. En este debate, el valdepeñero define el valor de cambio como función de la labor y de este modo se opone a los criollos novohispanos, para quienes el valor corresponde a la 'necesidad' y 'utilidad' del producto. Al posicionarse en esta 'polémica económica', Balbuena se aleja arriesgadamente del pensamiento 'económico' aristotélico-tomista canonizado por la Escuela de Salamanca y se aproxima, en cambio, al razonamiento de la escuela italiana que, aunque conocida en los dominios hispánicos, carecía de aceptación general hacia 1600. Esta arriesgada afiliación a un paradigma cuya autoridad era menor en comparación con el modelo aristotélico-tomista obedece a la necesidad de Balbuena de subrayar el desdén hacia el trabajo manual de unos criollos novohispanos que se imaginan a sí mismos como aristócratas y nobles, y, en consecuencia, para denunciar su carencia de virtud. Recuérdese que los profesionales y oficiales elogiados por Balbuena son practicantes de diversas *technē*, las cuales conforman, junto con el pensamiento científico, la prudencia o la sabiduría, las virtudes intelectuales o *dianoētika*. Estas *dianoētika* adquieren un rol crucial en *Grandeza mexicana qua* posicionamiento político. Por un lado, el modelo retórico del *enkōmion poleōs* prevé la inclusión de las virtudes intelectuales [*dianoētika*], junto con las virtudes morales de *andreia*, *sōphrosunē* y *dikaiosunē*, como parte del elogio a la adecuada disposición de los habitantes de la ciudad. Por otro, la teoría de las cinco zonas describe a los habitantes del 'centro' o *meson* del mundo (es decir, los griegos) como los individuos mejor dispuestos para el autogobierno y para el gobierno sobre otros debido a que son los únicos que practican, en conjunto, las *dianoētika* y las virtudes morales como *andreia* y *sōphrosunē*. Por ello, el hecho de que Balbuena ofrezca un desmedido elogio del trabajo y que defina el valor de cambio en función de la labor implica un posicionamiento político en contra de unos "ociosos" y viciosos criollos novohispanos y a favor de inmigrantes peninsulares como el propio Balbuena que, a pesar de carecer de linajes heroicos, prueban su valía y virtud a través del ejercicio de las virtudes intelectuales en general y de las *technē* en particular.

A diferencia de *andreia*, *sōphrosunē* y *dikaiosunē*, que son virtudes morales o *ēthika*, las virtudes intelectuales o *dianoētika* no se corresponden con las costumbres o hábitos [*mos, moris*], sino con las capacidades racionales o intelectuales del ser humano. Etimológicamente, *dianoētika* se asocia con *dianoia* y *dianoētikon*, la cual es definida por Aristóteles en *De Anima* ora como la facultad racional del ser humano, ora como algún aspecto del raciocinio que es típico de los seres humanos (Ward 23). Recuérdese nuevamente que el Estagirita atribuye al alma humana tres potencias: la potencia o facultad nutritiva [*threptikon*], la sensitiva [*aisthētikon*] y la racional [*dianoētikon*]. La potencia nutritiva, compartida por plantas, bestias y seres humanos, gobierna las funciones de nutrición, sustento de la vida y reproducción. Al ser la única que las plantas poseen, es conocida también como alma vegetativa durante la temprana modernidad hispánica. La potencia o alma sensitiva, que es común a bestias y a seres humanos, incluye las capacidades sensoriales (i.e., referidas a los sentidos físicos), pero también apetitos [*orexis*] como el deseo [*epithumia*], las aspiraciones [*boulēsis*] y el *thumos*. Finalmente, el alma intelectiva o potencia racional [*dianoetikon*] es exclusiva a los seres humanos y se enfoca en el intelecto [*nous*] (*De anima* ii.iii 414a29-b7, 81; iii.ix 432a22-b7, 183).[29]

Es en esta potencia racional donde tienen asiento las *dianoētika* o virtudes intelectuales. Éstas se definen como disposiciones de la potencia racional o alma intelectiva del ser humano hacia la búsqueda de la verdad [*alētheia*]. En la *Ética nicomaquea* (vi.ii.6-vi.iii.1; 331–3), Aristóteles identifica cinco tipos de disposiciones o cualidades a través de las cuales la potencia racional procura hallar la verdad: *technē* o el arte o habilidad técnica, *epistēmē* o el conocimiento científico, *phronēsis* o prudencia, *sophia* o sabiduría, y *nous* o inteligencia. *Technē* o 'arte' se refiere a la búsqueda de la verdad admitiendo su variabilidad (en contraste con verdades invariables) por medio de la creación [*poiēsis*].

---

29 Véase también *De anima* ii.iii 414b17–19; 81–3; ii.iii 415a7–8; 85.

Epistēmē o ciencia, en cambio, es la cualidad que permite al ser humano partir de principios invariables y necesarios, y de buscar la verdad por medio de la demostración deductiva. *Phronēsis*, prudencia o sabiduría práctica, es la capacidad de deliberar correctamente sobre lo que es ventajoso para lograr la "buena vida" [*eu zēn*] y alcanzar el estado de felicidad o *eudaimonia*; por ello, se considera una virtud esencial en los príncipes y en aquéllos que gobiernan una comunidad, e incluye la exhibición de conocimientos de *politikē* o 'ciencia política' y de *oikonomikē* o 'economía doméstica' o 'administración del hogar'. *Nous*, intuición racional o inteligencia, se refiere a la capacidad de aprehender, por medio de un proceso de inducción, los principios invariables sobre los cuales se basa la ciencia o *epistēmē*. Finalmente, *sophia* o sabiduría es el modo de conocimiento más perfecto, exige la comprensión de los principios invariables, pero también de las conclusiones que de ellos se deducen; como tal, *sophia* es una combinación de *epistēmē* y *nous* (*NE* vi.iii.2-vi.vii.5 ; 333–345).

Las virtudes intelectuales o *dianoētika* ocupan un lugar especialmente prominente en la normativa del *enkōmion poleōs*, pues el encomiasta debe tenerlas en cuenta al destacar los logros políticos y profesionales [*epitēdeumata*] de la ciudad, por un lado, y, por otro, debe incorporarlas, al lado de *andreia* [valentía], *sōphrosunē* [templanza] y *dikaiosunē* [justicia], entre las virtudes practicadas por los habitantes de la urbe. Recuérdese que en este modelo retórico la localización 'central' o 'media' [*meson*] de la ciudad tiene como consecuencia no sólo un clima perfectamente templado, sino también la excelsa práctica de *epitēdeumata* (oficios y profesiones), así como el ejercicio de *aretē* (virtud). Entre las *epitēdeumata* se incluyen, además del sistema político de la ciudad, las 'artes' (*technē* [gr.], *ars* [lat.]) y el conocimiento científico (*epistēmē* [gr.], *scientia* [lat.]), cuyo ejercicio debe elogiarse no sólo por el grado de excelencia alcanzado, sino también por la elevada cantidad de sus practicantes. Además de las *epitēdeumata*, recuérdese también que el *enkōmion poleōs* exige laudar el ejercicio de las virtudes entre los ciudadanos. En la formulación original de Menandro, el rétor griego enumera, junto con *andreia*, *sōphrosunē* y *dikaiosunē*, la virtud de la *phronēsis* o prudencia. Sin embargo, a diferencia de la estrecha definición aristotélica, la descripción que ofrece Menandro de la *phronēsis* admite dos aspectos: uno público y otro privado. El primero de ellos se asemeja a la concepción aristotélica de *phronēsis* en la medida en que la prudencia, entendida como la capacidad individual para deliberar correctamente en la búsqueda de lo que es apropiado para la 'buena vida' [*eu zēn*] y la 'felicidad' [*eudaimonia*], se cristaliza en la *polis*, según Menandro, a través de la creación de un corpus legal que busque los mismos objetivos. En el ámbito privado, sin embargo, Menandro expande el campo semántico del término *phronēsis* para incluir prácticas que claramente se relacionan con las 'artes' [*technē*] y el 'conocimiento científico' [*epistēmē*], o incluso con el *nous* o 'intuición racional' y la *sophia* o 'sabiduría', tales como la práctica de la retórica y la geometría. En consecuencia, Menandro utiliza el término *phronēsis* para referirse específicamente al ejercicio público de la capacidad deliberativa orientada a la felicidad, pero también para referirse más ampliamente al ejercicio de las virtudes intelectuales o *dianoētika* en general. Así lo entienden los traductores modernos de Menandro al inglés y al español, quienes hacen una clara distinción entre *phronēsis* entendida como la prudencia política y *phronēsis* entendida como una especie de sinécdoque para referirse a las virtudes intelectuales en general. Para este último caso, los traductores vacilan entre *wisdom*, "inteligencia" y "sabiduría":

> Similarly with *prudence* [*phronēsis*]. In public affairs, we consider whether the city accurately lays down customs and the subjects of laws— inheritances by heirs and other legal topics. [...] On the private side, the question is whether there are many famous rhetors, sophists, geometers, and representatives of other sciences which depend on *wisdom* [*phronēsis*]. (trad. Russell & Wilson; i.iii.364.10–16; 69)

> Idéntico es el procedimiento en el caso de la inteligencia [*phronēsis*]. En lo público, si la ciudad legisla con rigor sus normas y aquello de que tratan las leyes, legados de los herederos y cuantos otros capítulos legales existen. [...] En lo privado, si han surgido de la ciudad muchos rétores notables, sofistas, geómetras y representantes de cuantas ciencias tienen que ver con la inteligencia [*phronēsis*]. (trad. Romero Cruz; i.iii.364; 51)

> El examen de la *sabiduría* [*phronēsis*] se hace de la misma forma: en lo público: si la ciudad establece con rigor normas y los asuntos a que se refieren las leyes, como patrimonio de los herederos y cuantos otros asuntos son propios de la legislación [...]; en el ámbito privado: si la ciudad ha dado muchos rétores ilustres, sofistas, geómetras y representantes de cuantas disciplinas derivan de la *sabiduría* [*phronēsis*]. (trad. García García & Gutiérrez Calderón; i.iii.364.10–16; 141)

Dada esta dualidad público-privado descrita por Menandro, es más conveniente considerar la normativa del *enkōmion poleōs* como una preceptiva dirigida a elogiar, junto con el ejercicio de las virtudes morales de *andreia*, *sōphrosunē* y *dikaiosunē*, no la práctica específica de la *phronēsis*, sino la práctica general de las *dianoētika* o virtudes intelectuales, incluyendo la *phronēsis* entre estas. Así, si la tarea del encomiasta incluye laudar el ejercicio de las *dianoētika* o virtudes intelectuales por parte de los habitantes de una ciudad, dicho elogio incluirá la alabanza de la prudencia [*phronēsis*] de sus gobernantes, mas sin descuidar la alabanza del 'arte' [*technē*], la 'ciencia' [*epistēmē*], la 'inteligencia' [*nous*] y la 'sabiduría' [*sophia*] de los ciudadanos en general.

Al reformular la doctrina retórica de Menandro para incluir el elogio de las *dianoētika* en general, incluyendo la *phronēsis* o prudencia, se advierte, una vez más, la estrecha correlación que existe entre el *enkōmion poleōs* y la teoría de las cinco zonas. En la versión de este modelo geopolítico del mundo que ofrece Aristóteles en la *Política*, el Estagirita utiliza, precisamente, el término *dianoētika* para referirse a las cualidades racionales que permiten dirimir la mejor predisposición política de las diversas comunidades que conforman la *oikoumenē* o mundo conocido. Recuérdese que en la tripartita geopolítica que Platón y Aristóteles incorporan a la teoría de las cinco zonas, el primero de ellos describe a los habitantes de la templada franja latitudinal de Grecia como gente caracterizada por su amor por el conocimiento y el aprendizaje [*philomathes*]. En cambio, el estagirita describe a los habitantes de la fría Europa septentrional como gente poseedora del *thumos* que genera la *andreia* o valentía, pero carentes de *dianoia* o facultad racional y de *technē* o 'arte'. Asimismo, Aristóteles afirma que las comunidades de latitudes más cálidas como 'Asia' viven subyugadas porque, a pesar de exhibir *dianoētika* o virtudes intelectuales, y *technē* o 'artes', adolecen de cobardía por su carencia de *thumos*. A diferencia de las comunidades de estas latitudes extremas, la privilegiada comunidad de los griegos exhibe una perfecta templanza o *sōphrosunē* porque posee el *thumos* requerido para el ejercicio de la valentía [*andreia*], pero también un alma intelectiva capaz de practicar las virtudes intelectuales [*dianoētika*]. Es el conjunto de estas cualidades lo que garantiza su superior disposición para la autonomía política y para el gobierno sobre otras comunidades moralmente destempladas: "but the Greek race participates in both characters, just as it occupies the middle position geographically [*meson*], for they are both spirited [*thumos*] and intelligent [*dianoētika*]; hence it continues to be free and to have very good political institutions, and to be capable of ruling all mankind if it attains constitutional unity" (*Pol.* vii.1; 1327b29–33; 567).

Siguiendo la normativa del *enkōmion poleōs* y de la teoría de las cinco zonas, Balbuena localiza la Ciudad de México en el 'centro' del orbe y, en consecuencia, elogia a los habitantes de la artificialmente templada capital novohispana por su ejercicio de las virtudes intelectuales. Recuérdese que Balbuena subraya la presencia de individuos bien dispuestos para el "entendimiento, ciencia y letras graves" (IV.185; 85), y por tanto, para la búsqueda de la verdad [*alētheia*] a través del ejercicio de las virtudes intelectuales: "hombres eminentes / en toda ciencia y todas facultades", "monstruos en perfección de habilidades, / y en letras humanas y divinas / eternos rastreadores de verdades" (IV.195, 196–198; 86). Adviértase también que, en una ciudad donde abundan "de todas las siete artes liberales / heroicos y eminentes profesores" (IX.116–7; 116), los estudiantes son superiores a aquéllos formados en Alcalá, Lovaina o Atenas (IV.200; 86), y dominan "cuanto llega a ser inteligible, / cuanto un entendimiento humano encierra" (IV.205–6; 86). Por ello, Balbuena sugiere a aquél que "desea vivir y no ser mudo, / tratar con sabios que es tratar con gentes" que se mantenga "fuera del campo torpe y pueblo rudo" (IV.190–2; 86), pues en el destemplado y liminal "campo" novohispano no hallará sino "brutos, bestias fieras" y "contrarios animales" (IV.142–3; 84) incapaces de habla y de razón [*logos*] (Aristóteles *Pol.* i.i.10–11; 1253a; 11), mientras que la capital novohispana es el lugar del discurso; es decir, "una ciudad de notable policía / y donde se habla el español lenguaje / más puro y con mayor cortesía", lleno de "propiedad, gracia, agudeza" y envuelto "en casto, limpio, liso y grave traje" (IX.88–93; 115–6).

La versión aristotélica de la teoría de las cinco zonas atribuye la mejor disposición hacia las virtudes intelectuales a comunidades templadas que se encuentran en la templada franja de la Europa mediterránea. Sin embargo, el modelo, en la versión de Aristóteles, atribuye también dicha característica a comunidades que se localizan en latitudes más cálidas hacia el mediodía, como las 'asiáticas': "[t]he peoples of Asia [...] are intelligent [*dianoētika*] and skilful [*technika*] in temperament, but lack spirit" (*Pol.* vii.vi.1.1327b27–8; 567). Esto significa que los innumerables ingenios que, según Balbuena, habitan la artificialmente templada capital novohispana pueden incluir potencialmente a templados inmigrantes peninsulares, pero también a unos destemplados criollos novohispanos nacidos en una destemplada latitud tropical. De hecho, Balbuena no duda en elogiar explícitamente a los criollos novohispanos precisamente por su ingenio y sus habilidades intelectuales, lo cual lo lleva a destacar y "apuntar el ordinario ejercicio de la juventud mexicana en todas letras y facultades, y cómo en la poesía puede muy bien competir con Delfos, museo y sagrario de Apolo" (43). Estos criollos novohispanos, "gallardos ingenios desta tierra" (IV.208; 86), ciertamente deben contarse entre los individuos a quienes Balbuena atribuye el uso del "ordinario lenguaje desta ciudad", que "es el más cortesano y puro, el más casto y medido que usa y tiene la nación española, haciendo sus ingenios, así en esto como en lo demás, conocida ventaja a los más famosos del mundo" (47). Del mismo modo, estos "ingenios" novohispanos deben ser parte de los "trescientos aventureros, todos en la facultad poética ingenios delicadísimos y que pudieran competir con los más floridos del mundo" (36) que participan en una justa poética que llama la atención de Balbuena. Entre ellos, además, se cuentan los ingenios de "nuestros occidentales mundos" (141), que Balbuena refiere en el "Compendio apologético en alabanza de la poesía", algunos de los cuales le ofrecen poemas encomiásticos que adornan los preliminares de *Grandeza mexicana*. Entre estos ingenios se encuentran "el gran cortesano don Antonio de Saavedra Guzmán" (9, 141–2), criollo que redacta su épico *El peregrino indiano* (1599) para recuperar el Corregimiento de Zacatecas, los desconocidos Carlos de Sámano, Carlos de Arellano y Rodrigo de Vivero (142), y don Lorenzo de los Ríos y Ugarte, "alguacil mayor del Santo Oficio de la Inquisición en esta

Nueva España" (9) y autor de un texto, presumiblemente épico, de materia cidiana (142). El menos conocido licenciado Miguel de Zaldierna (o Salierna) de Mariaca, probablemente hijo del oidor de la Real Audiencia de México Andrés de Zaldierna (o Salierna) de Mariaca,[30] le ofrece el soneto laudatorio del que los críticos han querido inferir la obra inédita de Balbuena (10).

Dado que la teoría de las cinco zonas, pieza clave de la polémica sobre la posesión de las Indias, concedía el ejercicio de las virtudes intelectuales no exclusivamente a comunidades halladas en la templada franja latitudinal de Grecia, sino también a aquellas localizadas en latitudes relativamente cálidas, el discurso pro-criollo a lo largo del siglo XVII se enfocó precisamente en una defensa intelectual de los 'españoles de Indias' para respaldar sus demandas político-sociales. Esta defensa de las capacidades racionales de los criollos ha sido detenidamente estudiada por Mabel Moraña en textos como el anónimo *Discurso en loor de la poesía* (1608), el *Apologético en favor de Góngora* (1662) de Juan de Espinosa Medrano, la *Libra astronómica y filosófica* (1681) de Carlos de Sigüenza y Góngora, o la *Respuesta a Sor Filotea* (1691) de Sor Juana Inés de la Cruz; textos que suelen valorarse como un conjunto de "respuestas sociales diferenciadas" (*Viaje* 31) reveladoras de una consciencia criolla, y como "punto de partida para la afirmación de la identidad intelectual criolla" (271). Estas apologías y defensas de la posesión de virtudes intelectuales por parte de los 'españoles de Indias' se suelen contextualizar de dos maneras: por un lado, como parte de polémicas entre marginales periferias americanas y centros hegemónicos europeos; por otro, como expresiones de los "proyectos, expectativas y frustraciones" (37) de los criollos, incluyendo su frustrado ascenso en las burocracias espirituales y temporales.[31] Estas defensas intelectuales de los criollos participan no sólo de un conflicto simbólico entre centro y periferia en el imperio español, sino también de la más amplia y compleja "polémica por la posesión de las Indias" que describe Rolena Adorno, en la cual la idoneidad de una u otra comunidad para el gobierno político del Nuevo Mundo no se dirime considerando de manera exclusiva ni aislada la posesión de las virtudes intelectuales, sino en conjunto con el ejercicio de virtudes morales como la

[30] Andrés de Zaldierna de Mariaca, casado con Leonor Vásquez de Ulloa, tuvo un hijo llamado Miguel y una hija llamada Isabel. Fue enviado a la Nueva Granada, adonde llegó en agosto de 1602, para ejecutar el juicio de residencia a Francisco de Sande, pero murió, aparentemente envenenado, antes de terminar su labor (Rodríguez Freyle 415, n.13).

[31] Estas observaciones se encuentran en *Viaje al silencio*, que recopila diversas publicaciones de Moraña. A efectos de este estudio, las secciones más relevantes son "Barroco y conciencia criolla en Hispanoamérica" (25–48), "Apologías y defensas: discursos de la marginalidad en el Barroco hispanoamericano" (259–278), "Formación del pensamiento crítico-literario en Hispanoamérica: época colonial" (279–292) y "Fundación del canon: hacia una poética de la historia en la Hispanoamérica colonial" (293–327).

valentía, la templanza y la justicia. Dentro de este contexto más amplio, se observa que los criollos sólo pueden argüir su mejor predisposición para el gobierno de las Indias por sus capacidades racionales y su posesión de virtudes intelectuales. Sin embargo, este argumento criollo es insuficiente: las apologías que, explotando la concesión de la teoría de las cinco zonas, atribuyen a los destemplados criollos americanos las virtudes intelectuales propias de su latitud tropical no hacen referencia, sin embargo, a la posesión de las virtudes morales de *andreia, sōphrosunē* o *dikaiosunē*. Esta laguna en el discurso criollo es crucial en la polémica por la posesión de las Indias, pues es el ejercicio conjunto de las virtudes intelectuales y morales lo que garantiza una mejor disposición para la autonomía política de una comunidad, tal y como lo exigen la teoría de las cinco zonas y el *enkōmion poleōs*.

Consciente de la normativa de estos dos paradigmas, Balbuena incluye en *Grandeza mexicana* un explícito elogio de los criollos novohispanos que se enfoca exclusivamente en su ingenio y su posesión de *dianoētika*, pues comprende que este elogio parcial no contradice el resto de su argumento a lo largo del libro, según el cual los criollos novohispanos carecen de las virtudes morales de *andreia, sōphrosunē* y *dikaiosunē*. Por ello, y muy a pesar de elogiar su ingenio, Balbuena arguye implícitamente que los criollos novohispanos, al igual que los indígenas del Nuevo Mundo, carecen de la disposición moral idónea para el ejercicio de cargos administrativos en las burocracias espirituales o temporales, así como para la tenencia de encomiendas.

Dado que el elogio del ingenio de los criollos novohispanos no supone automáticamente una legitimación de sus aspiraciones sociopolíticas, Balbuena es especialmente cuidadoso en atribuir a los valerosos, templados y justos inmigrantes peninsulares un espectro de las virtudes intelectuales más amplio que el exhibido por los criollos, por lo cual incluye explícitas referencias a la prudencia [*phronēsis*] y el arte [*technē*]. Como hemos explorado ya en el capítulo dedicado a la virtud de *sōphrosunē*, "La geopolítica de la templanza", Balbuena pone de relieve la presencia de inmigrantes peninsulares, o incluso flamencos, que ejemplifican precisamente la práctica de *dianoētika* o virtudes intelectuales en la Ciudad de México. Considérese, nuevamente, las referencia a los virreyes procedentes de la península ibérica, en donde Balbuena aplaude explícitamente el "seso, / prudencia [*phronēsis*] afable, entendimiento vivo" (VII.44–5; 101) del segundo virrey, Luis de Velasco y Ruiz de Alarcón, y del octavo, Luis de Velasco y Castilla, marqués de Salinas; el "profundo / saber" (VII.49–50; 101) del cuarto, Martín Enríquez de Almansa; el "juicio agudo, memoria con exceso" (VII.47–8; 101) del séptimo, Álvaro Manrique de Zúñiga, marqués de Villamanrique; y, finalmente, la "majestad grave, altivo pensamiento, / trato suave, discreción, memoria, / saber, prudencia, seso, entendimiento, / amorosa llaneza, gusto y gloria, / templanza, rectitud, viva agudeza" (VII.55–59; 101–2) que caracteriza a todos los virreyes en conjunto.[32] Recuérdese, asimismo, que Balbuena subraya la *technē* y 'arte' de los inmigrantes peninsulares, dando especial relevancia a la "agudeza" (IV.38; 81) del sevillano Andrés de Concha, la capacidad del toledano Alonso Franco y la habilidad del "diestro" (IV.41; 81) guipuzcoano Baltasar de Echave Orio.[33] Finalmente, no puede dejarse de lado la *technē* evidenciada por inmigrantes de Flandes que, al trasladarse a una ciudad "con más templanza" (IV.7; 80), sufren una estimulación de la imaginativa que incrementa sus habilidades intelectuales.

Frente a la restringida alabanza de los intelectuales criollos, enfocada en el ingenio y las artes liberales, Balbuena elogia en los inmigrantes peninsulares la posesión de un abanico mucho más amplio de virtudes intelectuales, incluyendo la *phronēsis* y la *technē*. La relevancia de estas dos virtudes intelectuales en particular no debe soslayarse, pues sugiere la mejor disposición de los inmigrantes peninsulares para el gobierno del virreinato novohispano. Por un lado, la prudencia o sabiduría práctica, en tanto que habilidad deliberativa conducente a la felicidad, es atributo esencial de los príncipes y gobernantes. Por otro, la práctica de oficios y profesiones que tan detenidamente alaba Balbuena a lo largo de *Grandeza mexicana* es posible gracias, exclusiva o mayormente, a la virtud intelectual de inmigrantes peninsulares (o flamencos), ya que los criollos, guiados por una mentalidad señorial y aristocrática, desdeñan el trabajo manual.

El énfasis de Balbuena en el ejercicio de *technē* por parte de los inmigrantes peninsulares es especialmente importante porque, además de resaltar su idoneidad para el gobierno del virreinato novohispano, es una pieza crucial del segundo 'debate económico' entre criollos e inmigrantes peninsulares presente en *Grandeza mexicana*: las divergentes definiciones del valor de cambio ('precio') de las mercancías. Por un lado, en consonancia con sus aspiraciones aristocráticas y su consecuente desprecio por el trabajo manual, los criollos se apropian y simplifican notablemente el canónico modelo aristotélico-tomista de la Escuela de Salamanca para definir el valor de cambio de un producto en función de su "necesidad", "demanda" o "utilidad" [*chreia*]. Aunque los escritos pro-criollos al filo de 1600 adoptan la noción de "necesidad" de los tratados de los teólogos-

---

[32] Las referencias a los virreyes, sin embargo, no son meridianamente claras, pues aunque Balbuena alaba explícitamente a "aquestos ocho príncipes" (VII.53; 101), su propio listado incluye a los nueve primeros virreyes novohispanos, desde Antonio de Mendoza y Pacheco (1535–1550) hasta Gaspar de Zúñiga y Acevedo, conde de Monterrey (1595–1603). De hecho, Rojas Garcidueñas (127) va más allá y sugiere, aunque de manera poco persuasiva, que existe también una referencia a Juan de Mendoza y Luna, marqués de Montesclaros (1603–1607). Para más detalles, véase lo dicho en la nota correspondiente del capítulo anterior.

[33] De la biografía de la esposa e hija de Echave, igualmente alabadas por Balbuena, no he logrado hallar semblanzas completas, salvo lo indicado en la nota correspondiente del capítulo anterior.

'economistas' de Salamanca, en los textos de Gómez de Cervantes y Dorantes de Carranza esta noción se encuentra completamente divorciada del andamiaje filosófico en el cual lo insertan Aristóteles y Santo Tomás de Aquino, y, en consecuencia, se encuentra divorciada también de la virtud de la justicia o *dikaiosunē* y del valor político que le atribuye el Estagirita como fundamento en la preservación y orden de la comunidad. Como consecuencia de esta definición "subjetiva" del valor de cambio, los letrados criollos equiparan el territorio novohispano con el paraíso terrenal y lo describen como un escenario en que una hiperproductiva y generosa naturaleza ofrece espontáneamente sus frutos para deleite de los seres humanos, y en que estos (ora los aristocráticos criollos, ora los indígenas en encomienda) no deben sufrir los suplicios del trabajo para satisfacer sus necesidades.

En contraste con este corpus pro-criollo, al definir el valor de cambio de las mercancías producidas en la Nueva España, Balbuena se ve obligado a distanciarse del 'pensamiento económico' salmantino y, en cambio, se afilia a la escuela italiana del intelectual Giovanni Botero. Esta escuela, que será posteriormente invocada por diversos arbitristas a lo largo del siglo XVII en la península ibérica, afirma que la labor y el trabajo son criterios más importantes que la "necesidad" para decidir el valor de cambio de un producto. Por ello, Balbuena localiza la Ciudad de México explícitamente en un escenario postlapsario (es decir, posterior a la caída de Gracia) y empobrecido que, al haber perdido la espontánea hiperproductividad que se atribuye al Jardín del Edén en el *Génesis*, depende completamente del comercio y de la labor y el sudor humanos para poder satisfacer las necesidades de la población del virreinato. Esto obliga a Balbuena a elogiar la *technē* de los inmigrantes peninsulares (e incluso flamencos) que habitan la capital novohispana, posicionándose así en contra de unos criollos que repudian el trabajo manual. En tanto que practicantes de *technē* y de otras virtudes intelectuales o *dianoētika*, Balbuena sugiere que los inmigrantes peninsulares poseen una mejor disposición para el gobierno del virreinato que los ociosos y aristocráticos criollos novohispanos. Por ello, los artistas Concha, Franco y Echave son los más destacados representantes de un numeroso grupo de inmigrantes que, carentes de linaje noble y de antepasados heroicos, deben posicionarse socialmente como excelsos practicantes de oficios y profesiones a través de las cuales se generan y transforman las materias primas tan preciadas por los criollos, incrementando así su valor y mejorando la economía virreinal. Dado que la escritura poética es una de las innúmeras *technē* que se practica en la capital novohispana, este elogio es también una autolegitimación del propio Balbuena quien, como tantos otros inmigrantes peninsulares, sólo puede invocar su ejercicio profesional de poeta para atraer a poderosos mecenas y, así, ascender en la jerarquía social y eclesiástica. Si el valor de los bienes se define por la excelencia de la labor ejercida en su producción, Balbuena no duda en exaltar sus propias virtudes poéticas para así incrementar el valor de su producción textual y utilizarla como herramienta de ascenso social.

Chreia en el paraíso terrenal

Conviene advertir que este conflicto entre dos nociones divergentes del valor de cambio se basa, ante todo, en las representaciones de la naturaleza ofrecidas tanto por los letrados criollos como por Balbuena. Recuérdese que en la *Primera parte de los problemas y secretos maravillosos de las Indias* (1591) Juan de Cárdenas, nacido en la península pero afiliado a una postura pro-criolla, explica que, a pesar de hallarse en gran medida dentro del trópico, el territorio novohispano no es seco y tórrido, como lo había sugerido la teoría de las cinco zonas desde la Antigüedad, sino húmedo gracias a la gran cantidad de agua de sus cavernas subterráneas, la cual se evapora por acción del sol y la influencia de las estrellas. Luego de esa explicación, Cárdenas le recuerda al lector que fue precisamente este tipo de influjo de los astros lo que llevó a las autoridades de la Antigüedad a sugerir que "el paraíso terrenal está dentro de la tórrida zona" (80), tal como el territorio novohispano. Del mismo modo, y aunque no se refiere explícitamente al Edén, Cárdenas atribuye a la Nueva España los mismos rasgos que las autoridades clásicas asignaban al paraíso terrenal: la absoluta templanza de la región, el carácter pacífico de la convivencia, y, muy especialmente, el hecho de que la pródiga naturaleza ofrece espontáneamente todo lo necesario para la sustentación de los humanos: "Por cierto, ninguna tierra pudieran escoger los hombres para su habitación más apacible, deleitosa y regalada, que la de las Indias, pues gracias sean dadas a Dios, siempre en ella vemos paz y no guerras y pestilencia [...]; *siempre asimismo vemos hartura y jamás hambre*" (1, 11; 105–6; énfasis añadido). Más elocuente aún es el criollo Baltasar Dorantes de Carranza, quien en su *Sumaria relación de las cosas de la Nueva España* se apropia de largos pasajes de la *Apologética historia sumaria* de Bartolomé de Las Casas para afirmar que las Indias, dadas su salubridad y su gran fertilidad, deben ser el paraíso terrenal descrito en las Escrituras: "así, es verosímil que debe ser la tierra del paraíso terrenal [...] De todo lo susodicho se puede colegir manifiestamente la salubridad, fertilidad, sanidad, felicidad y población de estas Indias occidentales" (76). Del mismo modo, inmediatamente después de citar la octava de "Argumento" con que Balbuena abre la "Grandeza mexicana", Dorantes de Carranza insiste en esta misma equivalencia subrayando el hecho de que las bondades naturales del territorio novohispano son homologables al paraíso terrenal, lo cual lo convierte en un lugar donde la labor humana y el trabajo son innecesarios, pues la naturaleza provee espontáneamente todo lo necesario para satisfacer las necesidades humanas: "lo más general del reino padece de su noticia por ser tantas sus grandezas y riquezas, sus frutos, sus árboles, magueyes y cacahuatales, sus pescados y animales, aves y pájaros, raíces y yerbas medicinales, amigas de la salud y complexión de los hombres, que admira, que bastan a formar aquí un paraíso [...]" (107).

Importa advertir que estas descripciones edénicas del territorio virreinal subrayan una espontánea hiperproductividad que hace innecesario e irrelevante el trabajo o la labor para la supervivencia humana. Esta es precisamente la interpretación que en el siglo XVI los teólogos-'economistas' asociados a la Escuela de Salamanca hacen del Paraíso terrenal, haciéndose eco de una larga genealogía de comentarios bíblicos y textos cristianos. Considérese que en su comentario al *Génesis*, el filósofo Filón de Alejandría (20 a.C.-50 d.C.) define el paraíso terrenal como un lugar en que "the spontaneous good things [of] the earth had been taught to bear without the mediation of agricultural science" (cap. 24; §167; 91) y que, en consecuencia, la caída de la Gracia de Adán y Eva supuso el inicio de una nueva era en la historia de la humanidad en la que los seres humanos dependerían de su trabajo para satisfacer sus necesidades más básicas. Esta historia postlapsaria se caracteriza por la obtención de bienes a través de "toil and hardships and the sweat of continual hard labour", y determina que los seres humanos debían "take part in unremitting labours in order to find the means of living and food and not perish through starvation" (cap. 24; §167; 91). La abundancia del Edén, y la implícita futilidad del trabajo, se ve sugerida también en las *Etimologías* de San Isidoro, quien afirma que en el paraíso terrenal "abunda todo tipo de arboledas y frutales" (lib. xiv.3; 167), los cuales brindan sus frutos espontáneamente.[34] Recuérdese, además, que esta será la línea de argumentación de la influyente *Summa Theologiae* de Santo Tomás de Aquino, quien no duda en establecer esta misma distinción entre el momento previo a la caída en el pecado y otro posterior, describiendo el primero como una etapa en que cualquier labor relacionada con el cuidado o la productividad del paraíso terrenal era innecesaria, mientras que la caída impone la necesidad del trabajo para la satisfacción de las necesidades humanas: "man might dress and keep paradise, which dressing would not have involved labor, as it did after sin" (i.ii, q.102, a.3; 29:xx).

La ausencia del trabajo en el Edén bíblico fue advertida claramente por los filósofos morales de la temprana modernidad hispánica. Durante el siglo XVI los tratados enfocados en el comercio y el acto de contratación redactados por los intelectuales asociados con la escuela salmantina ofrecen una interpretación 'económica' del *Génesis* y subrayan precisamente el carácter espontáneo de la

---

[34] Estas interpretaciones bíblicas aprovechan también las representaciones paganas de la mítica Edad de Oro provistas por, entre otros, Hesíodo, Virgilio y Ovidio. Para la fusión de las tradiciones cristiana y pagana, véase el primer capítulo del útil libro de Jean Delumeau (3–21).

hiperproductividad del paraíso terrenal y datan el nacimiento de actividades económicas como la agricultura y la ganadería, y posteriormente del comercio, en la expulsión del Edén. Considérese, por ejemplo, el *Tratado de los cambios* (1544) de Saravia de la Calle, quien no duda en presentar el paraíso terrenal como el espacio donde "la tierra de su natural produxera y criara todo lo que era necesario para la vida del hombre; como la Santa Escritura lo dice". En contraste, la expulsión del Edén supone la necesidad del hombre de manipular técnicamente los elementos de la naturaleza (y eventualmente dedicarse al comercio) para satisfacer sus necesidades más básicas y, así, asegurar su propia supervivencia: "fue necesario que los hombres para remediar las necesidades naturales usasen de su industria y granjería". Dios expulsa a Adán "para que labrase la tierra de que fue formado" y "luego comenzaron sus hijos a ser granjeros, porque Abel fue pastor de ovejas y Caín labrador" (i; 141). Considérese también el testimonio de Tomás de Mercado, quien en su *Suma de tratos y contratos* (1581) nos recuerda que el pecado original supuso la pérdida de unas circunstancias en las que todos podían aprovechar los bienes que la naturaleza ofrecía pródigamente y el paso a una edad postlapsaria en que la labor se transformaría en el único medio para obtener el sustento necesario a los seres humanos. La caída en el pecado representó, en palabras del dominico, la destrucción del "general y común imperio" de los hombres sobre la naturaleza, gracias al cual "no hubiera cosa de que cualquiera no pudiera usar, servirse y aprovecharse" (ii.ii, 17r), y obligó a la humanidad a que "nos sustendádemos [sic] con el sudor de nuestro rostro, cultivando la tierra" (ii.i, 15r).

Las edénicas representaciones del espacio rural novohispano conforman una estrategia discursiva de los intelectuales criollos y pro-criollos para subrayar no sólo la hiperproductividad de la región sino también, principalmente, la *espontaneidad* de dicha abundancia. Esta estrategia es consistente con los intereses estamentales y señoriales de los criollos americanos durante los siglos XVI y XVII en tanto que la mentalidad feudal de los descendientes de los primeros conquistadores les permite autofigurarse como una nobleza militarizada reñida con obligaciones laborales de tipo manual. Las pretensiones señoriales de las primeras generaciones de españoles nacidos en las Indias suponen una conceptualización estamental de la sociedad en la que los *bellatores* o la clase señorial-militar definen su riqueza en relación con sus bienes raíces y con la productividad de dichas propiedades. La representación del territorio novohispano como espontáneamente hiperproductivo y abundante implica que las tierras no requieren de ningún tipo de trabajo y que, por tanto, las labores que habrían de ser llevadas a cabo por los indígenas mediante encomiendas supondrían un esfuerzo mínimo. En este sentido, documentos pro-criollos como el tratado de Juan de Cárdenas y la *Sumaria relación* de Dorantes de Carranza son una pieza importante en los reclamos de los criollos de beneficios sociales como la perpetuidad de la encomienda. No es gratuito que sea precisamente Dorantes de Carranza quien afirme no sólo que los primeros conquistadores fueran "hidalgos a la antigua de devengar quinientos sueldos" (24), sino que, aunque en los inicios de la conquista del Nuevo Mundo se cometieran errores como "hacer esclavos a los libres [i.e., a los indígenas]" (51), a inicios del XVII son precisamente los indígenas dados en encomienda quienes gozan de la mejor calidad de vida en las Indias: "no hay indios conservados ni bien tratados, amparados y regalados como los de los encomenderos, que en sus trabajos y pleitos les son defensa, y en sus necesidades les son verdaderos padres, y en sus enfermedades sus médicos y enfermeros, curándolos a su costa con medicamentos y regalos" (223). En este sentido, los *laboratores* indígenas controlados por los criollos señoriales a través de las encomiendas tendrían más bien escasa labor que llevar a cabo.

En consonancia con esta concepción señorial de la sociedad, los criollos novohispanos no conceptualizan el valor económico de los bienes (es decir, su valor de cambio o 'precio') a través de criterios como el trabajo o los costos de producción, sino, principalmente, invocando la necesidad de los mismos y su utilidad. Con ello, los criollos se afilian al paradigma aristotélico-tomista dominante en la temprana modernidad hispánica, impuesto por la Universidad de Salamanca en el XVI. Según este modelo, el valor económico de los productos en el virreinato novohispano se basa principalmente en la *chreia* (*indigentia* o 'necesidad') de los seres humanos hacia dichos productos; es decir, en su 'demanda', la cual está estrechamente ligada a la utilidad de bienes, aunque puede variar según factores como la abundancia o escasez de los propios productos, de dinero, o incluso de mercaderes que se encarguen de comercializarlos.

Esta concepción del valor de cambio por parte de los intelectuales pro-criollos, sin embargo, procede de una particular interpretación y simplificación de Aristóteles y de los comentarios de Santo Tomás autorizada e impuesta por los teólogos-'economistas' de la escuela salmantina. Por un lado, el original aristotélico define el valor de cambio de los productos exclusivamente en términos de *chreia* o "necesidad". Por otro, sin embargo, las traducciones medievales al latín y los comentarios al corpus aristotélico debidos a Alberto Magno y a Santo Tomás de Aquino definen el valor de cambio como una combinación de la *indigentia* ('necesidad', 'utilidad') y de criterios como el trabajo y el costo de producción, los cuales estaban completamente ausentes en Aristóteles. Frente a esta situación, los especialistas en filosofía moral asociados a la Universidad de Salamanca en el siglo XVI deciden privilegiar completamente la "necesidad" como criterio principal en la determinación del valor de cambio de los bienes, y procuran subordinar e incluso elidir en la medida de lo posible criterios introducidos durante la Edad Media como el trabajo o el costo de producción.

En la *Política*, Aristóteles distingue claramente entre dos tipos de "valor" para cualquier tipo de mercancía. El primero de ellos se basa en el beneficio y utilidad que se deriva del consumo de la mercancía misma; es decir, lo que varios siglos después Karl Marx denominará "valor de uso". El segundo consiste en una cantidad, proporción o medida que permite el intercambio de mercancías; en otras palabras, lo que Marx denominará el "valor de cambio":[35]

> [W]ith every article of property there is a double way of using it; both uses are related to the article itself, but not related to it in the same manner—one is peculiar to the thing and the other is not peculiar to it. Take for example a shoe—there is its wear as a shoe and there is its use as an article of exchange; for both are ways of using a shoe, inasmuch as even he that barters a shoe for money or food with the customer that wants a shoe uses it as a shoe, though not for the use proper to a shoe, since shoes have not come into existence for the purpose of barter. (*Politics* i.iii.11; 1257a; 39–41)

La determinación de este "valor de cambio", de la medida que, como el precio, permita colocar las mercancías en una misma magnitud e intercambiarlas, constituye un verdadero *impasse* epistemológico para Aristóteles. Como ya hemos mencionado, el intercambio exige una operación doble: identificar una substancia o atributo compartido por los bienes a ser intercambiados, y hallar un sistema de medición o magnitud que permita cuantificar dicho atributo en cada uno de los bienes. Una vez identificados esta substancia y un sistema para medirla, las partes interesadas pueden proceder a "igualar" los objetos asegurándose de que el intercambio suponga el traspaso de una misma magnitud 'x' de la substancia compartida por los objetos. Dado que en el pensamiento aristotélico en general el *telos* es clave para definir cualquier objeto, y dado que el *telos* de los productos es diferente (pues cada uno de ellos cumple objetivos distintos), Aristóteles debe contentarse apenas con identificar la *chreia* como la substancia compartida por los productos, y el sistema monetario, con sus unidades claramente establecidas, como la escala de medición de la *chreia* que permite la conmensurabilidad de bienes inherentemente disímiles. Así, el Estagirita llega a la solución "suficiente" y práctica de considerar el precio de las mercancías como una representación convencional de la *chreia* ('necesidad', 'demanda') de dichos productos.

En un pasaje amplia y diversamente comentado de la *Ética nicomaquea* (v.v),[36] Aristóteles explica su conceptualización de la justicia correctiva, la cual

---

[35] Como ya se ha mencionado, Marx fue un atento lector de Aristóteles y fue a partir de este pasaje de la *Política* que el filósofo alemán formuló su famosa distinción entre valor de uso y valor de cambio. Para más detalles, véase *supra*.

[36] Estas interpretaciones han sido tan debatidas que Soudek afirmó alguna vez que "[t]he history of the interpretation of Aristotle's economic views in the fifth book of the *Ethics*, for the greater part is a history of misinterpretations" (64b). Langholm llega a afirmar que la obscuridad de este pasaje es lo que permitió la posterior multiplicidad de interpretaciones del mismo (183).

gobierna los intercambios de mercancías. En ella, es crucial "igualar" a los agentes que intercambian sus productos o servicios (es decir, elidir sus diferencias de clase), a diferencia de la justicia distributiva, en la que los bienes, honores o beneficios de la *polis* se distribuyen de manera desigual según la "calidad" (i.e., clase) de los individuos. Cuando dos personas, al margen de su clase social, deciden participar en un intercambio voluntario de bienes o servicios, el principio que debe regir el intercambio es el de la reciprocidad proporcional, un principio que para Aristóteles es crucial para la preservación de la ciudad-estado.

Dado que los bienes intercambiados son por naturaleza diferentes entre sí, para que el intercambio sea justo se necesita una proporcionalidad (es decir, algún tipo de razón/*ratio*) que permita que ambos bienes sean conmensurables, igualables y, por tanto, intercambiables. El ejemplo que propone Aristóteles, aplicable a cualquier intercambio voluntario entre dos profesionales/oficiales distintos, es el de un constructor y un zapatero que desean intercambiar una casa por un par de zapatos: "Now proportionate requital is effected by diagonal conjunction. For example, let A be a builder, B a shoemaker, C a house, and D a shoe. It is required that the builder shall receive from the shoemaker a portion of the product of his labour, and give him a portion of the product of his own" (v.v.8; 281–3) [Fig 8]. Lo que Aristóteles procura averiguar es la proporción entre casas y zapatos que permita establecer alguna igualdad entre ambos objetos y, así, hacer de este intercambio un acto justo. En otras palabras, Aristóteles se pregunta cómo establecer algún sistema de medición y equivalencia que permita averiguar cuántos zapatos pueden intercambiarse por una casa.

La primera solución que propone el Estagirita para esta medida es el dinero: "Hence all commodities exchanged must be able to be compared in some way. It is to meet this requirement that men have introduced money; money constitutes in a manner a middle term, for it is a measure of all things" y, de este modo permite establecer "how many shoes are equivalent to a house or to a given quantity of food" (v.v.10; 283). Sin embargo, el dinero es solamente un patrón de medida, mas no un atributo de los bienes intercambiados; en otras palabras, es una medida, mas no una substancia o atributo medible. Descartada esta solución, el filósofo sugiere que el atributo que puede hacer conmensurables a los bienes es la *chreia* o 'necesidad', un atributo que se aplica a todos los bienes intercambiables: "It is therefore necessary that all commodities shall be measured by some one standard, as was said before. And this standard is in reality demand [*chreia*], which is what holds everything together, since if men cease to have wants or if their wants alter, exchange will go on no longer, or will be on different lines" (v.v.11; 285). Sin embargo, como bien explica Scott Meikle, dado que la *chreia* es una substancia que carece de unidades, no puede servir como medida para los intercambios (23). Ante esta nueva dificultad, Aristóteles decide,

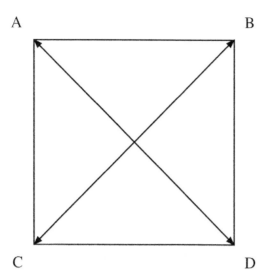

Fig. 8. Intercambio de bienes
(interpretación de Sto. Tomás de Aquino sobre explicación de Aristóteles)

A = constructor; B = zapatero; C = casa; D = zapato
Las líneas diagonales revelan los intercambios; la conjunción de ambas diagonales repre-
senta la necesaria reciprocidad proporcional que permite que el intercambio sea justo.
Realizado por el autor.

finalmente, combinar estas dos soluciones para encontrar un sistema de medida
que permita hacer los bienes conmensurables y, por tanto, intercambiables de
una manera justa. Por un lado, la *chreia* es una substancia o atributo que atañe
a todos los bienes, y puede, por lo tanto, servir para hallar la proporcionalidad
equitativa entre los bienes a ser intercambiados, pero carece de unidades de
medición. Por otro, el dinero es una medida con unidades claras, mas no es una
substancia o atributo medible e inherente a los bienes o servicios deseados.
Como consecuencia, Aristóteles combina ambos elementos: la *chreia* como
atributo de los bienes de ser medidos por el dinero, y el dinero como medida
para la sustancia que es la *chreia*. Por ello, afirma Aristóteles que "demand
[*chreia*] has come to be conventionally represented by money" (v.v.11; 285).
Con ello, la *chreia* se mantiene como el estándar medible que "holds the
association", pero el dinero permite que los bienes se puedan igualar en algún
tipo de proporción y, así, permite establecer cuántos zapatos equivalen a una
casa y permitir el intercambio: "Money then serves as a measure which makes
things commensurable and so reduces [things] to equality" (v.v.14; 287).

Esta solución, sin embargo, es satisfactoria solamente a nivel práctico, mas
no a nivel epistémico: el mismo Aristóteles admite que dos objetos disímiles
(como los bienes de un intercambio) no pueden considerarse conmensurables
"en sentido estricto" y que la *chreia* es una medida "suficiente" para el caso
práctico de cómo intercambiar bienes de manera justa: "Though therefore it is
impossible for things so different to become commensurable in the strict sense,
our demand [*chreia*] furnishes a sufficiently accurate common measure for
practical purposes" (v.v.14; 287). Aristóteles, en sentido estricto, no llega a
establecer en qué consiste el valor de cambio de un bien o mercancía, pues se
trata de una imposibilidad epistémica (Meikle 35).[37]

En la recuperación de Aristóteles durante el medioevo, la *Ética nicomaquea*
fue traducida al latín y comentada detalladamente por Alberto Magno y Santo
Tomás de Aquino. Sin embargo, el pasaje en cuestión sufrió dos importantes
modificaciones. Por un lado, Robert Grosseteste traduce *chreia* del original
griego alternativamente como *opus*, 'labor', o como *necessitas*, 'necesidad'
(Langholm 185). Siguiendo esta traducción equívoca, Alberto Magno y Santo
Tomás de Aquino preservan la solución transitoria de Aristóteles de determinar
el valor de cambio de una mercancía según la combinación de *chreia* o necesidad
[*indigentia*] y el dinero, pero añaden dos criterios adicionales que se hallaban
ausentes de la *Ética*: el trabajo y el costo de producción. Como consecuencia,
durante la Edad Media la lectura normativa de la *Ética* aristotélica combina,
aunque de manera poco desarrollada, lo que se puede llamar una "teoría
subjetiva del valor", basada en la necesidad y la utilidad de las mercancías, y
una "teoría del valor-trabajo", que privilegia la labor y el costo de producción.
En su *Segundo comentario* (359), Alberto Magno presenta la solución de
Aristóteles y propone la combinación de necesidad [*utilitatem et indigentiam*]

---

[37]   Afirma Meikle que esta declaración de *impasse* de Aristóteles debe ser tomada literalmente,
pues dentro del sistema aristotélico, en que los objetos se definen principalmente por su *telos*, a cada
objeto corresponde un *telos* diferente y, por tanto, es imposible hallar una substancia o un atributo
común a los objetos que van a ser intercambiados: "Aristotle's admission to failure at 1133b18–20
has to be taken at face value. It is unambiguous, it cannot be made to mean anything other than what
it says, it cannot be wished away, and it is in a way just what we should have expected him to say.
[…] According to the theory of susbtances which is the anchor of his thought, each sort of thing has
its own nature, form, ergo, *telos*, and definition, and these are specifically different from one kind
of thing to another. The weight of his philosophy would be against a strong expectation of finding
commensurability of the kind that would resolve the problem he sets himself in *NE* 5.5, given the
diversity of natures among products and activities, particularly if the commensurating property
were thought to be one which products have by nature or phusei" (35–6). Esta lectura de Meikle es
novedosa en tanto que diversos críticos contemporáneos han tratado de asimilar a Aristóteles ora a
una teoría del valor basada en la demanda o utilidad de los bienes (es decir, una "teoría subjetiva
del valor"; véanse, por ejemplo, Soudek, Kauder), ora a una conceptualización del valor que derive
del trabajo o de los costos de producción (es decir, una "teoría del valor-trabajo"; véanse, por ejemplo,
Gordon o la famosa historia económica de Schumpeter [60–1]).

y de dinero como el principal determinante del valor de cambio de un bien (cit. Langholm 186–7). Sin embargo, en otros pasajes, Alberto Magno lee el latín *opus* como equivalente de *labor, laboris* y añade el costo de producción como criterio para establecer el valor de cambio: "As the farmer is to the shoemaker, *in labor and expenses*, thus the product of the shoemakers is to the farmer's product. And in this way products and artisans ought to be reduced to the figure of a proportion" (*First Commentary*, p. 345; cit. Langholm 187; énfasis añadido). De manera similar se expresa en su *Segundo comentario*: "As the builder is to the shoemaker in terms of the excess of *labours and expenses spent on their products*, so much and so many shoes by addition of money are to be exchanged for a house" (*Second Commentary*, 358; cit. Langholm 188; énfasis añadido). La fórmula aristotélica para establecer la conmensurabilidad de los bienes y, en consecuencia, para permitir su intercambio justo, es interpretada por Alberto Magno en términos de mano de obra y costo de producción, representados convencionalmente por el dinero.[38]

Santo Tomás de Aquino, discípulo de Alberto Magno y una de las autoridades principales de los tratadistas 'económicos' de la temprana modernidad hispánica, presenta la misma dualidad en su comentario a la *Ética nicomaquea*, atribuyendo al Estagirita una definición del valor de cambio basada no sólo en la necesidad o utilidad, sino también en criterios como el trabajo y el costo de producción. El aquinate sigue detalladamente el texto de la *Ética* y mantiene la solución transitoria y práctica de Aristóteles de asumir la necesidad o *chreia* como substancia conmensurable y el dinero como medida que permite los intercambios de mercancías:

> He [i.e., Aristotle] says that it is impossible that things so greatly different be made commensurate according to reality, i.e., according to the peculiar nature of the things themselves. But they can be sufficiently contained under one measure by comparison with the needs [*indigentia*] of men. Hence there must be some one criterion that measures all things of this kind and is not a measure by reason of nature but because so fixed by men. Therefore, this is called money owing to the fact that it makes all things commensurate insofar as they are measured by money. (v, lect. ix, c. 989; 1:428)

Santo Tomás apoya esta definición aristotélica invocando un pasaje de San Agustín, evidentemente posterior a Aristóteles, que la temprana modernidad hispánica citará constantemente. Como en la *Summa Theologiae* (ii.ii, q.77, a.3; 38:223), en su comentario a la *Ética nicomaquea* (v. lec. ix, c. 981; 1:426) el

---

[38] De hecho, Langholm afirma que Alberto Magno presenta la solución aristotélica introduciendo el trabajo y los costos cuatro veces en su *Primer comentario* y otras seis veces en el *Segundo comentario* (188).

aquinate recurre a la importante distinción que San Agustín establece entre el valor de un bien según un orden "natural" y su valor según las necesidades humanas.[39] Estos dos sistemas de medición son claramente diferentes, pues los seres humanos valoran más el pan que un ratón, a pesar de que el ratón es una criatura animada y, por tanto, superior "por naturaleza" a un trozo de pan.[40]

Como Alberto Magno, Santo Tomás interpreta a Aristóteles incorporando el trabajo y el costo de producción como atributos que, medidos por el dinero, determinan la proporción necesaria para permitir el intercambio de bienes y servicios y, así, determinan el valor de cambio. De hecho, el aquinate afirma claramente que la proporcionalidad requerida por los intercambios es necesaria porque "the work of one craftsman is of more value than the work of another" (v. lec. viii, c. 972; 1: 420).[41] En la *Summa*, al responder a la pregunta de si alguien puede ganar dinero revendiendo un producto a un precio mayor al original, Santo Tomás afirma, entre otras razones, que ello es aceptable siempre y cuando el producto haya sido "mejorado" [*meliorare*]; es decir, en tanto que haya sido transformado de alguna manera por medio de algún tipo de trabajo [*labor*]. Invocando el comentario al Evangelio de Mateo atribuido a Crisóstomo, el aquinate afirma que es práctica lucrativa, y por tanto moralmente punible, revender un producto a un precio mayor cuando este producto se revende sin ningún cambio o modificación [*non... rem integram, & immutatam vendat* (cit. Graciano I, dist. lxxxviii, c. xi; 1: 563)]. Sin embargo, si el agente "mejora" el producto a través del trabajo, es lícito venderlo posteriormente a un precio mayor al original: "For if he charges a higher price for a commodity which he has, in fact, enhanced [*in melius mutatam*], then he would seem only to be receiving compensation [*praemium*] for the work [*labor*] he has put into it" (ii.ii, q.77, a.4; 38:229).[42]

---

[39]   "[T]hose that are alive are above those that are not, just as those which have the power of generation or even of aspiration are superior to those which lack such an urge. Again among those that have life the sentient are superior to those that lack sensation; thus animals are superior to trees. Again among those that have sensation, those with understanding are superior to those that lack it; so men are superior to cattle; and among those with understanding the immortal are superior to the mortal; in this way angels are superior to men" (xi.xvi; 3:489).

[40]   "For who would not rather have bread in his house than mice, or money rather than fleas? But why should this surprise us? When it comes to evaluating [*aestimatio*] men themselves, who surely rank very high in nature, a hare often brings a higher price than a slave, or a jewel more than a servant girl" (xi.xvi; 3:491).

[41]   Asimismo, véase v, lec. ix, c. 983; 1: 426.

[42]   Del mismo modo: "Therefore if a person buys something, not in order to resell it, but to keep it, and then subsequently wants to sell it for some reason, he is not strictly engaging in a commercial transaction, even though he is now asking a higher price. And he is entitled to do this either because he has improved [*melioravit*] the thing in some fashion, or because prices have gone up in response to local changes or the lapse of time, or because he has incurred risks in transporting it about or in having it delivered. In such cases neither the purchase nor the sale is unjust" (ii.ii, q.77, a.4; 38:229, 231).

Además del trabajo, Santo Tomás incorpora también el costo de producción como criterio para determinar la proporcionalidad que debe regir los intercambios de bienes. Recuérdese que al comentar el ejemplo de la *Ética nicomaquea* referida al intercambio entre un zapatero y un constructor, el aquinate supone que la proporcionalidad necesaria para el intercambio debe considerar también el costo de producción, pues "a builder incurs more expense in building one house than a shoemaker in making one sandal" (v. lec. viii., c. 976; 1: 421). A pesar de afirmar que la necesidad determina el valor de cambio, ello no impide a Santo Tomás aseverar también que el trabajo y el costo de producción deben considerarse para establecer la proporcionalidad que rige y permite el justo intercambio voluntario de dos bienes: "In order then to have just exchange, as many sandals must be exchanged for one house or for the food required for one man as the builder or the farmer exceeds the shoemaker in his labor and costs" (v. lec. ix, c. 980; 1: 426).

Durante la temprana modernidad hispánica, el 'pensamiento económico' canónico, establecido en la Universidad de Salamanca, comprendía una lectura muy cuidadosa de Santo Tomás de Aquino y, a través de él, de Aristóteles. Los intelectuales que publican tratados acerca de la licitud del comercio dedican cierto espacio a explicar la base filosófica de sus conclusiones. Aunque los teólogos-'economistas' del XVI hispánico se refieren explícita o implícitamente tanto al *Comentario a la Ética* como a la *Summa* de Santo Tomás, ignoran casi completamente las innovaciones propuestas por el aquinate con respecto a la determinación del valor de cambio. Si bien Santo Tomás combina la *chreia* aristotélica con el trabajo y el costo de producción como determinantes del precio de las mercancías, especialistas como Saravia de la Calle, Luis de Molina y Tomás de Mercado privilegian la *chreia* como elemento principal de conmensurabilidad de los productos y otorgan un rol muy secundario al trabajo y a los costos de producción en la determinación del valor de cambio, acaso para prevenir que inescrupulosos mercaderes e intermediarios disfracen sus actividades de reventa lucrativa como legítima 'labor'.

Al ser confrontados con la pregunta sobre la conmensurabilidad de las mercancías y la determinación del llamado "justo precio", los tratadistas del XVI hispánico no dudan en acudir a San Agustín y a Aristóteles para afirmar que el precio de los bienes es una representación de su necesidad o utilidad. Recuérdese que, para Saravia de la Calle, la necesidad es el atributo que determina el precio, aunque este puede ser afectado también por la abundancia o escasez de bienes, comerciantes o dinero: "Fúndase esta doctrina en la de Aristóteles que dice: *Pretium rei humana indigentia mensural* [sic]. La necesidad de los hombres pone precio a la cosa" (48). O considérese también que Luis de Molina se refiere tanto a San Agustín como a Aristóteles para afirmar que un precio puede ser justo o injusto "no en base a la naturaleza de las cosas consideradas en sí mismas [...] sino en cuanto sirven a la utilidad humana; pues en esa medida la estiman los hombres y tienen un precio en el comercio y en los intercambios". Esto explica por qué "los ratones, aunque por su naturaleza sean más nobles que el trigo, no se estimen ni aprecien por los hombres, pues no les son de utilidad alguna" (disputa cccxlviii.1; 167–8). Adviértanse también las palabras de Tomás de Mercado, quien acude a Santo Tomás para afirmar que "[d]ize Aristóteles admirablemente en el [libro] 5 de las *Ethicas*, que lo que da valor y precio a todas las cosas terrestres, es nuestra necessidad. Que si no las hubiésemos menester, no las mercarían ni apreciarían. Esta es la medida y peso de su valor. [...] En ninguna parte, en ninguna nación, se apreció jamás cosa, según su naturaleza, sino por nuestra necessidad y uso" (ii.vi, 33r-33v).[43]

En esta definición de lo que es el "justo precio" de un bien, los teólogos-'economistas' del XVI hispánico eliden la gran mayoría de referencias de Alberto Magno y Santo Tomás de Aquino al trabajo y al costo de producción, criterios que se hallaban ausentes en el original aristotélico y que fueron introducidos en los comentarios y traducciones medievales. Sin embargo, cuando estos mismos tratadistas deben responder a la pregunta específica de si es lícito revender una mercancía a un precio mayor del que se pagó originalmente, sorprendentemente sí aceptan el trabajo como un determinante del valor de cambio de un producto. Siguiendo la *Summa* (ii.ii, q.77, a.4; 38: 229) y el comentario del Pseudo-Crisóstomo, estos intelectuales no dudan en afirmar que el precio de una mercancía puede incrementarse si ha sufrido alguna modificación o "mejoría". Quizás el más explícito y quien más de cerca siga el texto del aquinate sea Luis de Molina, para quien existen tres tipos de operaciones de compra-venta: aquéllas orientadas a la satisfacción de las necesidades (i.e., lo que Aristóteles llamaría "good *chrēmatistikē*"); aquéllas que, sin transformar las mercancías se orientan a la ganancia y, por tanto, son impugnadas (i.e., lo que Aristóteles llamaría "bad *chrēmatistikē*"); y, finalmente, aquellas operaciones en que se compra algo para "transformarlo mediante el trabajo" y luego venderlo a mayor precio:

> Otra compra-venta es aquella por la que se compra algo con el fin de transformarlo mediante el trabajo y venderlo más caro. Esta compra-venta, como afirma Crisóstomo, no constituye un mero negocio, ya que el bien que así se compra se mejora con el trabajo, y la propia habilidad, [...] Pertenece a esta clase de compra-venta no sólo la compra de lana para fabricar paños

---

43   En la nota marginal, Mercado indica que este pasaje depende directamente de la *Summa* del aquinate: "c.5. *indigentia* nostra est causa et mensura humanarum commutationum. S. Tho. 2.2. q.77. art. 2" (énfasis añadido).

y venderlos, o la compra de hierro para forjar espadas y venderlas, sino también la compra de caballos y aves para venderlas una vez domados y domesticadas. (disputa CCCXXXIX, 2; 128–129)[44]

De manera similar, Tomás de Mercado intenta diferenciar el oprobioso oficio del inescrupuloso mercader de cualquier otro oficio o profesión al afirmar, al igual que Luis de Molina, que el sometimiento de un bien a cualquier tipo de proceso que implique labor humana, como el procesamiento del vino o la cría de caballos, aumenta el valor del bien original en tanto que se modifica a través del trabajo:

> Mas sembrar 200 hanegas de trigo, y cogidas venderllas, no es ser mercader, sino labrador. Ya vemos quantas mudanzas hizo el trigo que sembró, antes que en la hera lo pusiesse. Item mercar cien potros para hazer caballos, y hechos vendellos en una feria: trato es de escuderos. Mercar gran cantidad de mosto, para que hecho vino se venda y se gane: ingenio común es de todos, no oficio de mercader. Porque ya se mejora en sí el vino, y casi se muda. Pero mercar cualquier género de ropa o bastimento, y sin que en él haya mudanza: tornar a vendello, porque se augmenta el valor o muda lugar: esto es mercadear y negociar. (ii.ii, 19v-20r)

Finalmente, Saravia de la Calle se refiere muy sintética e indirectamente al trabajo en el mismo contexto al afirmar que "no es lícito al mercader comprar la cosa para luego la tornar a vender con ganancias sin que la cosa se altere o se mude el tiempo y lugar" (vii; 69).

Cabe recordar que los intelectuales pro-criollos acompañan sus descripciones paradisíacas del territorio novohispano de listados de recursos naturales del virreinato, los cuales valoran acudiendo a una versión extremadamente simplificada del paradigma "económico" establecido por los intelectuales asociados a la Universidad de Salamanca. Los portavoces de los intereses de los criollos novohispanos no dudan en introducir listas de recursos naturales que pueden beneficiar enormemente la economía imperial y cuyo valor se estima invariablemente según criterios como su "necesidad" o demanda, su utilidad o su estimación. Un caso particularmente elocuente es el memorial que Gonzalo Gómez de Cervantes dirige a Eugenio Salazar, oidor del Consejo de Indias, en 1599. Después de insistir en repetidas ocasiones en la inmerecida pobreza de los criollos y en sus dificultades para acceder a puestos administrativos en el gobierno

---

[44] Molina sintetiza estas ideas al discutir las diferentes circunstancias en que el precio de un bien puede aumentar, y afirma que "[d]e igual forma, también hace subir el precio la mejora del bien mediante el trabajo humano o por las solas fuerzas naturales, como sería el caso de los animales que se crían para venderlos" (disputa CCCXLVIII, 7; 172).

de la colonia, en claro contraste con inmigrantes peninsulares convertidos en mercaderes, Gómez de Cervantes dedica cerca de la mitad del memorial a exhortar al gobierno local a concentrarse en la explotación de cuatro recursos naturales para incrementar las riquezas del virreinato: la plata, el añir, la grana y el cuero (138). En el caso de la plata, Gómez de Cervantes subraya el hecho de que se trata de un material de gran necesidad no sólo en el imperio transatlántico, sino también en el resto del orbe en tanto que se trata del mineral que sirve para la acuñación de dinero. Su necesidad y utilidad es tal que sin la plata, y, por tanto, sin el dinero que sirve como "medida" del valor de cambio de todos los productos, ningún bien tendría valor alguno y se paralizaría el comercio: "sin [los mineros] todas las cosas fueran de ningún valor, porque la plata le da a los fructos de la tierra y a las cosas que se hacen de ellos con el ingenio e industria de los hombres, de manera que, faltando ellos, de necesidad la contratación se había de convertir en traer alguna cosas en trueque" (138–9). La necesidad y utilidad de la plata es tal que "si los mineros se echasen a dormir un año o más, todo el mundo haría lo mismo" (139). Además de ofrecer una serie de sugerencias para impulsar la extracción de plata, Gómez de Cervantes también dedica más de una decena de ilustraciones y muy detallada información acerca de las mejores maneras de criar la grana cochinilla. A pesar de que inicialmente no fue muy apreciada por los españoles, Gómez de Cervantes insta al Consejo de Indias a aprovechar el hecho de que, por su creciente demanda por parte de mercaderes en la península ibérica, la grana ha incrementado su valor de cambio notablemente: "de pocos años a esta parte, ha tenido valor respecto de que de Castilla la piden mercaderes, por haber aprobado también allá; y con esta *demanda* de que allá ha venido, ha subido de precio y valor" (164; énfasis añadido). De hecho, la demanda y estimación de la grana se ha incrementado tanto que Gómez de Cervantes no duda en afirmar que "se puede decir que es oro" (164).

Menos explícito es Baltasar Dorantes de Carranza, quien en la *Sumaria relación* (1604) dedica varias páginas a exaltar la utilidad y los beneficios de diversos recursos naturales existentes en el virreinato, desde árboles y plantas como el oyamel y el maguey, hasta metales preciosos como el oro y la plata, pasando por animales diversos como el pescado, las ovejas y los pájaros (107–125). De hecho, este listado de abundantes recursos naturales es insertado por Dorantes de Carranza como una respuesta a *Grandeza mexicana*. Dorantes de Carranza cita la octava que sirve de "Argumento" al inicio de *Grandeza mexicana* criticándola por ceñirse a los bienes de la Ciudad de México, ignorando así las "tantas riquezas y grandezas" de la espontánea e hiperproductiva naturaleza novohispana. Dorantes de Carranza responde a las grandezas urbanas y artificiales de Balbuena con un largo listado de bienes naturales ofrecidos generosamente por el territorio virreinal, cuya abundancia permite analogarlo con el Paraíso terrenal. Así, el criollo hace referencia a sus frutos, sus árboles, magueyes y cacahuatales, sus pescados y animales, aves y pájaros, raíces y yerbas medicinales, amigos de la salud y complexión de los hombres, que admira, que bastan a formar aquí un paraíso, y que tuviera bien que decir Plinio, si resucitara, de las cosas naturales más en novedad y monstruosidad que en todas las provincias del mundo. (107–8)

La ecuación del territorio rural novohispano y el Jardín del Edén, recordemos, sugiere una perspectiva económica en la que el trabajo y el comercio están completamente ausentes, y para la cual los bienes cumplen el propósito único de satisfacer las necesidades humanas. Como consecuencia, la necesidad (y conceptos estrechamente relacionados, como la utilidad) sería utilizada como criterio para determinar el valor de cambio de un bien. Más aún, Dorantes de Carranza se esfuerza por subrayar el valor intrínseco de los recursos naturales del virreinato describiendo en gran detalle los beneficios del cacao y, muy especialmente, el hecho de que este fruto sea equivalente al oro en tanto que medida de valor o dinero: "[e]s muy rica y bien saludable fruta: con ser moneda [...] es corriente y vendible como si fuese oro, y más que piedras preciosas" (108). No es desdeñable esta información, pues, a pesar de que Dorantes de Carranza describe el cacao citando larga y silenciosamente el capítulo 59 de la *Apologética historia sumaria* de Bartolomé de Las Casas, la información referida al valor económico del cacao se halla completamente ausente de la fuente lascasiana y, así, constituye una inserción que revela las ansiedades 'económicas' de Dorantes de Carranza y su esfuerzo por definir el valor de cambio según criterios 'subjetivos'.

Labor y "arte" en un mundo postlapsario

Balbuena refuta explícitamente el carácter supuestamente paradisíaco de la Nueva España junto con la hipotética hiperproductividad espontánea que le atribuyen los intelectuales criollos. Como hemos discutido en el capítulo dedicado a la *sōphrosunē*, "La geopolítica de la templanza", el espacio que Balbuena asigna a los criollos novohispanos, el "campo" fuera de la capital virreinal, está muy lejos de asemejarse al Edén. Balbuena desdeña como meras apariencias y llanas mentiras las afirmaciones de Juan de Cárdenas y Baltasar Dorantes de Carranza que equiparan el virreinato con el paraíso terrenal en términos climáticos: "Parézcanles sus aires saludables, / ameno el sitio, la quietud a cuento, / buena el agua, las frutas agradables" (IV.169–171; 85). Más aún, Balbuena se burla explícitamente de esta estrategia discursiva de los intelectuales criollos señalando la imposibilidad o excepcionalidad de que unos pequeños arbustos compuestos principalmente de juncos como las "retamas" generen flores de gran excelencia como la "clavellina" o clavel:[45] "milagros y portentos de Natura / [son] nacer de las retamas clavellinas" (IV.137–8; 84); o admitiendo que, a pesar de la abundancia de árboles de madera particularmente maciza como la encina, exista alguna ocasional rosa o algún infrecuente jazmín: "y en los montes no todas son encinas, / que aquí brota un jazmín, allí una rosa" (IV.134–5; 84). Balbuena llega incluso a cuestionar la salubridad del agua consumida en el "campo" señalando que "de ordinario se le pega, / por do pasa, el sabor de las canales" (IV.149–50; 84). Mientras que los letrados criollos subrayan la templanza, salubridad, belleza y espontánea hiperproductividad del territorio novohispano y lo presentan como un nuevo Jardín del Edén, Balbuena se encarga de desarticular esta representación burlándose de ella y denunciando su falsedad. Como consecuencia de ello, Balbuena impugna la afiliación de los letrados criollos a una teoría subjetiva del valor, basada en la utilidad y necesidad de los innúmeros bienes (fauna y flora) que el supuesto paraíso virreinal ofrecía al imperio.

La evidente infertilidad que Balbuena asigna al "campo" que habitan los criollos en *Grandeza mexicana* sugiere que dicho territorio sólo puede volverse productivo a través de la agencia humana, y de un constante trabajo que logre extraer algún beneficio de él. De hecho, en un innegable contraste con las representaciones edénicas de la Nueva España por parte de los letrados criollos, Balbuena define la realidad novohispana como un mundo claramente postlapsario, en el que sólo la labor humana puede hacer productiva la tierra y satisfacer las necesidades de los seres humanos. Hacia el final del primer *capitolo* del poema, y después de haber insertado una larga lista de profesiones y oficios practicados en la capital virreinal para probar la diversificación laboral, Balbuena afirma que "el goloso interés les da la mano" a los habitantes de la ciudad siempre y cuando laboren en este mundo postlapsario:

> si *por industria* o por antojos
> de la vida mortal, las ramas crecen
> *de espinas secas y ásperos abrojos*;
> si unos a otros se ayudan y obedecen,
> y en esta trabazón y enga[r]ce humano
> los hombres con su mundo permanecen,
> el goloso interés les da la mano.
> (I.190–196; 67; énfasis añadido)

---

45 Según *Autoridades*, el clavel es "flor bien conocida por su excelencia [...] Lo colorido y matizado de las flores es de varia hermosura [...] Diósele el nombre de clavel por el olor que tiene muy semejante al del clavo de olor". La clavellina es "especie de clavel [...] Las hay de todos colores y matices y muy vistosas. Esta flor es pequeña y en cierto modo se reputa aun en el nombre como diminutivo de clavel".

Las "espinas secas" y los "ásperos abrojos" a los que se refiere el texto son precisamente dos de los elementos que señalan la expulsión del Paraíso terrenal y la caída de la Gracia en el *Génesis* 3:18, "*Spinas et tribulos germinabit tibi, et comedes herbam terrae*", y que son comentados por San Agustín y posteriormente por Santo Tomás de Aquino. En su comentario al *Génesis*, el primero de ellos recuerda que "after the fall of man God said to him, speaking to the earth, *thorns and thistles [spinae et tribuli] shall it bring forth to you*" (III.18; 94; énfasis añadido) y afirma que, aunque tanto las espinas como los abrojos fueron creados por la divinidad antes de la expulsión del Paraíso, fue después de la caída que la tierra empezó a producirlas con el explícito propósito de añadir dificultades y laboriosidad a los seres humanos en su intento por sustentarse trabajando la tierra: "earth began to produce these to add to man's laborious lot only when he began to labor on the earth after his sin" (III.18; 94). En la *Summa Theologiae*, el aquinate sigue al agustino y afirma que las espinas y los abrojos ya habían sido creadas antes de la caída del hombre, pero no para su castigo, como sí ocurriría después de su expulsión del Paraíso: "Even before this curse, thorns and thistles [*spinae et tribuli*] had been produced, virtually or actually. But they had not been produced as a punishment for man, in the sense that the earth, which he had to cultivate for food, would bring forth some unfruitful and noxious plants. Hence it was stated, *shall it bring forth to thee*" (i, q.69, a.2; 10:103). Además, esta alusión a las espinas y abrojos será usada posteriormente, entre otros, por Pedro Calderón de la Barca (1600–1681) en *El divino Orfeo* (1663), y precisamente para recordar que originalmente fueron creados como alimento para animales, pero que después de la caída de la Gracia sirvieron para castigar a los seres humanos (273). Por ello, cabe destacar que el verso de Balbuena aludiendo a las "espinas secas y ásperos abrojos" enmarca decididamente su representación de la capital novohispana dentro de un mundo postlapsario en el que el trabajo ("por industria") y el deseo o la necesidad ("por antojos") se combinan para hacer productiva una tierra natural y particularmente hostil ("las ramas crecen / de espinas secas y ásperos abrojos") a la que la divinidad ha exiliado a los seres humanos después de su caída en el pecado. De este modo, Balbuena se opone a las representaciones edénicas propuestas por los criollos y subraya la necesidad de domesticar la naturaleza a través del ejercicio de virtudes intelectuales como *technē* o 'artes' para que satisfaga las necesidades de los seres humanos.

Recuérdese que esta interpretación "económica" del *Génesis* por parte de Balbuena se halla en clara consonancia con la ofrecida por los teólogos-'economistas' de la Universidad de Salamanca del XVI. Según estos intelectuales, si bien al inicio de la creación los seres humanos no debían trabajar ni labrar la tierra porque ella ofrecía espontáneamente todos los frutos de la tierra, después de la caída de la Gracia los seres humanos se ven obligados a satisfacer sus necesidades materiales por medio del trabajo. Como afirma Saravia de la Calle, después de la expulsión del Edén "fue necesario que los hombres para remediar las necesidades naturales usasen de su industria y granjería" (*Tratado de los cambios* i; 141). Del mismo modo, Tomás de Mercado afirma también que la caída obligó a todos a que "nos sustendádemos [sic] con el sudor de nuestro rostro, cultivando la tierra" (ii.i, 15r).[46]

En *Grandeza mexicana*, Balbuena no duda en representar la capital novohispana dentro de este mundo postlapsario para impugnar las afirmaciones de los intelectuales pro-criollos. Por ello, si la Ciudad de México en el poema de Balbuena es un "paraíso mexicano" (VI.14; 94) o un "humano paraíso" (VI.46; 95), no lo es por una supuesta hiperproductividad natural, como afirman los letrados criollos, sino por la labor y la *technē* de la agricultura ejercidas por los habitantes de la ciudad. Recuérdese, en primer lugar, que el *capitolo* VI, dedicado a la "Primavera inmortal" y ampliamente citado y antologado como ejemplo de la natural bondad del territorio novohispano, se ve identificado explícitamente por Balbuena como un "real jardín" (VI.157; 99), un artificial *locus amoenus* completamente manufacturado por los seres humanos. Adviértase, además, que en el primer *capitolo* del poema la hiperproductividad de los "altos vestidos de esmeralda" que circundan la capital son producto del trabajo, pues "nacen llanos de iguales intereses, / cuya *labor* y fértiles cosechas / en uno rinden para muchos meses" (I.97–99; 64; énfasis añadido). Nótese también que en el mismo *capitolo* el valdepeñero afirma que así como la ciudad misma está "labrada en grande proporción y cuenta" (I.82; 63), análogamente, es gracias al dominio que ejercen los seres humanos sobre la naturaleza, así como al ejercicio de virtudes intelectuales como la *technē*, que los habitantes de la ciudad pueden disfrutar de hermosas y manufacturadas áreas de vegetación y zonas dedicadas al cultivo. En palabras de Balbuena, la ciudad está adornada

> Con bellísimos lejos y paisajes,
> salidas, recreaciones y holguras,
> huertas, granjas, molinos y boscajes,
> alamedas, jardines, espesuras

---

[46] Aunque no se trata de uno de los teólogos-'economistas' salmantinos, interesa ilustrar esta misma interpretación del nacimientos de las "artes" y profesiones acudiendo al conocido y ampliamente difundido tratado de 'psicología' *Examen de ingenios* de Huarte de San Juan: "Si Adán y todos sus descendientes vivieran en el Paraíso terrenal, de ninguna arte mecánica ni ciencia de las que ahora se leen en las escuelas tuviera necesidad, ni hasta el día de hoy se hubieran inventado ni puesto en práctica. [...] En pecando Adán, luego tuvieron principio práctico todas las artes y ciencias que hemos dicho, porque todas fueron menester para remediar su miseria y necesidad" (180–1).

de varias plantas y de frutas bellas
en flor, en cierne, en leche, ya maduras.
(I.82–90; 63)

Del mismo modo, es precisamente la labor humana la que permite domesticar
la naturaleza y hacerle producir frutos durante estaciones en las que no brotan
naturalmente: "Pida el deseo, forme variedades / de antojo al gusto [...] / [...] /
que aunque pida el invierno en el verano, / y *el verano y sus flores en invierno,*
/ *hallará aquí quien se las dé* a la mano" (IV.178–179, 181–183; 85; énfasis
añadido). Adviértase, además, que en su descripción de la probidad religiosa y
moral de la ciudad, Balbuena utiliza una larga analogía floral y se pregunta
"¿Quién me dirá desta real grandeza / cuál sale más, la gracia en su gobierno,
/ o el olor de su virtud en su nobleza?" (VIII.13–15; 106). Dado que la Ciudad
de México "es toda de tal *arte*" (VIII.10; 106; énfasis añadido), Balbuena recurre
a una metáfora agrícola para contestar que ambas cualidades, la gracia y la
nobleza, se hallan presentes en la capital virreinal. Sin embargo, conviene
advertir que dicha metáfora se funda precisamente en la premisa de que es
posible domesticar la naturaleza a través del arte; más importante aún, la
metáfora se refiere explícitamente a la capital novohispana como producto de
esta intervención y manipulación de la naturaleza por parte de los seres humanos:
"toda ella [i.e., la Ciudad de México] [es] un *injerto* peregrino / de bienes y
grandezas admirables" (VIII.19–20; 106).

Este contraste entre la representación de la "naturaleza" novohispana por
parte de los intelectuales criollos y de Balbuena es sintomático de un conflicto
más amplio: la oposición entre dos paradigmas sociales diferentes y entre dos
nociones de valor económico diferentes. El cuestionamiento de las representaciones
edénicas ofrecidas por Dorantes de Carranza o Juan de Cárdenas implica un
conflicto más amplio entre un paradigma feudal y estamental, defendido por
los señoriales criollos novohispanos, y un paradigma al que se afilian inmigrantes
peninsulares como Balbuena, que, careciendo de linajes nobles, deben probar
su valía y ascender socialmente a través del trabajo y del ejercicio profesional.
Análogamente, si Balbuena desdeña e impugna las representaciones edénicas
de la naturaleza novohispana que ofrecen los intelectuales pro-criollos es para
cuestionar una definición del valor de cambio de bienes y servicios fundada
exclusivamente en criterios subjetivos como la necesidad o la utilidad, y para
subordinarlas a una definición del valor de cambio que privilegia la labor o el
trabajo humanos. De este modo, Balbuena se distancia completamente del
paradigma aristotélico-tomista de la Universidad de Salamanca y, afiliándose
a la Escuela italiana de Giovanni Botero, propone privilegiar la 'mano de obra'
como determinante principal del valor de cambio y, en consecuencia, como
motivo de la riqueza y grandeza de la capital virreinal.

La postura de Balbuena se resume perfectamente en un verso que describe la capital novohispana: la Ciudad de México es, para Balbuena, el lugar "do el arte a la materia menosprecia" (IV.73; 82). Para los lectores modernos el "arte" al que se refiere Balbuena podría entenderse como un compuesto de *belles lettres* y *fine arts*, anclado en la alta cultura. En las siguientes páginas, sin embargo, me interesa profundizar en una noción ya adelantada en el capítulo anterior, dedicado al estudio de la virtud de la templanza [*sōphrosunē*] y la 'polémica científica' por la posesión de las Indias: interpretar el "arte" de Balbuena como *ars* o *technē*; es decir, como una virtud que Aristóteles agrupa junto a la *epistēmē* o ciencia, la prudencia o *phronēsis*, la sabiduría o *sophia* y la inteligencia o *nous*. En su fundamental estudio *The Invention of Art*, el filósofo e historiador cultural Larry Shiner nos recuerda precisamente que el concepto de "arte" como lo entendemos hoy en día, asociado a la "alta cultura" y opuesto a la "artesanía", es una invención del siglo XVIII y que durante la temprana modernidad el vocablo "arte", como sus étimos *ars* y *technē*, obliteraban tal distinción (3–56). Por ello, es preciso que el lector de hoy en día abandone lo que Shiner denomina sus "postromantic sensibilities" (21) para comprender esta definición de "arte". Ésta se encuentra ejemplarmente ilustrada en textos como la *Noticia general para la estimación de las artes* (1600) del catedrático en Derecho Gaspar Gutiérrez de los Ríos, quien evita distinguir entre artes liberales y mecánicas o vulgares, y utiliza el término "arte" para referirse a todas por igual como "una recopilación y congregado de preceptos y reglas experimentadas que, ordenadamente, y con cierta razón y estudio nos encaminan a algún fin y uso bueno" (15–6).[47]

Esta definición históricamente específica del vocablo "arte" en tanto que cuerpo de conocimientos técnicos y/o profesionales, y como ejercicio de una virtud intelectual, nos permite analizar su uso por parte de Balbuena en relación con el amplio espectro de profesiones y oficios referidos en *Grandeza mexicana*. Balbuena utiliza "arte" para subrayar el ejercicio de la labor profesional u oficial, y para resaltar su rol como determinante principal del valor de cambio de los innúmeros productos que desfilan por la capital novohispana. En términos

---

[47] Gutiérrez de los Ríos glosa con cierto detalle esta definición, resaltando la sistematización de dicho cuerpo de conocimiento y su necesaria in-corporación (lo que Bourdieu llamaría *embodiment*) a través del estudio y la práctica: "Digo *recopilación y congregado de conceptos*. Lo uno, porque el arte se dice *ab arctando*, que en castellano quiere decir estrechar y recoger. Lo otro, porque en lo que propiamente consiste el arte es en juntar y recoger preceptos y reglas derramas y esparcidas [...]. Digo *experimentados*, porque no han de ser preceptos inciertos, sino aprobados con el uso y experiencia, mediante la cual junto con la necesidad y trabajo se hallaron y perfeccionaron las artes [...]. Digo *que ordenadamente*, porque la forma del arte está en el método, es a saber en la buena disposición y recta orden de sus reglas, de manera que por ellas se consiga el fin a que se encamina, entrando primero por los principios y reglas generales, que es lo más fácil, y acabando por lo más dificultoso" (16–20).

actuales, Balbuena hace hincapié en el hecho de que la labor genera 'valor añadido' o 'valor agregado' a las simples 'materias primas' que tanto celebran los letrados criollos. Es por ello que Balbuena afirma que "el arte a la materia menosprecia, / *añadiendo valor fuerte y quilates* / a lo que el mundo más estima y precia" (IV.73–75; 82; énfasis añadido). Sin negar el rol de la necesidad o la utilidad en la determinación del valor de cambio de un bien (la "estima" y el "aprecio"), Balbuena subordina estos criterios al del trabajo en tanto que es a través de éste que el valor de cambio se incrementa y puede generar mayores ingresos en la economía imperial. Esta definición de "arte" como oficio o profesión nos permite, pues, interpretar los largos listados de profesiones y oficios (incluyendo la del poeta), y de los variados y múltiples bienes que aparecen a lo largo de *Grandeza mexicana*, como esfuerzos por parte del valdepeñero de legitimar una definición del valor de cambio basada en la labor y no, como hacen los letrados criollos, en criterios subjetivos como la demanda o la utilidad.

Esta definición del valor de cambio como producto de la labor, aunque prevista por la escolástica medieval (Alberto Magno, Santo Tomás de Aquino), se ve claramente subordinada y prácticamente elidida por los teólogos-'economistas' de la segunda mitad del XVI hispánico asociados a la Universidad de Salamanca. Recuérdese que estos especialistas en filosofía moral definen claramente el valor de cambio invocando la necesidad u otros criterios subjetivos asociados a ella como la utilidad y la estimación, y reduciendo notoriamente la importancia del trabajo [*labor*] humano en la "transformación" o "mejoría" [*meliorare*] de los productos. Balbuena presenta en *Grandeza mexicana* una postura completamente enfrentada a la de estos teóricos, subrayando el rol del trabajo, en tanto que ejercicio de las virtudes intelectuales, de la "industria" humana y de las "artes" o *technē* en la producción de riquezas y como determinante del valor de cambio de cualquier bien. Aunque Balbuena se enfrenta claramente a la *auctoritas* de Aristóteles y al prestigio de las enseñanzas salmantinas, no se trata de un caso aislado en el pensamiento y letras del momento. Como nos recuerda José Antonio Maravall, desde inicios del siglo XVII aparecen en la península ibérica diversos textos que, sin alcanzar una completa sistematización y sin obtener la legitimidad de la escuela salmantina, sostienen que "el valor de las cosas procede del trabajo y que la cantidad de trabajo contenida por las cosas es su valor de cambio" ("Dos términos" 636).[48]

En el caso específico de Balbuena, esta ruptura con el autorizado conocimiento impartido en la Universidad de Salamanca parece originarse en la lectura del *Delle cause della grandezza delle città* (1588), texto que se incluyó posteriormente

[48]   Véase también el capítulo VII, "Iberian Monetarism and Development Theories of the Sixteenth and Seventeenth centuries" (176–210), del libro de Louis Baeck, *The Mediterranean Tradition*.

como apéndice del *Della ragion di stato* (1589), ambos libros debidos al filósofo italiano Giovanni Botero.[49] Este último texto circuló ampliamente en la península ibérica e incluso gozó de seis ediciones en España entre 1593 y 1606 (Perdices 52),[50] y a pesar de admitir la importancia de actividades como la agricultura, establece que el principal factor generador de riqueza de una nación radica en la producción de manufacturas y en la labor profesional u oficial en general. Para Botero, en contraste con las ciudades italianas, España es paradigma de una nación rica en recursos naturales, pero finalmente pobre porque sus súbditos se niegan a participar en el ejercicio de las labores agrícolas y de las diversas "artes" y oficios (*Reason* vii.12; 146). En el capítulo titulado "Dell'industria", que después de la edición príncipe del *Delle cause della grandezza delle città* pasa a formar parte del *Della ragion di stato* en ediciones posteriores, Botero establece claramente la superior importancia de las "artes" sobre los recursos naturales en las finanzas del estado, pues es a través de la labor de los seres humanos y de la consecuente aplicación de conocimientos profesionales y técnicos como se incrementa la riqueza de los bienes en particular y del estado en general. Para el tratadista italiano, a través de las "artes" se dota de valor agregado a los recursos naturales y a los insumos que una nación puede tener por naturaleza. Especialmente elocuente es el contraste que realiza Botero entre la seda como elemento que, por proceder de la defecación de gusanos, posee un valor aparentemente limitado, y la notable variedad de bienes de valor superior que pueden producirse a partir de ella:

> Since art [*l'arte*] is the rival of nature [*natura*][51] I must consider which is of more importance to make a state great and populous, the fertility of the soil or the industry of man. Without hesitation I shall say industry. Firstly, the products of the manual skill of man [*le cose prodotte dall'artifitiosa mano dell'huomo*] are more in number and of a greater worth than the produce of nature, for nature provides the material and the object but the infinite variations of form are the result of the ingenuity and skill [*la sottigliezza e l'arte*] of man. Wool is a simple and crude product of nature: but in how many marvelous and various ways is it transformed by art! What rewards

---

49 Fue Osvaldo Prado el primero en analizar *Grandeza mexicana* usando la teoría económica de Botero.

50 Lamentablemente, estos textos de Botero no se encuentran en los listados de libros que ofrece Leonard en su clásico *Books of the Brave* y que habían de ser comercializados en los virreinatos americanos. Sin embargo, sí existe documentación de la recepción de ocho copias del *Delle relazioni universali* (1592) de Botero para ser vendidas en Lima en 1606 (Leonard *Books* 392), lo cual demuestra que se tenía noticia de la obra de Botero en las colonias.

51 Nótese la exacta correspondencia entre esta formulación de Botero, quien presenta una oposición entre "l'arte" y "la natura", y la que formula Balbuena, "do el arte a la materia menosprecia" (IV.73; 82).

are earned by the industry of those who card, warp, weave, dye, cut and sew
it into a thousand different fashions and those who carry it from one place to
another? Silk is another simple fruit of nature: but what variety of beautiful
clothes is fashioned from it by art! Art contrives that the excrement of a vile
worm becomes the admiration of princes and the delight of queens, to be
held in honour by all. (*Reason* viii.3; 151)[52]

Del mismo modo, Botero no duda en subrayar el hecho de que, a través de los
impuestos pertinentes, los ingresos derivados de la venta de, por ejemplo, el
hierro, son mínimos en comparación con lo que podría percibirse por medio
del procesamiento y comercialización del mismo tanto al por mayor como al
por menor, pero especialmente a través de su uso en la producción de ingenios
bélicos, instrumentos agrícolas, artísticos o cotidianos. Análogamente, el caso
del mármol, en contraste con sus infinitas aplicaciones arquitectónicas, o de la
madera, en contraste con sus varios productos, sostienen claramente que "industry
is far in advance of nature" (*Reason* viii.3, 152; "l'industria avanza di gran lunga
la natura" *Delle cause* ii.viii, 40).

Este paradigma económico, claramente contrario a la propuesta tomista de
la denominada Escuela de Salamanca del siglo XVI, será invocado por diversos
arbitristas y tratadistas durante el siglo XVII en un intento por remediar la
consabida decadencia de la economía española, especialmente de la castellana.
Sin embargo, ya a mediados del XVI, en un texto precursor, el contador Luis
Ortiz presenta a Felipe II un largo memorial describiendo la decadencia de la
industria manufacturera en España y responsabilizándola por la brecha
'macroeconómica' que se abre con relación a otras naciones europeas. En su
memorial de 1558, Ortiz celebra las bondades climáticas de la península ibérica
y la amplia variedad de recursos naturales, pero se pregunta por qué los españoles
no aumentan las riquezas locales e imperiales aprovechando su temperamento
colérico para transformar dichos recursos naturales: "¿por qué no trabajaremos
e faremos lo que en nosotros es, para aprovecharnos dellas y hacer lo primero

---

[52] "E, perché l'arte gareggia con la natura, m'adimandará alcuno quale delle due cose importi
piú per ringrandire e per render popoloso un luogo, la fecondità del terreno o l'industria dell'huomo?
L'industria senza dubbio. Prima perché le cose prodotte dall'artifitiosa mano dell'huomo sono
molto piú e di molto maggior prezzo che le cose generate dalla natura, conciosia che la natura
dá la materia e 'l soggetto, ma la sottigliezza e l'arte dell'huomo dá l'inennerrabile varietá delle
forme. La lana é frutto semplice e rozo della natura: quante belle cose, quanto varie e moltiformi
ne fabrica l'arte? Quanti e quanto grandi emolumenti ne trahe l'industria dic hi la scardassa,
l'ordisce, la trama, la tesse, la tinge, la taglia e la cuce e la forma in mille maniere e la transporta
da un luogo a un altro? Frutto semplice della natura é la seta: quanta varietá di vaghissimi panni
ne forma l'arte? Questa fa che l'escremento d'un vilissimo verme sia stimato da i prencipi,
apprezzato dalle reine e che finalmente ognuno voglia honorarsene" (*Delle cause della grandezza*
ii.vii, 39–40).

servicio a nuestro Dios y a Vuestra Majestad y engrandecer estos reynos y la república dellos?" (23). El mismo Ortiz observa que esta inacción se relaciona con el general estado de "ociosidad" en la península y con el hecho de que gran parte de la población está "sin letras ni oficios mecánicos" (22) que les permitan competir con otras naciones europeas. Para el contador es obvio que la economía española no puede aumentar su patrimonio si continúa exportando materia prima e importando manufacturas. Esta disparidad en la balanza comercial se observa especialmente en el hecho de que "una arroba de lana que a los extranjeros cuesta quince reales hacen obraje de tapicerías y otros paños y cosas labradas fuera de España de que vuelven dello mismo a ella, valor de más de quince ducados" (29–30), advirtiéndose claramente que la diferencia de precio se debe a la labor manufacturera a que se someten las materias primas españolas en el extranjero. Como consecuencia, Ortiz no duda en proponer que el rey haga ordenanza de que todos se entrenen en prácticas profesionales y oficios, incluyendo a la nobleza, so pena de destierro u otros castigos:

> que todos los que al presente son nacidos en estos reinos de diez años abajo y los otros que nacieron de aquí adelante para siempre jamás aprendan Letras, Artes o Oficios mecánicos aunque sean hijos de Grandes y caballeros y de todas suertes y estados de personas, y que los que llegaron a dieciocho años que no supieran arte ni oficio, ni se ejercitaren en él, sean habidos por extraños de estos Reinos y se ejecute en ellos otras graves penas [...]. (32)

Ortiz considera que esta situación no concierne exclusivamente a la península, sino también a los virreinatos americanos. En un pasaje crucial en relación con nuestro argumento, el contador no duda en resaltar la importancia de que los inmigrantes transatlánticos sean profesionales y oficiales para promover no sólo las economías virreinales, sino también la paz y el orden políticos. Sin mencionarlas, Ortiz parece referirse veladamente a las constantes luchas internas y a las insurrecciones de los encomenderos, especialmente en contra de las *Leyes Nuevas* de 1542. En contraste con los intereses señoriales de unos conquistadores que desdeñan el trabajo manual, Ortiz sugiere que el envío de profesionales y oficiales garantizaría la paz de los virreinatos:

> Lo otro que todos los que pasan a Indias, siendo oficiales y no gente inhábil, inútil y sediciosa, como los que hasta aquí han pasado, que son causa de los levantamientos que en ellas ha habido y siempre habrá entretanto que los que allá fueren no fueren oficiales, por lo cual se debe mandar a los que pasaren que lo sean y siempre estén ocupados en sus oficios, en lo cual no sólo haya gran aprovechamiento en las Indias, mas cesarán perpetuamente los escándalos y quedará para siempre otra república concertada con tanta paz como lo estará la de estos reinos. (40)

Si bien el de Ortiz parece ser un caso cronológicamente aislado, a partir de 1600 se sucederán diversas publicaciones, especialmente arbitrios, que, influidos por la lectura de Giovanni Botero, coincidirán con Ortiz en privilegiar el trabajo como determinante principal del valor de cambio y, por tanto, como instrumento de desarrollo económico en la península. Considérese, por ejemplo, el conocido memorial redactado por Martín González de Cellorigo (1570–1620) a petición expresa del mismo Felipe III en 1600, en que, como el contador Ortiz, se admite la riqueza de la península en términos de recursos naturales, pero se advierte también, citando a Botero, que la "verdadera y cierta" riqueza proviene de "la natural y artificial industria" (1r), que comprende no sólo los recursos naturales, sino también el ejercicio de las diversas "artes" y oficios en la manipulación de dichos recursos: "Es muy necesario el uso de las artes en todas las repúblicas, porque así como los frutos de la tierra las sustentan, también lo hacen las demás cosas que por las artes y oficios se adquieren" ([23r]). Para González de Cellorigo, en contraste con las enseñanzas de la Escuela de Salamanca, el trabajo es ley natural y origen de la verdadera riqueza, mientras que los nobles que heredan mayorazgos y aquéllos que acumulan riquezas traídas de Indias contribuyen a la destrucción de la república por su rechazo del trabajo.[53] Es España un lugar donde "los más della [están] tan llevados de tanta vana gloria, que los hace despreciar la justa ocupación de sus personas, y no es tenido por honrado, ni principal, sino es el que sigue la holgura y el paseo" (15r). Estas personas, con su desprecio del trabajo manual, han abandonado "la ordenación natural [y] han dejado los oficios, los tratos, y las demás ocupaciones *virtuosas*, y dádose tanto a la ociosidad, madre de todos los *vicios*" (15r; énfasis añadido). Si Cellorigo considera que la "verdadera" riqueza depende de "la industria humana" (15r) es porque considera que el valor de cambio de los diversos bienes naturales de la península puede incrementarse a través del trabajo y la creación de lo que dará en llamarse valor agregado o añadido. Recordando la caída en el pecado de los seres humanos, Cellorigo advierte de que el trabajo es indesligable de la condición humana postlapsaria: "Es pretender ir contra la ordenación de Dios, y dar en muchos errores, querer sacar fruto de la tierra sin trabajo: que no le da sino es con el sudor de nuestras manos" (23r).

Si bien me detengo en Ortiz y Cellorigo con detalle porque sus escritos preceden a la publicación de *Grandeza mexicana* en 1604, no menos importante es recordar que la propuesta de considerar el trabajo como determinante del valor de cambio,

---

[53] Sobre Cellorigo, Perdices afirma que el memorial representa "un cambio completo de orientación respecto a otros escritores españoles sobre temas de política económica", puesto que "[f]orma parte de una nueva tradición radicalmente distinta de la de los doctores escolásticos o de la de los proyectos simplistas de corte arbitrista. Se sitúa en una corriente de pensamiento italianizante cuyo marco de referencia y vocabulario es la nueva ciencia política absolutista con teóricos como el italiano Botero o el francés Bodín" (211).

con la consecuente mejoría de la economía estatal, aparece repetidamente en documentos diversos a lo largo del siglo XVII que discuten la decadencia de la economía castellana o el estado financiero de la ciudad de Toledo, o en memoriales sobre la situación de las "artes" en la península. Con precisión e implicaciones variables, todos estos documentos hacen especial énfasis en la importancia del trabajo (entendido como el ejercicio de artes y oficios) para el desarrollo o la 'restauración' de la riqueza española. Considérese, por ejemplo, la paradójica situación que observa el catedrático Gutiérrez de los Ríos en 1600, quien ve cómo los practicantes de las diversas artes y oficios se ven empobrecidos, mientras que los "ociosos" que menosprecian el trabajo se enriquecen a costa de la labor ajena. Gutiérrez exhorta a todas las clases sociales, incluidos los nobles, a practicar algún oficio o profesión: "todos sin excepción ninguna tenemos obligación de trabajar, y con mucho mayor cuidado los que son mayores y más poderosos" (298). Recuérdese también que el *físico* Cristóbal Pérez de Herrera (1558–1620), en un arbitrio redactado hacia 1610, propone varios "remedios" para restaurar la "salud" de la república, incluyendo la moderación de gastos excesivos, la repoblación de la península y, principalmente, la eliminación de la "ociosidad" por medio de la práctica de labores agrícolas, ganaderas y manufactureras (10r-20v). Mucho más explícito es Pedro de Guzmán, quien en su *Bienes del honesto trabajo* (1614) afirma que el trabajo no sólo es un determinante del precio de las mercancías, sino, de hecho, el precio mismo de bienes tanto espirituales como corporales: "[e]s el trabajo el precio universal, y como la moneda corriente con que se compran todas las cosas preciosas y de valor, así espirituales como corporales" (58).

La influencia de Botero es especialmente notable en el denominado Grupo o Escuela de Toledo, que entre 1610 y 1630 produce varios documentos resaltando el rol económico del trabajo (Perdices 187–8). Tal es el caso de la *Restauración política de España* (1619) de Sancho de Moncada, catedrático en Teología por la Universidad de Toledo, quien establece explícitamente que tanto los costos de producción como la labor cumplen, en proporción variable, un papel esencial en la determinación del valor de cambio:

> todas las mercaderías labradas tienen gran porte de obraje, y fábrica, unas tienen la mitad de obraje y mitad de material, como las sedas, otras tienen uno de material y diez o doce de obraje, como lanas, linos, cáñamos, hierros, algodones, telas de oro, y plata, y otras muchas; otras tienen todo el valor por la fábrica, porque el material vale poco, y suele echarse a mal en España, como papel, pintura, cosas de madera, de bufano y semejantes. (i.xii; 110)

Finalmente, ya mediado el siglo XVII, Francisco Martínez de la Mata formula con meridiana claridad el rol preponderante del trabajo y las "artes" en la creación de valor agregado:

Porque los labradores y criadores, aquéllos frutos no les dan más valor
que el que la naturaleza les dio, y mientras están en su poder valen poco.
Mas pasando a poder de los fabricantes crece su valor desde uno hasta
ciento, como lo vemos en la lana, seda, lino, cáñamo, maderas y metales.
Porque la universal armonía de mercaderías procede destos principios. Y el
lucimiento, riquezas y grandeza que hoy se considera en el mundo, a solo
las Artes se les debe. (1v)

Siguiendo muy probablemente a Giovanni Botero, y adelantándose
cronológicamente a tratadistas y arbitristas más conocidos como Pérez de Herrera,
Sancho de Moncada o Martínez de la Mata, Balbuena dota de evidente importancia
al trabajo en *Grandeza mexicana*, identificándolo como el principal determinante
del valor de cambio de los bienes y como una de las fuentes fundamentales de
la riqueza de la ciudad y, por extensión, del imperio. Esto explica el detallismo
del valdepeñero en las largas listas de oficiales y profesionales que aparecen en
el poema ejerciendo *dianoētika* o virtudes intelectuales, desde costureros y
sacristanes hasta navegantes y escribanos (I.154–189; 65–66); desde alquimistas
y lapidarios hasta impresores y escultores (IV.31–63; 81–2); desde relojeros y
actores hasta fundidores y poetas (IX.133–171; 117–118). Por ello, Balbuena no
duda en afirmar que en la capital novohispana "Mercurio y Febo, granjería y
ciencia [*epistēmē*], / aquí hacen obra y admirable punta" (IX.97–98; 116),
incluyendo claramente a los comerciantes entre los profesionales de la ciudad.
Adviértase también que, además de "Mercurio y Febo", en el *capitolo* IV, dedicado
a las "Letras, virtudes, variedad de oficios", Balbuena subraya el ejercicio de las
technē atribuyendo a Vulcano (el Hefesto griego) residencia en la capital virreinal.
Después de describir largamente las facilidades de producción manufacturada
gracias a la artificial templanza de la Ciudad de México, a la que califica de un
"Etna nuevo" (IV.84; 82), Balbuena menciona la presencia de Vulcano, "el dios
del fuego" (IV.93; 83), considerado el inventor de la fragua de herrería (San
Isidoro VIII.11.3; 1.718; Pérez de Moya II.XV; 227) y, por extensión, deidad del
ingenio humano y del "arte" de producir mercancías o "cosas que imitan a las
obras de la naturaleza" (Pérez de Moya II.XV; 225). Además del propio Vulcano,
Balbuena hace referencia al hecho de que, en medio de la industriosa producción
de la capital, "el Cíclope parece se desgonce / al sacudir los brazos" (IV.82–3;
82), aludiendo así a los tres cíclopes que sirven de ayudantes a Vulcano: Brontes
('trueno'), Steropes ('claridad') y Piracmen ('fuego') (Pérez de Moya II.XV; 228).
El patrocinio de estas deidades garantiza que todas las 'artes' [*technē*] se practiquen
en la Ciudad de México: "Al fin, no hay tan estrecho o tan menudo / oficio de
primor y sutileza, / de fuerzas grandes, o de ingenio agudo, / que a esta ilustres
ciudad [y] su grandeza / no sirva de mieles, de regalo, / de adorno, utilidad,
gracia o belleza" (IV.100–105; 83).

La proliferación de profesiones y oficios sugiere el esfuerzo de Balbuena por presentar las mercancías y productos que circulan en la Ciudad de México, y que tanto han llamado la atención de los críticos, como consecuencia de la labor y, por tanto, del ejercicio de las *dianoētika* o virtudes intelectuales por parte de inmigrantes peninsulares como los artistas Andrés de Concha, Alonso Franco y Baltasar de Echave Orio, o de inmigrantes procedentes de reinos subordinados a la Corona española como Flandes. Es por ello que Balbuena se refiere explícitamente al proceso de *meliorare*, ('mejoramiento' o transformación) a que es sometida la "materia" o lo que hoy en día denominaríamos materia prima, pues las acequias de la ciudad están "llenas de estrechos barcos, ricas minas / *de provisión, sustento y materiales* / a sus fábricas y obras peregrinas" (I.136–138; 65; énfasis añadido). Por este motivo, las largas listas de mercancías comerciales de *Grandeza mexicana* no deben leerse independientemente de las referencias a la arquitectura, la agricultura o incluso la cría de caballos, pues todas estas actividades suponen el 'mejoramiento' de un objeto y, en consecuencia, el incremento de su valor de cambio. De este modo, Balbuena resalta la proliferación de telas, tejidos, cristales o medallas (IV.1–24; 80), de vasos o vajillas (IV.67–75; 82) y de artículos de lujo (V.55–60, 68–69; 89–90) en tanto que, al igual que las magníficas esculturas, mausoleos y edificios (II.97–111; 71) o la diversa oferta gastronómica y recreacional (V.127–135, 148–153, 157–165; 93), estas mercancías confirman largamente que en la Ciudad de México se practican todas las "artes" necesarias para alcanzar la "buena vida" que Aristóteles identifica como *telos* de la *polis*: "y cuanto la cudicia y el deseo / añadir pueden y alcanzar el arte, / aquí se hallarán, y aquí lo veo, / y aquí como en su esfera tienen parte" (V.178–181; 93). Es por ello que en la capital novohispana es posible hallar "cuanto el ingenio fragua, / alcanza el arte, y el deseo platica" (I.211–212; 67).

El elogio de la labor en *Grandeza mexicana* no se limita, pues, a la producción de manufacturas, sino que incluye cualquier ejercicio que exija la aplicación de un conjunto de conocimientos previamente adquiridos. Como ya hemos visto, Balbuena incluye claramente la agricultura dentro de su amplia definición de "arte" en tanto que el mundo postlapsario, en contraste con la espontánea hiperproductividad y prodigalidad del Paraíso terrenal, exige el trabajo de la tierra para hacerla productiva. Recuérdese, además, que entre los ejemplos de 'mejoramiento' de los bienes para incrementar su precio, el teólogo Luis de Molina y el dominico Tomás de Mercado incluyen no solamente lo que actualmente denominaríamos "materias primas" (p. ej. lana con vistas a la fabricación de paños o hierro para producir espadas), sino también animales que requieren domesticación y cría, como caballos y aves: "Pertenece a esta clase de compra-venta [legítima] […] la compra de caballos y aves para venderlas una vez domados y domesticadas" (Molina, disputa CCCXXXIX, 2; 129); "Item

mercar cien potros para hazer caballos, y hechos vendellos en una feria: trato
es de escuderos" (Mercado ii.ii, 9v-20r). Esto nos obliga a considerar que las
referencias que introduce Balbuena en el *capitolo* III, "Caballos, calles, trato,
cumplimiento", sobre la notable variedad de caballos que se crían en la capital
novohispana sirven para ejemplificar también la labor humana y el incremento
del valor de cambio de los bienes por medio del trabajo. El detallado catálogo
de caballos que, según Balbuena, es comparable a la "gran caballeriza del dios
Marte" (III.66; 76), constituye un ejemplo más del incremento del valor de un
bien a través del trabajo. No es gratuito que Balbuena recurra a la conocida
"aliteración en ces" del poeta Juan de la Cueva en su "Epístola al Licenciado
Laurencio Sánchez de Obregón" (c. 1574) y del poeta anónimo citado por
Dorantes de Carranza en su *sumeria relación* (c. 1604), pues dicha aliteración
le permite igualar "casas, calles, caballos" (iii.23; 74) en tanto que productos
del trabajo y evidencia de la labor humana.[54] Para subrayar inequívocamente
esta labor, Balbuena no solamente refiere el "brío, ferocidad, coraje y gala"
(III.17; 74) de dichos caballos, sino que incrementa aún más su valor de cambio
al representarlos cubiertos de costosos adornos en una imagen que Stephanie
Merrim ha caracterizado atinadamente como "the equivalent of mannequins
who march down the runways of the city's broad avenues parading their owner's
wealth in their fine trappings" ("Spectacular Cityscapes" 39): "Ricos jaeces de
libreas costosas / de aljófar, perlas, oro y pedrería, / [los caballos] son en sus
plazas ordinarias cosas" (III.25–27; 74).

El elogio del trabajo y del ejercicio de virtudes intelectuales como las *technē*
en *Grandeza mexicana* explica también la pobreza y el lamentable estado en
que se encuentran los criollos novohispanos. Balbuena muestra su gran rechazo
de la pobreza del campo en un pasaje del *capitolo* IV que suele interpretarse
en clave autobiográfica, pues Balbuena, supuestamente, se estaría refiriendo a
la pobreza de que habría sido testigo durante su niñez en la periferia del virreinato
(San Pedro de Lagunillas), y de la que habría escapado para instalarse en la
lujosa Ciudad de México. Dada la equívoca premisa biográfica en la que se
apoya esta interpretación, basada en el supuesto arribo de Balbuena a la Nueva

---

54 El verso completo en *Grandeza mexicana* es "casas, calles, caballos, caballeros". Esta
"aliteración en ces" parece eco de la usada por Juan de la Cueva, quien la utiliza en un contexto
laudatorio similar: "Seis cosas ecelentes en belleza / hallo escritas con c que son notables / i
dinas de alabaros su grandeza; / casas, calles cavallos admirables, / carnes, cabellos i criaturas
bellas, / qu'en todo estremo todas son loables" (vv. 253–58). Dado que esta epístola se suele citar
por la incompleta versión que ofrece Gallardo en su *Biblioteca* (2: 647), prefiero citar por la
edición que ofrece Higinio Capote (608–9) o, más recientemente, la que incluye José Cebrián
como apéndice (121) a su estudio sobre la estancia de Juan de la Cueva en la Nueva España.
Hacia 1604, Dorantes de Carranza inserta en la *Sumaria relación* un soneto satírico, "Minas sin
plata, sin verdad mineros", que subraya los problemas de la sociedad novohispana, pero que hace
brillar las "calles, casas, caballos muy hermosos" que pueblan la Ciudad de México (106).

España con su padre en 1564 a los dos años de edad, me interesa sugerir que la pobreza descrita y odiada por Balbuena en *Grandeza mexicana* constituye una respuesta a las constantes quejas presentadas por los letrados criollos, quienes insistentemente aducen una inmerecida pobreza –supuesto producto del olvido del rey y sólo reparable a través de la asignación de las encomiendas a perpetuidad. De hecho, en la dedicatoria al arcediano de la Nueva Galicia, don Antonio de Ávila y Cadena, Balbuena comenta su propio poema en elogio del nuevo arzobispo de México, fray García de Santa María Mendoza y Zúñiga, y los versos donde declara ser "indi[g]na" (15; sic) la pobreza. El valdepeñero sigue la curiosa etimología propuesta por Marcus Terentius Varro (116 a.C.-27 a.C.), para quien el término latino *dives* 'divisa, riqueza' se deriva de *divus*, 'divino', por lo cual "es lo mismo decir rico que divino [...] [y] el pobre que está al otro extremo, al ángulo contrario, por fuerza se ha de quedar indigno de toda estimación y respeto" (30). Balbuena sugiere que la existencia de los pobres está sancionada por las fuerzas divinas y que, por tanto, les es imposible salir de dicho estado, incluso cuando trataren de trabajar por ello: "Y así es ello verdaderamente, que en nada ni con nadie tiene gracia: hasta en servir y querer dar gusto, que es *oficio* que le pudiera valer, no acierta. Porque aun en eso es pesado el pobre..." (30; énfasis añadido). Además de esta condena divina de los pobres, en *Grandeza mexicana* Balbuena parece hacerse eco de las quejas de pobreza de unos criollos castigados por Dios que no intentan siquiera recurrir a la labor para escapar de dicho estado. Al deplorar la pobreza del "campo" y de los "pueblos chicos" novohispanos, Balbuena recoge las repetidas imprecaciones de los criollos e, implícitamente, atribuye dicha pobreza a su propio rechazo al ejercicio de virtudes intelectuales como las *technē*; es decir, a su rechazo al trabajo manual. Recuérdese que el poeta Francisco de Terrazas afirma que todos los descendientes de los primeros conquistadores se encuentran completamente desamparados y olvidados en tierras ignotas:

> contados hijos, nietos y parientes,
> no quedan hoy trescientos descendientes.
> Los más por poblados escondidos,
> tan pobrísimos, solos y apurados,
> que pueden ser de rotos y abatidos
> de entre la demás gente entresacados;
> (cit. Dorantes de Carranza 32)

Terrazas llega a afirmar que criollos como él han perecido de hambre y penurias porque Cortés no fue justo con su compañía y porque el rey no ha revertido la situación entregándoles encomiendas a perpetuidad. La situación de los criollos a fines del XVI es deplorable, pues los criollos no sólo se quejan de la pobreza que sufren, sino que, además, deben ver cómo otros, presumiblemente los inmigrantes peninsulares, disfrutan de una inmerecida riqueza:

> Ya que no fueron títulos ni estados,
> de que tan dignos sus servicios eran,
> que así como por vos fueron nombrados
> para siempre jamás permanecieran;
> siquiera ya que sólo encomendados
> las encomiendas que perpetuas fueran,
> y no que ya las más han fenecido
> y los hijos de hambre perecido.
> [...]
> las propias partes ya destituidas
> mil miserias y afrentas padeciendo,
> y el fruto habido sangre derramando
> viéndola a straño dueño estar gozando.
> (cit. Dorantes de Carranza 33)

Del mismo modo, el criollo González Gómez de Cervantes empieza su memorial de 1599 recordándole al oidor del Consejo de Indias, Eugenio de Salazar, que los primeros conquistadores participaron en las empresas americanas "sin fuerza, premio, ni paga, sino voluntariamente" (75–6), y que por sus acciones merecen remuneraciones de que no han gozado. Sólo así "saldremos de la piscina (de) trabajos [*tripalia* 'artefacto de tortura'] y miserias en que hemos estado y estamos" (76). Gómez de Cervantes no duda en subrayar el hecho de que los descendientes de los conquistadores se encuentran "pobres, abatidos, desfavorecidos y arrinconados" (94) en grado tal que varios de ellos han tenido que vender sus propias armas de combate "para comer y sustentar nuestras familias" (97). Recuérdese, finalmente, que Baltasar Dorantes de Carranza no sólo afirma que los criollos se encuentran sumidos en la pobreza (49), sino que él mismo ha visto a algunos de ellos morir de inanición ante la falta de compensación adecuada por parte de la Corona: "y vive Dios que es verdad que he visto morir en esta ciudad dos o tres hijos y nietos de conquistadores calificados, de hambre; y los he ayudado a enterrar con esta lástima, porque les dilataron su remedio" (202).

En contraste con estas quejas de los criollos, Balbuena responsabiliza a los propios descendientes de los conquistadores de sus penurias económicas. Con la mención de la "gente mendiga, triste, arrinconada" que habita el campo en *Grandeza mexicana*, Balbuena acusa precisamente a los criollos que, aduciendo una falsa hiperproductividad natural de las tierras novohispanas, desdeñan el ejercicio de *dianoētika* o virtudes intelectuales como las *technē* o 'artes', y se entregan a la ociosidad o a la 'antinatural' acumulación de oro. En otras palabras, la pobreza que constantemente invocan los criollos en sus textos es, según Balbuena, consecuencia de su carencia de virtudes intelectuales y de su aversión al trabajo manual. Balbuena se mofa de unos criollos que no practican la agricultura y que prefieren depender del azar en vez de domesticar y controlar la naturaleza para transformar el campo en tierras productivas como las que rodean la capital novohispana: "que aquí brota un jazmín, allí una rosa; / pero son influencias peregrinas, / milagros y portentos de Natura / nacer de las retamas clavellinas" (IV.135–138; 84). Del mismo modo, Balbuena se mofa del desinterés de los criollos por la cría de caballos, acaso porque presumen que estos animales no requieren mayor cuidado: "En el campo están ricos los caballos, / allí tienen su pasto y lozanía, / darles otro lugar es violentarlos" (IV.127–129; 84). En vez de incrementar el valor de las tierras o los ganados por medio de *technē* como la agricultura y la ganadería, los criollos se entregan a los vaivenes de la azarosa naturaleza y prefieren depender de "un acaso, un raro, una aventura, / un monstruo, un tornasol de mil maneras" (IV.139–140; 84). Ya que Balbuena se afilia claramente a una definición del valor de cambio que privilegia la labor sobre otros criterios, el valdepeñero muestra su confusión ante la actitud de los criollos, quienes se niegan a trabajar ("gozar") los bienes naturales que tienen a su disposición: "tener bienes sin orden de gozallos, / misterio es celestial, alto y profundo" (IV.125–126; 84). Si la Ciudad de México se caracteriza por ser el lugar "do el arte a la materia menosprecia" (IV.73; 82) gracias a la labor de, principalmente, inmigrantes europeos, el campo que Balbuena asigna a los criollos es el lugar donde ocurre el fenómeno precisamente inverso: a pesar de tener "materia" natural, los criollos se niegan a practicar virtudes intelectuales o *dianoētika* para manipularla, hacerla útil a las necesidades humanas e incluso incrementar su valor de cambio por medio del trabajo. Para Balbuena, los criollos son los únicos responsables de su propia pobreza.

La postura de Balbuena de privilegiar la labor humana como determinante principal del valor de cambio, o por lo menos como elemento creador de lo que hoy en día llamaríamos "valor agregado", no solamente explica elementos incluidos en la representación de la capital novohispana como las listas de profesiones y oficios o la pobreza del campo. Antes bien, esta concepción del valor de cambio nos permite comprender mejor las múltiples referencias de Balbuena al acto mismo de enunciar o redactar el poema. Si Balbuena presenta *Grandeza mexicana* alternativamente como una "cifra", un "retrato" o un "chico vaso" es precisamente porque el valdepeñero concibe también la producción poética como *ars/technē* y, por tanto, como manufactura verbal cuyo valor se ve determinado principalmente por el trabajo profesional aplicado en su producción. Es por ello que Balbuena no duda en incluir una detallada referencia a los poetas que ejercen su labor profesional en la capital novohispana. En la larga y variada lista de oficiales y profesionales que ofrece Balbuena en el epílogo o *capitolo* final (IX.133–171; 117–18), en medio de bordadores y libreros, entre fundidores y herbolarios, Balbuena elogia a los poetas en tanto que practicantes de una *technē*, resaltando, además, no sólo su cantidad, sino también su calidad, comparable a la de los incuestionables Homero y Virgilio:

> raros poetas, que en el cielo rayan
> tras el dios de la luz vivos concetos,
> que todo lo penetran y atalayan,
> tantos, que a no agraviar tantos discretos,
> valoran hoy aquí otras tantas plumas,
> como pinceles señalé perfetos;
> tan diestros, tan valientes, que aunque en sumas
> y epílogos, si cabe, he de decillo,
> a honor del dios que tuvo templo en Cumas,
> que el grave Homero, el claro y sencillo
> Virgilio, que escribió en prosa medida,
> tan fácil de entender como de oíllo,
> aunque de estrella y suerte más cumplida,
> no fueron de más rica y dulce vena,
> ni de invención más fértil y florida.
> (IX.151–165; 117–118)

Esta concepción de la poesía como *ars/technē* no es excepcional en la temprana modernidad hispánica. Adviértase que uno de los textos que más largamente cita y aprovecha Balbuena en el "Compendio apologético", la *Piazza universale di tutte le professioni del mondo* (1585) de Tomaso Garzoni (1549–1589, españolizado como "Tomás Garzón"), incluye al poeta entre las profesiones u oficios que cuentan como parte de una amplia gama de *technai*. Con evidente ánimo deconstruccionista, Garzoni procura descartar la jerarquía entre artes liberales y artes mecánicas o vulgares y, como en *Grandeza mexicana*, incluye el oficio de poeta al lado de otras actividades como la escultura, la impresión, la geografía o la orfebrería.[55] Recuérdese, además, que por las mismas fechas

---

55   En uno de los textos preliminares del tratado de Garzoni, apropiadamente titulado "Discorso vniversale in lode delle scienze & dell'arti liberali e mechaniche in commune" (24–31), Garzoni busca deconstruir la jerarquía entre las artes liberales y las mecánicas. Esta jerarquía, heredada de la Antigüedad grecolatina, suponía la superioridad de las *artes liberalis* porque a éllas se dedicaban las personas libres y no tenían por objetivo la directa obtención de dinero, mientras que *artes mechanicae* como la arquitectura, la pintura, la escultura y otras actividades manuales (que hoy en día consideraríamos artesanías o *crafts*) eran oficios dirigidos a la obtención de dinero (Curtius 37). Garzoni invoca el ejemplo de múltiples personajes dedicado a ambos tipos de "artes", como el sofista Helio, quien, según Quintiliano, era orfebre (30). Esta lista pretende deconstruir la jerarquía entre unas artes liberales consideradas "più nobili" y unas artes mecánicas tomadas por "vilissime, & infami", ya que el voluminoso tratado de Garzoni es

en que Balbuena redacta *Grandeza mexicana*, en la epístola "A don Juan de Arguijo, veinticuatro de Sevilla", publicada en las *Rimas* (1602), Lope de Vega define la poesía como "arte" porque comporta la adquisición y aplicación de un cuerpo de conocimientos específicos, ya que la poesía "consta de preceptos" (591). Considérense también las ampliamente citadas palabras del novohispano González de Eslava, quien a inicios del XVII conceptualiza la figura del poeta como una actividad económica, un "arte": "¿Ya te hazes coplero? Poco ganarás a Poeta, que ay más que estiércol; busca otro oficio; más te valdrá hazer adobes vn día que quantos sonetos hizieres en vn año" (680).[56] De modo similar, en su *Noticia general para la estimación de las artes* publicado en Madrid (1600), el catedrático Gutiérrez de los Ríos afirma que, aunque las artes liberales son siete, tanto la poesía como la historia pertenecen a ellas "por ser como son partes de la gramática, afinadas con la retórica, dialéctica filosofía y las demás artes liberales" (99).

Aunque no son completamente consistentes entre sí, estas consideraciones nos permiten definir claramente la poesía como "arte" o *technē* en tanto que actividad cuyo ejercicio exige la aplicación de un considerable capital cultural previamente incorporado. A pesar de ello, los lectores de *Grandeza mexicana* se han inclinado, en general, por encapsular la poesía dentro de una esfera autónoma, enfocada en criterios exclusivamente estéticos, y, así, han soslayado la defensa que Balbuena hace de la poesía como profesión y, especialmente, de *Grandeza mexicana* como producto de una demorada labor representacional.[57] Dicho de otro modo, la perspectiva económica de Balbuena y su voluntad de presentar la poesía como profesión es en sí misma una toma de posición en contra de los criollos novohispanos, a quienes acusa de no practicar ninguna "arte" y, por tanto, de ser responsables de su propia pobreza. Es, al mismo

compuesto precisamente "in lode delle sciēza, & dell'arti in generale, essortādo ciascuno alla propria operatione dell'intelletto suo" (30). A pesar de que la *Piazza universale* no aparece en los listados de libros para comerciar en las colonias americanas en el clásico *Books of the Brave* de Irving A. Leonard, un análisis detallado del "Compendio apologético" permite identificar fácilmente diversas secciones en que Balbuena traduce directamente largos pasajes del tratado de Garzoni. El texto de Garzoni no es traducido al español hasta 1615, en que sale a la luz la traducción de Cristóbal Pérez de Herrera. Sólo van Horne (175–6) en su edición de la *Grandeza mexicana* ha dedicado cierta atención a las referencias que hace Balbuena al tratado de Garzoni.

[56] Huelga recordar que este pasaje del Coloquio XVI de González de Eslava suele citarse de manera trunca, revelando sola o principalmente la abundancia de poetas referida por el presbítero, pero subordinando o elidiendo completamente la segunda mitad de la cita en que se observa claramente que la poesía es presentada como "oficio".

[57] A pesar de subordinarlo a una lectura estética, interesa observar que Néstor Tirri, en un artículo poco conocido, resalta precisamente la noción de labor en *Grandeza mexicana* y su estatuto como producto manufacturado, puesto que Balbuena insiste en "el esfuerzo que el poeta pone en la construcción misma en tanto creación, en tanto dura labor de reordenación [...] es el producto penoso de un artífice-constructor" (49).

tiempo, una defensa en favor de inmigrantes europeos que, como Balbuena, carecen de credenciales sociales, pero demuestran su posesión de virtudes intelectuales o *dianoētika* a través del ejercicio profesional. Esto nos permite comprender que las insistentes referencias que hace Balbuena al poema como "cifra" o "retrato" son una estrategia del valdepeñero para recordar a sus lectores que el texto *Grandeza mexicana* no es la propia Ciudad de México, sino una mediación, un artefacto, una representación de la ciudad y, por tanto, un producto de la labor simbólica y profesional del poeta.

El 'pensamiento económico' de la temprana modernidad hispánica y el evidente conocimiento que Balbuena posee de él convierte *Grandeza mexicana* en un posicionamiento político en lo que podemos llamar la 'polémica económica' por la posesión del virreinato novohispano. El debate entre letrados pro-criollos como Juan de Cárdenas, Gonzalo Gómez de Cervantes y Baltasar Dorantes de Carranza, por un lado, y por otro, Bernardo de Balbuena, nos permite advertir que la alternativa adhesión y rechazo del valdepeñero hacia el paradigma 'económico' aristotélico-tomista tiene como objetivo permitirle dotar a inmigrantes peninsulares como él mismo de las virtudes morales e intelectuales necesarias para una adecuada vida política e incluso para la administración del virreinato novohispano. A diferencia de unos criollos que demonizan el comercio como una actividad inmoral propia de holgazanes, o que presentan el virreinato como un hiperproductivo y generoso paraíso terrenal en el cual el trabajo es innecesario, Balbuena representa las actividades comerciales atribuidas a los inmigrantes como instancia del ejercicio de *dikaiosunē*, y el virreinato como un escenario postlapsario en el que sólo el sudor y la labor humanos, o el ejercicio de *dianoētika*, pueden satisfacer las necesidades humanas. Estas disputas 'económicas' remiten necesariamente al ejercicio de la virtud de la justicia y de las virtudes intelectuales, las cuales son exigidas por el paradigma geopolítico de la teoría de las cinco zonas y por el modelo retórico del *enkōmion poleōs*. Al atribuir la práctica de estas virtudes a los inmigrantes peninsulares que habitan la capital novohispana al filo de 1600, Balbuena convierte *Grandeza mexicana* en una toma de posición dentro de la más amplia polémica por la posesión del virreinato en contra de unos improductivos criollos enemigos del trabajo manual, y en favor de inmigrantes peninsulares que, a través del ejercicio de sus profesiones y oficios, contribuyen al estado de *auterkeia* de la ciudad y, por tanto, al goce de la "buena vida". La exhibición de estas virtudes, en conjunto con las virtudes de la valentía [*andreia*], la templanza [*sōphrosunē*] y la justicia [*dikaiosunē*], permite a Balbuena afirmar que los inmigrantes peninsulares poseen la mejor disposición moral e intelectual para el gobierno del virreinato novohispano y para la administración de las tan deseadas encomiendas.

6

"Pensamiento medido con arte": las virtudes de Balbuena

A principios de 1607, una vez obtenidos la licenciatura y el doctorado en Teología por la Universidad de Sigüenza,[1] Balbuena eleva personalmente, tras la fallida solicitud preparada en 1592, un expediente al Real Consejo de Indias con el objetivo de obtener una canonjía en la Ciudad de México o en Tlaxcala. En esta segunda oportunidad, además de aprovechar el expediente que hacía quince años había preparado con su padre, el autor de *Grandeza mexicana* incorpora diversos documentos obtenidos en la Nueva España y en la península ibérica entre 1604 y 1606. Como parte del voluminoso expediente, Balbuena incluye una semblanza propia en la cual, además de referirse a los elogiosos documentos que apoyan su solicitud, menciona sus credenciales académicas y se autofigura[2] como un individuo de impecables servicios que en las minas del Espíritu Santo y en San Pedro de Lagunilla predicó "con grande aplauso y acept[ac]ión del pueblo por ser muy gran letrado, y muy buen predicador". Más importante aún es el hecho de que Balbuena invoca su mejor disposición moral como uno de los principales sustentos para su solicitud, ya que "es hombre muy virtuoso, de buena vida y costumbres y digno que su Magestad le haga merced de alguna dignidad o prebenda por ser muy capaz dello" (AGI, México 296, s.p.).

A lo largo de los diversos documentos que conforman el expediente aparecen frecuentes referencias a la "virtud", las "buenas costumbres" o *mores* y la correcta vida del valdepeñero. Para Balbuena, estos vocablos lo representan adecuadamente puesto que, en tanto que inmigrante peninsular que arriba a la

---

[1]   La obtención de la licenciatura es materia aún por esclarecer. Aunque en la matrícula para su graduación de la Universidad de Sigüenza, reproducida por Rubio Mañé (98–99), se afirma que Balbuena solicita en enero de 1607 los títulos de licenciado y doctor en Teología por dicha universidad, lo cierto es que cuando aún se encontraba en la Nueva España se hacía llamar licenciado. Tal es el título que Balbuena ostenta en el soneto encomiástico que aparece en los preliminares de la *Primera parte de la política de escrituras* (México: López Dávalos, 1605) de Nicolás Yrolo Calar. Es materia que no puedo resolver en este momento.

[2]   Adopto la traducción propuesta por Antonio Carreño en sus diversos estudios sobre Lope de Vega para trasladar el término *self-fashioning*, acuñado por Stephen Greenblatt (1–9) en su conocido estudio sobre la literatura inglesa del Renacimiento.

Nueva España pasados los veinte años de edad, Balbuena se considera un individuo virtuoso debido a su origen en la templada Europa mediterránea y, por tanto, poseedor de la mejor disposición para ejercer altos cargos burocráticos y para administrar encomiendas. A diferencia de los bárbaros indígenas del destemplado trópico novohispano, y a diferencia de unos "indianizados" criollos que, a pesar del notable ingenio que les otorga su tórrido lugar de nacimiento y de los servicios marciales de sus antepasados, carecen de las virtudes morales necesarias para gobernar el virreinato, a Balbuena le importa subrayar su propia disposición virtuosa. Al haber nacido y crecido en Valdepeñas, y al hallarse en la artificialmente templada capital novohispana cuando publica *Grandeza mexicana*, Balbuena estima poseer las virtudes morales de la valentía, la templanza y la justicia, así como las virtudes intelectuales necesarias para aspirar a puestos burocráticos y encomiendas. La epistēmē griega que gobierna paradigmas como la teoría de las cinco zonas y el modelo retórico del *enkōmion poleōs* atribuye explícitamente a individuos procedentes de la templada península ibérica, como Balbuena, la disposición moral e intelectual necesaria para "poseer" las Indias y acceder a elevados cargos burocráticos, como la "dignidad o prebenda destas partes" (AGI, México 296, s.p.) que solicita ya desde 1592, apenas ocho años después de arribar a la Nueva España.

Aunque su origen peninsular y su temporal residencia en la artificialmente templada capital novohispana garantizan la natural disposición virtuosa de Balbuena, el valdepeñero decide presentar pública evidencia de dicha disposición y concibe *Grandeza mexicana* precisamente como garantía de que, a diferencia de unos criollos moralmente deficientes y de unos indígenas absolutamente destemplados, los inmigrantes peninsulares, y él en particular, deben ser favorecidos con el control y la "posesión" de la Nueva España. Esto nos obliga a recordar que, al haber nacido y crecido en la templada península ibérica hasta los veintiún años, Balbuena se consideraría a sí mismo un individuo moralmente templado, apenas afectado por el destemplado clima de la tórrida Nueva España. De hecho, recuérdese que, como queda señalado en los capítulos precedentes, Balbuena pertenecería al grupo de inmigrantes peninsulares que, por su origen en la templada Europa mediterránea, practica las virtudes morales de *andreia* o valentía, templanza o *sōphrosunē*, y justicia o *dikaiosunē*, pero también virtudes intelectuales como *technē*. Recuérdese, además, que, si el acto de educar a la comunidad en el ejercicio de la virtud, propio de los "heroicos y eminentes profesores" (IX.117; 116), se amplía para considerar a poetas que procuran concebir contenidos que cumplan la misma función, es necesario afirmar entonces que Balbuena exhibe valentía al diseminar las virtudes a través de un texto como "Grandeza mexicana". Del mismo modo, si el valdepeñero amplía la concepción platónico-aristotélico-tomista de la valentía para extenderla a todo individuo que practica y disemina la fe católica, y en tanto que presbítero,

Balbuena se incluiría a sí mismo dentro de dicha nómina de individuos que practican *andreia*, a pesar de carecer de los antepasados heroicos reclamados por los criollos novohispanos. Tómese en cuenta también que, dado su origen en la naturalmente templada Europa mediterránea, y dado que imprime *Grandeza mexicana* mientras se encuentra habitando en la artificialmente templada capital novohispana,[3] Balbuena no habría perdido su templanza moral o *sōphrosunē*, en contraste con los "indianizados" criollos novohispanos que, por su nacimiento en la tórrida Nueva España, son incapaces de orden y policía. Además, recuérdese el detallado conocimiento que Balbuena demuestra de la virtud de la justicia o *dikaiosunē* en su formulación legal, pero también en relación con el intercambio de bienes y la *oikonomikē*. En contraste con unos avaros criollos novohispanos, enemigos del "natural" comercio e interesados en la "anti-natural" acumulación de capital espurio, Balbuena legitima a inmigrantes como él mismo que, aspirando a la autarquía de la comunidad y a un estado de bienestar o "buena vida" [*eu zēn*], legitima los intercambios justos y privilegia el valor de uso de los productos intercambiados. Finalmente, adviértase que, en contraste con unos criollos novohispanos "ingeniosos" pero absolutamente reñidos con el trabajo manual, Balbuena se afilia a la escuela italiana que cristaliza Giovanni Botero para dar mayor importancia a la labor que a la necesidad en la determinación del precio de los bienes y, al mismo tiempo, para legitimar a inmigrantes peninsulares como Andrés de Concha, Alonso Franco, Baltasar de Echave Orio o incluso él mismo por exhibir sus virtudes intelectuales o *dianoētika*, especialmente *technē*, a través de la labor profesional.

Los atentos lectores contemporáneos del poema "Grandeza mexicana" necesariamente reconocerían el posicionamiento anti-criollo y pro-peninsular de Balbuena y la voluntad del valdepeñero de contarse entre los virtuosos y elogiados inmigrantes peninsulares. De ahí que en la *Sumaria relación* el criollo Baltasar Dorantes de Carranza se refiera muy cuidadosamente al libro de Balbuena para socavar sus premisas y relativizar su valor dentro de la polémica por la posesión de la Nueva España. El posicionamiento político de Balbuena, sin embargo, se halla más elocuente y explícitamente articulado en los materiales

---

[3]   Cabe recordar que Balbuena firma la carta "Al doctor don Antonio de Ávila y Cadena, arcediano de la Nueva Galicia" en la Ciudad de México el 20 de octubre de 1602. Del mismo modo, Balbuena se encuentra en la capital novohispana cuando firma las dedicatorias a fray García de Santa María Mendoza y Zúñiga, arzobispo de México, el 15 de septiembre de 1603, y al Conde de Lemos, el 24 de abril de 1604. Recuérdese también que, a pesar de ejercer como capellán de la Audiencia de Guadalajara y luego como cura y beneficiado de las minas del Espíritu Santo y partido de San Pedro de Lagunilla, Balbuena poseía también propiedades en la calle del Águila en la capital novohispana (Bazarte et al. *Convento* 307). Estas propiedades explicarían sus constantes ausencias de Guadalajara y San Pedro de Lagunilla.

Fig. 9. Retrato de Bernardo de Balbuena (en Ocharte y en López Dávalos, 1604)

Bernardo de Balbuena. Grandeza mexicana. México: Ocharte, 1604. *LMC6 V2317 604g.
Cortesía de la Biblioteca Houghton, Universidad de Harvard. Cambridge, Massachusetts,
EE.UU.
Courtesy of the Houghton Library, Harvard University. Cambridge, Massachusetts, USA.

adjuntos o paratextos[4] que enmarcan "Grandeza mexicana", que Balbuena aprovecha deliberadamente para presentar su propio caso particular y exigir las mercedes que le corresponden por su mejor disposición moral e intelectual. Entre los elementos comunes a ambas emisiones del libro *Grandeza mexicana*, destacan sobremanera dos de ellos: el retrato del propio Balbuena [Fig. 9][5] y su tratado de preceptiva poética "Compendio apologético en alabanza de la poesía" (125–47). En estos elementos adjuntos o paratextuales, Balbuena personaliza e individualiza el argumento que articula en su largo elogio de la capital novohispana: mientras que el poema "Grandeza mexicana" es un general elogio de las virtudes morales e intelectuales de los inmigrantes peninsulares instalados en la Ciudad de México, los materiales del libro *Grandeza mexicana* que enmarcan el poema, tales como el retrato de Balbuena y el "Compendio apologético", garantizan que el valdepeñero es uno de ellos y que, por tanto, posee la disposición moral e intelectual necesaria para ascender en la escala eclesiástica y para dedicarse a la moralización de la población indígena a través de una encomienda. Tanto el retrato como el "Compendio apologético" presentan un claro posicionamiento anti-criollo y destacan las virtudes morales e intelectuales de Balbuena. Cabe destacar que, como parte de esta disposición virtuosa, Balbuena hace especial énfasis en el hecho de que, en tanto que legítimo poeta cuyo rol, como el de los educadores de la Ciudad, consiste en conducir a la población hacia la práctica de la virtud [*aretē*], su creación poética exhibe no solamente *technē*, sino también la crucial virtud de la prudencia o *phronēsis*, la cual es indispensable para quien aspira a gobernar una comunidad. Si Balbuena subraya el hecho de que su obra representa "pensamiento medido con arte" ("Compendio" 145), es precisamente porque procura destacar el hecho de que su labor representacional conjuga un contenido políticamente útil para alcanzar la "buena vida" (i.e., "pensamiento") con aspectos formales legitimados por la normativa poética (i.e., "arte"). Si, como nos recuerda Rolena Adorno, la polémica por la posesión de las Indias se articula, entre otros términos, como una indagación sobre quién posee las virtudes necesarias para el gobierno de los

---

4   En su conocido estudio, Gérard Genette define el paratexto como una zona de transacción del sentido del texto (2).

5   El retrato aparece en las dos emisiones de *Grandeza mexicana*. Sin embargo, los críticos no han estado siempre advertidos de su existencia en la rarísima emisión de López Dávalos, acaso porque el ejemplar que obra en la John Carter Brown Library (Providence, Rhode Island, EE.UU.) carece precisamente del folio que contiene el retrato. En cambio, el ejemplar custodiado en la Biblioteca Nacional de España (R/6233) presenta, inmediatamente después de la portada con el colofón de López Dávalos, una dedicatoria en prosa "Al excelentissimo Conde de Lemos y Andrade, Marqués de Sarria, Presidente del Real Consejo de Indias", firmada en México el 24 de abril de 1604 [f. 1r] y seguida del mismo retrato que ofrece la emisión de Ocharte [f. 1v]. El ejemplar de Madrid ha sido consultado por Íñigo Madrigal para su edición del texto (25), quien señala la existencia de la dedicatoria en prosa, mas no menciona el retrato de Balbuena.

virreinatos, los elementos paratextuales de *Grandeza mexicana* identifican a Balbuena como un virtuoso individuo que, además de haber preservado las virtudes morales propias de su nacimiento en la templada península ibérica, exhibe virtudes intelectuales como la *technē* y la *phronēsis*, virtud indispensable para el ejercicio del gobierno. A través de este libro, el valdepeñero aspira explícitamente a establecer una relación de mecenazgo con autoridades políticas como el influyente Conde de Lemos, a la sazón presidente del Real Consejo de Indias (1603–1609), que premien la disposición moral de Balbuena con mercedes adecuadas. Será precisamente el Conde de Lemos quien, al verse elogiado en la emisión de López Dávalos de *Grandeza mexicana* y en la dedicatoria del *Siglo de oro en las selvas de Erífile* (1608), y al saber que Balbuena planeaba dedicarle también *El Bernardo* hacia 1610, coronaría las aspiraciones políticas que el virtuoso Balbuena exigía concediéndole la abadía de Jamaica.

No es gratuito leer los elementos liminales del libro *Grandeza mexicana* como parte de un deliberado proceso de confección de la unidad que es el libro, pues en el mismo "Compendio apologético" Balbuena explica la consciente manipulación a la que los autores de la temprana modernidad hispánica sometían sus publicaciones para poder insertar y perpetuar su propia imagen en la memoria colectiva. Es por ello que el valdepeñero no duda en afirmar que "los poetas" tienen una "artificiosa manera" de "ordenar sus libros" para "perpetuar su memoria, que dura más que los imperios y reinos del mundo" (146).[6] El carácter artificial que Balbuena le atribuye al artefacto cultural que es el libro sugiere que la inclusión de varios elementos liminales que acompañan al poema "Grandeza mexicana" en el libro homónimo debe considerarse parte de una estrategia deliberada y consciente a través de la cual el valdepeñero se autofigura explícitamente como un inmigrante peninsular cuya superior disposición moral e intelectual debe verse recompensada por un poderoso mecenas, como el Conde de Lemos, con ascensos en la jerarquía eclesiástica y la administración de alguna encomienda.

Cabe recordar que este fenómeno no es infrecuente durante la temprana modernidad europea, durante la cual los agentes de producción cultural procuran autolegitimarse a través del uso de elementos paratextuales como prólogos, portadas, dedicatorias y retratos, por lo que los siglos XVI y XVII son testigos de lo que Alain Viala denominara el "nacimiento" del escritor profesional.[7]

---

6   De alguna manera, estas observaciones de Balbuena no son incompatibles con la sugerencia que haría Michel Foucault de comprender el libro como una unidad no natural, arbitraria (*Archaeology* 23).

7   Siguiendo a Walter Benjamin, es posible que la inserción de estos retratos haya podido contribuir a la creación del autor como "objeto de culto" cuya aura es precisamente producida por el retrato mismo. A diferencia de la reproducción mecánica de las obras de arte en el mundo contemporáneo (proceso que deteriora o elimina el "aura" del original), Benjamin sugiere que, en sus inicios, la

Estos mecanismos son especialmente propicios en un período histórico en que
se advierte, con mayor claridad que en la Edad Media, la maleabilidad de la
identidad personal y, en consecuencia, la posibilidad de que sujetos carentes de
linaje noble o credenciales sociales similares asciendan en la jerarquía social
representándose según su conveniencia. Para el caso de los retratos, cabe recordar
con Leo Braudy que este tipo de grabado cumplió la función de promover la
autoconsagración de letrados que "had accomplished their fame on their own,
without or despite the burden of heredity" (305). No menos importante es el
hecho de que esta profesionalización de la escritura supone la emergencia de
un competitivo mercado laboral en que, para el caso novohispano, hasta
"trescientos aventureros" podían, según Balbuena ("Al arcediano de la Nueva
Galicia" 36), presentarse y competir en una justa poética, o que, para González
de Eslava, la oferta de poetas en la capital hacia 1610 era tal que había "más
[poetas] que estiércol" (680). Dada la competitividad del mercado poético, los
autores no dudarán en aprovechar los espacios liminales de sus libros para
introducir variados componentes (elogios ajenos, dedicatorias, retratos, textos
adjuntos, etc.) que les permitan autoconsagrarse y distinguirse del resto de
competidores profesionales en su intento de ascender en la jerarquía social.[8]

Arte, linaje y mecenazgo: el retrato de Balbuena

A pesar de que en el proceso de composición de un retrato para un libro impreso
solían intervenir diversas manos, durante la temprana modernidad hispánica
no era infrecuente hallar autores que colaboraran o incluso dirigieran en cierta
medida tal proceso con el objetivo de lograr la imagen más conveniente y

---

fotografía como medio técnico podría haber creado el "aura" del personaje retratado; es decir, ese
"unique phenomenon of a distance however close it may be" (245 n.5). Benjamin afirma que "[i]t is
no accident that the portrait was the focal point of early photography. The cult of remembrance of
loved ones, absent or dead, offers a last refuge for the cult value of the picture. For the last time the
aura emanates from the early photographs in the fleeting expression of a human face" (228).

   8   La utilidad de estos espacios liminales se hace patente en el prólogo de la primera parte
del *Quijote* (1605). Recuérdese que en esta pieza Cervantes cuestiona y deconstruye los elementos
paratextuales con que los autores solían imprimir sus textos para dotarse a sí mismos de autoridad.
De ahí que Cervantes desee entregar su novela "monda y desnuda, sin el ornato de prólogo, ni
de la inumerabilidad y catálogo de los acostumbrados sonetos, epigramas y elogios que al principio
de los libros suele ponerse" (1:51). Para el caso específico de Balbuena, convendría incluir el
escudo nobiliario que parece diseñar él mismo, y que incluye en su propio retrato. Caso análogo
es el de Lope de Vega, quien, entre otras estrategias, crea un escudo de diecinueve torres para
relacionar su familia con la del mítico Bernardo del Carpio (véase infra). Balbuena destaca la
importancia de la heráldica tanto en la epístola "Al arcediano de la Nueva Galicia" (52–3) en la
Grandeza mexicana como en el canto XIX de *El Bernardo* (346–7). Es materia que no puedo
resolver en este momento.

halagüeña posible.[9] Su función principal, sin embargo, era establecer una sólida conexión entre el autor y el producto de su labor profesional. Conviene, pues, considerar que, al insertarse al inicio del libro, un retrato como el de Balbuena funciona esencialmente como una especie de rúbrica o firma que establece inequívocamente la relación entre autor y producto textual, y que garantiza al autor como origen del libro (Derrida 328; Nieto y Checa 130; Checa Cremades 181). Este nexo entre producto textual y productor es especialmente importante durante la temprana modernidad, en que el grabado es el único medio dispobible que permite la reproducción mecánica de imágenes idénticas (Civil 240). En este sentido, los retratos de autores insertos en los preliminares de sus obras propician la asociación entre un agente cultural y el texto que es producto de su acumulación de capital cultural y, por tanto, de su labor profesional.

Si bien en los inicios de la imprenta se solían utilizar retratos generalizados y convencionales donde aparecía la imagen despersonalizada de un humanista sentado en su *studiolum* durante el acto de escribir, no es hasta fechas relativamente avanzadas del siglo XVI (Checa Cremades 174) que se crean retratos individualizados que plasman (o pretenden reflejar) la imagen física del autor del libro durante el ejercicio de su profesión. Especialmente ilustrativo de ello en el ámbito hispánico es el conocido y detallado retrato del *físico* Juan Tomás Porcell rodeado de instrumental quirúrgico, que aparece en los preliminares de su *Información y Curación de la peste de Çaragoza, y preservación contra peste en general* (1565; Fig. 10). A partir de entonces proliferan los retratos de autores en libros de temática militar, eclesiástica, científica y profesional en general. En el caso de poetas y escritores, son

---

9   Este proceso consistía, principalmente, en tres etapas: la creación o invención de un programa iconográfico o imagen; la creación de un taco de madera o una lámina de cobre que contenga el programa iconográfico; y la final reproducción impresa de la imagen. En la etapa inicial, el iconógrafo podía ser también el autor del texto que acompañaría la imagen, aunque ocasionalmente podían intervenir también un pintor o un erudito en acuerdo con el autor del libro. Para indicar al autor intelectual del programa iconográfico se solía acompañar su nombre con el término *invenit* en el grabado mismo. En las dos últimas etapas, el grabador era el único responsable. Normalmente, si el grabador se limitaba a reproducir un programa iconográfico dado de antemano, su labor quedaba indicada en el grabado mismo con la leyenda *sculpsit*. Sin embargo, si el grabador era también el autor intelectual de la imagen, su nombre aparecía en el grabado acompañado de la leyenda *fecit* (Carrete Parrondo 211–222). Sin embargo, la distinción entre *sculpsit* y *fecit* era muy poco riguroso. Sirva de ejemplo el retrato de Arias de Villalobos [Fig. 21], en donde se observa claramente, en la zona inferior de la orla que rodea el retrato, que la autoría intelectual del programa iconográfico corresponde a Alonso Franco, "*Alonso Franco invenit*" (el mismo Alonso Franco mencionado por Balbuena en *Grandeza mexicana* [IV.40; 81], quien, junto con Andrés de Concha, participó en la confección del arco preparado para la entrada en 1602 del arzobispo fray García de Santa María y Zúñiga [véanse las correspondientes notas a ambos artistas en el capítulo "La geopolítica de la templanza"]). Sin embargo, la hechura misma del grabado, que corresponde a Samuel Stradanus, lleva como leyenda *fecit*, no *sculpit*, como corresponde: "*Samuel Stradanus fecit*".

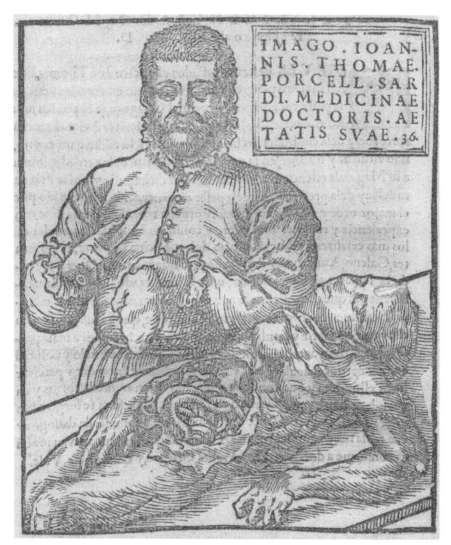

Fig. 10. Retrato de Juan Tomás Porcell (1565)

Juan Tomás Porcell. *Información y Curación de la peste de Çaragoza, y preservación contra peste en general.* Zaragoza: Viuda de Bartolomé de Nájera, 1565.
Cortesía del Fondo Antiguo y Archivo Histórico, Biblioteca de la Universidad de Sevilla, España.

Fig. 11. Retrato de Alonso de Ercilla (1574)   Fig. 12. Retrato de Alonso de Ercilla (1590)

Alonso de Ercilla. *La Araucana*. Salamanca: Domingo de Portonariis, 1574.
En: Ercilla y Zúñiga, Alonso de. *La Araucana*. Ed. de José Toribio Medina. Santiago: Imprenta elzeviriana, 1910–1918. 5 vols. [Edición del centenario, ilustrada con grabados, documentos, notas históricas y bibliográficas y una biografía del autor]. Vol. 3 [1917], p. 244.

Alonso de Ercilla. *Primera, segunda, y tercera partes de la Araucana*. Madrid: en casa de Pedro Madrigal, 1590.
Cortesía de la Biblioteca John Carter Brown, Universidad de Brown. Providence, Rhode Island, EE.UU.
Courtesy of the John Carter Brown Library at Brown University. Providence, Rhode Island, USA.

conocidos los retratos que Alonso de Ercilla incluye en *La Araucana* (1574; Fig. 11) y en la *Primera, segunda y tercera partes de la Araucana* (1590; Fig. 12). Sin embargo, el personaje que más constante y deliberadamente utiliza el recurso autolegitimador del retrato en la temprana modernidad hispánica quizás sea Lope de Vega, quien aprovecha los espacios liminales de los libros, especialmente las portadas y los múltiples preliminares, para autofigurarse como un escritor de proba autoridad intelectual y notable valor profesional en busca de patrocinio económico. Entre los diversos elementos que Lope presenta para respaldar su valía letrada, el retrato es uno de sus recursos más frecuentemente utilizados. Recuérdese el retrato que el "monstruo de los ingenios" incluye en los preliminares de la *Arcadia* (1598, 1599) y el *Isidro* (1599),[10] con el que Lope procura cambiar su imagen pública y pasar de ser considerado un escritor prácticamente anónimo de romances y comedias a presentarse como un autor que es, paradójicamente, el poeta "español" y "llano" por antonomasia, pero también una autoridad o *auctoritas* (Wright 227).[11] Tómese también el famoso retrato que aparece en *El peregrino en su patria* (1604; Fig 13), en el cual Lope incorpora diecinueve torres a su hechizo escudo nobiliario para emparentarse con Bernardo del Carpio (vínculo que desataría las burlas de Góngora).[12] Considérese, finalmente, el que incluye en los preliminares de la *Jerusalén conquistada* (1609; Fig. 14), el cual suscitaría duras críticas por parte de Cervantes, o incluso el ficticio retrato que, refiriéndose al propio Lope, aparece en su paródico y tardío *Rimas humanas y divinas del licenciado Tomé de Burguillos* (1634; Fig. 15).

[10]   El retrato puede verse en el sitio web dedicado a Lope de Vega que mantiene la Biblioteca Virtual Miguel de Cervantes, *http://cervantesvirtual.com*; el retrato de 1598–1599 es el primero en la galería: *http://www.cervantesvirtual.com/bib/bib_autor/Lope/retratos.shtml*

[11]   En *Isidro. Poema sacro* (1599), Lope aprovecha la próxima canonización de San Isidro como patrono de la villa de Madrid para presentar un largo poema dedicado a la vida del santo. El autor de *Fuenteovejuna* subraya el hecho de que este poema es un artefacto verbal creado gracias a su gran capital cultural acumulado y a su propio entrenamiento profesional como poeta. Recuérdese que ya en la estrofa inicial del texto, Lope presenta el libro de *Isidro* precisamente como una mercancía producida por su trabajo y labor profesional: "Canto el varón celebrado, / sin armas, letras, ni amor, / que ha de ser un labrador / de mano de Dios labrado, / sujeto de mi *labor*" (I.1–5; 167; énfasis añadido). Lope exhibe las credenciales intelectuales que le han permitido crear este producto a través de la inclusión de innúmeras referencias bibliográficas en los márgenes del texto y de una lista de autoridades citadas. Al mismo tiempo, sin embargo, Lope se autofigura también como poeta "popular", cantando la vida del santo patrono de Madrid en quintillas de arte menor, en contraste con las usuales octavas reales de los poemas épicos. Es precisamente a través de la inserción de su propio retrato que Lope intenta consolidar esta paradójica autorrepresentación como poeta "llano" y "popular", por un lado, pero también como *auctoritas* por otro. Si bien la mera presencia del retrato funciona como "firma" de la obra y permite establecer claramente el nexo entre al autor y su producto, el lema que aparece en el retrato mismo, "Quid humilitate[,] Invidia?", revela las ansiedades de un poeta que se presenta a sí mismo como profesionalmente superior a sus competidores y que, en consecuencia, debe defenderse de las envidias de los poetas que intentan desprestigiarlo. Como sintetiza Antonio Sánchez Jiménez, "[l]a frase corresponde a una de las auto-representaciones preferidas del Fénix: la del poeta brillante acosado por la envidia de sus contemporáneos" (37). Al relacionar la estrofa inicial del poema con elementos peratextuales como las referencias bibliográficas, la lista de autoridades citadas en el texto y, especialmente, el retrato que el propio Lope incluye entre los preliminares del libro, se observa una clara concepción de la escritura poética como labor profesional. Como tal, la producción poética no solamente exige un extenso entrenamiento y una dedicada incorporación de capital cultural, sino que presupone también un competitivo mercado en el cual los escritores de la época pugnan por obtener las mismas retribuciones económicas y simbólicas.

[12]   Góngora, consciente de las pretensiones nobiliarias de Lope y de su intención de entroncar su propia genealogía con un linaje heroico, responde a este retrato con el famoso soneto "Por tu vida, Lopillo, que me borres / las diez y nueve torres de el escudo" (Orozco Díaz 98–101).

Fig. 13. Retrato de Lope de Vega (1604)

Lope de Vega. *El peregrino en su patria.* Sevilla: Clemente Hidalgo, 1604.
Cortesía del Kislak Center for Special Collections, Rare Books and Manuscripts, Universidad de Pensilvania. Filadelfia, Pensilvania, EE.UU.
Courtesy of the Kislak Center for Special Collections, Rare Books and Manuscripts, University of Pennsylvania. Philadelphia, Pennsylvania, USA.

Fig. 14. Retrato de Lope de Vega (1609)

Lope de Vega. *Ierusalen conquistada*. Madrid: Juan de la Cuesta, 1609
Cortesía del Kislak Center for Special Collections, Rare Books and Manuscripts, Universidad de Pensilvania. Filadelfia, Pensilvania, EE.UU.
Courtesy of the Kislak Center for Special Collections, Rare Books and Manuscripts, University of Pennsylvania. Philadelphia, Pennsylvania, USA

Fig. 15. Retrato de Tomé de Burguillos/ Lope de Vega (1634)

Lope de Vega. *Rimas humanas y diuinas del licenciado Tome de Burguillos*. Madrid: Imprenta del Reyno, 1634.
Cortesía del Kislak Center for Special Collections, Rare Books and Manuscripts, Universidad de Pensilvania. Filadelfia, Pensilvania, EE.UU.
Courtesy of the Kislak Center for Special Collections, Rare Books and Manuscripts, University of Pennsylvania. Philadelphia, Pennsylvania, USA.

En poco tiempo, la inclusión del retrato del autor en sus propias obras se consolidó como una de las estrategias más poderosas y frecuentadas por los autores de la temprana modernidad hispánica para autolegitimarse profesionalmente. Su uso se extendió en tal proporción que ya en 1615, en una fecha relativamente temprana, Cervantes deconstruye y critica esta estrategia autolegitimadora en el prólogo a sus *Novelas ejemplares*, muy probablemente como réplica a la publicación de la *Jerusalén conquistada* (1609) de Lope de Vega.[13] En dicho prólogo, como ha señalado acertadamente Javier Lorenzo, el autor del *Quijote* cuestiona la función autolegitimadora del género de las "vidas de artistas" que solían complementar el uso de un retrato del autor con la inserción de una correspondiente *vita*.[14] Cervantes lamenta burlonamente el hecho de tener que redactar el prólogo ante la incapacidad de un amigo suyo de obtener un retrato para ser insertado entre los preliminares de las *Novelas ejemplares*:

> De esto tiene la culpa algún amigo, [...] el cual amigo bien pudiera, como es uso y costumbre, grabarme y esculpirme en la primera hoja de este libro, pues le diera mi retrato el famoso don Juan de Jáuregui, y con esto quedara mi ambición satisfecha, y el deseo de algunos que querrían saber qué rostro y talle tiene quien se atreve a salir con tantas invenciones en la plaza del mundo. (1:50–1)

A Cervantes no se le escapa tampoco el hecho de que, para realzar la función autolegitimadora de los retratos, los autores suelen acompañarlos de testimonios extremadamente elogiosos que, aunque firmados por terceros, podrían tratarse incluso de secretos actos de ventriloquia por parte de los propios autores:

> Y cuando a la [memoria] de este amigo, de quien me quejo, no ocurrieran otras cosas de las dichas que decir de mí, yo me levantara a mí mismo dos docenas de testimonios, y se los dijera en secreto, con que extendiera

---

13 Considerando las tensas y oscilantes relaciones entre Cervantes y Lope de Vega (Pedraza Jiménez 13–62), estas observaciones de Cervantes parecen originarse como réplica precisamente a la publicación de la *Jerusalén conquistada* (1609) de Lope, libro en el que Baltasar Elisio de Medinilla, gran amigo del Fénix, inserta el retrato lopesco ya mencionado líneas arriba [Fig. 14] junto con la larga *vita* encomiástica (7–10) que el famoso artista Francisco Pacheco le dedicara al Fénix mientras reunía materiales para su *Libro de descripción* (1599). El retrato en sí, empero, no es obra de Pacheco, como lo confirma el mismo Medinilla (7).

14 Este género renacentista queda establecido con *Delle vite de' più eccelenti pittori, scultori et architettori* (1550, 1568) de Vasari. La fortuna y aplicación del género entre los humanistas queda atestiguado por los *Icones virorum illustrium et praestantium* (1597–9) de Jean Jacques Boissard y Theodor de Bry. Para la península ibérica, el principal ejemplo es el *Libro de descripción de verdaderos retratos, de ilustres y memorables varones* (Sevilla, 1599) del célebre artista Francisco Pacheco (Lorenzo 90).

mi nombre y acreditara mi ingenio. Porque pensar que dicen puntualmente la verdad los tales elogios, es disparate, por no tener punto preciso ni determinado las alabanzas ni los vituperios. (1:51)

Por los mismos años en que Lope explota la función legitimadora del retrato impreso, y años antes de su desarticulación por parte de Cervantes, en la orilla opuesta del Atlántico, Balbuena advierte los potenciales beneficios de insertar su propio retrato al frente de su elogio de la capital novohispana. Esta estrategia le habría parecido especialmente beneficiosa para distinguirse entre el elevado número de poetas que parece haber poblado la capital virreinal a inicios del XVII, pero sobre todo para presentarse como individuo virtuoso a pesar de carecer del linaje heroico que insistentemente invocan los criollos novohispanos en sus reclamos de encomiendas y puestos burocráticos. La decisión de Balbuena de incluir su retrato es realmente innovadora pues, como ha observado Magdalena Chocano, Balbuena es uno de los "[p]ocos autores en Nueva España [que] aprovecharon sus obras para dar publicidad a su imagen social de forma abierta" (208). De hecho, el de Balbuena parece ser apenas el segundo retrato impreso en el virreinato novohispano, posterior al de fray Agustín Farfán, que aparece en la *princeps* de su *Tratado breve de chirurgia* (Antonio Ricardo, 1579; Fig. 16),[15] pero anterior a los retratos del pintor y escultor Baltasar de Echave Orio (1607; Fig. 18),[16] el del conocido escritor Mateo Alemán (1609; Fig. 19),[17] el del

---

[15]   La segunda edición del libro, bajo el título *Tratado breve de medicina* (Pedro Ocharte, 1592), incluye un retrato diferente con la figura aparentemente genérica de un fraile que no correspondería con la fisonomía del autor [Fig. 17]. Romero (*Grabados* 11), que no ha visto el retrato de la *princeps*, especula que ambos retratos son idénticos.

[16]   El retrato de Echave, uno de los tres artistas que menciona Balbuena en *Grandeza mexicana*, apareció en su *Discursos de la antigüedad de la lengua cántabra vascongada* (Enrico Martínez, 1607).

[17]   El retrato de Mateo Alemán aparece en su *Ortografía castellana* (Jerónimo Balli, 1609) y, con variaciones, en su *Sucesos de Fray García Guerra* (Viuda de Pedro Balli, 1613). Este retrato es especialmente interesante porque ejemplifica una práctica no infrecuente: el aprovechamiento y la reutilización en los virreinatos americanos de tacos o planchas procedentes de Europa (lo mismo puede afirmarse de la reutilización de materiales que, producidos originalmente en los Países Bajos, son usados posteriormente en la península ibérica). Este retrato de Mateo Alemán, grabado por el famoso Pedro (Pieter) Perret, apareció por primera vez en la *Primera parte del Guzmán de Alfarache* (Madrid, Varez de Castro, 1599). Romero (*Grabados* 11–12) deduce que el propio Mateo Alemán obtuvo y llevó consigo los materiales para el grabado a México. Recuérdese que el autor se desplazó a la Nueva España hacia 1608 y permaneció ahí hasta su muerte (c. 1614). El caso más famoso de reutilización de materiales tipográficos manufacturados en Europa es la imagen grabada por Edward Whitechurch en Londres en 1549 para adornar la portada del *Paraphrase of Erasmus upon de newe testamente* y del *Booke of Common Prayer* de Erasmo. Cinco años después, la misma imagen aparecerá en el frontispicio de la *Dialectica resolutio cum textu Aristotelis* (1554) de fray Alonso de Veracruz, publicado en la Ciudad de México por Juan Pablos (Mathes 19; Romero *Grabados* 5–6; Medina *Imprenta* ccviii).

Fig. 16. Retrato de Agustín Farfán (1579)

© 2013. Edición digital en blanco y negro del retrato de Agustín Farfán. f. 274v de la obra *Tractado breve de chirvrgia y del conocimiento…* . México, En Casa de Antonio Ricardo, 1579. Autor: Farfán, Agustín. Fuente: Fondo antiguo del centro de Estudios de Historia de México (CARSO), www.cervantesvirtual.com.

Fig. 17. Retrato de Agustín Farfán (1592)

Fray Agustín Farfán, *Tratado brebe de medicina*. México: Pedro Ocharte, 1592. Frontispicio.
Cortesía de Nettie Lee Benson Latin American Collection, Bibliotecas de la Universidad de
Texas. Universidad de Texas en Austin, EE.UU.
Courtesy of the Nettie Lee Benson Latin American Collection, University of Texas Libraries,
The University of Texas at Austin. Texas, USA.

Fig. 18. Retrato de Baltasar de Echave (1607)

Balthasar de Echave. *Discvrsos de la antigvedad de la lengva cantabra bascongada*. México: Henrico Martínez, 1607. f. [4r].
Cortesía de la Biblioteca Tozzer, Universidad de Harvard. Cambridge, Massachusetts, EE.UU.
Courtesy of the Tozzer Library, Harvard University. Cambridge, Massachusetts, USA.

Fig. 19. Retrato de Mateo Alemán (1609)

Mateo Alemán. *Ortografía castellana*. México: En la emprenta de Ieronimo Balli, 1609. Cortesía de la Biblioteca John Carter Brown, Universidad de Brown. Providence, Rhode Island, EE.UU.
Courtesy of the John Carter Brown Library at Brown University. Providence, Rhode Island, USA.

físico Diego Cisneros (1618; Fig. 20)[18] y el del jerezano Arias de Villalobos (1623, aunque fechado en 1604; Fig. 21).[19]

Aunque el retrato de Balbuena parece haber sido realizado a través de la menos sofisticada y más barata técnica de entalladura,[20] la innovadora inserción del mismo en el libro *Grandeza mexicana* tiene claramente el objetivo de servir de "firma" al libro y propiciar la "visibilidad" del autor entre el universo lector para así captar la atención de personajes poderosos que podrían servirle de mecenas y que, en compensación por su labor profesional y su disposición virtuosa, podrían otorgarle los beneficios socioeconómicos que Balbuena afirma merecer, como puestos eclesiásticos o las tan deseadas encomiendas. Con estos objetivos en mente, Balbuena diseña un programa iconográfico que le permite definir la virtud personal como producto de la labor profesional (en clara oposición a los criollos, que invariablemente invocan los servicios marciales de sus antepasados, los primeros conquistadores), y, al mismo tiempo, recordar a los lectores poderosos que la actividad letrada que exhibe y estimula el ejercicio de las virtudes morales debe ser compensada como lo fuera en la Antigüedad. Para un individuo como Balbuena, hijo ilegítimo nacido fuera del yugo matrimonial, la demostración de la virtud individual por medio de sus obras y

---

[18] Me refiero al hipocrático *Sitio, naturaleza y propiedades de la Ciudad de México* (Ioan Blanco de Alcáçar, 1618).

[19] El retrato fue publicado en la *Obediencia que México, cabeza de la Nueva España, dio a la Majestad Católica del rey D. Felipe de Austria* (Diego Garrido, 1623), pero está claramente fechado en 1604; acaso Arias de Villalobos habría planeado incluirlo en una hipotética impresión independiente del *Canto intitulado Mercurio*, poema que redacta con ocasión de la entrada a la capital del virrey Juan de Mendoza y Luna, Marqués de Montesclaros, en octubre de 1603.

[20] La relativa carencia de detalle y de matices de claroscuro sugiere que se trata de una entalladura, o grabado hecho con tacos de madera, como la gran mayoría de los grabados en general realizados en las imprentas mexicanas del XVI (Medina *Imprenta* ccviii, Romero *Grabados* 8). Esta técnica xilográfica consistía en dibujar la imagen con un pincel o pluma de ave en un bloque de madera y luego crear una especie de imagen en "negativo" atacando ambos lados del trazado con un cuchillo o una gubia y, así, hacer saltar la madera que iba a quedar en blanco en la estampa. A continuación se entintaba la superficie y se estampaba en papel (Checa Cremades 44, Romero *Grabados* 5 n.1). En contraste, el proceso calcográfico de grabado en láminas de cobre, denominado "en dulce", consistía en trazar la imagen por incisión con buril o por corrosión con agua fuerte sobre la superficie de la lámina. Una vez limpia la superficie, se colocaba la tinta en las tallas y la imagen se imprimía sobre papel (Romero *Grabados* 13 n.18). José Toribio Medina sospecha que ya en el siglo XVI se usaban planchas de plomo en la impresión de grabados (*Imprenta* ccix). Manuel Romero, por su parte, comenta un inventario de bienes hecho por la Inquisición en 1598 en que se recogen seis láminas grandes de cobre y 26 de papel para afirmar que a fines del XVI se usaban también planchas de cobre para los grabados de libros (*Grabados* 13). A pesar de ello, el grabado en cobre, que tampoco había sido utilizado mayormente en España en el XVI, aunque sí en los Países Bajos e Italia (Thomas, Gallego Gallego 61–2, Checa Cremades 44, Medina *Imprenta* ccix), cobra auge en México en el XVII, especialmente con la llegada de artistas flamencos como Samuel Stradanus o Estradamus (i.e., Samuel van der Straet) de Amberes, quien, amén de algunos *frontis*, es autor también del retrato de Arias de Villalobos [Fig. 21] y, posiblemente, del de Cisneros [Fig. 20] (Medina *Imprenta* ccix-ccx, Romero *Grabados* 539).

Fig. 20. Retrato de Diego Cisneros (1618)

Diego Cisneros. *Sitio, natvraleza y propiedades de la Civdad de México....* México: Ioan Blanco de Alcáçar, 1618.
Cortesía de la Biblioteca John Carter Brown, Universidad de Brown. Providence, Rhode Island, EE.UU.
Courtesy of the John Carter Brown Library at Brown University. Providence, Rhode Island, USA.

Fig. 21. Retrato de Arias de Villalobos (1604)

Arias de Villalobos. *Obediencia que México .... dio a la Majestad Católica del rey D. Felipe de Austria*. México: Diego Garrido, 1623.
En: *Autógrafos inéditos de Morelos y causa que se le instruyó. México en 1623 por el Bachiller Arias de Villalobos*. México: Librería de la Vda. De Ch. Bouret, 1907, [*Documentos inéditos ó muy raros para la historia de México, publicados por Genaro García*, Tomo XII], p. 122.

la obtención de beneficios a través de relaciones de mecenazgo son los únicos medios a su alcance para ascender en la jerarquía eclesiástica y para obtener una encomienda.

El posicionamiento político de Balbuena en contra de los criollos novohispanos es patente en el lema que incluye en la parte inferior de su retrato, que reza "Nobilitas sola est atq[ue] unica virtus" ['la virtud es la sola y única nobleza']. Como ya indicara van Horne (*La Grandeza* 167), Balbuena selecciona esta frase de la sátira VIII, pieza central del libro III de sátiras de Juvenal (siglos I-II d.C.),[21] porque resume magníficamente una alocución en la que se sopesa y contrapone la relevancia del linaje familiar [*genus*] y de la virtud [*virtus*] en la disposición moral y, por tanto, política de un individuo. El tema en sí gozó de una larga tradición satírica y panegírica en el mundo grecolatino y tuvo notoria fortuna posterior en el imperio español de la temprana modernidad.[22] De hecho, la sátira VIII es invocada por un contemporáneo de Balbuena en la metrópolis, el doctor Gutiérrez de los Ríos, en su *Noticia general para la estimación de las artes* (1600). Su invocación tiene el objeto de exhortar a los personajes de la nobleza en la península ibérica a abandonar la supuesta "ociosidad" que representa el escudarse detrás de su distinguida genealogía para evitar no sólo el trabajo manual, sino también el ejercicio de cualquier "arte" u oficio.[23] De manera similar, en la orilla atlántica opuesta, Balbuena invoca el verso de Juvenal para criticar a unos señoriales criollos novohispanos que aducen genealogías más que sospechosas para autoafirmarse en términos socioeconómicos y que desdeñan completamente el trabajo manual, y para legitimar a inmigrantes peninsulares que, como el propio Balbuena, exhiben su mejor disposición moral y política gracias al ejercicio de virtudes intelectuales [*dianoētika*] por medio de la labor profesional.

---

21   El dístico completo es: "tota licet veteres exornent undique cerae / atria, nobilitas sola est atque unica virtus" (vv. 19–20; 'Though you adorn your entire atrium with ancient wax portraits in every direction, the one and only nobility is personal excellence'; 325).

22   Braund (122–9) presenta una larga lista de antecedentes de Juvenal que incluye, entre otros, a Valerio Máximo, Salustio, Séneca, Estacio y Plinio. En la España estamental de los siglos XV y XVI se mantenía un debate homólogo que rompía la equivalencia entre conducta virtuosa y sangre/estamento, tal como se establece implícitamente en, por ejemplo, el *Lazarillo* (1533): "Huelgo de contar a Vuestra Merced estas niñerías para mostrar cuánta virtud sea saber los ombres subir siendo bajos, y dejarse bajar siendo altos cuánto vicio" (24). Véase la nota correspondiente en la edición de Francisco Rico, que incluye ejemplos de Pero Mexía y Cervantes.

23   La exhortación de Gutiérrez de los Ríos es la siguiente: "Siendo esto así, ¿por qué no seguirán los nobles el trabajo? ¿Por qué quieren apagar luces tan esclarecidas como heredaron de sus valerosos pasados? Fíen en su propia virtud, que es miserable cosa (como Juvenal canta) [nota marginal: Iube. Saty. 8] estribar en fama ajena. [...] Las haciendas y mayorazgos que les dejaron sus pasados, no fue para que durmiesen, sino para que velando y trabajando con mayor fuerza pudiesen decir aquel dicho de Esteneo, que refiere Galeno: *Nos patribus longe praestamus avisque*: Nosotros en mucho excedemos a nuestros padres y abuelos. Ea por vida mía, nobles caballeros, los que vienen de aquellas casas antiguas, de quien habla el Conde don Pedro y los que comenzaron después: imiten a sus pasados, iguálenlos, excédanlos" (302–3).

La sátira VIII de Juvenal presenta la alocución a un noble, Ponticus, que cuestiona la constante apelación de éste a los logros de sus antepasados para validarse a sí mismo políticamente, y que procura obligarlo, en lugar de ello, a aducir exclusivamente sus virtudes y méritos personales. Juvenal inicia su discurso con una pregunta que subraya la contradicción entre una genealogía distinguida y la falta de virtud: "Stemmata quid faciunt?" [v. 1; "What's the use of pedigree?" (323)]. Esta pregunta, central, cuestiona desde el inicio de la sátira el uso del linaje como medio de autovalidación y, por oposición, propone la validación por medio las obras personales que revelen el ejercicio de la virtud. A continuación, en un efectivo contraste que subraya la falta de correspondencia entre el estado social y la virtud individual, Juvenal ataca, por un lado, a aristócratas burócratas que no cumplen con sus funciones oficiales, incluyendo, entre otros *exempla vitando*, al emperador Nerón (37 d.C.-68 d.C.). Por otro lado, Juvenal alaba a personajes de orígenes humildes que exhiben su disposición virtuosa a través del ejercicio de sus profesiones y, por tanto, constituyen *exempla aemulando* para el resto de los ciudadanos del imperio romano. Finalmente, Juvenal cierra su discurso con una inapelable *reductio ad absurdum* que demuestra la futilidad de apelar a la genealogía como garantía de la virtud individual, puesto que todos los romanos descienden necesariamente de los pastores y criminales a quienes el mítico Rómulo dio asilo para aumentar la población de Roma.

En este debate para definir el origen de la virtud individual, Juvenal ridiculiza reiteradamente a nobles como Ponticus que consideran que la virtud se transmite o hereda a las generaciones posteriores y que, por tanto, el mero hecho de pertenecer a una familia noble garantiza automáticamente la virtud del individuo. Por ello, el poeta satírico cuestiona explícitamente a nobles que presumen de excelsas genealogías, pero que son incapaces de actuar de manera virtuosa: "tote licet veteres exornent undique cerae / atria, nobilitas sola est atque unica virtus" [vv. 19–20; "Thought you adorn your entire atrium with ancient wax portraits in every direction, the one and only nobility is personal excellence" (325)]. Inmediatamente después, Juvenal ataca esta lógica estamental aduciendo el hecho de que no es práctica infrecuente ver que el nombre de un objeto no se corresponde necesariamente con sus cualidades. Así, Juvenal llama la atención sobre el hecho de que el nombre asignado a una persona no se condice necesariamente con las virtudes del individuo y que, en consecuencia, el uso de un apellido ilustre no conlleva automáticamente la transmisión hereditaria de las virtudes supuestamente asociadas a un linaje específico:

> After all, who'd use the label "thoroughbred" of a person unworthy of his breeding and who was distinguished by his glorious name and nothing else? It's our practice to call someone's dwarf "Atlas", his Ethiopian slave

"Swan," and his bent and deformed girl "Miss Europe". Lazy dogs bald with
chronic mange who lick the edge of a lamp dry will get the name "Leopard"
or "Tiger" or "Leo," or whatever in the world has a fierce roar. So you'd
better be careful and watch out that you aren't a Creticus or a Camerinus
[i.e., apellidos de linajes distinguidos] on the same principle. (327)[24]

En contraste con los nobles romanos que, como Ponticus, no cejan en invocar
los méritos de sus antepasados como garantía de la virtud individual, el narrador
de la sátira recuerda al imaginario auditorio la ausencia de una relación causal
entre la nobleza de un linaje y la conducta de un individuo. Así, pues, Juvenal
acude a ejemplos que ilustran el caso opuesto, en los cuales la carencia de una
genealogía distinguida no impide a un individuo alcanzar distinción y exhibir
su virtud a través de la excelencia en el ejercicio profesional, como en el caso
del derecho o de las artes militares:

But in the lowest rabble, you'll come across a Roman who is eloquent, who
will take on defence cases for the uneducated nobleman. From this toga-
wearing company will emerge a man who can undo legal knots and riddles
of regulations. From here comes the energetic young soldier headed for the
Euphrates and for the eagles guarding the defeated Batavi.[25] (327)[26]

Juvenal exhorta entonces a los nobles del imaginario auditorio a exhibir su
supuesta virtud a través de la labor individual, sin invocar la supuesta virtud
de sus antepasados: "So, if I am not to be impressed by you and not your heritage,
offer me something personal, something I can inscribe in your record of
achievements" (329).[27] Después de todo, como bien recuerda Juvenal, la estrategia
autolegitimadora de invocar los méritos y virtudes de los antepasados propios
es una empresa fútil en los albores del imperio romano, pues todos los habitantes
de la ciudad descienden de los pastores, vagabundos o incluso criminales que
se asentaron en la capital imperial gracias al asilo que el propio Rómulo otorgó

---

[24] "[...] quis enim generosum dixerit hunc qui / indignus genere et praeclaro nomine tantum
/ insignis? nanum cuiusdam Atlanta vocamus, / Aethiopem Cycnum, pravam extortamque puellam
/ Europen; canibus pigris scabieque vetusta / levibus et siccae lamentibus ora lucernae / nomen
erit Pardus, Tigris, Leo, si quid adhuc est / quod fremat in terris violentius. ergo cavebis / et
metues net u sic Creticus aut Camerinus" (vv. 30–8).

[25] Los bátavos (batavi) eran una tribu localizada en la Germania inferior, provincia del
imperio romano que corresponde a lo que hoy en día son los Países Bajos y el noroeste de
Alemania. La rebelión que refiere Juvenal, y que fue aplastada por las fuerzas imperiales, ocurrió
entre los años 69 d.C. y 70 d.C.

[26] "[...] tamen ima plebe Quiritem / facundum invenies, solet hic defendere causas / nabilis
indocti; veniet de plube togata / qui iuris nodos et legum aenigmata solvat; / hic petit Euphraten
iuvenis domitique Batavi / custodies aquilas armis industrius" (vv. 47–52).

[27] "Ergo, ut miremur te, non tua, privum aliquid da" (v. 67).

en el despoblado donde había de erigirse la capital del imperio romano. El narrador de la sátira VIII advierte al imaginario auditorio que el rastreo cuidadoso de cualquier genealogía romana noble conduciría inevitablemente a descubrir que el primer ancestro de todos estos linajes es un "notorious refugee: the first of your ancestors, whoever it was, was either a herdsman or something I'd rather not mention" (347).[28]

El lema "nobilitas sola esta atq[ue] unica virtus" es parte de la deliberada estrategia desarrollada por Balbuena a lo largo de *Grandeza mexicana*: deslegitimar a los criollos novohispanos de pretensiones aristocráticas y validarse a sí mismo como inmigrante peninsular que, a pesar de carecer de credenciales sociales o de una distinguida genealogía, exhibe su mejor disposición virtuosa en la práctica de las virtudes intelectuales o *dianoētika* y el ejercicio profesional. Con ello, Balbuena se representa a sí mismo como un individuo con una disposición moral e intelectual superior a la de los criollos y, en consecuencia, como un individuo mejor dispuesto para administrar el virreinato por medio de un alto cargo eclesiástico y la tenencia de una encomienda.

Si el acto de apropiación de la sátira VIII de Juvenal por parte de Balbuena supone la impugnación de las justificaciones genealógicas recurrentemente invocadas por los criollos, por un lado, y, por otro, la legitimación del ascenso social basado en la disposición virtuosa y la labor individual, el segundo lema que Balbuena incluye en su retrato, "Summa laboris habet", subraya precisamente la importancia de las virtudes intelectuales y de la labor profesional (en este caso, de la moralmente provechosa labor poética de Balbuena) en la creación de su propio prestigio y posición social. Como bien señalara van Horne (*La Grandeza mexicana* 167), "Summa laboris habet" es un sintagma que pertenece al verso "Hoc votum nostri summa laboris habet" del *Ars Amandi* (III, 404) de Ovidio (43 a.C.-17/18 d.C.), que el propio Balbuena cita en la carta al arcediano de la Nueva Galicia (29) y traduce como "A este solo premio [i.e. la fama], el trabajo y su afición nos llama".[29] Si la referencia a la sátira VIII de Juvenal en el lema inferior del retrato legitima la virtud individual [*virtus*] sobre la genealogía [*genus*], la referencia al *Ars Amandi* de Ovidio en el lema superior valida

---

[28] "[…] ab infami gentem deducis asylo; / maiorum primus, quisquis fuit ille, tuorum / aut pastor fuit aut illiud quod dicere nolo" (vv. 273–275).

[29] El pasaje ovidiano es citado por Balbuena para ilustrar el hecho de que la fama eterna es el mayor premio al que pueden aspirar los letrados profesionales: "Y es, al fin, de los premios humanos el mayor que tienen las letras la honra, el nombre y la fama eterna. Y así dijo Ovidio (3. *De arte amandi*):

> *Quid petitur sacris nisi tantum Fama poetis?*
> *Hoc votum nostri summa laboris habet.*
> ¿Qué otra cosa se pide sino fama
> a los poetas sagrados? A este solo
> premio, el trabajo y su afición nos llama" (29).

explícitamente la labor poética como medio para la exhibición de la virtud intelectual [*dianoētika*] de un individuo. A través de esta referencia al texto ovidiano, Balbuena subraya también la importancia del cultivo de relaciones de mecenazgo con personajes poderosos y de una adecuada "visibilidad" pública que genere una demanda por los artefactos verbales del autor y que, por ende, atraiga precisamente la atención de dichos personajes. No es gratuito que Balbuena dedique las dos ediciones del libro *Grandeza mexicana* a diversos *dedicatees* de ambos lados del Atlántico, pues con ello pretende entablar las relaciones de mecenazgo aducidas precisamente en el texto ovidiano.[30]

Durante la temprana modernidad europea, este lugar ovidiano parece haber sido invocado principalmente para identificar la fama como motivación principal detrás de la producción de artefactos verbales. Considérese, por ejemplo, que el humanista Hernán Núñez de Toledo (1475–1553), 'el comendador griego', en el prólogo a sus *Glosas sobre las "Trezientas" del famosísimo poeta Juan de Mena* (1499), afirma que el deseo de fama e inmortalidad fue precisamente lo que llevó a Mena a redactar su conocido poema épico *Laberinto de Fortuna* (1444), también conocido como *Las trecientas*:

> Quanto a la intinción que le movió a escrevir, fue la que por la mayor parte suele mover a todos los que escriven algunas obras: desseo de ser loados y tenidos por scientes y hazer su nombre inmortal. [...] No ignoró esto Ovidio quando dixo en el tercero *De arte amandi*, 'Quid petitur sacris nisi tantum fama poetis, hoc votum nostri summa laboris habet' (que quiere dezir '¿Qué piden los sacros poetas sino sola la fama? Este es el último fin de nuestro trabajo'). (5r)

Del mismo modo, en la epístola que Lope dirige "A don Juan de Arguijo, veinticuatro de Sevilla" y que incluye en sus *Rimas* (1602), aparece también este pasaje ovidiano, aunque con el propósito de invocar una serie de autoridades que elogian la poesía. Observa Lope que el verso ovidiano denomina "sacros" a los poetas, pero sugiere que, por extensión, debe entenderse también la sacralidad de la poesía misma: "Y en honra suya a este propósito basta que Platón llame a los poetas *insignes*, y a la poesía preclara, y más adelante, *sacra*, como también Ovidio: *Quid petitur sacris, nisi tantum fama, poetis?*" (*Rimas humanas* 591; énfasis añadido). En un contexto más amplio, recuérdese también

---

[30] Recuérdese que Balbuena prepara dos emisiones con preliminares distintos en 1604, dedicando la impresa por Ocharte a fray García de Santa María Mendoza y Zúñiga, nuevo arzobispo de México, y la impresa por López Dávalos al Conde de Lemos. Dado que Balbuena parte a la metrópolis a mediados de 1606, estos datos sugieren que ambas emisiones habían sido planeadas para dos mercados diferentes, el novohispano y el metropolitano. Para más detalles, véase la "Introducción".

que el pasaje ovidiano se utiliza en los *Quinti Horatii Flacii Emblemata* (1607) de Otho Vaenius (Otto van Veen; c. 1556–1629) como parte del emblema titulado *A Musis Æternitas* ("Las musas eternizan" o "La eternidad gracias a las musas"; 158–9), donde se discute el rol de las Musas como agente que otorga la inmortalidad al poeta [Figs. 22–23]. A diferencia de los casos de Núñez de Toledo y de Lope de Vega, sin embargo, Vaenius incluye también los versos ovidianos inmediatamente posteriores para recordar que, en algún momento pretérito, además de la fama, los poetas buscaban (y recibían) la atención y compensación económica de poderosos personajes políticos: "What is sought by the sacred bards save fame alone? Toil we ne'er so hard, this is all we ask. Poets were once the care of chieftains and of kings, and choirs of old won great rewards" (147).[31] Esta referencia a los objetivos materiales y económicos de los poetas es, precisamente, uno de los componentes principales del libro III del *Ars Amandi* y una de las razones más poderosas que empujan a Balbuena a apropiarse de estos versos ovidianos. Una vez definida la virtud individual a través de la labor profesional, en contraste con la incesante invocación de genealogías cuestionables por parte de los criollos novohispanos, el valdepeñero define la poesía como labor o trabajo [*labor*] que propicia el ascenso social siempre y cuando satisfaga dos condiciones: el establecimiento de relaciones de intercambio o mecenazgo con personajes poderosos, por un lado, y, por otro, el establecimiento de la visibilidad pública del profesional letrado.

Recuérdese que, en conjunto, el libro III del *Ars Amandi* ovidiano configura una serie de consejos ofrecidos por el narrador [*praeceptor*] a un grupo de mujeres [*puellae*] para captar y conservar el afecto de los hombres, y que incluye diversas digresiones referidas a los poetas, su labor letrada y sus relaciones de mecenazgo. Quizás el ejemplo que más claramente revela las ansiedades de Balbuena sea el del poeta latino Quintus Ennius (c. 239 a.C.-c. 169 a.C.), a quien el propio valdepeñero menciona en el "Compendio apologético" (140) siguiendo la *Piazza universale* (1585) de Thomaso Garzoni (927).[32] Como estos autores, Ovidio resalta la fama y el prestigio social obtenidos por el poeta gracias a su ejercicio de *dianoētika* y su asociación con el *domus* de los Escipiones.

---

[31] El original ovidiano reza: "Quid petitur sacris, nisi tantum fama, poetis? / Hoc votum nosti summa laboris habet. / Cura ducum fuere olim, regumq[ue] poetae, / preamiamq[ue] Antique magna tulere chori" (vv. 403–6).

[32] Ennius es precisamente el primero de los poetas de una larga lista ofrecida por Balbuena para responder a la pregunta "Pues de los príncipes humanos, ¿quién no ha estimado y honrado a la poesía? ¿qué valor de cuenta tiene la antigüedad que no la haya amparado y hecho sombra? Enio fue muy particular amigo de Scipión" (140). En esto sigue a Garzoni: "Vedi che conto è fatto de' poeti, che tutti i principi, e tutti i Signori del mondo hanno tenuto cura di loro principale. [...] Quindi veggiamo che Ennio poeta fu sì caro a Scipione" (927 en la *princeps*, 2:1145 en la edición moderna de Battista Bronzini).

A MVSIS ÆTERNITAS.

158

Lib.4.
Od.8.

Dignum laude virum Musa vetat mori:
Cælo Musa beat.

O sacer, & magnus vatum labor, omnia fatø
Eripis, & populis donas mortalibus æuum.

Lib. 4.
Od.9.

Vixere fortes ante Agamemnona
Multi, sed omnes illacrymabiles
Vrgentur, ignotaq; longa
Nocte, carent quia vate sacro.

Ennius de
seipso.

Nemo me lacrymis decoret nec funere fletum
Faxit. Cur? volito viuu' perora virum.

Ouid.3.
de arte.

Quid petitur sacris, nisi tantùm fama, poëtis?
Hoc votum nostri summa laboris habet.
Cura ducum fuere olim, regumq; poëtæ,
Præmiaq; antiqui magna tulere chori.

Las musas al poeta
Hazen eterno con el tiempo, y fama,
En vna vida quieta,
Siruiendole de cama
La virtud que al valiente y sabio inflama:
Que el tiempo presuroso
Borrara esta virtud, como es ligero,
Si el poeta famoso
No acudiera primero,
Que por eso lloro Alexandro à Homero.

De Musen helpen met den tijt
Den man die weerdigh is te louen
Ten hemel/ dat sijn naem daer bouen
Blijft eewigh voor de doot beurijt.
Ter goeder uv' is hy ghebozen
Die welverdient heeft/ dat de faem
Sijn daden heerlijck en sijn naem
Blaest eewigh in een pdero oozen.

Qui fait qu' Achille apres tant des siecles reuiue
Ce n'est l'illustre sang ny l'or, ny la beauté,

La rimbombante Fama, il Tempo alato,
Ele sonore Muse alzan'al Cielo,
Il celebre Mortal, fatto beato,
E chiaro più del chiaro Dio di Delo,
Di scettro,è di corona incoronato
Fanno immortal il suo corporeo velo,
In cui sol morta appàr l'vltrice morte,
Che ne gl'altri mortali è viua, e forte,

La docte plume du Poëte
Porte le vertueux au Ciel;
Et fait, qu'au siecle le plus viel,
Le Renom ses honneurs trompette,
Soubs vn bon astre sont ils nez,
Qui ont attaint à ceste gloire,
De voir leurs beaux faits burinez
Des mains de Filles de Memoire.

Ainsi les doctes escripts d'Homere tant vanté:
Des Muses seulement l'eternité deriue.

Fig. 22. A Musis Æternitas

Otto van Veen. *Qvinti Horatii Flacci Emblemata*. Antverpiæ: Martinus, 1612. f. 158.
Cortesía de la Bibliotheca Augusta, Wolfenbüttel, Alemania: Lh 4° 70.
Mit freundlicher Genehmigung der Herzog August Bibliotek Wolfenbüttel, Deutschland: Lh 4° 70.

Fig. 23. A Musis Æternitas

Otto van Veen. *Qvinti Horatii Flacci Emblemata*. Antverpiæ: Martinus, 1612. f. 159.
Cortesía de la Bibliotheca Augusta, Wolfenbüttel, Alemania: Lh 4° 70.
Mit freundlicher Genehmigung der Herzog August Bibliotek, Wolfenbüttel, Deutschland: Lh 4° 70.

Refiriéndose a la estatua del poeta que se erigió al lado de la tumba de los Escipiones en la misma Via Appia, Ovidio afirma: "Ennius, sprung from Calabrian hills, won [*emeruit*] a place, great Scipio, by thy side" (148–9).[33] El marcado contraste entre los humildes montes calabreses y la arteria de tránsito más importante del imperio romano magnifica el ascenso social logrado por Ennius. Dicho ascenso, sin embargo, es presentado claramente como consecuencia de su exhibición de *dianoētika* y sus "méritos" profesionales individuales,[34] y, por otro, por su asociacón con una familia poderosa que valora adecuadamente su labor profesional como poeta y le ofrece, en compensación, beneficios socioeconómicos de índole diversa.

Ovidio subraya el hecho de que, para que la relación de mecenazgo sea beneficiosa para el poeta, sus labores deben incluir no solamente la creación de textos, sino también actividades diversas, como apariciones públicas y otros servicios. Así, pues, si bien poetas como Marcial deben asistir a cenas de sus poderosos benefactores en calidad de personaje de entretenimiento que recita sus producciones, también deben presentarse a funciones tales como reuniones en el foro (76). De modo similar, Horacio recuerda haber acompañado alguna vez a su mecenas al circo romano o como simple compañero de viaje (78). El elemento esencial en esa relación, sin embargo, es la recompensa o compensación otorgada por los poderosos a los poetas, la cual se podía traducir durante el imperio romano en beneficios económicos, desde herencias materiales o dinero en metálico hasta bienes inmuebles o puestos burocráticos, o beneficios sociales como arreglos matrimoniales, o incluso beneficios "profesionales" como un auditorio predispuesto a juzgar benévolamente la obra del poeta (White 89–92).

Como admite Ovidio, sin embargo, esta práctica depende en gran medida de la visibilidad del poeta, la cual le permite ingresar en una especie de mercado de agentes de producción cultural. No es casual, pues, que Balbuena introduzca esta referencia ovidiana como lema de su propio retrato en *Grandeza mexicana*, un retrato insertado precisamente para crear y diseminar mecánicamente la imagen pública del autor y, así, destacarse por encima de sus competidores profesionales. Dicha visibilidad es aún más urgente, según Ovidio, porque las relaciones entre agente de producción cultural y protector poderoso habían entrado en declive durante la Roma imperial, en comparación con la mayor frecuencia de esta práctica social en un pasado anterior: "Poets were once the care of chieftains and of kings, and choirs of old won great reward. Sacred was the majesty and venerable the name of the poet; and ofttimes lavish reward was

---

[33] "Ennuis emeruit, Calabris in montibus ortus,/ Contiguus poni, Scipio magne, tibi" (III, 409–10).

[34] Hablamos de "mérito" y "ameritar" siguiendo el uso de *emeruit* (infinitivo: *emerēo*; 'to earn', 'to merit', 'to gain by service') en el original ovidiano.

given to them" (148).[35] Como consecuencia, estos vínculos con los poderosos, en que la labor del poeta se recompensa en términos económicos y sociales, dependen necesariamente de la visibilidad inicial que pueda alcanzar un poeta para captar la atención de dichos personajes. Por ello, tras presentar diversos consejos a las *puellae* con respecto al cuidado de la apariencia externa (el peinado, el uso de cosméticos, etc.) y al decoro que deben guardar al realizar ciertas acciones (desde el modo en que deben llorar hasta su manera de bailar), Ovidio destaca la importancia de la visibilidad no sólo para las *puellae*, sino también para los poetas. Según Ovidio, en ambos casos la visibilidad de estos personajes es lo único que puede crear en los poderosos algún tipo de interés o demanda por sus servicios, puesto que "[w]hat is hidden is unknown; what is unknown none desires; naught is gained when a comely face has none to see it" (147).[36] La creación y diseminación de esta imagen pública debe ser, según el *praeceptor*, una estrategia deliberada, pues puede incrementar las posibilidades de que algún poderoso se fije en la *puella* o el poeta en cuestión: "Chance everywhere has power; ever let your hook be hanging; where you least believe it, there will be a fish in the stream" (149).[37] La compensación económica y social del poeta en tanto que individuo que exhibe sus virtudes a través del ejercicio profesional depende, pues, de su visibilidad pública, ya que a través de ésta el poeta puede estimular la demanda de sus servicios, atraer el interés de personajes política y económicamente poderosos y, de esa manera, gozar de beneficios derivados de su labor profesional.

De forma paralela a los beneficios que se pueden obtener de un personaje poderoso a través de la profesión poética, se encuentra la fama, también sujeta a esta condición *sine qua non* de visibilidad. Ovidio no duda en afirmar que, en caso de haberse perdido un texto como la *Iliada*, la fama de Homero se habría visto severamente perjudicada. Como consecuencia, el *praeceptor* del *Ars amandi* motiva a los poetas a no cejar en su búsqueda de la fama a través de la diseminación de sus obras: "Yet wakeful pursuit of fame brings reward: who would know of Homer if the *Iliad*, an every-enduring work, had lain hid?" (149).[38] Recuérdese que el lema "summa laboris habet" que Balbuena toma del *Ars amandi* para su retrato se ve acompañado de la imagen de una mujer alada

---

[35] "Cura deum fuerant olum regumque poetae:/ Praemiamque antiqui magna tulere chori./ Sanctaque maiestas et erat venerabile nomen/ Vatibus, et largae saepe dabantur opes" (III, 405–8).

[36] "Quod latet, ignotum est: ignoti nulla cupido:/ fructus abest, favies cum bona teste caret" (III, vv. 397–8).

[37] "Casus unique valet; semper tibi pendeat hamus:/ Quo minime credas gurgite, piscis erit" (III, 425–6).

[38] "Sed famae vigilare iuvat: quis nosset omerum, / Ilias aeternum si latuisset opus?" (III, 413–4).

tocando una trompeta, personificación anquilosada de la fama durante la temprana modernidad europea.

El innovador retrato que Balbuena inserta en ambas emisiones de *Grandeza mexicana* le permite llamar la atención de sus lectores y representarse a sí mismo como un inmigrante peninsular que, aunque carente de una distinguida y heroica genealogía, demuestra su disposición virtuosa a través del ejercicio de las virtudes intelectuales y de la profesión poética. Mientras que el lema inferior del retrato, "Nobilitas sola est atq[ue] unica virtus", invoca la sátira de Juvenal para afirmar que la verdadera nobleza reside en el ejercicio de las virtudes y no en la genealogía, el lema superior, "Summa laboris habet", recuerda la obra de Ovidio para afirmar que la visibilidad del poeta garantiza el establecimiento de las relaciones de mecenazgo necesarias para compensar adecuadamente su labor profesional. El retrato de Balbuena no sólo revela sus aspiraciones socioeconómicas: también funciona como la imagen que, reproducida y diseminada mecánicamente a ambos lados del Atlántico, le permitirá atraer la atención del nuevo arzobispo de México, fray García de Santa María Mendoza y Zúñiga, y, muy especialmente, de Pedro Fernández de Castro y Andrade, conde de Lemos, marqués de Sarria y presidente del Consejo de Indias.

Arte y prudencia: la "cifra" y el "Compendio apologético en alabanza de la poesía"

Para facilitar o incluso promover el establecimiento de estas relaciones de mecenazgo, a través de las cuales el Balbuena obtendría mercedes como altos puestos eclesiásticos o incluso una encomienda, el valdepeñero se refiere a su propia obra como explícito producto manufacturado y concebido por medio de sus virtudes intelectuales; específicamente, como producto de conocimiento del arte poética o *technē* y su posesión de prudencia o *phronēsis*. Balbuena subraya la primera de ellas a través del léxico que utiliza para referirse a la prodigiosa labor de comprimir adecuadamente la inabarcable grandeza de la capital novohispana en los dos mil versos de su elogio. Vocablos como "cifra", "resumen", "retrato" o "miniatura", con los que Balbuena conceptualiza su propio poema, subrayan precisamente el hecho de que su elogio es un artifical producto textual que Balbuena es capaz de producir gracias a su posesión de la virtud intelectual de *technē*. Las aspiraciones socioeconómicas de Balbuena, sin embargo, exigen no sólo una destreza técnica, sino también una capacidad deliberativa que le permita concebir contenidos poéticos que estimulen el ejercicio de la virtud en general y, así, contribuyan al bienestar de la comunidad. El "Compendio apologético en alabanza de la poesía" es precisamente el espacio en el cual Balbuena distingue entre un poeta que genera textos carentes de valor moral y/o político, y el legítimo poeta que, gracias a su inteligencia práctica o *phronēsis*, es capaz de deliberar qué tipo de materia o tema puede motivar la práctica de la virtud entre los lectores. No es baladí recordar que la prudencia o *phronēsis* que Balbuena atribuye al legítimo poeta es crucial en su posicionamiento dentro de la 'polémica por la posesión' de la Nueva España, puesto que la *phronēsis* es precisamente la virtud intelectual que se exige de los gobernantes.[39] Del mismo modo, conviene recordar que esta definición del legítimo poeta subraya la posesión de virtudes morales por parte de Balbuena, puesto que, cual los "heroicos y eminentes profesores" (IX.117; 116) que Balbuena alaba por librar 'justas guerras' en las aulas, el valdepeñero (y legítimo poeta) exhibe la virtud de la valentía o *andreia* al entrenar a los miembros de la comunidad en el ejercicio de la virtud por medio de su producción textual.

Balbuena emplea insistentemente los términos "cifrar" y "abreviar", lo cual ha sido interpretado principalmente como referencias a un ámbito principalmente estético, pues, como afirma Curtius en su clásico *European Literature*, la "cifra" puede entenderse como una metáfora de la escritura lírica (345–6). De ahí que Ángel Rama identificara en *Grandeza mexicana* no sólo relaciones con los avances de la óptica en el XVI (18), sino también la fundación del manierismo hispanoamericano (18), permitiendo desarrollos posteriores de José Pascual Buxó ("Manierismo novohispano", "Arte como artificio" 200; "Admirable belleza" 246), Roberto González Echevarría ("Colonial Lyric" 210–11), Emilia Perassi (129, 132) y Osvaldo Pardo (104). Como complemento de esta interpretación literaria de "cifra", en las siguientes páginas me interesa desarrollar una interpretación 'económica' del mismo término para relacionar el término con el elogio del trabajo y la labor humana como determinantes del valor de bienes y servicios profesionales que construye Balbuena a lo largo de *Grandeza mexicana*. En este sentido, propongo entender el uso del vocablo "cifra" en el libro de Balbuena como parte de una conceptualización del "arte" poética como *ars* o *technē* (es decir, como una de la virtudes intelectuales o *dianoētika*) y, por tanto, como ejercicio profesional que subraya el carácter manufacturado del texto y lo dota de valor de cambio.

Dado que el acto de resumir o "cifrar" la grandeza de la Ciudad de México es evidencia de la labor profesional y "artística" [*ars/technē*] realizada por Balbuena, el valdepeñero procura recordar constantemente a sus lectores que su elogio de la capital novohispana es, en sí mismo, un producto manufacturado. Como tal, el poema mismo es un ejercicio de las virtudes intelectuales o *dianoētika* de Balbuena. Además, y considerando la filiación de Balbuena al

---

[39]　De ahí que Balbuena no dude en atribuir explícitamente la virtud de la prudencia o *phronēsis* al nuevo arzobispo de México, fray García de Santa María Mendoza y Zúñiga, a Felipe II, quien ejerce "la mayor [prudencia] que supo el mundo" (51), a los virreyes novohispanos (VII.25–63; 101–2) e incluso a la Real Audiencia (VII.67–75; 102).

paradigma económico de la escuela italiana de Giovanni Botero, el valor de cambio del poema depende directamente de la labor desempeñada por Balbuena en su diseño. De ahí que Balbuena insista en recalcar, a veces envuelto en fórmulas de *captatio benevolentiae* o modestia afectada, el carácter de "cifra" o "resumen" y, en consecuencia, de producto manufacturado de *Grandeza mexicana*. Ora cuando afirma que la deseada brevedad le obliga a dejar para *El Bernardo* la narración de la captura de Tenochtitlán (II.31–51; 69), ora cuando se declara incapaz de retratar con debido detalle "aquel aire y gallardía ligera" de los jinetes del virreinato (III.34; 75); sea al hablar de la incontenible variedad de mercancías y mercaderes que circulan en las plazas (IV.64–66; 82; V.100–12; 90–1; VII.13–5; 100), sea al referirse a la grandeza de las innumerables autoridades políticas y religiosas del virreinato (VII.109–114; 103; VIII.184–7; 105; VIII.160–83; 111), Balbuena insiste en presentar estos múltiples aspectos de la ciudad a manera de "cifra" o "resumen" para subrayar el carácter manufacturado del poema y, así, incrementar su 'valor de cambio' y su valor como evidencia de las virtudes intelectuales del valdepeñero.

La magnitud y dificultad de la labor que Balbuena debe ejecutar para lograr este "resumen" o "cifra" de la capital novohispana al filo de 1600 queda subrayado también en diversas comparaciones que hace el valdepeñero para igualar "Grandeza mexicana" ora con famosas obras artísticas griegas, ora con la bíblica Arca de Noé. El inicio del *capitolo* IX subraya precisamente este esfuerzo de Balbuena, quien compara su propia labor representacional con la de Apeles (352 a.C.-308 a.C.), Calícrates (siglo V a.C.) y el legendario Mirmícides. Los dos primeros artistas le sirven de punto de comparación a Balbuena para magnificar y exaltar su propia labor simbólica subrayando la dificultad que supone reducir o "encerrar" "en un pequeño cuadro lejos, / y un gran coloso en zafiro breve" (IX.10–12; 113) sin las herramientas casi mágicas que utilizaran Apeles y Calícrates. El caso del legendario escultor Mirmícides, sin embargo, le permite a Balbuena establecer una analogía entre las obras de ambos en términos de metodología y del valor de cambio del producto final. Para Balbuena, el proceso de manufacturar un artefacto como "Grandeza mexicana", que "cifra" y "resume" las innúmeras grandezas de la capital novohispana, es homologable a las famosas miniaturas atribuidas a Mirmícides, tales como el carro tirado por cuatro caballos y cuyas dimensiones no excedían las de las alas de una mosca (es decir, el carro "a sombra de una mosca y sus alas" [IX.23; 113]) o el pareado de versos elegíacos inscrito en letras doradas en una semilla de sésamo que le atribuye Claudius Aelianus o Claudio Eliano (c. 175 d.C.-c. 235 d.C.) en su *Varia historia* (39–41). Este mismo esfuerzo de miniaturización lo equipara Balbuena con el "mundo abreviado" que fue la bíblica Arca de Noé, "que está del Cáucaso en la sierra" (IX.30; 114), para subrayar la labor representacional ejercida por el autor en el proceso de "cifrar" la inabarcable grandeza de la Ciudad de México en el ámbito discursivo.

Como complemento de los vocablos "cifra" y "resumen", Balbuena procura subrayar también el estatuto de manufactura, y por tanto de producto de *dianoētika*, de su elogio de la capital novohispana calificándolo explícitamente de "retrato" o "artificio". Balbuena no duda en tildar su obra de "retrato" al referirse al supuesto pedido que le hiciera Isabel de Tobar y Guzmán, y afirma que su valor de cambio es directamente proporcional a la labor que su redacción exige: "un perfectísimo retrato / pides de la grandeza mexicana, / ahora cueste caro, ahora barato" (I.61–3; 63). Además, Balbuena hace especial hincapié en la dificultad que comporta elaborar dicho "retrato", pues le obliga a reducir a un breve espacio la grandeza prácticamente incontenible y desbordada de la capital virreinal. La "grandeza" de la artificialmente templada e hiperproductiva Ciudad de México es inabarcable y, por tanto, el esfuerzo de Balbuena por reducirla a la representación textual que es "Grandeza mexicana" constituye un trabajo especialmente laborioso y cuyo 'valor de cambio' depende directamente del enorme ejercicio profesional ejecutado por Balbuena.

Mientras que dentro del texto mismo de "Grandeza mexicana" las equivalencias que Balbuena propone entre el poema y las ideas de "cifra", "resumen", "miniatura" o "retrato" sirven para resaltar la labor profesional del poeta, la consideración del poema como producto de *technē* y del poeta como profesional que exhibe virtudes intelectuales o *dianoētika* se desarrolla y amplía en uno de los elementos adjuntos del libro *Grandeza mexicana*: el "Compendio apologético en alabanza de la poesía". Si bien este tratado suele estudiarse como una de tantas *artēs poeticae* o "artes poéticas hispanoamericanas" que revelan los esfuerzos de los criollos por demostrar su valía intelectual y, supuestamente, por adelantar una agenda proto-nacionalista que desembocará en las independencias americanas del XIX, a efectos de este estudio importa subrayar que se trata de un documento programático que delínea las virtudes intelectuales [*dianoētika*] exhibidas por el legítimo poeta: artes [*technē*] y prudencia [*phronēsis*]. Por un lado, a nivel formal, el "arte" de la poesía constituye un amplio conjunto de preceptos que el legítimo poeta debe in-corporar y posteriormente aplicar en la redacción de sus textos. Por otro lado, a un nivel conceptual, Balbuena exige del legítimo poeta el ejercicio de la prudencia, virtud que le permite discernir el contenido apropiado para estimular el ejercicio de la virtud entre los lectores y, así, fomentar la "buena vida" en la comunidad.

Tal es precisamente la definición que ofrece Aristóteles sobre la virtud intelectual de la prudencia. Recuérdese que el Estagirita define al hombre prudente como aquel que es capaz de "deliberate well about what is good and advantageous for himself, not in some one department, for instance what is good for his health or strength, but what is advantageous as a means to the good life [*eu zēn*]" (*NE* vi.v.4; 337). En este sentido, la prudencia se define como "a truth-attaining rational quality, concerned with action in relation to things that are good and bad for human beings" (*NE* vi.v.4; 337). Conviene destacar, además, que esta capacidad deliberativa puede, según el Estagirita, materializarse a través del ejercicio de artes como *oikonomikē* o administración del hogar y *politikē* o ciencia política (vi.v.5; 339). Dado que, como hemos discutido a lo largo del capítulo anterior, Balbuena demuestra con meridiana claridad su dominio de *oikonomikē* a lo largo de "Grandeza mexicana", en el "Compendio apologético" le compete al valdepeñero hacer referencias a su conocimiento de la ciencia política, que garantizaría su habilidad de gobernar comunidades más amplias que el hogar familiar. Cuando Balbuena afirma en el "Compendio apologético" que el legítimo poeta se caracteriza por producir obras a través del "pensamiento medido con arte" (145), se refiere, precisamente, a la necesaria posesión de las virtudes intelectuales de *technē* o "arte" y de *phronēsis* o "pensamiento". Esta es la legítima combinación que, según Balbuena, debe ser recompensada por poderosos mecenas con mercedes varias. En la Nueva España al filo del 1600, ello significa el acceso a altos puestos burocráticos temporales o espirituales, así como la tenencia de las codiciadas encomiendas.

El "Compendio apologético en alabanza a la poesía" revela claramente las ansiedades políticas y socioeconómicas del valdepeñero al definir la poesía como un campo laboral; al legitimar al poeta como un agente de producción cuya valoración profesional se basa, principalmente, en su familiaridad con un cuerpo definido de conocimientos técnicos y en su correcta aplicación [*technē*]; en la conceptualización de contenidos moralmente aptos que conduzcan al ejercicio de la virtud [*phronēsis*]; y al señalar claramente las compensaciones adecuadas para tal labor intelectual. El "Compendio" ha sido analizado desde posturas postcoloniales como un arte poética que inaugura un sentimiento pro-americano o pro-criollo que cristalizaría después en textos del XVII: desde el *Discurso en loor de la poesía* (Lima, 1608) de la elusiva Clarinda hasta el *Apologético en favor de Góngora* (Lima, 1664) de Espinosa Medrano (Moraña, Sabat de Rivers "Obras menores").[40] En este estudio, sin embargo, me interesa desarrollar la propuesta de Antonio Cortijo Ocaña ("*Compendio*" 371–3, 377–

---

40 Quizás el ejemplo más elocuente sea el de Mabel Moraña, para quien el "Compendio" celebra la "productividad cultural americana" (302), permite el acceso de América al "campo universal de las letras" (303) e inicia un proceso proto-nacionalista o proto-independentista cuyo objetivo es la promoción de los agentes culturales americanos y la "autonomización política y cultural" (303) de las comunidades hispanoamericanas. Vale también recordar las observaciones de Georgina Sabat de Rivers, para quien el "Compendio" exhibe trazas innegables del supuesto criollismo de Balbuena ("Obras menores" 89), y para quien Balbuena es el primer teórico de la poesía en América, siguiendo la genealogía de tratados y artes poéticas producidas en la península, tales como el *Arte poética española* (1592) de Díaz Rengifo, la *Filosofía antigua poética* (1596) de López Pinciano, o el *Cisne de Apolo* (1602) de Luis Alfonso de Carvallo, por mencionar los más conocidos ("Obras menores" 94–5). Diferente es la propuesta de Pérez Blanco, quien ve en el "Compendio" una validación del arte religioso.

8), quien se apoya en el modelo de la "ciudad letrada" de Ángel Rama para presentar el "Compendio" como un texto que revela las aspiraciones políticas de los profesionales de la escritura dentro de la administración colonial.

En las siguientes páginas me interesa ampliar el contexto político propuesto por Cortijo Ocaña y añadir que, si la labor poética como oficio o profesión (es decir, como *ars/technē*) debe ser compensada con puestos burocráticos y beneficios socioeconómicos por parte de autoridades políticas en los centros de poder, es porque Balbuena subraya que dicha labor es una exhibición de las virtudes intelectuales, pero también morales, del autor. Al definir claramente la poesía y el poeta en términos laborales, incluyendo las compensaciones adecuadas para dicha labor, Balbuena desarrolla las preocupaciones que evidenciara ya en su propio retrato, y procura representarse a sí mismo como un inmigrante peninsular virtuoso cuya excelsa y prudente labor profesional letrada debe ser retribuida con altos puestos en la administración colonial y/o con la tenencia de indígenas por medio de encomiendas. En otras palabras, para Balbuena la poesía legítima exige no solamente un conocimiento técnico [*technē*] como podrían ser la producción de las rimas y el ritmo, o el conocimiento de la composición estrófica o las convenciones propias de cada género, sino también de inteligencia práctica o prudencia [*phronēsis*], gracias a la cual el poeta es capaz de educar a sus lectores con contenidos moralmente aptos y motivarlos en el ejercicio de la virtud. Esto implica, necesariamente, la autovalidación de Balbuena como poeta legítimo que posee la mejor disposición moral e intelectual para la "posesión" de la Nueva España.

Quizás la abundancia de referencias a autoridades diversas a lo largo del "Compendio apologético", que algunos irritados lectores han interpretado como una muestra de insufrible pedantería por parte de Balbuena, haya oscurecido la claridad retórica con la que el valdepeñero define al poeta como un profesional que exhibe *dianoētika* (virtudes intelectuales), incluyendo *phronēsis* (prudencia), y que, por tanto, debe ser compensado económica y simbólicamente por las autoridades políticas. Para legitimar este ejercicio profesional, tan "disfamado" y desdeñado "que apenas le ha quedado rastro de lo que otro tiempo fue" (127), el valdepeñero estructura este tratado en cuatro secciones, siguiendo las pautas del género demostrativo de la retórica clásica, género según el cual el orador exhorta a un auditorio a determinar si una propuesta es beneficiosa o dañina.[41] En el caso particular del "Compendio", Balbuena procura persuadir a sus lectores de la necesidad de premiar a los poetas legítimos que conciben su producción textual como herramienta conducente al ejercicio de la virtud y, en consecuencia, al bienestar general de una comunidad. El *exordium* que sirve de introducción

---

[41]   Recuérdese la declaración explícita del propio Balbuena al final del "Compendio", en que afirma que "cuando pequeño pasé por los principios de retórica" (146).

(127–132) procura sintetizar los puntos principales del "Compendio". Por un lado, Balbuena define la poesía como una profesión y el valor de cambio de la producción poética como una cantidad determinada por la labor o el trabajo del poeta. Por otro, el valdepeñero traza una inequívoca distinción entre dos tipos de poetas, validando a aquéllos que ejercen su labor exhibiendo sus virtudes intelectuales [*technē*, *phronēsis*], e impugnando a aquéllos que, carentes de ellas, se dejan llevar por un arbitrario e irracional "furor" platónico que es incapaz de conducir al bienestar de la comunidad. La segunda sección (132–140), que sirve de *argumentatio*, legitima el elevado valor económico de la *ars/technē* que es la poesía utilizando los tres criterios que, según Balbuena, suelen usarse para determinar la estimación en que se tiene cualquier "arte": su tema, la antigüedad de sus prescripciones y la autoridad y prestigio de sus maestros. Dado este alto valor de cambio de los productos poéticos, la tercera sección (140–146), también de *argumentatio*, señala que los puestos burocráticos otorgados a través de relaciones de mecenazgo son las compensaciones socioeconómicas ideales para la labor profesional del poeta, y recuerda nuevamente la distinción entre el poeta profesional y el incompetente que Balbuena introdujera en el exordio. Finalmente, la *peroratio* o peroración (146–147) cumple la esencial función de presentar al propio Balbuena como poeta profesional, "legítimo", en busca de los beneficios socioeconómicos que sólo un generoso mecenas, como "el sin igual conde de Lemos" (142), puede otorgarle como compensación por su labor poética.

Balbuena resume el propósito del "Compendio apologético" ya en el primer párrafo del exordio cuando afirma que la poesía es producto del ejercicio de las virtudes intelectuales [*technē*, *phronēsis*] del poeta y, por tanto, un bien producido a través del trabajo y cuyo valor se determina, precisamente, por la labor del poeta. Además, dado que esta profesión cumple una función política, la labor del poeta debe ser recompensada precisamente por las autoridades políticas correspondientes. Para Balbuena la poesía es "obra y parto de la imaginación" (127) y el perfecto poeta conjuga no sólo las dotes de un orador, sino también una "grandeza de entendimiento" (127), por lo que siempre ha sido considerada "digna de grande cuenta, de grande *estimación* y *precio*, y [de] ser alabada por todos" (127; énfasis añadido). Definir la poesía como "obra" [*opus*] es esencial para el valdepeñero en tanto que establece claramente el carácter de artificio y de producto fabricado del texto poético, en consonancia con el elogio que hace del trabajo ["arte"] a los largo de los casi 2.000 versos de la "Grandeza mexicana". Asimismo, la terminología 'económica' utilizada por Balbuena ("estimación", "precio") es inequívoca y pretende conceptualizar el valor de cambio de la labor poética como determinado por el trabajo invertido por el poeta en el proceso de creación lírica, ejerciendo las *dianoētika* tanto en el diseño formal de sus textos como en la concepción de su contenido.

Balbuena ilustra estas ideas acudiendo a la autoridad del *De institutione reipublicae* (1520) del humanista italiano Franceso Patrizi (o Patrizzi) de Siena (1413–1492). Patrizi, cuyo texto Balbuena cita por medio de la *Piazza universale di tutte le professioni del mondo* (1585) de Tomaso Garzoni (1144), afirma tajantemente que el poeta profesional, cuya obra es de utilidad para la ciudad, debe ser "sustentado" o compensado por las autoridades políticas:

> Patricio (lib. 2. *de institutione reipu.* título 6) dice que los poetas deben ser honrados de las ciudades y puestos en lugares eminentes y dignidades nobles por ser partos dichosos y raros de la naturaleza, pues ninguna cosa lo es tanto en los siglos y edades del mundo como un *perfecto* poeta y un *consumado* orador, y por la grandeza de *entendimiento* que alcanza el que acierta a ser deste número, escogido y entresacado de la comunidad y trulla[42] de los otros entendimientos; y al fin concluye, después de muchos encarecimientos y alabanzas, que la ciudad noble ha de acoger y sustentar los poetas como una cosa de grande *utilidad* y provecho suyo. (127; énfasis añadido)

Mientras que Garzoni introduce esta cita porque su *Piazza universale* pretende legitimar la poesía como una profesión más entre "tutte le professioni del mondo", Balbuena selecciona este pasaje porque la cita de Patrizi le permite refrendar su definición del poeta como profesional que exhibe sus virtudes intelectuales o *dianoētika* por medio de su labor. Para el valdepeñero es esencial subrayar el hecho de que el poeta no es un agente carente de entrenamiento profesional ni de una adecuada capacidad para deliberar qué es provechoso o dañino para la comunidad. Antes bien, Balbuena subraya que el legítimo poeta se constituye como un "consumado orador" entrenado en la *technē* oratoria y un agente que contribuye al bienestar general de la comunidad a través de la prudencia o *phronēsis* que determina el contenido de sus obras. Como consecuencia de esta exhibición de virtudes intelectuales tanto a nivel formal como a nivel de contenido, el poeta, según Balbuena, cumple un rol político "de grande utilidad y provecho" (127) para el gobierno de la urbe. Dado el incuestionable valor de la poesía legítima como instrumento para alcanzar el bienestar de la comunidad y la "buena vida", los poetas merecen recibir, en retribución, puestos burocráticos y mercedes que les permitan el ascenso social: "deben ser honrados de las ciudades y puestos en lugares eminentes y dignidades notables" (127).

Si bien Balbuena sintetiza claramente ya en el primer párrafo del "Compendio" su concepción de la poesía como producto de las virtudes intelectuales del poeta, que debe ser compensado por autoridades políticas, el resto de este exordio o introducción (127–132) funciona como una *amplificatio* que expande

---

[42] Trulla: "Bulla, y ruido de gente" (*Aut.*)

las ideas principales del párrafo inicial, subrayando en especial la utilidad política del poeta profesional. Así, pues, Balbuena se aboca, por un lado, a proporcionar un largo listado de alabanzas sobre la creación poética que resaltan la utilidad moral y política de la poesía, y, por otro, elabora una definición anti-platónica y "técnica" de la profesión del poeta. La lista de alabanzas de la poesía, muchas de ellas tomadas también de la *Piazza universale* de Garzoni, procura legitimar la práctica de la poesía invocando *auctoritates* tanto religiosas como laicas que sancionan la legítima poesía como instrumento moral conducente al bienestar general de la comunidad. Así, Balbuena no duda en invocar al geógrafo e historiador griego Estrabón (62 a.C.-24 d.C.), para quien la poesía conduce a una ideal "buena vida" porque "no es otra cosa que una admirable filosofía que enseña la razón del vivir, las costumbres [i.e., *mores*] y policía [<*polis*] y el verdadero gobierno de las cosas" (128). Por la misma razón, Balbuena cita a Aristóteles y a San Isidoro de Sevilla para recordar a sus lectores que, si la poesía es "alma de la música", ella debe compartir la capacidad de la música de "componer y corregir las costumbres [i.e., *mores*], y mover los afectos [...] con la armonía de los versos y la música" (129).

Al mismo tiempo que valida una poesía cuyo contenido es moralmente apto y políticamente provechoso, Balbuena insiste también en el aspecto formal de la *technē* de la poesía. Como complemento de un contenido que exhiba prudencia o *phronēsis*, Balbuena define la legítima poesía como aquélla formulada con atención a los preceptos del arte. Por ello, Balbuena legitima la poesía que revela un demorado "estudio" (130) de dicha normativa y critica, al mismo tiempo, el hecho de que gran parte de la "poesía española" al filo de 1600 parece ser un corpus guiado por "una pura fuerza de imaginación, sin ir *enfrenada y puesta en medida y regla* con las que el *arte* de su facultad pide" (130; énfasis añadido). A un nivel más general, sin embargo, Balbuena impugna a aquéllos agentes de producción cultural de "flaco talento y caudal" que, carentes de *technē* y de *phronēsis*, sólo pueden concebir la poesía a través de "pensamientos bajos" que reducen sus textos a "cosas lascivas, torpes y deshonestas" (130).

Al hacer esta distinción entre una poesía legítima diseñada gracias a las virtudes intelectuales [*dianoētika*] del poeta y otra que, gobernada por un irracional furor, apela a las partes irracionales del auditorio y transgrede la prescriptiva poética, Balbuena valida claramente una concepción aristotélica de la poesía e impugna una concepción platónica de ella. Recuérdese que en la *República* Platón critica abiertamente a los rapsodas y a los poetas, llegando incluso a desterrarlos de la ciudad ideal. Además de la conocida crítica de los poetas por no lidiar con la verdad, sino con meras imágenes alejadas en tres grados de la verdad, Platón cuestiona precisamente la irracionalidad o "furor" de que son presa durante la composición o recitación de rapsodias e himnos, pues dicha irracionalidad les hace enfocarse también en temas que estimulan y apelan a la parte irracional (es decir, la más "baja") de los espectadores. En el *Ion*, Platón pone en boca de Sócrates la ampliamente conocida formulación de la poesía como acto divino ejercido por las Musas, en que todos los poetas (sean épicos, dramáticos o líricos) "are possessed by Bacchic frenzy". El poeta no sólo "goes out of his mind and his intellect is no longer in him", sino que "the god takes their intellect away from them when he uses them as his servants" (533d-534d; 941-2). Para Platón, la creación poética no es producto ni de un saber técnico acumulado por medio del estudio (en el aspecto formal), ni de la sabiduría práctica o prudencia (en relación con el contenido), sino de una arbitraria intervención divina en que el poeta apenas participa como medio y no como creador ni origen del producto verbal: "it's not because you're a master of knowledge [...] that you can say what you say, but because of a divine gift, because you are possessed" (536c; 943).

Además de esta irracionalidad, en la *República*, Platón no duda en cuestionar la actividad poética como contraria al bienestar general de la comunidad en tanto que, además de ser meros imitadores, los poetas se enfocan en temas que estimulan la parte irracional de los espectadores y que, por tanto, desestabilizan la "natural" jerarquía sobre la que se sostienen tanto el alma humana como la estructura social de la ciudad-estado. Por un lado, considerando que la "realidad" platónica se enfoca en las formas ideales que informan y son imitadas por los objetos tangibles, los poetas, al carecer del conocimiento específico de los temas que tratan, se contentan con imitar estos objetos de segundo grado. Por ello, Platón cuestiona los productos poéticos en tanto que "these are three removes from reality, and easy to produce without knowledge of the truth" (*Rep.* x.iii, 598c; 435); por tanto, "imitation is a form of play, not to be taken seriously" (x.iv, 602b; 447). Por otro lado, dado que el origen de la actividad poética es irracional, Platón no duda en calificar análogamente de "inferiores" también sus objetivos y cualquier efecto u objeto que genere: "Mimetic art, then, is an inferior thing cohabiting with an inferior and engendering inferior offspring" (x.v, 603ab; 451). La práctica poética, con creaciones que son inferiores a la realidad de las formas platónicas, no puede sino apelar a las partes correspondientemente inferiores del alma humana y, de este modo, socavar la parte racional del alma humana y, por analogía, el jerárquico y armónico funcionamiento de la *polis*:

> his creations are inferior in respect of reality; and [...] his appeal is to the inferior part of the soul and not to the best part [...]. And so we may at last say that we should be justified in not admitting him into a well-ordered state, because he stimulates and fosters this element in the soul, and by strengthening it tends to destroy the rational part. (x.vi, 605a-b; 457-9)

En contraste con esta concepción platónica de la poesía, cabe destacar que Aristóteles define la *mimesis* y la retórica como "artes" [*ars/technē*], lo cual comporta la existencia de un conjunto de saberes pertinentes a cada "arte" y no la impersonal intervención de alguna divinidad que hace del poeta apenas un irracional medio de transmisión. El pensamiento aristotélico es útil a Balbuena en tanto que le permite conceptualizar la poesía como ejercicio de las virtudes intelectuales o *dianoētika*, y como un bien conducente al conocimiento de la verdad o *alētheia*. Recuérdese que la *Poética* aristotélica es un tratado sistemático dirigido a clasificar los diferentes modos de imitación o mímesis, admitiendo que artefactos como la comedia, la tragedia o la poesía épica son todos productos de "artes" o modos de imitación que difieren en el medio utilizado, los objetos representados o la modalidad de la representación: "all the poetic arts [*technē*] mentioned produce mimesis in rhythm, language and melody, whether separately, or in combinations" (*Poet.* 1447a; 29–31). Considérese, además, que la mayor parte del tratado se dirige a explicar el conocimiento profesional específico (i.e., los preceptos) que debe tener en cuenta el poeta en la composición de tragedias. De manera similar, el Estagirita no duda en definir la retórica como un "arte" [*technē*] cuyo objetivo es la persuasión (*Ret.* i.i.14-ii.2; 1355b; 15). El tratado preparado por Aristóteles se dirige precisamente a detallar los recursos (emotivos, lógicos, argumentativos) que constituyen el arsenal retórico del orador y que le permiten persuadir efectivamente al auditorio. En tanto que *technē*, y en contra de la concepción platónica, tanto la poesía como la retórica son, para el Estagirita, facultades conducentes a la búsqueda de la verdad [*alētheia*] y, por tanto, virtudes intelectuales o *dianoētika*.

Recurriendo a estas definiciones de la poesía, ampliamente conocidas durante la temprana modernidad,[43] el "Compendio apologético" de Balbuena establece una inequívoca dicotomía entre el poeta que escribe poseído por un "furor poético" y aquél que exhibe virtudes intelectuales como el conocimiento de la normativa de su *technē*, así como capacidad para deliberar lo que es provechoso para sí y para la comunidad política [*phronēsis*]. Así, pues, los poetas del primer tipo escriben irracionalmente, "*enloquecidos* y llevados por un antojo y *furor vano*" y practican la poesía "arrojándose a ella sin letras, experiencia y espíritu, y sin aquel gran caudal de ingenio y *estudio* que para su eminencia es necesario" (130; énfasis añadido). Como consecuencia de esta conceptualización irracional de la labor poética, estos poetas producen textos carentes de un contenido virtuoso que conduzca al bienestar de la comunidad, y, por tanto, carentes de cualquier tipo de valor de cambio: sus textos no son sino "cosas lascivas, torpes y deshonestas" que apelan a las partes irracionales e inferiores del alma humana, por lo que son

---

[43] Recuérdese también que en el "compendio apologetico" el propio Balbuena afirma tener listo para ser publicado un "arte poética" cuyas fuentes incluyen "la filosofía de Platón, Aristóteles, Horacio, entre otros" (146).

productos "tan sin fundamento, entidad y *valor* que son de todo punto indignas de la *estimación* humana". Como consecuencia, son éstos los poetas que "infaman y desacreditan" la profesión poética (130; énfasis añadido).

En notable contraste con "el ignorante, el idiota y vulgar" (130) poeta que carece de entrenamiento profesional y exhibe "flaco talento y caudal" (130), Balbuena legitima al poeta profesional que adquiere las técnicas pertinentes a la labor poética a través de un largo proceso de estudio y entrenamiento, y utiliza su arte para diseminar contenidos que exalten el ejercicio de las virtudes morales. Como consecuencia, para Balbuena, el poeta legítimo es aquel que exhibe *technē* o "arte" en su producción textual, pero también *phronēsis* o prudencia para concebir contenidos moralmente aptos que aspiren a establecer la "buena vida" en la comunidad. Para ello, Balbuena remite a la epístola *Ad nepotes* de Basilio Magno o Basilio de Caesarea (329/330 d.C.–379 d.C.), para quien los paradigmáticos poemas homéricos son una exhibición de prudencia, puesto que "no son otra cosa que unos agudísimos estímulos a la virtud" (131). De modo complementario, el valdepeñero invoca la definición de orador que ofrece el jurista francés Barthélemy de Chasseneux (o Cassaneo; c. 1480–1541). Chasseneux afirma en su *Catalogus gloriae mundi* (c. 1526) que el poeta legítimo, profesional, debe cultivar y exhibir las mismas habilidades técnicas que el orador, las cuales, a su vez, provienen de un conjunto variado de disciplinas o "artes" como la dialéctica, la filosofía y la retórica. Por ello, afirma Balbuena que el orador y poeta "debe tener agudeza dialéctica, sentencias filosóficas, palabras y modos de hablar poéticos, memoria de jurisconsulto, voz trágica [i.e., de actor] y acciones perfetas" (131). Análogamente, al nivel del contenido de la producción poética, Balbuena afirma que la profesión poética exige también demostrar un profundo conocimiento de los temas o debates de "artes" y campos de conocimiento igualmente diversos. Citando al poeta latino Marcus Manilius (siglo I d.C.), autor del *Astronomicon*, Balbuena subraya la necesidad del poeta de demostrar su prudencia teniendo "universal noticia" según lo requiera la temática de sus composiciones. Sólo este conocimiento general permite la correcta y prudente deliberación a nivel individual y comunitario:

> Que aquel verso de Manilio: *omne genus rerum docti cecinere poetae*: los sabios poetas todo linaje de cosas cantaron: no sólo quiere decir que han tratado de todas las cosas, sino también que el que ha de ser perfeto y consumado poeta tiene obligación a ser general y consumado en todo y tener una universal noticia y eminencia y un particular *estudio y conocimiento de todas las cosas* para tratar, si se ofreciere, de todas y en ninguna ir a tiento. (131; énfasis añadido)[44]

---

[44] Tal como lo cita Balbuena, el verso de Manilius podría estar corrupto, pues la versión estándar de los *Astronomica* de G.P. Goold ofrece la siguiente lección: "omne genus rerum doctae cecinere sorores, / omnis ad accessus Heliconos semita trita est", "Every kind of theme the learned sisters have hymned, and worn is every path which leads to Helicon" (2.49–50; 86–87). Dado que

Las referencias al "estudio y conocimiento" son fundamentales en la conceptualización aristotélica y profesional de la poesía por parte de Balbuena, y se oponen explícitamente a una definición platónica de la misma, en que la agencia en el ejercicio de la labor poética corresponde principalmente a la divinidad, siendo el poeta un mero medio de transmisión. La legitimación del segundo tipo de poesía, aristotélica, es crucial para Balbuena, pues le permite afirmar que quienes la practican exhiben sus virtudes intelectuales a través de la *technē* usada para redactar formalmente sus obras y de la *phronēsis* con que conciben contenidos conducentes al bienestar de la comunidad y a la buena vida [*eu zēn*]. Para Balbuena, el valor de cambio de un bien "poético" no puede determinarse cuando éste es obra de un irracional y arbitrario "furor", por lo que sólo puede deducirse según la labor exigida para su formulación por medio de un "arte" y según la utilidad política de un contenido moralmente apto que estimule el ejercicio de la virtud en la comunidad y la conduzca a un estado de bienestar y "buena vida".

Si en el *exordium* del "Compendio apologético" Balbuena define al poeta como profesional y la poesía como instrumento moral para beneficio de la comunidad que exige adecuada compensación, en la sección de *argumentatio* del tratado (132–140) el valdepeñero procura profundizar en los criterios que determinan el elevado 'valor de cambio' de un bien poético. Para ello, Balbuena invoca los tres criterios que suelen usarse para determinar la "estimación y precio" de "todas las profesiones y ciencias" (132): el tema o "sujeto" que desarrolla, la antigüedad de los principios que la rigen y el grado de autoridad de los maestros de la materia. Si bien Balbuena admite que por el "sujeto" o tema la práctica poética no tiene un valor intrínseco predeterminado, el hecho de que dichos temas atañan a una amplia gama de campos, disciplinas y oficios le permite afirmar que el valor de cambio del texto poético es, por lo menos, equivalente al del "arte" o "ciencia" del cual toma prestado su contenido: "generalmente [la poesía] discurre por todas las demás ciencias y facultades aplicando por suyo y tomando para sí el [sujeto] que quiere. De manera que ya en esto tiene la excelencia de cualquiera de las otras" (132).

En relación con la antigüedad de la práctica poética, Balbuena acude inicialmente a San Agustín (*De civitate Dei*, xi.xviii; 3: 495–7) para afirmar que la poesía divina es la profesión más antigua del mundo porque es tan antigua

---

Balbuena compone el "Compendio" citando constantemente florilegios como la *Piazza universale di tutte le professioni del mondo* (1585) de Tomaso Garzoni, el *Catalogus gloriae mundi* (1529) del abogado francés Barthélemy de Chasseneux y las *Quaestiones quodlibeticae* (1588) del profesor de Teología fray Antonio de Mendoza, es difícil determinar si la lección del verso de Manilius citada por Balbuena es una modificación voluntaria del poeta manchego o bien una lección ya suministrada en alguna de sus fuentes. Es materia que no puedo resolver en este momento. Sobre la presencia de estos florilegios en el "Compendio", véase la edición de van Horne (175–76).

como el orbe mismo. Balbuena recuerda a sus lectores que "compuso Dios el orden y curso de los siglos como un verso hermosísimo, compuesto y adornado de unas admirables contraposiciones" (132), para luego afirmar que "toda la compostura del mundo [es] una poesía y verso espiritual" (134). Esta ecuación entre orbe y poesía explicaría por qué incluso en comunidades carentes de "las demás ciencias y policías" e incluso de escritura alfabética o "letras" como las comunidades indígenas americanas existen "poesías y cantares, en que conservaban de memoria en memoria los hechos antiguos y famosos de sus mayores" (135). Esta antigua poesía, insiste Balbuena, es instrumento moral que estimula la virtud en general y la templanza moral en particular, puesto que ha sido "desde el principio del mundo, alegría y solaz suyo, tan agradable y dulce que con su deleite armónico *concierta el ánima* y le entretiene, compone el espíritu, mitiga la ira [...] y, como dice Macrobio, *despierta la virtud...*" (136; énfasis añadido).

Finalmente, con relación a los "ilustres profesores de esta ciencia" que es la práctica poética, Balbuena no duda en referirse a autoridades absolutamente incuestionables: los padres de la Iglesia y las Sagradas Escrituras. El valdepeñero acude inicialmente a San Ambrosio, quien "en la prefación sobre los Psalmos hace a Moisén y David poetas" (137). Enfocándose en David, y citando copiosamente las *Quaestiones quodlibeticae* (1588) de Antonio de Mendoza, Balbuena se extiende largamente al presentar al valorado profeta como poeta y sus psalmos como poemas para así afirmar que la profesión poética es legítima: "¿Quién, pues, con la autoridad de tan gran poeta no tendrá de hoy más en gran veneración su nombre, y su *profesión* en mucho?" (139; énfasis añadido). La legitimidad de la poesía practicada por el profeta es especialmente magnificada, dado que al filo de 1600 la poesía de David es particularmente útil para expandir el virtuoso imperio cristiano y "civilizar" o templar ("moderar") a feroces y destempladas comunidades de costumbres bárbaras, entre las que se podría incluir, presumiblemente, a los indígenas americanos: "con la [lira] de David se doman hoy los ánimos más rebeldes y atroces, se conciertan y moderan las indómitas y bárbaras costumbres y se edifican de pi[e]dras vivas los santos muros de Ierusalem" (139). La posterior acumulación de personajes bíblicos, de Salomón a Judith, de Job a Jael y de Jeremías a Cristo, y de autoridades de la Iglesia como San Gregorio, San Ambrosio y Santo Tomás, no hace sino confirmar la pericia de los "profesores de esta ciencia" y, como consecuencia, refrenda el carácter profesional (i.e., de "arte") de la poesía y subraya la labor formal [*technē*] y el contenido virtuoso [generado gracias a la *phronēsis*] como los determinantes principales del valor de cambio de los productos poéticos. Acudiendo a los criterios usuales con los que se determina el valor de una profesión, Balbuena se ve capaz de justificar la elevada "estimación y precio" (132) de esta labor y sus artefactos.

Dado el elevado valor de cambio de la poesía legítima, Balbuena considera que la labor profesional del poeta debe compensarse con elevados puestos burocráticos otorgados por un mecenas poderoso. Por ello, el valdepeñero inicia esta segunda sección de la *argumentatio* ilustrando la institución del mecenazgo y las relaciones entre la labor poética y el poder político desde la Antigüedad hasta el momento de redacción de *Grandeza mexicana*. Teniendo a la vista nuevamente la *Piazza universale* (1585) de Garzoni, Balbuena prácticamente copia las listas de autoridades civiles, eclesiásticas e imperiales invocadas por el tratadista italiano para resaltar la pervivencia del vínculo de mecenazgo entre autoridades políticas y poetas desde el imperio romano. Por un lado, entre los poetas latinos conviene recordar a Quintus Ennius (c. 239 a.C.-c. 169 a.C.), quien alaba en sus epigramas a Escipión el Africano (Publius Cornelius Scipo Africanus, 235 a.C.-183 a.C.), el caso de Caesar Augustus o César Augusto (63 a.C.-14 d.C.), que "tuvo por tan familiar a Virgilio como si fuera compañero suyo en el imperio" (140), o la estrecha y paradigmática *amicitia* y patrocinio entre Horacio (65 a.C.-8 d.C.) y Gaius Cilnius Maecenas (70 a.C.-8 d.C.). Posteriormente, Balbuena ofrece un listado de ejemplos más recientes tomados de la península itálica, como el de Francesco Petrarca (1304–1374), honrado por el senado en 1341, como los de Pietro Bembo (1470–1547) y el Cardenal Bibiana (Bernardo Dovizi, Cardenal Bibiana o Bibbiena, 1470–1520), quienes recibieron puestos de cardenal, o como el de Marcus Hieronymus Vida (Marco Girolamo Vida, c. 1485–1566), quien recibe el obispado de Alva como compensación por la redacción de su largo poema épico *Christiados* (1535), el cual compuso a instancias de los papas León X y Clemente VII.

Como complemento de estos listados tomados de Garzoni, y a falta de ejemplos análogos en España, Balbuena procura subrayar el maridaje de poder político y labor poética citando casos de personajes nobles que "han seguido esta profesión [de poeta] y enriquecido su patria con los felicísimos partos de sus entendimientos", desde Lucano y Séneca hasta "los modernos" –el rey Juan II (1405–1454), Íñigo López de Mendoza, marqués de Santillana (1498–1558), Juan Boscán (c. 1490–1542), Garcilaso de la Vega (c. 1501–1536), Luis de Góngora (1561–1627) e incluso Alonso de Ercilla (1533–1594), "más célebre y conocido en el mundo por la excelencia de su poesía que por la notoria y antigua nobleza de su casa y linaje" (141). Balbuena incorpora también ejemplos asociados con "nuestros occidentales mundos" (141) invocando al noble criollo Antonio de Saavedra Guzmán, autor del *Peregrino indiano* (1599), a los marqueses de Montesclaros, conocidos mecenas literarios y poetas también, así como al Conde de Lemos, presidente del Real Consejo de Indias (1603–1609), protector de personajes ilustres como Lope de Vega y Carpio o Miguel de Cervantes, y *dedicatee* principal de una de las dos emisiones de *Grandeza mexicana* de 1604 y del *Siglo de Oro en las selvas de Erífile* (1608), así como *dedicatee* original de *El Bernardo o victoria de Roncesvalles* (1624).

Estas largas listas le permiten a Balbuena legitimar las relaciones entre poder y poesía, entre mecenas y poeta, y así subrayar el intercambio justo que debe establecerse entre los profesionales de la poesía y las autoridades políticas. Para el valdepeñero no existe pluma suficientemente "desocupada y libre que baste a contar los favores que la poesía y sus secuaces en todo tiempo y en todas ocasiones han recibido de los mayores príncipes y monarcas de la tierra" (142). Este provechoso y justo intercambio se funda, según Balbuena, en el hecho de que la poesía es "ejercicio" profesional "tan estimado, que faltara tiempo para contar los favores que por todos los siglos del mundo ha recibido de los monarcas, príncipes y reyes dél" (142). Lo principal en esta relación de mecenazgo es que ambos personajes, la autoridad y el poeta, se conceptualizan como "personas dependientes" (143) mutuamente, pues mientras que los primeros realizan "obras y hazañas grandiosas", los segundos ejercen su profesión "encareciéndolas y celebrándolas" (143), motivo por el cual los poderosos deben retribuirles con compensaciones variadas que incluyen, en el contexto colonial de fines del XVI e inicios del XVII, codiciados puestos burocráticos en la administración colonial o las tan anheladas encomiendas.

Este tipo de relación de mutua dependencia o complementaria reciprocidad entre mecenas y poetas condiciona la producción poética, pues el poeta debe adecuarla a las necesidades o solicitudes de sus protectores. Por ello, Balbuena se decanta principalmente en favor una poesía laudatoria y epidíctica que represente, ensalce y magnifique la labor política del mecenas. Así, el valdepeñero acude a la poética de Marcus Hieronymus Vida y resalta el hecho de que la producción del poeta depende de las demandas del mecenas:

> *Nec iusa canas nisi forte coactus*
> *Margnorum imperio regum, etc.*
> *Omnia sponte sua, quae noe elegimus ipsi*
> *proveniunt, duro addequimur vix iussa labore.*
> No cantes cosas que otro te demande
> sino en ocasión propria, o compelido
> de que algún grande príncipe lo mande.
> En lo que por nosotros fue elegido
> todo se vuelve fácil, y al contrario,
> lo que nos mandan, duro y desabrido.
> (143–44)

Una vez delineada la relación de mecenazgo, Balbuena recapitula algunos de los puntos más importantes del "Compendio apologético" y explica cómo una relación de mecenazgo influye en la labor poética en términos del contenido. El poeta manchego les recuerda a sus lectores que el poeta legítimo no trabaja guiado por un "furor" o "ánimo [...] arrojado" (145), sino por medio del "pensamiento medido con arte" y exhibe "grande invención y artificio" (145). Balbuena también insiste en los diversos productos poéticos que generan ambos tipos de poetas. Así, el poeta de "furor" se estanca en una producción letrada que, carente de función moral y política, es "lasciva, torpe y deshonesta" (145), enfocada en "cosas de amores" y "coplas de amores" (145), tal y como lo ejemplifican "algunos de nuestros poetas castellanos" que han caído en la actividad de "coplear [la] propia torpeza" o que se muestran como "groseros ingenios macarrones" (143). En contraste con esta manera de practicar la poesía, Balbuena nos recuerda que el legítimo poeta profesional se rige por el "arte" de la poesía y produce "poesía [...] generosa" (143) y moralmente útil a nivel político, porque trata de "obras graves, enteras, sentenciosas y llenas de moralidad y filosofía" (145), y también a nivel individual, puesto que proveen "entretenimiento agradable y noble, digno de ánimo virtuoso e hidalgo, y de grande alivio y regalo para otros estudios más graves" (143). Ante todo, la poesía legítima es evidencia, pero también estímulo de la conducta virtuosa, pues se trata de obras que exhiben virtudes morales como la templanza o *sōphrosunē* ("moderadas") y la valentía o *andreia* ("ánimo [*animus, thumos*] no arrojado"), pero también virtudes intelectuales o *dianoētika*: son obras "honestas, graves y moderadas, y nacidas de ánimo no arrojado, sino de pensamiento medido con arte" (145).

Al recordar a sus lectores las características del poeta y la poesía legítimos, Balbuena prepara la *peroratio* final (146–7) con el propósito de representarse a sí mismo como poeta profesional que, tras haber compuesto *Grandeza mexicana*, y habiéndola concebido atendiendo a los presupuestos morales que articulan el *enkōmion poleōs* y basándose, asimismo, en la teoría de las cinco zonas, y habiendo observado las reglas del "arte" poética, se encuentra a la espera de la autoridad política que compense adecuadamente su labor letrada, sea en la forma de puestos burocráticos, sea otorgándole una codiciada encomienda. Para ello, el poeta manchego no duda en justificar su metodología al redactar "Grandeza mexicana" ni en recordarle al lector las credenciales profesionales que posee. En primer lugar, Balbuena justifica "Grandeza mexicana" en razón de su contenido serio ("grave") y moralmente prudente, y como producto de un conjunto de reglas que determinan la profesión poética, pues es "honesta y grave y en el sujeto heroica, y no por términos del todo humildes ni fuera de las leyes y condiciones del arte [*ars/technē*]" (146). En segundo lugar, el poeta valdepeñero se presenta como poseedor del cuerpo de conocimiento apropiado para el oficio de poeta al referirse al arte poética que tiene ya escrita, la cual supuestamente justifica la profesionalidad con la que hubo abordado la redacción de *Grandeza mexicana*, "como lo mostrará algún día el [arte] que desta facultad [poética] tengo hecho, sacados de las fuentes de la filosofía de Platón, Aristóteles, Horacio y otros" (146). En tercer lugar, Balbuena subraya su paso por una educación formal para el ejercicio del oficio poético, pues "cuando pequeño

pasé por los principios de retórica y llegué a los umbrales de la poesía" (146–7).[45]
Balbuena cierra el "Compendio apologético" citando la elegía X del *Ars amatoria*
(lib. i) de Ovidio, la cual afirma que la escritura poética es el único medio capaz
de garantizar la inmortalidad. Al elegir este fragmento, Balbuena se legitima
en tanto que poeta y exhorta a los numerosos *dedicatees* de *Grandeza mexicana*,
especialmente al Conde de Lemos, a compensarlo por su elogio de la Ciudad
de México, o a establecer una relación de patrocinio con él para aprovechar sus
habilidades poéticas en el futuro:

> *Scindentur vestes, gemmae frangentur, et aurum,*
> *Carmina quam tribuent fama peremnis erit.*
> Todo se acabará con los diversos
> cursos del tiempo: el oro, los vestidos,
> las joyas y tesoros más válidos,
> y no el nombre inmortal que dan los versos.
> (147)

Si a lo largo de los casi 2.000 versos que constituyen su elogio de la capital
novohispana Balbuena elogia la mejor disposición moral de unos inmigrantes
peninsulares que nacen en la naturalmente templada Europa mediterránea y
que preservan dicha disposición al vivir en la artificialmente templada Ciudad
de México, el "Compendio apologético en alabanza de la poesía" y el retrato
de Balbuena singularizan el caso del valdepeñero y se hacen eco de la solicitud
que presentara ante el Real Consejo de Indias en 1592, prefigurando el ampliado
expediente que presentará poco después de publicar *Grandeza mexicana*, en
1607. Si bien en tales documentos se invocan también los servicios administrativos
de su padre, Balbuena privilegia sus propias credenciales académicas y,
especialmente, los testimonios de su disposición virtuosa para así reclamar
las mercedes que le permitan ascender en la escala eclesiástica e incluso
administrar una encomienda. Conceptualizada la polémica por la posesión de
la Nueva España según la disposición de criollos e inmigrantes peninsulares
para la exhibición de las virtudes cardinales, el poema "Grandeza mexicana"
desarticula los reclamos y críticas presentados por los criollos novohispanos
a fines del XVI e inicios del XVII, y atribuye a los inmigrantes peninsulares
la excelencia moral requerida para mantener el control del virreinato. Como
complemento de este posicionamiento, los materiales que enmarcan el poema
y que aparecen en el libro *Grandeza mexicana* arguyen el caso particular de

---

[45]   Es probable, como queda dicho en la introducción de este estudio, que Balbuena hubiera
iniciado tales estudios en la península ibérica, antes de cumplir los veintiún años de edad, cuando
decide embarcarse hacia al continente americano. El hecho de que Balbuena obtenga sus primeros
premios literarios apenas un año después de llegar a la Nueva España parece corroborar esta posibilidad.

Balbuena en tanto que inmigrante peninsular, presbítero y poeta cuya labor representacional garantiza su posesión de las virtudes cardinales y, por tanto, de la mejor disposición moral e intelectual para la administración del virreinato. En oposición a unos viciosos y moralmente destemplados criollos novohispanos incapaces de presentar evidencia de sus propias obras y virtudes, Balbuena utiliza *Grandeza mexicana* como evidencia de que, como afirmará en el expediente de 1607, se trata de un "hombre muy virtuoso, de buena vida y costumbres" (s.p.), y como invitación a poderosos personajes como el Conde de Lemos a entablar relaciones de mecenazgo que le otorguen las mercedes exigidas por sus virtudes. Con la publicación de *Grandeza mexicana*, Balbuena se inserta plenamente en la polémica por la posesión de las Indias y, atribuyendo la mejor disposición moral e intelectual a inmigrantes peninsulares como él mismo, exige que se privilegie las consideraciones morales en el acceso a puestos burocráticos y en la tenencia de encomiendas. En otras palabras, Balbuena exige la implantación del *imperium* de la virtud.

Ya en 1602, cuando firma la carta "Al doctor don Antonio de Ávila y Cadena, arcediano de la Nueva Galicia", a pocos días de la entrada a la Ciudad de México de fray García de Santa María Mendoza y Zúñiga, Balbuena se muestra irritado por el elevado costo de la impresión y por la estrechez del universo de lectores en la capital novohispana, y anuncia su propósito de publicar el resto de sus obras "gozando de las comodidades de España, enviándol[a]s allá o disponiéndome yo a llevarl[a]s" (54). Tal parece ser, ciertamente, el caso del *Siglo de Oro en las selvas de Erífile*, pues la suma de privilegio y aprobación están fechadas en Valladolid en 1604, cuando Balbuena se encuentra aún en la Nueva España. Más que los costos de producción, sin embargo, parece ser la diseminación de su obra lo que preocupa a Balbuena, pues la obtención de las mercedes que exige en razón de su carácter virtuoso depende en gran medida, como explica la referencia ovidiana en el retrato de Balbuena, de la visibilidad del poeta. Por ello, en abril de 1604, cuando el enviado de Balbuena en Valladolid se encuentra recopilando testimonios para una nueva petición al Real Consejo de Indias, y después de conocida la noticia del nombramiento del Conde de Lemos como presidente del Consejo, el valdepeñero prepara la segunda emisión de *Grandeza mexicana* en la imprenta de López Dávalos y lleva algunos de estos ejemplares consigo a la península ibérica en 1606. Entre la obtención de su doctorado por la Universidad de Sigüenza y la publicación de su *Siglo de oro en las selvas de Erífile* (1608), Balbuena habría logrado establecer en la metrópolis estrechas relaciones con el Conde de Lemos, y éste lo habría recompensado inmediatamente con la abadía de Jamaica. A pesar de que esta isla no contenía las riquezas que Balbuena habría esperado, quedaban lejos los tiempos en que el valdepeñero regentara una perdida capellanía en San Pedro de Lagunillas en la frontera noroccidental del virreinato novohispano: el "chico vaso" (VIII.207; 112) que es *Grandeza mexicana* había rendido sus primeros frutos. El obispado de Puerto Rico y las encomiendas en la Isla Margarita, Cumaná, Santo Tomé y la Isla Trinidad que recibiría posteriormente atestiguan el hecho de que un inmigrante peninsular carente de linaje, pero virtuoso, podía, o incluso debía, ser el beneficiario de las mercedes que reclamaban insistentemente los criollos novohispanos, y debía ejercer cargos de autoridad en las Indias.

Conclusiones

Las páginas precedentes procuran ofrecer una reconstrucción del contexto político y de las bases intelectuales en que Balbuena concibe su obra más canónica para demostrar que *Grandeza mexicana* es una toma de posición dentro de lo que Rolena Adorno ha denominado la polémica por la posesión de las Indias. Este posicionamiento en contra de los criollos novohispanos y en favor de inmigrantes peninsulares como él mismo surge de una lectura que tiene en cuenta los complejos paradigmas que Balbuena utiliza. Estos modelos, anclados en el pensamiento griego clásico, establecen estrechas relaciones entre disciplinas diversas y, gracias a ello, nos permiten observar cómo *Grandeza mexicana* se posiciona en contra de un amplio y variado corpus textual pro-criollo, desde poemas épicos hasta tratados científicos y memoriales, con el objeto de competir por los puestos burocráticos y las encomiendas que tanto reclamaban los criollos. Si bien el largo poema que Balbuena dedica a la Ciudad de México es un alegato en favor de la mejor disposición moral e intelectual de los inmigrantes peninsulares en general, las dos emisiones del libro *Grandeza mexicana*, gracias a los elementos adjuntos que enmarcan el poema en sí, evidencian el esfuerzo del autor por singularizarse entre dichos inmigrantes y de presentar su propio caso individual para ascender en la jerarquía eclesiástica y, quizás, obtener incluso una de las codiciadas encomiendas.

Grandeza mexicana es la herramienta que permite al ilegítimo hijo de un cuestionado burócrata alcanzar un obispado, varias encomiendas y acumular una riqueza que, aparentemente, provocó fuertes enfrentamientos a su muerte. Gracias al capital social de su primo, Miguel Sánchez Cejudo del Olmo, obtuvo el aprecio profesional de Lope de Vega, Francisco de Quevedo y Antonio Mira de Amescua. Con el probable apoyo de la familia de Isabel de Tobar y Guzmán, e incluso el de Lope de Vega, obtiene el crucial patrocinio del presidente del Real Consejo de Indias, el Conde de Lemos. Aunque nunca pudo obtener los puestos eclesiásticos en Tlaxcala, México o Lima que tanto deseaba, tras una decepcionante temporada en Jamaica, y un fallido intento por obtener el obispado de Panamá, Balbuena alcanza el obispado de Puerto Rico, algunas encomiendas y un considerable capital económico.

Las trayectorias social, eclesiástica e intelectual de Balbuena se desarrollan en ambas orillas del Atlántico hispánico de la temprana modernidad y desconocen los límites impuestos por el estado-nación de hoy en día. Del mismo modo, la obra de Balbuena transgrede las útiles, pero siempre arbitrarias, categorías y afiliaciones de las literaturas nacionales que el estado-nación inventa para dotarse a sí mismo de un pasado y una identidad. Lejos de ser un curioso observador que utiliza la poesía espontáneamente para mostrar su emocionado asombro ante la capital novohispana hacia 1600, Balbuena es un cultivado lector cuya formación intelectual apenas estamos empezando a comprender. Balbuena articula su largo elogio de la Ciudad de México gracias a su clara comprensión de las tensiones políticas del momento, a sofisticados paradigmas griegos que combinan diversos campos de conocimiento, y a sus notables conocimientos de la producción cultural en la Nueva España, la península ibérica y la península itálica. Constreñir *Grandeza mexicana* a la lectura utilitaria y autocomplaciente de una literatura local, nacional, o incluso sub-continental, comporta negar el marco atlántico en el que claramente transitan Balbuena y su obra. *El imperio de la virtud* es un esfuerzo por reinscribir *Grandeza mexicana* en el contexto marcadamente político y conflictivo que se desarrolla en el Atlántico hispánico para dirimir qué individuos poseen la mejor disposición para gobernar las Indias en general y la Nueva España en particular. Sólo un esfuerzo arqueológico que recupere el complejo y olvidado ambiente intelectual en que se concibió *Grandeza mexicana* nos permite advertir su función como una toma de posición que desdeña a indígenas y a criollos, pero que presenta a inmigrantes peninsulares como el propio Balbuena como los únicos individuos poseedores de la mejor disposición para el ejercicio de las virtudes morales de *andreia, sōphrosunē* y *dikaiosunē*, y de las virtudes intelectuales. *Grandeza mexicana* identifica a estos individuos como los únicos naturalmente capacitados para ejercer el imperio de la virtud.

Obras citadas

Adorno, Rolena. *The Polemics of Possession in Spanish American Narrative*. New Haven & London: Yale University Press, 2007.

Agustín, San. *City of God*. Trans. David S Wiesen. Cambridge: Harvard University Press, 1968.

———. *The Literal Meaning of* Genesis. Trad. John Hammond Taylor, S.J.. New York: Newman Press, 1982. Volume I.

Amor y Vázquez, José. "*El peregrino indiano*: hacia su fiel histórico y literario". *Nueva Revista de Filología Hispánica* XVIII.1–2 (1965–66): 25–46.

———. "Estudio preliminar". Lobo Lasso de la Vega, Gabriel. *Mexicana*. Madrid: Atlas, 1970 [BAE 232].

Anderson, Benedict. *Imagined Communities. Reflections on the Origin and Spread of Nationalism*. London & New York: Verso, 1991. Revised edition.

Andrade, Vicente de P. *Ensayo bibliográfico mexicano del siglo XVII*. México: Imprenta del Museo Nacional, 1899. 2ª. ed.

Aquino, Tomás St. *Summa Theologiae*. Ed., Trad., Marcus Lefébure O.P. New York, London: McGraw-Hill, Eyre & Spottiswoode, 1964. Vol. 38.

———. *Commentary on Aristotle's* Politics. Trad. Richard J. Regan. Indianapolis & Cambridge: Hacket Publishing Company, 2007.

———. *Commentary on the* Nicomachean Ethics. Trad. C.I. Litzinger. Chicago: Henry Regnery, 1964. Vol. 1.

Arístides, Elio [Aristides, Aelius]. *Aristides in four volumes*. Trad. C.A. Behr. Cambridge: Harvard University Press, 1973. [vol. 1]

Aristóteles. *History of Animals. Books VII–X*. Trad. D. M. Balme, Cambridge & London: Harvard University Press, 1991.

———. *On the Heavens*. Trad. W.K.C. Guthrie. Cambridge & London: Harvard University Press & William Heinemann, 1945.

———. *On the Soul. Parva Natura. On Breath*. Trad W. S. Hett. Cambridge & London: Harvard University Press & William Heinemann, 1947.

———. *Nicomachean Ethics*. Trad. H. Rackham. Cambridge & London: Harvard University Press, 1934.

———. *Poetics*. Trad. Stephen Halliwell. Cambridge & London: Harvard University Press, 1995.

———. *Problems. Books 1–19*. Trad. Robert Mayhew. Cambridge: Harvard University Press, 2011. Vol. 1.

———. *The "Art" of Rhetoric*. Trad. John Henry Freese. Cambridge & London: Harvard University Press, 1926.

———. *The Physics*. Trad. Philip Henry Wicksteed & Francis M. Cornford. Cambridge & London: Harvard University Press, 1957.

———. *The Politics*. Trans. H. Rackham. London & New York: William Heinemann & G.P. Putnam's sons, 1932.

Arroyo, Anita. *América en su literatura*. San Juan: Editorial Universitaria, Ediciones de la Torre, Universidad de Puerto Rico, 1967.

Azpilcueta, Martín de. *Comentario resolutorio de cambios*. Ed. Alberto Ullastres, José M. Pérez Prendes, Luciano Pereña. Madrid: Consejo Superior de Investigaciones Científicas, 1965.

Bacigalupo, Marvyn Helen. *A Changing Perspective: Attitudes Toward Creole Society In New Spain (1521–1610)*. London: Tamesis, 1981.

Baeck, Louis. "The Mediterranean Trajectory of Aristotle's Economic Canon". Michalis Psalidopoulos, ed. *Canon in the History of Economics. Critical Essays*. London: Routledge, 2000. 1–23.

———. *The Mediterranean Tradition in Economic Thought*. London & New York: Routledge, 1994.

Balbuena, Bernardo de. *El Bernardo o victoria de Roncesvalles*. En *Poemas épicos*. Ed. Cayetano Rosell. Madrid: M. Rivadeneyra, 1851. 1:139–399. [Biblioteca de autores españoles, tomo decimosétimo].

———. *El Bernardo, poema heroyco*. Madrid: Imprenta de Sancha, 1808. 3 vols.

———. *Grandeza mexicana / del bachiller Bernardo de Balbuena. Dirigida al excelentissimo don Pedro Ferna[n]dez de Castro, conde de Lemos, y Andrade...* México: Diego López Dávalos, 1604. [Ejemplar de la John Carter Brown Library, Providence, Rhode Island, EE.UU; signatura: [R] B604.V139g. Disponible en *https://archive.org/details/grandezamexicana00balb*]

———. *Grandeza mexicana / del bachiller Bernardo de Balbuena. Dirigida al excelentissimo don Pedro Ferna[n]dez de Castro, conde de Lemos, y Andrade...* México: Diego López Dávalos, 1604. [Ejemplar de la Biblioteca Nacional de España; signatura: R/6322]

———. *Grandeza mexicana / del bachiller Bernardo de Balbuena. Dirigida al ilustriβimo y reverendiβimo Don Fr. Garcia de Mendoza y Zuñiga, Arçobispo de Mexico....* México: Melchior Ocharte, 1604. [edición facsimilar publicada en México por la Sociedad de Bibliófilos Mexicanos, 1927]

———. Grandeza mexicana *y fragmentos del* Siglo de Oro *y* El Bernardo. Ed. Francisco Monterde. México: Ediciones de la Universidad Nacional Autónoma, 1954.

———. *Grandeza mexicana*. Ed. José Carlos González Boixo. Roma: Bulzoni, 1988.

———. *Grandeza mexicana*. Ed. Luis Adolfo Domínguez. México: Porrúa, 1997.

———. *Grandeza mexicana*. Ed. Asima F. X. Saad Maura. Madrid: Cátedra, 2011.

———. *Grandeza mexicana*. Ed. Luis Íñigo Madrigal. Madrid: Biblioteca Nueva, 2012.

———. *La grandeza mexicana*. Ed. John van Horne. Urbana: The U of Illinois, 1930. [University of Illinois Studies in Language and Literature XV.3 (agosto 1930)]

———. *Poesía lírica*. Ed. Matías Barchino Pérez. Ciudad Real: Diputación Provincial de Ciudad Real, 2000.

———. *Siglo de Oro en las selvas de Erífile ... dirigido al excelentísimo don Pedro Fernández de Castro, conde de Lemos y de Andrade, marqués de sarria y presidente del Real Consejo de Indias*. Madrid: Alonso Marín, a costa de Alonso Pérez, 1608.

———. *Siglo de oro en las selvas de Erífile*. Ed. José Carlos González Boixo. Xalapa: Universidad veracruzana, 1989.

Balot, Ryan K. "The Dark Side of Democratic Courage". *Social Research* 71.1 (primavera 2004): 73–106.

Barchino Pérez, Matías. "Bernardo de Balbuena, entre España y América". *Memoria del Nuevo Mundo. Castilla-La Mancha y América en el quinto centenario*. Coord. Pedro Miguel Ibáñez. Ciudad Real: Ediciones de la Universidad de Castilla-La Mancha, 1992. 259–80.

Barrera, Trinidad. "Bases para la configuración del imaginario urbano: en torno a Grandeza mexicana". *Permanencia y destino de la literatura novohispana. Historia y crítica*. Ed. José Pascual Buxó. México: Universidad Nacional Autónoma de México, 2006. 187–96.

——. "Bernardo de Balbuena, entre el viejo y el nuevo mundo". *Actas del XXIX Congreso del Instituto Internacional de Literatura Iberoamericana*. Ed. Joaquín Marco. Barcelona: PPU, 1994. I: 285–293.

——. "Diversión y doctrina en la *Grandeza mexicana* de Bernardo de Balbuena". *Doctrina y diversión en la cultura española y novohispana*. Ed. Ignacio Arellano, Robin Ann Rice. Madrid, Frankfurt am Mainz: Iberoamericana/Vervuert, 2009. 55–67.

——. "Entre la realidad y la exaltación: Bernardo de Balbuena y su visión de la capital mexicana". Ed. Raúl Marrero-Fente. *Poéticas de la restitución: literatura y cultura en hispanoamérica colonial*. Newark: Juan de la Cuesta, 2005. 73–82.

——. "Escritores españoles frente a la capital Mexicana en el siglo XVI". *España y América en sus literaturas*. Madrid: ICI, 1993. 73–86.

Bassi, Karen. "The Semantics of Manliness in Ancient Greece". *Andreia. Studies in Manliness and Courage in Classical Antiquity*. Leiden, Boston: Brill, 2003. 25–58.

Bazarte Martínez, Alicia, Enrique Tovar Esquivel, Martha A. Troncoso Rosas. *El convento jerónimo de San Lorenzo (1598–1867)*. México: Instituto Politécnico Nacional, 2001.

Bazarte Martínez, Alicia, Idolina Velázquez Soto y Rina Cuéllar Zasueta. "Isabel de Tovar. Viuda, musa y monja profesa". *Desde el claustro de la higuera. Objetos sacros y vida cotidiana en el ex convento jerónimo de San Lorenzo*. Alicia Bazarte Martínez, coord. México D.F.: Instituto Politécnico Nacional, 2007. 26–49.

Benjamin, Walter. "The Work of Art in the Age of Mechanical Reproduction". *Illuminations*. Ed. Hannah Arendt. Trad. Harry Zohn. Nueva York: Harcourt, Brace & World, Inc., 1968. 219–53.

Beristain y Souza, José Mariano. "Balbuena (Illmo. D. Bernardo)". *Biblioteca Hispano Americana Setentrional*. [s.l.]: Tipografía del Colegio Católico, 1882 [1816]. 1: 122–27.

Beverley, John. "La economía poética del *locus amoenus*". *Essays on the Literary Baroque in Spain and Spanish America*. London: Támesis, 2008. 102–12.

——. "Sobre el gongorismo colonial". *Una modernidad obsoleta. Estudios sobre el barroco*. Los Teques: Fondo Editorial A.L.E.M., 1997. 77–94.

Blázquez Martínez, José María. "La economía ganadera en la España Antigua a la luz de las Fuentes literarias griegas y romanas". *Emérita* 25.1 (1957): 159–84.

Boccaccio, Joan. *De las mujeres ilustres en romance*. <http://parnaseo.uv.es/Lemir/Textos/Mujeres/Index.html> 1 julio 2008. [Edición electrónica de Johan Boccaccio. *De las mujeres illustres en romance*. Zaragoza: Paulo Hurus, 1494]

Botero, Giovanni. *Delle cause della grandezza delle città*. Ed. Mario de Bernardi. Torino: Istituto Giuridico della R. Universitá, 1930.

——. *The Reason of State*. Trans. P.J. and D.P Waley, with an introduction by D.P. Waley. New Haven: Yale University Press, 1956.

Bourdieu, Pierre. *The Field of Cultural Production. Essays on Art and Literature*. New York: Columbia University Press, 1993.

Brading, David A. *The First America. The Spanish Monarchy, Creole Patriots, and the Liberal State 1492–1867*. Cambridge: Cambridge University Press, 1991.

Braudy, Leo. *The Frenzy of Renown. Fame & Its History*. Nueva York y Oxford: Oxford University Press, 1986.

Braund, S. H. *Beyond Anger: A Study of Juvenal's Third Book of Satires*. Cambridge: Cambridge University Press, 1988.

Brewer, Brian. "Jealousy and Usury in 'El celoso extremeño'" *Cervantes* 33.1 (2013): 11–43.

Brown, Katherine L. Imaginando el derecho "natural" en el imperio español. Apropiaciones del discurso cientofico y la posesión de los Andes en la historiografía colonial. Tesis de licenciatura [Honors Thesis]. The College of William & Mary [Williamsburg, Virginia, EE.UU.], 2013. < *http://publish.wm.edu/honorstheses/876/* >.

Brufau Prats, Jaime. "Introducción". Juan Ginés de Sepúlveda. *Obras completas III*. Pozoblanco: Excmo. Ayuntamiento de Pozoblanco, 1997. xi–xxvii.

Bruni, Leonardo. *Laudatio Florentine Urbis*. Ed. Stefano U. Balsassarri. Firenze: SISMEL, Edizioni del Gallazzu, 2000.

Burford, Alison. *Craftsmen in Greek and Roman Society*. Ithaca: Cornell University Press, 1972.

Burgess, Theodore C. "Epideictic Literature". *Studies in Classical Philology* [University of Chicago] 3 (1902): 89–261

Buxó, José Pascual. "Bernardo de Balbuena y el manierismo novohispano". *Studi Ispanici* (1977): 143–62.

———. "Bernardo de Balbuena: el arte como artificio". *Homenaje a José Durand*. Ed. Luis Cortest. Madrid: Verbum, 1993. 189–215. Publicado también, con leves modificaciones, como: "Bernardo de Balbuena y la admirable belleza del mundo". *Memoria y literatura. Homenaje a José Amezcua*. Ed. María José Rodilla, Alma Mejía. México: Universidad Autónoma Metropolitana, 2006. 237–50.

Cabrera de Córdoba, Luis. *De historia, para entenderla y escribirla*. Ed. Santiago Montero Díaz. Madrid: Instituto de Estudios Políticos, 1948.

Cacho Casal, Rodrigo. "Balbuena's *Grandeza mexicana* and the American Georgic". *Colonial Latin American Review* 24.2 (2015): 190–214.

———. "Dialectic Spaces: Poetry and Architecture in Balbuena's *Grandeza mexicana*". Stephen Boyd, Terence O'Reilly, eds. *Artifice and Invention in the Spanish Golden Age*. Oxford: Legenda, 2014. 148–60.

Cairns, Francis. "A Note on the *Editio Princeps* of Menander Rhetor". *Eranos. Acta Philologica Suecana* 85.2 (1987): 138–39.

———. "The *Poetices Libri Septem* of Julius Caesar Scaliger: An Unexplored Source". *Res Publica Litterarum* IX (1986): 49–57.

Calderón de Cuervo, Elena. "La batalla de Roncesvalles en el *Bernardo* de Balbuena (México 1610): una mirada americana de la enemistad Francia-España". *Fuego y Raya* 7 (2014): 13–37. < *http://fundacioneliasdetejada.org/wp-content/uploads/2014/12/FR-07-P-013–037.pdf* >

Calderón de la Barca, Pedro. *El divino Orfeo*. Ed. Fernando Plata Parga. Pamplona & Kassel: Universidad de Navarra, Edition Reichenberger, 1999.

Calderón de Puelles, Mariana. " 'Indias del mundo, cielo de la tierra'. La grandeza de México en Bernardo de Balbuena". Ed. Raúl Marrero-Fente. *Poéticas de la restitución: literatura y cultura en hispanoamérica colonial*. Newark: Juan de la Cuesta, 2005. 83–96.

Calvo Valdivielso, Laura y Juan Sánchez Giménez. "Navegar por cartas: índice del epistolario de Lope de Vega". *Anuario Lope de Vega* V (1999): 273–301.

Campbell, Ysla. "De la crónica a la ficción: la *Sumaria relación* de Baltasar Dorantes de Carranza". *Literatura mexicana* XIII.1 (2002): 11–26

Cañizares-Esguerra, Jorge. "Demons, stars, and the imagination: the early modern body in the Tropics". *The Origins of Racism in the West*. Eds. Miriam Eliav-Feldon, Benjamin Isaac & Joseph Ziegler. Cambridge: Cambridge University Press, 2009. 313–325.

——. "New World, New Stars: Patriotic Astrology and the Invention of Indian and Creole Bodies in Colonial Spanish America, 1600–1650". *The American Historical Review* 104.1 (Feb. 1999): 33–68.

——. *Puritan Conquistadors. Iberianizing the Atlantic, 1550–1700*. Stanford: Stanford University Press, 2006

Capote, Higinio. "La epístola quinta de Juan de la Cueva". *Anuario de estudios americanos* IX (1952): 597–616.

Cárdenas Bunsen, José Alejandro. *Escritura y Derecho Canónico en la obra de fray Bartolomé de las Casas*. Madrid: Iberoamericana/ Vervuert, 2011.

Cárdenas, Juan de. *Primera parte de los Problemas y secretos maravillosos de las Indias*. Ed. Xavier Lozoya. México: Academia Nacional de Medicina, 1980.

Carrete Parrondo, Juan. "El grabado y la estampa barroca". Juan Carrete Parrondo, Fernando Checa Cremades y Valeriano Bozal. *El grabado en España (siglos XV al XVIII)*. Madrid: Espasa Calpe, 1988. [segunda edición; *Summa Artis, Historia General del Arte*, vol. XXXI]. 203–391.

Castro, Américo y Hugo A. Rennert. *Vida de Lope de Vega (1562–1635)*. Madrid: Anaya, 1969. [con notas adicionales de Fernando Lázaro Carreter]

Castro Morales, Efraín. *Alameda Mexicana. Breve crónica de un viejo paseo*. México: Museo Mexicano, 1964.

Caswell, Caroline P. *A Study of Thumos in Early Greek Epic*. Leiden, New York, København, Köln: Brill, 1990.

Cebrián García, José. *Juan de la Cueva y Nueva España. "Tú encendiste en amor el alma mía"*. Kassel: Edition Reichenberger, 2001.

Cervantes de Salazar, Francisco. *México en 1554. Y Túmulo imperial*. Ed. Edmundo O'Gorman. México: Porrúa, 1991.

Cervantes, Miguel de. *El ingenioso hidalgo don Quijote de la Mancha*. Ed. Luis Andrés Murillo. Madrid: Castalia, 1978. 2 vols.

——. *Novelas ejemplares*. Ed. Harry Sieber. Vol. 1. Madrid: Cátedra, 2004.

——. *Poesías completas I. Viaje del Parnaso y Adjunta al Parnaso*. Ed. Vicente Gaos. Madrid: Castalia, 1973.

Chang-Rodríguez, Raquel. "Poesía lírica y patria mexicana". *Historia de la literatura mexicana*. Coord. Raquel Chang-Rodríguez. México: Siglo XXI, 2002. 2:153–194.

Checa Cremades, Fernando. "La imagen impresa". Juan Carrete Parrondo, Fernando Checa Cremades & Valeriano Bozal. *El grabado en España (siglos XV al XVIII)*. Madrid: Espasa Calpe, 1988. [segunda edición; *Summa Artis, Historia General del Arte*, vol. XXXI]. 11–200.

Chimalpahin Cuauhtlehuanitzin, Domingo Francisco de San Antón Muñón. *Annals of his time*. Ed. & trad. James Lochkart, Susan Schroeder & Doris Namala. Stanford: Stanford University Press, 2006.

Chocano Mena, Magdalena. *La fortaleza docta. Élite letrada y dominación social en México colonial (siglos XVI-XVII)*. Barcelona: Edicions Bellaterra, 2000.

Cisneros, Diego. *Sitio, naturaleza y propiedades de la ciudad de México*. 1618. Ed. facsímil, [Madrid]: Fundación de ciencias de la salud, 1992.

Civil, Pierre. "Retratos impresos en los libros españoles del siglo XVI". *Actas del I Encuentro Franco-Alemán de Hispanistas (Mainz 9–12.3.1989)*. Ed. Christoph Strosetzki, Jean-François Botrel y Manfred Tietz. Frankfurt am Main: Vervuert, 1991. 239–251.

Clark, Donald Lemen. "The Rise and Fall of *Progymnasmata* in Sixteenth and Seventeenth Century Grammar Schools". *Speech Monographs* 19 (1952): 259–63.

Clavero, Bartolomé. *Usura. Del uso económico de la religión en la historia*. Madrid: Tecnos, 1984.

Clements, Robert J. "The Cult of the Poet in Renaissance Emblem Literature". *PMLA* 59.3 (septiembre 1944): 672–685.

Corominas, Joan. *Breve diccionario etimológico de la lengua castellana*. Madrid: Gredos, 1973. [3ª edición]

Cortijo Ocaña, Antonio. "Creación de una voz de autoridad en Bartolomé de Las Casas: estudio del prólogo de la *Historia de la Indias*". *Revista Iberoamericana* LXI.170–171 (enero-junio 1995): 219–29.

——. "El *Compendio apologético* de Balbuena: la inserción polémica del poeta en el edificio civil". *Nueva revista de filología hispánica* 45.2 (1997): 369–89.

Couto, José Bernardo. *Diálogo sobre historia de la pintura en México*. Ed. Manuel Toussaint. México: Fondo de Cultura Económica, 2006.

Cuesta Hernández, Luis Javier. "'Esta mexicana Athenas no cede en magnificencia a las muestras europeas'. Las 'grandezas' de las ciudades en el Virreinato de Nueva España en el siglo XVII". Carlos Mata Induráin y Anna Morózova, eds. *Temas y formas hispánicas: arte, cultura y sociedad*. Pamplona: Servicio de Publicaciones de la Universidad de Navarra, 2015. 53–68.

Cueva, Juan de la. "Epístola V. Al L. Laurencio Sánchez de Obregón". Bartolomé José Gallardo. *Ensayo de una biblioteca española de libros raros y curiosos*. Madrid: Imprenta y esteteoripia de M. Rivadeneyra, 1886. 2: 647–8.

Curtius, Ernst Robert. *European Literature and the Latin Middle Ages*. Trad. Williard R. Trask. Princeton: Princeton University Press, 1990.

Davis, Elizabeth B. *Myth and Identity in the Epic of Imperial Spain*. Columbia: University of Missouri Press, 2000.

de Roover, Raymond. "Scholastics Economics: Survival and Lasting Influence From the Sixteenth Century to Adam Smith". *The Quarterly Journal of Economics* 69.2 (mayo 1955): 161–190.

del Valle W., Ivonne. "*Grandeza mexicana*: economía y ontología en el desarrollo tecnológico colonial". *Revista Iberoamericana* LXXVIII.241 (oct.-dic. 2012): 783–803.

Deitz, Luc. "Julius Caesar Scaliger's *Poetices libri septem* (1561) and his Sources". *Studi umanistici piceni* 14 (1994): 91–101.

Delumeau, Jean. *History of Paradise. The Garden of Eden in Myth and Tradition*. Trad. Matthew O'Connell. New York: Continuum, 1995.

Derrida, Jacques. "Signature Event Context". *Margins of Philosophy*. Trad. Alan Bass. Chicago: The University of Chicago Press, 1982. 309–30.

Díez Canedo, Aurora. *Los desventurados barrocos. Sentimiento y reflexión entre los descendientes de los conquistadores: Baltasar Dorantes de Carranza, Juan Suárez de Peralta, Gonzalo Gómez de Cervantes*. México: Universidad Pedagógica Nacional, 1990.

Díez de la Calle, Juan. *Memorial y noticias sacras y reales del imperio de las Indias Occidentales*. [¿Madrid?], c. 1646. Disponible en: <*http://bibliotecadigitalhispanica. bne.es:80/webclient/DeliveryManager?pid=1866055&custom_att_2=simple_viewer*>

Diz, Marta Ana. *Patronio y Lucanor: la lectura inteligente "en el tiempo que es turbio".* Potomac: Scripta Humanistica, 1984.

Dio Crisóstomo. *Dio Chrysostom.* Trans. J.W. Cohoon & H. Lamar Crosby. Cambridge & London: Harvard University Press & William Heinemann, 1940. Vol. 3

Dolle, Verena. "¿"Añoranza de la metrópoli" o expresión de una conciencia criolla? *El Bernardo o Victoria de Roncesvalles* de Bernardo de Balbuena". Karl Kohut & Sonia V. Rose, eds. *La formación de la cultura virreinal. II. El siglo XVII.* Frankfurt & Madrid: Iberoamericana/Vervuert, 2004. 473–503.

Dorantes de Carranza, Baltasar. *Sumaria relación de las cosas de la Nueva España.* Ed. Ernesto de la Torre Villar. México: Porrúa, 1987.

Dueck, Daniela. *Geography in Classical Antiquity.* Cambridge: Cambridge University Press, 2012.

Durán Luzio, Juan. "*Grandeza mexicana,* grandeza del Nuevo Mundo". *Creación y utopía. Letras de hispanoamérica.* San José [Costa Rica]: Litografía e Imprenta LIL, 1979. 53–69.

Durand, José. "La *Grandeza mexicana* y el ennoblecimiento del mercader". *Homenaje a Eugenio Asensio.* Madrid: Gredos, 1998. 159–70.

Egido, Aurora. "La Fénix y el Fénix. En el nombre de Lope". En *'Otro Lope no ha de haber'. Atti del convegno internazionale su Lope de Vega. 10–13 febbraio 1999.* Ed. Maria Grazia Profeti. Florencia: Alinea, 2000. 1: 11–49.

———. "La página y el lienzo: sobre las relaciones entre poesía y pintura". *Fronteras de la poesía en el Barroco.* Barcelona: Crítica, 1990. 165–97.

Eliano, Claudio [Claudius Aelianus]. *Historical Miscellany.* Trad. Nigel G. Wilson. Cambridge & London: Harvard University Press, 1997.

Elliot, John H. *Imperial Spain, 1469–1716.* London: Penguin Books, 2002.

Ercilla, Alonso de. *La Araucana.* Ed. Isaías Lerner. Madrid: Cátedra, 1993.

Estrabón. *The Geography of Strabo.* Trad. Horace Leonard Jones. London & New York: William Heinemann & G.P Putnam's sons, 1917. [8 vols.]

Farber, Lianna. *An Anatomy of Trade in Medieval Writing. Value, Consent, and Community.* Ithaca, London: Cornell University Press, 2006.

Fernández de Oviedo, Gonzalo. *Sumario de la natural historia de las Indias.* Ed. Manuel Ballesteros. Madrid: Historia 16, 1986.

Fernández Nieto, Manuel. "Un humanista manchego: fray Miguel Cejudo". *Cuadernos para la investigación de la literatura hispánica* 1 (1978): 31–42.

Ferngren, Gary B. & Darrel W. Amundsen. "Virtue and Health/Medicine in Pre-Christian Antiquity". Earl E. Shelp, ed. *Virtue and Medicine. Explorations in the Character of Medicine.* Dordrecht, Boston, Lancaster: D. Reidel, 1985. 3–22.

Filo de Alejandría [Philo of Alexandria]. *On the Creation of the Cosmos According to Moses.* Trans. David T. Runia. Leiden: Brill, 2001.

Folger, Robert. "Swan Song and/or Othering?: Baltasar Dorantes de Carranza's tactics". *Iberoromania* 60 (2004): 17–41.

Foucault, Michel. *The Archaeology of Knowledge.* Trad. A.M. Sheridan Smith. New York: Pantheon Books, 1973.

———. *The Order of Things. An Archaeology of the Human Sciences.* New York: Vintage Books, 1973.

Friedman, John Block. *The Monstrous Races in Medieval Art and Thought.* Cambridge, London: Harvard University Press, 1981.

Fuchs, Barbara y Yolanda Martínez-San Miguel. "*La grandeza mexicana* de Balbuena y el imaginario de una 'metrópolis colonial'". *Revista iberoamericana* LXXV.228 (julio-septiembre 2009): 675–95.

Fucilla, Joseph G. "Bernardo de Balbuena's *Siglo de oro* and Its Sources". *Hispanic Review* 15.1 (enero 1947): 101–19.

Fulgencio [Fabius Planciades Fulgentius]. *Expositio Virgilianae continentiae*. <*http://www.intratext.com/IXT/LAT0684/_P1.HTM*> Fecha de acceso: 1 de junio de 2013.

Galeno. "Quod animi mores corporis temperamenta sequantur". *Alma y enfermedad en la obra de Galeno*. Trad. Luis García Ballester. Valencia & Granada: Universidad de Granada, 1972. 26–86.

Galino Carrillo, María Ángeles. *Los tratados sobre educación de príncipes. Siglos XVI y XVII*. Madrid: Consejo Superior de Investigaciones Científicas, 1948.

Gallardo, Bartolomé José. *Ensayo de una biblioteca de libros raros y curiosos*. Madrid: M. Rivadeneyra, 1863–66. 4 vols.

Gallego Gallego, Antonio. *Historia del grabado en España*. Madrid: Cátedra, 1979

García, Lino y Jorge Green Huie [George K. Green]. "*La grandeza mexicana*: Bernardo de Balbuena, precursor de Adan Smith". *Anuario Humanitas* [Universidad Autónoma de Nuevo León, Monterrey] 23 (1990): 213–220.

García Icazbalceta, Joaquín. "La 'Grandeza mexicana' de Balbuena. Nota bibliográfica". *Obras de D. J. García Icazbalceta. Tomo II: Opúsculos varios*. México: Imp. De V. Agüeros, 1896. 187–215.

——. *Bibliografía mexicana del siglo XVI*. Nueva edición por Agustín Millares Carlo. México: Fondo de Cultura Económica, 1954.

Garzoni, Thomaso. *La piazza universale di tutte le professioni del mondo*. Ed. Giovanni Battista Bronzini, Pina de Meo & Luciano Carcereri. Firenze: L.S. Olschki, 1996. 2 vols.

——. *La piazza vniversale di tvtte le professioni del mondo*. Venecia: Gio Battista Somasco, 1588.

Gascó, Fernando. "Introducción". *Menandro el rétor*. Trad. Manuel García Calderón, Joaquín Gutiérrez Calderón. Madrid: Gredos, 1996.

Genette, Gérard. *Paratexts. Thresholds of Interpretation*. Trad. Jane E. Lewin. Cambridge: Cambridge University Press, 1997.

Gill, Christopher. "The *Ethos/Pathos* Distinction in Rhetorical and Literary Criticism". *The Classical Quarterly* [New Series] 34.1 (1984): 149–166.

Glacken, Clarence J. "Airs, Waters, Places". *Traces on the Rhodian Shore. Nature and Culture in Western Thought from Ancient Times to the End of the Eighteenth Century*. Berkeley: University of California Press, 1967. 80–115.

Gómez, Valerie Masson. *The Origin of "Capitolo" as a Metric Term, and Its Use in the Poetry of Italy, Spain and Portugal*. Ph.D. Dissertation. University of California, Berkeley, 1969.

——. "The Vicissitudes of the 'Capitolo' in Spain". *Pacific Coast Philology* 16.1 (junio 1981): 57–65.

Gómez Camacho, Francisco. *Economía y filosofía moral: la formación del pensamiento económico europeo en la Escolástica española*. Madrid: Síntesis, 1998.

Gómez de Cervantes, Gonzalo. *La vida económica y social de Nueva España al finalizar el siglo XVI*. México: Librería Robredo, 1944.

González Dávila, Gil. *Teatro eclesiástico de la primitiva iglesia de las Indias Occidentales. Vida de sus arzobispos, obispos, y cosas memorables de sus sedes. Tomo primero*. Madrid: Diego de la Carrera, 1649.

González de Cellorigo, Martín. *Memorial de la política necessaria y util restauracion a la República de España, y estados de ella, y del desempeño universal de estos Reynos. Dirigido al Rey Don Philippe III nuestro señor.* Valladolid: Iuan de Bostillo, 1600.

González de Eslava, Fernán. *Coloquios espirituales y sacramentales.* Ed. Othón Arróniz Báez. México: UNAM, 1998.

González Echevarría, Roberto. "Colonial Lyric". *The Cambridge History of Latin American Literature.* Ed. Roberto González Echevarría & Enrique Pupo-Walker. Cambridge: Cambridge University Press, 1996. 1: 191–230.

——. "Garcilaso y Garcilaso". *Lexis. Revista de Lingüística y Literatura* 29.1 (2005): 3–26.

——. "Reflexiones sobre *Espejo de paciencia* de Silvestre de Balboa". *Nueva Revista de Filología Hispánica* XXXV.2 (1987): 571–90.

González González, Enrique. "Nostalgia de la encomienda. Releer el *Tratado del descubrimiento* de Juan Suárez de Peralta (1589)". *Historia Mexicana* LIX. 2 (2009): 533–603.

González Peña, Carlos. *Historia de la literatura mexicana. Desde los orígenes hasta nuestros días.* México: Editoriales Cultura y Polis, 1940 [2ª. ed. corregida y aumentada].

Gordon, Barry J. "Aristotle and the Development of Value Theory". *The Quarterly Journal of Economics* 78.1 (feb. 1964): 115–128.

Graciano. *Decretum Gratiani.* En *Corpus juris canonici emendatum et notis illustratum.* Gregorii XIII. Romae: 1582. [3 partes en 4 volúmenes]. UCLA Digital Library Program <http://digital.library.ucla.edu/canonlaw>. Fecha de acceso: 14 septiembre 2013.

Grañén Porrúa, María Isabel. "El ámbito socio-laboral de las imprentas novohispanas, siglo XVI". *Anuario de estudios americanos* 48 (1991): 49–94.

Green, Otis H. "El Ingenioso Hidalgo". *Hispanic Review* 25.3 (jul. 1957): 175–193.

Greenblatt, Stephen. *Renaissance Self-Fashioning. From More to Shakespeare.* Chicago & London: University of Chicago Press, 2005.

Grice-Hutchinson, Marjorie. *The School of Salamanca. Readings in Spanish Monetary Theory 1544–1605.* Oxford: Clarendon Press, 1952.

Gruzinski, Serge. *Les quatre parties du monde. Histoire d'une mondialistaion.* Paris: Éditions de La Martinière, 2004.

Guadalupe Victoria, José. "Sobre las nuevas consideraciones en torno a Andrés de la Concha". *Anales del Instituto de Investigaciones Estéticas* XIII.50 (1982): 77–86.

Gutiérrez de los Ríos, Gaspar. *Noticia general para la estimación de las artes, y de la manera en que se conocen las liberales de las que son mecánicas y serviles, con una exortación [sic] a la honra de la virtud y del trabajo contra los ociosos, y otras particulares para las personas de todos los estados.* Madrid: Pedro Madrigal, 1600.

Guzmán, Pedro de. *Bienes del honesto trabajo y daños de la ociosidad.* Madrid: Imprenta Real, 1614.

Harley, J. B. & David Woodward. "The Foundations of Theoretical Cartography in Archaic and Classical Greece". *History of Cartography. Volume One. Cartography in Prehistoric, Ancient, and Medieval Europe and the Mediterranean.* Ed. J. B. Harley & David Woodward. Chicago: University of Chicago Press, 1897. 1: 130–47.

Harsting, Pernille. "More Evidence of Menander Rhetor on the Wedding Speech: Angelo Poliziano's Transcription in the Statius Commentary (1480–81)". *Cahiers de l'Institut de Moyen-Age Grec et Latin* 72 (2001): 11–34.

——. "More Evidence of the Earliest Translation of Menander Rhetor on the Monody". *Cahiers de l'Institute du Moyen-Age Grec et Latin* 70 (1999): 3–12.

——. "The Discovery of Late-Classical Epideictic Theory in the Italian Renaissance". *Ten Nordic Studies in the History of Rhetoric*. Ed. Pernille Harsting & Stefan Ekman. Copenhagen: Nordisk Netvaerk for Retorikkens Historie [NNRH], 2002. 39–53.

——. "The Golden Method of Menander Rhetor. The Translations and the Reception of the *peri epideiktikon* in the Italian Renaissance". *Analecta Romana Instituti Danici* XX (1992): 139–157.

——. "The Work of Menander Rhetor in Italy in the Renaissance: The first Translation?". *Res Publica Litterarum* XIV (1991): 69–73.

Heath, Malcolm. *Menander. A Rhetor in Context*. Oxford: Oxford University Press, 2004.

Hernández Muñoz, Felipe. "Sobre un manuscrito escorialense (114, Σ.III.15)". *Actas del VIII Congreso Español de Estudios Clásicos*. Madrid: Sociedad Española de Estudios Clásicos, Ediciones Clásicas, 1994. 2: 227–32.

——. "Variantes textuales en dos manuscritos españoles del rétor Menandro". *Homenaje a Fernando Gascó*. Ed. Amado Jesús de Miguel Zabala et al. Sevilla: Kolaios, 1995. 653–659.

Hernández, Francisco. *Antigüedades de la Nueva España*. Ed. Ascensión H. de León-Portilla. Madrid: Historia 16, 1986.

Hesíodo. *Works and Days*. Trad y coment. David Tandy & Walter C. Neale. Berkeley & Los Angeles: University of California Press, 1996.

Higgins, Anthony. *Constructing the* Criollo *Archive. Subjects of Knowledge in the* Bibliotheca Mexicana *and the* Rusticatio Mexicana. West Lafayette: Purdue University Press, 2000.

"'Enlightened' Reconfigurations of Colonial Space in the *Rusticatio Mexicana*". *Mapping Colonial Spanish America. Places and Commonplaces of Identity, Culture, and Experience*. Ed. Santa Arias & Mariselle Meléndez. Lewisburg: Bucknell University Press, 2002. 159–180.

Hipócrates [Hippocrates]. *Airs, Waters, Places*. En: *Hippocrates*. Trad. W.H.S. Jones. Cambridge, London: Harvard University Press, 1972. 1: 65–137.

——. *Nature of Man*. En: *Hippocrates*. Trad. W.H.S. Jones. Cambridge, London: Harvard University Press, 1967. 4: 1–42.

——. *Regimen*. En: *Hippocrates*. Trad. W.H.S. Jones. Cambridge, London: Harvard University Press, 1967. 4: 223–420.

Hobbs, Angela. *Plato and the Hero. Courage, Manliness and the Impersonal Good*. Cambridge: Cambridge University Press, 2000.

Hont, Istvan. "Commercial Society and Political Theory in the Eighteenth Century: The Problem of Authority in David Hume and Adam Smith". *Main Trends in Cultural History. Ten Essays*. Ed. Willem Melching & Wyger Velema. Amsterdam & Atlanta: Rodopi, 1994. 54–94.

——. *Jealousy of Trade. International Competition and the Nation-State in Historical Perspective*. Cambridge & London: The Belknap Press of Harvard University Press, 2005.

Huarte de San Juan, Juan. *Examen de ingenios para las ciencias*. Ed. Guillermo Serés. Madrid: Cátedra, 1989.

Husband, Timothy. "Introduction". Timothy Husband & Gloria Gilmore-House. *The Wild Man. Medieval Myth and Symbolism*. New York: The Metropolitan Museum of Art, 1980. 1–18.

Hutchinson, D.S. "Doctrines of the Mean and the Debate Concerning Skills in Fourth-Century Medicine, Rhetoric and Ethics". *Apeiron. A Journal for Ancient Philosophy and Science* 21.2 (verano 1988): 17–52.

Hutchinson, Steven. *Economía ética en Cervantes*. Alcalá de Henares: Centro de Estudios Cervantinos, 2001.

Inamoto, Kenji. "Frey Miguel Cejudo, poeta olvidado y amigo de Lope de Vega". *Memoria de la palabra. Actas del VI Congreso de la Asociación Internacional Siglo de Oro. Burgos – La Rioja 15–19 de julio 2002*. Eds. María Luisa Lobato, Francisco Domínguez Matito. Madrid y Frankfurt: Iberoamericana/Vervuert, 2004. 1053–1058.

Ingold, Tim. "Beyond Art and Technology: The Anthropology of Skill". *Anthropological Perspectives on Technology*. Ed. Michael Brian Schiffer. Albuquerque: University of New Mexico Press, 2001. 17–31.

Íñigo Madrigal, Luis. "*Grandeza mexicana* de Bernardo de Balbuena o 'El interés, señor de las naciones' ". *Versants. Revue Suisse de Litteratures Romanes* 22 (1992): 23–38.

Isidoro de Sevilla, San. *Etimologías*. Trad. José Oroz Reta & Manuel A. Marcos Casquero. Madrid: Biblioteca de Autores Cristianos, 1983. 2 vols.

Jaeger, Werner. *Paideia. The Ideals of Greek Culture*. Trad. Gilbert Highet. New York: Oxford University Press, 1944.

Jenofonte [Xenophon]. "Ways and Means." *Xenophon in Seven Volumes* 7: 191–231. Cambridge: Harvard University Press, 1984.

Jiménez Rueda, Julio. *Historia de la literatura mexicana*. México: Botas, 1946. [4ª edición puesta al día y aumentada con buen número de notas bibliográficas]

Joset, Jacques. "*Grandeza mexicana* de Bernardo de Balbuena: ¿una corografía de propaganda económica?". *Bulletin Hispanique* 116.2 (2014): 855–68.

Juan Manuel, Infante de Castilla. *El Conde Lucanor*. Ed. José Manuel Blecua. Madrid: Castalia, 1969.

Juvenal. *Juvenal and Persius*. Ed y trad. Susanna Morton Braund. Cambridge, Mass. & London: Harvard University Press, 2004.

Kagan, Richard L. *Students and Society in Early Modern Spain*. Baltimore, London: The Johns Hopkins University Press, 1974.

———. & Fernando Masías. *Urban Images of the Hispanic World, 1493–1793*. New Haven & London: Yale University Press, 2000.

Kauder, E. "Genesis of the Marginal Utility Theory from Aristotle to the End of the Eighteenth Century". *Economic Journal* 63 (1953): 638–50.

Kennedy, George A., trad., ed. *Progymnasmata. Greek Textbooks of Prose composition and Rhetoric*. Leiden, Boston: Brill, 2003.

Koziak, Barbara. *Retrieving Political Emotion. Thumos, Aristotle, and Gender*. University Park, PA: Pennsylvania State University Press, 2000.

Lactantius Placidus. *In Statii* Thebaida *commentum*. Ed. Robertus Dale Sweeney. Stutgardiae [Sttutgart]: B.G. Teubner, 1997. [Vol. 1]

Laderas, Sara. "Aparece el manuscrito primitivo de 1609 de 'El Bernardo o victoria de Roncesvalles' del valdepeñero Bernardo de Balbuena". *advaldepeñas* 1 diciembre 2014. Web. Consultado 3 septiembre 2015. <*http://www.advaldepenas.com/articulo/cultura/aparece-edicion-primitiva-1609-bernardo-victoria-roncesvalles-valdepenero-bernardo-balbuena/20141201130943038867.html*>

Lafaye, Jacques. *Quetzalcóatl y Guadalupe. La formación de la conciencia nacional en México*. México: Fondo de Cultura Económica, 1999.

Lafuente Ferrari, Enrique. *Los retratos de Lope de Vega*. Madrid: Patronato de la Biblioteca Nacional, Junta Nacional del III Centenario de la muerte de Lope de Vega, 1935.

Langholm, Odd Inge. *Economics in the medieval schools. Wealth, exchange, value, money and usury according to the Paris theological tradition, 1200–1350*. Leiden: Brill, 1992.

Lara Garrido, José. *Los mejores plectros. Teoría y práctica de la épica culta en el siglo de oro.* Málaga: Analecta Malacitana, 1999.

Las Casas, Bartolomé de. *Apologética historia sumaria.* Ed. Vidal Abril, et al. Madrid: Alianza, 1992. 3 vols. [Obras completas, vols. 6, 7, 8]

——. *Historia de las Indias.* Ed. Isacio Pérez Fernández, et al. Madrid: Alianza, 1992. 3 vols. [Obras completas, vols. 3, 4 5]

Lausberg, Heinrich. *Manual de retórica literaria.* Madrid: Gredos, 1966. 3 vols.

Lazarillo de Tormes. Ed. Francisco Rico. Tercera edición. Madrid: Cátedra, 1988.

Leahy, Chad. "¿Lascivas o esquivas? La identidad geográfica y sexual de las yeguas gallegas en *Don Quijote* (I, 15)". *Cervantes. Bulletin of the Cervantes Society of America* 28.2 (2008): 89–117.

Leonard, Irving A. *Baroque Times in Old Mexico.* Ann Arbor: The University of Michigan Press, 1959.

——. *Books of the Brave.* Berkeley, Los Angeles, Oxford: University of California Press, 1992.

Libanio. *Antioch as a Centre of Hellenic Culture as Observed by Libanius.* Trad, A.F. Norman. Liverpool: Liverpool University Press, 2000.

Logan, George M. "*Utopia* and Deliberative Rhetoric". *Moreana* 31.118–119 (junio 1994): 103–120.

——. & Robert M. Adams, eds. Thomas More. *Utopia.* Cambridge: Cambridge University Press, 2005.

López de Gómara, Francisco. *Historia general de las Indias y Vida de Hernán Cortés.* Caracas: Biblioteca Ayacucho, 1979.

López de Velasco, Juan. *Geografía y descripción universal de las Indias.* Madrid: Real Academia de la Historia, 1894.

López Grigera, Luisa. "En torno a la descripción en la prosa de los siglos de oro". *Homenaje a José Manuel Blecua.* Madrid: Gredos, 1983. 347–57.

——. *La retórica en la España del Siglo de Oro. Teoría y práctica.* Salamanca: Ediciones Universidad de Salamanca, 1994.

López Poza, Sagrario. "Florilegios, polyantheas, repertorios de sentencias y lugares comunes. Aproximación bibliográfica". *Criticón* 49 (1990): 61–76.

Loraux, Nicole. *Born of the Earth. Myth & Politics in Athens.* Trad. Selina Stewart. Ithaca: Cornell University Press, 2000.

Lorenzo, Javier. "'En blanco y sin figura': Prologue, Portrait, and Signature in Cervantes' *Novelas Ejemplares*". *Letras Hispanas* 2.2 (2005): 86–101. 1 octubre 2007. <http://letrashispanas.unlv.edu/vol2iss2/novelas.pdf>

MacCormack, Sabine. "Cuzco, another Rome?". *Empires. Perspectives from Archaeology and History.* Ed. Susan E. Alcock. Cambridge & New York: Cambridge University Press, 2001. 419–447.

——. "The Incas and Rome". *Garcilaso Inca de la Vega. An American Humanist. A Tribute to José Durand.* Notre Dame: University of Notre Dame Press, 1998. 8–31.

——. "The Incas, Rome, and Peru". *On the Wings of Time. Rome, the Incas, Spain and Peru.* Princeton & Oxford: Princeton University Press, 2007. 202–243.

Macrobio. *Commentary on the Dream of Scipio.* Trad. William Harris Stahl. New York: Columbia University Press, 1952.

Maehler, Herwig. "Menander Rhetor and Alexander Claudius in a Papyrus Letter". *Greek, Roman and Byzantine Studies* 15 (1974): 305–11.

Manilius, Marcus. *Astronomica.* Ed. G.P Goold. Cambridge: Cambridge University Press, 1977.

Maravall, José Antonio. "Dos términos de la vida económica: la evolución de los vocablos 'industria' y 'fábrica'". *Cuadernos hispanoamericanos* 280–282 (octubre-diciembre 1973): 632–61.

Maraver García, Isabela. "Calíope ilustrada. El retrato impreso en la poesía épica del Siglo de Oro". *El retrato literario. Tempestades y naufragios. Escritura y reelaboración. Actas del XII Simposio de la Sociedad Española de Literatura General y Comparada.* Miguel Á. Márquez, Antonio Ramírez de Verger & Pablo Zambrano, ed. Huelva: Universidad de Huelva, 1999. 277–84.

Marrero-Fente, Raúl. "Alegorías de la historia: imitación épica y modelos historiográficos en *Nuevo mundo y conquista* de Francisco de Terrazas". *RILCE* 23.1 (2007): 157–67.

Martínez de Mata, Francisco. *Memorial [...] en razón de la despoblación, pobreza de España, y su remedio.* s.l., s.i., c. 1650.

Martínez, Enrico. *Reportorio de los tiempos e historia natural de Nueva España.* Ed. Francisco de la Maza. México: Secretaría de Educación Pública, 1948.

Marx, Karl. *Selected Writing.* Ed. David McLellan. Oxford: Oxford University Press, 1977.

Mathes, W. Michael. *La ilustración en el México colonial: el grabado en madera y cobre en Nueva España, 1539–1821.* Zapopan, Jalisco: El Colegio de Jalisco, 2001.

Maturo, Graciela. "América como eutopía. Notas para una relectura de *Grandeza mexicana*, de Bernardo Balbuena". Ed. Sylvia Iparraguirre. *Actas. VIII Jornadas de investigación.* Buenos Aires: Universidad de Buenos Aires, 1993. 145–50.

Mazín Gómez, Óscar, Claudia Ferreira, Juan Carlos Herrejón, Raquel Huerta-Nava, Carmen Saucedo, Salvador Valdez, Nelly Sigaut. *Archivo del cabildo catedral metropolitano de México.* Zamora, Michoacán y México D.F.: El Colegio de Michoacán y Centro de Estudios de Historia de México, 1999.

Mazzotti, José Antonio. "Introducción". *Agencias criollas. La ambigüedad "colonial" en las letras hispanoamericanas.* Ed. José Antonio Mazzotti. Pittsburgh: Instituto Internacional de Literatura Iberoamericana, 2000. 7–35.

———. "Resentimiento criollo y nación étnica: el papel de la épica novohispana". *Agencias criollas. La ambigüedad "colonial" en las letras hispanoamericanas.* Ed. José Antonio Mazzotti. Pittsburgh: Instituto Internacional de Literatura Iberoamericana, 2000. 143–160.

———. "De la *urbs* a la selva: poética del espacio en Bernardo de Balbuena". En: Trinidad Barrera, ed. *Por lagunas y acequias. La hibridez de la ficción hispanoamericana.* Bern: Peter Lang, 2013. 131–50.

McDonnell, Myles. *Roman Manliness. Virtus and the Roman Republic.* Cambridge: Cambridge University Press, 2006.

Medina, José Toribio. "Ilustración XIX. Verdad histórica de la *Araucana*". En: La Araucana de D. Alonso de Ercilla y Zúñiga. Edición del centenario ilustrada con grabados, documentos, notas históricas y bibliográficas y una biografía del autor. Ed. José Toribio Medina. Santiago de Chile: Imprenta Elzeviriana, 1917. Volumen V: 405–38.

———. *Biblioteca hispano-americana (1493–1810).* Santiago de Chile: en casa del autor, 1900. Tomo II.

———. *Escritores hispanoamericanos celebrados por Lope de Vega en el* Laurel de Apolo. Santiago de Chile: Imprenta Universitaria, 1922.

———. "Información de méritos y servicios del capitán Juan de Villegas, de Jerónimo de Alderete y de Alonso de Reinoso" [3 feb. 1618]. *Colección de documentos inéditos para la historia de Chile. Desde el viaje de Magallanes hasta la batalla de Maipo. 1518–1818.* Ed. José Toribio Medina. Santiago: Imprenta Elzeviriana, 1896. X:471–91.

——. *La imprenta en México (1539–1821)*. Santiago de Chile: en casa del autor, 1907–1912. 8 vols.

——. "Probanza de los méritos y servicios de Gregorio de Rojas en la conquista y pacificación de Arauco y Tucapel con el gobernador Rodrigo de Quiroga [17 de enero de 1594]". En: *Colección de documentos inéditos para la historia de Chile desde el viaje de Magallanes hasta la batalla de Maipó. 1518–1818. Colectados y publicados por J[osé] T[oribio] Medina*. Santiago de Chile: Imprenta Elzeviriana, 1901. Tomo XXV: 401–14.

Meikle, Scott. *Aristotle's Economic Thought*. Oxford: Oxford University Press, 1997.

Menandro. *Menander Rhetor*. Ed. & trad. D. A. Russell & N. G. Wilson. Oxford: Clarendon Press, 1981.

——. *Dos tratados de retórica epidíctica*. Introd. Fernando Gascó; trad. Manuel García García & Joaquín Gutiérrez Calderón. Madrid: Gredos, 1996.

——. *Sobre los géneros epidícticos*. Intro, trad. Francisco Romero Cruz. Salamanca: Universidad de Salamanca, 1989.

Mendieta, Gerónimo de. *Historia eclesiástica indiana*. Ed. Joaquín García Icazbalceta. México: Antigua librería, 1870.

——. "Carta del padre fray Jerónimo de Mendieta al padre Comisario General fray Francisco de Bustamante". *Cartas de religiosos de Nueva España. 1539–1594*. Ed. Joaquín García Icazbalceta. México: Editorial Salvador Chávez Hayhoe, 1941. I: 1–29.

Menéndez Pelayo, Marcelino. *Historia de la poesía hispano-americana*. Santander: Aldus, 1948. [*Obras completas*, vol. 27]

Menéndez Pidal, Ramón. *La epopeya castellana a través de la literatura española*. Madrid: Espasa-Calpe, 1959. 2a ed.

Mercado, Thomas de. *Summa de tratos y contratos*. Sevilla: Hernado Díaz, 1571.

Merrim, Stephanie. "Ariadne's Thread: Auto-bio-graphy, History, and Cortés' *Segunda carta-relación*". *Dispositio* XI.28–29 (1986): 57–86.

——. "*La grandeza mexicana* en el contexto criollo". *Nictimene sacrílega*. Eds. Mabel Moraña y Yolanda Martínez San Miguel. México: Universidad del Claustro de Sor Juana, 2003. 81–97.

——. "Spectacular Cityscapes of Baroque Spanish America". *Literary Cultures of Latin America. A Comparative History*. Eds. Mario J. Valdés & Djelal Kadir. New York: Oxford University Press, 2004. 3:31–57.

——. "The Work of Marketplaces in Colonialist Texts on Mexico City". *Hispanic Review* (primavera 2004): 215–238.

——. *The Spectacular City, Mexico, and Colonial Hispanic Literary Culture*. Austin: University of Texas Press, 2010.

Millán, María del Carmen. *Literatura mexicana*. México D.F.: Esfinge, 1963. [2ª. ed]

Minturno, Antonio. *L'arte poetica del sig. Antonio Mintvrno, nella qualle si contengono i precetti Heroici, Tragici, Comici, Satyrici, e d'ogni altra Poefia...* [S.l.]: Gio. Andrea Vaiuassori del, 1563.

Miró Quesada, Aurelio. *El primer virrey-poeta en América. Don Juan de Mendoza y Luna, marqués de Montesclaros*. Madrid: Gredos, 1962.

Molina, Luis de. *La teoría del justo precio*. Ed. y trad. Francisco Gómez Camacho. Madrid: Editora Nacional, 1981. [Traducción del *De iustitia et iure*, 1593–1659]

Moll, Jaime. "Problemas bibliográficos del libro del Siglo de Oro". *Boletín de la Real Academia Española* 59 (1979): 49–108.

Moncada, Sancho de. *Restauración política de España*. Ed. J. Vilar. Madrid: Instituto de Estudios Fiscales, 1974.

Monguió, Luis. "Palabras e ideas: 'patria' y 'nación' en el Virreinato del Perú". *Revista Iberoamericana* 44.174–175 (1978): 451–70.

Monterde, Francisco. "Prólogo". *Grandeza mexicana y fragmentos del Siglo de Oro y El Bernardo*. México: UNAM, 1954. v-xxxvii.

Moraña, Mabel. *Viaje al silencio. Exploraciones del discurso barroco*. México D.F., Universidad Nacional Autónoma de México, 1998.

More, Anna Herron. *Baroque Sovereignty. Carlos de Sigüenza y Góngora and the Creole Archive of Colonial Mexico*. Philadelphia: University of Pennsylvania Press, 2013.

Moreno, Alfonso & Rosalind Thomas. *Patterns of the Past. Epitēdeumata in the Greek Tradition*. Oxford: Oxford University Press, 2014.

Moskalew, Walter. *Formular Language and Poetic Design in the Aeneid*. Leiden: Brill, 1982.

Moyssén, Xavier. "Pedro A. Prado, un pintor del siglo XVII". *Anales del Instituto de Investigaciones Estéticas* X.40 (1971): 43–50.

——. "Sebastián de Arteaga 1610–1652". *Anales del Instituto de Investigaciones Estéticas* XV.59 (1988): 17–34.

Muldoon, James. *Empire and Order. The Concept of Empire, 800–1800*. London & New York: Macmillan Press, 1999.

Muñoz Fillol, Cecilio. *Bernardo de Balbuena*. Valdepeñas: Excmo. Ayuntamiento de Valdepeñas, 1984.

Murrin, Michael. *History and Warfare in Renaissance Epic*. Chicago & London: The University of Chicago Press, 1994.

Naddaf, Gerard. "Anaximander's *Historia Peri Phuseōs*". *The Greek Concept of Nature*. Albany: State University of New York Press, 2006. 63–111.

Nájera, Luna. "Masculinity, War, and Pursuit of Glory in Sepúlveda's *Gonzalo*". *Hispanic Review* 80.3 (verano 2012): 391–412.

Navarrete, Ignacio. *Los huérfanos de Petrarca. Poesía y teoría en la España renacentista*. Madrid: Gredos, 1997.

Nicolopulos, Jaime. "Pedro de Oña and Bernardo de Balbuena read Ercilla's Fitón". *Latin American Literary Review* 26.52 (julio-diciembre 1998): 100–19.

Nieto Alcaide, Víctor y Fernando Checa Cremades. "El individuo y el sistema de representación: el retrato". *El Renacimiento. Formación y crisis del modelo clásico*. Madrid: Istmo, 1980. 118–30.

Noonan, John T. *The Scholastic Analysis of Usury*. Cambridge, MA: Harvard University Press, 1957.

Núñez de Toledo, Hernán. *Comentario a las* Trescientas *de Hernán Núñez de Toledo, el Comendador Griego (1499, 1505)*. Ed. Julian Weiss y Antonio Cortijo Ocaña. *eHumanista. Journal of Iberian Studies*. 1 octubre 2007. <http://www.spanport.ucsb.edu/projects/ehumanista/projects/Weiss%20Cortijo/index.shtml>

Nutton, Vivian. "Humoralism". *Companion Encyclopedia of the History of Medicine*. Ed. W.F. Bynum & Roy Porter. London: Routledge, 1993. 1:281–91.

Orozco Díaz, Emilio. *Lope y Góngora frente a frente*. Madrid: Gredos, 1973.

Ortiz, Luis. *Memorial del contador Luis Ortiz a Felipe II. Valladolid, 1 de marzo 1558*. Ed. José Larraz. Madrid: Instituto de España, 1970.

Osorio, Alejandra B. *Inventing Lima. Baroque Modernity in Peru's South Sea Metropolis*. New York: Palgrave Macmillan, 2008.

Ovidio. *Ars Amatoria, Book 3*. Ed. y trad. Roy K. Gibson. Cambridge: Cambridge University Press, 2003.

——. *Ars Amatoria*. Trad. J.H. Mozley. Segunda edición revisada G.P. Goold. Cambridge, Mass, y London: Harvard University Press y W. Heinemann, 1979.

——. *Metamorphoses*. Trad. Frank Justus Miller. London, New York: William Heinemann, G.P. Putnam's Sons, 1929. 2 vols.

Pagden, Anthony. "Identity Formation in Spanish America". En: *Colonial Identity in the Atlantic World, 1500–1800*. Ed. Nicholas Canny & Anthony Pagden. Princeton: Princeton University Press, 1987. 51–93.

——. "The Peopling of the New World: Ethnos, Race and Empire in the Early-modern World". *The Origins of Racism in the West*. Eds. Miriam Eliav-Feldon, Benjamin Isaac & Joseph Ziegler. Cambridge: Cambridge University Press, 2009. 292–312.

——. *Lords of all the World. Ideologies of Empire in Spain, Britain and France c. 1500-c. 1800*. New Haven & London: Yale University Press, 1995.

——. *The Fall of Natural Man. The American Indian and the Origins of Comparative Ethnology*. Cambridge & New York: Cambridge University Press, 1982.

Pardo Manuel de Villena, Alfonso. *Un mecenas español del siglo XVII. El conde de Lemos*. Madrid: Imprenta de Jaime Ratés Martín, 1911.

Pardo, Osvaldo F. "Giovanni Botero and Bernardo de Balbuena: Art and Economy in *La grandeza mexicana*". *Journal of Latin American Cultural Studies* 10.1 (2001): 103–117.

Pedraza Jiménez, Felipe B. *Cervantes y Lope de Vega: historia de una enemistad*. Barcelona: Octaedro, 2006.

Pellicer, Juan. "Dos imágenes poéticas del México colonial". *Revue Romane* 41.2 (2006): 255–286.

Peña, Margarita. "Epic Poetry". *The Cambridge History of Latin American Literature*. Eds. Roberto González Echevarría & Enrique Pupo-Walker. Cambridge: Cambridge University Press, 1996. 1:231–259.

Perassi, Emilia. "La *Grandeza mexicana* di Bernardo de Balbuena: la realtà come meraviglia. E viceversa". *Africa, Amercia, Asia, Australia: saggi e ricerche sulle culture extraeuropee*. 19 (1997): 127–33.

Perdices de Blas, Luis y John Reeder. *Diccionario de pensamiento económico en España (1500–1812)*. Madrid: Síntesis, 2000.

Perelmuter Pérez, Rosa. "La estructura retórica de la *Respuesta a Sor Filotea*". *Hispanic Review* 51.2 (primavera 1983): 147–58.

Pérez Abadín Barro, Soledad. "La *ode* X de Medrano en la tradición del poema de despedida". *Bulletin of Spanish Studies* [Glasgow] LXXXIV.6 (2007): 701–20.

Pérez Blanco, Lucrecio. "El *Compendio apologético* de Bernardo de Balbuena: lazarillo ético-estético de la literatura hispanoamericana del siglo XVII". *Cuadernos de investigación de la literatura hispánica* 12 (1990): 61–82.

Pérez de Herrera, Christoval. *Al católico y poderosissimo Rey de las Españas y Nuevo Mundo... don Felipe III... en razón de muchas cosas tocantes al bien, prosperidad, riqueza y fertilidad destos Reynos y restauración de la gente que se ha echado dellos*. Madrid: s.i., 1610.

Pérez de Moya, Juan. *Philosophía secreta*. Ed. Carlos Clavería. Madrid: Cátedra, 1995.

Pérez Marín, Yarí. *"Curiosos romancistas". La epistemología europea y la literatura médica novohispana, 1565–1592*. Ph.D. Dissertation. Brown University, 2006.

Pérez Pastor, Cristóbal. *Bibliografía madrileña o descripción de las obras impresas en Madrid. Parte segunda (1601 al 1620)*. Madrid: Tipografía de la "Revista de archivos, bibliotecas y museos", 1906.

Pérez Priego, Miguel Ángel. "Estudio literario de los libros de viajes medievales". *Epos* 1 (1984): 217–39.

Pernot, Laurent. *Epideictic Rhetoric. Questioning the Stakes of Ancient Praise*. Austin: University of Texas Press, 2015.

——. *La rhétorique de l'éloge dans le monde gréco-romain*. Paris: Institut d'Études Augustiniennes, 1993. 1: 178–216.

Pierce, Frank. *La poesía épica del Siglo de Oro*. Trad. J.C. Cayol de Bethencourt. Madrid: Gredos, 1968. 2a. ed.

Pineda, Victoria. "La retórica epidíctica de Menandro y los cuestionarios para las *Relaciones Geográficas de Indias*". *Rhetorica* XVIII.2 (primavera 2000): 147–173.

Piñero Ramírez, Pedro M. y Rogelio Reyes Cano. "Introducción". Francisco Pacheco. *Libro de descripción de verdaderos retratos de ilustres y memorables varones*. Sevilla: Diputación Provincial de Sevilla, 1985. 11–49.

Platón. "Ion". *Complete Works*. Ed. John M. Cooper. Indianapolis & Cambridge: Hackett, 1997. 937–949.

——. "Laches". *Complete Works*. Ed. John M. Cooper. Indianapolis & Cambridge: Hackett, 1997. 664–689.

——. "Timaeus". *Complete Works*. Ed. John M. Cooper. Indianapolis & Cambridge: Hackett, 1997. 1224–91.

——. *The Republic*. Trad. Paul Shorey. Cambridge & London: Harvard University Press, 1963. 2 vols.

Plinio el Viejo. *The Natural History of Pliny*. Trad. John Bostock & H.T. Riley. London: Henry G. Bohn, 1860. Vol. 1.

Plutarco. *Plutarch's Lives*. Trad. W.R. Frazer. London, New York: Swan Sonnenschein, Macmillan, 1906.

Ponce, María Jesús. "Hacia una valoración histórica de los tratados atribuidos a Menandro Rétor". Χαῖρε [Chaire]. II Reunión de historiadores del mundo griego antiguo (Sevilla, 18–21 de diciembre de 1995). Homenaje al Profesor Fernando Gascó. Ed. F.J. Presedo, P. Guinea, J.M. Cortés, R. Urías. Sevilla: Scriptorum, 1997. 411–18.

Porras Muñoz, Guillermo. "Nuevos datos sobre Bernardo de Balbuena". *Revista de Indias*. vol. IV, Año X, Núm. 41 (julio-septiembre 1950): 591–95.

Pratt, Mary L. *Imperial Eyes. Travel Writing and Transculturation*. London & New York: Routledge, 1992.

Pring-Mill, R.D.F. "Escalígero y Herrera: citas y plagios de los *Poetices Libri Septem* en las *Anotaciones*". *Actas del Segundo Congreso Internacional de Hispanistas*. Coord. Norbert Polussen, Jaime Sánchez Romeralo. Nijmegen: Instituto Español de la Universidad de Nimega, 1967. 489–98.

Ptolomeo. *Ptolemy's Almagest*. Trad. G.J. Toomer. New York: Springer-Verlag, 1984.

——. *Tetrabiblos*. Ed. F.E. Robbins. Cambridge: Harvard University Press, 1980.

Quevedo, Francisco de. *Poesías de D. Francisco Gómez de Quevedo y Villegas*. Madrid: Ramos y compañía, 1830.

Quintana, José Manuel. *Poesías selectas castellanas. Desde el tiempo de Juan de Mena hasta nuestros días*. Madrid: Gómez Fuentenebro y compañía, 1807.

——. *Poesías selectas castellanas. Segunda parte. Musa épica*. Madrid: Imprenta de D.M. de Burgos, 1833.

Rademaker, Adriaan. Sophrosyne *and the Rhetoric of Self-Restraint. Polysemy and Persuasive Use of an Ancient Greek Value Term*. Leiden: Brill, 2004.

Rama, Ángel. "Fundación del manierismo hispanoamericano por Bernardo de Balbuena". *University of Dayton Review* 16.2 (1983): 13–21.

Reyes, Alfonso. *Letras de la Nueva España*. México: Fondo de cultura económica, 1948.

Reyes Garza, Juan Carlos. *Juan de Arrúe, maestro pintor (1564–1637)*. Colima: Gobierno del Estado de Colima, Secretaría de Cultura, 2005.

Rivera-Ayala, Sergio. *El discurso colonial en textos novohispanos. Espacio, cuerpo y poder*. Woodbridge, Rochester: Tamesis, 2009.

Rodilla León, María José. *"Aquestas son de México las señas". La capital de la Nueva España según los cronistas, poetas y viajeros (siglos XVI al XVIII)*. Madrid y México D.F.: Iberoamericana/Vervuert, Universidad Autónoma Metropolitana, 2014.

Rodríguez Fernández, Mario. "El tópico de la alabanza en la poesía barroca americana". *Atenea. Revista trimestral de ciencias, artes y letras* [Universidad de Concepción, Chile] 143.393 (julio-septiembre 1961): 202–225. [Año XXXVIII, Tomo CXLII, No. 393].

Rodríguez Freyle, Juan. *El carnero*. Caracas: Biblioteca Ayacucho, 1979.

Rojas Garcidueñas, José. *Bernardo de Balbuena. La vida y la obra*. México: Instituto de Investigaciones Estéticas, Universidad Nacional Autónoma de México, 1958.

——. *Bernardo de Balbuena. La vida y la obra*. México: Instituto de Investigaciones Estéticas, Universidad Nacional Autónoma de México, 1982. [2ª. ed.]

Romero Cruz, Francisco. "[Introducción]". *Menandro: sobre los géneros epidícticos*. Salamanca: Universidad de Salamanca, 1989.

Romero de Terreros, Manuel. "El pintor Alonso López de Herrera". *Anales del Instituto de Investigaciones Estéticas* IX.34 (1965): 5–14.

——. *Grabados y grabadores en la Nueva España*. México: Ediciones Arte Mexicano, 1948.

Rosal, Fernando del. *La razón de algunos refranes*. Ed. Billy Russell Thompson. London: Tamesis, 1975.

Rosas de Oquendo, Mateo. *Sátira hecha por Mateo Rosas de Oquendo a las cosas que pasan en el Pirú, año de 1598*. Ed. Pedro Lasarte. Madison: The Hispanic Seminary of Medieval Studies, 1990.

Roses, Joaquín. "La *Grandeza mexicana*: ámbito y orbe de un poema descriptivo". *Parnaso de dos mundos. De literatura española e hispanoamericana en el Siglo de Oro*. Ed., J.M. Ferri & J.C. Rovira. Madrid: Universidad de Navarra, Iberoamericana/ Vervuert: 2010. 227–253.

Ross, Kathleen. "Rethinking Colonial Poetry in an Atlantic Studies Context". *Arachne @ Rutgers. Journal of Iberian and Latin American Literary and Cultural Studies* 1.2 (2001) *A Colonial Atlantic?: Rethinking Colonial Studies*. <*http://arachne.rutgers.edu/ vol1_2ross.htm*>. 1 mayo 2009.

Rozas, Juan Manuel. "Lope de Vega y los escritores ciudad-realeños elogiados en el *Laurel de Apolo*". *Cuaderno de estudios manchegos* 12 (1962): 75–87. <*http://biblioteca2. uclm.es/biblioteca/ceclm/ARTREVISTAS/cem/CEM12Rozas.pdf*>. Reproducido posteriormente en su *Estudios sobre Lope de Vega*. Madrid: Cátedra, 1990. 389–400.

Rubio Mañé, J[orge] Ignacio. "Bernardo de Balbuena y su *Grandeza Mexicana*". *Boletín del Archivo General de la Nación* [México] 2ª serie, Tomo I, Núm. 1 (1960): 87–100.

Ruiz Gomar, José Rogelio. "Noticias referentes al paso de algunos pintores a la Nueva España". *Boletín del Instituto de Investigaciones Estéticas* XIV.53 (1983): 65–74.

Ruth, Jeffrey S. *Urban Honor in Spain. The* Laus Urbis *from Antiquity Through Humanism*. Lewiston: The Edwin Mellen Press, 2011.

Ryjik, Veronika. "El mito de la nueva Arcadia: la *Grandeza mexicana* de Bernardo de Balbuena y la revaloración de los tópicos pastoriles. *Bulletin of Spanish Studies* 82.5 (2005): 592–614.

Saad Maura, Asima Frances Xavier. *Nuevas ópticas sobre la obra de Bernardo de Balbuena*. Pdh.D. Dissertation. University of Pennsylvania, 1999.

Saavedra Guzmán, Antonio de. *El peregrino indiano*. Ed. María José Rodilla León. Madrid y Frankfurt: Iberoamericana/Vervuert, 2008.

Sabat de Rivers, Georgina. "Balbuena: géneros poéticos y la epístola épica a Isabel de Tobar". *Estudios de literatura hispanoamericana. Sor Juana Inés de la Cruz y otros poetas barrocos de la colonia*. Barcelona: PPU, 1992. 49–81.

——. "El barroco de la contraconquista: primicias de conciencia criolla en Balbuena y Domínguez Camargo". *Estudios de literatura hispanoamericana. Sor Juana Inés de la Cruz y otros poetas barrocos de la colonia*. Barcelona: PPU, 1992. 17–48.

——. "Las obras menores de Balbuena: erudición, alabanza de la poesía y crítica literaria". *Revista de crítica literaria latinoamericana* XXII.43–44 (1996): 89–101.

Sahagún, Bernardino de, fray. *Historia general de las cosas de Nueva España*. Ed. Ángel María Garibay K. México: Porrúa, 1956.

Salazar y Alarcón, Eugenio de. "Bucólica. Descripción de la laguna de Méjico". Bartolomé José Gallardo. *Ensayo de una biblioteca española de libros raros y curiosos*. Madrid: Imprenta y esteteoripia de M. Rivadeneyra, 1886. 4:362–370.

Sánchez Jiménez, Antonio. *Lope pintado por sí mismo. Mito e imagen del autor en la poesía de Lope de Vega*. London: Tamesis, 2006.

Sánchez Laílla, Luis. "*Urbs Victrix*. La ciudad ensalzada". Alain Bègue, ed. *La poesía epidíctica del Siglo de Oro y sus antecedentes. I. Versos de elogio*. Vigo: Editorial Academia del Hispanismo, 2013. 67–94.

Sanderson, Marie. "The Classification of Climates from Pythagoras to Koeppen". *Bulletin of the American Meteorological Society* 80.4 (abril 1999): 669–73.

Santos del Cerro, Jesús. "El pensamiento económico de la Escuela de Salamanca". *6° Congreso de Economía Regional de Castilla y León*. Fecha de acceso: Febrero 1 2013. <*http://www. jcyl.es/jcyl/cee/dgeae/congresos_ecoreg/CERCL/192.PDF*>

Sanz y Díaz, José. "Manchegos ilustres de la época de Cervantes". *La Mancha: revista de estudios regionales* N°. 3 (julio-septiembre 1961): 46–90. Disponible en: <*http://biblioteca2. uclm.es/biblioteca/CECLM/ARTREVISTAS/LaMancha/LM03_SanzManchegos.pdf*>

Saravia de la Calle. *Instrucción de mercaderes*. Madrid: s.i., 1949.

Scaliger, Julius Caesar. *Poetices Libri Septem*. Lyon, 1561. Ed. facsimilar. Stuttgart-Bad Cannstatt: Friedrich Frommann Verlag, 1964.

Schumpeter, Joseph A. *History of Economic Analysis*. New York: Oxford University Press, 1954.

Sellin, Paul R. "Sources of Julius Caesar Scaliger's *Poetices libri septem* as a Guide to Renaissance Poetics". *Acta Scalegiriana*. Ed. J Cubelier de Beynac, M. Magnien. Agen: Société Académique d'Agen, 1986. 75–86.

Sepúlveda, Juan Ginés de. *Acerca de la monarquía* [*De regno et regis officio*, 1571] Introd. J.M. Pérez-Prendes Muñoz-Arraco; introd., ed. y trad. I.J. García Pinilla. Pozoblanco: Excelentísimo Ayuntamiento de Pozoblanco, 2001. 1–103. [*Obras completas* VI]

——. *Apología a favor del libro* Sobre las justas causas de la guerra. Ed. Antonio Moreno Hernández y Ángel Losada. *Demócrates segundo. Apología a favor del libro sobre las justas causas de la guerra*. Salamanca: Excmo. Ayuntamiento de Pozoblanco, 1997. 191–229. [*Obras completas* III]

———. *Aristotelis de Republica libri viii, interprete & enarratore Io. Genesio Sepulueda Cordubensi*. Parisiis: Apud Vascosanum, 1548.

———. *Demócrates*. Ed. y trad. J. Solana Pujalte y I. J. García Pinilla. *Obras completas*. [Pozoblanco]: Excmo. Ayuntamiento de Pozoblanco, 2010. XV: 89–189.

———. *Demócrates segundo*. Ed. A. Coroleu Lletget. *Demócrates segundo. Apología a favor del libro sobre las justas causas de la guerra*. Salamanca: Excmo. Ayuntamiento de Pozoblanco, 1997. 38–134. [*Obras completas* III]

Sissa, Giulia. "Gendered Politics, or the Self-Praise of *Andres Agathoi*". *A Companion to Greek and Roman Political Thought*. Ed., Ryan K. Balot. Chichester/Malden: Wiley-Blackwell, 2009. 100–17.

Shell, Marc. *The Economy of Literature*. Baltimore: Johns Hopkins University Press, 1978.

Shepard, Sanford. "Las huellas de Escalígero en la *Philosophia Antigua Poetica* de Alonso Lópes Pinciano". *Revista de Filología Española* XLV (1962): 311–317.

Shiner, Larry. *The Invention of Art. A Cultural History*. Chicago & London: The University of Chicago Press, 2001.

Sigüenza y Góngora, Carlos de. "Teatro de virtudes políticas que constituyen a un príncipe". *Seis obras*. Ed. William G. Bryant. Caracas: Biblioteca Ayacucho, 1984. 165–240.

———. *Parayso Occidental*. México: Juan de Ribera, 1684.

———. *Trivmpho parthenico que en glorias de María santísima inmaculadamente concebida, celebró la Pontificia, Imperial y Regia Academia Mexicana*. México: Juan de Ribera, 1683.

Smith, Adam. *An Inquiry into the Nature and Causes of the Wealth of Nations*. Ed. Edwin Cannan. New York: The Modern Library, 1937.

———. *The Theory of Moral Sentiments*. Ed. Knud Haakonssen. Cambridge: Cambridge University Press, 2002.

Sotos Serrano, Carmen. "Luces y sombras en torno a Andrés y Pedro de Concha". *Anales del Instituto de Investigaciones Estéticas* XXV.83 (2003): 123–152.

Soudek, Josef. "Aristotle's Theory of Exchange: An Inquiry into the Origin of Economic Analysis". *Proceedings of the American Philosophical Society* 96.1 (feb.1952): 45–75.

Stols, Alexandre A. M. *Antonio de Espinosa, el segundo impresor mexicano*. México D.F.: Biblioteca Nacional, Instituto Bibliográfico Mexicano, Universidad Nacional Autónoma de México, 1962.

Theocarakis, Nicholas J. "*Nicomachean Ethics* in Political Economy: The Trajectory of the Problem of Value". *History of Economic Ideas* xiv.1 (2006): 9–53.

Theón, Hermógenes & Aftonio. *Ejercicios de retórica*. Intro., trad., notas de Mª Dolores Reche Martínez. Madrid: Gredos, 1991.

Thomas, Henry. "Copperplate Engravings in Early Spanish Books". *The Library* Fourth Series XXI.2 (septiembre 1940): 109–42 + 6 ilust.

Tirri, Néstor. "Bernardo de Balbuena y la comunidad barroca hispanoamericana". *Cuadernos del Sur* [Bahía Blanca, Argentina] 8–9 (1968): 45–54.

Tolan, John. "The Battle of Roncesvalles as Nationalist Polemic". *Bridging the Atlantic. Toward a Reassessment of Iberian and Latin American Cultural Ties*. Ed. Marina Pérez de Mendiola. Albany: State University of New York P, 1996. 15–29.

Tolomeo de Lucca [Ptomely of Lucca]. *On the Government of Rulers. De Regimine Principum*. Trad. James M. Blythe. Philadelphia: University of Pennsylviania Press, 1997.

Torres, Daniel. "De la utopía poética en *Grandeza mexicana* de Bernardo de Balbuena". *Calíope. Journal of the Society of Renaissance and Baroque Hispanic Poetry* 4.1–2 (1998): 86–93.

Toussaint, Manuel. "Nuevos datos sobre Arias de Villalobos". *Anales del Instituto de Investigaciones Estéticas* VI.21 (1953): 92–94.

——. *Arte colonial en México*. México: UNAM, Instituto de Investigaciones Estéticas, 1962.

Tovar de Teresa, Guillermo. *Pintura y escultura en Nueva España (1447–1640)*. México: Fundación mexicana para la educación ambiental, A.C. y Radioprogramas de México, 1992.

——. *Renacimiento en México. Artistas y retablos*. México: Secretaría de Asentamientos Humanos y Obras Públicas, 1982.

Truman, Ronald W. *Spanish Treatises on Government, Society and Religion in the Time of Philip II. The 'de regimine principum' and Associated Traditions*. Leiden, Boston & Köln: Brill, 1999.

Vaenius (van Veen), Otho. *Quinti Horatii Flacci Emblemata*. Amberes, 1612. Ed. facsimilar. Madrid: Universidad Europea de Madrid, CEES, 1996.

Van Horne, John. "[Review of] *Bernardo de Balbuena. La vida y la obra*. By José Rojas Garcidueñas. México City, 1958. Universidad Nacional Autónoma de México. Bibliography. Pp. x, 213. Paper". *The Hispanic American Historical Review* 39.3 (agosto 1959): 487–88.

——. "Algunos documentos relacionados con Bernardo de Balbuena". *Hispania* 25.3 (oct. 1942): 322–5.

——. "Introducción". *La* Grandeza mexicana *de Bernardo de Balbuena*. Urbana: University of Illinois, 1930. 11–19.

——. *Bernardo de Balbuena. Biografía y crítica*. Guadalajara: Ediciones et caetera, 1972. [2ª. ed.]

——. *Documentos del Archivo de Indias referentes a Bernardo de Balbuena*. Madrid: Tipografía de Archivos, 1930.

——. *La grandeza mexicana de Bernardo de Balbuena*. Urbana: University of Illinois, 1930.

Vargas Machuca, Bernardo de. *The Indian Militia and Description of the Indies*. Ed. Kris Lane; trad. Timothy F. Johnson. Durham & London: Duke University Press, 2008.

——. *Milicia y descripción de las Indias*. Ed. Mariano Cuesta Domingo y Fernando López-Ríos Fernández. Valladolid: Seminario Iberoamericano de Decubrimientos y Cartografía, Instituto Interuniversitario de Estudios de Iberoamérica y Portugal, Universidad de Valladolid, 2003.

Vega, Garcilaso de la, Inca. *Comentarios reales de los Incas*. Ed. Aurelio Miró Quesada. Caracas: Biblioteca Ayacucho, 1985. 2 vols.

Vega Carpio, Lope de. *Isidro. Poema castellano*. Ed., Antonio Sánchez Jiménez. Madrid: Cátedra, 2010.

——. *Jerusalén conquistada. Poesía III*. Ed. Antonio Carreño. Madrid: Fundación José Antonio de Castro, 2003.

——. *La Filomena, con otras diversas rimas, prosas y versos*. Barcelona, Sebastián de Cormel, 1621.

——. *Laurel de Apolo*. Ed. Antonio Carreño. Madrid: Cátedra, 2007.

——. *Rimas humanas y otros versos*. Ed. Antonio Carreño. Barcelona: Crítica, 1998.

Vernant, Jean-Pierre. "The Organization of Space". *Myth and Thought among the Greeks*. Trad. Janet Lloyd & Jeff Fort. New York: Zone Books, 2006. 155–259.

Vetancurt, Agustín de. *Teatro mexicano. Descripción breve de los sucesos ejemplares de la Nueva España en el Nuevo Mundo Occidental de las Indias*. Madrid: Porrúa, 1960.

Viala, Alain. *Naissance de l'écrivain. Sociologie de la littérature à l'âge classique*. Paris: Editions de Minuit, 1985.

Viljamaa, Toivo. "Introduction". *Studies in Greek Encomiastic Poetry of the Early Bizantine Period*. Helsinki: Helsingfors, 1968. 7–36.

Villalobos, Arias de. "Canto intitulado Mercurio". *Autógrafos inéditos de Morelos y causa que se le instruyó. México en 1623*. Ed. Genaro García. México: Librería de la Vda. de Ch. Bouret, 1907. 183–281. [*Documentos inéditos y muy raros para la historia de México*. Tomo XII]

Virgilio. *Eclogues. Georgics. Aeneid I-VI*. Trad. Rushton Fairclough. Cambridge, London: Harvard University Press, William Heinemann Ltd., 1986. [Rev. ed.]

———. *Virgil's Aeneid*. Trad. John Dryden. New York: P.F. Collier & Son, 1909.

Vitruvius. *On Architecture*. Ed., & trad. Frank Granger. Cambridge: Harvard University Press, 1998. 2 vols.

Vivenza, Gloria. *Adam Smith and the Classics: The Classical Heritage in Adam Smith's Thought*. Oxford: Oxford University Press, 2001.

Vlastos, Gregory. "Equality and Justice in Early Greek Cosmologies". *Classical Philology* 42.3 (jul. 1947): 156–78.

———. "Isonomia". *The American Journal of Philology* 74.4 (1953): 337–66.

———. "Theology and Philosophy in Early Greek Thought". *The Philosophical Quarterly* 2.7 (abril 1952): 97–123.

Ward, Julie K. "*Ethos* in the *Politics*: Aristotle and Race". *Philosophers on Race. Critical Essays*. Julie K. Ward & Tommy I. Lott, eds. Oxford: Blackwell, 2002. 14–37.

Weiner, Jack. "Lobo ante el mecenazgo de los Marqueses del Valle". *Cuatro ensayos sobre Gabriel Lobo Laso de la Vega (1555–1615)*. Valencia: Publicacions de la Universitat de València, 2005. 93–120. < http://parnaseo.uv.es/Editorial/Weiner/INDEX.HTM>

Wey Gómez, Nicolás. "The Politics of Light. Al-Kindi's *Optics* and the Vindication of the American Tropics in Bartolomé de Las Casas's *Apologética historia sumaria* (1527–1561)". *Early Modern Eyes*. Eds. Walter S. Melion & Lee Palmer Wandel. Leiden & Boston: Brill, 2010. 11.54.

———. *The Tropics of Empire. Why Columbus Sailed South to the Indies*. Cambridge & London: The MIT Press, 2008.

White, Peter. "*Amicitia* and the Profession of Poetry in Early Imperial Rome". *The Journal of Roman Studies* 68 (1978): 74–92.

Wood, Diana. *Medieval Economic Thought*. Cambridge: Cambridge University Press, 2002.

Woodbridge, Hensley C. & Lawrence S. Thompson. *Printing in Colonial Spanish America*. Troy, NY: Whitston Publishing Company, 1976.

Wright, Elizabeth R. "Virtuous Labor, Courtly Laborer: Canonization and a Literary Career in Lope de Vega's *Isidro*". *MLN* 114.2 (marzo 1999): 223–40.

Wynter, Sylvia. "Bernardo de Balbuena. Epic Poet and Abbot of Jamaica 1562–1627. Part 2". *Jamaica Journal* 3.4 (Dec. 1969): 17–26.

Yrolo Calar, Nicolás de. *Primera parte, de la politica de escripturas....* [México]: Diego López Dáualos, 1605.

Zamora, Margarita. *Language, Authority, and Indigenous History in the Comentarios reales de los Inca*. Cambridge: Cambridge University Press, 1988.

Agradecimientos

El imperio de la virtud es, en cierta medida, el producto de largos y estimulantes años de trabajo durante los cuales las enseñanzas y el apoyo de muchas personas e instituciones han tenido un rol fundamental. Es un placer poder expresar brevemente mi gratitud hacia ellas.

Estas páginas no existirían sin la sapiencia, el magisterio y la generosidad de Nicolás Wey Gómez. En su formato inicial como tesis de doctorado, Nicolás Wey Gómez guió este proceso alentando en mí el apetito por la lectura omnívora, pero también el sosiego indispensable para el proceso de conceptualización y redacción de estas ideas. Además de mantener su fe inquebrantable en este proyecto, aceptó ser mi mentor durante mis estudios de postgrado y durante mis primeros años de desempeño profesional, lo cual ha dejado una profunda huella en mí.

Durante años, Antonio Carreño me regaló la oportunidad de entrenarme profesionalmente bajo su atenta y generosa mirada, y me ayudó a comprender las vicisitudes del trabajo académico. Gracias a Stephanie Merrim leí *Grandeza mexicana* por primera vez, y gracias a su ayuda he podido apaciguar el desconcierto que me provocó esa primera lectura del texto de Balbuena. En la etapa inicial de este proyecto como tesis doctoral, las sugerencias y la participación de R. Douglas Cope fueron cruciales.

El imperio de la virtud ha hallado generoso puerto en Tamesis Books, donde se ha beneficiado de los valiosos y alentadores comentarios de sus lectores anónimos en un momento crucial del proceso, y de la delicada labor, paciencia y ánimo de mi editor, Scott Mahler. Durante el largo trayecto previo, Iberoamericana/Vervuert y su equipo de evaluación me recordaron que el valor del hispanismo reside, en parte, en su gran pluralidad de acercamientos. Los colaboradores de *Colonial Latin American Review* me ayudaron a afinar parte de la argumentación y reafirmaron mi convicción en la innegociable unidad de este libro. El apoyo del *Program for Cultural Cooperation Between Spain's Ministry of Culture and United States' Universities* fue fundamental en las etapas iniciales de este proyecto.

El apoyo, la amistad y el ambiente intelectual de que he disfrutado en The College of William & Mary me permitieron compartir mi proyecto con mis colegas, afinarlo y culminarlo. El apoyo institucional que he recibido del decanato es invaluable: Kate Conley, decana, y Lu Ann Homza, decana de política educativa, facilitaron las condiciones necesarias para culminar este proyecto. Mis colegas del programa de Estudios Hispánicos han sido generosos mentores e interlocutores: Jonathan Arries, Carla Buck, Paulina Carrión, Francie Cate-Arries, Teresa Longo, John Riofrio, Regina Root, Ann Marie Stock, Silvia Tandeciarz. En el Departamento de Lenguas Modernas, y en su jefa Maryse Fauvel, he hallado agudos interlocutores y amicales apoyos: Katie Boyle, Magali Compan, Michael P. Cronin, Sergio Ferrarese, Calvin Hui, Aiko Kitamura, Michael Leruth, Rob Leventhal, Giulia Pacini, Alexander Prokhorov, Elena Prokhorova, Nathan Rabalais, Monica Seger, Jenny Taylor; Lidia Abel, Auxi Baena, Victoria Kim, Giacomo Poli, Rocío Suárez. La eficacia y el apoyo administrativo de Missy Johnson, así como sus chocolates, no tienen precio. He recibido también el constante apoyo de colegas en el programa de Estudios Latinoamericanos: Jennifer Bickham-Mendez, Bill Fisher, Betsy Konefal, Richard Turits, Susan Webster. En otras ramas y oficinas del campus he disfrutado del generoso apoyo de Mike Blum, Stephen Clark, Ron Schechter, Ute Schechter, Sibel Zandi-Sayek, Jack Farraj y Monica Griffin. Antes, pude gozar del intercambio y la amistad de Anita Angelone, Heather Bamford, Andrea Castelluccio, Roy B. Chan, Meredith Clark, Tara Daly, Rachel DiNitto, Andrea Gaytán Cuesta, Nicolas Médevielle (y Sara y Oen), Robert Sanchez y Ron St. Onge. Agradezco también las sugerencias bibliográficas y el sincero apoyo de Kris Lane.

En Brown University pude disfrutar del estímulo intelectual necesario para concebir y diseñar estas páginas. El apoyo institucional y las enseñanzas de José Amor y Vázquez, Beth Bauer, Enric Bou, Christopher Conway, Geoffrey Ribbans, Wadda Ríos-Font, Nidia Schuhmacher, Tori Smith y Silvia Sobral han contribuido profundamente a mi desarrollo profesional. Tuve también la suerte de compartir lecturas y tareas con grandes colaboradores: Natalia Matta, Carmen Granda, Cristina Suárez-Gómez, Silvia Goldman, Charlotte Whittle, Brian Brewer. A Heike Scharm le agradezco las risas y la amistad permanentes. No olvido la generosidad intelectual de Adela Pineda Franco y su apoyo sincero e inmerecido.

El tiempo que pasé en The University of Kentucky me permitió desarrollar gran parte de mis convicciones profesionales. La valentía que Dianna Niebylski demostró apoyando mis proyectos y aspiraciones es algo que espero poder merecer algún día. Durante sus últimos años, John E. Keller me regaló la oportunidad de crecer personal y profesionalmente con su apoyo y estímulo intelectual. Aníbal Biglieri, Irene Chico-Wyatt, Brian Dendle, Susan Larson, Yanira Paz, Ana Rueda, Enrico M. Santí y Sherry Velasco fueron constante fuente de estímulo intelectual y profesional. Compartimos alegrías y más con

Carmen Arranz, Genny Ballard, Mónica Díez Sanz, Renata Fernández, Coquis Galván, Abbey Poffenberger, Nuria Sabaté-Llobera, Inela Selimovic.

Tuve la suerte de que mis experiencias iniciales en el mundo académico estadounidense transcurrieran en The College of the Holy Cross, donde hallé una comunidad espléndida que reafirmó mis inclinaciones por la investigación. John T. Cull, Cynthia L. Stone, Miguel Cabañas; Isabel Álvarez-Borland, Estrella Cibreiro-Couce, Helen Freear-Papio, Janine Fuller Hess, Francisco Gago-Jover, Esther Levine, Beth O'Connell-Inman, Michael Papio y Jorge Valdés siempre tenían sus puertas abiertas para mí. Joanna, Espe, Mercedes, José, Tabita, Eleonora, Erika, Gaëlle, Elise, Antje-Marie, Jules, Victoria y Yu-Tzu fueron geniales compañeros de aventura.

Nunca podré agradecerle lo suficiente a Helena Usandizaga Lleonart que me ofreciera la oportunidad de disfrutar de una estancia en la Universitat Autònoma de Barcelona y de descubrir amplios horizontes. En Bellaterra, Maribel, Hugo, Beatriz, Benet, Leda y Montse me acogieron con inestimable amistad; Ismael me mostró lo fácil que es forjar una amistad.

En la Pontificia Universidad Católica del Perú disfruté de generosos mentores y profesores. Me permito mencionar aquí a aquéllos que definieron de manera más marcada mis preocupaciones académicas y profesionales. Con una simple pregunta el primer día de clases, Enrique Carrión Ordóñez me invitó a definirme como académico. La proverbial generosidad de Luis Jaime Cisneros fue crucial para cultivar mi interés inicial por Espinosa Medrano. El seminario de crítica textual de Luis Vargas Durand fue una experiencia imprescindible. Miguel Kudaka fue un buen amigo y un generoso profesor. Óscar Mavila me enseñó, entre otras muchas cosas, a cultivar productivas relaciones académicas e institucionales.

Todos mis estudiantes me han motivado a mejorar como educador. En The College of William & Mary, algunos de ellos compartieron sus sueños conmigo y me invitaron a ayudarles a diseñar trayectorias futuras: Walter (Sam) Boone, Synneva Elthon, Zachary Hanson, Erica Hart, Bree Hersch, Eleonora Figliuoli, Katherine Furgurson, Keabra OpongBrown, Sarah Stubbs, Kathleen Sullivan, Arianna Talaie, Caitlin Verdu, Carly Zeh. Además de enseñarme las virtudes del entusiasmo, Maisoon Fillo me recordó que el viaje es tanto o más importante que el destino final. Con Kristin Giordano recordé que el mundo intersticial de la *translatio* puede beneficiarse notablemente de la luz que habita en el diálogo ameno y el sarcasmo. He disfrutado discutiendo los límites de la ciencia con Ryan Goodman, y viendo sus primeros pasos en el mundo académico. Johanna Hribal me hizo recordar que el humor es una parte importante del proceso de aprendizaje. Agradezco a Polly Lauer su contagioso entusiasmo. Las conversaciones con Alexandra Wingate, ineludiblemente, generan nuevas rutas e ideas. Agradezco a Michael J. Le las ilustraciones que diseñó para este libro y su invitación a compartir ideas y a diseñar caminos. Durante su estancia en Sevilla, Katherine L. Brown localizó y reprodujo varios documentos en el Archivo General de Indias que sirvieron para este estudio. Además, Katie me regaló su confianza y me permitió compartir proyectos y risas, y recoger los frutos iniciales de su ardua labor académica.

Con Chad Leahy, Carolyn, Noah, Eli, Gideon, Mims y Paula Plastić los momentos difíciles lo eran menos, y los buenos lo eran más. A Chad debo agradecerle, además, las largas conversaciones afinando preocupaciones profesionales y diseñando proyectos académicos. Nino Kebadze y Gilmore Chung siempre han compartido todo conmigo y me recuerdan cada día que el lenguaje puede transformarse en una casa firme y duradera.

Esta trayectoria se ha nutrido en geografías diversas. Romy Valdez Quintana me regala su renovada amistad. Ken Takahashi, Juan Francisco Castro y Eduardo Maruyama han sido grandes amigos. Sofía Linares Abella compartió conmigo lo que no merecí y me enseñó el significado de la incondicionalidad. El apoyo de Mónica Ledo Fernández siempre es generoso e inmerecido. La sinceridad y la generosidad de José Ignacio Padilla no tienen precio. Con Liliane Duséwoir compartimos complicidad y contagiosas risas. La amistad de Neva Mícheva fue un tesoro. Anna Rapp me regaló una forma diferente de ver la vida. Los recuerdos con Kimihiko Takabe y Ryo Ando son imborrables. Nathalie Galicia me regaló su tiempo. Los integrantes del Departamento de Cultura de la Asociación Peruano Japonesa del Perú fueron un gran equipo. El Grupo Dicotiledón fue una espontánea erupción de ánimo y amistad. Bethany Proudley acompañó las últimas páginas de este libro y les insufló renovado entusiasmo y esperanza.

Escribo estas líneas habiendo comprendido, finalmente, que mi familia siempre intentó guiarme pacientemente por el camino de la virtud. La valentía que tal empresa exige es enorme y mi gratitud a ellos, inestimable. Teresa Yamauchi Nakandakari y Jorge Terukina Toma tuvieron la templanza suficiente para guiarme y la valentía necesaria para verme partir. Mónica ejemplificó por mucho tiempo la valentía de subordinar la alegría individual al bienestar familiar. Ana Sofía es permanente e inextinguible fuente de alegría, inspiración y valentía. Además, junto a Miguel, me permite compartir la inexpresable alegría que es ver crecer a Ximena y a Emi. *El imperio de la virtud* va dedicado a mi familia, especialmente a mi madre.

Índice analítico

[*las entradas en negritas remiten a las ilustraciones]

CPSIA information can be obtained
at www.ICGtesting.com
Printed in the USA
BVOW06*2259290617
488087BV00003BA/27/P